KB064993

한국가면극,
창조적 복원을 향하여

봉산가면극 이두현본·김일출본

한국가면극,
창조적 복원을 향하여

봉산가면극 이두현본·김일출본

조만호 지음

보고사
BOGOSA

머리말

우리 가면극은 분명 연극이다. 연극은 근본적으로 '인간이란 무엇인가'에 대한 예술이다. '인간이 어떻게 반응 하였는가'에 대한 예술이 아니다. '인간이 어떻게 살아야 하는가'는 더더욱 아니다.

1939년에 김재철 이래 우리 가면극에 대한 태도는 한 발짝도 못 가고 있다. 그가 '양반은 횡포가 심하여 평민을 괴롭게 굴었고 따라서 평민은 몹시 학대를 받았다. 그래서 같은 평민계급 사람이 모여 있는 가면극장에서는 배우들 마음껏 관중 앞에서 양반을 모욕하였다.'라고 한 이래 말이다. 그 동안 우리 가면극에 대하여 많은 연구 성과에도 불구하고 김재철의 이같은 입장에서 크게 벗어나지 못하고 있는 것이 사실이다. 여러 선행 연구에서 일부 연극학적 접근을 시도한 바가 있고, 그리고 후속 연구 성과들도 있지만, 대부분 초기 가면극 연구자가 말한 '사회적 모순들에 대한 옳은 반영' 운운한 것 이상도 이하도 아니다. 우리 가면극을 들여다보면서 '인간은 무엇인가'보다는 '어떻게 반응 하였는가'에 초점이 맞추었던 것이다. 이제는 반성해야 할 일이다.

이미 필자는 우리가 해야 할 일은 민속극의 하나인 우리 가면극을 창조적으로 복원해 내는 일이라고 강조한 바 있다. 그러면서 '창조적 복원(creative restoration)'은 상상 복원으로서 자료가 영성하여 가시성이 허약한 텍스트를, 다양한 방증 자료를 바탕으로 가시적인 세계를 펼쳐놓음으로써 본래의 모습에 다가가고자하는 일련의 연구 과정이라고 하였으며, 잠정적으로 '창조적 복원(creative restoration)'의 뜻을 다음과 같이 정리하였다.

'창조적 복원(creative restoration)'이란, 내적 혹은 외적 요인으로 인하여 영성한 채로 전승되어 그 실상이 일부 불가시적인 상태로 보존된 text를, 다각적인 연구 성과와 예술적 상상을 바탕으로 가시적인 text로 구축하는 일련의 연구 과정이다. 여기서 '내적 혹은 외적 요인'이란 전승과정에서 전승물의 실현 현장과 전승집단의 환경변화에 따른 요인이며, 채록 혹은 전수 과정에서 발생하는 오기, 탈자 등도 이에 속한다. '불가시적인 상태'란 실연된 공연물의 실상이 관중에게 왜곡되어 전달되는 상태를 말한다. '다각적인 연구 성과'란 민속학 내지는 문화인류학적 연구 성과를 비롯한 다양한 인문사회학적 성과를 말한다. '예술적 상상'이란 전승물을 공연물로서 인식하고 그것을 예술적 안목을 가지고 실상을 창조적으로 추정하는 것을 말한다.

봉산가면극의 각 장면을 일별하여 보면 다음과 같다.

제일장 소위 사상좌춤은 봉산가면극을 화려한 춤으로 여는 도입으로서, 영산회상靈山會上과 타령곡을 바탕으로 하며, 장중하고 완만하며 꿋꿋한 느낌을 주는 장면이다. 네 상좌와 네 목目에 의하여 전개된다. 네 상좌는 흰 장삼을 입고 홍가사紅袈裟를 어깨에 걸고 고깔을 썼다. 탈은 '백면白面'탈이다. 또한 이 장면은 봉산가면극의 도입에 해당하는, 즉 상좌가 가면극을 시작한다는 것을 관객에게 알리는 불교적인 의식무로서의 성격을 띤다. 한편 사방신四方神과 중앙신에 합장 재배하는 등 다섯 번 절을 하는 의식에 대하여는, 잡귀를 몰아내어 가면극 현장을 정화淨化하는 의미가 강하다는 종교적 심성이 작용하기도 한다고 해석되기도 한다.

제이장 소위 팔목춤은 여덟 목이 전개하는 장면이다. 이두현본에서는 '제1경 목중춤'과 '제2경 법고놀이'로 나누어서 채록되었다.

이 장면 - 이두현본에서는 '제1경 목중춤' - 은 각 목目이 '등장하는 소리 → 찬讚을 담은 대사 → 등장한 이유 → [불림 →] 춤 → 수인사 → 불림 → 춤' 순의 반복적 구조로 실현된다. 이 장면은 수장收場 - 도입 - 의 역할을 한다. 목目들이 시조時調나 십이가사十二歌辭나 잡가雜歌 잡잡가雜雜歌 등에서 원용한 대사는 '치어致語'요, 불림은 '구호口號'로써 가면극 현장의 전체적인 분위기를 제시하는 것이다.

한편 이 장면의 대사에 탈속脫俗과 관련된 내용이 많다는 것은 무엇인가.

'팔목춤'의 연원을 팔선八仙과 관련시킬 수 있다는 주장을 주목할 필요가 있다. 원잡극元雜劇의 한 부류인 신선도탈극神仙度脫劇은, 신선이 목표한 사람을 제도하여 선계仙界로 데리고 간다는 내용이다. 신선도탈극의 가운데 하나인 '경수극慶壽劇'을 보면, 서왕모西王母는 철괴리鐵拐李 - 췌궐이, 최괄이, 취발이 - 를 파견하여 인간에 귀양 온 남녀

- 부부 - 를 도탈度脫하여 선계에 귀환케 하는데, 이때 생일잔치 자리에서 팔선이 등장하여 가무歌舞한다. 즉 신선도탈극 중 특히 '경수극'의 팔선 가무는 '팔목춤'과 긴밀한 관련이 있는 것이다.

제삼장 소위 사당춤은 궁극적으로 소무의 등장을 극대화하여 실현하고자 하는 장면이다. 이 장면에서 원용되는 삽입가요 '놀량사거리' - 산천초목, 앞산타령, 뒷산타령, 경발림 - 가 주요한 극적인 분위기를 조성하는 데에 이바지하며, 한편으로는 '터닦기'에 해당한다. 만장단조와 세마치와 타령곡에 맞추어 뭇동춤과 군물軍物이 활용된다. 거사들은 주로 엉덩이춤 - 허튼춤 - 을 춘다. 제삼장은, 전개가 빠르고 활달하고 씩씩하여 흥겨운 느낌을 주며, 앞으로 전개될 노장춤을 준비하기 위한 장면이다. 이 장면은 불교 문화권에 연원을 둔 사당춤의 재현이었거나 그것의 연극적 원용이었을 것이다.

제사장 소위 노장춤은 신선도탈극神仙度脫劇적인 성향이 가장 두드러진 장면이다. 이 두현본에서는 '제1경 노장춤', '제2경 신장수춤', '제3경 취발이춤'으로 나누어서 채록되었다.

극동아시아 전역에서 발견되는 '팔선八仙' 관념은 신선도탈극의 주요 모티프였다. 신선도탈극은 여덟 신선이 인간계에 내려와서 인간을 신선계로 도탈度脫해 간다는 내용을 담고 있다. 이들은 인간만이 아니라 잘 생긴 바위나, 나무와 같은 자연물을 인간으로 환생시켜 짝으로 맺어 주고 도탈로 이끌기도 한다. 제사장은, 노장과 소무가 맺어지고 아이를 낳아 도탈한다는 내용을 패로디화 하여 실현한 것이다. 신장수와 원숭이에 의하여 실현되는 대목은 먼길을 떠나보낼 때 흔히 등장하는 '신발 모티프'와 맥이 닿아 있다. 취발이는 철괴리와 마찬가지로 결혼식장에 나타나 분탕질을 쳐서 축하하는 '역설적 하례逆說的賀禮'를 실현한다.

이들 팔선八仙이 인간계에 내려와 벌이는 행동은 모두 짓거리 일색이다. 한 마디로 '광상狂傸'이다. '미친 체하는 것'이다. 시공을 초월하여 때로는 술을 먹지 않아도 술에 취한 행위를 연출하기도 하고, 때로는 초췌한 모습을 보이기도 한다. 이렇게 신선의 형상에 나타난 광상성은 미친 '선禪'의 기풍이 언어상 허튼 소리와 행위상의 방탕한 짓과 무절제한 방임들로 나타나기도 한다. 특히 경사스러운 결혼식 현장에 나타나 말장난으로 혼주婚主나 결혼 당사자를 괴롭히거나 심지어는 분탕질을 치는데, 그것이 모두 '체하는 것'이다.

봉산가면극의 소위 취발이 장면에 대하여 기존 연구는, 노장과 소무와 취발이의 삼각관계로 보고 대립갈등으로 해명하고자 한다. 이러한 태도는 '망문望文'에 빠져버린 것이다. 소위 신장수마저도 상업주의 운운하는 '신장수 망문'에 빠진 것이다. 연극의 등장인물 기호는 '망문'으로 그치지 않는다. 파계승 문제, 양반 문제, 처첩 문제 등은 '연극적 장치'이지 주제 영역이 아니다.

제오장 소위 사자춤은 '서유기西遊記'의 한 대목을 원용하는 방식으로 실현된다. '서유기'의 그 대목은, 문수보살이 타고 다니던 푸른 사자가 요괴로 변신하여 서천서역국西天西域國으로 가던 삼장법사三藏法師와 그의 제자들을 시험함으로써 불경을 구하러가는 이들에게 힘을 보태주는 내용이다. 사자를 통하여 목目들을 '시험'함으로써 더욱 힘을 발휘토록 한다는 관념이 이 장면의 핵심이 된다.

특히 사자 뱃속에 관한 대사가 채록되지 못하였지만, '복중腹中 모티프' 혹은 '동굴 모티프'와 관련하여 연구할 필요가 있다. '동굴'과 '복중'이 재생再生을 상징함은 인류학에서 널리 알려진 관점이다. 사자춤 장면은 '재생'과 연관시켜 연구해야 할 대상인 것이다. 그러던 것인데 후대에 이르러서 '징계'로 관념하는, 즉 권선징악적 발상으로 해석하였던 것이다.

제육장 소위 양반춤은 노인탈, 장년탈, 소년탈, 말뚝이탈에 의하여 전개된다. 춤은 굿거리장단에 '두어춤', '거드름춤', '발림춤' 등이 활용된다. 대사들은 '양자·반자에 대한 언어유희', '담배에 대한 언어유희', '삼현육각 연주에 대한 언어유희', '마나님 사통', '술[병]·술안주 치레', '기물 치레', '운자놀이', '수수께끼', '파자' 등을 원용하고 있다. 결국 '일상사'를 원용한 놀이가 주요 연극적 장치가 된다. 아울러 '계획된 욕 먹이기'가 활용되고 있다. 민간화술(folk-speech)이 지배적으로 나타난다.

이 장면은 '兩班'의 '兩자'와 '班자'에 대한 파자놀로 도입단계를 열면서 양반사회의 일상사를 주요 관심거리로 삼는 대유代喩적이고 제유提喩적인 장면으로 인지되면서 탈들 - 노인탈, 장년탈, 소년탈, 말뚝이탈 - 은 양반 삼형제와 하인으로 실현된다(representation).

대체로 극적 전개는 반복과 열거가 지배적인 언어유희(fun)를 다채롭게 원용하여 해학적인 분위기를 조성한다. 더욱이 쾌활하고 활달하며 희학적인 춤이 극적 양상을 고조시키며, 이렇게 하여 '권위를 지닌 자의 허세'에 대하여 풍자하는 양상도 보이고 있다.

이 장면에 대한 조동일의 주장을 주목할 일이다.

이중의 반어이다. 이러한 구조를 통해서 서민인 말뚝이가 양반을 풍자하고, 해학적으로 희화화하는 것이 더욱 높은 수준의 유희적 요소로 작용하게 되는 것이다. 또, 춤 대목을 경계로 엄격히 분리되어 있는데, 대사 부분에서는 양반과 말뚝이가 해학적으로 갈등하는 모습이 보이지만, 춤 대목에서는 대사가 없을 뿐 아니라 싸움도 없이 모두 즐거운 듯이 춤만 춘다. 춤 대목에서는 대사부분의 갈등이 도달한 결말을 더욱 의미 있게 해 준다. 양반은 우스꽝스럽게 희화화되었으면서도 사정을 모르고 기분이 좋은데, 춤 대목에서 모두 즐겁게 춤을 춤으로써 이 희극적 반어가 지속될 수 있다.

김학성은, 동양미학은 '예禮의 수호' 차원에서 이해되어야 한다고 전제하고, 대립하되 서로 겨루지 않는 화해관이 가장 잘 드러나 있는 것이 우리 가면극이라고 하면서 다음과 같은 물음을 던졌다.

상전에 대한 말뚝이의 반발이나 모욕을 과연 관중만 알고 양반은 모르는 것일까? 아니면 알면서도 짐짓 모르는 체 넘어가는 함께 어우러져 춤을 춤으로써 양반층과 민중층이 대립하면서도 충돌하지 않고 상반상성相反相成하도록 대립 국면의 화해를 도모하는 것일까? 말뚝이의 모욕을 관중은 아는데 양반은 모른다는 논리는 온당한가? 그게 사실이라면 양반은 관중보다 수준 이하의 군상이 된다. 과연 그런가?

아울러 '운자韻字놀이', '수수께끼', '파자破字놀이' 등의 대목은 '과거급제'를 기원하는 '예축豫祝'으로서의 제의성을 담고 있다.

'김유경류 봉산가면극'에서는 이 장면의 끝에 말뚝이가 빗자루를 들고 나와 소위 '복잡이놀이'를 한다. 또한 '포도부장놀이'가 실현되는 경우도 있다.

제칠장 소위 미얄춤은 미얄과 영감과 덜머리집에 의한 삼각관계 - 김두봉金斗奉의『제주도실기濟州道實記』에서도 볼 수 있듯이 풍요다산을 기원하는 제의는 대체로 삼각관계 구조를 지고 있다. - 를 기본 축으로 하여 실현되는 장면으로서, 엉덩이춤, 신아위청, 굿거리장단 등과 결합한 반복 대칭적 구조를 가진 대화반응을 통하여 흥겹고, 씩씩하며, 꿋꿋한 장단으로 활기찬 느낌을 조장하는 가운데에 황홀경에 도달하고 신명을 얻게 하여 활력을 주는 장면이라고 할 수 있다.

'양주별산대놀이'에서는 '미얄할미'가 기양대를 가슴 위에 얹고 죽는다. 이 기양대는 이듬해에 뿌릴 씨앗을 보존하기 위하여, 주머니 안에 씨앗을 넣어 매달아 놓고 땅에 꽂아 놓는 가느다란 장대다. 미얄은 '씨앗 모티프'와 긴밀한 연관성을 갖고 있다. 씨앗은 죽어야 한다. 씨앗이 땅에 떨어져 죽을 때에 그 씨앗은 싹을 보장할 수 있다. 씨앗의 죽음은 싹의 탄생을 기약하는 것이요, 씨앗의 죽음은 운명이다. 이러한 '삶의 이중구조二重構造'를 연극적으로 실현해 보이는 것이 이 미얄춤 장면이다.

'할미'는 여성을 뜻하기보다는 '신격神格'임에 주의할 일이다. 즉 '미얄'은 늙음의 상징도, 겨울의 상징도 아니다. '미얄'과 '덜머리집'은 둘이되 하나다. '덜머리집'은 '미얄'이 된다. '덜머리집'이 '미얄'이 되어 다시 '덜머리집'을 낳는다.

미얄춤의 마지막 대목에서 영감에 의하여 실현되는 '약성가'는 무병장수를 기원하는 상징적 의미를 담는다. '남강노인' 즉 '남극노인'으로 끝맺음을 하는 것은 장수長壽와 복록福祿을 축원하는 기능을 갖는다. 일부 자료에서는 '남강노인 장면'이 따로이 실현되는 것으로 채록된 경우도 있다. 이렇게 본다면 이 '남강노인 장면'은 '대단원(catastrophe)'의 성격을 띤다고 하겠다.

미얄춤의 마지막 대목에서 '무당굿'이 실행되는 것으로 채록된 사례가 있는데, 이는 특별한 경우에만 실현했던 것인데, 어떠한 연유에서인지 필수적인 대목으로 인식되는 경향이 생기고 말았다.

우리 가면극은 주기적 반복에 의한 축제성(festiveness)을 기본 토양으로 한다는 점을 놓쳐서는 안 된다. '제의적 반란(ritualized rebellion)에 의해 왕권이 영향을 받기는커녕, 왕권은 강화되기까지 한다'고 한다. 또한 축제에서는 여러 가지 방식으로 사람을 놀리는 일이 허용되며, 욕하는 일은 축제의 기분을 돋구기 위한 불가결의 요소이며, 손아래뿐만 아니라, 손위, 지위 높은 자의 결함·악업惡業·엉터리를 어떤 식으로든 들추어내어 매도하더라도, 누구에게도 제지당하며 벌 받지 않으며, 그러니 더럽게 욕하는 자의 입을 틀어막기 위해서 가득 따른 술잔을 제공할 수밖에 없으니, 이렇게 전개되는 한에는 풍자가諷刺歌의 가락은 차례차례 수가壽歌로 전위轉位되어 간다고 한다. 이 축제의 기간은 의례적으로 한 해의 다른 시간과는 구별되는 것이다. 가면극 현장에서의 조소嘲笑·악매惡罵는 지복至福에 찬, 정화淨化적이고 유쾌한 행위라고 여기게 된다는 사실을 염두에 두어야 한다.

여기서는 '봉산가면극 이두현본'은 문화재관리국이 편찬한 『중요무형문화재지정자료(重要無形文化財指定資料)』 보고서 제12호 '鳳山탈춤'을 주 자료로 삼았다. 이 자료는 이두현과 김천흥金天興이 주도하고, 김진옥金辰玉과 민천식閔千植이 구술한 것으로 기사화 되었다. 이 자료는 후일에 『진단학보』와 『한국가면극』에 수록되었고, 『한국가면극』을 재출간하면서 수정 작업을 하였다. 그리고 『한국가면극선』에 주석 작업을 하여 수록하였다. 이두현은 『중요무형문화재지정자료』 보고서에서 1차 정리를 한 다음에 『진단학보』에 수록하면서 일부 수정 혹은 추가 보완하였다. 그리고 『한국가면극』에서 다시 수정 보완하였다. 여기에서는 『진단학보』와 『한국가면극』에서 수정한 대목을 [→   ] 안에 드러내기로 한다. 추가된 대목은 [   ] 안에 드러내기로 한다. '봉산가면극 김일출본'은 『조선 민속 탈놀이 연구』에 수록분을 활용하였다. 김일출본은 법고춤(法鼓舞), 로승, 신장사, 취발이(醉發), 포도비장(捕盜裨長), 남극로인(南極老人) 등이 별도의 과장으로 채록되어 전체가 11개 과장이다. 그리고 자료의 끝에 '사자놀이'를 부가하였다.

'이두현본과 김일출본'을 복원하는 데에 있어서 몇 가지 일러두고자 한다.

가능한 한 원자료를 손상시키지 않도록 노력하면서, 노래와 노래조로 실현되는 대목은 행간 배치를 달리 하였다. 이 자료에 쉽게 접근할 수 있도록 한자표기는 한글로 노출시켰다. 방언과 관용어는 원자료를 그대로 살리되 그 내용을 각주에 밝혔다. 대사와, 지문성 기사는 행간을 구분하였다. 특별히 추가적인 연구가 필요하다고 판단되는 대목에는 각주에 '[보정]'이라고 덧붙였다. 기타 사항은 관례를 따랐다.

보고사 대표님과 직원 여러분께 감사드립니다.

2017년 9월 5일
백중 배하여 두고
저 자

차례

I. 봉산가면극 복원 -【이두현본】

II. 봉산가면극 복원 -【김일출본】

I. 봉산가면극 복원

【이두현본】

1. '제일과장 사상좌춤'의 복원

봉산鳳山 탈춤 대사臺詞[1]

[김진옥金辰玉[2]·민천식閔千植[3] 구술口述[4]

이두현李杜鉉[5] 채록採錄[6](1965. 8. 27 녹음錄音)][7]

1   봉산鳳山 탈춤 대사臺詞 ; 이 자료의 제목이다. 여기에서 '대사臺詞'라는 용어를 쓰고 있음은 이 자료에 대하여 연극적인 인식을 바탕으로 한 것이다.

2   김진옥金辰玉 ; 1894에 탄생하여 1969년까지 살았다. 황해도 봉산구읍에서 태어나 서당에서 수학하고, 7세 때부터 애기탈을 놀았고, 이윤화(李潤華 : 취발이·첫목의 명연희자)와 박천만(朴千萬 : 목중·마부역)에게서 가면극을 배웠다. 첫목과 노장춤을 잘 추었는데, 키가 훤칠해서 첫목과 노장춤은 잘 어울리는 유명한 공연자였다. 직업은 이발사였고, 1920년대에 모든 행정기관이 사리원으로 옮겨가자 그곳에서 가면극을 추었다. 광복 후 월남하여 서울에서 살았고, 1958년에는 직접 가면을 만들고, 봉산출신자들을 모아 가면극을 가르쳐서, 건국10주년기념 전국민속예술경연대회에 참가하여 광복 후 처음으로 일반에게 봉산가면극을 선보였다. 1946년 이북에서 내려와 서울에서 봉산군민과 서울 사람에게 봉산가면극을 가르쳐 1958년 민속예술경연대회에서 1등을 수상하였다. 1960년 출범한 국악예술학교(國樂藝術學校)의 교장인 박헌봉, 실기교사인 지영희·이병우·성금련·김윤덕·이영희·신쾌동·홍원기·김월하·한범수·김동식·한일섭·한영숙·남운용·김성대·이근성·윤영춘, 판소리 교사인 김연수·정권진·박초월·김소희·박녹주·정광수, 농악 교사인 전사섭·황일백·정오동·전사종, 민요와 선소리 교사인 이창배·김순태·이소향, 그리고 학과 교사인 조동일·심우성·이보형·황병기·김희조·김동진과 함께 3년간 봉산가면극을 지도하였다. 그 뒤에도 전국민속예술경연대회에서 연기상과 공로상 등을 받았다. 1967년에 봉산가면극이 중요무형문화재 제17호로 지정될 때 첫목중과 노장역의 예능보유자로 지정되었다. 두 딸도 봉산가면극을 추었다. 월남 후 젊은 세대들에게 가면극을 가르쳐, 오늘날 봉산가면극이 보급되게 한 공로자이다.

     * 자료에 따라서 '김진옥(金振玉)'으로 표기된 경우도 있다.

3   민천식閔千植 ; 중요무형문화재 제17호인 봉산탈춤 예능보유자다. 황해도 사리원 출생으로 사리원 색동리에서 살다가 월남하여 인천광역시 동구 송현동에서 살았다. 평양숭실중학교를 졸업하였고 이왕직(李王職) 무용부 2년을 수료하였다. 인천에서 국악원을 경영하기도 하였다. 7세 때부터 애기탈춤을 배우기 시작하여 이윤화·박천만에게 봉산가면극을 배워 사자머리·마부·놀량창, 장구 및 북 반주를 하였다. 서울에서 봉산 가면극 연기자 김진옥(金辰玉)과 해주 가면극의 이근성(李根成)·양소운(梁蘇云)과 합류하여 봉산 가면극을 보존, 전수하였다. 1958년 전국민속예술경연대회에서 내각수반상을 수상하였다. 1967년 6월에 봉산 가면극의 놀량창과 사자마부의 예능보유자로 지정되었다. 정재천(鄭在千)과 최창주(崔昌注)를 후계자로 두었다고 한다.

4   김진옥金辰玉·민천식閔千植 구술口述 ; 두 사람의 구술에 의하여 채록되었다. 원자료 『重要無形文化財指定資料』 보고서'에서는 공연도 함께 보고되고 있다. 결국 이두현본은 공연현장채록과 구술채록이 함께 이루어

제일과장第一科場[8] 사상좌춤(사상좌무四上佐舞)

9

상좌上佐[10][11] :   넷이 등장. 모두 흰 장삼[12]을 입고 붉은 가사[13]를 메고[14] 고깔[15]을 썼다.

졌다는 점을 확인할 수 있다.

5   이두현李杜鉉 ; 호는 의민(宜民)이다. 1924년 4월 2일 함북 회령 출생으로 1938년 회령공립보통학교, 1942년 회령공립상업학교를 졸업한 후 이듬해 식산은행에 입사하여 청진지점에 근무하였다. 1944년 관립청진사범학교 본과에 입학하였으나 같은 해 10월 일본군에 징집되어 군복무중 광복을 맞았다. 광복 이후 회령남국민학교 교사로 재직하다가 1946년 2월 월남 상경하였다. 1946년 7월 서울대학교 사범대학 전문부를 수료하고 1950년 같은 대학 국어과를 졸업하였다. 그 후 한성고등학교, 마산공립상업고등학교 교사로 있다가 1953년 이후 숙명여대, 서강대, 이화여대, 서울대 강사를 거쳐 1957년부터 서울대학교 국어교육과 교수로 1989년 정년퇴임 때까지 봉직하였다. 국제극예술협회(I.T.I) 한국본부 상임위원, 한국가면극연구회 이사장, 문공부 문화재위원회 위원, 한국문화인류학회 이사장, 국립극장 운영위원, 한국연극학회 회장 등을 역임하였다. 1966년 『한국신극사연구』로 한국일보사 제정 한국출판문화상 저작부문 수상, 1967년 한국연극연구소 제정 제5회 연극상 수상, 1979년 제15회 한국연극영화TV예술상 특별상 등을 수상하였다. 인류학적 관점에서 연극과 민속을 탐구하는 그의 학문적 성격 때문에 잦은 해외 조사와 시찰의 경험을 쌓아 왔으며, 폭넓은 시야에 꼼꼼한 자료 발굴 능력을 발휘하여 한국연극사 연구의 선구자 역할을 해왔다. 저서로는 1966년 서울대출판부에서 나온 『한국신극사연구』를 비롯하여, 『한국가면극』(1969), 『한국연극사』(1973), 『한국민속학개설』(1974), 『한국의 가면극』(1979), 『한국의 탈춤』(1981) 등이 있다.

6   채록採錄 ; 지역마다 돌아다니며, 그 지역에서 구전되어 오는 설화, 민요, 민속극 등을 글로 기록하여 남기는 작업을 말한다.

7   『진단학보』에 추가하였다.

8   [보정] 과장科場 : 장면을 분할하는 데에 있어서는 채록 자료에 따라 '場', '科場', '科程', '마당', '과장', '과정' 등으로 나타난다. 그리고 景도 나타난다. 이들을 act, scene 등과 변별점을 찾는 일도 하나의 과제다. 봉산가면극 임석재 자료에서 '全場'이라고 한 점으로 보아 공연 현장에서는 별도의 구분 없이 공연되었던 듯하다. 그러던 것이 채록 과정에서 편의상 분절[분할]된 것이 아닌가 한다. 이 분절의 문제는 탈춤의 마당을 별개의 것으로 볼 것인가 아니면 옴니버스식으로 볼 것인가 아니면 일관된 하나의 공연물로 볼 것인가 하는 등의 문제와 결부되어 있다.

9   [보정] 오청본에서는 다음과 같이 '이場面은 惡魔가修道를妨害하는序幕으로서 醉發이라고하는放蕩한處士한 사람이 生佛과갓흔老僧의마음을 움지기게하랴고 그의上佐四名을꾀여내서 老僧이金剛經을읽고잇는法堂압헤 서 가장華麗한춤을추히는 것이다.' 부기되었다. 송석하본에도 유사한 내용이다. 이 기사는 뚜렷한 증빙 없이 진술된 것이다. 채록하는 과정에서 첨가된 이 기사가 후대 연구에 검증 없이 받아들였다는 점은 앞으로 우리 가면극 연구에 있어서 크나큰 과제 중에 하나다. 여기 임석재본에는 이 기사가 없다. 1939년도에 봉산의 동일한 현장조사였는데도 임석재본에 없다는 점은 오청이 채록하는 과정에서 삽입된 것으로 생각된다. 따라서 이 기사 에 의존하여 이 장면의 주제를 파악하는 일은 한계가 있다. 기존의 논의에서 '악마', '방탕한 처사', '생불(生佛)인 노승' 등과 같은 기사로 인하여 가면극의 주제를 악마와 생불간의 대립으로 이해하려는 자세는 잘못이다. 전개상 으로 보면 취발의 승리로 귀결되는데 그렇다면 악마의 승리로 결정된다. 즉 대립의 문제와 악마에 대한 이해를 '선악(善惡)의 대립'으로 보아서는 안 된다. 악마는 노승을 패퇴(敗退)시키기 위한 악마가 아니라 고양(高揚)시 키기 위한 악마로 봄이 타당하다.

10   [보정] 상좌上佐 ; 산스크리트어 'sthavira', 팔리어 'thera'에서 온 말로, 출가한 지 오래 되어, 모임에서 맨 윗자 리에 앉는 비구나 수행 기간이 길고 덕이 높은 수행자를 말한다. 승려를 높여 일컫는 말이기도 하다. 또한 출가 한 지 오래되고 덕망이 높아, 사원의 승려, 그리고 스승의 대를 이을 여러 승려 가운데에서 가장 높은 사람을 말하기도 한다. 송파 산대놀이나 양주 산대놀이와 같은 경기지방의 가면극과 봉산가면극·강령가면극·은율가 면극과 같은 황해도 해서지방의 가면극에서만 나타난다. 한편 실재 춤의 내용은 사방신과 중앙신에 합장 재배

등장의 절차는 목(먹)중 하나가 상좌를 업고 달음질하여 등장.[16]

불림[17]을 하고 타령곡[18]에 맞추어 장내를 한 바퀴 돌고 적당한 장소에 [→

하는 등 다섯 번 절을 하고 잡귀를 몰아내어 가면극 현장을 정화하는 의미가 강하다고 한다.

11 이두현이 주재하여 작성된 '중요무형문화재 지정 보고서'[이하 '이두현 보고서']에 따르면 상좌탈은 '흰 바탕에 묵선墨線으로 두발頭髮, 눈썹, 눈가장자리를 그렸으며, 입술은 붉게 칠하였다. 눈과 입은 뚫렸으며, 코는 막혔다. 흰 탈보를 달았다. 흰 장삼, 붉은 가사, 남색치마, 고깔을 썼다.' 라고 한다.

12 장삼(長衫) ; 승려의 웃옷이다. 검은 베로 길이가 길고 소매가 넓게 만든다. 장삼은 원래 불교의 발상지인 인도에서는 착용하지 않았던 것인데, 불교가 중국으로 전하여지면서 기후와 의습(衣習)에 따르는 영향으로 편삼(偏衫/褊衫) -승려의 옷으로 상반신을 덮고 왼쪽 어깨에서 오른쪽 옆구리에 걸친다.- 을 가사와 함께 착용하였던바, 이 편삼이 뒤에 장삼으로 우리나라에 전래되었다. 편삼은 중국 북위(北魏) 때 혜광(慧光)이 승기지(僧祇支) -인도 승단에서 비구니가 입는 세 가지 옷 안에 입도록 규정한 작은 옷이다. 직사각형으로 왼쪽 어깨에 걸쳐 비스듬히 내려뜨려 가슴을 가리고 오른쪽 겨드랑이를 감는다.- 에 편수(偏袖)를 붙이고 옷섶을 단 윗옷으로 중국의 선가(禪家)에서 사용하여 온 것이다. 윗옷인 편삼과, 아래옷인 군자(裙子) -하군下裙, 내의內衣로 승려의 허리에 둘러 입는 짧고 검은 옷- 를 위아래로 합쳐 꿰맨 옷이 우리나라에서는 장삼이다. 장삼의 의형은 소매가 매우 넓고 허리에는 여분을 풍부하게 두어 큼직한 맞주름을 잡는 것이 특징이다. 현재에는 두루마기와 같은 무를 네 개씩 넣는 경우도 있다. 빛깔은 대체로 회색과 갈색 계통이며, 의차(衣次) -옷감- 는 면직 또는 모직이었으나 근래에는 편의상 합성섬유직물을 사용하고 있다. 옛날 고승이 착용하던 장삼은 사명대사(四溟大師)의 유물에서 그 실례를 볼 수 있는데, 장삼의 총길이는 144cm이고, 소매길이는 143cm, 소매통은 85cm이며, 허리는 절단하여 주름이 잡혀 있다. 옷 빛깔과 의차는 백색 면직물이다. 현재의 장삼은 깃머리가 직선이고 허리선을 절단하여 큰 주름을 잡은 경우가 있다. 또 깃머리가 네모가 되고 허리를 절단하지 않은 대신 끈을 달아 묶고 겨드랑이 밑에 무를 네 폭으로 넣었으며 겉섶과 안섶이 각각 두 폭씩 장길로 이어진 경우도 있다. 허리에 주름을 잡을 경우의 장삼은 앞뒤 각각 네 개씩 8개의 큰 주름이 있다 하여 이를 '팔폭장삼'이라고도 한다. 장삼의 소매통은 앞뒤 6폭으로 이어졌는데 회장 중심의 곱쳐진 선이 경계가 되어 앞 네 폭, 뒤 네 폭 합하여 8폭이 된다.

13 붉은 가사(袈裟) ; 장삼 위에 걸치는 외옷자락을 말한다. 붉은 천을 조각보 모양으로 모으는데 두 줄로 이어 호은 속은 모두 통하게 짓는다. 가사(袈裟)는 대체로 붉은 색이다.

14 메고 ; 임석재본에서는 '들쳐 입고'라고 채록되었다. '메다'는 '어깨에 걸치거나 올려놓다'라는 뜻이다. '가사(袈裟)'는 입는다고 하지 아니하고 멘다고 한다.

15 고깔 ; 승려가 쓰는 건(巾)을 말한다. 저마포(苧麻布)로 만들며, 이등변삼각형으로 배접한 베 조각을 둘로 꺾어 접어서 다시 이등변삼각형이 되게 하고, 터진 두 변에서 밑변만 남기고 다른 변은 붙게 하여 만든다. 고깔은 '곳갈'이라고도 하는데, '곳'은 첨각(尖角)을, '갈'은 관모(冠帽)를 의미하는 것으로 변(弁)의 형상과 일치한다. 넓은 의미에서 보면 삿갓·송낙 등도 모두 고깔형 관모에 속하지만, 좁은 뜻으로는 단지 포제(布製)의 삼각건만을 지칭한다. 흔히 상좌들이 썼으며 사헌부(司憲府)의 나장(羅將) -조선 시대에, 군아(郡衙)에 속한 사령(使令)- 이나 관아의 급창(及唱) -조선 시대에, 군아에 속하여 원의 명령을 간접으로 받아 큰 소리로 전달하는 일을 맡아보던 사내종- 등이 쓰기도 하였다.

16 [보정] 목(먹)중 하나가 상좌를 업고 달음질하여 등장 ; 현재 실제의 연행에서 네 상좌가 업혀 나오는 경우는 잘 보이지 않는다. 여기서 '업고 나온다'는 뜻은 그 상징적 의미가 따로 있음을 의미한다. 구체적인 연구가 필요하다.

17 [보정] 불림 ; 불림의 사전적인 의미는, '춤에 필요한 장단을 청하는 노래. 또는 그때 추는 춤사위.' 혹은 '탈춤에서 춤추기 전에 어깻짓을 하면서 악사에게 장단을 청하는 말.'이라고 한다. 그리고 '불리다'의 사전적 의미를 찾아보면 다음과 같다.

　　① 과거에 급제한 사람을 창방(唱榜)하기 전에 지구(知舊) 중의 선진(先進)이 찾아와서 치하(致賀)한 뒤에 시달리게 하기 위하여 신은(新恩)의 얼굴에 관주(貫珠)를 그리어 흉악하게 만들고, '이리위 저리위'라 부르며 삼진(三進) 삼퇴(三退)를 시키어 괴롭히다. <이희승,『국어대사전』, 민중서림, 1994 삼판>

　　② 과거에 급제한 사람을 창방하기 전에 먼저 과거를 본 친한 아는 선배가 찾아와서 치하한 뒤에, 시달리게 하기 위하여 새로 급제한 사람의 얼굴에 관주를 그리어 흉악하게 만들고, "이리위 저리위"라 하면서 세번

새면(악사석樂士席)[19] 앞에][20 21] 상좌를 내려놓고 퇴장한다.

다음도 같은 방법으로 둘째, 셋째, 넷째, 차례로 등장하여 첫 상좌 옆에 일열로 내려놓고 퇴장한다.

상좌를 일열로 서서 [재비(악사樂士)[22]들이 연주하는 느린 영산회상곡[23]에 맞추어] 춤추다가 도도리곡[24]으로 바뀌면 두 사람씩 동서로 갈라서서 대무[對舞]한다.[25]

앞으로 오랬다 뒤로 물러가랬다 하며 괴롭히다. <박용수, 『겨레말 갈래 큰사전』, 서울대학교출판부, 1993>
③ (과거에 급제한 사람을)괴롭히다. 註; 과거에 급제한 사람을 치하하는 뜻에서 선배가 찾아와 급제한 사람의 얼굴에 관주(貫珠)를 그려 흉악하게 만들고, 앞뒤로 오라 가라 하며 괴롭히는 것을 이름. <남영신, 『우리말 분류 사전』, 동사편, 한강출판사, 1989>

'불림소리'는 허튼춤에서 서로의 흥을 돋구기 위하여 외치는 말, 좋지·좋아·얼씨구 등의 소리를 일컫는다고 한다. 이러한 점에 착안하여 필자는 불림을 다음과 같이 정리하였다.

'불림'은 '성스럽게 여기는 자리에서 괴롭힘으로써 축하하는 역설적 하례(逆說的 賀禮)'다. 이러한 관념은 과거에 급제하였거나 새로이 관직에 등용되었거나 결혼을 하거나 하는 축하할 만한 자리에서 이루어졌던 것이다. 또한 '불림'의 본래적 기능에는 '구호치어(口號致語)'와 동일한 의미가 있었던 것은 아니라 하더라도 '축(祝)'의 관념이 작용하고 있었던 것은 분명하다. 결국 가면극 대사에서의 '불림'은 '역설적 하례'라는 관념으로 언어유희와 육담(肉談) -재담(才談)과 덕담(德談)- 의 난무가 가능했다. 다만 전승되어 오는 과정에서 이러한 관념은 사라지고 오직 그 외형적 기능 -춤 문구(文句)로써의 기능- 만 남게 된 것이다. '불림'은, 국가적 제전에서의 구호치어와 그 형식과 기능면에서 상응하는 것으로, 오신(娛神) 즉 풀이와 갱신(更新) 즉 신명 등과 관련이 있으며, 언어유희와 재담과 덕담을 매개로 하면서, '역설적 하례'를 지향하는 연극적 행위이다.

18 타령곡打令曲 ; 원래는 그냥 '타령(打令)'이라 한다. 영산회상(靈山會相)의 여덟째 곡의 이름이다. 또한 서도 지방 민요의 하나를 말하기도 한다. 흥타령, 잦은 아리 또는 감내기라는 딴 이름이 있다.

19 새면(악사석樂士席) ; 가면극 공연 때 악기 연주자 혹은 연주자의 자리를 말한다. 신재효의 '가루지기타령'의 사설에서 악기를 연주하는 잽이를 새면이라고 불렀다.

20 [보정] 새면(樂士席) 앞에 ; 원자료 『重要無形文化財指定資料』 보고서'는 '적당한 장소에서'다. 실현되는 공간이 보다 구체적으로 기사화되었다. * 이하 『重要無形文化財指定資料』 보고서'를 원자료라고 한다.

21 적당한 장소에[→ 새면(악사석樂士席) 앞에] ; '적당한 장소'를 '새면 앞'으로 수정하였다. 공간이 보다 구체적으로 제시되었다.

   * 이는 수정 보완분이다. 이두현은 『重要無形文化財指定資料』 보고서에서 1차 정리를 한 다음에 『진단학보』에 수록하면서 일부 수정 혹은 추가 보완하였다. 그리고 『한국가면극』에서 다시 수정 보완하였다. 여기에서는 『진단학보』와 『한국가면극』에서 수정한 대목을 앞의 예시와 같이 [→   ] 안에 드러내기로 한다. 추가된 대목은 [   ] 안에 드러내기로 한다.

22 재비(악사樂士) ; 보통은 악기연주자를 '잽이'라고 하며, 악사(樂士)·자비·재비·치배·차비(差備) 등으로도 불린다. 걸립패(乞粒牌)에서는 악기 연주자인 풍물잽이를 그냥 잽이라고 한다. 경기도에서는 악기 연주자를 잽이라고 부르며, 전라도 지방에서는 풍물패를 치배 또는 재비라고 부른다.

23 영산회상곡(靈山會相曲) ; '영산회상(靈山會相)'을 말한다. 영산회상은 석가여래가 설법하던 영산회의 불보살을 노래한 악곡이다. 영산회(靈山會)는 석존(釋尊)이 영취산(靈鷲山)에서 주로 '법화경(法華經)'을 설법하던 때의 모임을 이르고, 이때 석존의 연세가 일흔 하나였다고 한다.

24 도도리곡 ; '도드리'의 방언이다. '도드리'는 연례악(宴禮樂)의 한 곡명으로 일명 '밑도드리', '미환입', '수연장지곡(壽延長之曲)', '송구여지곡(頌九如之曲)' 등으로 불린다. 돌아든다는 반복의 뜻을 갖는 우리말의 도드리가 한문으로는 환입(還入)이다. '도드리'는 길군악·반삼채·도드리·사모잽이·반영산·지화굿·호호굿·동말이굿·굿거리굿·달거리·허튼채·영산과 함께 나온다고 한다.

25 상좌들 일열로 서서 재비(樂士)들이 연주하는 느린 영산회상곡에 맞추어 춤추다가 도도리곡으로 바뀌면 두

[다시] 타령곡으로 바뀌면 첫째목[26]이 등장하여 쓸어진다[→ 쓰러진다].

상좌는 타령곡으로 계속 춤추면서 퇴장한다.[27]

[[사방 신[28]에 대한 배례[29]를 포함한 사상좌무는 놀이를 시작하는 의식무儀式舞[30]이다.[31] 원래는 남자가 상좌탈을 쓰고 춤을 추었으나, 일제시대에 흥행을 위하여 비속화되어 기생들이 동원되고[32] 얼굴자랑을 하기 위하여 탈마저 쓰지 않았다.[33])]

사람씩 동서로 갈라서서 對舞한다. ; 임석재본에서는 '상좌上佐들 일렬一列로 서서 춤추다가 긴 영산회상곡靈山會相曲에 맞추어 2인二人씩 동서東西로 갈라서서 대무對舞한다.' 라고 채록되었다.

26 [보정] 첫째목 ; '목'은 채록자 경우에 따라 '目', '목', '木'이라 채록되기도 하였다. 고려 때 예빈시(禮賓寺)를 '孔目(공목)'이라 하였다. '공목'은 회계와 공문서를 관장하는 관명이다. 당나라에서는 집현전에 공목을 두었고, 송나라에서는 내외관서나, 각 왕부에 공목을 두었다. 원나라에서는 도공목관을 도목이라 개칭하고 여러 사(司)에 두었는데 명나라에서는 오직 한림원에만 공목을 두었다. 이러한 차원에서 '目'의 뜻을 이해하여야 한다.

27 [보정] [다시] 타령곡으로 바뀌면 첫째목이 등장하여 쓰러진다. 상좌는 타령곡으로 계속 춤추면서 퇴장한다. ; 임석재본에서는 '타령곡打令曲으로 전轉하면 먹중Ⅰ(첫목)이 등장登場한다. 상좌上佐들은 8八먹중이 등장登場하는 동안 그 서 있는 자리에서 손춤 춘다.' 라고 채록되었다. 송석하본에서는 '상좌무上佐舞가 거의 끝날 지음에 첫목(초목初目-처음 입장入場하는 먹중)이 다름질하야 등장登場하자 4상좌四上佐 모다 퇴장退場한다.' 라고 채록되었다. 송석하본에 따르면 사상좌는 퇴장하는 것으로 설정되었다. 사상좌가 퇴장하고 안하고에 따라 공연 현장의 극적 분위기는 달라진다.

28 사방신(四方神) ; 사신(四神)은 동아시아에서 각 방위를 상징하는 청룡, 백호, 주작, 현무를 일컫는 말이다. 사수(四獸) 또는 사상(四象)이라고도 한다. 이들은 각각 동·서·남·북의 방위와, 봄·가을·여름·겨울의 계절을 주관한다고 여겨진다. 각 사신은 또한 하나씩의 오행 및 색을 상징하기도 한다. 사신(四神)은 네 방위신(方位神), 즉 좌청룡(左靑龍), 우백호(右白虎), 전주작(前朱雀), 후현무(後玄武)를 뜻하는 것으로, 청룡은 용의 형상을 이르며, 백호는 호랑이, 주작은 꼬리가 짧은 새, 즉 봉황(鳳凰)이며, 현무는 거북을 뱀이 묶은 형상이다. 이러한 형상들은 겉모습은 실재하는 동물을 닮았지만, 비현실적인 동물이며 상상의 산물이다. 고구려의 집안, 평양의 무덤 내부에는 종종 별자리와 함께 사신도가 그려졌다. 보통 입구 우측에는 백호, 좌측에는 청룡이 그려진다.

29 배례(拜禮) ; 윗사람에게 절하는 예(禮)다. 망궐례(望闕禮) -궁궐이 멀리 있어서 직접 궁궐에 나아가서 왕을 배알하지 못할 때 멀리서 궁궐을 바라보고 행하는 예-·망궁례(望宮禮)-임금이 원단(元旦)·동지(冬至)·성절(聖節)·천추절(天秋節)에 왕세자 이하를 거느리고 중국의 궁전을 향하여 하례를 드리던 일-·배표전(拜表箋)-중국 황제에게 보낼 표문(表文)을 조선왕이 본국 사신에게 전해 보내는 예(禮)-·하대비전(賀大妃殿)-대비전(大妃殿)에서의 하례(賀禮)- 및 조하(朝賀)-조정(朝廷)에 나아가 임금에게 하례(賀禮)하는 일-·조참(朝參)-중앙에 있는 문무백관들이 정전(正殿)에 모여 왕에게 문안드리는 조회(朝會)-·연향(宴享)-조선시대 궁중잔치의 총칭- 에서 배례(拜禮)할 때, 전정악(殿庭樂)으로 '낙양춘(洛陽春)'을 연주한다.

30 의식무儀式舞 ; 일반적으로는 모든 의식(儀式)에 따르는 무용을 가리킨다. 전통적인 의식무에서는 연극적 성향이 뚜렷하다. 의식 절차에 따라 무용이 진행되며, 무용으로서의 독자성이 희박하며, 의식 행사의 주체가 되는 사람의 신분, 직위에 따라 등장인물 수가 달라지고, 또한 의식에 따라 도구가 달라진다.

31 사방 신에 대한 배례를 포함한 사상좌무는 놀이를 시작하는 의식무儀式舞이다. ; 의식무로서의 '사상좌춤'은, 우리 가면극이 산대도감에서 행하였던 공연과 밀접한 관계가 있음을 보여주는 주요한 사례이다.

32 일제시대에 흥행을 위하여 비속화되어 기생들이 동원되고 ; 가면극에 기생들이 참여하기 시작한 것은 소위 교방(敎坊) -기녀(妓女)들을 중심으로 하여 가무(歌舞)를 관장하던 기관- 이 해체되면서 라고 봄이 타당하다. 기생(妓生)은 통상 잔치나 술자리에서 노래·춤 및 풍류로 참석자들의 흥을 돋우는 일을 업으로 삼았던 여자를 이른다. 여기서는 조선후기 관기의 총칭으로 관비(官婢) 중 가무(歌舞)에 뛰어난 기녀(妓女)라고 보아야 한다. 조선시대 관청에서 기생을 둔 목적은 주로 여악(女樂)과 의침(醫針)에 있었다. 따라서 관기는 의녀(醫女)로서도 행세하여 약방기생, 또는 상방(尙房)에서 침선(針線 : 바느질)도 담당하여 상방기생이란 이름까지 생겼으나 주로 연회나 행사 때 노래·춤을 맡아 하였고, 거문고·가야금 등의 악기도 능숙하게 다루었다. 기생제도는 조선

시대에 발전하여 자리를 굳히게 되었기 때문에 기생이라 하면 일반적으로는 조선시대의 기생을 지칭하게 되
며, 사회계급으로는 천민에 속하지만 시와 글에 능한 교양인으로서 대접받는 등 특이한 존재였다. 다만 매춘
행위를 하는 기생의 경우는 기생 중에서도 가장 등급이 낮은 삼등기생으로 취급받았다.

33 [보정] 원래는 남자가 상좌탈을 쓰고 춤을 추었으나, 일제시대에 흥행을 위하여 비속화되어 기생들이 동원되고
얼굴자랑을 하기 위하여 탈마저 쓰지 않았다. ; 가면을 벗게 된 이유가 실제로 이러한 요인이 작용하였는지는
알 수 없다. 가면을 착용하고 안하고에 따라서 공연미학은 달라진다. 단순히 '얼굴자랑'을 위하여 가면을 착용
하지 않았다는 기사는 신빙성이 없다. 이에 대하여는 연극사회학적인 연구가 필요한 부면이다.

2. '제이과장 팔목중춤'의 복원

제이과장第二科場 팔목중춤八目[1] 僧舞[2][3][4]

1   [보정] 팔목八目 ; '목'은 채록자 경우에 따라 '目', '목', '木'이라 채록되기도 하였다. 고려 때 예빈시(禮賓寺)를 '孔目(공목)'이라 하였다. '공목'은 회계와 공문서를 관장하는 관명이다. 고려시대 빈객의 연향(宴享), 궁중과 재신(宰臣)의 음식을 관장한 예빈성(禮賓省 : 예빈시禮賓寺 또는 전객시典客寺라고도 함)에 속하여 문서 검토와 사증을 맡은 관직이다. 당(唐)나라에서는 집현전에 공목을 두었고, 송(宋)나라에서는 내외관서나, 각 왕부에 공목을 두었다. 원(元)나라에서는 도공목관을 도목이라 개칭하고 여러 사(司)에 두었는데 명(明)나라에서는 오직 한림원(翰林院)에만 공목을 두었다. 이러한 차원에서 '目'의 뜻을 이해하여야 한다.

2   [보정] 팔목중춤(八目僧舞) ; '팔목중춤'의 연원을 팔선(八仙)과 관련시킬 수 있다는 주장을 주목할 필요가 있다. 극동아시아 문화권에는 예로부터 팔성(八聖) 혹은 팔선 관념이 널리 퍼져 있었다. 우리 자료 중에서 대표적인 것은 산천신앙과 관련이 깊은 우리 고유의 신선사상과 불교사상이 합류되어 팔선을 고려 때에 배치하였다. 우리 땅의 진산(鎭山)인 백두악(白頭嶽)을 비롯하여 거기서 약간 떨어져 있는 용위악[龍圍嶽 ; 평안북도 용천(龍川)에 있는 용골산(龍骨山)], 월성악[月城嶽 ; 고려 인종 때 송도에 속했던 토산(兎山)], 구려평양[駒麗平壤 ; 고구려의 도읍지였던 평양의 진산이고 모란봉이 있는 금수산(錦繡山)과, 한때 고구려 고국원왕(故國原王)이 자리하였던 평양 땅에 있는 목멱산(木覓山), 송도의 송악(松嶽), 증성악[甑城嶽 : 평양에 인접해 있는 증산(甑山)의 국령산(國靈山)], 두악[頭嶽 : 경기도 강화의 마이산摩利山] 등 8개소의 산악이 내세웠다. 그 영향 관계까지 추정한다면 수를 헤아릴 수 없다. 일반적으로 알려진 팔선은 종리권(鍾離權 : 한종리漢鍾離)·장과로(張果老)·한상자(韓湘子)·이철괴(李鐵拐)·조국구(曹國舅)·여동빈(呂洞賓)·남채화(藍荣和)·하선고(何仙姑) 등으로 8명을 말한다. 팔선 관념이 극에 달한 것은 원나라 때로 추정되며, 이들은 후대에 여러 예술의 소재가 되었다. 이 밖에도 동방삭(東方朔)·팽조(彭祖)·귀곡자(鬼谷子) 등을 포함시키기도 한다. 이러한 연유로 '팔선'은 신선도탈극(神仙度脫劇 : 신선도탈극神仙度脫劇)의 주요 모티프였다. 신선도탈극(神仙度脫劇)은 여덟 신선이 인간계에 내려와서 인간을 신선계로 도탈(度脫)해 간다는 내용을 담고 있다. 이들은 인간만이 아니라 잘 생긴 바위나, 나무와 같은 자연물을 인간으로 환생시켜 짝을 맺어 주고 도탈로 이끌기도 한다. '구운몽'에서도 이러한 관념이 작용하였음은 주지의 사실이다. 김만중이 '구운몽'을 통하여 도탈을 이야기하고자 하였던 것은 그의 인간적인 번뇌가 있었으리라고 추측된다.

3   [보정] 제이과장第二科場 팔목중춤(八目僧舞) ; 여기에서는 장면 명칭 '팔목중춤(八目僧舞)'라고 하였다. 오청본의 목차 '三 順序'에 '第一場 上佐舞, 第二場 墨僧舞, 第三場 社黨舞, 第四場 老僧舞, 第五場 獅子舞, 第六場 兩班舞, 第七場 미얄舞'라고 마당 명칭이 기사되어 있다. 송석하본도 마찬가지다. 어떠한 연유로 마당 명칭이 부기되었는지는 밝혀지지 않고 있다. 이 마당 명칭에 입각하여 각 마당을 연구하여 온 것이 사실이다. 마당 명칭이 곧바로 마당의 주제를 대변해 준다고 봄이 타당한지는 연구 대상이다.

4   [보정] 오청본에서는 다음과 같은 기사가 부기되어있다. 이러한 '취발이가 먹중을 타락시켜' 운운 하는 해석은 심히 자의적인 것이다. 이러한 자의적인 해석에 우리 가면극 연구가 의존해왔다. 이제는 반성해야 할 때다.
      이場面은 僧侶들의破戒過程을表現하는것으로서 醉發이가그절에잇는먹중八名을墮落식혀 老僧의마음을

〈제1경〉 목중 춤[5]

첫째목중[6][7] :　　　（붉은 색동[8]더거리[9]를 입고 [한삼[10]이 달린 붉은 원동[11]에 남색소매를 단 더거리를

움지겨보는것이다. 八墨僧은 모다靑又는紅色의恍惚한긴저고리를입고 울퉁불퉁하고奇怪한假面을쓰고 한사
람식登場하야 打令曲의伴奏에맞추어 場內로뛰여도라다니면서 奇怪하고도快活한춤을추며 여러 가지放蕩
한노래를부른다.

5　[보정] 〈제1경〉 목중 춤 ; 여덟 목이 등장하는 장면을 별도로 구분하여 장면 명칭을 달았다. 여기서 '과장(科場)'
안에 '경'을 두고 있는 것이다. '과장(科場)'이 '막act'의 개념이라면 '경'은 '장(章)scene'의 개념이다. 이는 수정분에
서 추가하였다. 채록 당시에 누락된 것인지 후에 분절이 필요하다고 하여 수정한 것인지 분명하지 않다.

6　[보정] 첫째목중의 춤장단은 느린타령에서 잦은타령으로 바뀐다. 춤은 등장하자마자 드러누워 좌우로 뒤틀며
다리를 들어 꼬면서 엎어지고 뒤집어지는 등 몸부림치기도 하고 응덩이를 들썩들썩 좌우로 돌리는 몸부림의
춤을 춘다고 한다. 춤사위는 '등장', '허리틀기', '다리제끼기', '너울질', '다리들어올리기', '근경', '고개잡이', '외사
위', '겹사위', '양사위' 등이 있다. (정병호, 『한국의 전통춤』, 집문당, 1999) [이하 '정병호'로 한다]
첫목춤에 대하여 김일출의 『조선민속탈놀이 연구』에서는 다음과 같이 설명하고 있다.

〈팔목춤〉은 우리나라 고래의 민속 행사와 민속 무용이 결합되어서 독특하게 발전된 탈춤으로서 그것은
특히 봉산(재령·순천 포함)탈놀이에서 가장 전형적으로 나타나고 있다. 첫목은 상좌춤(산대놀이에서는 상좌가
천지 사방을 향하여 합장 배례를 행하는 종교적 의식의 동작을 보이는 반면에 봉산 탈놀이에서는 볼 수 없다.)이
끝나기 전에 탈판에 나와서 눕는다. 상좌들이 들어가면 첫목은 재비의 타령에 맞추어 발끝부터 움직이는 동작을
시작한다. 겨우 전신이 움직이면 좌우로 서너 바퀴씩 굴러 본다. 간신히 일어섰다가 쓰러지나 끝내 일어서서는
두 팔로 얼굴을 가린 채로 오른편을 살피고 왼편을 살핀다. 두 팔이 움직인다. 턱 앞에 모은 양 소매를 머리
위에서 〈만사위〉로 내저으면서 전신을 격렬하게 부르르 떤다. 재비의 주악(타령)은 한층 더 빨라진다. 한편
다리를 쳐드는가 하면 한편 소매를 〈외사위〉로 휘저으면서 경쾌한 동작의 흥거운 춤이 시작된다. 즐겨 날뛰면
서 탈판을 휘돈다. 첫목의 이와 같은 <u>기괴한 춤은 사자(死者)의 부활과 부활의 환희를 표현한 것</u>이라고도
한다(재령 탈놀이 박형식 담). 〈목춤〉은 자연과 인간 사회에 관한 지식이 아직도 불충분하였던 옛날 사람들이
<u>자기의 생활에 재해(災害)와 불행을 가져온다고 믿어온 〈역귀〉를 구축하는 유쾌감 또 이것을 물리치고 난
후의 승리감·행복감을 표현</u>하고 있다. 그것은 경쾌하고 활발하고 신명나는 연기를 통하여 다채롭고 또 개성적
인 동작으로 표현된다. 그것은 특히 〈목춤〉의 클라이막스를 이르는 〈묵뚱춤〉에서 또 그 연장인 〈법고 춤〉에
서 특히 활발하고 유쾌하고 신명난 광환(狂歡)의 경지에 이른다. 씩씩하고 힘찬 8목들의 군무에는 <u>또 그해의
액운을 물리치고 일 년간의 연사(年事)가 풍성하기를 비는 백성들의 기원</u>이 담겨 있다. 목춤은 옛날 사람들이
〈역귀〉와의 쟁투를 표현한 점에서 특히 쾌활하고 낙천적인 동작들로서 승리의 즐거움을 표현한 점에서 충분한
서민성을 가지고 있다.

7　이두현 보고서에 따르면 첫째목중탈은 종이탈로 그 형상은 '주황색朱黃色 바탕에 안면顏面 하반부下半部에
흑색黑白 반점斑點을 무수히 찍었고, 이마에 두 뿔과 같은 혹(돌기突起) 두개와 미간眉間에 두개 양볼 아래에
두개 아래턱에 하나 도합都合 7개의 혹이 있고, 돌기突起 위에는 금지金紙를 발랐다. 눈썹은 흑백선黑白線으
로 표시表示하였고, 검은 두 눈동자는 튀워 놨으며[튀어나왔으며], 가장자리에 금지金紙, 그 다음이 검은색, 그
아래로는 흰색色으로 눈자위를 나타내고, 검은 테를 돌렸다. 입은 열리고, 코는 막혔다. (코 양쪽에 구멍을 터
서 볼 수 있게 하는 것이 보통普通이다.) 얼굴 둘레에 묵지墨紙로 머리카락처럼 선을 쳤다. 검은 탈보를 달았
다. 한삼이 달린 붉고 화려한 상의上衣(더거리)를 입고, 큰 방울을 무릎에 달았고, 버드나무 가지를 허리 뒷쪽
에 꽂는다.' 라고 하였다.

8　색동 ; '색을 동 달았다'라는 뜻이며, '동'이란 사물과 사물을 잇는 마디, 또는 저고리 소매에 이어 대는 천 조
각을 말한다. 보통 오색 빛깔의 헝겊을 층이 지게 차례로 잇대어 만든 저고리나 두루마기의 소맷감을 말한다.
색동은 삼국 시대부터 사용되어 왔으며, 명절과 같은 경사스러운 날 색동 복식을 착용함으로써 다채로운 상이
이루어 내는 화려함으로 즐거운 기분을 자아낸다.

9　더거리 ; 보통은 '더그레'다. 조선 시대에, 각 영문(營門)의 군사, 마상재(馬上才)꾼, 의금부의 나장(羅將), 사
간원(司諫院)의 갈도(喝道/喝導 : 조선 시대에, 높은 벼슬아치가 다닐 때 길을 인도하며 소리를 질러 행인들을

입고]¹²

큰 방울¹³을 무릎에 달고¹⁴ 버드나무 생가지¹⁵를 허리 뒤쪽에 꽂고 달음질하여 등장하다 쓸어진다.¹⁶

얼굴을 두 소매로 가리고 누운 채로 타령곡에 맞추어

삼전삼복하고 네 번만에 일어나서 매우 쾌활快活한 춤을 춘다. [발끝부터 움직이는 동작을 시작한다. 겨우 전신이 움직이면 좌우로 삼전삼복三輾三伏하고,¹⁷ 네번

비키게 하던 하인.) 등이 입던 세 자락의 웃옷이다. 소속에 따라 옷 빛깔이 달랐다고 한다.

10   한삼汗衫 ; 손을 가리기 위하여서 두루마기, 소창옷, 여자의 저고리 따위의 윗옷 소매 끝에 흰 헝겊으로 길게 덧대는 소매를 말한다. 궁중무용(宮中舞踊)을 할 때 무동(舞童)이나 여기(女妓)가 손목에 착용하는 긴 소매를 말한다. 백색의 백한삼이 있고, 여러 색이 배합된 색동한삼이 있다. 처용무(處容舞)·가인전목단(佳人剪牧丹)·무고(舞鼓)·춘앵전(春鶯囀)·보상무(寶相舞) 등 많은 궁중무용에서 모양과 길이를 달리하여 사용되고 있다. 궁중에서, '속적삼'을 이르던 말이기도 하다.

11   [보정] 원동 ; '색동'과 같은 뜻으로 쓰인 듯하다.

12   [보정] 붉은 색동더거리를 입고 [한삼이 달린 붉은 원동에 남색소매를 단 더거리를 입고] ; '붉은 색동 더거리'에서 '붉은 원동 남색 소매 더거리'라고 의상에 대한 기사가 다르게 수정되었다. 경향신문 1979년 4월 20일 기사에는 '팔먹의 의상은 저고리(더거리)가 까만색이고 반소매이며 모습이 질속한 것에 비해 현재의 의상은 지나치게 화려하다 한다. 당시의 탈은 크기도 매우 크고 코밑에 구멍을 뚫어 밖을 내다볼 수 되어있었다. 노승무에서 소무(小巫)가 가면을 쓰지 않고 전립에 쾌자를 걸치고 있으며 소무가 둘이 등장한다.' 라고 하였다.

13   [보정] 큰 방울 ; 소도구다. 이 방울이 가지고 있는 연극적 의미나 상징성은 또다른 연구 과제다. 이를 무당과 연계시킴은 경계해야 할 것이다. 방울은 모든 종교에서 사용하는 도구다.

14   [보정] 큰 방울을 무릎에 달고 ; 자료에 따라서는 방울을 허리에 차기도 한다.

15   [보정] 버드나무 생가지 ; 버드나무는 전국 각처에서 자라며 특히 냇가에서 흔히 자라고 만주와 일본에 분포한다. 썩은 버드나무의 원줄기는 캄캄할 때 빛이 난다. 시골사람들은 이것을 도깨비불이라고 하며 무서워하고 있다. 따라서 산골에서 도깨비가 나온다고 알려진 곳은 습지에서 버드나무가 무성한 숲일 때가 많다. 물가 어디서나 잘 자라는 나무로, 생명력을 상징하고 칼처럼 생긴 잎은 장수나 무기를 나타낸다. 학질을 앓고 있을 때 환자의 나이 수만큼 버들잎을 따서 봉투에 넣고 겉봉에 '유생원댁입납(柳生員宅入納)'이라 써서 큰길에 버리면 쉽게 낫는다고 믿었다. 먼 길을 떠나는 낭군에게도 버들가지를 꺾어주어 보냈는데, 이는 나그네 길의 안녕과, 건강을 기원하는 뜻이 담겨 있다고 한다. 불교에서 서른 셋 관세음보살이 신봉되었는데 그 첫째인 양류관세음보살(楊柳觀世音菩薩)을 비롯하여 덕왕(德王), 청경(靑頸), 쇄수(灑水) 관세음보살이 버드나무와 관계가 있다고 한다. 관세음보살 진언에 '몸에 있는 질병을 없애려거든 버드나무 가지를 든 관세음보살에게 진언을 왼다.'라고 한 점으로 보아 그 종교적 심성을 알 수 있다. 민속극인 봉산가면극에서 첫목의 소도구인 '푸른 버드나무가지'도 이러한 '생명력의 상징'이라는 차원에서 포용할 필요가 있다. 취발이도 푸른 버드나무 가지를 꼽고 등장한다.

16   [보정] 붉은 색동더거리를 입고 [한삼이 달린 붉은 원동에 남색소매를 단 더거리를 입고] 큰 방울을 무릎에 달고 버드나무 생가지를 허리 뒤쪽에 꽂고 달음질하여 등장하다 쓸어진다. ; 의상과 소도구와 행위가 제시되어 있다. 임석재본에서는 '붉은 웃옷을 입고 허리에는 큰 방울을 차고 버드나무 생가지를 띄어 꽂고 다름질하여 입장入場한다.' 라고 채록되었다.

제4장 노장춤(老僧舞)에서 취발이가 등장하는 장면을 보면 '(허리에 큰 방울을 차고 푸른 버들가지를 허리띠에 꼽고 술 취醉한 것처럼 비틀거리고 등장登場하다가 갑짜기 다름질하며 중앙으로 온다)'라 하였다. 이로 보아 소위 '제2장 팔목중춤무(八默僧舞)'에 첫목과 취발은 동일한 맥락에서 해명될 필요가 있다. 이러한 입장에서 볼 때에 제2장부터 제4장까지는 여덟 행위자 즉 팔목을 중심으로 전개되는 마당이라고 볼 수 있다. 여기에 제5장 사자춤 마당도 포함될 수 있다.

만에 간신히 일어서다가 쓰러지나 끝내 일어서서는 두 팔로 얼굴을 가린 채로 오른편을 살피고 왼편을 살핀다. 턱 앞에 모은 양 소매를 머리 위에서 만사위[18]로 휘저으면서 전신을 격렬하게 부르르 떤다. 그리고 비로소 얼굴을 가린 소매를 메고 괴이한 붉은 가면[19]을 관중에게 처음 보인다. 재비의 타령곡이 한층 더 빨라지면, 팔을 휘저으며 한쪽 다리를 쳐드는가 하면, 한편 소매를 외사위[20]로 휘저으면서 매우 쾌활한 깨끼춤[21]을 추면서 탈판[22]을 휘돈다.]

둘째목중[23] [24] [25] :　(달음질하여 등장. 첫목[26]의 면상을 한삼자락으로 탁 치면 첫목은 아무 말 없이 [힐끗 뒤돌아다보고] 퇴장한다.[27]

17　[보정] 겨우 전신이 움직이면 좌우로 삼전삼복三輾三伏하고, ; 임석재본에서는 '<주註, 이 춤은 퍽이나 선정적煽情的이다.>' 라고 부기하였다. 첫목의 삼전삼복(三輾三伏)에 대하여는 김일출의 『조선민속탈놀이 연구』의 자료를 염두에 둘 필요가 있다. 김일출은 '첫목의 이와 같은 기괴한 춤은 사자(死者)의 부활과 부활의 환희를 표현한 것이라고도 한다(재령 탈놀이 박형식 담). <목춤>은 자연과 인간 사회에 관한 지식이 아직도 불충분하였던 옛날 사람들이 자기의 생활에 재해(災害)와 불행을 가져온다고 믿어온 <역귀>를 구축하는 유쾌감 또 이것을 물리치고 난 후의 승리감·행복감을 표현하고 있다.'고 하였다.

18　만사위 ; 가면극에서, 두 팔을 위에서 좌우로 흔들어 거의 앉은 자세로까지 내렸다가 몸을 한껏 높여 팔을 올리고 다시 내리는 춤사위를 말한다.

19　[보정] 괴이한 붉은 가면 ; 가면의 바탕이 붉은색이고 그 형상에서 그로테스크한 이미지를 보여주고 있다는 기사다. 이는 우리 가면의 미학적 인식에 있어서 염두에 두어야 할 바다.

20　외사위 ; 가면극에서 추는 춤사위다. 제자리에서 오른발을 들고 오른팔을 머리 위에서 치며 몸통을 왼쪽으로 틀면서 뛰고 다시 왼발과 왼손으로 같은 동작을 반복하여 제자리로 서는 춤사위이다.

21　깨끼춤 ; 오른쪽 다리를 앞으로 굽혀 들고 두 팔을 활개펴기를 했다가 차례로 오른 무릎 위에 손을 얹어 가며 추는 춤사위를 말한다.

22　탈판 ; 가면극 공연의 무대를 말한다.

23　[보정] 둘째목중 ; 임석재본에서는 '먹중 Ⅱ', 오청본, 송석하본에서는 등장인물 기호를 '二目'이라 하였다. 이하 같은 방식이다.

24　[보정] 정병호는, 둘째목중의 춤장단은 잦은타령이고, 춤은 불림으로 시작하여 '독수리 날개치는사위', '쭈그려 앉아서 어르는 사위', '어깨춤', '고개잡이', 도무로서의 '외사위', '겹사위', '양사위' 등이 있다고 한다.

25　원자료에 따르면 둘째목중 이하의 탈들은 첫째목중과 형상이 같고 '얼굴 둘레에 靑色紙를 둘렀으며 홍紅 청靑 황黃 자주색色의 연한 것과 진한 것의 팔색八色 상의上衣(더거리)와, 각색各色 큰 대帶의 상하上下 대조색對照色을 이루는 팔색八色의 연한 바지를 입는다. ([전에는] 무녀巫女 옷을 [빌려] 입었었다.)' 라고 하였다. 무녀의 옷을 '빌려' 입었다는 기사는 연극사회학적인 차원에서 다룰 과제다.

26　[보정] 첫목 ; 앞에서는 '첫째목중'이라고 하였다. 동일한 등장인물에 대하여 두 가지 등장인물기호가 사용되고 있다. 본래 '첫목'은 곧 첫 번째 등장인물 -혹은 배우- 이라는 뜻이다. 여기에 '중'이 붙어서 '첫째목중'이 되었다. 이는 첫목이 가사(袈裟)를 메고 등장하기 때문에 붙여진 기호인 듯하다. 이하 이 장면의 등장인물들의 기호도 같다.

27　[보정] (달음질하여 등장. 첫목의 면상을 한삼자락으로 탁 치면 첫목은 아무 말 없이 [힐끗 뒤돌아다보고] 퇴장한다 ; 면상을 치는 것으로 되어 있으나 현재는 뒤에서 치는 것으로 공연되고 있다. 이에 대하여는 '큐(cue)'와 같이 등퇴장을 지시하는 것으로 파악되고 있으나 이러한 입장은 공연 현장에서 관찰된 것에 지나지 않는다. 성현(成俔)의 『용재총화(傭齋叢話)』 기사를 주목할 필요가 있다. 딱딱 치는 행위는 소위 양반춤에서도 나타난다. 이두현이 사직골 가면극 공연집단을 '딱딱이패'라고 한 점도 이를 규명하는 데에 긴요한 자료가 된다. 임석재본에서는 '다름질하여 등장登場. 첫목의 면상面相을 탁 치면, 첫목 아무 말 하지 않고 퇴장退場한다'라고, 오청본에서는 '첫목의 面을 한번 탁-쳐서 退場식히고'라고 채록되었다.

달음질하여 장내를 한 바퀴 돌고 적당한 자리에 [→ **탈판 가운데에**][28] 서

서 좌우를 돌아보고[29])

쉬이 아앗쉬 아앗쉬[30]

(반주 멈춘다.) [(이하 팔목의 등퇴장하는 방식은 같다.)]

산중에 무력일無曆日 하야[31] [32]

철 가는 줄을 몰랏더니,

꽃 피어 춘절이요,

잎 돋아 하절夏節이라.

오동 낙엽梧桐落葉 추절秋節이요,[33]

저 건너 창송녹죽蒼松綠竹[34]에

[참고] 성현(成俔) 『용재총화(傭齋叢話)』 : 구나(驅儺)의 일은 관상감(觀象監)이 주관한다. 제석(除夕)의
전야에 창덕궁과 창경궁의 대궐 뜰에서 한다. 그 제도는 악공 한 사람이 창수(唱帥)가 되어서 붉은 옷에 탈
을 쓴다. 방상씨(方相氏)로 분장한 네 사람은 황금빛 네 눈을 하고 곰 가죽을 쓰고 창을 잡았으며 **딱따기를
친다.** 지군(指軍) 다섯 사람은 붉은 옷을 입고 탈을 쓰고 그림 그린 전립(戰笠)을 쓴다. 판관(判官) 다섯 사
람은 푸른 옷에 탈을 쓰고 그림을 그린 전립[화립(畫笠) : 겨울에 구나(驅儺)할 때에 지군(持軍)과 판관(判
官)이 쓰는 갓을 쓴다. 조왕신(竈王神) 네 사람은 푸른 도포에 복두를 쓰고, 나무 홀(笏)을 들며 탈을 쓴다.
소매(小梅) 두어 사람은 여자의 저고리를 입고 탈을 쓴다. 저고리 치마는 다 붉은 빛과 푸른 빛으로 길다란
간당(竿幢)을 잡는다. 십이신(十二神)은 각기 자기의 탈을 쓴다. 가령 자신(子神)은 쥐 형상의 탈을 쓰고, 축
신(丑神)은 소 형상의 탈을 쓴다. 또 악공 십여명이 복숭아가지로 만든 비[桃列 : 부정 풀이할 때에 쓰는 복
숭아 가지로 만든 비 - 필자]를 잡고 따라 간다. 아동 수십명을 골라서 붉은 옷, 붉은 건을 착용하고 탈을
쓰고 진자(侲子 : 어린 아이, 옛날에 역귀(疫鬼)의 구축(驅逐)을 맡은 아이 - 필자)가 되게 한다.

28　[보정] 적당한 자리에 [→ 탈판 가운데에] ; 오청본에서는 '악공 앞'이라 하였다. 당시 공연현장을 그린 이두현
　　본의 도면을 참고하여 보면 악공을 등지고 관중을 정면과 좌우에 두고 서는 곳이 된다. 이두현본의 도면에 따
　　르면 관중편에서 볼 때에 왼편에 개복청이 있으니 결국 둘째목중은 무대의 왼편에서 등장하여 왼편으로 퇴장
　　하게 된다. 여기에서는 관중편에서 방향을 제시하도록 한다.

29　좌우를 돌아보고 ; 관중을 들러보는 행위이다.

30　[보정] 쉬이 아앗쉬 아앗쉬 ; 춤을 그치면서 음악을 멈추라는 뜻이다. 그러면서 다음 대사를 시작하겠다는 뜻
　　을 담은 대사다. 한편 관중에게는 집중하여 들어 달라는 뜻도 있다. 이하도 같다.

31　산중에 무력일無曆日 하야 ; 산속에 책력이 없다는 뜻으로 세월 가는 줄을 모른다는 말이다. 당나라 태상음자
　　(太上陰者)의 '답인(答人)' '소나무 아래에 와서는, 돌베개를 높이 베고 있네. 산속이라 책력이 없어 추위는 다
　　했으나 해가 간 줄 모른다네. 偶來松樹下 高枕石頭眠 山中無曆日 寒盡不知年'을 원용한 것이다. 이와 같이
　　한시구를 원용하는 사례는 특히 조선후기 우리 공연문화 -대표적으로 탈춤, 판소리, 가사, 시조, 사설시조, 잡가- 에서
　　흔히 나타난다. 이와 같은 양상은 연구과제다.
　　　　[참고] 사설시조(辭說時調) - 山中에 無曆日 하야 절 가는 줄 몰낫드니 / 꼿 피면 春節 입 피면 하절이요
　　黃菊 丹楓 秋節이라 / 저근너 층암 절벽상 蒼松 綠竹의 白雲이 분분 휘날이니 冬節인가. 『잡지(雜誌)』

32　[보정] 산중에 무력일無曆日 하야 ; 고어투의 대사다. 대체로 삽입가요를 원용한 경우에 고어투의 구사가 많다.
　　수정분에서는 이를 모두 현대어로 수정하였다. 여기에서는 수정분은 표기하지 않는다. 이하 모두 같다.

33　오동 낙엽梧桐落葉 추절(秋節)이요 ; 오동잎이 떨어지니 가을이요. * 원자료에 한자 표기가 없는 경우 필요
　　에 따라서 괄호 없이 노출시킨다. 이하 같다.

백설이 펄펄 휘날리니

이 아니 동절冬節이냐.

나도 본시 강산 오입誤入[35]쟁이로[36]

산간에 묻혓더니[37],

풍유風流소리[38]에 반겨 듣고[39]

염불에 뜻이 없어[40]

풍유소리에

한 번 놀고 가려던[41][→ 풍류소리에 한번 놀고 가려던…][42]

백수한산白首寒山에 심불로心不老[43][……]

---

34   창송녹죽蒼松綠竹 ; 푸른 소나무와 푸른 대나무를 말한다. '창송취죽(蒼松翠竹)'이라고도 한다.

35   오입誤入 ; 남자가 아내가 아닌 여자와 성관계를 가지는 일, 또는 노는계집과 성관계를 가지는 일을 말한다. 외입(外入)이라고도 한다.

36   [보정] 나도 본시 강산 오입誤入쟁이로 ; 여기서는 '나도 본래는 풍류남아로'라는 뜻으로 쓰였다.

37   산간에 묻혓더니 ; 속세를 떠나서 자연 속에서 살았다는 뜻이다.

38   [보정] 풍유風流소리 ; 풍류는 속되지 않고 운치 있는 일이나 '음악'을 일컫는 말이다. 여기서의 '풍류소리'는 가면극이 공연되고 있는 현장에서 들리는 음악 소리를 두고 이른 것이다.

39   풍유風流소리에 반겨 듣고 ; 가면극의 현장에서 들리는 소리를 반겨 들었다는 말이다.

    [참고] '의유당일기' : 풍류를 일시에 주(奏)하니 대무관(大鳫官)풍류라 소리 길고 화(和)하여 들음즉 하더라. 모든 기생을 쌍지어 대무(對舞)하여 종일 놀고 날이 어두우니 돌아올새, 풍류를 교전(轎前)에 길게 잡히고 청사초롱 수십쌍을 고이 입은 기생이 쌍쌍이 들고 섰으며, 횃불을 관하인(官下人)이 수없이 들고나니, 가마속 밝기 낮 같으니 바깥 광경이 호말(毫末)을 셀지라. 군악은 귀를 이아이고 초롱빛은 조요하니…… 대완을 타고 누하문(樓下門)을 나가는데, 풍류를 치고 만세교로 나가니 훤화가갈(喧譁呵喝)이 또한 신기롭더라.

40   염불에 뜻이 없어 ; 불도(佛道)를 닦는 일에는 관심이 없다는 말이다.

41   [보정] 한 번 놀고 가려던 ; 대화반응을 불림으로 활용하여 실현한다. 특히 '한번 놀고 가려던'을 노래조로 실현한다. 여기서 '-던'은 해라할 자리에 쓰여, 과거에 직접 경험하여 새로이 알게 된 사실에 대한 물음을 나타내는 뜻을 품고 있다. '-더냐'보다 더 친근하게 쓰는 말이다. 이와 같은 수법은 이 장면에서 여럿 곳에서 실현된다. 수정분에는 '가려던'에 장음으로 실현한다는 뜻에서 '……' 표가 있다.

    불림에 대한 자료들을 정리해 보면 다음과 같다. 오청 채록 봉산탈춤 에는 불림에 해당하는 사설을 '(…唱)'이라 하였다. 김일출은 이보다 분명하게 '○불림'이라 하고 ≪ ≫ 안에 넣었다. 이두현 채록 봉산탈춤에는 '제이과장 제이경 법고놀이'나 '제사과장 제삼경 취발이춤'에서 '불림으로'라 하고 < > 안에 넣었다. 김일출은 사설과 불림을 구별하지 않고 ≪ ≫ 안에 넣었으나, 이두현채록 봉산탈춤에서는 '불림으로'라고 한 경우도 있고, 한편으로는 불림은 < >으로 구별한 것으로 보아, '(불림으로)'으로 라고 단서를 달지 않았더라도 < > 안에 넣은 사설은 불림으로 보아도 무방할 것이다. 이두현 채록 양주별산대놀이에서도 '불림으로'라고 채록되었다. 허영호 구술 채록 송파 산대놀이에는 '(불림)', '(불림을 하고 타령조로----)', '(불림을 하고 춤으로 ----)', '…불림을 하고 다같이 춘다…' 등과 같이 채록되었다. 이두현 채록 가산오광대에서는 '불림조로'라고 하였다. 이에 상응하는 자리에 '창'이라 채록된 것, '노랫조로'라고 채록된 것, '후렴', '후렴 후에 음악과 춤으로 한참 놀다가' 등으로 채록되었다. '歌'라고 채록된 경우도 있다. 따라서 불림이라 채록된 것을 기초로 하여 그에 상응하는 자리에 채록된 것들을 일단은 불림으로 볼 것이다.

42   [보정] 반겨 듣고 염불에 뜻이 없어 이런 ; 수정분에는 없다.

(타령곡에 맞추어 춤을 춘다. 한참 추다가)

쉬이[→ 쉬이이][44]

(반주 그친다.)

수인사修人事 연후에 대천명待天命이요

봉제사奉祭祀 연후에 접빈객接賓客이라 하였으니

수인사 들어가오.[45]

낙양[46]동천[47] 이화정[48]洛陽 洞天 梨花亭[49]

[50]

(타령곡에 맞추어 한참 출 때 세째목이 등장하여 면상을 탁 치면 놀래서 퇴장)

---

43 백수한산白首寒山에 심불로心不老 ; 한자어 불림이다. '한산과 같이 머리는 희었으나 마음은 늙지 않았다'라는 뜻이다. 당나라 왕발(王勃)의 '등왕각서(滕王閣序)'의 '내가 믿는 바로는 / 군자는 가난을 편안하게 여기고 / 달인은 자신의 운명을 안다. / 늙을수록 더욱 강해져야 하나니 / 어찌 노인의 마음을 알 것이며, / 가난할수록 더욱 굳건해져야 하나니 / 청운의 뜻을 저버리지 않을 것이다. 所賴 君子安貧 達人知命 老當益壯 寧知白首之心 窮且益堅 不墜靑雲之志'를 원용한 대사다. 몸은 늙었을망정 마음은 청운지지(靑雲之志)를 버리지 않는다는 뜻이다. 이를 원용한 것이다. 이같은 양상은 가사 작품에서도 나타나는데 '금강도사도덕가'에서는 '白首寒山心不老라 靑春압장 이世界에 마음조차 늘글소냐' 라고 읊었다. 오청본에서는 '心不老心不老白首寒山에心不老'라고 채록되었다.

44 [보정] 쉬이[→ 쉬이이] ; 수정분에서는 '쉬이이'로 수정하였다. '이'가 장음으로 실현된다는 뜻이다. 춤을 그치면서 음악을 멈추라는 뜻이다. 그러면서 다음 대사를 시작하겠다는 뜻을 담은 대사다. 한편 관중에게는 집중하여 들어 달라는 뜻도 있다. 이하도 같다.

45 수인사修人事 연후에 대천명(待天命)이요 봉제사(奉祭祀) 연후에 접빈객(接賓客)이라 하였으니 수인사 들어가오 ; 불림으로 활용되었다. 조상 제사를 잘 받들어 모신 후에 귀한 손님을 대접하고, 사람의 도리를 다한 후에 하늘의 명을 기다린다 하였으니 수인사 -인사를 예법에 맞게 하는 일- 한 마디 들어가오. '수인사대천명(修人事待天命)'은 사람의 할 바를 다하고 천명을 기다린다는 뜻이다. 참고로 '계녀가(誡女歌)'의 가사에도 이러한 내용이 등장하는데, 화자가 내일 신행(新行) 가는 딸에게 사구고(事舅姑)·사군자(事君子)·목친척(睦親戚)·봉제사奉祭祀·접빈객接賓客 등 한 집안의 며느리로서 지켜야 할 일들에 대해 읊고 있다.

46 낙양(洛陽) ; 중국 하남성(河南省)의 도시로, 주(周)나라의 낙읍(洛邑)으로 후한(後漢)·진(晋)·수(隋)·후당(後唐)의 도읍지였다. 하남은 주대(周代)의 고도인 낙양의 별칭이다. 하남성(河南省)이 예부터 한(漢) 민족의 활동 중심지였기에 중원(中原)이라고도 한다.

47 동천(洞天) ; 신선이 사는 세계, 혹은 산에 싸이고 내에 둘린 경치 좋은 곳을 뜻한다. 참고로 '부상동천(扶桑東天)은 동쪽 바다의 해 돋는 곳에 있다는 신목(神木), 또는 그 신목이 있는 곳을 말한다.

48 이화정(梨花亭) ; 낙양의 동쪽 산기슭에 있는 정자로, 조선 후기의 고소설인 '숙향전(淑香傳)'에 나오는 지명이기도 하다.

49 낙양동천 이화정洛陽洞天 梨花亭 ; 한자어 불림이다.

50 [보정] 이 둘째목중의 장면은, '등장하는 소리 → 찬(讚)을 담은 대사 → 등장한 이유 → 불림 → 춤 → 수인사 → 불림 → 춤' 순으로 실현된다. 불림이 한번만 실현되는 경우도 있다. 이하도 같다.

셋째목중[51] :　　　　(달음질하야 등장.

둘째목의 면상을 탁 친다.

둘째목 퇴장.

달음질로 장내를 한 바퀴 돌고 탈판 가운데 적당한 자리에 서서[52] 좌우를 돌아보면서)

쉬이, 아앗쉬 아앗쉬 쉬이.

(반주 멈춘다.) <이하 다른 목중들도 이러한 방법으로 등장한다.>

이곳에 당도하여 사면을 돌아보니

담박영정澹泊寧靜[53] 네 글자

분명히 붙여 있고

동편을 바라보니

만고성군萬古聖君[54] 주문왕周文王[55]이

태공망太公望[56] 찾으려고

51　[보정] 정병호는 셋째목중의 춤은 불림으로 시작하여 '개구리뛰기', '두 팔 벌려 어깨춤으로 어르면서 회전하기', '물결사위', '고개잡이', 도무로서의 '외사위', '겹사위', '양사위' 등이 있다고 한다.

52　[보정] 탈판 가운데 적당한 자리에 서서 ; 임석재본에서는 '적당適當한 곳에 서서', 오청본에서는 '樂工의압흐로와서'라고 채록되었다. '무대의 중앙에 관객을 향하여 서서'라고 할 수 있다.

53　담박영정(澹泊寧靜) ; 제갈량(諸葛亮)이 '계자서(誡子書)'에서 '군자의 행실이란 고요한 마음으로 몸을 닦고, 검소함으로써 덕을 기르는 것이다. 마음에 욕심이 없어 담박하지 않으면 뜻을 밝힐 수 없고, 마음이 안정되어 있지 않으면 원대한 이상을 이룰 수 없다. 夫君子之行 靜以修身 儉以養德 非澹泊無以明志 非寧靜無以致遠'라고 하였다. 이러한 뜻을 압축하여 사자성어(四字成語)를 만든 것이다. 전통적으로 이 사자성어를 현판으로 만들어 붙였다.

54　만고성군萬古聖君 ; 만고에 어질고 덕이 뛰어난 임금을 말한다.

55　주문왕周文王 ; 기원전 12세기경, 중국 주(周)나라를 창건한 왕이다. 이름은 창(昌)이다. 계왕(季王)의 아들이요, 무왕(武王)의 아버지다. 어머니는 은(殷)나라에서 온 태임(太任) 서백(西伯)이라고도 한다. 은나라에서 크게 덕을 베풀고 강국으로서 이름을 떨친 계(季)의 업을 계승하여, 점차 인근 적국들을 격파하였다. 위수(渭水)를 따라 동진하여 지금의 서안(西安) 남서부 풍읍(豊邑), 즉 호경(鎬京)에 도읍을 정하였다. 은나라의 주왕(紂王)이 산동반도(山東半島)의 동이(東夷)족 정벌에 여념이 없는 틈을 타, 인근 제후의 지지를 받아 세력을 길러 황하강(黃河江)을 따라 동으로 내려가, 화북(華北)평원으로 진출하였다. 그 도하점(渡河點) 맹진(孟津)을 제압하고, 은나라를 공격할 태세를 정비하였다. 만년에는 현상(賢相) 여상(呂尙 : 태공망太公望)의 도움을 받아 덕치(德治)에 힘썼다. 뒤에 은나라로부터 서방 제후의 패자(覇者)로서 서백의 칭호를 사용하도록 허락받았다. 은나라와는 화평주의적 태도를 취하였으며, 우(虞)·예(芮) 등 두 나라의 분쟁을 중재하여 제후들의 신뢰를 얻어 천하 제후의 절반 이상이 그를 따랐다. 죽은 뒤 무왕이 은나라를 쓰러뜨리고 주나라를 창건하였으며, 그에게 문왕이라는 시호(諡號)를 추존하였다. 뒤에 유가(儒家)로부터 이상적인 성천자(聖天子)로서 숭앙을 받았으며, 문왕과 무왕의 덕을 기리는 다수의 시가 『시경(詩經)』에 수록되어 있다.

56　태공망太公望 ; 주(周)나라 초기의 현신(賢臣) 여상(呂尙)이다. 여상은 주나라 동해(東海) 사람이다. 본성(本

위수양(渭水陽)[57] 가는 경을

역역歷歷히[58] 그려 있고[59]

남편을 바라보니

춘추春秋적[60] 진목공秦穆公[61]은

姓)은 강씨(姜氏)다. 자(字)는 자아(子牙)다. 그의 선조가 여(呂)에 봉해졌으므로 여상(呂尙)으로 칭해졌다. 나이 칠순에 위수(渭水)에 낚시를 드리우며 때를 기다린 지 10여 년 만에 주나라 문왕(文王)을 만나 초빙된 다음, 문왕(文王)의 스승이 되었으며, 문왕은 그가 조부인 태공(太公)이 항시 바라던 사람이라는 뜻에서 '태공망(太公望)'이라고 했다. 병법의 이론에도 밝아서 문왕(文王)이 죽은 뒤에 무왕(武王)을 도와 목야(牧野)의 전투에서 은(殷)나라 주(紂)왕의 군대를 물리치고 주나라를 세우는 데 큰 공을 세웠고, 후에는 제(齊) 땅을 영지로 받아 제(齊)나라의 시조(始祖)가 되었다.

57 위수양(渭水陽) ; 강 이름이다. 중국 감숙성(甘肅省) 위원현(渭源縣)의 서북 조서산(鳥鼠山)에서 발원하여 섬서성(陝西省)을 거처 낙수(洛水)와 합처 황하(黃河)로 흐른다. 강태공(姜太公)이 이곳에서 은거하며 낚시를 하며 세월을 보내다 주(周)나라 문왕(文王)을 만난 곳으로 유명하다.

58 역역歷歷히 ; '자취나 기미, 기억 따위가 환히 알 수 있게 또렷이' 라는 뜻이다.

59 동편을 바라보니 만고성군 주문왕(周文王)이 태공망(太公望) 찾으려고 위수양(渭水陽) 가는 경을 역역歷歷히 그려 있고 ; 주문왕과 태공망과의 고사를 그린 그림을 말한다. 소위 '사벽도(四壁圖) 사설'을 원용한 것이다.

[참고] 『사기』 「제태공세가(齊太公世家)」 : 태공망(太公望) 여상(呂尙)은 동해(東海) 근처 사람으로, 그의 선조는 일찍이 사악(四嶽)이 되어 우(禹)임금이 물과 땅을 정리하는 것을 도와 크게 공을 세웠다. 그들은 우(虞)와 하(夏) 시대에 여(呂) 또는 신(申) 땅에 봉해졌으며 성(姓)은 강씨(姜氏)였다. 하(夏)와 상(商) 왕조 때에는 그 방계의 자손이 신과 여 땅에 봉해지기도 하였고, 또 평민이 되기도 하였는데, 상(尙)은 그 후예로서, 본래의 성은 강씨였지만 그 봉지(封地)를 성으로 하여 여상(呂尙)이라고 부른 것이다. 여상은 곤궁하고 연로한데 낚시질로 주서백(周西伯)에게 접근하려고 하였다. 서백(西伯)이 사냥을 나가려고 하다가 점을 쳤는데, 점괘가 나오기를 "잡을 것은 용도 이무기[彨]도 아니고, 호랑이도 곰[羆]도 아니다. 잡을 것은 패왕의 보필이다"라고 하였다. 이리하여 주서백이 사냥을 나갔다가 과연 위수(渭水) 북쪽에서 여상을 만났는데, 그와 이야기를 나누고는 크게 기뻐하며 이렇게 말하였다. 우리 선대(先代)의 태공(太公) 때부터 이르기를 "장차 성인(聖人)이 주(周)나라에 올 것이며, 주나라는 그로 하여 일어날 것이다 라고 하였습니다. 선생이 진정 그분이 아닙니까? 우리 태공께서 선생을 기다린 지가 오래되었습니다." 이리하여 그를 '태공망(太公望)'이라고 부르며 수레에 함께 타고 돌아와서 사(師)가 되게 하였다. 어떤 이의 말로는, 태공은 박학다식하여 상(商)나라 주왕(紂王)을 섬겼으나 주왕이 포악무도하자 떠나버렸으며, 제후들에게 유세하였지만 알아주는 이를 만나지 못하였다가 마침내 서쪽으로 가서 주 서백에게 의지하게 된 것이라고 한다. 어떤 이의 말은 또 이러하다. 여상은 처사(處士)로서 바닷가에 숨어 살았는데, 주 서백이 유리(羑里) -역사적으로 주문왕이 갇혔던 곳- 에 구금되자 평소에 여상을 알고 있던 산의생(散宜生)과 굉요(閎夭)가 그를 불러냈다. 여상도 "내가 듣기에 서백은 현명하고 또 어른을 잘 모신다고 하니, 어찌 그에게 가지 않겠는가" 라고 하였다고 한다. 이들 세 사람은 서백을 위하여 미녀와 보물을 구해서 주왕에게 서백의 죄값으로 바쳤다. 이리하여 서백은 구금에서 풀려나 주나라로 돌아올 수 있었다는 것이다. 이처럼 전설에 따라 여상이 주나라를 섬기게 된 경위를 달리 말하지만, 그 요점은 다같이 그가 주나라의 문왕(文王)과 무왕(武王)의 스승이 되었다는 것이다. 주 서백 희창(姬昌)은 유리에서 벗어나 돌아오자 여상과 은밀히 계획을 세우고 덕행을 닦아 상(商)나라의 정권을 넘어뜨렸는데, 그 일들은 주로 용병술과 기묘한 계책을 펴는 것들이었다. 따라서 후세에 용병술과 주나라의 권모(權謀)를 말하는 이들은 모두 태공(太公)을 그 주모자로 존숭하였다. 주 서백이 공평한 정치를 하며, 우(虞)나라와 예(芮)나라의 분쟁을 해결하자 시인들이 서백을 '천명을 받은 문왕(文王)'이라고 칭송하였다. 문왕이 숭(崇), 밀수(密須), 견이(犬夷) 등의 나라들을 정벌하고, 풍읍(豐邑)을 크게 건설하고, 천하의 3분의 2를 주나라에 귀순하게 한 것들은 대부분이 태공의 계책에 의한 것이었다.

60 춘추春秋적 ; 춘추시대다. 중국 주(周)나라의 동천(東遷)으로부터 진(晉)나라의 대부(大夫)였던 한(韓)·위(魏)·조(趙) 세 성씨의 독립까지 약 320년간의 시대를 말한다.

건숙蹇叔[62]이를 찾으려고

농명촌農明村[63] 가는 경을

역역히 그려 있고,[64]

---

61   진목공秦穆公 ; 진(秦)나라의 14대 군주로 본명은 임호(任好)다. 진나라의 진흥의 터전을 마련한 영명한 군
주로, 공자(孔子)·백리해(百里奚)·건숙(蹇叔)·서걸술(西乞術)·건병(蹇丙, 건숙의 아들)·공손지(公孫枝)·
요여(繇余) 등의 현신, 책사들의 보필을 받아 서융(西戎) 지역의 많은 부락들을 정벌해 진나라의 영토와 영민
(領民)을 대폭 증가시킴으로써 진을 무시하지 못할 서방 강국으로 융성시켰다.

62   건숙蹇叔 ; 제(齊)나라 출신의 현인(賢人)이다. 세상이 몰라주는 백리해(百里奚)의 비범함을 첫눈에 간파하
고 그를 오랫동안 거두어 주었다. 백리해가 주인을 찾아 나설 때마다 신중할 것을 거듭 충고했고 드디어 진목
공(秦穆公)에게 발탁되자 그의 추천으로 역시 진목공을 섬기게 되었다. 뛰어난 지략과 경륜으로 백리해와 함
께 진목공이 서융(西戎)의 패주(覇主)가 되도록 하는 데 결정적 역할을 한 사람이다.

63   [보정] 농명촌農明村 ; '명록촌(鳴鹿村)'의 잘못이다. 건숙(蹇叔)이 은거하였던 곳이다. 지금의 하남성(河南省)
주구시(周口市) 녹읍현(鹿邑縣)에 있다. '명록촌(鳴鹿村)'이 '녹명촌'으로 와음되고, '녹명촌'이 다시 '농명촌'으로
와음된 경우다. '녹명(鹿鳴)'은 임금이 여러 신하와 귀한 손님에게 잔치를 베풀고 사신(使臣)을 송영(送迎)하는
데 쓰인 악가(樂歌)였다. 그 후에 연례(燕禮)와 향음주(鄕飲酒)에서 쓰였다. 내용은 우는 사슴에게 먹이를 주듯이
임금이 신하를 불러 향응(饗應)함에 비유한 것이다. 『시경』에 '유유한 사슴의 울음 들의 다북쑥을 먹는다. 나
반가운 손이 있어 비파를 타고 피리를 분다. 呦呦鹿鳴 呦呦 食野之苹 我有嘉賓 鼓瑟吹笙' 라고 하였다.

64   남편을 바라보니 춘추(春秋)적 진목공(秦穆公)은 건숙(蹇叔)이를 찾으려고 농명촌(農明村) 가는 경을 역역
히 그려 있고, ; 진목공과 건숙과의 고사를 그린 그림을 말한다. 소위 '사벽도(四壁圖) 사설'을 원용한 것이다.
    [참고] 『사기』 「진본기(秦本紀)」 – 목공 임호(任好) 원년, 목공은 친히 군대를 이끌고 모진(茅津)을 토벌하
여 승리하였다. 4년, 목공이 진(晉)나라에서 아내를 맞아들였는데, 그녀는 진의 태자 신생(申生)의 누이였다.
그해 제 환공은 초(楚)를 토벌하여 소릉(邵陵)에 이르렀다. 5년, 진헌공(晉獻公)이 우(虞)나라와 괵(虢)나라
를 멸망시키고 우왕(虞王)과 그의 대부 백리혜(百里傒)를 포로로 잡아왔는데, 이것은 진헌공이 백옥(白玉)과
양마(良馬)를 우왕에게 뇌물로 주었기 때문에 가능하였다. 진헌공은 백리혜를 잡아온 후, 진 목공의 부인이
시집올 때 시종으로 진(秦)나라에 딸려 보냈다. 백리혜는 진(秦)에서 도망쳐서 완(宛)으로 갔으나, 초(楚)나
라 변경 사람에게 붙잡혔다. 백리혜가 어진 사람이라는 것을 들은 목공은 많은 재물로 그의 몸값을 치르고
데려오려고 했으나, 초나라 사람이 내주지 않을까 걱정하여 사람을 초나라에 보내 "나의 잉신(媵臣)인 백리
혜가 귀국에 있는데, 검정 숫양의 가죽 다섯 장으로 그의 몸값을 치르고자 한다" 라고 전하게 하였다. 초나라
사람은 응낙하고 백리혜를 놓아주었다. 이때 백리혜의 나이는 70세가 넘었다. 목공은 백리혜를 석방시켜 그
와 함께 국사를 논의하였다. 그러자 백리혜는 사양하며 "신(臣)은 망한 나라의 신하인데 어찌 하문(下問)을
하십니까" 라고 하였다. 목공은 "우왕은 그대를 등용하지 않아 망한 것이니, 그대의 죄가 아니오" 라고 하며,
계속 하문하며 백리혜와 삼일 간 담론하였다. 목공은 크게 기뻐하며 그에게 국정을 맡기고 그를 오고대부(五
羖大夫)에 임명하였다. 그러자 백리혜는 사양하며 이렇게 말했다. "신(臣)은 신의 친구인 건숙(蹇叔)만 못합
니다. 건숙은 현명하지만 세상 사람들이 알지 못합니다. 신이 일찍이 관직을 구해 돌아다니다가 제(齊)나라
에서 곤경에 빠져 질 땅의 사람에게 걸식을 하였을 때 건숙이 거두어주었습니다. 저는 제왕(齊王) 무지(無
知)를 섬기려고 하였으나 건숙이 만류하였으므로, 신은 제나라의 난리에서 벗어날 수 있었습니다. 이에 주
(周)나라로 가서 주나라 왕자 퇴(穨)가 소를 좋아한다기에 신은 소 기르는 재주로 알현을 청했습니다. 퇴가
신을 임용하려고 하였으나 건숙이 신을 만류하였기에 주나라를 떠나서 죽지 않을 수 있었습니다. 또 우왕(虞
王)을 섬기니 건숙이 신을 만류하였으나 우왕이 신을 임용하지 않을 것을 알면서도 속으로 봉록과 관직을
탐내어 잠시 머물렀습니다. 두 번은 그의 말을 들어서 재난에서 벗어날 수 있었고, 한 번은 듣지 않아 우왕의
재난을 당했습니다." 이에 목공은 사람을 보내 후한 예물을 갖추어 건숙을 맞아들이고 그를 상대부(上大夫)
에 임명하였다. 그해 가을, 목공은 친히 군대를 이끌고 진(晉)나라를 정벌하여 하곡(河曲)에서 싸웠다. 진나
라의 여희(驪姬)가 난을 일으켜 태자 신생이 신성(新城)에서 죽었고, 중이(重耳)와 이오(夷吾)는 도망하였다.

서편을 바라보니

전국戰國적[65] 오자서伍子胥[66]는

손무자孫武子[67] 찾으려고

---

[65] 전국戰國적 ; 중국 역사에서 춘추 시대 다음의 기원전 403년부터 진나라가 중국을 통일한 기원전 221년까지 약 200년간의 과도기를 말한다. 여러 제후국이 패권을 다투었던 동란기로 '전국칠웅(戰國七雄)'이라는 일곱 개의 제후국이 세력을 다투었으며, 제자백가(諸子百家)와 같이 학문의 중흥기를 이루었고, 토지의 사유제와 함께 농사 기술의 발달 따위로 화폐가 유통되기도 하였다.

[66] 오자서伍子胥 ; 중국 춘추(春秋)시대 오(吳)나라의 대부(大夫)다. 이름은 원(員), 자서(子胥)는 그의 자(字)다. 초(楚)나라 평왕(平王)이 소인(小人)의 참소(讒訴)를 듣고 오자서의 아버지와 형을 죄 없이 죽이자, 오나라로 망명하여 오나라의 장수가 되어 초나라를 쳤다. 그러나 이미 평왕이 죽은 다음이었는지라, 그 묘를 파내어 시체를 매질하여 아버지와 형의 복수를 하였고, 후에 오나라로 하여금 패권(覇權)을 잡게 하였다. 그 뒤 오나라 왕인 부차(夫差)가 서시(西施)의 미색에 빠져 정사를 게을리 하고 오히려 간(諫)하던 오자서에게 칼을 주어 자살하게 하였다. 오자서는 자살하면서 자기의 눈을 오나라 성의 동문(東門)에 걸어서 자기의 말을 듣지 않고 자기를 죽이니 오나라가 멸망하는 것을 보게 하라는 유언을 남겼는데, 이후 역대의 시인들은 오나라 성 아래를 흐르는 상강(湘江)의 거친 물결을 오자서의 통분(痛憤)한 마음으로 비유하고 있다.

   [참고]『사기』「오자서열전(伍子胥列傳)」: 오나라의 태재 백비는 원래 오자서와 사이가 나빴으므로 오자서를 참언하여 "오자서의 사람됨은 고집이 세고 사나우며 인정이 없고 시기심이 강하니, 그가 품고 있는 원한이 큰 화근을 일으킬까 근심스럽습니다. 예전에 왕께서 제나라를 공격하시려고 할 때 오자서가 안 된다고 하였지만 왕께서는 결국 제나라를 공격하여 큰 공을 이루셨습니다. 오자서는 자신의 계책이 쓰이지 않은 것을 수치스럽게 여기며 오히려 원망을 품었습니다. 그런데 지금 왕께서 또 제나라를 공격하시려고 하는데 오자서가 멋대로 고집을 부리며 강력히 간하여 왕께서 하시려는 일을 저지하고 비방하는 것은 단지 오나라가 실패하여 자기의 계책이 뛰어나다는 것이 증명되기를 바라는 것일 뿐입니다. 지금 왕께서 친히 출정하시고 온 나라의 병력을 총동원하여 제나라를 공격하시려고 하는데, 오자서는 간언이 채택되지 않았다 하여 사직하고 병을 핑계 삼아 출정하지 않으려 하니 왕께서는 이에 대한 방비를 하셔야만 합니다. 이번에 어떤 화(禍)가 일어날지 예상하는 것은 그리 어려운 일이 아닙니다. 또 제가 사람을 시켜 은밀히 오자서를 조사해보니 그가 제나라에 사신으로 갔을 때 자기 아들을 제나라의 포씨(鮑氏)에게 맡겨두었습니다. 오자서는 신하의 몸으로 국내에서 뜻을 못 이루었다고 해서 밖으로 제후들에게 의탁하려고 하며, 자기는 선왕의 모신(謀臣)이거늘 지금은 저버림을 당하고 있다고 하여 항상 불평과 원망을 품고 있습니다. 원컨대 왕께서는 속히 이 일을 처리하십시오." 라고 하였다. 그러자 오왕은 "그대의 말이 없었다고 하더라도 나 역시 그를 의심하고 있었소." 라고 하고는, 사신을 보내 오자서에게 촉루(屬鏤)라는 이름의 명검을 내리며 "그대는 이 칼로 죽으라." 라고 하였다. 오자서는 하늘을 우러러보고 탄식하며 "아, 참신(讒臣) 백비가 나라를 어지럽히고 있거늘 왕은 도리어 나를 주살하시는구나. 내가 그의 아버지를 패자로 만들었고 그가 왕위에 오르기 전부터 여러 공자(公子)들이 왕위를 다투고 있을 때 내가 죽음으로써 선왕과 그 점을 다투었으니 그렇지 않았다면 그는 거의 태자가 될 수 없었을 것이다. 그가 왕위에 오르고 나서 나에게 오나라를 나누어주려고 하였을 때 나는 감히 그것을 바라지 않았다. 그러나 지금 그는 아첨하는 간신의 말을 듣고 나를 죽이려고 하는구나." 라고 말하였다. 그리고는 그의 문객(門客)에게 "내 묘 위에 반드시 가래나무[梓]를 심어 관재(棺材)로 삼도록 하라. 그리고 내 눈알을 도려내어 오나라 동문(東門) 위에 걸어두어 월나라 군사들이 쳐들어와 오나라를 멸망시키는 것을 볼 수 있게 하라" 고 하고는 스스로 목을 찔러 죽었다. 이 소식을 듣고 크게 노한 오왕은 오자서의 시체를 가져다가 말가죽 자루에 넣어 강물에 던져버렸다. 오나라 사람들이 그를 불쌍히 여겨 강기슭에 사당을 세우고 서산(胥山)이라고 이름 하였다.

[67] 손무자孫武子 ; 중국 춘추(春秋)시대 제(齊)나라 출신으로 오(吳)나라의 합려(闔閭)를 따랐던 병법가(兵法家)다. 본명은 손무(孫武)로, 손자(孫子)라고도 부른다. 오나라의 왕 합려(闔閭)를 섬겨 절제 있고 규율 있는 군대를 조직하게 하였다고 하며, 초(楚)·제(齊)·진(晋) 등의 나라를 굴복시켜 합려로 하여금 패자(覇者)가 되게 하였다고 한다. 오나라 궁중의 미녀 180명을 데리고 군사 훈련을 시키는 과정에서 합려(闔閭)가 가장 총애

나부산羅浮山[68] 가는 경을

역역 그려있고,[69]

북편을 바라보니

초한楚漢[70]이 소란騷亂[71]할 제

천하장사天下壯士[72] 항적項籍[73]이는

범아부范亞夫[74]를 찾으려고

기고산[75] 가는 경을

역역히 그려있고,[76][77]

하던 두 명의 미인을 참수였던 '일벌백계(一罰百戒)'의 고사와, 장수가 군문(軍門)에 있을 때에는 임금의 명을 받들지 않을 수도 있다고 말한 고사가 있다. 합려(闔廬)는 그를 등용하여 초(楚)나라의 도읍을 점령하였고, 제(齊)나라와 진(晉)나라를 위협함으로써 춘추오패(春秋五霸) 중의 하나가 되었다. 그가 저술하였다는 병서(兵書) 『손자병법(孫子兵法)』은 단순한 국지적인 전투의 작전서가 아니라 국가경영의 요지(要旨), 승패의 기미(機微), 인사의 성패(成敗) 등에 이르는 내용을 다룬 책이며, 그는 "싸우지 아니하고도 남의 군사를 굴복시키는 것은 착한 자의 으뜸"이라 가르치고 있다.

68 나부산那浮山 ; 중국 광동성(廣東省) 혜주부 부라(惠州府 傅羅)에 있는 산이다.
69 서편을 바라보니 전국(戰國)적 오자서(伍子胥)는 손무자(孫武子) 찾으려고 나부산(羅浮山) 가는 경을 역역 그려있고 ; 오자서(伍子胥)와 손무자(孫武子)의 고사를 그린 그림을 말한다. 소위 '사벽도(四壁圖) 사설'을 원용한 것이다.
70 초한楚漢 ; 중국 초나라와 한나라를 말한다.
71 [보정] 소란騷亂 ; 임석재본에서는 '우란擾亂' 라고 채록되었다.
72 천하장사天下壯士 ; 세상에 비길 데 없는 힘센 장사를 말한다. 항우(項羽)가 한나라 군사들이 부르는 초나라 민요를 들으며 착잡한 마음을 달래려고 지은 칠언절구(七言絶句)인 '해하가(垓下歌)'에서 '힘은 산을 뽑도다 기상은 세상을 덮고 시세가 불리함이여 추마(騅馬) -흰 바탕에 흑색, 짙은 갈색, 짙은 적색 따위의 털이 섞어 난 말- 는 가지 않는구나 추마가 가지 않음이여 우미인이여 우미인이여 그대를 어쩌면 좋은가. 力拔山兮氣蓋世 時不利兮騅不逝 騅不逝兮可奈何 虞兮虞兮奈苦何' 라고 읊었다.
73 항적項籍 ; 중국 진말(秦末)의 범인(梵人)이다. 초(楚)나라의 장수 항우(項羽)를 말한다. 이름은 적(籍)이다. 숙부 양(梁)과 함께 기병(起兵)하여 진군(秦軍)을 쳐서 함양(咸陽)을 불사르고 진왕(秦王) 자영(子嬰)을 죽이고 자립하여 서초(西楚)의 패왕(覇王)이 되었다. 패공(沛公) 유방(劉邦)과 천하를 다투었으나 해하(垓下)의 싸움에서 패하고 오강(烏江)에 투신하여 자살하였다.
74 범아부范亞夫 ; 항우(項羽)의 책사(策士)였던 범증(范增)을 말한다. 항우를 도와 패왕(覇王)이 되게 하였다. 기이한 계책을 좋아하여 나이 70에 항우(項羽)의 모사(謀士)가 되어 항우가 아부(亞父)라 불렀다. 항우의 모사인 범아부(范亞父)는 유방(劉邦)이 제왕이 되리라고 점치고 홍문(鴻門)의 잔치에서 옥결(玉玦)을 자주 들어 항우에게 유방을 죽이도록 신호했으나 뜻을 이루지 못했고, 이 일의 실패로 인한 화를 참지 못하고 등에 종기가 나서 죽었다.
75 [보정] 기고산 ; '旗鼓山' 혹은 '旗皷山'이다. 범증(范增)의 고향에 있는 산이다. 이곳에서 산신(山神)이 되려하다가 항우에게 발탁된다. 하남성(河南省) 회양(淮陽)에 있다. 중국 하남성(河南省) 동부 영하(潁河) 북안에 위치한다. 주나라 때는 진국(陳國)의 땅이었다.
76 북편을 바라보니 초한(楚漢)이 소란할 제 천하장사 항적(項籍)이는 범아부(范亞夫)를 찾으려고 기고산 가는 경을 역역히 그려있고 ; 북쪽을 바라보니 초나라와 한나라가 시끄러울 때에 천하장사 항적이가 범아부를 찾으려고 기고산 가는 광경이 또렷이 그려 있고. 항적과 범아부와의 고사를 그린 그림을 말한다. 소위 '사벽도(四壁

중앙을 살펴보니

여러 친구들이 풍유風流를 잡히고[78] 노니

나도 한 번 놀고 가려던[79] [80]

흑운이 만천 천불견黑雲滿天 天不見[81]

　　(타령곡에 맞추어 추다가)

쉬—

　　(반주 멈춤)

수인사 연후에 대천명이요

봉제사 연후에 접빈객이라 하였으니,

수인사 한마디 들어가오.

이 두견杜鵑[82] 저 두견

圖) 사설'을 원용한 것이다.

77　[보정] 이 대목은 소위 '사벽도(四壁圖) 사설'을 원용하고 있다. 사벽도는 방 안 네 벽에 장식으로 그려 놓은 네 폭의 그림을 말한다. 판소리, 가사 등의 문학에는 이 사벽도 묘사 장면이 자주 보인다. 사벽도에 그려진 인물이나 고사들을 보면 도연명(陶淵明), 강태공(姜太公), 상산사호(商山四皓), 탕왕(湯王), 삼고초려(三顧草廬) 고사, 엄자릉(嚴子陵), 우미인(虞美人), 이태백(李太白), 항우(項羽)와 장비(張飛), 성진(性眞)과 팔선녀(八仙女), 소부(巢父)와 허유(許由) 등이 있다. 여기에서는 '주문왕(周文王)과 태공망(太公望)', '진목공(秦穆公)과 건숙(蹇叔)', '오자서(伍子胥)와 손무자(孫武子)', '항적(項籍)과 범아부(范亞夫)' 등으로 주로 임금과 신하의 관계, 혹은 친구의 관계 등이 등장한다. 여기 사벽도에 등장하는 인물들은 '충(忠)'과 '의(義)'를 대의로 삼고 있음을 엿볼 수 있다.

78　풍유風流를 잡히고 ; '삼현육각三絃六角 곧 대풍류, 줄풍류 따위의 관악 합주나 소편성의 관현악에 맞추고'라는 뜻이다.

79　[보정] 나도 한 번 놀고 가려던 ; 노래조로 실현되는 대목의 마지막 대사가 불림으로 활용되었다. 특히 '한 번 놀고 가려던'을 노래조로 실현한다.

80　[보정] 중앙을 살펴보니 여러 친구들이 풍유(風流)를 잡히고 노니 나도 한 번 놀고 가려던 ; 가운데를 살펴보니 여러 동무들이 풍류를 잡히고 기쁘고 즐겁게 노니 나도 한번 놀고 가려는데 어떠하냐. 여기서 '중앙을 살펴보니 여러 친구들이'를 주목할 필요가 있다. 네 벽에 그려진 그림은 '주문왕(周文王)과 태공망(太公望))', '진목공(秦穆公)과 건숙(蹇叔)', '오자서(伍子胥)와 손무자(孫武子)', '항적(項籍)과 범아부(范亞夫)' 등으로 충과 의를 대의로 삼는 인물들이고, 중앙에 있는 동무들은 여덟 목으로, 이들은 사벽도에 등장하는 인물과 동류에 놓이게 되는 것이다. 이렇게 하여 가면극 현장은 '충(忠)'과 '의(義)'를 강조하는 효과를 겨냥하고 있다.

81　[보정] 흑운이 만천 천불견黑雲滿天 天不見 ; 한자어 불림이다. '검은 구름이 가득하여 하늘을 볼 수 없다'는 뜻이다. 송석하본에서는 다른 대목이지만 '흑운黑雲이 만첩천불견萬疊天不見' -검은 구름이 만첩이 되도록 두꺼워 하늘을 볼 수 없다- 라고 채록되었다.

82　두견 ; 두견이과에 속하는 새다. 우리말로는 접동새라 하고, 한자어로는 두우(杜宇)·자규(子規)라고도 한다. 소쩍새라고도 한다. 아울러 우리 시가문학의 소재로 자주 등장하였다.
　　[참고] 두견은 일찍이 고려시대에 정서(鄭敍)가 지은 '정과정(鄭瓜亭)'에서는 유배지에서의 외로운 신세를 산접동새에 비기어 노래하고 있다. 또한, 이조년(李兆年)이 지었다는 시조에도 자규가 등장한다. "이화에 월

만첩청산萬疊靑山[83]에 문두견問杜鵑[84]

넷째목중[85][86] :　　　(네째목 등장하면서 세째목 퇴장.)

　　　　아앗쉬 아앗쉬 쉬이,[87]

　　　　명라수汨羅水[88] 맑은 물은

백하고 은한(銀漢)이 삼경인제 / 일지춘심(一枝春心)을 자규야 아랴마는 / 다정도 병인양하여 잠 못 드러 하노라." 여기서 자규는 달 밝은 밤 삼경에 울어춘심을 자극하는 새로 등장하고 있음을 알 수 있다. 민요 '새타령'에는 "성성제혈염화지 귀촉도불여귀(聲聲啼血染花枝歸蜀道不如歸)"라고 두견을 읊고 있다. 두견이에 관한 설화로는 '접동새 유래'가 있다. 경기도 남양주시에서 조사된 자료의 내용은 다음과 같다. "어떤 사람이 아들 아홉과 딸 하나를 낳아 기르다가 죽었는데, 계모가 들어와서 전실 딸을 몹시 구박하였다. 그래서 그 딸은 혼인날을 받아 놓고 죽었는데 그 딸의 넋이 접동새가 되었다. 한편 계모는 죽어서 까마귀가 되었는데 그래서 까마귀와 접동새는 원수지간이 되었다."는 것이다. 접동새 울음소리가 "구읍 접동"이라고 하는데 이것은 "아홉 오라버니 접동"이라는 뜻이라고 한다.

83　만첩청산萬疊靑山 ; 겹겹이 둘러싸인 푸른 산을 말한다.

84　이 두견杜鵑 저 두견 만첩청산萬疊靑山에 문두견問杜鵑 ; 우리말과 한자어가 결합된 불림이다. 두견새와 만첩청산을 대비한 표현은 가사와 판소리에 두루 쓰이고 있다. 임석재본에서는 '이두견杜鵑 저두견杜鵑 만첩청산萬疊靑山에' 라고 채록되었다.

85　[보정] 정병호는 넷째목중의 춤은 불림으로 시작하여 '어깨춤으로 어르면서 팔을 목에 거는 사위', '다리 들어 돌리며 사선으로 전진하는 사위', '고개잡이', 도무로서의 '외사위', '겹사위', '양사위' 등이 있다고 한다.

86　[보정] 넷째목중의 이 대사는 단가 '불수빈(不須嚬)'을 원용한 것이다. 이 불수빈은 '장부가'라고도 하며, 판소리를 부르기에 앞서 목을 풀려고 부르는 단가(短歌)의 하나다. 불수빈이라 함은 웃지 말라는 뜻으로, 젊었다 자랑 말고 백발을 비웃지 말라는 것이다. 요순우탕(堯舜禹湯)으로부터 시작하여 성현·군자·문장·재사·명장·충신·열사·협객·호걸·미희·미인 등 중국의 역대 인물들을 총망라한 단가다.

　　　[참고] 여보아라 소년들아 이 너말을 들어보쇼 / 어제 청춘 오날 빅발 그 아니 가련흔가 / 장디에 일등미식 곱다고 자랑마소 / 셔산에 지는 히는 뉘라셔 금지흐며 / 창힝슈 흐르는 물 다시 오기 어려외라 / 요순우탕 문무쥬공 공밍안증 졍부즈 / 도덕이 관천흐야 만고셩현 일넛것만 / 미미혼 인싱들이 져 어이 아라 보리 / 강틱공과 황셕공과 사마양저 손빈오긔 / 젼필승과 공필취는 만고명장 일넛것만 / 흔번 죽음 못 면흐고 / 명나슈 맑은 물은 굴삼려의 충혼이오 / 상강슈 셩건 비는 오자셩의 졍령이라 / 최미흔든 빅이슉제 쳔추명졀 일넛것만 / 수양산에 아스흐고 / 말 잘 흐고 말 잘 흐든 소진장의 / 렬국졔왕 달닉도 넘라왕은 못 달닉여 / 츈풍셰우 두견셩에 슬푼 혼빅 쑌이로다 / 밍산군의 계명구폐 신릉군의 졀부구죠 / 만고호걸 일넛것만 한산셰우 미초중에 / 일부토만 가흐련다 / 통일천흐 진시황도 아방궁을 놉히 짓고 / 만리장셩 싼 연후에 륙국졔후 죠공밧고 / 삼천궁녀 시위홀 졔 동남동녀 오빅인을 / 삼신산에 불사약을 구흐랴고 보닌 후에 / 소식죠즈 돈졀흐고 사구평디 져문 날에 / 려산황초 쑌이로다 / 력파산 긔기셰흐는 초퓌왕도 시불리혜 추불셰라 / 우미인의 손목 잡고 눈물 쑤려 리별홀 졔 / 오강풍랑 중에 칠십삼젼 가쇼롭다 / 동남셰풍 목우류마 상통텬문 하달디리 / 젼무후무 졔갈공명 난셰간응 위왕죠도 / 묘연추초 쳐량흐고 / 사마쳔과 한퇴지와 리티빅과 두목지는 / 시부중에 문장이오 / 월셔시와 우미인과 왕소군과 양구(귀)비는 / 만고졀식 일넛것만 황양고총 되야잇고 / 팔빅장슈 핑됴슈며 삼천갑즈 동박삭도 / 츠일시며 피일시라 / 안긔싱과 젹송즈는 동히상에 신션이라 일넛것만 / 말만 듯고 못 보왓네 / 아셔라 풍빅에 붓친 몸이 / 아니 놀고 무엇흐리 『신구증보잡가』

87　[보정] 이 자리에 '(반주 멈춘다.)'가 생략되었다.

88　명라수汨羅水 ; '멱라수(汨羅水)'다. 전국 시대에 초(楚)나라의 충신(忠臣)인 굴원(屈原)이 주위의 참소로 분함을 못 이겨 투신자살한 강이다. 멱수(汨水)와 나수(羅水)가 합류하여 상수(湘水)에 이른다. 호남성(湖南省)에 있다.

굴삼려屈三閭[89]의 충혼忠魂[90]이요[91]

삼강수三江水[92] 얼크러진[93] 비[94]는

오자서伍子胥의 정령精靈[95]이요,

채미採薇[96]하던 백이숙제伯夷叔齊[97]

---

89   굴삼려屈三閭 ; 굴원(屈原)이 삼려대부(三閭大夫) 벼슬을 지내 이렇게 부르는 것이다. 중국 전국시대(戰國時代) 초(楚)나라의 우국지사(憂國之士)이며, 시인(詩人)이다. 이름은 평(平)이다. 회왕(懷王)을 도와서 공이 컸으나, 참소(讒訴)를 당하고 한때 방랑 생활을 하다가 마침내 울분을 참지 못하여 '회사부(懷沙賦)'를 읊고 멱라수(汨羅水)에 빠져 죽었다. 그는 죽으면서도 임금을 위하는 마음을 변하지 않았기 때문에 후대에 충신의 대명사로 일컬어진다.

90   충혼忠魂 ; 충의를 위하여 죽은 사람의 넋을 말한다.

91   명라수汨羅水 맑은 물은 굴삼려屈三閭의 충혼忠魂이요 ; 멱라수의 맑은 물은 굴원의 충성스러운 혼령이요. 굴원이 멱라수에 몸을 던져 죽은 고사에 연유한다.

　　　[참고] 『사기』 「굴원가생열전(屈原賈生列傳)」 : 굴원이 강가에 이르러, 머리를 풀어헤치고 물가를 거닐면서 시를 읊었다. 그의 안색은 초췌하였고, 모습은 야위었다. 어떤 어부가 그를 보고 '그대는 삼려대부(三閭大夫)가 아니십니까. 무슨 까닭에 여기까지 이르렀습니까.' 라고 물었다. 굴원이 대답하기를 '온 세상이 혼탁하나 나 홀로 깨끗하고, 모든 사람들이 다 취해 있으나 나 홀로 깨어 있어, 이런 까닭에 추방당하였소.'라고 말하였다. 어부가 묻기를 '대저 성인이란 물질에 구애되지 않고 능히 세속의 변화를 따를 수 있는 사람입니다. 온 세상이 혼탁하다면, 왜 그 흐름을 따라 그 물결을 타지 않으십니까. 모든 사람이 취해 있다면, 왜 그 지게미를 먹거나 그 밑술을 마셔서 함께 취하지 않으십니까. 어찌하여 미련한 자존심만을 움켜잡고 추방을 자초하셨습니까' 라고 하였다. 굴원이 대답하기를 '내가 듣기로, 새로 머리를 감은 사람은 반드시 관을 털어서 쓰고, 새로 목욕을 한 사람은 반드시 옷을 털어서 입는다고 하였소. 사람으로서 또한 누가 자신의 깨끗함에 더러운 오물을 묻히려 하겠소? 차라리 흐르는 강물에 몸을 던져 물고기의 뱃속에서 장사를 지낼지라도, 또 어찌 희디흰 결백함으로써 세속의 더러운 먼지를 뒤집어쓰겠소' 라고 하였다. 그리고 회사(懷沙)라는 부(賦)를 지었다. 마침내 바위를 품고 멱라강(汨羅江)에 빠져서 죽었다. 그 후로 초나라는 날로 쇠락하여, 수십 년 뒤에는 결국 진나라에 의해서 멸망하였다. 굴원이 멱라강에 빠진 지 100여 년이 지나서, 한(漢)나라의 가생(賈生)이라는 사람이 장사왕(長沙王)의 태부(太傅)가 되어 상수(湘水)를 지나다가, 글을 지어 강물에 던져서 굴원을 애도하였다. 가생(賈生)은 '굴원을 조상하는 부(조굴원부 弔屈原賦)'에서 '공손히 임금의 명을 받들어 장사에서 죄를 기다린다네. 얼핏 굴원에 대해 들으니 멱라강에 투신했다고 하네. 상수의 조류에 몸을 맡기게 되니 굴원선생을 삼가 애도하도다. 법도가 통하지 않는 세상을 만나 그 몸을 물에 던지셨도다.' 라고 노래하였다.

92   삼강수三江水 ; 중국 강소성(江蘇省)의 태호(太湖)에서 흘러나가는 세 개의 강으로 곧 송강(松江)·누강(婁江)·동강(東江)을 아울러 이르는 말이다.

93   얼크러진 ; 일이나 물건 따위가 서로 얽힌 모습을 이른다.

94   삼강수三江水 얼크러진 비 ; 삼강수에 흩뿌리는 비를 이른다.

95   정령精靈 ; 만물의 근원을 이룬다는 신령스러운 기운이다. 죽은 사람의 영혼을 말하기도 한다. 산천초목이나 무생물 따위의 여러 가지 사물에 깃들어 있다는 혼령으로 원시 종교의 숭배 대상 가운데 하나이다.

96   채미採薇 ; '고사리를 캔다.'는 뜻으로 고사리로 연명하였다는 말이다. '首陽薇(수양미)'는 수양산 고사리로, 은(殷)나라의 충신(忠臣)인 백이(伯夷)와 숙제(叔齊)가 수양산에서 고사리를 꺾어 먹고 연명하였다는 데서 나온 말이다.

97   백이숙제伯夷叔齊 ; 중국 은(殷)나라 때의 처사(處士)인 형 백이(伯夷)와 아우 숙제(叔齊)는 모두 은나라 고죽군(孤竹君)의 아들이다. 주(周) 무왕(武王)이 은을 치려고 하는 것을 말리다가 이를 듣지 않으므로 형제는 주나라의 녹 먹기를 부끄럽게 여기고 수양산(首陽山)에 들어가 고사리를 캐어 먹으며 숨어 살다가 '채미가(采薇歌)'를 남기고 굶어 죽었다. 『맹자(孟子)』에 '백이(伯夷)와 숙제(叔齊)는 성인 중에서 청백한 분(夷齊聖之淸者)'이라는 말이 있다. [참고] 『사기』 「백이열전」 : 백이와 숙제는 고죽국(孤竹國) 국왕의 두 아들이었다. 아버지는 아우

구추명절九秋明節[98] 일렀건만

수양산首陽山[99] 아사餓死[100]하고,

말 잘하는 소진蘇秦 장의張儀[101]

열국제왕列國諸王[102] 다 달래도

염라대왕閻羅大王[103] 못 달래며

숙제를 다음 왕으로 삼으려고 하였다. 그런데 아버지가 죽은 뒤 숙제는 왕위를 형 백이에게 양여하였다. 그러자 백이는 '아버지의 명령이었다.' 라고 말하면서 마침내 피해 가버렸고, 숙제도 왕위에 오르려 하지 않고 피해 가버렸다. 이에 나라 안의 사람들은 둘째 아들을 왕으로 옹립하였다. 이때 백이와 숙제는 서백창(西伯昌)이 늙은이를 잘 봉양한다는 소문을 듣고 그를 찾아가서 의지하고자 하였다. 가서 보니 서백은 이미 죽고, 그의 아들 무왕(武王)이 시호를 문왕(文王)이라고 추존한 아버지의 나무 위패를 수레에다 받들어 싣고 동쪽으로 은(殷)나라 주왕(紂王)을 정벌하려 하고 있었다. 이에 백이와 숙제는 무왕의 말고삐를 잡고 간하기를 '부친이 돌아가셨는데 장례는 치르지 않고 바로 전쟁을 일으키다니 이를 효라고 말할 수 있습니까. 신하된 자로써 군주를 시해하려 하다니 이를 인(仁)이라고 말할 수 있습니까.' 라고 하였다. 그러자 무왕 좌우에 있던 시위자들이 그들의 목을 치려고 하였다. 이때 태공(太公)이 '이들은 의인(義人)들이다.' 라고 하며, 그들을 보호하여 돌려보내주었다. 그 후 무왕이 은난(殷亂)을 평정한 뒤, 천하는 주(周) 왕실을 종주(宗主)로 섬겼지만 백이와 숙제는 주나라의 백성이 되는 것을 치욕으로 여기고, 지조를 지켜 주나라의 양식을 먹으려 하지 않고, 수양산(首陽山)에 은거하며 고비[薇]를 꺾어 이것으로 배를 채웠다. 그들은 굶주려서 곧 죽으려고 하였을 때, 노래를 지었는데 그 내용은 이러하다. '저 서산(西山)에 올라 산중의 고비나 꺾자꾸나. 포악한 것으로 포악한 것을 바꾸었으니 그 잘못을 알지 못하는구나. 신농(神農), 우(虞), 하(夏)의 시대는 홀연히 지나가버렸으니 우리는 장차 어디로 돌아간다는 말인가. 아, 이제는 죽음뿐이로다. 쇠잔한 우리의 운명이여.' 마침내 이들은 수양산에서 굶어 죽고 말았다.

98 구추명절九秋名節；보통 천추명절(千秋名節)이라고 한다. 천추(千秋)는 아주 긴 세월, 혹은 오랜 과거와 먼 미래를 뜻한다. 천추명절(千秋名節)은 지조와 절개를 지켜 오래고 긴 세월 동안 이름을 날린 인물을 말한다. 음력 9월을 '구추(九秋)' 또는 '국월(菊月)'이라고 한다.

99 수양산首陽山；중국 산서성(山西省)에 있는 산 이름이다. 백이(伯夷)와 숙제(叔齊)가 이 산에서 아사(餓死)했다고 한다. 또한 황해도 해주 시내에서 바로 동쪽 지점에 있는 산으로, 옛날 백이숙제(伯夷叔齊)가 고사리를 캐먹다 굶어 죽었다는 산과 이름이 같아서, 조선 시대에 이 산을 소재로 하여 지어진 한시 중에 백이숙제(伯夷叔齊)와 관련된 작품이 많다.

100 아사餓死；굶어 죽음을 말한다.

101 소진蘇秦 장의張儀；소진과 장의가 말을 잘 했기 때문에 '말 잘하기는 소진 장의로군'과 같은 속담도 태어났다. '소진이도 말 잘못할 때가 있다'는, 소진이와 같이 말 잘하는 사람도 말에서 실수하는 경우가 있다는 뜻으로, 말실수를 한 경우에 빗대어 이르는 속담이다. 소진과 장의는 옛날 전국시대 때의 언변가로 말 잘하기로 유명했다. 소진은 전국시대의 유세가로 장의와 함께 종횡가(縱橫家)의 대표적 인물이다. 6국 연합으로 진(秦)에 대항하자는 합종책(合縱策)을 주장하여 연(燕)의 소왕(昭王)에게 채용되었고, 조(趙)·제(齊)·위(魏)·한(韓)·초(楚) 등 열국(列國)을 설득하여 이를 관철시켰다. 이로 인해 6국의 재상이 되어 10여 년간 부귀영화를 누렸으나 장의의 연횡책(連衡策)에 의해 그의 합종책은 깨지고 그동안 벌여왔던 각국 간의 이간 활동이 들통 나 제나라에서 살해되었다. 장의는 위나라 사람으로 일찍이 벼슬자리를 노려 위·초를 떠돌다가 화씨지벽(和氏之璧)의 도범(盜犯)으로 몰려 죽음 직전에 놓이기도 했다. 그 후 진나라에 들어가 혜왕(惠王)에게 연횡책을 건의, 이것이 수용되어 무신군(武信君)의 벼슬에 올랐고 위나라에 들어가 한·위 간 동맹으로 제·초에 대응토록 했으며 소양왕(昭襄王) 때는 초나라에 들어가 제·초 동맹을 와해시키고 다시 제·진 동맹으로 초나라를 고립시켰는데, 이같은 연횡책은 소진의 합종책과 더불어 전국시대 각 나라간의 세력 균형을 형성하는 데 큰 역할을 했다.

102 열국제왕列國諸王；여러 나라의 왕을 말한다.

춘풍세우春風細雨 두견성杜鵑聲104에

슲은 혼백魂魄105이 되였으니106

하물며 초로草露107 같은 우리 인생108이야

이러한 풍악風樂소리109 반겨듣고

아니 놀 수 없거든—110 111

소상반죽瀟湘斑竹 열두마디112

---

103 염라대왕閻羅大王 ; 지옥에 살며, 십팔 장관과 팔만 옥졸을 거느리고, 죽어 지옥으로 떨어지는 인간이 생전
에 지은 죄악을 심판하고 징벌하는 대왕을 말한다.

104 춘풍세우春風細雨 두견성杜鵑聲 ; '봄바람 이슬비에 두견새 울음소리' 라는 뜻이다.

105 혼백魂魄 ; 넋을 말한다.

106 춘풍세우春風細雨 두견성杜鵑聲에 슲은 혼백魂魄이 되였으니 ; 봄바람 이슬비에 두견새 울음소리에 슬픈
넋이 되었으니. 두견은 두견이과에 속하는 새다. 우리말로는 접동새라 하고, 한자어로는 두우(杜宇)·자규(子規)
라고도 한다. 소쩍새라고도 한다. 아울러 우리 시가문학의 소재로 자주 등장하였다.

　　[참고] 두견은 일찍이 고려시대에 정서(鄭敍)가 지은 '정과정(鄭瓜亭)'에서는 유배지에서의 외로운 신세를
산접동새에 비기어 노래하고 있다. 또한, 이조년(李兆年)이 지었다는 시조에도 자규가 등장한다. "이화에 월
백하고 은한(銀漢)이 삼경인제 / 일지춘심(一枝春心)을 자규야 아랴마는 / 다정도 병인양하여 잠 못 드러 하
노라." 여기서 자규는 달 밝은 밤 삼경에 울어 춘심을 자극하는 새로 등장하고 있음을 알 수 있다. 민요 '새타
령'에는 "성성제혈염화지 귀촉도불여귀(聲聲啼血染花枝 歸蜀道不如歸)"라고 두견을 읊고 있다. 두견이에
관한 설화로는 '접동새 유래'가 있다. 경기도 남양주시에서 조사된 자료의 내용은 다음과 같다. '어떤 사람이
아들 아홉과 딸 하나를 낳아 기르다가 죽었는데, 계모가 들어와서 전실 딸을 몹시 구박하였다. 그래서 그 딸
은 혼인날을 받아 놓고 죽었는데 그 딸의 넋이 접동새가 되었다. 한편 계모는 죽어서 까마귀가 되었는데 그
래서 까마귀와 접동새는 원수지간이 되었다.' 접동새 울음소리가 "구읍 접동"이라고 하는데 이것은 "아홉 오
라버니 접동"이라는 뜻이라고 한다.

107 초로草露 ; 풀잎에 맺힌 이슬을 말한다.

108 초로草露 같은 우리 인생 ; 풀잎에 맺힌 이슬이 해가 나면 곧 말라버리 듯이 인생도 짧다는 말이다. 관용적
표현이다.

109 [보정] 풍악風樂소리 ; 여기서는 가면극 현장에서 나는 소리를 말한다. 풍악(風樂)은 일반적으로 우리나라의
전통 관현악곡을 가리키는 말이다. 앞에서는 '풍유(風流)소리'라고 하였다.

110 이러한 풍악風樂소리 반겨듣고 아니 놀 수 없거든— ; 대화반응이 불림으로 활용되었다.

111 하물며 초로草露 같은 우리 인생이야 이러한 풍악風樂소리 반겨듣고 아니 놀 수 없거든— ; 하물며 풀잎에
맺힌 이슬 같은 우리 인생이야 이러한 풍악 소리를 듣고 놀지 아니할 수 없거든. 가면극 현장에서 한껏 즐기자
는 뜻이다.

112 소상반죽瀟湘斑竹 열두마디 ; 한자어와 우리말이 결합된 불림이다. '소상반죽으로 만든 담뱃대'를 두고 이른
것이다. '소상반죽'은 중국 소상지방에서 나는 아롱진 무늬가 있는 대나무를 말한다. 순임금이 창오(蒼梧)에서
죽은 후, 순임금의 두 비인 아황(娥皇), 여영(女英)이 소상강 가에서 피눈물을 흘린 것이 대나무에 맺혀 소상반
죽이 되었다는 전설이 있다.

　　[참고] '담바귀타령' – 담바귀야 담바귀야 동래 울산 담바귀야 너의 국은 어떻건데 우리 국은 왜 나왔나 은도
없고 금도 없고 담바귀 씨 갖고 나와 저기저기 남산 밑에 홀홀살살 뿌려놓고 낮이어던 찬 냉수 주고 밤이나
되면 찬 이슬 맞아 곁에 겉잎 다 제쳐놓고 속의 속잎 척척 접어 네 귀 번듯 은장도로 어슥비슥 곱게 썰어
소상반죽 열두 마디 모양나게 맞춰놓고 청동화로 백탄 숯을 이글이글 피워놓고 담배 한 대 먹고 나니 목구멍에서
실안개 돌고 또 한 대를 먹고 나니 청룡 황룡이 뒤틀어지고 또 한 대를 먹고 나니 용문산 밑에서 안개 돈다.

　　[참고] 청울치 뉵눌 메토리 신고 휘대 長衫 두루쳐 메고 / 瀟湘斑竹 열 두 마듸를 불횟재 쌘혀 집고 무로

(춤)

쉬—

수인사 연후 대천명이요

봉제사 연후에 접빈객이라 하였으니

수인사 한마디 들어가오—

추천秋天[113]은 경축 수양首陽[114]이—[→〈추천은 경출 수양이 ⋯⋯ (鞦韆은 更出垂楊裡)〉][115]

다섯째목중[116][117] : (등장하면서 네째목 퇴장.)

앗—쉬 쉬이—

오호五湖[118]로 돌아드니

너머 재 너머 들 건너 벌 건너 青山 石逕에 구분 늙은 솔 아리로 횟근 누은 누은 횟근 횟근동 너머 가옵거늘 보신가 못 보신가 긔 우리 男便 禪師 둥이올너니 / 남이셔 둥이라 ᄒ여도 밤中만 ᄒ여셔 玉 ᄀ튼 가슴 우회 슈박 ᄀ튼 디고리를 둥굴썰금 썰금둥굴 둥실 둥실 긔여 올나 올 제 내사 죠해 중 書房이『青丘永言』

113 [보정] 추천秋天 ; 높고 맑게 갠 음력 8월의 가을 하늘이라는 뜻으로 음력 8월을 달리 부르는 말이다. 추청(秋晴) 또는 추공(秋空)이라고도 한다. 여기서는 '추천(鞦韆)' -그네타기- 이 옳다. 추천(鞦韆)은 부녀자들이 주로 오월 단오에 그네를 타고 노는 놀이를 이른다. 그네뛰기는 한무제(漢武帝) 때에 후궁(後宮)에서 시작하였는데, 원래 축사(祝詞) -인류학적으로 보면 풍요다산을 기원하는 의미- 의 뜻으로 천추(千秋)라고 하던 것이 뒤집혀 추천(秋千)으로 되고, 다시 추천(鞦韆)으로 쓰이게 되었다.

114 [보정] 수양首陽 ; 여기서는 '수양(垂楊)' -수양버들- 이 옳다.

115 추천(秋天)은 경축 수양(首陽)이—[〈추천은 경출 수양이 ⋯⋯ (鞦韆은 更出垂楊裡)〉] ; 한자어 불림이다. 수양버들 숲에서 그네 타는 모습을 두고 이른 것이다. 임석재본에서는 이 대목에서 불림이 '══ 절개節槪는 여산廬山이요 지상신선地上神仙은⋯⋯' 라고 채록되었다.

116 [보정] 정병호는, 다섯째목중의 춤은 불림으로 시작하여 '한삼을 어깨에 메는 사위', '고개잡이', '제자리걸음', '두 손 앞뒤치기', 도무로서의 '외사위', '겹사위', '양사위' 등이 있다고 한다.

117 [보정] 이 대목에서 다섯째목중의 대사는 판소리 '심청가' 가운데에서, 심청이가 인당수에 빠져 가라앉지 않고 떠내려갈 때 주위의 경치를 읊은 대목인 소위 '범피중류(泛彼中流)'를 원용한 것이다. 잡가나 사설시조에서도 나타난다.

[참고] 범피중류(泛彼中流) 둥덩실 떠나간다. 망망(茫茫)한 창해(滄海)이며 탕탕(蕩蕩)한 물결이로구나. 백빈주(白蘋洲) 갈매기는, 홍요안(紅蓼岸)으로 날아들고, 삼강(三江)의 기러기는, 한수(漢水)로만. 돌아든다. 요량한 남은 소리, 어적(魚笛)이 여기렸만. 곡종인불견(曲終人不見)의 수봉(數峯)만 푸르렀다. 의내성중(疑乃聲中) 만고수(萬古愁)는, 날로 두고 이름이라. 장사(長沙)를 지내가니, 가태부(賈太傅)는 간 곳 없고, 멱라수(泊羅水)를 바라보니, 굴삼여(屈三閭) 어복충혼(魚腹忠魂), 무량도 하시든가. 황학루(黃鶴樓)를 당도하니, 일모향관(日暮鄉關) 하처재(何處在)요, 연파강상(煙波江上) 사인수(使人愁)는, 최호(崔灝)의 유적(遺跡)이라. 봉황대(鳳凰臺)를 돌아드니, 삼산(三山)은 반락청천외(半落青天外)요. 이수중분(二水中分) 백로주(白鷺洲)는 이태백(李太白)이, 노던데요. 침양강(浸陽江)을 다달으니, 백낙천(白樂天) 일거후(一去後)에, 비파성(琵琶聲)이 끊어졌다. 적벽강(赤壁江)을 그져 가랴. 소동파(蘇東坡) 노던 풍월(風月), 의구(依舊)하여 있다만은 조맹덕(曹孟德) 일세지웅(一世之雄), 이금(而今)에 안재재(安在哉)요. 월락오제(月落烏帝) 깊은 밤에, 고소성(姑蘇城)의 배를 매니, 한산사(寒山寺) 쇠북소리는 객선(客船)이 댕댕, 들리는구나. [하략]

118 오호五湖 ; 월(越)나라의 미인(美人) 서시(西施)가 오(吳)나라를 망하게 하고 월나라에 돌아와 범려(范蠡)를

범려范蠡[119]는 간 곳 없고,

백빈주白蘋洲[120] 갈매기는

홍요안紅蓼岸[121]으로 날아들고,

삼호三湖[122]에 떼 기러기

부용당芙容堂[123]으로 날아들 제,

심양강尋陽江[124]으로 당도하니

　·　백낙천白樂天[125] 일거 후에

좇아 놀았다는 호수다. 서시는 중국 춘추시대 월나라의 미녀로 저라산(苧羅山) 근처에서 나무장수의 딸로 태어났다. 절세미녀였기 때문에 그 지방의 여자들은 무엇이든 서시의 흉내를 내면 아름답게 보일 것이라 생각하고, 병이 들었을 때의 서시의 찡그리는 얼굴까지 흉내를 냈다고 한다. 그래서 방빈(倣矉)이라는 말까지 생겼다. 또 오나라에 패망한 월왕(越王) 구천(勾踐)의 충신 범려(范蠡)가 서시를 데려다가, 호색가인 오왕(吳王) 부차(夫差)에게 바치고, 서시의 미색에 빠져 정치를 태만하게 한 부차를 마침내 멸망시켰다고도 전해지고 있다. 후에 서시는 범려와 함께 오호(五湖)로 도피했다고도 하고 또는 강에 빠져 죽었다고도 한다. '襟三江而帶五湖(금삼강이대오호)'는, 삼강(三江)을 깃으로 하고 오호(五湖)를 두르고, 형강(荊江), 송강(松江), 절강(浙江) 삼강은 옷깃이며, 태호(太湖), 파양(坡陽), 청초(靑艸), 원양(圓陽), 동정호(洞庭湖) 오호(五湖)는 띠와 같다는 말로 왕발(王勃)의 '등왕각서(滕王閣序)'에 있다.

119 범려范蠡 ; 중국 춘추시대(春秋時代) 월(越)나라 구천(句踐)의 충신으로 서시(西施)로 미인계(美人計)를 써서 오왕(吳王) 부차(夫差)에 대한 구천(句踐)의 치욕을 씻었다. 범소백(范小伯), 범상공(范上公)이라고도 한다. 월왕 구천을 도와서 오왕 부차(夫差)를 쳤으나, 높은 명성을 얻은 뒤에는 오래 살기 어렵다고 하며 벼슬을 내어 놓고 미인 서시(西施)와 더불어 오호(五湖)에 배를 띄우고 놀았다고 한다. 그 뒤 배를 타고 제(齊)에게 가서 이름을 바꾸어 치이자(鴟夷子)라 일컫고 재물을 모았다가 그 재물을 모두 흩어 백성들에게 나누어 준 다음 또 도(陶)땅에 가서 호를 도주공(陶朱公)이라 자칭했다. 다시 수만금을 모아 대부호가 되었으며, 왕이 공인(工人)에게 명하여 금으로 그의 형상을 새기게 하여 조정에서 예를 올렸다고도 한다.

120 백빈주白蘋洲 ; 흰 마름꽃이 피어 있는 물속의 작은 섬을 말한다. '마름'은 마름과의 한해살이풀로, 진흙 속에 뿌리를 박고, 줄기는 물속에서 가늘고 길게 자라 물 위로 나오며 깃털 모양의 물속뿌리가 있다. 잎은 줄기 꼭대기에 뭉쳐나고 삼각형이며, 잎자루에 공기가 들어 있는 불룩한 부낭(浮囊)이 있어서 물 위에 뜬다. 여름에 흰 꽃이 피고 열매는 핵과(核果)로 식용한다. 연못이나 늪에 나는데 한국, 일본, 중국 등지에 분포한다.

121 홍요안紅蓼岸 ; 붉은 여뀌꽃이 무성하게 피어 있는 물가 언덕을 말한다. '여뀌'는 마디풀과의 한해살이풀로, 잎은 바늘형이며 줄기는 60cm가량, 여름에 흰 꽃이 핀다. 잎과 줄기는 짓이겨 물에 풀어서 고기를 잡는 데 쓰며, 매운 맛이 나 조미료로도 쓴다. '빈료(蘋蓼)'는 부평초와 여뀌다.

122 삼호三湖 ; 태호(太湖), 파양(坡陽), 동정호(洞庭湖)를 말한다. 오청본과 송석하본에는 '三湘(삼상)'으로 채록되었는데 이는 동정호(洞庭湖) 부근의 세 강, 소상(瀟湘), 자상(資湘), 원상(沅湘)을 말한다.

123 부용당芙容堂 ; 연꽃이 피어있는 연못을 말한다. 또한 황해도 해주(海州)에 있는 누각이기도 하다. 임진왜란 때, 인조(仁祖)가 탄생한 곳으로 건물의 구조가 웅장하고 아름답다.

124 심양강尋陽江 ; 중국 강서성(江西省) 구강현(九江縣)에 있는 강의 이름으로, 당나라 문인인 백거이(白居易)가 이곳을 지나다가 밤에 비파를 연주하는 소리를 듣고 '비파행(琵琶行)'을 지었다고 해서 유명해졌다.

125 백락천白樂天 ; 백거이(白居易)를 말한다. 낙천(樂天)은 그의 또다른 이름이다. 호는 취음선생(醉吟先生), 향산거사(香山居士)라고 부른다. 산서성(山西省) 낙양(洛陽) 부근의 신정(新鄭)에서 태어났다. 이태백(李太白), 두보(杜甫), 한유(韓愈)와 함께 '이두한백(李杜韓白)'으로 불린다. 어려서부터 시 짓는 법을 배웠으며 15세가 지나자 주위 사람을 놀라게 하는 시재를 보였다. 대대로 가난한 관리 집안에 태어났으나, 29세로 진사(進士)에 급제하였고

비파성琵琶聲이 끊어지고[126]

적벽강赤壁江[127] 추야월秋夜月[128]에

소동파蘇東坡[129] 놀던 풍월風月[130]

의구依舊히 있다만

조맹덕曹孟德[131] 일세효웅一世梟雄[132]

32세에 황제의 친시(親試)에 합격하였으며, 그 무렵에 지은 '장한가(長恨歌)'는 유명하다. 태자 좌찬선태부(左贊善太夫)에 임용되었으나, 이듬해에 일찍이 사회를 비판하는 그의 시가의 대상이 되었던 고급관료들의 반감을 사서 구강(九江)의 사마(司馬)로 좌천되었다. 그곳에서 인생에 대한 회의와 문학에 대한 반성을 거쳐 명시 '비파행(琵琶行)'을 지었다.

> [참고] '비파행(琵琶行) 병서(幷序)' : '원화 10년에 나는 구강군사마로 좌천되었다. 다음해 가을 손님을 배웅하러 분포강(湓浦江) 포구에 나갔다가, 배 속에서 비파 타는 소리를 들었다. 쟁쟁(錚錚)하게 울리는 그 소리를 들으니 전에 서울[京都]에서 듣던 소리였다. 그 사람을 찾아 물으니 본래 장안 창녀(倡女)로 일찍이 목(穆), 조(曹) 두 선생에게서 비파를 배웠다고 한다. 나이 들어 모습이 퇴락하게 되자 장사꾼에게 시집가서 의지하게 된 것이라 한다. 끝내 술상을 차리게 하고 몇 곡 청해 들었는데, 연주를 끝내고 민연해졌다. 젊은 시절엔 웃고 즐기기만 하다가 이제는 시골구석으로 떠도는 신세가 되었다고. 나도 이 시골로 쫓겨 온지 2년, 스스로 편안하게 마음먹으려 했지만, 오늘 밤 이 여인의 말에 끝내 감격해서 비로소 멀리 귀양살이하고 있다는 느낌이 들었다. 그리하여 장구(長句)의 노래를 지어 이 여인에게 보낸다. 모두 612언인데, 비파행이라 부른다.'

126 백빈주白蘋洲 갈매기는 홍요안(紅蓼岸)으로 날아들고, 삼호三湖에 떼 기러기 부용당芙蓉堂으로 날아들 제, 심양강尋陽江으로 당도하니 백낙천(白樂天) 일거 후에 비파성(琵琶聲)이 끊어지고 ; 백락천이 지은 '비파행'의 한 대목 '심양강 어구에서 밤에 손님을 보내려니 潯陽江頭夜送客'으로 보아도 이 대사는 '비파행'과 관련한 백락천의 생애를 연상시킨다. 백락천의 무상감과 비애를 주조로 비파행에 담았음이 '비파행(琵琶行) 병서(幷序)'에 잘 나타나 있다. '비파행'은 '비파인(琵琶引)'이라고도 한다. 당시 백거이는 신악부(新樂府)를 비롯한 일련의 사회비판의 시 때문에 중앙에서 쫓겨나, 천애(天涯:하늘 끝)라고 하던 구강(九江)에 좌천되어 있었다. 어느 가을날 저녁 우연히 들려오는 비파 소리에 느낀 바 있어 자신의 내면을 대상으로 이 시를 지어냈다. 비파의 음색에 매혹되어 끊임없이 떠오르는 환상을 때로는 화사하게 때로는 울적하게 펼쳐 나간다. 그것은 바로 음악을 언어로 옮기는 독창적인 형상이 되기도 한다. 또 한때 화려한 서울에서 미모와 슬기로 뭇사람의 이목을 끌었던 몸이 지금은 상인의 아내가 되어, 강상(江上)의 배에서 외로이 남편을 기다린다는, 비파를 탄주하는 여인의 술회에 문화의 그림자도 찾아볼 수 없는 변경의 땅에서 잿빛의 나날을 보내는 자신의 처지가 생각되어 누를 길 없는 한탄을 슬픈 억양으로 노래하였다고 평가된다. '백낙천(白樂天) 일거 후에 비파성(琵琶聲)이 끊어지고'가 임석재본에서는 '李謫山 간곳없고'라고 채록되었다.

127 적벽강赤壁江 ; 송나라의 문인인 소식(蘇軾)이 뱃놀이를 하면서 '적벽부(赤壁賦)'를 지었던 곳이다. 또한 중국 호북성(湖北省) 황강현(黃岡縣)에 있는 강으로 삼국시대 오나라의 장군인 주유(周瑜)가 제갈량(諸葛亮)의 도움을 받아 조조(曹操)의 군대를 대파한 곳이다.

128 추야월秋夜月 ; '가을밤(의 달)'을 말한다.

129 소동파蘇東坡 ; 중국 북송(北宋) 때의 문인이자 정치가인 소식(蘇軾)을 말한다. 자(字)는 자첨(子瞻)이며, 호(號)는 동파(東坡)다. 소선(蘇仙)이라고도 한다. 아버지 순(洵)과 아우 철(轍)과 더불어 '삼소(三蘇)'라고 불리며, 당송팔대가(唐宋八大家)의 한 사람이자 송나라를 대표하는 제일의 문인으로 문명을 날렸다. 정치적으로는 개혁파인 왕안석(王安石)과 대립하여 좌천되었으나 후에 철종(哲宗)에게 중용(重用)되어 구법파(舊法派)를 대표했다. 대표적인 작품으로는 특히 '적벽부(赤壁賦)'가 유명하며, 서화(書畵)에도 능했다.

130 풍월風月 ; 바람과 달에 부쳐 시가(詩歌)를 지으면서 사는 삶을 이른다. 또는 청풍(淸風)과 명월(明月) 곧 아름다운 자연(自然)을 이른다.

131 조맹덕曹孟德 ; 중국 위(魏)나라 무제(武帝)다. 중국 삼국시대의 걸출한 정치가이자 군사가다. 맹덕(孟德)은

이금爾今은[(에)] 안재재安在哉[133]요,[134]

월락오제月落烏啼[135] 깊은 밤에

고소성[136]외姑蘇城外로 배를 대니

한산사寒山寺[137] 쇠북소리

객선客船이[(에)] 둥둥——[138][139]

[140]

그의 자이고 이름은 조(操)이며, 어릴 때 이름은 아만(阿瞞)이다. 초(譙 : 지금의 안휘성安徽省) 사람으로, 동한 말 효렴(孝廉 : 향리에서 효가 지극하고 청렴한 자를 관리로 추천하는 것)에 천거되어 입신하였다. 건안(建安) 18년 위공(魏公)으로 봉해지고, 건안 21년 위왕(魏王)에 봉해졌으며, 건안 25년에 죽었다. 그의 아들인 조비(曹丕)가 한(漢)을 대신하여 칭제(稱帝)하였으며, 조조(曹操)를 무제(武帝)로 추존하였다. 황건(黃巾)의 난을 다스려 공을 세웠으며, 적벽의 싸움에서는 유비(劉備)와 손권(孫權)의 연합군에 패하여 중국이 삼분되었다.

132 일세효웅一世梟雄 ; 한 시대의 사납고 용맹스러운 영웅을 말한다. 일세지웅(一世之雄)이라고도 한다.

133 이금(爾今)은[(에)] 안재재(安在哉) ; 지금은 어디에 있는가

134 조맹덕曹孟德 일세효웅一世梟雄 이금爾今은[에] 안재재安在哉요 ; 조조와 같은 용맹스러운 장수는 지금은 어디에 있는가. 소동파蘇東坡의 '전적벽부前赤壁賦'의 한 구절을 원용한 것이다.

　　[참고] 전적벽부前赤壁賦 : 소자蘇子가 근심스레 옷깃을 바루고 곧추앉아 손에게 묻기를 어찌 그러한가 하니, 객이 말하기를, 달은 밝고 별은 성긴데, 까막까치가 남쪽으로 난다는 것은 조맹덕曹孟德의 시가 아닌가. 서쪽으로 하구夏口를 바라보고 동쪽으로 무창武昌을 바라보니 산천이 서로 얽혀 빽빽이 푸른데, 여기는 맹덕이 주랑周郞에게 곤욕困辱을 받은 데가 아니던가. 바야흐로 형주荊州를 깨뜨리고 강릉江陵으로 내려갈 제, 흘러서 동으로 가니 배는 천 리에 이어지고 깃발은 하늘을 가렸어라. 술을 걸러 강물을 굽어보며 창을 비끼고 시를 읊으니 진실로 일세一世의 영웅英雄이러니 지금 어디에 있는가. (이하 생략) 蘇者 秋然正襟 危坐而問客曰 何爲其然也 客曰 月明星稀烏鵲南飛此非曹孟德之詩乎 西望夏口 東望武昌 山川上繆 鬱乎蒼蒼 此非孟德之困於周郞者乎 方其破荊州 下江陵 順流於東也 軸轤千里 旌旗蔽空 釃酒臨江 橫槊賦詩 固一世之雄也 而今安在哉

135 월락오제月落烏啼 ; 달이 지고 까마귀가 운다는 뜻이다.

136 고소성姑蘇城 ; 중국 강소성(江蘇省) 오현(吳縣)의 고소산(姑蘇山)에 있는 성으로, 춘추시대 오나라 부차(夫差)가 건축하였으며, 완성하는 데에 7년이 넘는 기간이 소요되었다고 한다.

137 한산사寒山寺 ; 중국 강소성(江蘇省) 오현(吳縣) 서쪽 풍교(楓橋)에 있는 절로, 한산(寒山)과 습득(拾得)이라는 두 도승이 이곳에 있었으므로 붙여진 이름이다. 풍교사(楓橋寺)라고도 한다.

138 한산사寒山寺 쇠북소리 객선客船이[(에)] 둥둥—— ; 대화반응이 불림으로 활용되었다.

139 월락오제(月落烏啼) 깊은 밤에 고소성외(姑蘇城外)로 배를 대니 한산사(寒山寺) 쇠북소리 객선(客船)이[(에)] 둥둥—— ; 월낙오제 깊은 밤에 고소성 밖에 배를 대니 한산사 쇠북소리는 객선을 둥둥 울리고. 당나라 장계(張繼)의 '풍교야박(楓橋夜泊)'

　　月落烏啼霜滿天 달은 지고 까마귀는 울고 서리는 하늘에 가득한데,
　　江楓漁火對愁眠 강변의 단풍과 어부의 불빛을 바라보다 시름 속에 잠든다.
　　姑蘇城外寒山寺 고소성 -- 소주성 -- 밖 한산사
　　夜半鍾聲到客船 한 밤 북소리가 나그네 뱃머리에 들려온다.
　　를 원용한 것이다. 이는 우리 고전에서 흔히 원용되었다.

　　[참고] 月落烏啼 霜滿天호니 江楓漁火 對愁眠이라 / 姑蘇城外 寒山寺의 夜半鍾聲의 到客船이라 / 밤중만 矣欠乃一聲의 山水綠이로다. 『靑丘永言』

　　[참고] 寒山寺 쇠북 소리 五更枕을 놀래 깨니 / 소상강 쩨기럭기 碧波 秋月을 반기는 듯 / 壁上의 耿耿孤燈에 心懷를 도도는 듯. 『雜誌』

140 [보정] 임석재본에서는 이 자리에 '소언少焉에 천변일륜홍天邊日輪紅은 부상扶桑에 동실 높았는데 풍류정風

[(춤)]

쉬이

수인사 연후에 대천명이요

봉제사 연후에 접빈객이라 하였으니[141]

수인사 한마디 들어가오—

<월락오제 상만천月落烏啼 霜滿天……>[142]

여섯째목중[143][144] : (전과 같음.)

아앗쉬 아앗쉬 쉬이

산불고이山不高而 수려秀麗하고[145]

수불심이水不深而 청등淸登[청등(징?)淸澄]이라[146]

지불광이地不廣而 평탄平坦하고[147]

인부다이人不多而 무성茂盛이라[148]

流亭 당도當到하야 사면四面을 굽어보니 만학천봉萬壑千峰 운심처雲深處에 학선鶴仙이 노니는 듯 유량嚠喨한 풍악風樂소리 그저 지날 수 없거던'이 더 있다.

141 [보정] 수정분에는 '수인사 연후에 대천명이요 봉제사 연후에 접빈객이라 하였으니'가 누락 혹은 생략되었다.

142 <월락오제 상만천(月落烏啼 霜滿天)……> ; 당나라 장계(張繼)의 '풍교야박(楓橋夜泊)'을 원용한 한시 불림이다. '달이 지고 까마귀가 우니 서리가 하늘 가득히 내린다'는 뜻이다. 임석재본에서는 '=== 상산사호商山四皓 네 늙은이 날 찾는다……', 송석하본에서는 '낙양동천이화정洛陽東天梨花亭…….' 라고 채록되었다.

143 [보정] 정병호는, 여섯째목중의 춤은 불림으로 시작하여 '독수리 날개치는 사위', '어깨춤으로 어르면서 팔을 목에 거는 사위', '외불림' 도무로서의 '외사위', '겹사위', '양사위' 등이 있다고 한다.

144 [보정] 이 대목에서 여섯째목중의 대사는 판소리 '적벽가'의 소위 '와룡강(臥龍江) 경계'와, 판소리 '춘향가'의 소위 '기산영수(箕山潁水)'가 원용되었다.

　　　[참고] '적벽가' 와룡강 경계 : 이때는 건안 8년 중춘이라. 와룡강 당도허니 경개가 무궁 기이허구나. 산불고이 수려허고 수불심이증청이요 지불광이평탄허고 임불대이무성이라. 원학은 상친허고 송죽은 교취로다. 석벽부용은 구름 속에 잠겨 있고 창송은 천고절 푸른 빛을 띠었어라. 시문에 다다라 문을 뚜다리며, 동자야, 선생님 계옵시냐

　　　[참고] '춘향가' '기산영수' : 기산 영수 별건곤, 소부 허유 놀고, 채석강 명월야에 이 적선도 놀아 있고, 적벽강 추야월의 소동파도 놀고, 시상리 오류촌 도연명도 놀아있고, 상산의 바둘뒤던 사호선생이 놀았으니, 내 또한 호협사라. 동원도리 편시춘 아니 놀고 무엇허리. 잔말 말고 일러라. 김세종제 '춘향가'

　　　[참고] 시조(時調) - 箕山 潁水 別乾坤에 巢父 許由 놀아 잇고 / 赤壁江 秋夜月 蘇子瞻이 놀아 잇다 / 아마도 三公不換은 此江山인가. 『雜誌』

145 산불고이山不高而 수려秀麗하고 ; 산은 높지 아니하며 빼어나게 아름답다.

146 수불심이水不深而 청등淸登[청등(징?)淸澄]이라 ; 물은 깊지 아니하며 맑고 깨끗하다.

147 지불광이地不廣而 평탄平坦하고 ; 땅은 넓지 아니하며 평평하다.

148 [보정] 인불다이人不多而 무성茂盛이라 ; 사람은 많지 않으나 무성하다. 원래는 '林不多而(임불다이) 茂盛(무성)'으로, '나무는 많지 않으나 무성하다'의 뜻이다. 의도적인 잘못인지 자세치 않다.

월학月鶴은 쌍반雙伴하고[149]

송죽松竹은 교취交翠로다[150]

기산영수箕山穎水[151] 별건곤別乾坤[152]에

소부허유巢父許由[153] 놀아 있고[……][154]

149　월학月鶴 쌍반雙伴하고 ; 달빛에 학은 나란히 날아감을 뜻한다.

150　송죽松竹 교취交翠로다 ; 소나무와 대나무는 비취빛이로구나. 푸른 대나무를 취죽(翠竹)이라고 한다.

151　기산영수箕山穎水 ; 중국 하남성(河南省)에 있는 산과 시내를 말한다. 요임금 때 소부와 허유가 임금의 자리를 물려받으라는 왕명을 피하여 들어가 은거(隱居)했다는 산과 물이다. '기산'은 하남성 행당현(行唐縣) 서북쪽에 위치한다. '영수'는 하남성(河南省) 등봉현(登封縣) 서쪽 경계에 있는 영곡(穎谷)에서 발원하여 회수(淮水)로 유입하는 물길이다.

152　별건곤別乾坤 ; 별세계, 별천지를 말한다.

153　소부허유巢父許由 ; 고대 중국의 전설상의 은자(隱者)인 소부와 허유를 말한다. 속세를 떠나서 산의 나무 위에서 살았기 때문에 생긴 이름이며, 요(堯)가 천하를 그에게 나라를 맡기고자 하였으나 이를 사양하고 받지 않았다. 허유(許由)가 영천에서 귀를 씻고 있는 것을 소를 몰고 온 소부(巢父)가 보고서 그러한 더러운 물은 소에게도 마시게 할 수 없다며 돌아갔다는 고사(故事)가 있다.

　　[참고] 소부(巢父) : 소부와 허유를 소유(巢由), '소허(巢許)'라고 하며, 이를 한 사람으로 보는 설도 있다. 황보밀(皇甫謐)의 『고사전(高士傳)』(김장환 역, 예문서원, 2000)에 "요(堯) 임금 때의 은자로, 산 속에 살면서 세속의 이득을 영위하지 않았다. 늙어서는 나무에 보금자리를 만들고 그 위에서 잤기 때문에 당시 사람들이 소부라고 불렀다. 요 임금이 허유에게 양위하려 하자 허유는 소부에게 그 사실을 알렸다. 이에 소부는 '그대는 어찌하여 그대의 모습을 숨기지 않고 그대의 빛남을 감추지 않았는가. 그대는 내 친구가 아닐세.' 라고 하면서 허유의 가슴을 밀치며 그를 내려 보냈다. 허유는 실의에 빠졌다. 이에 소부는 청령(淸冷) -하남성(河南省) 남양현(南陽縣) 북쪽 풍산(豊山)에 있음. 맑고 깨끗한 물이라는 설도 있음.- 의 강으로 가서 자신의 귀를 씻고 눈을 닦으며 '방금 전 탐욕스런 말을 듣고는 내 친구를 잃게 되었구나.' 하고는 마침내 떠나가서 평생을 만나지 않았다." 하였다.

　　[참고] 허유(許由) : 황보밀(皇甫謐)의 『고사전(高士傳)』(김장환 역, 예문서원, 2000)에 "허유는 자가 무중(武仲)이며 양성(陽城) 괴리(槐里) 사람이다. 사람됨이 의에 근거하고 올바른 도리를 실천하여, 그릇된 자리에는 앉지 않고 그릇된 음식은 먹지 않았다. 나중에는 패택(沛澤) -강소성(江蘇省) 패현(沛縣)에 있는 택지(澤池)- 에 은거하였다. 요임금이 천하를 허유에게 양위(讓位)하고자 하여 말했다. '해와 달이 떠 있는데 횃불을 끄지 않는다면 비추기가 또한 어렵지 않겠습니까. 때맞춰 단비가 내리는데도 여전히 물을 끌어대고 적시는 것 또한 애만 쓰는 것이 아니겠습니까. 선생께서 임금의 자리에 서시면 천하가 잘 다스려질 텐데 내가 여전히 이 자리를 지키고 있습니다. 제 자신을 돌아보건대 부족한 게 많습니다. 부디 천하를 맡아 주십시오.' 허유는 말하였다. '그대가 천하를 다스려 이미 잘 다스려지고 있는데 내가 그대를 대신한다면 날더러 허울 좋은 이름을 위하라는 말인가. 이름이란 실(實)의 손님이니 날더러 손님이 되라는 말인가. 뱁새[鷦鷯]가 깊은 숲에 둥지를 튼다 해도 나뭇가지 하나면 충분하고, 두더지[偃鼠]가 황하의 물을 마신다 해도 배만 채우면 그만이오. 그러니 당신은 돌아가시오. 나에게는 천하가 쓸모가 없소이다. 요리사가 음식을 잘 만들지 못한다 하더라도 시축(尸祝) -중국의 고대 풍습에서 제례, 특히 조상에 대한 제례에서 특정한 사람을 조상의 자리에 앉히고 제물을 바치면서 그를 통해 신의 은택을 받고자 했는데, 그 사람을 尸라고 한다. 祝은 제주(祭主)와 尸 사이에서 제주의 성의를 尸에게 전달하는 자로서, 실질적으로는 제사를 주관하며 축문(祝文)을 읽는 사람임.- 의 술 단지와 도마를 넘어가서는 그를 대신할 수는 없는 노릇이오.' 그리고 천하를 받지 않고 도망가 버렸다. 설결이 허유를 만나 '그대는 어디로 가려는가.' 하자, 허유는 '요 임금을 피하려고 합니다.' 하고 하였다. 설결이 '다시 무슨 일인가' 하자 '저 요 임금은 현인(賢人)이 천하에 이익이 된다는 것은 알지만 천하를 해친다는 것은 모르고 있습니다. 무릇 현과 불현의 경계에서 벗어난 사람[外乎賢者]만이 그것을 아는 것이지요.' 라고 하였다. 허유는 이에 중악(中岳) -오악(五岳) 가운데 하나인 숭산(嵩山)을 말함.- 의 영수(穎水) -하남성(河南省) 등봉현(登封縣) 서쪽 경계에 있는 영곡(穎谷)에서 발원하여 회수(淮水)로 유입하는 물길임. - 북쪽 기산(箕山) - 하남성(河南省) 행당현(行唐縣) 서북쪽에 위치함.- 아래에 숨어

채석강采石江[155] 명월야明月夜[156]에

이적선李謫仙이 놀아 있고

적벽강赤壁江 추야월에

소동파蘇東坡 놀아 있던

[157]

이러한 풍류정風流亭[158]에

한번 놀고 가려던─[……][159]

<고소성외 한산사姑蘇城外 寒山寺[160]……>

　　　[(춤)]

쉬이,

수인사 연후에 대천명이요

봉제사 연후에 접빈객이라 하였으니

수인사 한 마디 들어가오.

밭을 갈면서 죽을 때까지 천하를 경영하려는 마음을 먹지 않았다. 요 임금이 다시 허유를 불러 구주(九州)의 수장(首長)으로 삼으려 했으나 허유는 듣고자 아니하고 영수 가에서 귀를 씻었다. 그때 그의 친구 소부(巢父)가 송아지를 끌고 와 물을 먹이려다 허유가 귀를 씻는 것을 보곤 그 이유를 물었다. '요임금이 나를 불러 구주의 수장으로 삼으려 하기에 그 소리가 듣기 싫어 귀를 씻고 있네.' 라고 대답하자, 소부는 이렇게 말하였다. '자네가 높은 언덕과 깊은 계곡에 거처한다면 사람 다니는 길이 통하지 않을 텐데, 누가 자네를 볼 수 있겠는가. 자네가 일부러 떠돌며 알려지기를 바라 명예를 구한 것이니, 내 송아지의 입만 더럽혔네.' 그리고는 송아지를 끌고 상류로 가서 물을 먹였다. 허유가 죽자 기산의 꼭대기에 장사를 지내고 또한 허유산(許由山)이라 명명하였는데, 그 산은 양성의 남쪽 10여리에 있다. 요 임금은 그 묘를 찾아가 기산공신(箕山公神)이라 부르고 오악(五岳)에 배향하였으며, 대대로 제사를 받들어 지금까지 끊이지 않고 있다." 하였다.

154　[보정] 한번 놀고 가려던─[……] ; 불림으로 활용되었다. 이 자료에서는 일정하지는 않으나 불림 자리에 '[……]'를 두었다.

155　채석강采石江 ; 중국 안휘성(安徽省)에 위치한 강으로, 당(唐)나라의 시인 이태백(李太白)이 놀다가 빠져 죽은 곳으로 유명하다. 동정호(洞庭湖)의 한 지류다. 이백(李白)이 채석강(采石江)에서 놀 때 술에 취하여 물에 비친 달을 잡으려고 강에 뛰어들어 빠져 죽었다고 한다. 그러나 이화(李華)의 태백묘지(太白墓誌)나 이양(李陽)의 '빙초당집서(氷草堂集序)'로 보아 그의 죽음에 대해서는 의심쩍은 데가 있다.

156　명월야明月夜 ; 달 밝은 밤을 말한다.

157　[보정] 임석재본에서는 '낙양洛陽 동천東天 유하정柳下亭'이 더 있다.

158　풍류정風流亭 ; 멋스럽고 풍치가 있게 노는 곳이다. 관념적 명칭이다.

159　이러한 풍류정風流亭에 한번 놀고 가려던─ ; 대화반응이 불림으로 활용되었다. 특히 '한번 놀고 가려던─'을 노래조로 실현한다.

160　고소성외 한산사姑蘇城外 寒山寺 ; 한시 불림이다. 당나라 장계(張繼)의 '풍교야박(楓橋夜泊)' '月落烏啼霜滿天 달은 지고 까마귀는 울고 서리는 하늘에 가득한데, 江楓漁火對愁眠 강변의 단풍과 어부의 불빛을 바라보다 시름 속에 잠든다. 姑蘇城外寒山寺 고소성 -- 소주성 -- 밖 한산사 夜半鍾聲到客船 한 밤 북소리가 나그네 뱃머리에 들려온다.'를 원용한 것이다.

<이백李白이 기경비상천李白騎鯨飛上天······>[161]

일곱째목중[162][163] : (전과 같음)

　　　아앗쉬 아앗쉬 쉬이

　　　천지현황天地玄黃[164] 생긴 후에

　　　일월영측日月盈昃[165] 되였어라[166]

　　　천지가 개벽開闢[167] 후에

　　　만물이 번성이라[168]

　　　산절로 수절로 하니

　　　산수山水[169]간에 나도 절로

　　　때 마침 춘절이라[170]

161　<이백이 기경비상천李白騎鯨飛上天······> ; 한자어 불림이다. '이태백이 고래를 타고 하늘로 올라 갔다'는 뜻으로 이백(李白)이 고래를 타고 하늘에 올라 신선이 되었다는 고사(古事)에 연유한다. '기경(騎鯨)'은 '고래를 타다' 라는 뜻으로 '은둔'이나 '유선(遊仙)'을 뜻하기도 한다. 경북 상주의 남장사 극락보전 법당 안 포벽에 '이백기경상천도(李白騎鯨上天圖)'가 그려 있다.

162　[보정] 정병호는, 일곱째목중의 춤은 불림으로 시작하여 '좌우로 허리 돌리기', '한삼 꼬리 치기', '고개잡이', 도무로서의 '외사위', '겹사위', '양사위' 등이 있다고 한다.

163　[보정] 이 대목에서 일곱째목중의 대사는 시조와, 잡가(雜歌) '유산가(遊山歌)' 등을 원용하고 있다.
　　　[참고] 靑山도 절로 절로 綠水도 절로 절로 / 山 절로 水 절로 山水間에 나도 절로 / 그 中에 절로 즈란 몸이 늙기도 절로 흐리라. 『靑丘永言』
　　　[참고] 유산가(遊山歌) - 화란춘성흐고 만화방창이라 넓 죠타 벗님네야 / 산천경기를 구경을 가셰 / 죽장망혜 단표즈로 천이강산을 드러가 가니 / 만산홍록드른 일년일도 다시 퓌여 / 춘석을 자랑노라 식식이 붉엇는디 / 창송취죽은 챵챵울울흐고 긔화요초 란만중의 / 꼿 속에 잠든 나뷔 즈취 업시 나라 든다 / 유상잉비는 편편금이오 화간첩무는 분분셜이라 / 삼춘가절이 조흘시고 도화만발 졈졈홍이로구나 / 어쥬축슈 삼춘이여든 무릉도원이 예 아니냐 / 양류셰지 스스록 흐니 황산곡리 당춘절에 / 연명오류가 예 아니냐 / 졔비는 물을 차고 기럭이 무리져서 / 거지중천에 놉히 넷셔 두 날리 훨신 펴고 / 펄펄 빅운간에 놉히 넷셔 / 천리강산 머남은 길에 어이갈쏘 슬퍼운다 / 원산은 첩첩틱산은 쥬춤흐여 긔암은 층층 장송은 낙낙 / 에이구 부러져 광풍에 흥을 겨워 우줄우쥴 춤을 춘다 / 층암절벽상에 폭포슈은 쫠쫠 슈졍렴 드리온듯 / 이 골 물이 주루루룩 져 골 물이 쌸쌀 / 열에 열 골 물이 한디 합수흐야 / 천방져 디방져 소코라지고 펑퍼져 / 넌출지고 방울져 져 건너 병풍셕으로 / 으르렁 쫠쫠 흐르는 물결이 은옥갓치 흐터지니 / 소부허유 문답흐든 긔산영슈가 예 안니냐 / 쥬각졔금은 천고졀이오 젹다졍조는 일년풍이라 / 일츌낙됴가 눈압헤 버러나 경무긔궁이 됴흘시고 『증보신구잡가』

164　천지현황天地玄黃 ; 하늘은 위에 있으니 그 빛이 검고 그윽하며, 땅은 아래 있으니 그 빛이 누르다는 뜻이다.

165　일월영측日月盈昃 ; 해는 서쪽으로 기울고 달도 차면 점차 이지러진다는 뜻이다. 즉 우주의 진리를 말한다.

166　천지현황天地玄黃 생긴 후에 일월영측(日月盈昃) 되였어라 ; 천자문의 첫 여덟 글자를 원용하였다.

167　개벽開闢 ; 세상이 처음으로 생겨 열림을 말한다. 세상이 어지럽게 뒤집힘을 말하기도 한다. 새로운 시대가 열리는 것을 비유적으로 이르는 말로도 쓰인다.

168　천지가 개벽開闢 후에 만물이 번성이라. ; 천지가 창조된 후에 만물이 번성한다.

169　산수山水 ; 산과 물이라는 뜻으로, 자연의 경치를 이르는 말이다.

170　산절로 수절로 하니 산수山水간에 나도 절로 때 마침 춘절이라 ; 산도 제 스스로요, 물도 제 스스로이니 산과

산천경개山川景槪[171] 구경코저

죽장망혜竹杖芒鞋[172] 단표자簞瓢子[173]로

이 강산 들어오니

만산홍록滿山紅綠[174]은 일년 일차一年一次[175] 다시 피어

춘색을 자랑하여 색색이 붉었는데

창송췌죽蒼松□竹[→창송췌(취?)죽蒼松翠竹][176]은 울울창창鬱鬱蒼蒼[177]하고

기화요초奇花瑤草 난만 중爛慢中[178]에

꽃 속에 자던 나비 자취없이 날아난다[179]

유상앵비柳上鶯飛는 편편금片片金이요[180]

화간접무花間蝶舞는 분분설紛紛雪이라.[181]

삼춘가절三春佳節[182]이 좋을시고

도화만발桃花滿發 점점홍點點紅[183]이로구나

물속에 나도 제 스스로니, 때마침 춘절이라. 산과 물이 잘 어우러진 좋은 봄철이라 나도 그 풍광 속에 절로 빠져든다는 말이다.

171 산천경개山川景槪 ; 자연의 경치를 말한다.

172 죽장망혜竹杖芒鞋 ; 대지팡이와 짚신의 뜻으로, 먼 길을 떠날 때의 아주 간편한 차림새를 이르는 말한다. '망혜'는 '미투리'라고도 한다. '마혜(麻鞋)'가 '망혜(芒鞋)'로 잘못 전달되어 흔히 죽장망혜(竹杖芒鞋)라고 많이 읽히는데 이것은 노래를 부를 때에 '마' 음(音)을 길게 뽑는 데서 말미암은 것이라 한다.

173 단표자簞瓢子 ; 도시락과 표주박을 말한다. 『논어(論語)』 '옹야(雍也)'에, 공자(孔子)가 안회(顏回)를 칭찬하는 말에 "한 그릇의 밥과 한 바가지의 물로 누추한 시골에 사는 것을 사람들은 그 근심을 견뎌 내지 못하는데, 안회는 그 즐거움을 바꾸지 아니하니 어질구나 안회여一簞食一瓢飮 在陋巷 人不敢其憂 回也不改其樂 賢哉回也"에서 연유한다고 한다.

174 만산홍록滿山紅綠 ; 온 산이 붉고 푸름으로 가득 참을 말한다.

175 일년일차一年一次 ; 일 년에 한번이라는 뜻이다.

176 창송췌죽蒼松□竹[창송췌(취?)죽蒼松翠竹] ; 푸른 소나무와 푸른 대나무를 이른다. '창송녹죽(蒼松綠竹)'이라고도 한다.

177 울울창창鬱鬱蒼蒼 ; 큰 나무들이 빽빽하게 들어서 푸르게 우거져 있다.

178 [보정] 기화요초奇花瑤草 난만중爛慢中 ; 아름답고 고운 꽃과 풀이 활짝 많이 피어 화려함을 말한다.

179 날아난다 ; 오청본에서는 '날아든다'라고 채록되었다.

180 유상앵비柳上鶯飛는 편편금片片金이요 ; 버들 위에서 꾀꼬리가 나니 조각조각 황금쪽 같구나.

181 화간접무花間蝶舞는 분분설紛紛雪이라 ; 꽃 사이로 나비가 춤을 추니 펄펄 나는 흰눈 같구나.

182 삼춘가절三春佳節 ; 봄철 석 달의 좋은 시절이다. 음력 정월, 2월, 3월을 각각 맹춘(孟春), 중춘(仲春), 이춘(李春)이라고 하며 이를 통틀어 삼춘(三春)이라고 한다.

183 [보정] 도화만발桃花滿發 점점홍點點紅 ; 복숭아꽃이 만발하여 점점이 붉도. 기존 작가의 작품의 한 구절을 원용하여 관용구formula로 정착된 사례다.

  [참고] 『동국이상국집』 백운소설(白雲小說) : 시중(侍中) 김부식(金富軾)과 학사(學士) 정지상(鄭知常)은 문장으로 함께 한때 이름이 났는데, 두 사람은 알력이 생겨서 서로 사이가 좋지 못했다. 세속에서 전하는 바에 의하면 지상이, '임궁(琳宮)에서 범어를 파하니 琳宮梵語罷 하늘빛이 유리처럼 깨끗하구나. 天色淨琉璃' 라는

무릉도원武陵桃源[184]에 예 아니냐

양유세지楊柳細枝 사사록絲絲綠[185]하니

황산[186]곡[187]이黃山谷裏 당춘절當春節[188]에

연명오류淵明五柳[189]가 아니냐.

층암절벽상層岩絶壁上[190]에 폭포수瀑布水[191]가

시구를 지은 적이 있었는데, 부식(富軾)이 그 시를 좋아한 끝에 그를 구하여 자기 시로 삼으려 하자, 지상은 끝내 들어 주지 않았다. 뒤에 지상은 부식에게 피살되어 음귀(陰鬼)가 되었다. 부식이 어느 날 봄을 두고 시를 짓기를, '버들 빛은 천 갈래 실이 푸르고 柳色千絲綠 복사꽃은 일만 점이 붉구나 桃花萬點紅' 하였더니, 갑자기 공중에서 정지상 귀신이 부식의 뺨을 치면서, '천 갈래 실인지, 일만 점인지 누가 세어보았느냐. 왜, 버들 빛은 실실이 푸르고 柳色絲絲綠 복사꽃은 점점이 붉구나 桃花點點紅 라고 하지 않는가.' 하니, 부식은 마음속으로 매우 그를 미워하였다. 뒤에 부식이 어느 절에 가서 측간에 올라앉았더니, 정지상의 귀신이 뒤쫓아 와서 음낭을 쥐고 묻기를, '술도 마시지 않았는데, 왜 낯이 붉은가.' 하자, 부식은 서서히 대답하기를, '언덕에 있는 단풍이 낯에 비쳐 붉다.' 하니, 정지상의 귀신은 음낭을 더욱 죄며, '이놈의 가죽주머니는 왜 이리 무르냐.' 하자, 부식은, '네 아비 음낭은 무쇠였더냐.' 하고 얼굴빛을 변하지 않았다. 정지상의 귀신이 더욱 힘차게 음낭을 죄므로 부식은 결국 측간에서 죽었다 한다.

184 무릉도원武陵桃源 ; 선경(仙境) 또는 낙원(樂園)을 가리키는 말이다. 진(晉)나라 때에 어부(漁父)가 계곡물에 떠내려오는 복숭아꽃을 따라 올라갔다. 동굴 속으로 이어진 물줄기를 따라 굴속에 들어가서, 그곳에 있는 선경(仙境)을 발견하고 귀가(歸家)하였다가 뒤에 다시 찾으려 했을 때 그 지형(地形)을 분별할 수가 없었다고 한 데서 온 말이다. 이와 관련하여 진(晉)나라 문인인 도잠(陶潛)이 지은 '도화원기(桃花源記)'가 있고, 당나라 문인인 이백(李白)이 지은 '산중문답(山中問答)'에도 '도화유수묘연거(桃花流水杳然去) 별유천지비인간(別有天地非人間)'이라는 구절이 있다.

185 [보정] 양류세지楊柳細枝 사사록絲絲綠 ; 버드나무 가느다란 가지마다 푸르르구나. 기존 작가의 작품의 한 구절을 원용하여 관용구formula로 정착된 사례다.

186 황산黃山 ; 옛 이름은 이산(移山)이다. 주봉은 연화봉(蓮華峰)으로, 천도봉(天都峰)이라고 한다. 당나라 때부터 현재의 명칭으로 바뀌었다. 황산은 안휘성 남부에 있는 연화봉을 위시로 한 72 봉이 연이어 있는 산괴(山塊)를 말하는 것으로 이 황산의 아름다움에 대해서는 수많은 시인들이 찬미하였다. 옛부터 황산의 아름다움은 대시인인 이백 등에 의해 칭송되었으며 명나라 때의 지리학자이며 여행가였던 서하객(徐霞客)은 30년에 걸쳐서 중국의 산하를 두루 여행한 후에 이렇게 말했다고 한다. '오악(五岳) -태산(泰山), 화산(華山), 형산(衡山), 항산(恒山), 숭산(嵩山)- 을 보고 온 사람은 평범한 산은 눈에 들지 않는다. 황산을 보고 돌아온 사람은 오악도 눈에 차지 않는다. 五岳歸來不看山, 黃山歸來不看五'

187 황산곡黃山谷 ; 이름은 정견(庭堅)이고, 자(字)는 노직(魯直)이고, 호는 산곡(山谷)이라고 한다. 송나라 철종(哲宗) 때 사람으로 시에 특장(特長)이 있어 세상 사람들이 소동파(蘇東坡)의 다음 간다고 해서 소황(蘇黃)이라 하고, 또한 초서(草書)와 해법(楷法)에 유명하다. 벼슬은 교서랑사인(校書郎舍人)을 역임하고 지태평주(知太平州)를 하다가 선주(宣州)로 귀양 가서 죽었다.

188 [보정] 황산곡리黃山谷裏 당춘절當春節 ; 황산곡(黃山谷)속에서 봄철을 맞이하였구나. '황산곡(黃山谷)'은 송나라 시인 황정견(黃庭堅)의 호(號) '산곡(山谷)'과 지명 '황산(黃山)'이 결합되어 두 가지 뜻을 가진 중의(重義)적 표현이다.

189 연명오류淵明五柳 ; 도연명(陶淵明)이 자기가 살던 집 문 앞에 버드나무 다섯 그루를 심어 놓고 스스로 오류선생(五柳先生)이라 하였다. 봄철에 돋아나는 버들을 보고 도연명을 연상하여서 한 대사다.

190 층암절벽상層岩絶壁上 ; 몹시 험한 바위가 겹겹으로 쌓인 낭떠러지를 말한다.

191 폭포수瀑布水 ; 낭떠러지에서 흘러 떨어지는 물을 말한다.

쫄쫄 흘러 수정염水晶簾[192] 드리운 듯

평풍석屛風石[193]에 마주쳐서

은옥銀玉[194]같이 흩어지니[195]

소부巢夫 허유許由[196] 문답하던

기산영수箕山穎水[197] 예 아니냐.

주각제금住刻帝禽[198]은 천고절千古節[199]이요

적다정조積多鼎鳥 일년풍一年豊[200]이라

경개 무궁景槪無窮[201] 좋을시고.

장중場中[202]을 굽어보니

---

192 [보정] 수정염水晶簾 → 수정렴(水晶簾) ; 수정 구슬을 꿰어서 만든 아름다운 발을 말한다.

193 평풍석屛風石 ; 능(陵)을 보호하기 위하여 능의 위쪽 둘레에 병풍처럼 둘러 세운 긴 네모꼴의 넓적한 돌이다. 겉에 12신(神)이나 꽃무늬 따위를 새긴다. '평풍'은 '병풍(屛風)'의 변한말이다.

194 은옥銀玉 ; 은빛이 나는 옥을 말한다.

195 흩어지니 ; 임석재본에서는 '헐어지니' 라고 채록되었다. 문맥으로 보아서는 '흩어지니'가 옳다.

196 [보정] 소부巢夫 허유許由 → 소부(巢父) 허유(許由) ; 고대 중국의 전설상의 은자(隱者)인 소부와 허유를 말한다. 속세를 떠나서 산의 나무 위에서 살았기 때문에 생긴 이름이며, 요(堯)가 천하를 그에게 나라를 맡기고자 하였으나 이를 사양하고 받지 않았다. 허유(許由)가 영천에서 귀를 씻고 있는 것을 소를 몰고 온 소부(巢父)가 보고서 그러한 더러운 물은 소에게도 마시게 할 수 없다며 돌아갔다는 고사(故事)가 있다.

197 기산영수箕山穎水 ; 중국 하남성에 있는 산과 시내를 말한다. 요임금 때 소부와 허유가 임금의 자리를 물려받으라는 왕명을 피하여 들어가 은거(隱居)했다는 산과 물이다. '기산'은 하남성(河南省) 행당현(行唐縣) 서북쪽에 위치한다. '영수'는 하남성(河南省) 등봉현(登封縣) 서쪽 경계에 있는 영곡(穎谷)에서 발원하여 회수(淮水)로 유입하는 물길이다.

198 주각제금住刻啼禽 ; '주각주각하고 우는 새'라는 뜻이다. '住刻'은 주걱새를 이른다. '주각(住刻)'은 울음소리에서 따온 것이다. 주걱새[촉국새]는 촉나라 망제(望帝)의 혼이 화(化)하여 이 새가 되어 천년을 두고 그 비운을 슬피 운다는 이야기가 있다. 접동새[杜鵑]를 두고 말한 것이다.

199 천고절千古節 ; 영원히 변하지 않는 빛나는 곧은 절개를 말한다.

200 적다정조積多鼎鳥 일년풍一年豊 ; 소쩍새가 솥이 작다고 울면 풍년이 든다. '積多鼎鳥(적다정조)'는 소쩍새를 말한다. 접동새라고도 한다. 소쩍새가 '솥 작다 솥 작다'하고 울었다는 데서 '積多鼎(적다정)'의 음과 훈을 따온 것이다. 민간어원이다. 우리나라에서는 예로부터 '솟쩍' 하고 울면 다음해에 흉년이 들고, '솟적다'라고 울면 '솥이 작으니 큰 솥을 준비하라'는 뜻에서 다음해에 풍년이 온다는 이야기가 전해 내려온다. 임석재본에서는 '적다정조일년풍積多鼎鳥日年豊'이라고 채록되었다. 오청본에는 '積多鼎鳥一年豊'이라고 채록되었다. 그리고 다른 자료들도 한해의 풍년이라는 뜻인 '一年豊'이라고 하였다. [참고] '소쩍 소쩍' 또는 '소쩍다 소쩍다'라는 울음소리를 내는데 이 울음소리에는 전설이 전해지고 있다. 아주 오랜 옛날에 며느리를 몹시 구박하는 시어머니가 있었는데 며느리에게 밥을 주지 않으려고 아주 작은 솥을 내주어 밥을 하게 하였다고 한다. 결국 며느리는 굶어죽었고 그 불쌍한 영혼은 새가 되어 '솥이 적다. 솥이 적다. 소쩍 소쩍'이라고 운다고 한다. 민간에서는 이 소쩍새의 울음소리로 그 해의 풍년과 흉년을 점치기도 한다. 새가 '소쩍 소쩍' 하고 울면 흉년이 들고, '소쩍다 소쩍다' 하고 울면 풍년이 든다고 한다. 즉, '솟쩍다'는 풍년이 들어 솥이 작으니 큰 솥을 마련하라는 뜻으로 풀이한다.

201 경개무궁景槪無窮 ; '경치가 무궁하다'라는 뜻이다.

202 장중場中 ; 여기서는 가면극 공연 현장을 이른다.

호걸豪傑[203]들이 많이 모여

해금奚琴 피리 저 북 장고 느려놓고[204]

이리 뛰고 저리 뛰니

이 아니 풍유정인가

나도 흥에 겨워

한 번 놀고 가려던—[205]

<만악[→(학?)]천봉 운심처萬壑千峰雲深處……>[206]

  [(춤)]

쉬—

수인사 연후에 대천명이요

봉제사 연후에 접빈객이라 하였으니

수인사 한 마디 들어가오—

<옥동도화 만수춘玉洞[207]桃花 萬樹春 [가지가지]……>[208]

---

203 [보정] 호걸豪傑 ; 지혜와 용기가 뛰어나고 기개와 풍모가 있는 사람을 말한다. 여기서는 가면극 공연 현장에 모여든 관중을 이른다.
204 느려놓고 → 늘어놓고
205 [보정] 나도 흥에 겨워 한 번 놀고 가려던— ; 대화반응이 불림으로 활용되었다. 특히 '놀고 가려던'을 노래조로 실현한다.
206 <만악[(학?)]천봉 운심처萬壑千峰雲深處……> ; 한자어 불림이다. 깊고 깊은 골짜기를 말한다.
207 옥동玉洞 ; 옥으로 된 동혈(洞穴)로 신선이 사는 곳이다. 또는 은자(隱者)가 사는 곳을 일컫는 말로 쓰고 있다.
208 <옥동도화 만수춘玉洞桃花 萬樹春 [가지가지]……> ; 한시와 우리말이 결합된 불림이다. 임석재본에서도 '옥동도화만수춘玉洞桃花 萬樹春 가지가지……—', 오청본은 '玉洞桃萬樹春가지가지'로 채록되었다. 오청본은 '花'가 누락된 것으로 채록과정에서, 혹은 연행과정에서 흔히 누락되는 일이 일어난다. '옥동(玉洞)의 복숭아꽃 이 일만 나무 봄이로구나.'라는 뜻이다. 사설시조에서도 이 구절이 자주 나타난다. 입춘첩(立春帖)에도 활용된다. 남사고 설화에도 등장한다.
　　[참고] 六洲 五洋에 探險隊가 아즉도 發見 못한 武陵桃源 朱陳村이 世上 天下에 어듸매뇨 / 三千年開花 三千年結實하는 崑崙山 瑤池 蟠桃園인가 金鷄啼罷日 輪紅하는 都桃樹下인가 거긔도 아니오 劉關張 三人이 鳥牛 百馬로 祭天結義하시든 桃園이 그 곳인가 玉洞桃花萬樹春이 거긔인가 前度劉郎 今又來한 玄都觀이 거긔런가 / 至今에 春水 方生하고 片片紅桃 둥둥 넷 흘너 오는 紫霞洞天에 가 무러 보소 [출전] 樂府(高大本)
　　[참고] 『지봉유설(芝峯類說)』 : 이달(李達)이 남격암(南格菴)을 위한 만사에 말하기를, '난새를 멍에 하여 표연히 야목진(若木津)을 떠났으니, 군평(君平)의 주렴 아래 다시 어느 사람이 있는가. 상동(床東)의 제자가 유초(遺草)를 거두니, 옥동(玉洞)의 복숭아꽃이 일만 나무 봄이로구나 鸞馭飄然若木津 君平簾下更何人 床東弟子收遺草 玉洞桃花萬樹春'라고 했다. 격암(格菴)은 남사고(南師古)의 호이다. 사고(師古)가 일찍기 이인(異人)에게서 진결(眞訣 ; 참비결)을 배워 드디어 비술(秘術)에 능통하였다고 한다. 이 글에 야진목(若木津)이라고 한 것은 아마 석목진(析木津) -석목(析木)은 성좌(星座) 위치의 이름으로 은하수의 나루다.- 이라는 말을 잘못 인용한 것일 것이다.

(일곱째목은 다음 대사를 하기도 한다.)

아앗쉬 아앗쉬 쉬이

감사도처監司到處[209]에 선화당宣化堂[210]이요

병사도처兵使到處[211]에 음주헌飮酒軒[212]이요[213]

한량閑良 도처에 풍유정風流亭이라 하였으니

나도 본시 외입쟁이로 이곳에 당도하여

풍유정을 만났으니

한번 놀고 가려든——[214][215]

[216]

<만악천봉운심처萬壑千峰雲深處[217]……>

쉬이

수인사 연후에 대천명이요

봉제사 연후에 접빈객이라 하였으니

수인사 한 마디 들어가오—

---

209 감사도처監司到處 ; '감사(監司)'가 이르는 곳마다'라는 말이다. 감사(監司)는 각 도의 관찰사가 사무를 보던 정당(正堂)을 이른다. 그리고 조선 시대 각 도(道)의 장관을 이른다. 일명 관찰사(觀察使)다.

210 선화당宣化堂 ; 함경남도 함흥시 반룡구 만세동에 있는 조선 후기의 관아건물이다. 함경도 관찰사의 정청(政廳)으로 사용되던 건물이다. 조선시대 관청 건물의 짜임새를 보여 주는 대표적인 건물로서, 그 앞에 아득히 펼쳐진 함주벌을 끼고 있어 예로부터 함흥 10경의 하나로 불려온 곳이다.

211 병사도처兵使到處 ; '병사(兵使)'가 이르는 곳마다'라는 말이다. '병사(兵使)'는 병마절도사(兵馬節度使)로 조선시대 각도의 육군을 지휘하던 종이품(從二品) 서반 무관직이다.

212 음주헌飮酒軒 ; 술집을 이른다.

213 [보정] 감사도처監司到處에 선화당宣化堂이요 병사도처兵司到處에 음주헌飮酒軒이요 ; 대구(對句)로 실현되는 대사다. '선화당(宣化堂)'과 대구가 되는 자리에 관청이름이 와야 할 것인데 술집을 뜻하는 '음주헌(飮酒軒)'을 두어 '감사(監司)'와 '병사(兵使)'에 대한 풍자적인 면을 보이고 있다.

214 풍유정을 만났으니 한번 놀고 가려든— ; 대화반응이 불림으로 활용되었다. 특히 '한번 놀고 가려든'을 노래조로 실현한다.

215 김유경본 제2과장에서는 넷째 먹중이 '감사도처(監司到處)는 선화당(宣化堂)이요 병사도처(兵使到處)에 음주헌(飮酒軒)이요 한량(閑良) 도처에 풍류정(風流亭)이라 하였으니 나도 본시 팔도강산에 쭉 째진 한량이라 이 유량한 풍류정에 당도 하였으니 나도 한거리 놀고 가려던…' 이라고 실현한다.

216 [보정] 수정분에서는 이하에서 '<만악천봉운심처(萬壑千峰雲深處)……> 쉬이 수인사 연후에 대천명이요 봉제사 연후에 접빈객이라 하였으니 수인사 한 마디 들어가오— <옥동도화 만수춘(玉洞桃花 萬樹春)……>'을 누락하였다.

217 [보정] 만악천봉운심처萬壑千峰雲深處 → 만학천봉운심처(萬壑千峰雲深處) ; 한자어 불림이다. 만 굽이 골짜기와 천 개 봉우리가 있는 깊고 깊은 산 속의 구름 깊은 곳이란 뜻이다.

<옥동도화 만수춘玉洞桃花 萬樹春[218]······>

여덟째목중[219] [220] [221] : (전과 같음.)

아앗쉬 아앗쉬 쉬이

죽장竹杖[222] 짚고 망혜芒鞋[223] 신어

천리 강산千里江山[224] 들어가니,

폭포도 장이 좋다마는

여산廬山[225]이 여기로다

비류직하삼천척飛流直下三千尺[226]은

옛말로 들엇더니

---

218 옥동도화 만수춘玉洞桃花 萬樹春 ; 한시를 원용한 불림이다. 임석재본에서는 '옥동도화만수춘玉洞桃花 萬
     樹春 가지가지······—', 오청본은 '玉洞桃萬樹春가지가지'로 채록되었다.
219 [보정] 정병호는 여덟째목중의 춤장단은 첫목과 같다. 춤은 '수인사', '한삼끌어 어깨에 걸기', '한삼 걸어 고개잡
     이', '한삼 좌우로 돌려 불림', 도무로서의 '외사위', '겹사위', '양사위' 등이 있다고 한다.
220 [보정] 여덟째목중의 대사는 판소리 단가 소위 '죽장망혜'를 원용한다.
221 이두현 보고서에 따르면 둘째목중 이하의 탈들은 첫째목중과 형상이 같되, 여덟째목중탈은 '머리가장자리는
     혹지黑紙[검은 종이로 선을 쳤다.]'라고 하였다.
222 죽장竹杖 ; 대지팡이를 말한다.
223 망혜芒鞋 ; '마혜(麻鞋)'의 잘못이다. 죽장망혜(竹杖芒鞋)는 대지팡이와 짚신으로, 먼 길을 떠날 때의 아주 간편
     한 차림새를 이르는 말한다. '망혜'는 '미투리'라고도 한다. '마혜(麻鞋)'가 '망혜(芒鞋)'로 와문 되어 흔히 죽장망혜
     (竹杖芒鞋)라고 많이 읽히는데 이것은 노래를 부를 때에 '마' 음(音)을 길게 뽑는 데서 말미암은 것이라 한다.
224 천리 강산千里江山 ; 천리에 벋친 자연이라는 뜻이다.
225 여산廬山 ; 강서성 구강부(江西省 九江府)에 있는 명산이다. 보는 장소에 따라 달리 보이고, 향로봉(香爐峰)
     과 여산 폭포가 유명하며, 광유(匡裕)라는 사람이 여기 살았기에 광려(匡廬)라고도 한다. 평야 지대에 위치해
     있어서, 그 기세가 더욱 웅장하고 높아 보인다. 깎아지른 듯한 높은 절벽이 많고 맑은 물과 폭포가 유명하며,
     산중에 늘 운무(雲霧)가 끼어 있어서 산봉우리를 보는 일이 쉽지가 않아 '不識廬山眞面目(불식여산진면목)'이
     라는 말이 있으며, 예로부터 명승지로 이름이 높다.
        [참고] 소식(蘇軾) '제서림벽(題西林壁)'
        橫看成嶺側成峰 옆에서 보면 산령이오, 곁에서 보면 산봉이로세,
        遠近高低各不同 멀고, 가깝고, 높고, 낮기가 각각 다르구나.
        不識廬山眞面目 여산의 참 모습을 알지 못하는 것은,
        只緣身在此山中 바로 이 몸이 산 속에 있기 때문이로구나.
226 비류직하삼천척飛流直下三千尺 ; 날듯 수직으로 떨어지는 삼천 척 물줄기라는 뜻이다. 이백(李白)의 '망여
     산폭포(望廬山瀑布)'의 한 구절이다.
        [참고] '망여산폭포(望廬山瀑布)'
        日照香爐生紫烟 향로봉에 해 비치니 자줏빛 안개 피어나고
        遙看瀑布掛前川 멀리 보이는 폭포는 앞 냇물에 걸렸도다.
        飛流直下三千尺 날 듯 수직으로 떨어지는 삼천 척 물줄기는
        疑是銀河落九天 의심컨대, 은하수가 하늘에서 떨어진 것이리.

의시은하낙구천疑是銀河落九天²²⁷은

과연 허언虛言²²⁸이 아니로다

은하석경銀河石徑²²⁹ 좁은 길로

인도한 곳 내려가니

사호선생四皓先生²³⁰ 바둑 두고,²³¹

---

227 의시은하낙구천疑是銀河落九天 ; 의심컨대, 은하수가 하늘에서 떨어진 것이라는 뜻이다. 이백(李白)의 '망여산폭포(望廬山瀑布)'의 한 구절이다.

228 허언虛言 ; 실속이 없는 빈말을 뜻한다.

229 은하석경銀河石徑 ; 은하수와 같이 밝게 빛나는 돌길을 말한다.

230 사호선생四皓先生 ; 중국 진시황(秦始皇) 때 어지러운 세상을 피하여 섬서성(陝西省) 상산(商山)에 은거한 동원공(東園公)·하황공(夏黃公)·기리계(綺里季)·녹리선생(甪里先生) 등 네 사람의 백발노인이다. 한(漢)나라 고조(高祖)의 부인 여후(呂后)가 제일 공이 많은 한신(韓信)과 영포(英布), 팽월(彭越) 등에게 반(叛)한다고 죄를 뒤집어 씌워 죽이고, 한고조의 후궁 적부인(寂夫人)과 조왕(趙王) 여의(呂意)를 무참히 죽이는 등 자기 세력을 늘리기 위해 혹독한 짓을 많이 하니 이를 피해 상산(商山)에 은거(隱居)한 네 노인을 가리킨다. 후에 모두 한나라 혜제(惠帝)의 스승이 되었다. 모두들 수염과 눈썹이 백색이기 때문에 호(皓)라 한다. 이들은 상산에서 바둑이나 두고 한일월(閑日月)했다고 전한다. '상산사호(商山四皓)'라고도 불린다.

[참고] 『사기』 유후세가(留侯世家) : 한(漢) 12년, 황제가 경포의 군사를 격파하고 돌아와서 병이 더욱 심해지자 더더욱 태자를 바꾸고자 했다. 이에 유후가 그만두기를 간했으나 황제가 듣지 않자, 병을 핑계 삼아 공무를 돌보지 않았다. 태자태부 숙손통이 고금의 일을 인용해 설득하며 죽을 각오로 태자를 보위하기 위해서 애썼다. 황제는 거짓으로 그의 말을 들어주는 것처럼 했으나, 실제로는 여전히 바꾸려고 했다. 그러다가 연회에 술자리가 마련되었을 때 태자가 황제를 모시게 되었는데, 네 사람의 은자가 태자를 따르고 있었다. 그들은 모두 나이가 80이 넘었고 수염과 눈썹이 희었으며 의관은 매우 위엄이 있었다. 황제가 괴이하게 여겨 묻기를 '저들은 무엇을 하는 사람들인가.'라고 하자, 네 사람이 앞으로 나아가 대답하며 각각 이름을 말하기를 동원공(東園公), 녹리선생(甪里先生), 기리계(綺里季), 하황공(夏黃公)이라 했다. 그러자 황제는 크게 놀라며 '짐이 공(公)들을 가까이 하고자 한 것이 몇 년이나 되었는데, 공들은 기어이 짐을 피해 도망가더니, 이제 공들이 어찌해 스스로 태자를 따라 노니는가.'라 했다. 네 사람이 모두 아뢰기를 '폐하께서는 선비를 업신여기시고 잘 꾸짖으시므로 신들이 의(義)에 욕되지나 않을까 해 두려운 나머지 도망해 숨었습니다. 삼가 듣건대, 태자께서는 사람됨이 어질고 효성스러우시며 사람을 공경하고 선비를 사랑하시어 천하에 목을 빼고 태자를 위해서 죽고자 하지 않는 이가 없다고 하므로 신들이 온 것입니다.'라 했다. 황제는 이에 이르기를 '번거로우시겠지만 공들께서 끝까지 태자를 잘 돌보아주기를 바라오.'라 했다. 네 사람이 축수(祝壽)를 마치고 급히 떠나가자, 황제는 눈길로 그들을 전송해 보내면서 척부인을 불러 그 네 사람을 가리켜 보이며 이르기를 '짐이 태자를 바꾸고자 했으나, 저 네 사람이 보좌해 태자의 우익(羽翼)이 이미 이루어졌으니 그 지위를 어떻게 할 수가 없소. 여후(呂后)는 진정으로 그대의 주인이오.'라 했다. 척부인이 흐느끼자 황제는 '짐을 위해서 초나라 춤을 춰 보여주오. 짐도 부인을 위해서 초나라 노래를 부르리다.'라고 하고, 이렇게 노래했다. '큰 고니 높디 높이 날아 / 한 번에 천리를 날거니 / 날개가 어느덧 다 자라나 / 온 천하를 마음껏 날아다니도다. / 온 천하를 마음껏 날아다니니 / 마땅히 또 어떻게 하겠는가. / 설령 주살이 있다고 한들 / 오히려 그 무슨 소용 있으리요.' 몇 번 연달아 노래를 부르니 척부인은 한숨을 내쉬며 눈물을 흘렸다. 황제가 일어나 자리를 뜨자, 술자리는 끝이 났다. 결국 태자를 바꾸지 못한 것은 근본적으로 유후가 이 네 사람을 불러오게 했기 때문이었다.

[참고] 동원공(東園公) 전한 초기 상산사호(商山四皓)의 한 사람으로 성은 유(庾), 자(字)는 선명(宣明)이다.

[참고] 녹리선생(甪里先生) 전한 하내(河內) 지현(軹縣) 사람이다. 한고조(漢高祖) 때의 은사(隱士)로, 진(秦)나라의 학정을 피해서 상산(商山)에 숨어살던 사호(四皓) 가운데 한 사람이다. 성은 주씨(周氏)고, 이름은 술(術)이며, 자는 원도(元道)고, 패상선생(覇上先生)으로도 불린다. 또는 녹(甪)을 각(角)의 와자(譌字)로

소부巢父는 무삼[232] 일로

소고삐[233]를 거슬리고,[234]

허유許由는 어이하여 팔을 걷고

귀를 씻으며 앉아있고[235 236]

소리 쫓아 내려가니

풍유정이 분명키로

한번 놀고 가려던—[237]

보아 '각리선생'이라고도 부른다.

　　[참고] **기리계(綺里季)** 전한 초기 때 은사(隱士)로, 상산사호(商山四皓)의 한 사람이다. 기계(綺季)로도 불린다. 진(秦)나라 말기에 동원공(東園公), 녹리선생(甪里先生), 하황공(夏黃公)과 함께 상산(商山)에 은거해 살았는데, 나이가 모두 여든을 넘겼다. 고조(高祖)가 초빙했지만 나오지 않았다. 여후(呂后)가 장량(張良)의 계책을 빌려 네 사람을 초빙해 태자를 보필하게 했다. 고조가 이를 보고 태자의 우익(羽翼)이 이미 갖추어진 것으로 보고, 태자를 폐하겠다는 논의를 중지시켰다.

　　[참고] **하황공(夏黃公)** 전한 초기 때 은사(隱士)로, 상산사호(商山四皓)의 한 사람이다. 이름은 최광(崔廣)이고, 자(字)는 소통(小通)인데, 하리(夏里)에 은거했기 때문에 붙여진 이름이다.

231 사호선생四皓先生 바둑 두고 ; 상산사호(商山四皓)는 상산에서 바둑이나 두고 세월을 보냈다고 한다. 흔히 속세를 떠나서 자연에서 한가롭게 사는 모습에 비유한다.

232 무삼 → 무슨

233 소고삐 ; 오청본은 '소골피'로 채록되었다.

234 거슬리고 → 거스르고

235 소부巢父는 무삼 일로 소고삐를 거슬리고 허유(許由)는 어이하여 팔을 걷고 귀를 씻으며 앉아있고 ; 소부허유 고사에 연원을 두고 있다. 즉 '소부는 무슨 일로 소 고삐를 쥐고 물을 거슬러 올라가고, 허유는 어이 하여 팔을 걷고 귀를 씻고 앉아 있고'의 뜻이다. 송석하본에서는 '巢父는 무삼일로 소골피를 거슬이고'라 하였다. 시조에서 '巢父는 무슴 일노 箕山 潁水에 귀를 씬노 / 許由은 어이 허여 곡비를 거슬련노 / 아마도 堯舜天地 말근 問答은 巢許 박게.『樂府』라고 하였다. 소부허유 고사를 보면, 그때 그의 친구 소부(巢父)가 송아지를 끌고 와 물을 먹이려다 허유가 귀를 씻는 것을 보곤 그 이유를 물었다. '요임금이 나를 불러 구주의 수장으로 삼으려 하기에 그 소리가 듣기 싫어 귀를 씻고 있네.' 라고 대답하자, 소부는 이렇게 말하였다. '자네가 높은 언덕과 깊은 계곡에 거처한다면 사람 다니는 길이 통하지 않을 텐데, 누가 자네를 볼 수 있겠는가. 자네가 일부러 떠돌며 알려지기를 바라서 명예를 구한 것이니, 내 송아지의 입만 더럽혔네.' 그리고는 송아지를 끌고 상류로 가서 물을 먹였다.

236 [보정] 이 대목은 소위 단가 소위 '죽장망혜(竹杖芒鞋)'를 원용하고 있다. 판소리를 부르기 전에 목을 풀기 위하여 부르는 짧은 노래를 '단가(短歌)'라 하는데, 제목은 첫 구절을 그대로 따온 것이다. 단가로는 만고강산(萬古江山)·호남가(湖南歌)·강산풍월(江山風月)·진국명산(鎭國名山)·죽장망혜·천하태평(天下太平) 등이 대표적이다.

　　[참고] 단가(短歌) : 죽장망혜 단표자로 천리 강산 들어가니, 폭포도 장히 좋다, 여산이 여기로구나, 비류직하 삼천척은 옛말로 들었더니, 의시은하락구천은 과연 허언이 아니로구나. 그물이 유도허여 진금을 씻은 후, 석경의 좁은 길로 인도한 곳 내려가니, 저익은 이랴, 밭 갈고, 사호 선생 바돌 뒨다. 기산을 넘고 넘어들어 영수로 내려가니 소부난 어이하야 팔 걷고 귀를 씻고, 허유난 무삼 일로 소고삐를 거사렸나. 창랑가 반겨 듣고 소리 쫓아 내려가니, 엄릉탄 여울물으 고기 낚는 어옹 하나, 양의 갖옷 떨쳐 입고 벗을 줄을 모르더라. 오호라, 세인이 기군평 허니, 미재, 군 평 역기세라. 황 산곡을 돌아드니 죽림칠현이 다 모였네. 영척은 소를 타고, 맹호연은 나귀 타, 두 목지 본 연후, 백낙천 찾아가니, 장건은 승사로구나. 맹 동야 너른 들으 와룡강 중 들어가니, 학창의 혁대 띠고 팔진도 축지법을 흉장만갑허여 두고, 초당에 앉어 졸며 대몽시를 읊네그려, 헐일을 허여 가며 지내.

237 풍유정이 분명키로 한번 놀고 가려던— ; 대화반응이 불림으로 활용되었다. 특히 '한번 놀고 가려던'을 노래조

<청산녹수青山綠水[238] 깊은 골[239]……>

[(춤)]

쉬이

수인사 연후에 대천명이요

봉제사 연후에 접빈객이라 하였으니,

수인사 한마디 들어가요—

<강동江東에 범이 나니 길로래비 훨훨……>[240]

쉬이 아나야—

(춤과 반주 멈추고 다른 목중들을 부른다.)

목중들 :　그래애—

(목중 일곱이 일제히 등장하여 새면 앞에 일열로 적당히[→차례로] 선다.)[241]

여덟째목중 :　우리가 본시 목중으로 이곳에 당도하여 좋은 풍유정을 만났으니 다 같이

합동 춤을 추는 것이 어떠냐?

목중들 :　오—냐[242]

(일제히 대답하고 불림도 다 같이 한다.)

<낙양동천 유하정……> [→<낙양동천 이화정……>][243]

(일제히 장단에 맞추어서 뭉동춤[244]을 추면서 장내를 한 바퀴 돌고

로 실현한다.

238　청산녹수青山綠水 ; 푸른 산과 푸른 물 곧 아름다운 자연을 이른다.

239　청산녹수青山綠水 깊은 골 ; 한자어와 우리말이 결합된 불림이다.

240　<강동江東에 범이 나니 길로래비 훨훨……> ; 한자어와 우리말이 결합된 불림이다. 이 불림의 의미는 미상하다. 오청본 제4장에서는 '江東에범인하니 질나래비훨훨'이라고 채록되었다. '강동범인'은 진말(秦末)의 범인(梵人)인 항적(項籍)으로 자(字)는 우(羽)이다. 강동(江東)은 강남(江南), 양자강 하류 이남의 땅으로, 여기서는 항우의 고향을 가리킨다. '질나래비훨훨'은 어린아이에게 새가 훨훨 날듯이 팔을 흔들라는 뜻으로 하는 말이라고 한다.

241　[보정] (목중 일곱이 일제히 등장하여 새면 앞에 일열로 적당히[→차례로] 선다.) ; '적당히'를 '차례로'라고 수정하였다. 실현 방식이 보다 구체적으로 제시되어 있다.

242　오—냐 ; 아랫사람의 부름에 대하여 대답할 때 하는 말이다.

243　<낙양동천 유하정……> [→<낙양동천 이화정……>] ; 한자어 불림이다.

244　[보정] 뭉동춤 → 뭇동춤 ; '합동춤'이라고도 한다. 정병호, 뭇동춤은 탈판에 나온 팔목이 흩어져 서서 각자 추었던 개인춤을 중심으로 군무를 추는 것으로 공동체를 형성하는 화합의 춤을 추는 것을 의미한다고 한다. 춤은 일제히 불림을 하고 잦은 타령에 맞추어 한동안 각자 추다가 또다시 일제히 불림을 하고 '앉아뛰기 외사위', '앉아뛰기 겹사위', 도무하면서 '외사위', '겹사위', '연풍대', '까치걸음' 등 활달한 건무(健舞)를 추다가 원무(圓舞)로 돌면서 퇴장한다.

퇴장한다.)²⁴⁵

〈제2경〉 법고²⁴⁶ 놀이²⁴⁷ ²⁴⁸

(목중 둘이 등장하여 다음 대사와 동작을 한다

벅고[→ 법고]²⁴⁹는 미리 중앙[→ 탈판 중앙]에 준비하여 둔다)

목중갑[→ 목중 Ⅰ * 이하 같음] : (중앙에 와서)[→ (탈판 중앙으로 걸어 나와서)]

　　　아나야²⁵⁰

245　[보정] (일제히 장단에 맞추어서 뭉동춤을 추면서 장내를 한 바퀴 돌고 퇴장한다.) ; 임석재본에서는 '먹중 Ⅷ이
　　　춤추는 동안 일단一旦 퇴장退場했던 다른 먹중 칠인七人이 일제一齊히 입장入場하여 한데 엉기여 뭇동춤을
　　　추면서 각기各自 자기自己의 장기長技의 춤을 관중觀衆에게 보인다. 이때의 반주伴奏는 타령打令, 구꺼리 등
　　　等이다)' 라고 채록되었다. 오청본에서는 '여덟재목이한참춤을출때에 退場하엿든먹중七人이一齊히登場한다.
　　　먹중八人이한데엉키여서 各自의長技춤을 各各한부로춘다. 六角은打令曲과굿거리曲을석거서伴奏한다. 먹중
　　　八人은 이와같이뭇동춤을추고모다退場한다.'로 채록되었다. 정병호는 이때 까치걸음으로 뛰어나온다고 한다.
　　　각자의 장기춤을 함부로 춘다는 데에서 뭇동춤의 성격을 알 수 있다.
246　법고法鼓 ; 불교의식에 사용되는 북이다. 홍고(弘鼓)라고도 한다. 나무로 북의 몸통을 구성하고, 쳐서 소리를
　　　내는 양면은 소의 가죽을 사용한다. 이때 암소와 수소의 가죽을 각기 양면에 부착하여야 좋은 소리를 낸다고
　　　한다. 일반적으로 말하는 타악기의 일종이지만 불교의식에 사용되므로 법고라고 한다. 의식에 사용되는 경우
　　　범패(梵唄)에 맞추어 치게 되며, 범종각의 사물(四物) 중의 하나인 북은 아침·저녁 예불 때에 치게 된다. 이때
　　　북을 치는 이유는 축생의 부류를 제도하기 위해서라고 한다.
247　법고놀이 ; 민속놀이의 한 가지로 버꾸춤·버꾸놀이·벅구놀이·법구놀이·소고놀이 등으로 불린다. 법구놀이는
　　　설장고놀이·상모놀이와 함께 예술적으로 높이 평가받는 민속놀이다. 호남지방은, 판굿에서 소고잽이가 소고를
　　　치면서 여러 춤을 추면서 논다. 법구놀이에서 추는 춤은 매우 빠른 동작으로 이루어진다. 영남지방은, '앉은법고놀
　　　이'가 전하고 있다. 송파와 양주지역의 가면극에서도 한 장면이 법고놀이로 실현되어 전하고 있다. 『동국세시기』
　　　'원일(元日)'조에 '중들이 북을 치며 시가를 돌아다니는 것'을 '법고(法鼓)'라고 한다. 혹은 시주(施主) 내용을
　　　적어놓는 모연문(募緣文)을 펴놓고 바라를 치며 염불을 하면 사람들은 다투어 돈을 던진다. 또는 속세의 떡
　　　두 개를 중의 떡 한 개와 바꾸는데, 풍속에 중 떡을 얻어 이를 어린아이에게 먹이면 마마, 즉 두종(痘腫)을 잘
　　　넘길 수 있다고 한다. 조정에서 중들을 도성(都城) 안으로 들어오지 못하게 했기 때문에 성 밖에서나 이런 풍속이
　　　남아있다. 모든 절간의 상좌 중들이 도성 안 오부(五部)로부터 재(齋)에 올릴 쌀을 빌어 가는데, 새벽부터 바랑을
　　　메고 집집마다 찾아다니며 문 앞에서 소리를 지르면 인가에서는 각기 새해에 복을 맞이하는 뜻으로 쌀을 퍼준다.'
　　　라는 기사가 있다. 『경도잡지』에도 유사한 기사가 있다.
248　제이경 법고 놀이 ; 민속놀이들이 대체로 그렇듯이 이 시대로 전승되면서 '법고놀이'는 벽사진경의 뜻을 담고
　　　있었던 것이 종교적 심성은 사라지고 축제적 심성만 남은 것으로 추정된다. 임석재본이나 송석하본에서는 이
　　　장면은 기사되지 않고 있다. 김일출본에서는 '법고춤'으로 채록되었다. 원래 이 '법고놀이'는 봉산가면극의 한
　　　장면으로 실현되었으나 1936년 공연 당시에는 생략되었던 듯하다.
249　벅고[→ 법고] ; 실제 공연에서 '법고', '벗고', '벅고'가 혼재하였다는 점을 알 수 있다.
250　아나야 ; 무리를 부르는 '여러분!'의 뜻이다. '아나'는 상대편의 분수에 맞지 않는 희망이나 꿈에 대하여 비웃
　　　거나 조롱할 때 쓰는 말이다. 임석재본과 송석하본에서는 '아나야아'라고, 오청본에서는 '아나야―'라고 채록되
　　　었다. '야'를 장음으로 실현하였다는 것이다.

목중을[→ 목중 Ⅱ * 이하 같음] : [(목중 I을 따라 나와서)]

        그래애

목중갑 :   우리가 중이 아니냐 벗구 놀아보자[251]

목중을 :   아나야

목중갑 :   그래애

목중을 :   벗구 놀잔 말이가?[252]

목중갑 :   그래 벗구 놀자

목중을 :   (이상하다는 듯이)

        아나야

목중갑 :   그래애

목중을 :   벗구 놀자 하였다?

목중갑 :   그래 벗구 놀자 하였다

목중을 :   아나야

        (그래도 이상하다는 듯이)

목중갑 :   그래애

목중을 :   정말 벗구 놀자 하였지?

목중갑 :   야 이놈아 벗구 놀잔 말이다

목중을 :   아나야

        (옷을 벗으려 하며)

목중갑 :   그래애

목중을 :   진정 벗구 놀자하였지?

        (옷을 조금 벗으며)

목중갑 :   아니 이놈아 그래 진정 벗구 놀자

목중을 :   아나야

---

251 벗구 놀아보자 ; '법고놀이를 하여보자'는 뜻의 대사인데, '옷을 벗고 놀아보자' 라고 실현한 대사다. 의도적인 오류 –잘못 듣기mishearing– 로 실현함으로써 놀이로서의 기능을 발휘한다.

252 벗구 놀잔 말이가? ; 앞에서 '법고놀이를 하자'는 대화를 '옷을 벗고 놀자는 말인가'라고 반응한 대사다. 역시 의도적인 오류로 실현한다.

목중갑 :   그래애

목중을 :   꼭 벗구 놀자구 하였다?

　　　　　　(옷을 벗으면서)

목중갑 :   하하 이놈아 그래 벗구 놀자

목중을 :   아나야

　　　　　　(덕어리[253]를 벗었다)

목중갑 :   그래애.

목중을 :   　　(옷을 벗어놓고 바지띠를 잡고)

　　벗구 놀자 놀자 하기로 자 벗었다

목중갑 :   야 이놈아 벗구 놀자 하니까 의복을 홀딱 벗었구나

　　　　　　(중앙에 놓여있는 북을 북채[254]를 집어 꽝 치면서)[→ **(북채를 집어 중앙에**

　　　　　　있는 북을 꽝 치면서)]

　　이거 벗구 말이다

목중을 :   야 이놈 무식한 놈아 이것은 북고자(鼓字) 벅[→**(법?)**]고다[255]

목중갑 :   하하… 그런가 그러면 벅고 놀자 벅고를 대갱에다[256] 두리둥실[257] 여라[258]
　　　　　　[259]

목중을 :   아나야

목중갑 :   그래애

[목중을 : 벅고를 대갱에다 두리둥실 여라구?

253　덕어리 ; 보통은 '더그레'다. 조선 시대에, 각 영문(營門)의 군사, 마상재(馬上才)꾼, 의금부의 나장(羅將), 사
　　간원(司諫院)의 갈도(喝道/喝導 : 조선 시대에, 높은 벼슬아치가 다닐 때 길을 인도하며 소리를 질러 행인들을
　　비키게 하던 하인.) 등이 입던 세 자락의 웃옷이다. 소속에 따라 옷 빛깔이 달랐다고 한다.
254　북채 ; 이두현본 팔목춤 제2경 법고놀이 장면에서 목중갑[목중 I]이 활용하는 소도구다. 북채는 북을 치는 자그마
　　한 방망이를 이른다. 탱자나무나 박달나무를 둥글게 깎아 쓴다. 지름이 약 2cm 정도이고, 길이는 25-28cm 정도
　　되는 것을 사용한다.
255　이것은 북고자鼓字 벅[(법?)]고다 ; 이것이 북 고鼓 자를 써서 법고法鼓라고 한다. 특정한 한자나 한문의 음
　　音과 훈訓을 말머리나 단어 앞에 붙여 말함으로써 유식한 체하는 민간화술적 표현이다.
256　대갱에다 ; '대갱이에다'이다. '대갱이'는 대가리의 방언이다.
257　두리둥실 ; 물 위나 공중에 가볍게 떠서 움직이는 모양이다.
258　여라 ; '이어라'의 줄임말이다. 머리위에 얹으라는 뜻이다. '여다'는 '넣다'의 방언이다.
259　벅고를 대갱에다 두리둥실 여라 ; 법고를 머리 위에다가 달이 떠오르듯이 얹으라는 말이다. 지시문적 대사다.

목중갑 : 오냐, 대갱에다 두리둥실 여라.

목중을 : 아나야

목중갑 : 그래애]

목중을 :   벅고를 대갱에다 꼭 여라고 하였다?

목중갑 :   야 이놈 그래 대갱에다 꼭 여라

목중을 :   (벅고를 앞에다 대고)[260]

             아나야

목중갑 :   그래애

목중을 :   벅고를 대갱에다 여라 여라 하기에 대갱에다 엿다[261]

목중갑 :   어데 보자

목중을 :   자아

                (보여준다)

목중갑 :   조금 더 올려라.

목중을 :   자아

목중갑 :   (벅고[→ 법고]를 꽝하고 친다)

목중을 :   아이꾸 조대갱이[→ 좆대갱이]야 야아 이놈 치라는 벅고는 아니 치고 바로
             좆대갱이를 처서 하얀 피가 나는구나[262]

목중갑 :   야 이놈 미련한 놈아 대갱이에다 여라여라 하니까는 여라는 대갱에다 아
             니 여고서 조대갱이에다 엿구나.[263]

                (목중의 면상을 치면서)

             이것 (대갱이) 말이다.

목중을 :   야 이놈 무식이 제 할애비 같은 놈아[264] 이것은 머리님[265]이다

---

260 (벅고를 앞에다 대고) ; 상황으로 보아 사타구니 앞에다가 북을 든다는 설정이다.
261 벅고를 대갱에다 여라 여라 하기에 대갱에다 엿다 ; 법고를 대가리에다 엇으라고 엇으라고 하여 대가리에다
      엇었다. 실제 행위는 머리에 엇지 아니하고 사타구니 앞에 대는 행위로 실현한다. 여기에서 대가리에 엇으라는
      말을 좆대가리로 '잘못듣기mishearing' 수법이 활용된다.
262 이놈 치라는 벅고는 아니 치고 바로 좆대갱이를 처서 하얀 피가 나는구나 ; 치라는 법고는 치지 아니하고 좆
      대가리를 쳐서 하얀 피가 나왔구나. 성기를 자극하여 정액이 나왔다는 말이다.
263 대갱이에다 여라여라 하니까는 여라는 대갱에다 아니 여고서 조대갱이에다 엿구나 ; 대가리에다 엇으라고 엇
      으라고 하니까 대가리에다 엇지 아니하고 좆대가리에다 엇었구나.

목중갑 :	하하… 그러면 벅고를 머리님에다 두리둥실 여라
목중을 :	아나야
목중갑 :	그래애
목중을 :	벅고를 머리님에다 두리둥실 여라고 하였다?
목중갑 :	그래 둥리둥실 여라
목중을 :	아나야

(법고를 머리에 이고)

목중갑 :	그래애.
목중을 :	벅고를 머리님에다 두리둥실 여라고 하였기로 였다
목중갑 :	어데 보자.
목중을 :	자아.
목중갑 :	조금 더
목중을 :	자아
목중갑 :	(벅고[→ 법고]를 꽝하고 친다)
목중을 :	아이꾸 머리님이야 이놈 치라는 벅고는 아니 치고 바로 머리님을 쳐서 아이쿠 골통²⁶⁶이야

[목중을 : 아나야

목중갑 : 그래애]

목중갑 :	그것이 아니라 벅고를 치면서 놀아보자
목중을 :	야 이놈 진작 그리하지 그것 참 좋은 말이다

(목중 둘은 양편에서 벅고[→ 법고]를 받쳐 들고 가면과 복장을 상좌와 같이한 일명과 먹중 일명이 춤을 추지 않고 등장[→ **목중 한 명이 등장하여**] 상좌는 앞에서 벅고[→ 법고]를 치면서 춤을 추고 목중 하나는 뒤에서 북을 울려 준다²⁶⁷

---

264 무식이 제 할애비 같은 놈아 ; 매우 무식하다는 말이다. '제미랄', 혹은 '제기랄'과 같이 '제 할애비 같은 놈'은 상투적인 욕설이다.
265 머리님 ; '머리'에 존칭을 붙인 언어유희적 표현이다.
266 골통 ; 머리를 속되게 이르는 말이다.

이렇게 한참 놀다가 목중 하나가 크게 소리친다)[268]

중하나 :   나가라 나가라[→ 목중Ⅰ : 나가라 나가라][269]

상좌 :   (그대로 중단하고 퇴장한다.)

중하나(불림으로)[→ 목중Ⅱ : (불림으로[270])]

        ─ 낙양동천 이화정(洛東村梨花亭)[→ 낙양동천 이화정] ─[271]

        (타령곡으로 먹중 삼인 일제히 춤을 추다가 전원 퇴장한다)[→ (타령곡

        으로 남은 목중 3인이 일제히 춤을 추다가 모두 퇴장한다)][272]

        [[(이때 팔목이 다 제각기 법고, 장고, 꽹과리, 등을 들고, 법고 장단에 맞추어 춤을 출 때,

        사당도 한 구석에 나와 춤을 추다가 한참 난무亂舞한 뒤에 모두 퇴장하기도 하였다고 한

        다.)][273]

---

267 목중 둘은 양편에서 벅고[→ 법고]를 받쳐 들고 가면과 복장을 상좌와 같이한 일명과 먹중 일명이 춤을 추지
    않고 등장[→ 목중 한 명이 등장하여] 상좌는 앞에서 벅고[→ 법고]를 치면서 춤을 추고 목중 하나는 뒤에서
    북을 울려 준다 ; 법고놀이 실현 방법에 대한 기사다.
268 목중 둘은 양편에서 벅고[→ 법고]를 받쳐 들고 가면과 복장을 상좌와 같이한 일명과 먹중 일명이 춤을 추지
    않고 등장[→ 목중 한 명이 등장하여] 상좌는 앞에서 벅고[→ 법고]를 치면서 춤을 추고 목중 하나는 뒤에서
    북을 울려 준다 이렇게 한참 놀다가 목중 하나가 크게 소리친다) ; 이 지문에 의하면 '상좌'가 이 장면에 등장한
    다. 김일출본에서는 이 대목이 '법고 장단에 맞추어 제각기 흥겨워 춤을 출 때 가사당(녀자사당)도 8목들의 법
    고무에 맞추어 한 구석에서 허튼 춤을 춘다. 이리하여 얼마큼 란무(亂舞)하다가 퇴장한다.' 라고 채록되었다.
    즉 '사당'이 등장하는 것이다. 두 자료에서 보이는 '가면과 복장을 상좌'와 '가사당(녀자사당)'이라는 기사를 눈
    여겨 볼 필요가 있는데, 이 두 기사가 상이한 인물기호인지 동일한 인물기호인지 탐구 대상이다.
269 중하나 나가라 나가라[→ 목중Ⅰ : 나가라 나가라] ; '나가라'는 상좌에게 퇴장하라는 무대지시문 성격의 대사
    다. '중하나'를 '목중Ⅰ'로 수정하였다. 앞의 채록된 상황으로 보아 '목중갑'이라야 한다. 원자료에서는 들여쓰기
    를 하였다.
270 불림으로 ; 불림으로 실현하라는 지시문이다. 불림으로 활용되는 대사는 장면의 분위기를 단적으로 드러내는
    기능을 갖는다. 또한 춤을 시작한다는 신호로도 기능한다. [참고] 오청본에는 불림에 해당하는 사설을 '(…唱)'이
    라 하였다. 김일출본은 이보다 분명하게 '○불림'이라 하고 《 》 안에 넣었다. 이두현본에는 '제이과장 제이경
    법고놀이'나 '제사과장 제삼경 취발이춤'에서 '불림으로'라 하고 '< >' 안에 넣었다. 김일출은 대사를 불림과
    구별하지 않고 《 》 안에 넣었다. 이두현 채록 양주별산대가면극에서도 '불림으로'라고 채록되었다. 허영호 구
    술 채록 송파산대가면극에는 '(불림)', '(불림을 하고 타령조로----)', '(불림을 하고 춤으로 ----)', '…불림을
    하고 다같이 춘다…' 등과 같이 채록되었다. 이두현 채록 가산오광대가면극에서는 '불림조로'라고 하였다. 이
    에 상응하는 자리에 '창'이라 채록된 것, '노랫조로'라고 채록된 것, '후렴', '후렴 후에 음악과 춤으로 한참 놀다
    가' 등으로 채록되었다. '歌'라고 채록된 경우도 있다.
271 낙양동천 이화정(洛東村梨花亭))[→ 낙양동천 이화정]─ ; 한자어 불림이다. '洛陽洞天 梨花亭'이 옳다.
272 (타령곡으로 먹중 삼인 일제히 춤을 추다가 전원 퇴장한다)[→ (타령곡으로 남은 목중 3인이 일제히 춤을 추
    다가 모두 퇴장한다)] ;
273 [[(이때 팔목이 다 제각기 법고, 장고, 꽹과리, 등을 들고, 법고 장단에 맞추어 춤을 출 때, 사당도 한 구석에
    나와 춤을 추다가 한참 난무亂舞한 뒤에 모두 퇴장하기도 하였다고 한다.)] ; 뭇동춤[합동춤]의 실현 방식과 같다.

3. '제삼과장 사당춤'의 복원

제삼과장第三科場 사당춤(사당무社堂舞)[1]

[2]

---

1 [보정] 제삼과장第三科場 사당춤(사당무社堂舞) ; 오청본에서는 '第三場 社黨舞'라고 채록되었다.
　　일반적으로 사당춤은 사당패의 전문 춤꾼들인 사당들이 추던 춤으로서 민족적인 흥취와 특색 있는 춤가락들을
적지 않게 포함하고 있다. 지금까지 전하여 내려오는 '사당춤'은 의상과 소도구에서 자기의 특색을 가지고 있다.
이 춤은 남자 2명과 여자 1명이 추는데 남자는 머리에 수건을 매고 날개 달린 쾌자에 넓은 소매옷을 입고 바지는
행전으로 꽉 조여매어 날씬하다. 여자는 고깔을 쓰고 긴 치마를 입고 쾌자를 걸쳤다. 그리고 소도구는 남녀가
다같이 색깔이 있는 큰 접이부채를 들었다. '사당춤'은 의상과 소도구에서뿐만 아니라 춤가락에서도 자기의 고유한
특징을 가지고 있다. 무용은 굿거리장단에 맞추어 추는 부분과 휘모리장단에 맞추어 추는 부분으로 나뉘어져
있다. 굿거리장단에 맞추어 추는 부분에서는 깊은 굴신과 함께 부채를 시원스럽게 접었다 폈다 하는 팔 동작,
무릎을 높이 들면서 뒤로 혹은 사선으로 걸어가는 근기 있는 발디딤, 앞으로 나갈 듯하다가 몸을 뒤로 젖히는
전주르기 등과 같은 동작들로 하여 아름답고 우아하면서도 멋들어지고 건드러진 감을 준다. 이와 반대로 휘모리장
단에 맞추어 추는 대목에서는 남녀 사당들이 벼락같이 돌아가는 원돌기, 남자 사당이 접은 부채로 무릎과 어깨를
신바람 나게 치며 교체하는 동작 등과 같은 춤가락들로 하여 매우 활달하고 경쾌하면서도 시원한 감을 준다.
　　사당무의 춤장단은 주로 만장단과 세마치다. 만장단은 국악 장단의 하나다. 빠르면서도 활발하고 흥취가 있는
장단으로 보통 매구를 비롯한 무용곡에 많이 쓴다. 세마치는 민요·판소리·농악 등에서 사용하는 장단의 하나.
'세 번 마친다', 즉 세 번 친다는 뜻이다. 민요에서는 '양산도'·'긴방아타령'·'진도아리랑'·'한오백년'·'강원도
긴아리랑'·'밀양아리랑'·'도라지 타령'·'아리랑' 등에 사용되고, 3분박 좀 느린 속도의 3박자로 되어 있다. 민요
에서 이 장단으로 된 곡은 활기찬 느낌을 주며, 판소리에서는 자진진양을 말하고, 3분박 보통 빠른 속도의 6박인
8분의 18박자 장단이다. 그러나 한배(빠르기)만 다를 뿐 치는 방법은 느린 진양과 같다. 정응민(鄭應珉)제 심청가
의 '심봉사 망사대(望思臺) 찾아가는' 대목과 적벽가의 '옳더니라 옳더니라' 대목이 대표적인 예이다. 판소리에서
이 장단을 쓰는 곡은 꿋꿋한 느낌을 준다. 농악에서는 징을 세 번 치는 자진삼채가락을 말한다. 3분박 좀 빠른
속도의 4박인 8분의 12박자의 장단으로 자진모리장단과도 같다. 두레굿이나 마을굿과 같은 소박한 농악에서는
첫 장단은 꽹과리를 치고, 둘째 장단은 꽹과리와 함께 징을 3점 친다. 걸립패의 판굿과 같은 세련된 매구에서는
이 장단을 '덩덕궁이'라고도 하며, 꽹과리로 다양하게 변주하여 치고, 징은 첫 박에만 한 점을 친다. 매구에서의
이 장단은 매우 흥겹고 씩씩한 느낌을 준다. 이렇게 본다면 이 장면은 빠르고 활달하고 씩씩하여 흥겨운 느낌을
준다고 할 수 있다.
2 [보정] 오청본에는 '이場面은 그절(寺)附近의村落에왓든 거사社黨一團으로하야금 老僧의마음을 간즈려보는
것이다.' 라고 부기 되어 있다. 이 장면이 다음 장면인 노장춤 장면과의 연계성을 암시해주는 대목이다. 여기서
'거사社黨一團'은, 이두현본에 '鳳山탈춤 臺詞 後記'에 보면 '호래비거사 一名「가무기」먹중탈로 共用. 거사 六
먹중탈로 共用.'이라고 한 점으로 보아 본래 팔목춤에서 등장하였던 팔목 중에서 6인이 역할을 담당하였던 것으

사당[3] :	(화려하게 치장하고 등장)[→ (화려하게 치장하고 걸어서 혹은 남여를 타고 등장한다.)]
거사들[4] :	(사당을 앞세우고 장고 북 소고 등을 치면서 뒤 따라 들어온다)[→ 거사들(7명) : 사당을 앞세우고 장고, 북, 소고 등을 치면서 뒤따라 탈판으로 들어온다]
홀애비거사 :	(시래기 짐[5]을 지고 맞지도 않는 춤[6]을 추면서 들어와서 사당[7]을 보

로 생각된다. 그리고 홀아비거사는 노장춤의 노장 -혹은 老僧- 을 지칭하는 또 다른 등장인물 기호일 것이다. '그 절(寺) 부근의 촌락에 왔던'은 사당패에 대한 연극사회학적 접근이 필요한 대목이다. 사당패들은 19세기 전기에 이르기까지의 오랜 역사적 기간에 걸쳐 광범한 지역의 도시와 농어촌들에서 다양한 가무활동을 벌였다. 그리하여 17~19세기에는 사당패들의 활동에서 일대 전성기를 이루었다. 사당패들은 중부지방을 비롯하여 서부지방과 남부지방의 여러 도시들과 농어촌 등 전국 각지에서 활동하였으며 산골짜기들에 자기들의 활동본거지인 '본산'을 두고 있었다. 원래 '본산'이라고 하면 한 불교종파의 절간체제에서 여러 작은 절간[말사]들을 총관할하는 큰 절간[본사]을 말한다. 그러나 사당패들의 본산은 각지를 돌아다니며 순회공연을 하던 사당패들이 일상적으로 생활하며 공연종목을 준비하는 본거지로서 그것은 많은 말사들을 관할하는 불교 중들의 본산과는 본질적으로 구별되었다. 사당패들의 본산은 비록 절간이기는 하였으나 부처를 공양하는 곳은 아니었으며 그들의 생활조건을 보장해주고 예술활동에 유리한 조건을 마련해 주는 보금자리였다. 사당패들은 그 수가 급격히 늘어남에 따라 본산인 절간뿐 아니라 그 부근의 일부 마을에도 본거지를 두었다. 이리하여 '사당골'이라는 이름을 가진 마을들이 생기게 되었는데 사당골은 본산과 깊은 연계를 가지고 있었다. 당시에 생겨난 사당패의 본산과 사당골로서 유명한 것은 경기 안성 청룡사와 그 부근의 청룡사당골, 고양 진관사, 양주 보광사, 여주 신륵사와 그 사당골, 황해도 문화 구월산의 패엽사와 그 근처의 사당골, 경상도 하동 쌍계사와 그 부근의 사당골, 전라도 강진 정수사와 그 부근의 사당골, 경상도 남해 화방사와 그 부근의 사당골, 충청도 서산 개심사와 그 부근의 사당골 등이었다. 이러한 점에 유의한다면 이 봉산가면극에 등장한 '거사社黨一團'은 외래의 연회집단이거나 '거사社黨一團'의 연회를 원용한 것일 것이다.

3   이두현 보고서에 따르면 '사당(社堂)탈'은 소무탈을 공용(共用)하며 흰 저고리에 푸른 치마를 입는다고 한다.

4   이두현 보고서에 따르면 '거사(居士)탈'은 '호래비거사'를 포함해서 모두 목중탈을 공용(共用)한다고 한다..

5   [보정] 시래기 짐 ; 시래기집 혹은 시래기짐이다. '시래기'는 무청이나 배추의 잎을 말린 것으로, 새끼 따위로 엮어 말려서 보관하다가 볶거나 국을 끓이는 데 쓴다. 시래기 짐이라고 한 것은 시래기 짐을 졌거나 가마니나 거적을 두고 이른 듯하다. 이 가마니 혹은 거적이 뜻하는 바가 무엇인지는 미상이다. 오청본에서는 '시래기 집'라고 채록되었다. 무청을 말린 것을 시래기라고 한다. 이두현 채록 보고서에 '호래비거사는 가마니나 거적을 달아서 둘러멘다.'라고 한 것으로 보아 여기서 시래기집이라고 한 것은 시래기짐을 졌거나 가마니나 거적을 두고 이른 듯하다. 『동국세시기(東國歲時記)』 정월 상원에 의하면 박나물·버섯 등의 말린 것과 대두황권(大頭黃卷)·순무·무우 등을 묵혀 두는 데 이것을 진채(陳菜)라 한다고 했다. 이러한 것들은 이 날 나물로 무쳐서 먹는다고 했다. '대체로 외고지·가지고지·시래기 등도 모두 버리지 않고 말려 두었다가 삶아서 먹는데, 이렇게 하면 여름 동안 더위를 먹지 않는다(凡瓜顱茄皮蔓青葉 皆不棄曬乾 亦爲烹食 謂之不病署)'고 했다. 그리고 『평양지』에 의하면 묵은 나물에 고추잎나물, 고비나물, 구엽초나물, 고사리나물 등이 있는데 이것을 검정나물이라고 하며 그것을 정월 보름 명절 아침에 찰밥과 함께 먹으면 그 해에 건강하여 앓지 않는다고 하였다. 여기에서 등장하는 시래기짐은 이러한 입장에서 조망하여야 할 것으로 본다.

6   [보정] 맞지도 않는 춤 ; '엉덩이춤'인 듯하다. '엉덩이춤'은 허튼춤의 하나이다. 정병호는, 이 마당은 허튼춤이 주조를 이룬다고 한다. 매우 기쁘거나 신이 나서 엉덩이를 들썩들썩하는 짓 혹은 엉덩이를 흔들며 추는 춤을 말한다. 허튼춤은 일정한 형식에 매이지 아니하고 자유로이 추는 흐트러진 춤이다. 여럿이 어울려 추되 각자가 흥과 멋에 겨워 추는 것으로, 크게 입춤과 병신춤인 잡기춤으로 나뉜다. 허튼춤은 매구나 가면극, 소리춤과 같은 대동 춤판에서 추는 즉흥적인 개인 춤이라고 한다.

7   사당 ; 자료에 따라서 寺黨, 社堂, 舍黨, 社長 등으로 표기되었다. 가무희로써 유랑하던 예인집단을 일컫는다. 이곳저곳 떠돌아다니며 온갖 노래와 춤을 연행하였던 집단을 말하는 고유어이다. 일찍이 '남사당'이 있었는데

　　　　　　고는 괜히 좋아서 어쩔 줄을 모른다

　　　　　　사당의 옷도 만져보고 얼굴도 만져보고 가진 짓을 다 한다[8])

거사 Ⅰ : 　　　　(이것을 보고는)

　　　　　　술령수우—[9]

거사들 : 　　　　예에잇[10]

　　　　　　(일제히 대답한다)

거사 Ⅰ : 　　　　홀애비거사 다무기[11] 잡아들여라[12]

거사들 : 　　　　예에잇

　　　　　　(일제히 홀애비거사를 잡으로[→ 잡으러] 쫓아간다)

홀애비거사 : 　　(놀래서 이리 저리 피해 다니다가 피해서 퇴장)[13]

거사들 : 　　　　(제자리에 와서 사당과 같이 어울려 가면을 위로 벗어 쓰고[→ 가면을

　　　　　　위로 젖혀 쓰고][14] 놀량사거리[15]를 합창하며 북 장고 등 치면서 질탕히

　　'男寺黨', '男社堂' 등으로 표기되었다. 본래 불문에서 헌신적인 봉사와 염불에만 전심할 목적이었으나 차츰 속
가(俗歌)를 부르는 쪽으로 변모하였다. 원래 사당패라고 하였는데, 여자 중심의 집단이었기에 여사당이라는 명
칭이 붙었고, 후대에 이르러 남자 중심의 집단을 남사당이라 한 것으로 추정된다. 사당패의 조직은 대체로 남
자가 집단의 우두머리격인 모갑이와 거사(居士)로 구성되고, 거사 밑에 사당이 있었다. 그런데 모갑이나 거사
는 사당의 기생자들이었다. 이러한 점으로 볼 때에 여사당과 남사당을 별개의 것으로 볼 필요는 없다고 판단된
다. 굳이 구별한다면 여사당이 노래와 춤 중심이었다면 남사당은 풍물, 버나, 살판, 어름 등과 같은 재주 중심이
었다고 생각된다. 전신재의 「居士考」에 의하면 조선 전기 거사는 다음과 같은 동태를 보였다. 중도 아니고 속
인도 아닌 비승비속의 집단이고, 승려를 비롯해서 관리, 군인, 노비 등이 이 집단을 형성했으며, 서울 및 지방에
존재했고, 도성 안에 절도 아니고 집도 아닌 사(社)를 짓고 불사를 행했으며, 사람들을 모아놓고 징과 북을 치
며 가무를 하였다. 후기에 이르러서는 갑자기 수가 불어났고, 유랑하였다고 한다. 이들 무리를 거사사당배라고
불렀다고 하니 거사와 사당은 별개가 아니다.

8 　사당의 옷도 만져보고 얼굴도 만져보고 가진 짓을 다 한다 ; 가면극 현장에서는 무잡(無雜)스러운 행위가 난무한다.
9 　술령수우— ; 오청본에서는 '술넝수—'라고 채록되었다. '수'를 장음으로 실현한다는 뜻이다.
10 　예에잇 ; 오청본에서는 '에—잇'라고 채록되었다.
11 　다무기 ; 미상하다.
12 　[보정] 거사 Ⅰ : 홀애비거사 다무기 잡아들여라 ; 홀애비 거사를 잡아들이는 이유는 미상하다. 수정분 『한국의
　　가면극』에는 누락되었다.
13 　임석재본에서는 이 대목이 '(거사들은 각기各己 북, 장고杖鼓, 쟁錚, 꽹과리, 소고小鼓 등等을 들고 치며 응
　　뎅이춤을 추면서 호래비거사 잡으러 쫓아간다. 호래비거사는 잡히지 않으려고 피避해 다니다가 나중에는 장외
　　場外로 도망逃亡가 버린다.)' 라고 채록되었다.
14 　가면을 위로 벗어 쓰고[→ 가면을 위로 젖혀 쓰고] ; 공연자들의 얼굴이 드러나는 대목이다.
15 　놀량사거리 ; 삽입가요(揷入歌謠) -판소리나 가면극 따위의 중간에 끼어 있는 시가(詩歌)를 이른다.- 에 해당한다. '놀량'
　　은 산타령 중에서 첫번째 노래를 말한다. 산타령은 서서 부른다고 하여 '입창(立唱)' 또는 '선소리'라고도 한다.
　　선창을 하는 사람이 장구를 메고 서서 메기는 소리를 하면 5~10명이 일렬로 늘어서서 소고를 들고 춤을 추며
　　받는 소리를 한다. 중요무형문화재 제19호로 지정된 산타령은 사당패소리에서 많이 발견되며, 이후 '선소리패'라고

논다.)[16]

<놀량 一>

초목(草木)아 다 속입은 나네 에에에에에이구— 우우경 가에에에에에
이, 도오, 제에에에가, 질업어입도웁다하, 마틀을네에에에에야아, 에이
나아아하, 드야에에이나에월, 네가네로구나 마아아를 에에에에에로
지이이이이, 에에헤로 지이이이— 나에월네로 구나아, 에에에로 지이
이이— 이이이이—[17]

<놀량 二>[18]

하는 소리꾼들에 의해 계승되었다. '산타령'이라는 명칭은 내용이 산천의 경치를 주제로 하고 있기 때문에 붙여진
것이며, 악은 느리게 시작하여 갈수록 점차 빨라지는 방식으로 전개된다. '사거리'는 제주도민요(濟州道民謠)의
한 곡명, 혹은 구전민요(口傳民謠)의 한 곡명, 혹은 서도산타령(西道山打令)의 첫 번째 곡명을 말한다. 산타령은
서울지방과 평양지방에서 발달하였는데 서울 산타령은 경기산타령, 평양 산타령은 서도산타령이라고 한다. 경기
산타령은 '놀량 – 앞산타령 – 뒷산타령 – 자진산타령' 순으로 부르고 서도산타령은 '놀량 – 앞산타령(사거리)
– 뒷산타령(중거리) – 경발림' 순으로 부른다. 여기서는 산타령 네 가지 노래라는 뜻으로 쓰였다.

16 [보정] 거사들 : (제자리에 와서 사당과 같이 어울려 가면을 위로 벗어 쓰고[→ 가면을 위로 젖혀 쓰고] 놀량사
거리를 합창하며 북 장고 등 치면서 질탕히 논다.) ; 임석재본에서는 '사당＝(가마에서 나와서 거사 육인六人
과 같이 어울려서 만장단조調에 맞추어 놀량가歌를 같이 합창合唱한다. 그리고 군물軍物을 치며 난무亂舞한
다)' 라고 채록되었다. 정병호에 의하면 이때 '허튼춤'을 춘다고 한다. 즉 여기서의 '난무'는 '허튼춤'이다. 현재
이렇게 실현되는 사례는 보고되지 않고 있다.

17 노랫말의 뜻이 분명하지 않다. 보통 본래는 뜻이 분명하였던 노랫말이 전승과정에서 여음구[조흥구] 중심의
노래로 전환되는 양상을 보인다.

18 [보정] 여기에 참고로 '서도놀량'을 수록한다. 가면극에 '놀량'을 원용하였기에 원자료와는 상당한 차이가 있다.
장르간 교섭되면서 흔히 있는 현상이다.

에라디여 어허야 요홀 네로구나. 녹양(綠楊)에 벋은 길로
북향산(北香山) 쑥 들어도 간다.
에헤에헤이에 – 어허야 요홀 네로구나

춘수(春水)는 낙락 기러기 나니 훨훨 낙락장송이 와자지끈 딱 부러졌다.
마들가지 남아 지화자자 좋을씨구나 지화자자 좋을씨구나.
얼씨구나 좋다 말 들어도 보아라.
인간을 하직하고 청산을 쑥 들어도 간다.
에헤에 헤이에 어허야 요홀 네로구나.

황혼 아니 거리검쳐 잡고 성황당 숭벅궁새 한 마리 남구에 앉고,
또 한 마리 땅에 앉아
네가 어디메로 가자느냐. 네가 어디메로 가자느냐.
이 산 넘어가도 거리숭벅궁새야

에에에에야 에에월 네로구나

에라드야 에에야 에에월 네로구나[19]

인간人間을 하직하고

청산靑山을 드러를 간다[20]

에에야 에에월 네로구나

춘수春水는 낙낙落落[21] 기러기는 훨훨

낙낙장송落落長松[22]이 와작 찍근[23]

다 부러지고 마들가지[24] 나머[25]

지화자 조을시구나 얼시고도 좋다

말드러 보와라

인간을 하직하고 청산을 드러를 간다[26]

에에에어어야 에에월네로구나

황혼은 거리검쳐[27]잡고

저 산 넘어가도 거리숭벽궁새야. 에 –
어린 양자(樣姿)고운 태도, 눈에 암암하고 귀에 쟁쟁.

비나이다 비나이다. 비나니로구나. 소원성취로 비나니로구나. 에 –
삼월이라 육구함도(六衢咸道) 대삼월이라 얼씨구나 절씨구나.
담불 담불이 생긴도 사랑사랑 내사랑아.

남창에 북창을 열고나 보니 담불 담불이 쌓인도 사랑
기암(奇岩)에 고송(古松)에 기어나 올라 휘휘 칭칭도 감긴 사랑.
사랑초 다방초 홍두깨 넌출넌출이 박넌출이 이내 가삼에 맺힌다.
사랑에 에 – 나엘 네로구나. 아하 아하.

19 에에에에야 에에월 네로구나 에라드야 에에야 에에월 네로구나 ; 후렴구[조흥구]다.
20 인간人間을 하직하고 청산靑山을 드러를 간다 ; 번거로운 인간 속세를 떠나 한가로운 자연으로 들어간다는
뜻이다.
21 [보정] 춘수春水는 낙낙落落 ; '춘수(春樹) 낙낙(落落)'이 옳다. '춘수(春樹)'로 봄철의 수목을 이른다. 춘수모
운(春樹暮雲)이라 하여 봄철의 수목과 저녁 무렵의 구름이라 하여, 벗에 대한 그리움이 일어남을 비유한 말이
다. '낙낙(落落)'은 뛰어나거나 탁월한 모양을 이른다.
22 낙낙장송落落長松 ; 가지가 길게 축축 늘어진 키가 큰 소나무를 이른다.
23 와작 찍근 ; '와자 지끈'의 잘못이다. 낙락장송落落長松이 부러지는 현상이나 소리를 이른다. '와자'는 정신이
어지러울 만큼 떠드는 모양을 이른다. '지끈'은 크고 단단한 물건이 갑자기 세게 부러지거나 깨지는 소리, 혹은
그 모양을 이른다.
24 [보정] 마들가지 ; '마들가리'로, 여러 개 섞여 있는 가운데에서 가장 크고 굵직한 것을 가리키는 방언이다.
25 나머 → 남아
26 인간을 하직하고 청산을 드러를 간다 ; 번거로운 인간세상을 떠나서 한가로운 자연으로 들어간다는 말이다.

서낭당숭벅궁새[28]냐

네가어데로 가잔말가

이산넘어가도 거리숭벅궁새야

저산넘어가도 거리숭벅궁새냐

에에어린낭자 고운태도

눈에암암[29] 귀에쟁쟁[30]

비난[31]이다 비난이로구나

소원성취로 비난이로구나 아아 에에

삼월이라 육구함도六衢咸道[32] 대삼월[33]이라

얼시구나 절시구나

담불[34]담불이 쌔보도사랑[→ 쌔인도사랑][35]

사랑 사랑 내사랑아

기암奇巖[36]에 고송古松[37]에

기여나올라 휘휘칭칭 감긴 도사랑

사랑초[38] 다방초[39] 홍도깨

넌출넌출[40] 박넌출

---

27 [보정] 거리검처 ; 미상하다. 자료에 따라서는 '거리검초'라고 하였다.

28 [보정] 숭벅궁새 ; 자료에 따라서는 '섬뻐꾹새', '섬벅궁새' 라고 하였다.

29 암암暗暗 ; 기억에 남은 것이 눈앞에 아른거리는 듯한 모습을 이른다.

30 쟁쟁琤琤 ; 옥이 맞부딪쳐 맑게 울리는 소리나, 전에 들었던 말이나 소리가 귀에 울리는 느낌이나, 목소리가 매우 또렷하고 맑은 소리 등을 이른다.

31 비난 ; 보통은 '비난수'라고 한다. '비난수'는 신에게 비는 소리를 말한다.

32 [보정] 육구함도六衢咸道 ; '육구함도(六衢含桃)'인 듯하다. 봄철을 맞이 하여 꽃나들이로 붐비는 거리를 말한다. '함도(含桃)'는 앵두[櫻桃]의 또다른 이름이다. 앵두는 과일 가운데에서 가장 먼저 익기 때문에 귀하게 여기는 풍습이 있었다. 음력 3월말 내지 4월초에 익는데 이를 따서 왕가의 사당에 올렸다. 이를 '앵두천신[櫻桃薦新]이라고 한다. '삼가육구(三街六衢)' 라고 하면 고을의 큰 거리나 도성의 중심가를 이른다.

33 대삼월 ; '待三月'인 듯하다. 따뜻한 3월 즉 봄날을 기다린다는 뜻이다.

34 담불 ; 곡식이나 나무를 높이 쌓아 놓은 무더기, 혹은 벼를 백 섬씩 묶어 세는 단위를 이른다.

35 쌔보도사랑[→ 쌔인도사랑] ; '쌓인 사랑'이라는 뜻이다.

36 기암奇巖 ; 기이하게 생긴 바위를 말한다.

37 고송古松 ; 보통은 '노송(老松)'으로 늙은 소나무를 말한다.

38 사랑초 ; 쌍떡잎식물 쥐손이풀목 괭이밥과의 한 속이다. 하트모양을 닮은 잎 때문에 사랑초로 부르는 자주잎 옥살리스(Oxalis triangularis)가 있다.

39 다방초 ; 미상하다.

40 넌출 ; 길게 뻗어 나가 늘어진 식물의 줄기, 등의 줄기, 다래의 줄기, 칡의 줄기 따위이다.

이내가심[41]에 매친 도사랑

에에 나아에엘네로구나아아

<앞산타령>

앞산타령 : 나아네에에 노나노 에에에에이나노오 나에에에에로 산하

지로구나아아

주는소리 : 과천관악산果川冠岳山[42] 염불암[43]연주대念佛庵戀主臺[44]데

도봉불승道峰佛僧[→性?][45] 삼막三幕[46]으로 에에에둘러있다

---

41 가삼 → 가슴

42 과천관악산果川冠岳山 ; 서울특별시의 관악구(冠岳區), 금천구(衿川區)와 경기도 안양시, 과천시에 걸쳐 위치한 고도 632m의 산이다. 조선 시대에는 한성부(漢城府)와 과천현(果川縣)에 속하였다. 산의 정상부가 큰 바위기둥을 세워 놓은 모습으로 보여서 '갓 모습의 산'이라는 뜻의 '갓뫼(간뫼)' 또는 '관악(冠岳)'이라 했다. 경기오악(五岳)의 하나인 관악산은 산세가 수려한 모습이 마치 금강산과 같다 하여 '소금강(小金剛)' 또는 서쪽에 있는 금강산이라 하여 '서금강(西金剛)'이라고도 하였다. 관악산은 한양의 조산(祖山) 또는 외안산(外案山)으로 인식되었으며, 관악산의 모양이 불과 같아서 한양에 화재가 잘 난다고 하여 꼭대기에 못을 파고 구리로 만든 용을 넣어서 불의 기운을 누르고 광화문 양쪽에 해태를 만들어 놓았다고 전해진다. 관악산은, 동봉[연주봉 戀主峰]의 관악, 서봉의 삼성산(三聖山), 북봉의 장군봉(將軍峰)과 호암산(虎岩山)을 아우르고 있다.

43 염불암念佛庵 ; 경기도 안양시 삼성산(三聖山) 중턱에 있는 사찰이다. 926년 태조 왕건이 삼성산을 지나다가 도승(道僧) 능정(能正)이 좌선삼매(坐禪三昧)에 든 모습을 보고 세운 안흥사(安興寺)가 염불암의 시초라고 전해진다. 1407년(태종 7)에 왕명으로 세운 관악산의 여러 사찰과 함께 중창되었다.

44 연주대戀主臺 ; 관악산 최고봉인 연주봉에는 여러 개의 크고 작은 절벽이 솟아 있는데, 깎아지른 듯한 절벽 위에 약간의 석축을 쌓아 올린 곳에 연주대가 있다. 신라시대 의상(義湘)이 관악사(冠岳寺 : 지금의 연주암) 창건과 함께 세워 의상대(義湘臺)라 이름 붙이고, 이곳에서 좌선(坐禪)을 했다고 한다. 연주대란 이름은 조선 초에 개칭한 것으로, 태조가 고려를 멸망시키고 조선을 개국한 뒤 고려의 충신인 강득룡(康得龍)·서견(徐甄)·남을진(南乙珍) 등의 유신(遺臣)들이 이곳에서 멀리 송경(松京 : 개경) 쪽을 바라보며 두문동(杜門洞)에서 순국한 72인의 충신열사와 망국 고려를 연모하며 통탄하였다 하여 이름 붙여진 것이라고 전한다. 또한 다음과 같은 전설도 전한다. 태종이 셋째 왕자 충녕대군을 태자로 책봉하려 하자 이를 눈치 챈 첫째 양녕대군과 둘째 효령대군이 왕궁을 빠져 나와 발길 닿는 대로 방랑의 길을 떠나 이산 저산을 헤매다가 며칠 만에 문득 발을 멈춘 곳이 관악산이었다. 그들은 관악사에 들어가 입산수도하면서 왕좌에 대한 집요한 미련과 동경하는 마음을 누를 길 없어 관악사를 현재의 위치로 옮겼다. 그러나 왕좌에 대한 미련으로 발길은 언제나 왕궁이 바라다 보이는 산정으로 향하였으며, 이 연주대에 올라 왕궁을 바라보며 왕좌를 그리워하였다. 이러한 연유로 관악사의 이름도 연주암으로 바뀌게 되었다.

45 도봉불승道峰佛僧[性?] ; 도가 최고에 이르러 '불성'의 경지에 이름을 뜻한다. '불성(佛性, buddhadhatu)'은 부처를 이룰 수 있는 근본 성품, 불타(佛陀)의 본래의 성질 즉 불타의 각성(覺性), 또는 일체중생이 부처가 될 가능성, 또는 미혹이나 깨달음에 의하여 변하는 일 없이 본래부터 중생에게 갖추어져 있는 근본 성품이다.

46 삼막三幕 ; 삼막사(三幕寺)을 말한다. 경기도 안양시 만안구 삼성산(三聖山)에 있는 절이다. 이 절은 원효(元曉)·의상(義湘)·윤필(潤筆) 세 대사(大師)가 관악산에 들어와서 막(幕)을 치고 수도하다가, 그 뒤 그 곳에 절을 짓고 삼막사라 하였다. 원효가 창건하고, 신라 말 도선(道詵)이 중건하여 관음사(觀音寺)라 개칭하였는데, 고려의 태조가 중수하여 삼막사라 하였다고 한다.

후　렴[→ 받는 소리] : 에에에에에로 지이이이이 지로구나 마을네야 아

아하 에에에에에로 사나지로구나아아하

주는소리 : 백마白馬는 가자고 네 굽을 땅땅치는데 임은 옥수玉水[→

玉手][47]를 부여잡고 낙루탄식落淚歎息[48]만 한다.

후　렴 : 우지를 마라 우지를 마라 네가 진정코 우지를 마라 너무나

우름을 울어도 정만 없어진다

＜뒷산타령＞[49][50]

뒷산타령 : 나지나아 산이로구나에 에에뜨야 나아에 나나지로만 산

이로구나 에에

주는소리 : 여초목[51]이 동남풍東南風[52]에 거리숨벅 우는소리 장부丈

47　옥수玉水[→ 玉手] ; '玉手(옥수)'는 여성의 아름답고 고운 손을 말한다. 임금의 손을 뜻하기도 한다. '옥수(玉水)'는 맑은 샘물, 또는 매우 귀중한 물이라는 뜻으로, '비'를 비유적으로 이르는 말이기도 하다.

48　낙루탄식落淚歎息 ; 눈물을 흘리며 탄식한다는 뜻이다.

49　[보정] 여기에 참고로 '서도 뒷산타령'을 수록한다. 가면극에 '서도 뒷산타령'을 원용하였기에 원자료와는 상당한 차이가 있다.

　　　※ 나지나 산이로구나 에 – 두견아 에 – 어허야 지루에 에도 산이로구나.

　　　여초목이 동남풍에 거리숭벅궁 우는 소리 장부 요내 열촌의 간장을 다 녹여 낸다.

　　　※ 나뭇잎만 똑똑똑 떨어져도 한병(漢兵)인가 의심하고

　　　새만 좌르르르 날아들어도 자룡의 삼지창만 여겨 의심한다.

　　　갈까보다 갈까보다 임을 따라 갈까보다.

　　　자룡이 월강하던 청총마(靑驄馬) 비껴 타고

　　　이내 일신이라도 한양을 따라 갈까나.

　　　※ 에라 노아라 나 못 놓겠구나 에라 노아라 나 놓겠네.

　　　엄지 장(長)가락이 다 물어 빠지고 새끼손가락이 삼동에 나는데

　　　에 어머니 아시면 매 맞겠네.

　　　짜장 깊은 정을 생각하면 죽으면 죽었지 나는 못 놓겠다.

　　　열려거든 열려무나. 말려거든 말려무나.

　　　남의 딸이 너 뿐이며, 남의 집 귀공자가 세상에 너 뿐인가.

　　　※ 아하 요것이 맹랑하구나, 아하 요것이 맹랑하구나.

　　　여봐라 이애야 너 내말 듣거라.

　　　너는 어떠한 계집이 관대 장부 장짠지를 새장구통만 여겨

　　　아삭바삭에 다 녹여내고

　　　너는 어떠한 귀공자관대 사람의 요내 열촌 간장을 다녹여낸다.

50　[보정] 여기에서 원용된 노래는 소위 '놀량 중거리'에 가장 가깝다.

51　여초목與草木 ; 풀과 나무와 더불어 라는 뜻이다.

52　동남풍東南風 ; 여름철 동남쪽에서 부는 바람이나 만물을 소생시키는 봄바람을 뜻한다. 불보살(佛菩薩)의 대자대비심(大慈大悲心)이 만 생령(生靈)을 제도하는 것을 동남풍이 만물을 소생시키는 것에 비유하는 말이기

夫[53] 열에열 네촌간장肝臟[54]을 다노겨댄다 에에

후　렴 : 나뭇잎만 뚝뚝 떨어져도 한병漢兵[55]인가 의심하고,[56] 새만 좌
르르륵 나라드러도 자룡子龍 삼지창三枝槍[57]만여겨 의심한다 에

주는소리 : 다려가면[58] 연분緣分[59]이요 두고가면 상사相思[60]로다 상사
불견相思不見[61] 이내몸이 죽어서 나비되어 임에집 화초밭으로 오락
가락 할거나 에에.

후　렴 : 널로 연緣하여 얻은병은 무심[62]약을 다 쓰잔말가 형방패독산
刑方敗毒散[63]도 저바리고 곽향[64]정기산藿香正氣散[65]도 다저바리고

도 하다. 자비에 비유하여 자비훈풍(慈悲薰風)·도덕풍(道德風)이라고도 한다.

53　장부丈夫 ; 다 자란 씩씩한 남자를 두고 이른다.

54　장부 열에열 네촌간장肝臟 ; '다 자란 씩씩한 여러 남자의 네 촌(寸) 마음속'이라는 뜻이다.

55　한병漢兵 ; 한나라 병사를 이른다.

56　나뭇잎만 뚝뚝 떨어져도 한병漢兵인가 의심하고 ; '사면초가(四面楚歌)' 고사로, 사방에서 들려오는 초나라 노래라는 뜻으로, 적에게 포위되거나 몹시 어려운 일을 당하여 극복할 방법이 전혀 없는 곤경을 말한다. 초(楚)나라의 항우(項羽)는 한(漢)나라의 유방(劉邦)과 천하를 다투다가 서서히 세력이 기울어져가고 있었다. 그가 총애하던 장수 범증(范增)마저 항우를 떠나고, 한나라와 강화를 맺고 동쪽으로 돌아가던 도중 해하(垓下)에서 한나라의 한신(韓信)에게 포위당하고 말게 되었다. 포위를 빠져나갈 길은 없고 군사는 줄어들며 식량도 바닥을 보였다. 이러한 상황에서 한나라의 군대는 포위망을 좁혀 왔다. 어느 날 밤, 고향을 그리는 구슬픈 초나라의 노래가 사방에 들려왔다. 한나라가 항복한 초나라 병사들로 하여금 고향노래를 부르게 한 것이다. 항우는 그 노래를 듣고 '한이 이미 초를 모두 얻었단 말인가. 초나라 사람이 어찌 이리 많은가.' 라며 탄식하였다. 초나라가 한나라에 점령당한 것으로 오인한 항우는 진중에서 마지막 연회를 베풀었다. '力拔山 氣蓋世' 라고 시를 지어 자신의 운명을 노래하였다. 그가 총애하던 우미인(虞美人)에게는 유방에게 가서 목숨을 보전하라고 하나, 그녀는 두 지아비를 섬길 수 없다며 그의 시에 화답하고 자결했다. 항우는 얼마 남지 않은 잔병을 이끌고 오강(烏江)까지 갔으나 차마 건너지 못하고 자결했다. 우미인은 '이미 한나라 병사들이 땅을 뒤덮었고, 사방에는 초나라 노래만 들립니다. 대왕의 기세가 다하였으니 천첩(賤妾)이 어찌 더 살 수 있겠나요. 漢兵已略地 四面楚歌聲 大王義氣盡 賤捷何聊生' 라고 화답하였다.

57　자룡子龍 삼지창三枝槍 ; 조자룡이 창을 잘 휘둘렀음을 말한다. '자룡'은 조자룡(趙子龍)으로 삼국 시대 촉나라 상산(常山) 사람이다. 이름은 운(雲)이다. 처음에는 공손찬(公孫瓚) 수하에 있었는데, 공손찬이 원소(袁紹)에게 망한 뒤 유비(劉備)에게 귀순했다. 유비의 경호원으로 여러 번 유비를 위기에서 구해냈다. 조조(曹操)가 형주(荊州)를 취했을 때 유비가 패주하자 감부인(甘夫人)과 아두(阿頭, 劉禪)를 구하기 위해 조조의 대군을 혼자 휘젓고 다니며 호위해 구출했다. '조자룡 헌 칼 쓰듯 한다.'는 속담도 여기에 연유한다. '삼지창(三枝槍)'은 끝이 세 갈래로 갈라진 창을 말한다.

58　다려가면 → 데려가면

59　연분緣分 ; 서로 관계를 맺게 되는 인연을 말한다.

60　상사想思 ; 여기서는 소위 '상사병(相思病)'으로, 남자나 여자가 마음에 둔 사람을 몹시 그리워하는 데서 생기는 마음의 병을 말한다.

61　상사불견相思不見 ; 서로 그리워하면서도 만나지 못함을 말한다.

62　무심 → 무슨

63　형방패독산荊防敗毒散 ; 장역(瘴疫) 또는 대두온(大頭瘟) 등의 역병(疫病), 즉 열병(熱病)으로 인하여 화(火)가 상충(上衝)되어 면종(面腫)에 인후통(咽喉痛)을 호소하며 또 상체(上體)에 열꽃이 돋기도 하는 증상에 쓰인다.

살뜰한 임에 말씀으로 날살려라 에에

주는소리 : 갈가부다 말가부다 임을 따라 갈가부다 자룡子龍이 월강

越江[66]하든 청총마青聰馬[67] 빗겨타고 이내일신이라도 한양漢陽 따

라 갈꺼나 에

후   렴 : 에라노아라 못놓건네 에라노아라 못놓건네 엄지손가락은 다

물어 빠지고[68] 새끼손가락은 삼동이 나는데[69] 에에 어머니 알면 매맞

간네 짜장[70] 깊은 정을 생각하면 죽으면 죽었지 나는 못놓건네 에

<경발림>

경발림[→ 주는소리] : 천지변방天地邊方[71]이요 에에이 일세日勢는 요란

한데 삼산반락三山半落은 청천외요[72] 이수중분二水中分은 백로주

---

64   곽향藿香 ; 꿀풀과의 여러해살이풀이다. 줄기는 높이가 20~30cm이며, 온몸에 털이 있다. 잎은 달걀 모양이
고 톱니가 있다. 7~9월에 입술 모양의 연한 붉은색 꽃이 핀다. 산에 자라는데 제주, 함북 등지에 분포한다. 옛
날에 이름이 곽향(藿香)이라는 시누이가 올케와 함께 살고 있었다. 오빠가 전쟁터에 나간 터라 둘은 친자매처
럼 지냈다. 어느 여름 올케가 더위를 먹어 구토와 두통으로 몸져 눕게 되었다. 시누이는 오빠가 알려주었던 풀
을 캐러 갔다가 그만 독사에 물려 간신히 집으로 돌아왔고 올케는 입을 대고 독을 뽑다가 그만 독에 중독되고
말았다. 다음날 마을 사람들은 이미 죽은 시누이와 거의 숨이 끊어지려는 올케를 발견하게 되었다. 올케는 그
약초가 더위 먹고 머리가 아프고 속이 울렁거릴 때 좋은 약이라며 시누이의 이름인 '곽향(藿香)'으로 불러달라
는 말을 남기고 숨을 거두어서 이때부터 곽향이라 부르게 되었다. 또는 잎이 콩잎을 닮아 '콩'이라는 뜻인 '곽
(藿)'과 향이 난다는 뜻의 '향(香)'을 합해 '곽향'이라고 불리게 되었다는 설도 있다. 이 약은 특이한 향기가 있
고 약성은 맵고 약간 따뜻하다. 비위에 습이 정체되어 복부창만, 식욕부진, 메스꺼움, 구토, 설사 등을 치료한
다. 소화장애를 동반한 감기, 여름철 식체로 인한 구토, 설사, 구취, 옴이나 버짐 등에 효과가 있다. 전국의 산에
서 자라며 추위와 건조에도 강하여 재배하고 있고 방애잎, 중개풀, 방아풀이라 하여 어린잎을 추어탕 등 고기
비린내 제거용으로 사용한다. 토곽향(土藿香), 배초향(排草香)이라고 부르기도 한다.
65   정기산正氣散 ; 외감(外感)으로 인한 소화 기관 장애를 다스리는 탕약이다.
66   월강越江 ; 강을 건넘을 말한다.
67   [보정] 청총마青聰馬 → 청총마(青驄馬) ; 갈기와 꼬리가 파르스름한 백마를 이른다.
68   엄지손가락은 다물어 빠지고 ; 엄지손가락을 너무 빨아 모두 헐어버렸다는 말이다. 기다림에 지쳤다는 뜻이다.
69   [보정] 새끼손가락은 삼동이 나는데 ; 기다리다가 새끼손가락이 추운 겨울에 다 얼어버렸다는 말이다. '삼동'은
자료에 따라서는 '三冬', '진동' 라고 하였다. '삼동(三冬)'은 초동(初冬)·중동(仲冬)·계동(季冬) 즉 음력 10월·11월·
12월을 함께 이르는 말이다.
70   짜장 ; '과연 정말로'라는 뜻이다.
71   천지변방天地邊方 ; '하늘과 땅의 끝'이라는 뜻이다. 자료에 따라서는 '중원지변방(中原之邊方) - 중원지방
의 끝'이라고 하였다.
72   삼산반락三山半落은 청천외靑天外요 ; '산봉우리 절반은 하늘 바깥으로 떨어져나갔다' 곧 세 봉우리가 구름
위 푸른 하늘 밖으로 솟아 있는 형상을 묘사한 이백의 시 '등금릉봉황대(登金陵鳳凰臺)'의 한 구절이다. '삼산
(三山)'은 금릉(金陵) 서쪽 장강 가에 마주한 세 봉우리다.

白鷺洲란다[73]에

후 렴 : 어데로가자고 날만졸라 어데로가자고 지부령[74]직신[75] 날만

조리조리 졸리[76]따라서 안산鞍山에 청룡가자[77]에

주는소리 : 수락산水落山[78] 폭포수요 에에이 등구재圓峴[79]며 만리재萬

里峴[80]요 약잠재藥蠶峴[81] 누에머리[82] 용산삼개龍山麻浦[83]로 에에이

이백의 '등금릉봉황대(登金陵鳳凰臺)'

봉황대 위에 봉황이 노닐었다더니 鳳凰臺上鳳凰遊

봉황은 날아가고 봉황대는 비었는데 강은 그대로 흐르네 鳳去臺空江自流

오나라 궁전의 화초는 오솔길만 뒤덮고 吳宮花草埋幽徑

진나라 귀인은 옛언덕의 무덤이 되었네 晉代衣冠成古丘

삼산은 청천 밖으로 우뚝 솟아 있고 三山半落青天外

이수는 백로주에서 나뉘었네 二水中分白鷺洲

온통 뜬구름이 해를 가리니 總爲浮雲能蔽日

장안마저 보이지 않고 사람으로 하여 근심케 하네 長安不見使人愁

73 [보정] 이수중분二水中分은 백로주白鷺洲란다 ; 이백의 시 '등금릉봉황대(登金陵鳳凰臺)'에는 '일수중분백로주(一水中分白鷺洲)'로, '한 줄기 강물은 나뉘어 백로주를 끼고 흐른다' 라고 하였다. '백로주(白鷺洲)'는 금릉 서남쪽 강 가운데에 있는 모래섬으로 백로가 많이 서식하였다고 한다.

74 [보정] 지부령 ; '찌그렁이'로 남에게 무턱대고 억지로 떼를 쓰는 짓을 두고 이르는 말이다. 김유경본에서는 '지그렁'이라고 하였다.

75 직신 ; '직신거리다'는 짓궂은 말이나 행동으로 자꾸 귀찮게 군다는 말이다.

76 [보정] 날만 조리조리 졸리 ; '졸졸'을 원용한 대사로, 가는 물줄기 따위가 잇따라 부드럽게 흐르는 소리 또는 그 모양을 두고 이른다. 김유경본에서는 '졸이졸이 졸졸이' 라고 하였다.

77 [보정] 안산鞍山에 청룡가자 ; 안산(鞍山)은 안산(案山)인 듯하다. 안산(案山)은 주산(主山)·청룡(青龍)·백호(白虎)와 함께 풍수학(風水學)상의 네 요소의 하나이다. 이러한 풍수학을 반영한 대사인 듯하다. 자료에 따라서는 '안산(亭安山)' 혹은 '안성'이라고 하였다. '안산(鞍山)'은 무악산으로도 불리며 서울특별시 서대문구에 있는 산이다.

78 수락산水落山 ; 서울의 북쪽과 경기도 남양주, 의정부에 걸쳐있다. 서쪽에는 도봉산을 마주보며 남쪽에는 불암산(佛岩山)이 위치한다. 수락산(水落山)이라는 이름은 거대한 화강암 암벽에서 물이 굴러 떨어지는 모습에서 따온 것이다. 북한산(北漢山), 도봉산(道峰山), 관악산(冠岳山)과 함께 서울 근교의 4대 명산으로 불린다.

79 등구재圓峴 → 둥구재(圓峴) ; 서울특별시 서대문구 냉천동에 있는 모양이 둥근 산이다. '둥그재'라고도 한다. 풍수학상 '백호(白虎)'에 해당한다고 한다.

80 만리재萬里峴 ; 서울특별시 마포구 공덕동에서 중구 서울역을 잇는 고개다. 조선 세종 때의 문신 최만리(崔萬里)가 지금의 만리재에 살았다고 하여 그의 이름을 따서 삼은 것이다. 이 고개는 높고 큰 데다 작은 고개인 애오개가 있으므로 그에 대해서 큰고개라고도 하였다. 해마다 정월 보름에 이 고개에서 삼문 밖과 애오개 사람들이 돌팔매로 편쌈[석전石戰]을 하는데 삼문 밖 사람들이 이기면 경기도가 풍년이 들고, 애오개가 이기면 8도에 풍년이 든다고 하여, 용산과 마포 사람들은 애오개 편을 들었다는 이야기가 전해 온다.

81 약잠재藥蠶峴 ; 미상하다

82 누에머리 ; 송파에 있던 마을로서, 마을 뒤에 있는 산의 모양이 마치 누에머리와 같아 마을 이름이 유래되었다. '눈머리' 혹은 '잠두(蠶頭)'라고도 불렀다.

83 용산삼개龍山麻浦 ; '용산'은 인왕산(仁王山)의 지맥이 남쪽으로 이어져 마포구와 용산구에 걸쳐 산지를 형성하였는데 그 봉우리의 이름이 용산(龍山)이다. 인왕산에서 시작된 구불구불한 능선이 한강 가까이에서 봉우리를 형성하자 용의 형상을 닮았다고 해서 용산이라는 이름이 지어졌다. 용산이라는 이름은 백제시대에도 등장하고

둘너있다 에에

후　렴 : 여산[84]에 김덕선金德善[85]이 수원水原에 북문지고 나라에 공신
　　　　功臣되어 수송옥[86]이 와류감두[→ 감투][87] 눌러를쓰고 어주삼배御酒三
　　　　盃[88] 마신후에 앞에는 모흥갑牟興甲[89]이 뒤에는 권삼득權三得[90]이

특히 고려시대 남쪽의 수도인 남경(南京)의 후보지로 거론되면서 많이 알려졌다. 예로부터 한강을 배경으로
풍광이 뛰어나고 사람이 살기 좋은 곳으로 알려졌다. 조선시대에는 집현전의 학자들이 공부하는 독서당(讀書堂)
이 있었다. 용산의 남쪽에는 심원정(沈遠亭)이라는 정자가 있었다. 용산의 한 자락을 넘어가는 고개로 만리재가
있고 그 너머에는 정조(正祖)의 아들 문효세자(文孝世子)의 무덤인 효창원(孝昌園)이 있었다. '삼개'는 지명으
로 지금의 '마포(麻浦)'를 말한다.

84　여산 ; 미상하다. 일부 자료에는 '연산(連山)' 혹은 '예산'이라고 하였다.

85　김덕선金德善 ; 미상하다. 모흥갑(牟興甲)과 신만엽(申萬葉)이 함께 김덕선(金德善)의 신래(新來) 행렬에
　　쌍화동(雙花童)을 섰다는 점으로 보아 조선 후기에 과거에 급제하여 관직에 오른 인물인 듯하다.

86　[보정] 수송옥 ; 김성옥(金成玉)인 듯하다. 일부 자료에는 '송홍록'이라고 하였다. 김성옥은 조선 후기의 판소리
　　명창이다. 처음으로 판소리에 진양조장단을 창시했다. 송홍록이 진양조를 완성한 후 진양조는 중고제라 이름
　　하게 되었고, 김성옥은 중고제의 시조로 알려지게 되었다. 충청남도 강경(江景)에서 출생하였고 전라북도 여산
　　에서 사망하였다. 좋은 성음을 지니고 있었으나 병으로 고생하다가 34세에 요절한 천재 판소리 명창이다. 젊은
　　시절 계룡산 암굴에서 고생하며 수련했던 탓에 다리는 뼈만 앙상하고 무릎은 부어올라 통증이 심한 학슬풍(鶴
　　膝風)으로 앉은뱅이가 되었다. 다리를 쓰지 못하고 병석에 누워 있으면서도 판소리를 연구하여 처음으로 판소
　　리에 진양조장단을 창시하였다. 김성옥의 진양조를 듣게 된 그의 처남이자 명창인 송홍록(宋興祿)이 판소리의
　　새로운 발견이라 여겨 수년간 연마하여 진양조를 완성하였다. 이후 진양조는 중고제라 이름 하게 되었고 김성
　　옥은 중고제의 시조로 알려지게 되었다. 그의 소리는 아들인 김정근(金定根)에게 이어지고 김정근의 두 아들
　　인 김창룡(金昌龍)·김창진과 이동백으로 이어졌다.
　　　송홍록(宋興祿)은 세습예인 집안 출신으로, 판소리 고수 송첨지의 아들이자, 판소리 명창 김성옥의 처남, 판
　　소리 명창 송광록(宋光祿)의 형이다. 송홍록은 권삼득(權三得)의 고수로 활약했던 아버지 송첨지에게 6세부터
　　'춘향가'를 배우기 시작했다. 12세부터 백운산에서 월강선사의 도움으로 소리 공부를 하고 득음했다는 이야기
　　가 전한다. 송광록, 박만순(朴萬順) 등이 그의 제자이다. 송홍록은 어린 시절부터 아이 명창으로 유명했으며,
　　1796년에 모흥갑(牟興甲), 신만엽(申萬葉)과 함께 김덕선의 신래(新來) 행렬에 쌍화동(雙花童)을 섰다. 이후
　　철종으로부터 통정대부(通政大夫) 벼슬을 제수 받았으며, 선배인 모흥갑은 그의 빼어난 기예에 탄복해 그를
　　'가왕(歌王)'이라 칭했다.

87　[보정] 와류감두[→ 감투] ; 와룡관(臥龍冠)인 듯하다. 와룡관은 조선시대 사대부들이 한가롭게 지낼 때 쓰던
　　관(冠)으로, 중심이 높으면서 세로 골이 진 모양으로 중국 삼국시대에 제갈량(諸葛亮)이 썼다고 한다. '감투'는
　　'탕건(宕巾)'을 속되게 이르는 말로, 말총이나 가죽·헝겊 등으로 차양 없이 만든 관모를 말한다.

88　어주삼배御酒三盃 ; 임금님이 내리는 술 석 잔을 말한다.

89　모흥갑牟興甲 ; 순조·헌종 때의 판소리 명창이다. 순조 때 신위(申緯)가 쓴 '관극시(觀劇詩)' 중 당시의 판소리
　　명창 고·송·염·모(高·宋·廉·牟) 즉 고수관(高壽寬)·송홍록(宋興祿)·염계달(廉啓達)·모흥갑이 언급됐다.
　　고종으로부터 동지(同知) 벼슬을 제수(除授) 받았다는 모흥갑은 평양감사의 초청을 받고 평양 연광정(練光亭)
　　에서 판소리를 부를 때 10리 밖까지 들리게 했다는 유명한 일화가 있다.

90　권삼득權三得 ; 정조·순조 때 활약한 판소리 8명창 중의 한 사람이다. 본명 사인(士仁)이다. 그는 판소리에
　　서 가장 오래된 명창으로 알려진 하은담(河殷潭)과 최선달(崔先達)에게서 판소리를 배웠다는 설이 있으나 분
　　명하지 않다. 특히, 권마성(勸馬聲) 소리제를 발전시켜 '판소리 설렁제'라는 특이한 소리제를 낸 것으로 유명하
　　다. 향반(鄕班)의 자제로 출생하여 어려서부터 독서에 힘쓰지 않고 판소리에만 진력하였다고 한다. 향반 가문
　　의 치욕(恥辱)이라 하여 그를 죽이기로 결정하고 거적을 덮자, 권삼득은 태연히 그 자리에서 판소리 한 가락을

추종追從⁹¹에 심만역엽⁹²에 쌍화동雙花童⁹³ 세우고[→ **송흥록 신만엽에**

쌍화동雙花童 세우고]⁹⁴ 어전풍악御前風樂⁹⁵을 꽝꽝치면서 장안長安 대

로상으로 가진실내⁹⁶만 청한다 에에

주는소리 : 바람이 불라는지 에에이 나무중동⁹⁷이 반춤⁹⁸추고 억수장

마⁹⁹ 지라는지 만수백수萬壽百壽¹⁰⁰ 무산巫山¹⁰¹에 매지구름¹⁰²이 펑

부르고 최후를 마치기를 애원하였다. 그의 최후 소원을 허락하였는데 그 거적 밑에서 들쳐 나오는 비절창절(悲絶悵絶)한 소리는 듣는 사람으로 하여금 큰 감동을 주었다고 한다. 주검을 면했으나 집안에서 쫓겨났다.

91 [보정] 추종追從 ; 여기서는 '같은 소리제를 실현한다'는 뜻으로 쓰였다. 본래는 남의 뒤를 따라서 좇음을 뜻한다. 권력이나 권세를 가진 사람이나 자신이 동의하는 학설 따위를 별 판단 없이 믿고 따름을 뜻한다.

92 [보정] 심만역엽 ; 신만엽(申萬葉)이다. 신만엽은 순조·헌종 때의 판소리 명창이다. 송흥록·모흥갑·염계달의 후배이고, 김제철·박유전과 동년배(同年輩)로 당대 8명창 중의 한 사람으로 꼽히는 명창이다. 석화제라는 경쾌한 소리제를 잘했기 때문에 '사풍세우(斜風細雨)'라는 별명을 얻었다.

93 쌍화동雙花童 ; 여기서는 축하 행렬에서 꽃을 들고 앞장 선 두 어린 아이를 말한다. 이때 두 어린 아이는 축하의 노래를 부르면서 행진하게 마련이다. 이같은 행사를 보통은 '삼일유가(三日遊街)'라고 하였다. '화동(花童)'은 본래 나이 어린 기생을 말한다.

94 심만역엽에 쌍화동(雙花童) 세우고[→ 송흥록 신만엽에 쌍화동(雙花童) 세우고] ; 송흥록은 어린 시절부터 아이 명창으로 유명했으며, 모흥갑(牟興甲), 신만엽(申萬葉)과 함께 김덕선(金德善)의 신래(新來) 행렬 -고려·조선 시대에 과거에 새로 급제하여 처음 관직에 나가는 행렬- 에 쌍화동을 섰다고 한다. '쌍화동(雙花童)'은 꽃은 든 들러리에 해당한다.

95 어전풍악御前風樂 ; 과거 급제자 발표를 비롯한 특별한 행사 때에 임금님 앞에서 연주되는 풍악을 말한다. '풍악(風樂)'은 대풍류(竹風流) -피리나 젓대와 같은 관악기가 중심이 되는 악기로 편성된다. 대(竹)는 본래 관악기를 가리키는 것으로 우리나라를 비롯한 동양 여러 나라의 관악기는 거의 대로 만들어진다. 대풍류는 향피리 둘에, 대금(大笒), 해금(奚琴), 장구, 북로 삼현육각(三絃六角)의 기본편성법과 같다.- 와 줄풍류(絲風流) -거문고나 가야금이 중심이 되는 관계로 거문고, 가야금, 해금, 세피리, 대금, 장구로 편성을 원칙으로 하되, 여기에 단소, 양금을 더 첨가할 수 있다.- 을 아우르는 말이다. 일반적으로 우리나라의 전통 관현악곡을 가리키는 말이다.

96 [보정] 가진실내 → 갖은 신래(新來) ; 여기서는 여러가지 축하 행사를 말한다. '신래(新來)'는 흔히 과거에 급제한 사람을 일컬었다. '신래(新來)'가 되면 소위 신고식 -입사식(入社式)- 을 하게 마련이었는데 이를 신참례(新參禮)라 하였다. 보통은 축하하는 뜻이지만, 과거에 급제하고 나서 주어지는 삼일유가(三日遊街) 때에는 '신래불림'이라 하여 괴롭히면서 축하하는 '역설적(逆說的) 하례(賀禮)'도 있다. 어떤 조직이나 공동체에 가입하기 위한 의식을 가리키는 말로 들참례를 비롯하여 입참례·신참례·바구리·나다리·주먹다드미 등이 있다.

97 중동 ; 사물의 중간이 되는 부분이나 가운데 부분을 이른다.

98 반춤 ; 춤을 추듯 몸을 건들거리는 동작, 혹은 가는 나뭇가지 따위가 센 바람에 춤추듯이 흔들거리는 모양을 비유적으로 이르는 말이다.

99 억수장마 ; 여름철에 여러 날을 계속해서 물을 퍼붓듯 세차게 내리는 비를 뜻한다. '억수'는 물을 퍼붓듯이 세차게 내리는 비를 말한다. 끊임없이 흘러내리는 눈물이나 코피 따위를 비유적으로 이르는 말이기도 한다.

100 만수 백수萬壽百壽 ; 장수(長壽) 곧 오래도록 삶을 뜻한다.

101 무산巫山 ; 무산지우(巫山之雨)라 하여 남녀의 교정(交情)을 비유한 말이다. '문선(文選)'에 수록된 송옥(宋玉)의 고당부(高唐賦)에서 비롯된 말이다. 전국시대 초(楚)의 양왕(襄王)이 송옥과 함께 운몽(雲夢)이라는 곳에서 놀다가 고당관에 이르게 되었다. 문득 하늘을 보니 이상한 형상의 구름이 피어오르고 있어 송옥에게 무엇인지를 물었다. 그러자 송옥은 그 구름이 조운(朝雲)이며, 다음과 같은 사연이 있다고 이야기하였다. "옛날 어떤 왕이 고당관에서 연회를 열고 즐기다가 잠시 낮잠을 자게 되었는데, 꿈속에 아름다운 여인이 찾아와 말하기를 '저는 무산에 사는 여인이온데, 왕께서 고당에 오셨다는 말을 듣고 잠자리를 받들고자 왔습니다' 하였다. 왕

퍼젓다[103][104] 에에

후 렴 : 서도팔경西道八景[105] 구경을 가자 삼등三登에 황학루黄鶴

樓[106] 성천成川에 강선루降仙樓[107] 개천价川[108]에 무진대無盡臺[109]

영변寧邊에 약산대藥山臺[110] 강계 인풍루江界仁風樓[111] 의주義州

은 그녀의 아름다움에 **빠져** 스스럼없이 운우의 정(雲雨之情)을 나누었다. 헤어질 무렵이 되자 그 여인은 이런
말을 하였다. '저는 무산 남쪽의 험준한 곳에 살고 있는 여인이온데, 아침에는 구름이 되고 저녁에는 비가 되어
양대 아래에서 아침 저녁으로 당신을 그리워하고 있을 것입니다(妾在巫山之陽 高山之岨 且爲朝雲 暮爲行雨
朝朝暮暮 陽臺之下).' 말이 끝나자 여인은 자취를 감추었고, 왕은 퍼뜩 잠에서 깨어났다. 다음날 아침 왕이 무
산 쪽을 바라보니 여인의 말대로 산봉우리에 아름다운 구름이 걸려 있었다. 왕은 여인을 그리워하며 그곳에
조운묘(朝雲廟)라는 사당을 세웠다. 그 후로 무산의 꿈이 남녀간의 교정(交情)을 의미하게 되었다.

102 매지구름 ; 비를 머금은 검은 조각구름을 말한다.

103 펑퍼젓다 ; 옆으로 퍼진 모양이 둥그스름하게 넓적하거나 평평하게 널찍하다는 뜻이다.

104 무산(巫山)에 매지구름이 펑퍼젓다 ; '무산(巫山)'의 고사를 이른다.

105 서도팔경(西道八景) ; 관서(關西) 지방의 여덟 명승지다. 서도팔경은 삼등(三登)의 황학루(黄鶴樓), 성천(成川)
의 강선루(降仙樓), 개천(价川)의 무진대(無盡臺), 영변(寧邊)의 약산대(藥山臺), 강계(江界)의 인풍루(仁風樓),
의주(義州)의 통군정(統軍亭), 안주(安州)의 백상루(白祥樓), 그리고 평양(平壤)의 연광정(練光亭)이다.

106 삼등(三登) 황학루(黄鶴樓) ; '삼등(三登)'은 평안남도 강동 지역의 옛 지명이다. 조선시대 삼등은 대동강 연
변의 평야지역인 이부평(李富坪)에 자리잡고 있어 묵슬리진(墨瑟里津)·축호정진(蟲湖亭津)·앵무주진(鸚鵡
州津)·옥금리진(玉琴里津)·부연진(釜淵津)·유점진(鍮店津) 등의 많은 나루를 통하여 수안(遂安)·상원(祥
原)·평양·강동 등지와 연결되었다. 특히, 앵무주(鸚鵡洲) 부근에는 황학루(黄鶴樓)라는 누각이 있었다. 이 지
역에는 삼등팔경(三登八景)이 -매바위의 낚시 드리운 풍경(응암수조 鷹岩垂釣), 황학루에서의 추석날 달구경(학루추월 鶴
樓秋月), 고산에서의 날아가는 기러기 세어보기(고산점안 孤山點雁), 광한정의 눈 날리는 풍경(광정비설 廣亭飛雪), 묵촌의 봄갈
이 풍경(묵촌춘경 墨村春耕), 앵무주에서의 꽃배놀이(앵주범주 鸚洲泛舟), 봉두산마루의 비바람 치다가 갠 경치(봉잠청람 鳳岑晴
嵐)- 유명하였다.

107 강선루(降仙樓) ; 평안남도 성천군(成川郡)에 있는 고려시대의 누정(樓亭)이다. 동명관(東明館)의 부속건물
로, 정면 7칸, 측면 5칸의 중층건물이다. 동명관은 조선시대 성천부의 객관으로, 중국사신을 맞기 위하여 1343
년(충혜왕 4)에 건립되었으며, 1768년(영조 44)에 개축하였다. 임진왜란 때 세자이던 광해군이 이곳에 묘사(廟
祠)를 지어 난을 피하고, 왕위에 오른 뒤에 동명관에 잇대어 이 누각을 지었다고 한다. 관서팔경(關西八景)의
하나인 무산십이봉(巫山十二峯)의 절경에 위치하며 丁자형 평면을 이룬 31칸의 대규모 건물이다. 아래층은
돌기둥을 세웠고 그 위에 기둥을 올려 사방이 개방된 누각을 세웠으며, 기둥머리에는 일출목(一出目) 삼익공
(三翼工)을 쌓고 지붕은 팔작(八作)지붕으로 하고 지붕마루에 양성(兩城: 지붕마루의 수직면에 회사반죽 또는
회반죽을 바른 것)을 하였다. 사방에 계자난간(鷄子欄干)을 둘렀다. 동명관 안에는 강선루 외에 통선관(通仙
觀)·유선관(留仙觀)·봉래각(蓬萊閣)·십이루(十二樓) 등의 건물이 있어 모두 337칸에 이르렀다. 누각 건물로
는 유례가 없는 장대한 규모였으나 6·25때 소실된 것으로 알려지고 있다.

108 개천(价川) ; 평안남도 북단에 있었던 군이다. 동쪽으로 두일령(杜日嶺)을 경계로 덕천군, 남쪽으로 순천군,
서쪽으로 안주군, 북쪽으로 청천강(淸川江)을 경계로 평북 영변군에 접했다.

109 개천(价川)에 무진대(無盡臺) ; 서도팔경(西道八景), 관서(關西) 지방의 여덟 명승지 중에서 하나다.

110 영변(寧邊)에 약산대(藥山臺) ; 서도팔경(西道八景), 관서(關西) 지방의 여덟 명승지 중에서 하나다.

111 인풍루(仁風樓) ; 강계에 있는 조선시대의 누정이다. 정면 5칸, 측면 4칸의 2익공 겹처마 팔작(八作)집이다.
관서팔경(關西八景)의 하나로 일컬어져 왔다. 강계(江界) 남산의 남쪽 자락이 독로강(禿魯江)과 북천강(北川
江)의 합류 지점에서 이루어 낸 높은 벼랑 위에 동향으로 세워져 있다. 정면인 동쪽에서 보면 1층이지만 서쪽
은 독로강을 향하여 기울어진 자연 경사면을 그대로 살려 2층으로 꾸몄다. 정면 오른쪽에서 3번째 기둥을 생략
하여 안에서 바라볼 때 정면의 시야를 트이게 한 점이 주목되는데, 이는 인풍루가 강계읍성(江界邑城)의 서북

에 통군정統軍亭[112] 안주安州에 백상루百祥樓[113] 평양平壤에 연광

정練光亭[114]이란다 놀기 좋기는 부벽루浮碧樓[115] 대동강大洞江이

쪽에 세워진 장대(將臺), 즉 군사지휘소였으므로 앞마당을 잘 내려다볼 수 있도록 배려한 것이다. 건물 내부에
전혀 기둥을 세우지 않고 통간으로 처리한 이유도 마찬가지이다. 마루 밑에는 24개의 기둥을 세우고 그 위에
장귀틀과 동귀틀을 가지런히 짜 맞춘 널마루를 깔았으며, 마루 가장자리에는 키가 낮은 계자각(鷄子脚)난간을
둘렀다. 외적의 침입에 대비하여 1472년(성종 3)에 쌓은 강계읍성은 북쪽 국경의 요충이어서 인풍루 이외에도
장대 건물이 여러 곳에 있었다. 인풍루는 1680년(숙종 6)에 불탄 뒤 그 해에 다시 세워졌으며, 1950년대 초 전
란으로 크게 손상을 입은 것을 수리해 놓았다고 한다.

112 통군정(統軍亭) ; 평안북도 의주군에 있는 조선시대의 누정(樓亭)이다. 정면 4칸, 측면 4칸의 합각지붕 건물이다.
의주읍성(義州邑城)에서 제일 높은 압록강 기슭 삼각산(三角山) 봉우리에 자리 잡고 있는데, 서북방위의 거점이
었던 의주읍성의 북쪽 장대(將臺)로서 군사 지휘처로 쓰였다. 통군정에 올라서면 이끼 푸른 의주성의 옛 성벽이
눈앞에 보이고, 아래로는 압록강의 푸른 물 가운데에 점점이 떠 있는 여러 섬들이 굽어보인다. 서쪽으로는 멀리
신의주·용암포(龍巖浦) 일대가 바라보이며, 남쪽으로는 '의주금강(義州金剛)'으로 불리는 석숭산(石崇山)과 백
마산(白馬山) 일대의 크고 작은 산봉우리들이 한눈에 들어와 예로부터 관서팔경(關西八景)의 하나로 꼽혔다.
정확한 건립연대는 알 수 없으나 조선 초기까지 의주성 안에 있던 봉수대의 이름이 '통군정'이었다는 점으로
보아 이곳에 정자를 짓고 그 이름을 그대로 쓴 것으로 보인다. 특히, 이 건물에서는 목재를 적게 쓰면서도 건물의
입체적 강도를 높이기 위하여 대들보를 겹으로 하고, 동자주(童子柱 : 세로로 세운 짧은 기둥) 대신 제공(諸貢)으
로 틀어 올렸다. 우리나라 누각건물을 대표하는 유적의 하나로서 6·25때 피해를 입었으나 전후 복구되었다.

113 백상루(百祥樓) ; 평안남도 안주군에 있는 고려시대의 누정(樓亭)이다. 정면 7칸, 동쪽 측면 6칸, 서쪽 측면
4칸의 합각(合角)지붕 건물이다. 청천강 기슭에 높이 솟은 언덕 위에 자리 잡고 있다. 옛 안주성 장대(將臺)
터에 세워 청천강의 자연경치와 잘 어울리는 건물로서 관서팔경(關西八景) 가운데서도 첫째로 꼽혀 '관서제일루
(關西第一樓)'라고까지 하였다. 백상루는 언제 지었는지는 정확히 알려지지 않고 있으나, 14세기 고려 충숙왕이
쓴 시에 백상루에 대하여 읊은 구절이 있는 것으로 보아 이 당시보다 훨씬 이전부터 있어온 것으로 알려지고
있다. 건물의 규모가 웅대한 T자형으로 뛰어난 건축수법을 보여주고 있다. 액방(額枋) 위의 화반(花盤 : 주심도리
밑 장여를 받는 초새김한 받침)은 연꽃모양을 조각하였으며 단청은 간단한 모루단청[毛老丹靑 : 머리초에만
칠한 단청]이나 사이사이에 별지화를 그려 넣어 아름답게 장식하였다. 이 백상루는 경상남도 진주의 촉석루(矗石
樓)와 함께 우리나라의 대표적 누정건물로서 고유한 특색을 나타내었으나 6·25때 파괴 소실되었다.

114 [보정] 영광정 ; '연광정(練光亭)'이다. 평양 대동문동에 있는 조선시대의 정자다. 제일누대·만화루(萬化樓) 등으
로도 불렸다. 고구려 때 평양성을 건설하면서 처음 세웠다. 1111년(고려 예종 6) 현재의 자리에 다시 정자를
세우고 이름을 '산수정 (山水亭)'이라고 했으며, 그 뒤 보수·재건하면서 현재의 이름으로 고쳐 부르게 되었다.
현재의 정자는 1670년에 다시 지은 것이다. 건물은 두 개의 다락을 조금 비끼어 맞물려 세워져 있다. 밑부분은
땅을 파서 돌을 깔고 그 위에 주춧돌을 놓은 다음, 지면이 좀 높은 대동강 쪽 바위 위에는 큰 나무기둥을 받치고,
서쪽의 낮은 곳에는 돌기둥을 받쳐 수평을 잡고 다락을 세웠다. 대동강가에 위치한 연광정은 주변의 아름다운
경치와 어우러져 예로부터 관서팔경의 하나로 알려졌으며, 남쪽 누각 기둥에는 고려 때 시인 김황원의 시구를
적은 현판이 걸려 있다.

115 [보정] 부벽루(浮碧樓) ; 부벽루는 평양에 위치한 누정(樓亭)이다. 부벽루는 고구려 때인 393년에 세워진 영명
사의 부속 건물로 초창되었으며, 수차례의 재건과 보수를 거듭하였다. 지금의 누정은 임진왜란 때 소실되어
1614년 재건된 것이다. 정면 5칸, 측면 3칸 규모의 5량가 구조로 부연이 있는 겹처마 팔작(八作)집이다. 이 팔
작지붕은 2익공을 얹은 배흘림이 거의 없는 원기둥이 떠받들고 있다. 부벽루는 진주 촉석루(矗石樓), 밀양 영
남루(嶺南樓)와 함께 조선시대 3대 누정으로 꼽힌다. 부벽루에 올라서면 청류벽 아래 유유히 흐르는 맑은 대
동강물과 강 건너로 펼쳐진 들판, 멀리 크고 작은 산들이 보이는 전경이 매우 아름답다. 외부에서 본 부벽루는
비단 자락을 펼쳐 놓은 듯한 맑고 푸른 물과 푸르른 녹음, 깎아지른 듯한 절벽이 조화를 이루어 신비로운 느낌
을 준다. 이러한 풍광을 보고 고려시대의 유명한 시인 김황원(金黃元)은 시심(詩心)을 일으켜, '긴 성벽기슭으

라 에에

주는소리 : 강원도江原道 금강산金剛山에 에이 유점사楡岾寺[116] 법당

뒤에 느름나무[117] 가지마다 서천서역국西天西域國서 나오신 불상[→

불상(사)] 오십삼불五十三佛[118]이 아아이구 분명하다 에에[119]

후   렴 : 관동팔경關東八景[120] 구경을 가자 강능江陵의 경포대鏡浦

臺[121] 양양襄陽의 낙산사洛山寺[122] 울진蔚珍의 망양정望洋亭[123] 고

로는 강물이 도도히 흐르고 넓은 벌 동쪽에는 점점 산이 있네 長城一面溶溶水 大野東頭點點山'이라는 시를 지었지만 이 글귀 뒤로 더 이상의 시구가 떠오르지 않자 통곡하며 붓대를 꺾고 말았다는 이야기가 전해진다. 부벽루는 낮 경치도 좋지만 밝은 달이 뜬 밤경치도 아름다워 '부벽완월(浮壁玩月 : 부벽루의 달구경)'은 일찍부터 '평양8경'의 하나로 알려져 있다. 부벽루는 서도팔경은 아니다.

116 유점사楡岾寺 ; 강원도 고성군 서면 백천교리 금강산(金剛山)에 있었던 절이다. 민족항일기에는 31본산(三十一本山) 중의 하나였다. 사지(寺誌)에 따르면 원래 이 절은 서기 4년(유리왕 23)에 창건되었다고 하며, 53불(佛)의 연기(緣起)와 관련된 창건설화가 전해지고 있다.

117 [보정] 느름나무 ; '느릅나무'다. 아래 유점사 창건 설화를 참조할 것.

118 오십 삼불五十三佛 ; 아래 유점사 창건 설화를 참조할 것. 자료에 따라서는 '三十三佛'라고 하였다.

119 유점사에는 다음과 같은 창건 설화가 있다. 유점사는 소년소의 북쪽 개울의 위쪽에 있다. 전설에 의하면 본래 유점사 자리에는 큰 못이 있었고 그 북쪽기슭에 느릅나무 한 그루가 서 있었다고 한다. 못에는 아홉 마리의 용이 살면서 금강산의 주인노릇을 하고 있었다. 어느 날 이곳에 53불이 들어와 용들을 내쫓으려고 하였다. 아홉 용과 53불은 다툼질 끝에 재주를 겨루어 지는 편이 자리를 양보하고 떠나가기로 약속하였다. 먼저 아홉 용이 조화를 부려 뇌성벽력을 일으키고 폭우가 쏟아지게 하여 일대를 물바다로 만들었으나 부처들은 느릅나무가지에 올라앉아 끄떡도 하지 않았다. 다음에 부처가 나서서 '불 화'자를 나뭇잎에 써서 못에 던지자 삽시에 물이 부글부글 끓어올랐다. 용들은 더는 견딜 수가 없어 할 수 없이 부처들에게 자리를 내주고 북쪽으로 옮겨갔으나 부처들이 용들을 반겨하지 않으므로 구룡연으로 가서 살게 되었다고 한다. 용들을 내쫓은 53불은 가지고 온 구리종을 느릅나무가지에 매달고 못가에 줄지어 앉았다. 이곳에 절을 지어 부처들을 안치하게 하였고 느릅나무가지에 종을 걸었던 곳이라 하여 절이름을 '유점사'라고 지었다고 한다. 다른 이야기에 의하면 53불을 태우고 오던 배사공은 그들이 천하명산 금강산을 가로타고 앉을 속심을 품고 있다는 것을 알아채자 해금강 앞바다에서 배를 뒤집어 모두를 물속에 처넣었다고 한다. 53불은 가지고 오던 구리종을 타고 겨우 위험에서 벗어나 기슭에 닿았다. 한편 53불이 금강산으로 들어온다는 소식을 들은 구룡연의 아홉 용은 단숨에 달려와 53불과 격렬한 싸움을 벌였다. 용들이 주변일대를 물바다로 만들자 53불은 빠져죽을 뻔하다가 겨우 느릅나무가지에 기어올라 목숨을 건지였다. 그 후 느릅나무가 서있던 늪 자리에 절간이 생겼으므로 이름을 '유점사'로 불렀다고 한다.

120 관동팔경關東八景 ; 관동지방, 즉 강원을 중심으로 한 동해안에 있는 8개소의 명승지를 이른다. 고성의 청간정(淸澗亭), 강릉의 경포대(鏡浦臺), 고성의 삼일포(三日浦), 삼척의 죽서루(竹西樓), 양양의 낙산사(洛山寺), 울진의 망양정(望洋亭), 통천의 총석정(叢石亭), 평해(平海)의 월송정(越松亭)이 그것이며, 월송정 대신 흡곡(歙谷)의 시중대(侍中臺)를 넣는 경우도 있다. 대관령의 동쪽에 있다고 하여 관동이라는 명칭이 붙여졌다. 조선 선조(宣祖) 때에 정철(鄭澈)의 관동 지방의 자연을 노래한 가사 작품 '관동별곡(關東別曲)'이 유명하다. 신라시대에 영랑(永郎)·술랑(述郎)·남석행(南石行)·안상(安祥)이 삼일포와 월송정에서 놀았다는 전설도 널리 알려져 있다.

121 경포대鏡浦臺 ; 강원도 존무사(存撫使) 박숙정(朴淑貞)에 의하여 신라 사선(四仙)이 놀던 방해정(放海亭) -강원도 강릉시 저동에 있는 조선시대의 누정(樓亭)- 뒷산 인월사(印月寺) 터에 창건되었으며, 그 뒤 1508년(중종 3) 강릉부사 한급(韓汲)이 지금의 자리에 옮겨지었다고 전해진다.

122 낙산사洛山寺 ; 관세음보살이 머무른다는 낙산[오봉산五峰山]에 있는 사찰로, 671년 의상(義湘)이 창건하였다. 858년 범일(梵日)이 중건(重建)하였다. 관동팔경(關東八景)의 하나로 유명하다.

성高城의 삼일포三日浦[124] 삼척三陟의 죽서루竹西樓[125] 평해平海의 월송정越松亭[126] 간성杆城의 청간정淸澗亭[127]이란다 놀기좋기는 남원南原의 광한루廣寒樓[128]로다[129] 설악산雪嶽山의 신흥사新興寺[130]란다.

---

123 망양정望洋亭 ; '망양정(望洋亭)'이다. 경상북도 울진군에 있는 정자(亭子)로 관동팔경(關東八景)의 하나로 꼽힌다.

124 삼일포三日浦 ; 강원도 고성군 삼일포리에 있는 호수를 말한다. 수면이 맑고 기괴한 암석과 36봉이 호수에 비치어 절경을 이룬다. 예로부터 우리나라 호수 중 제일 경색이 아름다운 호수로 꼽고 있다. 삼일포라는 이름은 신라의 사선이 삼일 간 이곳에서 놀았다는 데서 비롯되었다. 고성에 있으므로 고성삼일포라고도 하며, 금강산에 있다 하여 '금강삼일포'라고도 한다.

125 죽서루竹西樓 ; 삼척의 서쪽을 흐르는 오십천(五十川)을 내려다보이는 절벽 위에 세워져 있으며, 예로부터 관동팔경(關東八景)의 하나로 유명하다. 고려 충렬왕 때 이승휴(李承休)가 창건하였고, 1403년 삼척부사 김효손(金孝孫)이 중창하여 오늘에 이르고 있다.

126 월송정越松亭 ; 경북 울진군 평해읍(平海邑) 월송리(月松里)에 있는 정자를 말한다. 신라시대의 화랑들 -영랑(永郎)·술랑(述郎)·남석행(南石行)·안상(安祥)- 이 이곳의 울창한 송림에서 달을 즐기며 선유(仙遊)하였다는 정자이다. 관동팔경(關東八景)의 하나로, '月松亭'이라고도 쓴다. 명승을 찾는 시인·묵객들이 하나같이 탄복한 곳이라고 한다.

127 청간정淸澗亭 ; 고성군(高城郡) 토성면(土城面) 청간리에 있는 정자를 말한다. 관동팔경(關東八景)의 하나이다. 설악산에서 흘러내리는 청간천과 바다가 만나는 지점의 작은 구릉 위에 있으며, 이곳에서 바라보는 동해안의 풍경이 일품이다. 특히 아침의 해돋이 광경과 낙조(落照)의 정취는 예로부터 많은 시인·묵객의 심금을 울렸다고 한다.

128 남원의 광한루 ; '광한루(廣寒樓)'는 전라북도 남원시 천거동에 있는 조선 중기의 누각이다. 본래 이 건물은 조선초 황희(黃喜)가 남원에 유배되었을 때 누각을 짓고 광통루(廣通樓)라 했던 것인데, 1434년 중건하고 정인지(鄭麟趾)가 광한청허부(廣寒淸虛府)라 칭한 것에서 광한루라 부르게 되었다.

129 수정분에서 '남원(南原)의 광한루(廣寒樓)로다'가 누락되었다.

130 설악산(雪嶽山)의 신흥사(新興寺) ; 강원도 속초 설악산에 있는 절이다. 652년 진덕여왕 때에 자장(慈藏)이 창건하여 향성사(香城寺)라 하였으며, 당시 계조암(繼祖庵)과 능인암(能仁庵)도 함께 지었다. 이 때 자장은 구층탑을 만들어 불사리(佛舍利)를 봉안하였다고 하는데 이 구층탑이 어느 탑인지는 자세하지 않다. 그러나 향성사는 698년 효소왕 때에 능인암과 함께 불타 버린 뒤 3년간 폐허로 남아 있었다. 701년에 의상(義湘)이 자리를 능인암 터로 옮겨서 향성사를 중건하고 절 이름을 선정사(禪定寺)라고 고쳤다. 이때 의상은 아미타불·관세음보살·대세지보살의 삼존불을 조성하여 이 절에 봉안하였다. 선정사는 1000년 동안 번창하였으나 1592년 임진왜란으로 구층탑이 파괴되었고, 1644년에 영서(靈瑞)·연옥(蓮玉)·혜원(惠元) 등이 중창을 발원하던 중, 하루는 세 승려가 똑같이 소림암(小林庵)에서 나타난 신인(神人)이 이곳에 절을 지으면 수만 년이 가도 삼재(三災)가 범하지 못할 것이라고 일러주는 꿈을 꾸고, 선정사 옛터 아래쪽 약 10리 지점에 다시 절을 짓고 이름을 신흥사라 하였다고 한다.

4. '제사과장 노승춤'의 복원

제사과장第四科場[1] 노승춤(노승무老僧舞)[→ 노장춤老長舞][2]

〈제1경〉 노승춤[→ 〈제1경〉 노장춤][3]

목중들 : (노승의 육환장六環杖[4]을 어깨에 메고 노승을 끌고 타령곡打令曲[5]으로 들어온다.)[→ 목중들이 노장의 육환장六環杖을 어깨에 메고 노장을 끌고 개복청改服廳[6]으로부터 타령곡으로 탈판으로 들어온다.]

[7]노장[8] : (송낙[9]을 쓰고 회색장삼長衫[10]에 붉은 가사袈裟[11]를 메고[12] 백팔염주

---

1 [보정] 보고서 원자료에는 '제三과장'이라 하였으나 잘못이다.
2 [보정] 제사과장第四科場 노승춤老僧舞[→ 노장춤老長舞] ; 오청본에서는 '第四場 老僧舞'라고 채록되었다. 그리고 '이場面은 小巫, 八墨僧, 老僧, 醉發, 鞋商等이登場하야 老僧의破戒를表現하는것이다.'라는 해설을 달았다. 정병호는, 이 장면의 춤은 염불, 굿거리, 잦은타령을 장단으로 하며, 춤은 '근경사위', '육환장을 떼어내려는 사위', '부채로 공을 드리는 사위', 육환장을 어깨에 메고 '뒷걸음으로 접근하는 사위', '부채 펴서 소무를 보는 사위', '어깨춤사위', '소무 뒤에서 등을 대는 근경사위', '고개잡이', '염주를 소무 목에 거는 사위', '단장하는 갖가지 사위', '개구리 뛰기', '소무어르기', '풍구질 사위' '취발이와 대무하러가는 사위', '취발이와 싸우는 사위' 등이 있다. 소무의 춤도 염불, 굿거리, 잦은타령을 장단으로 한다고 한다.
3 [보정] 제1경 노승춤[→ 〈제1경〉 노장춤] ; 임석재본이나 송석하본과는 달리 이두현본에서는 소위 제4과장을 세 가지 '경'으로 나누고 있다. 이와 같은 '경'으로의 단위 분절이 애초부터 있었는지는 확실하지 않다.
4 육환장(六環杖) ; 소도구이다. 석장(錫杖)이라고도 한다. 머리에 쇠로 불탑을 장식하고 여섯 개의 쇠고리가 달린 중이 짚는 지팡이다. 쇠고리는 쇠소리를 내어 야수를 퇴치하기 위한 것이라 하는데, 어떤 종교적 심성과 관련이 있는 듯하다.
5 타령곡打令曲 ; 원래는 그냥 '타령(打令)'이라 한다. 영산회상(靈山會相)의 여덟째 곡의 이름이다. 또한 서도지방 민요의 하나를 말하기도 한다. 홍타령, 잦은 아리 또는 감내기라는 딴 이름이 있다.
6 개복청改服廳 ; '탈막'이라고도 한다. 가면극 공연자들이 가면과 의상을 착용하거나 교체하기 위한 공간을 말한다. 공연자의 대기 장소green room이기도 하다. 조선시대 관리들이 옷을 갈아입던 곳이다. 예(禮)를 존중하던 당시 의정(議政)·감사(監司) 같은 대관을 면회하려면 먼저 의관을 정제하는 데서 생겼다. 특히 상관이 하관을 만나러 왔을 때는 양쪽이 모두 옷을 갈아입어야 하였다. 대개 관청 내의 한 곳을 지정하여 개복청을 두었다.
7 임석재본에서는 다음과 같이 채록되었다.
      소모<小巫>= (2인二人 등장登場. 화관花冠몽두리를 쓰고, 검무복劍舞服을 입었다.
            8八먹중이 이 소무小巫둘을 각각各各 가마에 태워 들어와, 장내場內 중앙中央쯤 와서 내

를 목에 걸고 사선선四仙扇[13]으로 얼굴을 가리고 어느 정도 끌려오

다가 지팡이를 슬며시 놓고 [법추어] 선다.)

(목중들은 모르고 그대로 [지팡이를 메고] 가다가 목중 하나가 노장이

없는 것을 보고)

려놓는다.

소무小巫는 가마에서 내려와서 먹중들과 어울려서 타령곡打令曲에 맞추어 춤을 춘다.

이렇게 추는 동안 소무小巫는 장내場內의 한편으로 닿아 서서 손춤을 추다가, 먹중과 노장

老丈 사이에 여러 가지 일이 일어나게 되면 적당適當한 시기時期에 살며시 퇴장退場한다.)

老丈<老僧> = (살며시 등장登場하여 장내場內 한편 구석에 선다.

검은 탈을 쓰고 송낙 쓰고 먹장삼 입고 그 위에다가 홍가사紅袈裟를 걸치고, 염주念珠를

목에 걸고, 한손에 사선선四仙扇을 들고 한손에 육환장六環杖을 짚었다.

먹중과 소무小舞들이 난무亂舞하는 동시에 남모르게 가만히 등장登場하여 가지고 한편 구

석에 가서 서서 사선선四仙扇으로 얼굴을 가리고 육환장六環杖을 짚고 버티고 서서 그 난

무亂舞의 상相을 물그러미 본다.)

8 이두현 보고서에 따르면 '노승(老僧)[老長]탈'은 '종이탈로 검푸른 바탕색色에 흰점과 금색점金色点(지紙)을

눈 아래 얼굴 전면全面에 찍었고, 백색白色으로 눈썹을 표시表示하고, 눈은 금지金紙와 검은선線을 둘렀고,

백색白色으로 흰 눈자위를 나타내고, 내민 입술은 붉다. 미간眉間에 두 개 볼에 두 개, 아래턱에 세 개의 혹(돌

기突起)을 만들고, 금지金紙를 발랐다. 눈, 코, 입은 뚫렸다. 약간若干 푸른빛이 나는 [회색] 장삼, 붉은 가사,

염주, 송낙을 썼으며, 육환장을 짚었다.' 라고 하였다.

9 송낙 ; 송라립(松蘿笠)을 말한다. 소나무 겨우살이로 만든 여승(女僧)의 쓰개다. 차양을 넓게 하여 햇빛이나

비를 막는데 쓰인다. 승려가 평상시에 납의(衲衣) -낡은 헝겊을 모아 기워 만든 승려의 옷- 와 함께 착용하는 모자

다. 소나무 겨우살이, 즉 소나무에 기생하는 지의류(地衣類)인 송라로 짚주저리 비슷하게 엮는데, 위는 촘촘히

엮고 아래는 15㎝쯤 엮지 않고 그대로 둔다. 위는 뾰족한 삼각형이나 정수리 부분은 뚫려 있다.

10 회색장삼長衫 ; 두루마기 길이에 큰 소매를 단 스님의 웃옷이다. 장삼은 정중한 옷이라 검은 물 -검은 회색-

을 들여 '먹장삼'이라고 부르기도 한다. 요즈음에 와서 밝은 회색의 장삼을 입었다. 가사는 산스크리트어인 '카

사kasaya'의 음차로 '어둡고 칙칙한 색'을 뜻한다. 그래서 승려들은 검회색으로 물들인 장삼을 입었고, 밝은 회

색에 가까운 장삼을 입는 지금에도 그 언어의 습관은 남아 승복을 지칭할 때 '먹물옷'이나 '치의(緇衣 : 검은

옷)'라 부르기도 한다.

11 붉은 가사袈裟 ; 장삼 위에 걸치는 외옷자락을 말한다. 붉은 천을 조각보 모양으로 모으는데 두 줄로 이어

호은 속은 모두 통하게 짓는다. 가사(袈裟)는 대체로 붉은 색이다.

12 메고 ; '어깨에 걸치거나 올려놓고'라는 뜻이다. 여기서는 '붉은 가사를 걸친다'는 말이다.

13 [보정] 사선선四仙扇 ; 소도구이다. 사선(四仙)을 그린 부채다. '사선(四仙)'이 누구인지는 분명하지 않다. 부채

를 제작하는 입장에 따라 다르게 나타난다고 한다. 여기서 사선은 사벽도(四壁圖)에 등장하는 인물을 말하는

것이 아닌가 한다. 참고로 궁중무용(宮中舞踊)인 일명 사선악부(四仙樂部) 혹은 사인취무(四人醉舞)로 사선

무(四仙舞)가 있다. 신라 때 산수를 찾아 돌던 영랑(永郞)·술랑(述郞)·안상(安詳)·남석행(南石行) 등을 사

선이라 불렀고, 금강산(金剛山)에는 이와 관련된 무선대(舞仙臺)라 부르는 곳이 있어, 이들에서 연유되어 이

름 지어진 것이다. 사선무는 여기(女妓) 2명이 각기 연꽃 한 가지씩을 들고, 앞에서 1대가 되고 4명이 뒤에서

2대를 지으며 풍경곡(豊慶曲) 등에 맞추어 북쪽을 향해서 춤을 춘다. 사선무는 1829년(순조29)에 세자가 이를

개작한 것이 있다. 이 '사선무'의 영향으로 등장한 소도구로 추정된다.

목중 I [→ 첫째목중]¹⁴¹⁵ :

　　　쉬이¹⁶.

　　　　(춤과 장단이 일제히 멎는다.)

　　　아나야¹⁷

목중들 :　그래애

목중 I :　우리가 노장님을 모시고 나왔는데 노장님은 간 곳 없고 지팽이 가지고 떵

　　　꿍¹⁸하였구나¹⁹

목중 II :　아나야

목중들 :　그래애

목중 III [→ 둘째목중]²⁰ :

　　　그러면 노장님 간 곳을 찾아봐야 안 되겠느냐?

　　　내가 찾아보고 오려든—²¹

　　　흑운이 만천천불견黑雲滿天天不見²²

　　　　(타령곡으로 추면서 노승님이 있는 데까지 가까이 갔다가 돌아온다

　　　　다른 목중들도 같이 [춤]춘다

　　　　다음에도 이와 같이 되풀이한다[→ 다음 목중들도 이와 같이 되풀이하여 노장

　　　　이 있는 곳에 다녀온다.])²³

14　수정분에서는 I, II 등을 첫째, 둘째로 바꾸었다.

15　[보정] 목중 I [→ 첫째목중] ; 이 등장인물 기호는 初目, 초목, 첫목, 첫째목, 첫째목중, 첫째묵승 등이 자료에
　　따라서 혼재한다.

16　쉬이 ; 떠들거나 큰 소리를 내지 말라고 할 때 내는 소리를 말한다. 가면극 현장에서는 이때 악과 춤이 멈춘다.

17　[보정] 아나야 ; 무리를 부르는 '여러분!'의 뜻이다. '아나'는 상대편의 분수에 맞지 않는 희망이나 꿈에 대하여
　　비웃거나 조롱할 때 쓰는 말이다. 임석재본과 송석하본에서는 '아나야아'라고, 오청본에서는 '아나야—'라고 채
　　록되었다. '야'를 장음으로 실현하였다는 것이다.

18　떵꿍 ; 가면극 현장에서 악에 맞추어 춤을 추는 모습을 표현한 의태·의성어다.

19　우리가 노장님을 모시고 나왔는데 노장님은 간 곳 없고 지팽이 가지고 떵꿍하였구나 ; 노장을 잃어버리고서
　　는 지팽이를 가지고 노장인 줄 알고 가면극 현장에 나와 춤을 추었다는 말이다.

20　목중 III [→ 둘째목중] ; '목중 III'을 '둘째목중'으로 수정하였다. 상황 전개상으로 볼 때에 '둘째목중'이 옳다.

21　내가 찾아보고 오려든— ; 이 대사에서 보통 '찾아보고 오려든—'은 노래조로 실현한다.

22　[보정] 흑운이 만천천불견黑雲滿天天不見 ; '검은 구름이 하늘에 가득하여 하늘을 볼 수 없다'는 뜻이다. 한자
　　어 불림이다. 임석재본과 송석하본에서는 이 대목, 목중이 노장에게 다가가는 자리에 불림이 실현되지 않는다.
　　이하도 같다. * 수정분에는 한자표기 없다. 이하 한자 표기 유무에 대하여는 주를 생략한다.

23　[보정] 이 대목은 연출법에 대한 기사다.

목중 I [→ 둘째목중][24] :

        쉬— 아나야[25]

목중들 :   그래애[→ 그래애이][26]

목중 II :   노승님을 찾으랴고 동편을 갔더니 비가 오실려는[지] 날이 흐렷더라[27]

목중 III :   아나야

목중들 :   그래애

목중 III :   내가 가서 자세히 보고 오마—[28]

        옥동[29]도화 만수춘玉洞桃花萬樹春—[30]

        (노장 있는 곳에 춤추면서 갔다가 온다)[31]

목중 III :   쉬—

        (장단과 춤 멎는다)

        아나야

---

24 목중 I [→ 둘째목중] ; '목중 I'을 '둘째목중'으로 수정하였다. 상황 전개상으로 볼 때에 '둘째목중'이 옳다.

25 쉬— 아나야 ; 위의 '목중 I [→ 첫째목중] : 쉬이. (춤과 장단이 일제히 멎는다.) 아나야'와 같이 실현된다.

26 [보정] 그래애[→ 그래애이] ; 오청본에서는 '그래와이'라고 채록되었다. '와이'를 장음으로 실현하였다는 것이다.

27 [보정] 노승님을 찾으랴고 동편을 갔더니 비가 오실려는[지] 날이 흐렷더라 ; 여기에서 '동편이 흐렸다'는 것이
    무엇을 비유한 대사인지 분명하지 않다.

28 [보정] 수정분에는 '—' 즉 장음 표시가 없다.

29 옥동(玉洞) ; 옥으로 된 동혈(洞穴)로 신선이 사는 곳이다. 또는 은자(隱者)가 사는 곳을 일컫는 말로 쓰고 있다.

30 옥동도화 만수춘玉洞桃花萬樹春— ; 한시 불림이다. '옥동(玉洞)의 복숭아꽃이 일만 나무 봄이로구나.'라는
    뜻이다. 사설시조에서도 이 구절이 자주 나타난다. 입춘첩(立春帖)에도 활용된다. 남사고 설화에도 등장한다.
      [참고] 六洲 五洋에 探險隊가 아즉도 發見 못한 武陵桃源 朱陳村이 世上 天下에 어듸매뇨 / 三千年開花
    三千年結實하는 崑崙山 瑤池 蟠桃園인가 金鷄啼罷日 輪紅하는 都桃樹下인가 거긔도 아니오 劉關張 三人이
    烏牛 百馬로 祭天結義하시든 桃園이 그 곳인가 玉洞桃花萬樹春이 거긔인가 前度劉郎 今又來한 玄都觀이
    거긔런가 / 至今에 春水 方生하고 片片紅桃 둥둥 넷 흘너 오는 紫霞洞天에 가 무러 보소. [출전] 樂府(高大本)
      [참고] **『지봉유설(芝峯類說)』** : 이달(李達)이 남격암(南格菴)을 위한 만사에 말하기를, '난새를 멍에 하여
    표연히 야목진(若木津)을 떠났으니, 군평(君平)의 주렴 아래 다시 어느 사람이 있는가. 상동(床東)의 제자가
    유초(遺草)를 거두니, 옥동(玉洞)의 복숭아꽃이 일만 나무 봄이로구나 駕馭飄然若木津 君平簾下更何人 床東
    弟子收遺草 玉洞桃花萬樹春'라고 했다. 격암(格菴)은 남사고(南師古)의 호이다. 사고(師古)가 일찌기 이인
    (異人)에게서 진결(眞訣 ; 참비결)을 배워 드디어 비술(秘術)에 능통하였다고 한다. 이 글에 야진목(若木津)이
    라고 한 것은 아마 석목진(析木津) -석목(析木)은 성좌(星座) 위치의 이름으로 은하수의 나루다.- 이라는 말을 잘못
    인용한 것일 것이다.
    임석재본, 송석하본, 오청본에서는 이 대목에서 불림을 실현하지 않는 것으로 채록되었다. 이두현본에서는 대
    체로 춤을 추는 자리에서는 불림이 실현된다.

31 [보정] (노장 있는 곳에 춤추면서 갔다가 온다) ; 임석재본에서는 '노장老丈한테 가서 보고 돌아와서', 오청본
    에서는 '老僧 잇는곳으로갓가히가서 老僧을바라보고도라와서.'라고 채록되었다. 오청본에서는 '가까이 가는 행
    위'가 보태어졌다.

목중들 :	그래애
목중Ⅲ :	내가 이자[32] 가 보니 날이 흐린 것이 아니라 옹기장사가 옹기짐을 벗처[→ 벗어] 놓았더라[33]
목중Ⅳ :	아나야
목중들 :	그래애
목중Ⅳ :	내가 가서 다시 보고 올라—[34]
	낙양[35]동촌[36] 이화정[37]洛陽東村 梨花亭[→ **낙양동천 이화정**]—[38]
	(들어갔다 온다.)[→ **갔다 온다**]
목중Ⅳ :	쉬—
	(장단과 춤이 멋는다)
	아나야
목중들 :	그래애
목중Ⅳ :	내가 가서 자세히 보고 온즉 숫장사 숫짐을 벗어 놓았더라[39]

---

32 이자 ; '이제'의 방언이다.

33 [보정] 내가 이자 가 보니 날이 흐린 것이 아니라 옹기장사가 옹기짐을 벗처[→ 벗어] 놓았더라 ; 임석재본에서는 '날이 흐린 것이 아니다. 내가 자서(자세仔細히) 들어가 보니 옹기장사가 옹기짐을 버트려 놨더라.', 오청본에서는 '내가 이제가보니 날이흐린것이안이라 甕器匠이가 甕器짐을버트여놧드라'라고 채록되었다. 김일출 채록에는 '장마에 떠내려 와 걸린 것을 옹기장사라고 했더라'라고 하였다. 토정(土亭) 이지함(李之菡)과 관련된 설화에 보면 옹기장사와 토정이 내기를 하는 이야기가 있다. 마을이 물에 잠길 정도로 비가 내려 온 마을 사람을 산마루로 피하게 하였는데, 옹기 장사가 마을 사람들 보다 아래에 옹기짐을 버티고 태연히 앉아 있었다. 이때 토정이 물에 잠길 것이라 피하기를 권하였는데, 물은 옹기장사 발목까지 밖에 차지 않았다는 이야기다. 거꾸로 옹기장사의 위치에 토정이 앉아 있는 이야기도 있다. 즉 노장을 옹기장이에 빗댄 이유를 밝히는 것은 가면극 대사를 해명하는 데에 있어서 간과할 일이 아니다. 그것이 소위 사은유화(死隱喩化) 되었을 가능성을 점칠 필요가 있다. 속담에 '독장사 구구', '독장사 구구는 독만 깨뜨린다' 등이 있다.

34 [보정] 수정분에는 '—' 즉 장음 표시가 없다.

35 낙양(洛陽) ; 중국 하남성(河南省)의 도시로, 주(周)의 낙읍(洛邑)으로 후한(後漢)·진(晋)·수(隋)·후당(後唐)의 도읍지였다. 하남은 주대(周代)의 고도인 낙양의 별칭이다. 하남성(河南省)이 예부터 한(漢) 민족의 활동 중심지였기에 중원(中原)이라고도 한다.

36 동촌(東村) ; '동천(洞天)'이 옳다. 신선이 사는 세계, 혹은 산에 싸이고 내에 둘린 경치 좋은 곳을 뜻한다. 참고로 '扶桑 東天(부상동천)'은 동쪽 바다의 해 돋는 곳에 있다는 신목(神木), 또는 그 신목이 있는 곳을 말한다.

37 [보정] 이화정(梨花亭) ; 낙양의 동쪽 산기슭에 있었던 정자다. 조선 후기의 고소설인 '숙향전(淑香傳)'에 나오는 지명이기도 하다.

38 [보정] 낙양동촌 이화정洛陽東村 梨花亭[→ 낙양동천 이화정]— ; 한자어 불림이다. 보통은 '낙양동천 이화정(洛陽洞天 梨花亭)'이다.

39 [보정] 내가 가서 자세히 보고 온즉 숫장사 숫짐을 벗어 놓았더라 ; 여기에서 '숯장사 숯짐'의 의미는 미상하나, 앞의 '옹기장이'와 같은 맥락에서 해명되어야 한다.

목중Ⅴ :	아나야

목중들 :	그래애

목중Ⅴ : 내가 가서 자세히 살펴보고 오마—[40]

청산녹수靑山綠水[41] 깊은 골[42]

　　(갔다 온다)

쉬—

　　(춤과 장단 멎는다)

아나야

목중들 :	그래애

목중Ⅴ : 내가 가서 자세히 보고 왔는데 날이 흐려서 대망[43]이 나왔더라[44]

목중Ⅵ : 대망이라니? 아나야

목중들 :	그래애

목중Ⅵ : 내가 한번 다시 보고 오마—[45]

추천秋天은 경축 수양이—[46]

　　(갔다 온다.)

쉬— 쉬이 아나야[47]

40　내가 가서 자세히 살펴보고 오마— ; 이 대사에서 보통 '살펴보고 오마—'는 노래조로 실현된다. 수정본에는 '—' 즉 장음 표시가 없다.

41　청산녹수靑山綠水 ; 푸른 산과 푸른 물이라는 뜻으로, 산골짜기에 흐르는 맑은 물을 이르는 말이다.

42　청산녹수靑山綠水 깊은 골 ; 한자어와 우리말이 결합된 불림이다.

43　[보정] 대망大蟒 ; 구렁이나 이무기를 말한다. 이무기는 한국의 전설에 등장하는 상상의 동물이다. 용이 되기 전 상태의 동물로, 여러 해 묵은 구렁이를 말하기도 한다. 차가운 물속에서 천년 동안 지내면 용으로 변한 뒤 굉음과 함께 폭풍우를 불러 하늘로 날아올라간다고 여겨졌다. 이 대목은 '팔부중(八部衆)' –불법(佛法)을 수호하는 여덟 신(神)- 과 관련이 있을 것으로 생각한다. '팔부중(八部衆)'에는 용(龍), 금시조(金翅鳥), 대망신(大蟒神) 등과 같은 상상의 동물이 등장한다. 특히 '대망신(大蟒神)'은 몸은 사람과 같고 머리는 뱀과 같은 형상을 한 음악의 신(神), 또는 땅으로 기어 다닌다는 거대한 용(龍)을 이른다고 한다.

44　[보정] 내가 가서 자세히 보고 왔는데 날이 흐려서 대망이 나왔더라 ; 앞의 '옹기장이'와 '숯짐' 등과 같은 맥락에서 해명되어야 한다.

45　내가 한번 다시 보고 오마— ; 이 대사에서 보통 '다시 보고 오마—'는 노래조로 실현된다. 수정분에는 '—' 즉 장음 표시가 없다.

46　추천(秋天)은 경축 수양이— ; 한자어 불림이다. 소위 제2과장에서는 '추천(秋天)은 경축 수양(首陽)이—[<추천은 경출 수양이…… (鞦韆은 更出垂楊裡)>]' 라고 하였다. 수양버들 숲에서 그네 타는 모습을 두고 이른 것이다. 수양버들은 한자로 수양(垂楊)이라 하며, 중국의 수양산 근처에 많다고 하여 수양버들이 되었다고 하고, 또 조선왕조 때 수양대군의 이름을 따서 수양버들이 되었다고도 한다.

목중들 :   그래애

목중Ⅵ :   이자 가 자세히 보니 대망이 분명하더라

목중Ⅶ :   아나야

목중들 :   그래애

목중Ⅶ :   사람이 이렇게 많이 모였는데 대망이란 웬 말이냐 내가 가서 자세히 보
　　　　　　고 오마—⁴⁸

　　　　　　백수한산에 심불로白首寒山心不老—⁴⁹

　　　　　　　　[(갔다 온다)]

목중Ⅶ :   쉬이, 아나야.⁵⁰

목중들 :   그래애

목중Ⅶ :   내가 가서 자세히 보니 대망이니 옹기짐이니 숫장사니 하더니 그런 것이
　　　　　　아니라 우리가 모시고 나오던 노승님[→ 노장님]⁵¹이 분명하더라.

목중Ⅷ :   아나야

목중들 :   그래애

목중Ⅷ :   그럴 리가 있나 내가 자세히 알아보고 오마—⁵²

　　　　　　소상반죽瀟湘班竹⁵³ 열두 거리—⁵⁴

---

47   [보정] 쉬—쉬이 아나야 ; 위의 '목중Ⅰ[→ 첫째목중] : 쉬이. (춤과 장단이 일제히 멎는다.) 아나야' 와 같이 실현된다.

48   [보정] 내가 가서 자세히 보고 오마— ; 이 대사에서 보통 '자세히 보고 오마—'는 노래조로 실현된다. 수정분에는 '—' 즉 장음표시가 없다.

49   백수한산에 심불로白首寒山心不老— ; 한자어 불림이다. '한산과 같이 머리는 희었으나 마음은 늙지 않았다'라는 뜻이다. 당나라 왕발(王勃)의 '등왕각서(滕王閣序)'의 '내가 믿는 바로는 / 군자는 가난을 편안하게 여기고 / 달인은 자신의 운명을 안다. / 늙을수록 더욱 강해져야 하나니 / 어찌 노인의 마음을 알 것이며, / 가난할수록 더욱 굳건해져야 하나니 / 청운의 뜻을 저버리지 않을 것이다. 所賴 君子安貧 達人知命 老當益壯 寧知白首之心 窮且益堅 不墜靑雲之志'를 연상케 하는 구절이다. 몸은 늙었을망정 마음은 청운지지(靑雲之志)를 버리지 않는다는 뜻이다. 이를 원용한 것이다. 이같은 양상은 가사 작품에서도 나타나는데 '금강도사도덕가'에서는 '白首寒山心不老라 靑春압장 이世界에 마음조차 늘글소냐' 라고 읊었다. 오청본에서는 '心不老心不老 白首寒山에心不老'라고 채록되었다.

50   [보정] 쉬이, 아나야. ; 위의 '목중Ⅰ[→ 첫째목중] : 쉬이. (춤과 장단이 일제히 멎는다.) 아나야' 와 같이 실현된다.

51   [보정] 노승님[→ 노장님] ; 수정분에는 대체로 노승님을 노장님으로 수정하였다. 그외에 노장스님, 노장승 등으로 채록된 경우도 있다. 이에 대하여는 이하 각주를 생략한다.

52   [보정] 그럴 리가 있나 내가 자세히 알아보고 오마— ; 이 대사에서 보통 '알아보고 오마—'는 노래조로 실현된다. 수정분에는 '—'즉 장음 표시가 없다.

53   [보정] 瀟湘班竹 → 瀟湘斑竹

[(갔다 온다)]

목중Ⅷ :　　쉬이 아나야[55]

목중들 :　　그래애

목중Ⅷ :　　내가 자서히[56] 본즉 분명히 우리 노승님이더라 그렇다면 우리 노승님이
　　　　　　평생 좋아하시는 것이 백구타령白鷗打令[57]이 아니냐 우리 모여 백구타령

54　소상반죽瀟湘班竹 열두 거리— ; 한자어와 우리말이 결합된 불림이다. '소상반죽으로 만든 담뱃대'를 두고 이른
　　것이다. '소상반죽'은 중국 소상지방에서 나는 아롱진 무늬가 있는 대를 말한다. 순임금이 창오(蒼梧)에서 죽은
　　후, 순임금의 두 비인 아황(娥皇), 여영(女英)이 소상강 가에서 피눈물을 흘린 것이 대나무에 맺혀 소상반죽이
　　되었다는 전설이 있다.

55　[보정] 쉬이 아나야 ; 위의 '목중Ⅰ[→ 첫째목중] : 쉬이. (춤과 장단이 일제히 멎는다.) 아나야' 와 같이 실현된다.

56　[보정] 자서히 ; 앞에서 '자세히'라고 채록된 대목이 있다. 보통 관습적으로 가면극 현장에서는 '자서히'라고 실
　　현한다.

57　백구타령白鷗打令 ; 일명 '백구사(白鷗詞)'라고도 한다. 십이가사(十二歌詞) -조선(朝鮮) 시대(時代) 중기(中期)에
　　널리 불리던 12가곡(歌曲)이다. '백구사(白鷗詞)', '죽지사(竹枝詞)', '어부사(漁父詞)', '행군악(行軍樂)', '황계사(黃鷄詞)', '처사가(處
　　士歌)', '춘면곡(春眠曲)', '상사별곡(相思別曲)', '권주가(勸酒歌)', '양양가(襄陽歌)', '매화타령(梅花打令)', '수양산가(首陽山歌)' 등
　　이다.- 의 한 가지이다. 도들이 장단에 8절로 구분된다. 작자·연대 미상의 가사로 '백구가(白鷗歌)'라고도 한다.
　　벼슬에서 쫓겨난 처사가 대자연 속을 거닐면서 아름다운 봄날의 경치를 완상(玩賞)하는 내용이다. 『청구영언』과
　　『가곡원류』에 실려 전하며, 『남훈태평가』에도 수록되어 있다. 내용은 임금에게 버림받은 작자가 백구가 나는
　　시골로 내려와 백구에게 놀라지 말라고 안심시키고, 함께 좋은 곳에 놀러 가자고 권유하는 대목으로부터 시작된다.
　　안개 자욱한 푸른 시내에 붉게 꽃이 피고 버드나무 파랗게 잎이 날 때, 깊은 골짜기 여러 봉우리에서 쏟아지는
　　폭포를 보고, 이곳이 바로 별천지라고 하였다. 뒤이어 높은 봉우리 삐죽 솟은 가에 맑은 시냇물이 흐르고, 그
　　곁에 푸른 대나무와 소나무 우거진 경치를 묘사하였다. 그리고는 명사십리 모랫길에 흐드러지게 핀 해당화가
　　모진 광풍에 뚝뚝 떨어져 나부끼는 한 폭의 그림 같은 정경을 그리고 있다. 이러한 자연을 통해서 상춘(賞春)의
　　즐거움과 대자연 속에서 물외(物外)의 한적을 즐기는 자신의 흥겹고 경쾌한 심정을 노래하였다. 광풍을 견디지
　　못하고 뚝뚝 떨어진 해당화로 자신의 처지를 간접적으로 비유하는 등 눈앞에 보이는 경치에 대한 묘사 속에
　　암시적으로 서정을 이입하여 형상화하였다.
　　　　(백구야 펄펄) 나지 마라 너 잡을 내 아니로다. 성상(聖上)이 바리시니 너를 좇아 예왔노라. 오류춘광(五柳
　　　春光) 경(景)좋은데 백마금편화류(白馬金鞭花遊)가자.
　　　　운침벽계화홍유록(雲枕碧溪花紅柳綠)한데 만학천봉비천사(萬壑千峰飛泉瀉)라. 호중천지별건곤(壺中天地
　　　別乾坤)이 여기로다.
　　　　고봉만장청기울(高峰萬丈淸氣鬱)한데 녹죽창송(綠竹蒼松)은 높기를 다투어 명사십리(明沙十里)에 해당
　　　화(海棠花)만 다 피어서.
　　　　모진 광풍을 견디 못하여 뚝뚝 떨어져서 아주 펄펄 날아가니 귄들 아니 경(景) 일러냐.
　　　　바위 암상(巖上)에 다람이 가고 시내 계변(溪邊)에 금(金)자라 긴다. 조팝 남게 피죽새 소리며 함박꽃에
　　　벌이 나서.
　　　　몸은 둥글고 발은 작으니 제 몸을 못 이겨 동풍(東風) 건듯 불 제마다 이리로 접두적 저리로 접두적 너홀
　　　너홀 춤을 추니 진들아니 경(景)일러냐.
　　　　황금(黃金)같은 꾀꼬리는 버들 사이로 왕래하고 백설(白雪) 같은 흰 나비는 꽃을 보고 반기 여겨.
　　　　날아든다. 떠든다. 두 나래 펼치고 날아든다. 까맣게 별같이 높다랗게 달같이이 펄펄 날아드니 진들 아니
　　　경(景) 일러냐. 『운초가사집』
　　　　잡가(雜歌) - <u>빅구사(白鷗詞)</u> - <u>나지마라 너 잡을 닉 아니로다 / 성상이 바리시니 너를 좃ㅊ 에 왓노라 /
　　　오류춘광경 죠흔딕 빅마금편 화류가즈 / 운심벽계 화홍도류록 흔딕 만학천봉 비천사라 / 호중텬지 별건곤이</u>

이나 한 번 들려드리자[58]

목중들 : 그거 좋은 말이다.

목중 I : 아나야

목중들 : 그래애

목중 I : 그러면 내가 노승님께 가서 백구타령을 여쭈어 보고 올라.

[(노장에게로 가서)][59]

노장님―[→ 노장니임][60] 백구타령을 돌돌 말아서[61] 귀에다 소르르―[62]

노승 : (머리를 끄덕끄덕한다)

목중 I : [(돌아와서)] 아나야

목중들 : 그래애

목중 I : 내가 이자 가서 노장님 백구타령을 돌돌 말아서 귀에다 소르르 하니까[63]
굶주린 개가 주인 보고 대강이[64] 흔들듯 끈덕끈덕하더라[→ 끄덕끄덕하더라][65]

66

합창[67] : 백구白鷗[68]야 껑충 날지 마라

_____

여긔로다 / 고봉만장 청계울 흔데 록죽 창숑이 놉기를 닷퉈 / 명수십니에 힉당화만 다 퓌여셔 / 쑥쑥 넔러져셔 아조 펄펄ᄂ라ᄂ니 / 근들 아니 경일너냐 / 바위 암상에 다람이 긔고 시너 계변에 금자라 귄다 / 조팝ᄂ게 피족시 소리며 함박꼿셰 벌이 나셔 / 몸은 둥글고 발은 젹어셔 져리로 졉두젹 / 졔 몸을 못 이겨 동풍 건듯 볼 졔마다 / 이리로 졉두젹 져리로 졉두젹 / 너훌 너훌 춤을 츄니 근들 아니 경일너냐 / 황금갓튼 꾀꼬리ᄂ 양류 사이로 왕러ᄒ고 / 븩셜곳펼 흰 ᄂ뷔ᄂ 곳츨 보고 반기여셔 ᄂ라든다 / 두ᄂ리 펼치고 ᄂ라든튼 넚는다 / 짜맛케 별곳치 놉다랏케 둘갓치 / 아죠 펄펄 ᄂ라드니 근들 아니 경일너냐 『증보신구잡가』

58 [보정] 우리 노승님이 평생 좋아하시는 것이 백구타령白鷗打令이 아니냐 우리 모여 백구타령이나 한 번 들려드리자 ; 특별히 노승님이 백구타령을 좋아한 이유가 무엇인지 미상하다.
59 [보정] [(노장에게로 가서)] ; 이 대목에서는 위의 '목중 I[→ 첫째목중] : 쉬이. (춤과 장단이 일제히 멎는다.) 아나야' 와 같이 실현되는 것이 보통이나 채록과정에서 누락된 듯하다.
60 [보정] 노장님―[→ 노장니임] ; 수정분에는 '노장니임'이라고 하였다. '님'이 장음으로 실현된다는 말이다. 이하에서도 같다.
61 [보정] 돌돌말아서 ; 돌돌 말다. 백구타령을 돌돌 마는 모양은 백구타령을 불러서 들려드린다는 뜻이다.
62 [보정] 수정분에는 '―' 즉 장음 표시가 없다.
63 [보정] 백구타령을 돌돌 말아서 귀에다 소르르 하니까 ; '소르르'는 뭉치거나 얽히거나 걸린 물건이 쉽게 잘 풀리거나 흘러내리는 모양, 혹은 바람이 천천히 보드랍게 불어오는 모양, 혹은 물이나 가루, 낟알 따위가 조용히 보드랍게 새어 나오는 모양, 혹은 살며시 졸음이 오거나 잠이 드는 모양이다. 여기서는 백구타령을 들려드리는 모양새를 뜻한다.
64 대강이 → 대가리 ; '머리'를 속되게 이르는 말이다.
65 [보정] 굶주린 개가 주인 보고 대강이 흔들듯 끈덕끈덕하더라[→ 끄덕끄덕하더라] ; 굶주린 개가 주인이 나타나니까 반가워서 머리를 조아리는 모양을 노장의 행위에 비댄 비속한 표현이다.
66 [보정] 이 자리에 '타령곡이 시작된다.'가 있어야 한다.

너 잡을 내 아니로다

성상聖上[69]이 바리시매[70]

너를 쫓아 여기 왔도다 ……[71]

(타령곡 추면서 한다.)[→ **(타령곡에 맞추어 춤추면서 노래한다.)**][72]

목중Ⅱ :[73] 아나야

목중들 : 그래애

목중Ⅱ : 백구타령 그만두고 오도독이 타령[74]을 여쭈어 보자

목중들 : 오오냐

목중Ⅱ : 내가 노승님께 여쭈어보고 오마.

[**(노장에게로 가서)**][75]

노승님— 오도독 타령을 돌돌 말아서 귀에다가 소르르

노승 : (고개를 끗덕끗덕한다[→ **끄덕끄덕한다**])

---

67   [보정] 합창 ; 임석재본에서는 '먹중 Ⅰ,Ⅱ'라고 채록되었다. 여기서 '합창'으로 실현한다면 오청본에서는 '병창(竝
唱)'으로 채록되었다. 병창은 악기를 연주하면서 판소리의 특정 대목이나 단가를 부르는 것을 말한다. '합창'이
옳다.

68   백구白鷗 ; 갈매기를 말한다.

69   성상聖上 ; 집정(執政) 중인 자기 나라의 황제를 높이어 일컫는 말이다.

70   바리시매 → 버리시매 ; 이에 대하여는 '바리다'로 보는 입장과 '버리다'로 보는 입장이 있다.

71   백구白鷗야 껑충 날지 마라 너 잡을 내 아니로다 성상聖上이 바리시매 너를 쫓아 여기 왔도다…… ; 오청본
에서는 '白鷗야휠휠날지마라 너잡을내안이로다. 聖上이버리시매 너를쪼차여긔왓다. 五柳春光景조혼대 백마
금편花柳가자.'라고 채록되었다.

72   (타령곡 추면서 한다.)[→ **(타령곡에 맞추어 춤추면서 노래한다.)**] ; 이 지시문은 앞의 '합창'에 이어서 기사되
어야 한다.

73   이 자리에 '쉬이'와 '타령곡이 멈춘다.'가 있어야 한다.

74   오도독이 타령 : 오독도기 타령을 말한다. 오돌도기, 도독떼기라고도 불린다. 강원도 강릉일대에 전승되고 있
는 김매기소리의 하나이다. 강릉지방에서는 마을마다 두레패를 이루어 한 조에 두 명 이상씩 여러 조를 만들어
번갈아가며 이 '오독도기'를 불러가면서 즐겁게 김을 맨다. 아이김·두벌김·세벌김을 매면서 이 '오독도기'를
부르는데, 부르는 속도나 가사에 따라서 '냇골오독떼기'·'수남오독떼기'·'하평오독떼기'로 달리 부르고 있다.
이 '오독떼기'는 강릉시 구정면 학산리에서 가장 뚜렷이 전승되고 있는데, 이곳에서는 냇골조 '오독도기'를 부
른다. 이 '오독도기'와 잡가·사리당 등의 소리를 섞어서 부르며 흥을 돋우는데, 김맬 때만이 아니라 놀 때에도
이 소리들을 부른다. 다음과 같은 주장도 있다. '제주도 민요가 서울에 옮겨 와서 유행된 민요의 하나이다. 서울
지방에서 부르는 오돌도기는 그 가락과 사설에 있어서 본바닥 제주도의 것과 상당히 다르다. 후렴도 변질된
것이다. 굿거리 장단으로 맞춘다.'

75   [보정] [(노장에게로 가서)] ; 이 대목에서는 위의 '목중Ⅲ : 내가 가서 자세히 보고 오마— 옥동도화 만수춘(玉
洞桃花萬樹春)— (노장 있는 곳에 춤추면서 갔다가 온다) / 목중Ⅲ : 쉬— (장단과 춤 멎는다) 아나야 / 목중들
: 그래애' 와 같은 방식으로 전개되는 것이 보통인데 생략되었다. 혹은 누락된 것인지 자세치 않다.

목중Ⅱ :　[(다녀와서)] 아나야.

목중들 :　그래애

목중Ⅱ :　내가 이자 가서 오도독이 타령을 돌돌 말아서 귀에다 소르르 하니까 대 갱이를 용두질 치다[76]가 내버린 좆대강이 흔들듯 하더라[77]

[78]

합창 :　　　(타령곡으로 춤을 추면서 혹은 어깨를 겨누고 일제히 합창한다)

오도독이 춘행이[→ 춘향이]

달도나 밝고 명랑한데

끼뚜두땅 끼뚜두땅[79]

끼뚜두땅 신천信川 대발이[→ 끼뚜두땅 신천대발이][80]가

만학천봉萬壑千峯[81] 날아든다

[82]

[83]

목중Ⅲ :　아나야.

목중들 :　그래애

목중Ⅲ :　우리가 스님을 저렇게 불붙은 집에 좆기둥[84] 세우듯이[85] 두는 것은 우리

76　용두질 치다 ; 남성이 여성과의 육체적 결합 없이 자기의 생식기를 주무르거나 다른 물건으로 자극하여 성적 쾌감을 얻는 짓이다. 용개질이라고도 한다.

77　[보정] 대갱이를 용두질 치다가 내버린 좆대강이 흔들듯 하더라 ; 머리를 흔드는 모습을 비속하게 표현한 것이 다. 가면극에서의 비속성은 비속성으로 그치지 아니한다. 이러한 비속성은 세계의 여러 전통극에서도 흔히 보 이는 표현으로 축제적인 분위기를 조성하는 데에 이바지한다.

78　[보정] 이 대목에서 '타령곡이 연주된다'가 생략되었다.

79　끼뚜두땅 끼뚜두땅 ; 여음구[조흥구]다. 자료에 따라서 여러가지로 변형되어 나타난다.

80　끼뚜두땅 신천信川 대발이[→ 끼뚜두땅 신천대발이] ; '신천(信川)'은 황해도 신천군에 있는 읍으로 재령평야 에서 생산하는 농산물의 집산지다. '대발이'는 발 큰 사람을 경상도 사람들은 흔히 대발이라 하는데, 발이 큰사 람 외에, 세력이나 권력이 넓은 사람을 비꼬는 말로 흔히 대발이라고도 한다.

81　만학천봉萬壑千峯 ; 첩첩이 겹쳐진 깊고 큰 골짜기와 수많은 산봉우리를 말한다.

82　[보정] 이 대목에서 '타령곡이 그친다'가 생략되었다.

83　[보정] 임석재본에서는 이 자리에 '<주註. 이하략以下略. 단但 남은 먹중들도 각각各各 번番갈라서 시조時調 나 단가短歌를 돌돌 말아서 노장老丈 귀에다 너줬다고 하고 와서는 노장老丈을 모욕하는 말을 하는 것이다>' 라고 부기하였다. 시조나 단가, 민요 등을 노장에게 불러주는 것이 왜 모욕인지는 심도 있는 연구가 필요하다.

84　좆기둥 ; 남성의 성기를 비속하게 이르는 말이다.

85　[보정] 불붙는 집에 좆기둥 세우듯이 ; 관용적 표현이다. 본래 '불난 집에 기둥'으로 무관심하다는 말이다. 여기 서는 '기둥'을 '좆기둥'이라 하여 비속화하였다.

상좌의 도리가 아니니 노승님을 우리가 묘셔야[86] 하지 않겠느냐?

목중들 : 그래 네 말이 옳다

(하고 모두 노승님이 있는 데로 가서 노승이 짚고 있는 육환장의 한 쪽 끝을 쥐고 앞서온다.)

—[87] 흑운이만천 천불견黑雲萬天天不見—[88]

(타령곡으로 맞추어 목중들은 앞서거니 뒷서거니 해서 장내 중앙쯤 와서 노승이 육환장을 놓고 쓰러진다

다른 목중 하나가 얼른 육환장을 집고 따라간다

한참 가다가 앞서가는 목중이 뒤를 보고 깜짝 놀래면서)[89]

목중IV : 쉬이

(장단과 춤 멎는다)

노승님은 어데 가고 이게 웬 놈이란 말이냐[90]

목중V[91] : 이럴 리가 있나 노승님이 온 데 간 데 없어졌으니 아마도 상좌인 우리가 정성이 부족해서 그런 것이다 우리 다 같이 노승님을 찾아보자.

목중들 : 오냐 네 말이 맞다[→ 옳다]

(타령곡이 나온다

일제 타령곡으로 춤 추면서 노승님을 찾아다닌다

---

86 묘셔야 → 모셔야
87 수정분에는 '—' 즉 장음 표시가 없다.
88 흑운이만천 천불견黑雲萬天天不見— ; 한자어 불림이다. 검은 구름이 하늘에 가득하여 하늘을 볼 수 없다는 뜻이다. 송석하본에서는 '흑운黑雲이 만첩천불견萬疊天不見' 라고 채록되었다.
89 [보정] (타령곡으로 맞추어 목중들은 앞서거니 뒷서거니 해서 장내 중앙쯤 와서 노승이 육환장을 놓고 쓰러진다 다른 목중 하나가 얼른 육환장을 집고 따라간다 한참 가다가 앞서가는 목중이 뒤를 보고 깜짝 놀래면서) ; 이 대목이 임석재본에서는 '(하고, 모두 노장老丈이 있는 데로 간다. 먹중 둘이 노장老丈이 짚고 있는 육환장六環杖의 한쪽 끝을 붙잡고 앞서 온다. 노장老丈은 그에 따라온다. 남은 다른 먹중들은 「남무대성南無大聖 인로왕보살引路王菩薩」의 인도引導소리를 크게 합창合唱하면서 뒤따른다. 중앙中央쯤 와서 노장老丈은 힘이 차서 육환장六環杖을 놓고 꺼꾸러진다. 다른 먹중 하나가 얼른 육환장六環杖을 잡는다. 앞서 가는 먹중 둘은 노장老丈이 여전如前히 따르거니 하고 그대로 간다. 한참 가다가 뒤 돌아다보고 의외意外의 경경에 놀랜듯이 큰 소리로)' 라고 채록되었고, 송석하본과 오청본도 같다. 임석재, 송석하, 오청본에서는 '인도소리'를 실현한다는 점이 이두 현본과 크게 다르다.
90 [보정] 목중IV : 쉬이 (장단과 춤 멎는다) 노승님은 어데 가고 이게 웬 놈이란 말이냐 ; 오청본에서는 '初目'의 대사로 채록되었다.
91 [보정] 목중V ; 오청본에서는 '二目'의 대사로 채록되었다.

목중 하나 노승이 쓰러져 있는 것을 보고 놀랜다)[→ (일제히 타령곡에 맞추
어 춤추면서 노장을 찾아다닌다. 목중 하나가 노장이 쓰러져 있는 것을 보고 놀란다.)]

목중Ⅵ :　　쉬이

　　　　　　(타령과 춤 멎음)

　　　　　　거 안 된 일이 있다[92]

목중들 :　　무슨 일이냐?

목중Ⅵ :　　이제 내가 한 편을 가 보니 노승이 누워있더라 아마 죽은 모양이더라

목중Ⅶ :　　아나야

목중들 :　　그래애

목중Ⅶ :　　노승님이 과연 죽었는가 내가 가서 자세히 보고 올라[93]

　　　　　　흑운이 만천 천불견[94]

　　　　　　(달음질하여 노승님이 누워있는 곳을 갔다가 와서)

　　　　　　쉬이 아나야

목중들 :　　그래애

목중Ⅶ :　　이거 참 야단났구나

목중Ⅷ :　　무슨 일이 있기에 야단났단 말이야

목중Ⅶ :　　노승님이 유유 정정 화화[95] 했더라

목중Ⅷ :　　아 그 놈이 벽센 말[96] 한마디 하는구나 유유 정정 화화? 유유 정정 화화
　　　　　　야? 그거 유유 정정 화화라니? 아 알갔다[→ 알았다] 버들버들 우물우물 [꽃
　　　　　　꽃이][97] 죽었단 말이로구나—[→ !][98]

92　[보정] 이거 안 된 일이 있다 ; 오청본에서는 '이것 큰일 낫다.'로 채록되었다.
93　노승님이 과연 죽었는가 내가 가서 자세히 보고 올라 ; 이 대사에서 '자세히 보고 올라'는 노래조로 실현된다.
94　흑운이 만천 천불견 ; 한자어 불림이다. 임석재, 송석하, 오청본에서는 이 대목에서 불림을 실현하지 않는다.
95　[보정] 유유정정화화 ; 임석재본에서는 '柳柳井井花花' 라고 하였다. 김삿갓[金笠]의 시 '부음(訃音)'에 '柳柳
　　花花'라 한 점으로 볼 때에 죽음과 관련이 있다.
96　벽센 말 ; '박센 말'이다. 무슨 뜻인지 알기 어려운 말이다.
97　[보정] 버들버들 우물우물 [꽃꽃이] ; 임석재본에서는 '버들버들 우물우물 꽃꽃이'라고 채록되었다. '柳柳井井花
　　花'의 훈을 이용한 언어유희이다. 유사음운 의미전용이다. '노승님'이 죽었다고 직접 말하기를 꺼려 -기휘(忌諱)-
　　한자어로 '柳柳井井花花'라고 한 것이다. '돌아가시었다' 등 죽음을 지칭하는 말은 서민적 표현뿐이 아니라, 상층
　　문화에서도 복잡하게 발달되었다. 그것은 관혼상제(冠婚喪祭)가 우리 문화에 자리한 만큼이나 다양하다. 아울러
　　'주검'은 사람이 가장 꺼리는 것 중의 하나요 특히 우리 풍속에서는 꺼리다 못하여 '숭상(崇尙)'되기도 한다.

목중Ⅰ :	아나야
목중들 :	그래애
목중Ⅰ :	우리 노승님이 저렇게 쉽사리 죽을 리가 있나 내가 들어가서 다시 한번 자서히 보고 오마—[99]

　　　　　　낙양동천이화정[100]

　　　　　　　　(달음질로 갔다가 온다)[→ (달음질해서 노장 있는 곳을 다녀온다.)]

　　　　　　쉬이 아나야[101]

목중들 :	그래애
목중Ⅰ :	내가 가서 자세히 보고 온 즉 죽을시가[102] 분명하더라 육칠월에 개 썩은 내가 나더라[103]
목중Ⅱ :	아나야
목중들 :	그래애
목중Ⅱ :	중은 중의 행세를 해야 하고 속인은 속인의 행세를 해야 하는 법이니[104]

또는 혐오시되기도 한다. 혐오(嫌惡)하거나 '숭상(崇尙)'해야 할 '주검'에 대한 태도와 예절을 염두에 둔다면 '柳柳井井花花'는 겉으로는 격식을 갖춘 것이나, 훈(訓)이 유사음을 가진 이의어로 전용되면서 언어유희fun에 돌입한다. 그러니 '柳柳井井花花'는 주검에 대하여 '숭상(崇尙)'하다 못해 혐오시하는 사람들의 보편적 정서가 회화화parody된 표현이라 하겠다. 그런데 유유(悠悠)·적정(寂靜)·화화(華化) 이 세 용어는 불교와 관련이 있음을 유의할 필요가 있다. 불교적인 술어가 서민적 표현이라 할 '버들버들 우물우물 꼿꼿'과 만나 '柳柳井井花花'가 탄생하였음을 알 수 있다. 그러므로 '柳柳井井花花'에 대하여 '버들버들 우물우물 꼿꼿'이 서민지향(庶民指向)이라면, '悠悠寂靜華化'는 양반지향(兩班指向)이라 하겠다. 다시 말하면 '柳柳井井花花'하면 庶民層에서는 '버들버들 우물우물 꼿꼿'을 연상하여 '노장'의 죽음이 회화화되는데, '아 그 놈이 벽센 말 한마디 하는구나'하고 뜸을 들이는 동안 식자층에서는 '悠悠寂靜華化'를 떠올리는 순간 가면극 현장에서는 '버들버들 우물우물 꼿꼿'으로 답하게 되어서는 식자층에게는 그 현장 자체가 회화일 수밖에 없다.

98 [보정] 수정분에는 '—' 즉 장음 표시가 없고 '!' 표시하였다.

99 [보정] 내가 들어가서 다시 한번 자서히 보고 오마— ; 이 대사에서 '자서히 보고 오마—'는 보통 노래조로 실현된다. 수정분에는 '—' 즉 장음 표시가 없다.

100 낙양동천이화정 ; 한자어 불림이다.

101 [보정] 쉬이 아나야 ; 이 대사는 위의 '목중Ⅰ[→ 첫째목중] : 쉬이. (춤과 장단이 일제히 멎는다.) 아나야' 와 같이 실현된다.

102 죽을시가 → 죽은 것이 ; '-ㄹ시'는 예스러운 표현으로 추측한 내용을 나타내는 말 뒤에 붙어, '분명하다' 는 뜻으로, '-ㄹ 것이', '-ㄴ 것이'에 가깝다.

103 [보정] 육칠월에 개 썩은 내가 나더라 ; 육칠월에 개가 죽어 썩은 냄새가 심하게 나더라. 냄새가 매우 심하다는 뜻의 관용적 표현이다. 비속한 표현이다.

104 중은 중의 행세를 해야 하고 속인은 속인의 행세를 해야 하는 법이니 ; '내 몸이 중이면 중의 행세를 하라' 라는 속담과 같이 제 신분이나 분수를 지켜야 함을 이르는 말이다.

우리가 노승님의 상좌가 되여 갖이고 거저 있을 수 있느냐 노승님이 돌아가셨으니 천변 수락[105]에 만변 야락 재[106]를 올려 보자구나[107]

목중들 :　오냐 그래 네 말이 옳다

(장고 북 강쇠[→ 꽹과리] 징 같은 것을 갖이고 나와 염불念佛[108]을 하면서 노장이 누워있는 주위를 빙빙 돌면서 재를 올린다)

나무아미타불 관세음보살[109]

(노승장[110] 부채를 떤다)

목중Ⅲ :　쉬이

(일제히 멎음)

아나야

105　천변 수락 ; 천변수륙재(川邊水陸齋)를 말한다. 수륙재(水陸齋)는 불교에서 물과 육지에서 헤매는 외로운 영혼과 아귀(餓鬼)를 달래며 위로하기 위하여 불법을 강설(講說)하고 음식을 베푸는 종교의식이다. 설단(設壇)의 양식을 살펴보면, 이 수륙의식이 불보살 이외에 다신교적인 신앙의 대상을 의식도량에 끌어들이고 있는 것을 볼 수 있는데, 여러 신앙의 대상을 의식도량에 끌어들여서 궁극적으로는 불보살의 신앙으로 통섭되고 만다는 밀교적인 지혜가 작용하고 있음을 살필 수 있다. 그리고 수륙재의 수륙은 여러 신선이 흐르는 물에서 음식을 취하고, 신이 깨끗한 땅에서 음식을 취한다는 뜻에서 따온 말이므로 청정한 사찰 또는 높은 산봉우리에서 행하기도 한다.
106　만변 야락 재 ; '야락굿'으로 야락잔치 즉 씻김굿을 말한다. '재(齋)'는 불교에서 공양(供養)을 올리면서 행하는 종교의식이다. '재'의 어원은 범어 upavasatha에서 비롯되었고, 이를 번역하여 재라 하게 된 것이다. 어원상으로 볼 때 재의 의미는 승려의 식사를 의미하는 것이었으나, 이것이 전용되어 승려에게 식사를 공양하는 의식, 또는 그와 같은 의식을 중심으로 한 법회를 뜻하게 되었다. 다른 한편 상사(喪事)가 관련된 의식법회를 칭하는 용어로 전용되었다.
107　[보정] 천변 수락에 만변 야락 재를 올려 보자구나 ; 오청본에서는 '천변수락에만변야락굿을하여보잣구나.'라고 채록되었다. 채록상의 '천변수락'은 '천변수륙(川邊水陸)'의 잘못이다. 만변야락의 '만변(萬變)'은 천변만화 즉 여러 가지로 변고가 있음을 뜻하고, '야락(夜-)'은 진도 씻김굿을 밤에 한다 하여 이르는 말이라고 한다. '천변수락'과 '만변야락'은 댓구를 이룬다.
108　염불念佛 ; 염불곡으로 무용 반주곡의 하나다. 도들이 장단으로 경기 민요 형식의 가락에 의한 곡이다.
109　나무아미타불 관세음보살 ; 아미타불과 관세음보살에게 돌아가서 의지한다는 뜻으로 불경구의 하나다. '나무[南無]'는 'namas : namo'로, 귀명(歸命), 귀의(歸依), 귀경(歸敬), 경례(敬禮), 구아(救我), 도아(度我) 등 여러 가지 뜻으로 번역된다. '나무'는 본심(本心)으로 돌아감(歸還本心, 귀환본심), 나 없는 마음 아무심(我無心)으로 돌아간다는 뜻을 담고 있다. 아미타불(阿彌陀佛)은 대승불교에서 서방정토(西方淨土) 극락세계에 머물면서 법(法)을 설한다는 부처를 말한다. '아미타'란 산스크리트의 아미타유스 -무한한 수명을 가진 것- 또는 아미타브하 -무한한 광명을 가진 것- 라는 말에서 온 것으로 한문으로 아미타(阿彌陀)라고 표기하였고, 무량수(無量壽)·무량광(無量光) 등으로 의역한다. 관세음보살(觀世音菩薩)은 자비로 중생의 괴로움을 구제하고 왕생의 길로 인도하는 불교의 보살이다. 임석재, 송석하, 오청본에서는 '원아願我 임욕명종시臨欲命終時 진제일체盡除一切 제장애諸障碍 면견피불아미타面見彼佛阿彌陀 즉득왕생卽得往生 안락찰安樂刹' 라고 채록되었다. '장엄염불' 등과 같은 염불의 한 대목이다. '원컨대 내가 죽음에 임해서 일체의 장애를 제거하고 저 아미타불을 볼 수 있다면 안락찰[극락정토(極樂淨土)]에 왕생하게 하소서.'의 뜻이다. 염불곡조로 실현한다.
110　[보정] 노승장 ; '노승'과 '노장'이 결합된 말이다. '노장승'의 잘못인 듯하다. 민간화술이다.

목중들 :   그래애

목중Ⅲ :   염불이 약은 약이다 노승님이 다시 갱생하는구나[111] 그러면 노승님이 평
               생 좋아하시는 것이 염불이랬으니 염불이나 한 번 실컨 하자

목중들 :   오냐.

               (염불곡이 일제히 다시 시작되면서 장고 북 꽹가리 등을 치면서 소
               생한다

               그것을 본 목중들 전원 퇴장하여 소모의 가마를 메고 들어온다.)[→
               (염불이 다시 시작되면 장고, 북, 꽹과리 등을 치면서 노장의 주위를 빙빙 돌아간다. 한
               참 돌아가면 노장이 부채를 흔들면서 소생한다. 그것을 본 목중들은 전원 퇴장하였다가
               소무의 남여를 메고 들어온다.)][112]

소모[→ 소무][113] :   (화려하게 치장하고 머리엔 족두리[114]를 썼다

---

111 [보정] 염불이 약은 약이다 노승님이 다시 갱생하는구나 ; 염불이 스님을 살아나게 하는 약이라는 것이 무엇인
   지는 분명치 않다. 다만 '극락왕생'의 뜻이 담긴 염불을 외었으니 갱생한다는 말일 것이다. 삼전삼복(三輾三伏)
   에 대한 김일출의 『조선민속탈놀이 연구』의 자료를 염두에 둘 필요가 있다. 김일출은 '첫목의 이와 같은 기괴
   한 춤은 사자(死者)의 부활과 부활의 환회를 표현한 것이라고도 한다(재령 탈놀이 박형식 담). <목춤>은 자연
   과 인간 사회에 관한 지식이 아직도 불충분하였던 옛날 사람들이 자기의 생활에 재해(災害)와 불행을 가져온
   다고 믿어온 <역귀>를 구축하는 유쾌감 또 이것을 물리치고 난 후의 승리감·행복감을 표현하고 있다.'고 하였
   다. 이는 별도로 심도 있는 연구가 필요한 부면이다. 오청본에서는 '이것이藥은참藥이다 스님이다시사라나시
   는구나'라고 채록되었다.

112 [보정] (염불곡이 일제히 다시 시작되면서 장고 북 꽹가리 등을 치면서 소생한다 그것을 본 목중들 전원 퇴장
   하여 소모의 가마를 메고 들어온다.)[→ (염불이 다시 시작되면 장고, 북, 꽹과리 등을 치면서 노장의 주위를
   빙빙 돌아간다. 한참 돌아가면 노장이 부채를 흔들면서 소생한다. 그것을 본 목중들은 전원 퇴장하였다가 소무
   의 남여를 메고 들어온다.)] ; 임석재본에서는 '小巫 二人 = (먹중들이 다 퇴장退場하자 등장登場하여 노장老
   丈이 누워 있는 자리에서 좀 떨어진 데서 양인兩人 상당相當 거리距離를 두고 서서 염불타령곡조念佛打令曲
   調에 맞추어 춤을 춘다.)'라고, 오청본에서는 '(먹중들이모다退場하자 小巫二人은場內의中央에서 念佛장단의
   伴奏에마추어 華麗한춤을추기始作한다.)'라고 채록되었다. 이두현본에서는 소무가 1인이다. 임석재, 송석하,
   오청본에서는 소무가 2인이다. 그리고 애초부터 소무 2인이 무대에 등장해 있었던 것인지 팔목들이 퇴장한 후
   에 등장하는 것인지 분명하지 않다.

113 이두현 보고서에 따르면 '소무탈'은 '종이탈로 흰 바탕에 묵선墨線으로 머리를 그려 가르마를 탔고, 눈썹, 눈
   가장자리를 그렸다. 연지, 곤지, 입술은 붉게 칠했다. 눈과 입은 뚫렸다. 한삼 달린 화려한 색동 상의上衣에 붉
   은 치마를 입고, 큰 비녀에 족두리를 썼다.' 라고 하였다.

114 족두리 ; 임석재본에서는 '화관花冠몽두리' 라고 하였다. '화관'과 '몽두리'를 말한다. 화관은 여자가 예식용으
   로 쓰는 조그마한 관을 말한다. 족두리는 갖가지 보석으로 화려하게 장식하지만, 화관은 앞뒤로 걸치는 양(梁)
   -굴건(屈巾)이나 금량관(金梁冠)이 등의 앞이마에서부터 우뚝 솟아 둥긋하게 마루가 져서 뒤에 닿은 부분이다.- 있고, 자디잔
   구슬 꿴 깃을 여러 개 달아 걸을 때마다 간들간들 흔들리는 보요(步搖)가 있다. 혼례 때에 족두리를 쓰고 일반
   의식에서는 화관을 쓴다. 몽두리는 기생이 잔치에 나아가는 정식 차림을 말한다. 초록색으로 원삼 비슷이 지어
   입고 끝 띠를 등 뒤로 매어 드리운다. 맞섶의 포(袍)로 소매 끝에 오색의 한삼 소매를 단다.

부채로 얼굴을 가리고 얌전히 가마 위에 앉아있다)[115]

목중들 :　(등롱燈籠[116]을 둘을 앞세우고 네 사람이 가마를 메고 뒤에 일산日
傘[117]을 받쳐 들었다

타령곡으로 들어온다

노승과 어느 정도의 거리를 두고 가마를 내려놓는다)[→ [둘은 등롱을 들
고 앞서고 넷은 남여藍輿[118]를 메고(뒤의 둘은 일산을 받쳐 들었다.) 타령곡으로 들어온
다. 노장과 어느 정도의 거리를 두고 남여를 내려놓는다.]][119]

소모 :　(부채를 그 자리에 놓고 가마에서 내려선다)

목중들 :　(소모가 내리면 가마를 들고 반대편으로 일제히 퇴장한다)[120]

소모 :　(목중들이 퇴장하면 도도리곡[121]이 나온다

춤을 추기 시작한다 <소모와 사이엔 일체 말이 없이 그들의 심중을
춤과 행동으로만 표현한다>)[→ (목중들이 퇴장하면 도도리곡에 맞추어 춤을 추기
시작한다. 소무와 노장 사이엔 일체 대사는 없고 그들의 심중을 춤과 행동으로만 표현한다.)]

노승 :　도도리곡에 맞추어 일어나려고 애를 쓰면서 겨우 일어난다[→ 도도리곡
에 맞추어 일어나려고 애를 쓰다가 겨우 일어난다.]

　의상이다. 원래 이와 같은 차림이었는가는 연구 과제다.

115　[보정] 자료에 따라서 소무가 2명 등장하기도 한다. 본래 소무는 2명이 등장하였던 듯하다. 현재는 1명만 등장
　　하는 쪽으로 실현된다.

116　등롱燈籠 ; 가면극 현장에서 사용되는 소도구의 하나다. '초롱(-籠)'이라고도 한다. 본래 '등롱(燈籠)'은 처마
　　밑이나 기둥 외부에 거는 등기구(燈器具)의 일종이다. 형태나 재료에 따라 양각등(羊角燈), 사방등(四方燈),
　　유리등(琉璃燈), 청사홍사등롱(靑紗紅紗燈籠) 등이 있다. 등롱과 형태상 유사한 것이 초롱(-籠)이다. 보통 초
　　롱은 손으로 들고 다니며 사용하는 것이다.

117　일산日傘 ; 가면극 현장에서 사용되는 소도구의 하나다. 햇볕을 가리기 위하여 세우는 큰 양산을 이른다. 우
　　산보다 크며 놀이할 때에 한데에다 세운다. 황제, 황태자, 왕세자 들이 행차할 때 받치던 의장 양산은 자루가
　　길고 황색, 적색, 흑색의 비단으로 만들었다. 감사(監司), 유수(留守), 수령(守令) 들이 부임할 때 받치던 양산
　　은 흰 바탕에 푸른 선을 둘렀다.

118　남여藍輿 ; 의자와 비슷하고 뚜껑이 없는 작은 가마를 이른다. 승지(承旨)나 참의(參議) 이상의 벼슬아치가
　　탔다.

119　[보정] 소무가 등장할 때에 등롱(燈籠), 남여(藍輿), 일산(日傘)이 대도구로 사용된다. 이러한 등장의 설정에
　　대한 심도 있는 연구가 필요하다.

120　[보정] 목중들 : (소무가 내리면 가마를 들고 반대편으로 일제히 퇴장한다) ; 실제로는 무대를 한 바퀴 돌아
　　개복청(改服廳) 방향으로 퇴장하는 것이 보통이다.

121　도도리곡 ; '도드리' 장단으로 '환입(還入)'의 우리말이다. '도드리장단'은 '다시 돌아서 들어간다'는 뜻으로, 보
　　통 빠르기의 6박 1장단으로 구성된 국악 장단의 하나다. 또는 그 장단에 맞추어 만든 악곡이나 춤을 이른다.
　　삼현환입(三絃還入)[삼현도드리, 상현도드리)]은 영산회상(靈山會上)의 5번째 곡이다.

육환장을 짚고 슬며시 일어나서 부채로 얼굴을 가리고 허리는 굽으러

져있다

사람이 있나 없나 이쪽에서부터 서서히 몸을 돌리며 주위를 살펴본다

[→ 육환장을 짚고 슬며시 일어나서 부채로 얼굴을 가리고 허리는 구부린 채 사람이 있나

없나 한쪽에서부터 서서히 몸을 돌리며 주위를 살펴본다.]

천만 뜻밖에도 화려하고 아름답게 치장을 한 소모가 나와 춤을 추는

것을 보고 깜짝 놀래며 부채로 얼굴을 가리며 부채를 부르르 떨면서

땅에 엎드린다

다시 일어나 부채살 너머로 소모를 한참 물끄러미 바라보고 소모의 아

름다움에 감탄하여 선녀인가 하고 의심한다[→ 다시 일어나 부채살 너머로

소무를 한참 바라보고 소무의 아름다움에 감탄하여 선녀인가 하고 의심하는 것 같다.][122]

그러나 속인인 것을 알고 속세에 저렇게 아름다운 미색이 있나하고

매우 감탄한다

지금까지 불도에 자기 인생을 바친 것을 후회하며[→ 후회나 하는 듯이]

소모를 물끄러미 보면서 속세에 내려와 저런 미색을 데리고 일생을 보

낼 것을 생각하였는지 드디어[→ 이윽고] 결심하고 고개를 끄덕끄덕한다

소모의 아름다움에 완전히 취한 것이다[→ 소무의 아름다움에 완전히 유혹된

것 같다.]

얼굴은 [여전히] 부채로 가리고 있다)[123]

---

122 [보정] 이 대목이 임석재본에서는 '老丈 = (누운 채로 염불곡念佛曲에 맞추어 춤추며 일어나려 한다. 그러나
넘어진다. 다시 춤추며 일어나려 하는데 또 넘어진다. 겨우하여 육환장六環杖을 짚고 일어나서 사선선四仙扇
으로 면面을 가리고 주위周圍에 사람이 있나 없나를 살펴보려고 부채살 사이로 사방四方을 살핀다. 그러다
소무小巫가 춤추고 있는 양樣을 보고 깜짝 놀래며 다시 땅에 업딘다. 한참 후後에 다시 일어나 사방四方을
살펴보고 소무小巫를 은근히 응시凝視한다' 라고 채록되었다. 소위 삼전삼복(三顚三伏)이다. 연출법을 제시
한 것이다. 삼전삼복(三輾三伏)에 대한 김일출의 『조선민속탈놀이 연구』의 자료를 염두에 둘 필요가 있다. 김
일출은 '첫목의 이와 같은 기괴한 춤은 사자(死者)의 부활과 부활의 환희를 표현한 것이라고도 한다(재령 탈놀
이 박형식 담). <목춤>은 자연과 인간 사회에 관한 지식이 아직도 불충분하였던 옛날 사람들이 자기의 생활에
재해(災害)와 불행을 가져온다고 믿어온 <역귀>를 구축하는 유쾌감 또 이것을 물리치고 난 후의 승리감·행
복감을 표현하고 있다.'고 하였다.

123 [보정] 이 기사는 연출법을 제시한 것이다. 지시어가 추상적이며 주관적이다. 이를 토대로 하여 우리 가면극의
주제를 탐구한 견해가 있다. 그러나 희곡 텍스트의 성격상 이를 곧바로 주제와 연결시킴은 무리가 있다. 임석
재본에서도 이와 같은 추상적이며 주관적인 지시문은 이 대목이 유일하다. 한편 오청본에는 각 마당마다 추상

소모 :   (아무 생각[→ 뜻이] 없다는 듯이 여전히 춤을 계속한다.)

노승 :   (비장한 결심을 하고 소모 곁으로 올려고 육환장을 땅에서 떼려하나

                 육환장이 땅에서 떨어지지 않는다

                 부처님의 조화다[124]

                 육환장을 잡고 육환장을 중심으로 도도리곡에 맞추어 한 바퀴 돈다

                 <부채로 얼굴을 가리면서>[→ 육환장을 잡고 육환장을 중심으로 부채로 얼굴을

                 가리면서 도도리곡에 맞추어 한바퀴 돈다.]

                 그래도 떨어지지 않는다

                 부채를 접고 손춤[125]을 추면서 육환장을 부채로 탁 쳐서 드디어 땅에

                 서 뗀다

                 육환장을 두 손에 들고 손춤을 추면서 어깨에 가로 멘다

                 정면으로 가기가 무안한지 뒤로 돌아서 뒷걸음으로 소모 곁으로 접근

                 한다)[126]

소모 :   (여전히 무관심 하다는 듯 춤을 계속한다)

노승 :   (뒷걸음으로 오다가 노승의 등과 소모의 등이 마주친다

                 노승 깜짝 놀래서 다시 제자리로 뛰어서 간다

                 돌아서서 부채를 펴 들고 소모를 본다

                 역시 미인이다[127]

                 고개를 끄덕끄덕한다

                 여기서부터 굿거리곡[128]이 시작된다

적이며 주관적인 설명을 덧붙이고 있다.

124 [보정] 부처님의 조화다 ; 수정분에서는 생략되었다.

125 손춤 ; 손동작을 규칙적으로 반복하면서 추는 매듭춤 –동작의 끝맺음이 분명한 춤사위 또는 그런 춤– 이다. 양쪽 주
     먹을 쥐었다가 어느 방향과 위치로 양손을 굽히거나 펴면서 손목을 꺾어 비틀거나 손바닥을 벌리는 동작을 규
     칙적으로 반복하면서 추는 매듭춤이다.

126 [보정] 이 기사도 연출법을 제시한 것이다. '도드리' 연주가 어느 시점에 끝나는지는 제시되어 있지 않다.

127 [보정] 역시 미인이다 ; 수정분에서는 생략되었다.

128 굿거리곡 ; 장단의 하나이다. 굿거리장단은 경기굿, 민요, 산조(중중모리), 농악, 무용음악 등 전통음악에 많이
     사용한다. 느린마치, 외마치질굿, 살푸리, 풍류굿등 다양한 이름으로 불리고 있다. 굿거리는 타법을 다양하게
     사용하기 때문에 30가지 이상의 변주형태로 칠 수 있다. 민속 무용 반주곡을 가리키는 경우도 있다. 삼현육각
     (三絃六角) 편성으로 굿거리장단을 사용하여 연주 한다.

부채를 접고 손춤을 시작한다

부채를 어깨에 메고 소모에게 접근한다

소모 등 뒤에 와서 부채로 자기 얼굴을 가리고 소모의 얼굴을 보려고 얼굴을 좌우로 가져간다)

소모 : (노승이 이리 돌리면 저리 돌리고 저리로 돌리면 이리로 돌리며 얼굴을 피한다

이렇게 몇 번 한다)[→ (노장이 얼굴을 이리 돌리면 저리 피하고 저리로 돌리면 이리로 피한다. 이렇게 몇 번이고 되풀이 한다.)]

노승 : (다시 앞으로 와서 먼저와 같은 행동을 [반복]한다)

소모 : (살짝 돌아선다)

노승 : (감정을 억제치 못하고 소모 중심으로 이리 돌고 저리 돌면서 소모의 얼굴을 보려고 무척 애를 쓴다)

(굿거리곡이다)

소모 : (노승이 위와 같은 행동을 하면 소모는 여전히 살짝 살짝 애교[→ 맵시] 있게 돌아선다)

노승 : (어쩔 줄을 모르고 마음이 달아올라서[→ 달아 오른 듯] 한편 구석으로 뛰어간다

부채를 펴들고 멀리서 소모를 바라본다

어떠한 결심을 하였는지 고개를 끄덕끄덕한다[129]

그리고는 육환장을 집어 던지고 소모 곁으로 해서 반대쪽으로 가서 다시 소모를 본다

이와 같은 행동을 두어 번 반복한다)

소모 : (역시 노승의 행동하는 데 따라서 살짝 돌아선다)[→ (노승의 행동하는 데 따라서 역시 살짝 돌아선다)][130]

노승 : <타령곡으로 시작된다>

---

129 [보정] 어떠한 결심을 하였는지 고개를 끄덕끄덕한다 ; 수정분에는 생략되었다.
130 [보정] '도드리' 연주가 어느 시점에 끝나는지는 제시되어 있지 않다.

갖인 수단을 다 써도 끝내 소모의 마음을 사지 못하고 이번엔 손춤을 추면서 염주를 벗어든다

염주를 들고 소모 뒤로 와서 부채로 얼굴을 가리고 사방을 돌아본다

누가 있나 [없나] 확인하는 것이다

아무도 없음을 확인하고 부채를 얼굴에서 떼어 접어들고 두 손으로 염주를 받쳐 들고 손춤을 추면서 소모의 목에 걸어준다

좋아서 소모의 주위를 한 바퀴 돈다[→ 좋은 듯이 소무의 주위를 한바퀴 춤추며 돈다.])

소모 :   (염주를 벗어 무정하게도[→ 매정하게] 집어 던진다)

노승 :   (염주 떨어진 것을 보고 깜짝 놀래며 심히 낙담한다

염주 있는 데로 와 염주를 주워들고 코에 가져간다 [→ 염주 던져진 것을 보고 깜짝 놀라며 몹시 낙담하는 듯 염주 있는 데로 가서 염주를 주워들고 코에 가져다 댄다.]

냄새를 맡고 고개를 끄덕끄덕한다

자기 얼굴이 못나서 그런 줄 알고[→ 그런 줄 아는지] 거울을 꺼내서 얼굴을 본다

얼굴과 송낙을 단정히 만진다

거울을 보고나서 고개를 끄덕끄덕한다

다시 일어나 소모 주위를 돌아 얼리며[→ 돌아 어르며] 뒤에서 염주를 걸어준다)

소모 :   (염주를 벗지 않고 그대로 춤을 계속한다)

노승 :   (소모 주위를 돌아 멀리서[→ 돌고 물러나서] 부채를 펴들고 소모를 바라본다

염주가 걸렸나 확인하는 것이다

염주가 걸려있다

대단히 만족해서[→ 만족한 듯이] 두어 번 뛴다[131]

---

[131] [보정] 소무의 목에 염주를 걸어주는 행위에 대하여 기존 연구의 입장은 '노장의 파계'에 초점이 맞추어져 있

소무 앞으로 와서 소무를 얼린다[→ 어른다]

한참 대무하며 춤을 춘다

춤이 한참 익어가면서 노승은 황홀하여진다[132]

소모 : (애교 있게 대무하여 춘다.)

노승 : (어깨를 겨누고 이리저리 한참 흥겹게 춤이 계속된다)

(생불이라 칭송을 받던 노승이 소모의 요염한 교태와 능난한 유혹에 드디어 빠진 것[을 뜻하는 장면)]이다.)[133][134]

〈제2경〉 신장사춤

(노승과 소모가 이렇게 한참 [맞춤[135]을] 추는데 신장수가 등장한다)

신장사[→ 신장수][136] :

(신짐을 짊어지고 벙거지를 썼다

(타령곡에 맞추어 탈판으로 들어온다)

쉬이

(장단과 춤이 일제히 멎고 노승과 소모 같이 서 있다)

어허 나도 세상에 태어나 어려서 부터 글 못 배우고 등에다 짐을 지고 장사[→ 장수]가 되어 가지고 인산인해人山人海 찾아다니고 보니[137] 요놈의

다. 이에 대하여는 심도 있는 연구가 더 필요하다.

132 [보정] 춤이 한참 익어가면서 노승은 황홀하여진다 ; 수정분에는 생략되었다.

133 [보정] 이 대목이 임석재본에서는 '老丈 = (대단大端히 만족滿足해 하며 춤을 춘다. 한참 추다가 소무小巫에게 가까이 가서 입도 만져보고, 젖도 만져보고 겨드랑도 후벼보다가 염주念珠의 한편 끝을 자기自己의 목에 걸고 소무小巫와 마주 서서 비로소 희희낙락喜喜樂樂하며 춤을 춘다.) (노장老丈은 이와같은 동작動作과 순서順序로 소무小巫 II에게 가서 되풀이하여 자기自己의 수중手中에 들어오게 한다.) (생불生佛이라는 노장老丈은 두 소무小巫를 자기自己의 수중手中에 넣은 것이나, 사실事實은 소무小巫의 요염妖艶한 교태嬌態와 능난한 유혹誘惑에 빠진 것이다. 노장老丈은 두 미녀美女의 사이에 황홀恍惚히 되었다.)' 라고 채록되었다.

134 [보정] '타령곡' 연주가 어느 시점에 끝나는지는 제시되어 있지 않다.

135 맞춤 ; 두 사람이 마주 보며 추는 춤이다.

136 이두현 보고서에 따르면 '신장사[신장수]탈'은 '종이탈로 연한 살색 바탕에 눈섭 수염을 [그렸고], 흰색으로 [눈의] 흰자위를 나타냈다. [입술은 붉게 칠하고, 입은 뚫렸다.] 검은 더거리에 흰색色바지 신짐을 지었다. 신짐 속에 원숭이가 들었다. (목중탈을 겸용하기도 한다)' 라고 하였다.

팔자가 가련하다 그러나 저러나 장사[→ 장수]로써 물건 파는 것이 목적이
라 물건을 팔러 가는데 건드러지게[138] 가 보자[139]

(타령곡으로 주위를 한번 돌고 중앙쯤 와서)

쉬이

(일제히 멎는다)

야아 장 잘 섰다

장이 하 좋다기로 불원천리不遠千里[140]하고 왔더니

과연 허언이 아니로구나

좌우로 살펴보니

인물병풍屏風[141] 둘러 쳤으니[142]

태평장太平場[143]인데

태평장이거나 무엇이거나

속담에 이른 말이

쌈은 말리고 홍정은 붙치라[→ 붙이라고][144] 하였으니

장사가 되여서는 물건이나 팔아보자

자[→ 자애] 물건은 무슨 물건

---

137 인산인해人山人海 찾아다니고 보니 ; 사람이 많은 곳을 찾아 다녔다는 말이다. 곧 시장을 찾아다녔다는 뜻이다.
138 건드러지게 ; '건드러지다'는 '목소리나 맵시 따위가 멋들어지게 가늘고 아름답고 부드럽다.'는 뜻이다. 여기서
     는 음악에 맞추어 흥겹게 가보자는 뜻으로 쓰였다.
139 건드러지게 가 보자 ; 보통은 노래조로 실현된다.
140 불원천리不遠千里 ; 아무리 먼 길이라도 마다하지 않고 달려간다는 뜻으로, 가까운 벗이나 친한 사람을 만나
     는 데에는 먼 거리도 문제가 되지 않는다는 뜻을 담고 있다. 『맹자(孟子)』'양혜왕(梁惠王)'편에 '노인께서 천
     릿길도 마다하지 않고 오셨으니, 우리나라에 장차 이로운 일이 생기겠습니까 不遠千里而來 亦將有以利吾國
     乎'에 연유하는데, 맹자가 천릿길도 마다하지 않고 양혜왕을 만난 것은 인의를 말하기 위한 것인데, 하필이면
     이익을 말하느냐고 질책하는 대목이다.
141 인물병풍屏風 ; 뛰어난 인물들이 병풍처럼 둘러싸여 있다는 말이다.
142 [보정] 인물병풍屏風 둘러 쳤으니 ; 여기서는 가면극 공연현장에 가득히 모인 관객을 두고 이른 것이다.
143 [보정] 태평장太平場 ; '태평(太平/泰平)'은 나라가 안정되어 아무 걱정 없고 평안함, 혹은 마음에 아무 근심
     걱정이 없음을 뜻한다. '태(太)'는 삼년 풍년을, '평(平)'은 일년 풍년을 뜻하기도 한다. 여기서 '태평장'은 풍년
     을 기원하는 뜻을 담은 관념적 명칭이다.
144 쌈은 말리고 홍정은 붙치라[→ 붙이라고] ; 속담으로 관용적 표현이다. 민간화술이다. '홍정은 붙이고 싸움은
     말리랬다 勸買賣 鬪則解'라는 속담을 원용한 것이다. 좋은 일은 권하고 나쁜 일은 말려야 한다는 뜻이다. ['열
     상방언(洌上方言)' 참조] 이와 같이 속담을 원용하는 것이 가면극 대사의 한 특성이다.

먹기 좋구 구수한 군밤을 팔아보자

그렇면 이불속에서 시어머니 몰래 먹는 군밤부터 팔아보자 [→ (또는, 그러면 이불 속에서 시어머니 몰래 먹는 군밤부터 팔아보자.)][145]

　　(노랫조로)

「군밤을 사려 삶은 밤을 사려

후추 양념에 밤엿[146]을 사려 하하[→ 하하하……]」

자[→ 자애] 사자는 사람이 하나도 없으니 그러면 물건을 바꾸어 신을 팔아보자

　　(노래조로)

「세코 짚식이 육날 메투리[147]

고운 아가씨의 꽃신[148]을 사려」

이것도 사자는 사람이 없으니 그러면 다른 장으로 갈 밖에 없다 [→ 이것도 사자는 사람이 없으니 이 장은 사는 장이 아니로구나. 못쓸[149] 장에 왔구나. 다시 발을 돌려 풍년장豐年場[150]으로 가 보자. (또는, 그러면 다른 장으로 갈 밖에 없다.)]

　　(청춘가조[151]로)

145　그렇면 이불속에서 시어머니 몰래 먹는 군밤부터 팔아보자 [→ (또는, 그러면 이불 속에서 시어머니 몰래 먹는 군밤부터 팔아보자.)] ; 겨울밤에 간식으로 군밤을 먹는 풍속이 나타나 있다.

146　밤엿 ; 흰엿을 밤톨만 하게 잘라 깨나 콩고물을 묻힌 엿을 이른다.

147　세코 짚식이 육날 메투리 ; 짚신과 미투리를 말하는 것으로 관용적 표현이다. '짚식이'는 '짚신'의 방언이고, '메투리'는 '미투리'의 방언이다. 짚신은 볏짚으로 새끼를 꼬아 날을 하고 짚을 결어서 바닥을 한 신을 말한다. 보통 코 -버선이나 신 따위의 앞 끝이 오뚝하게 내민 부분- 를 셋을 만들기에 '세코짚식이'다. 초혜(草鞋), 비구(扉屨), 망리(芒履)라고 한다. 미투리는 질긴 삼베로 삼은 신인데, 발이 편하라고 날이 여섯 가닥 또는 여덟 가닥 되게 한다. 마혜(麻鞋), 승혜(繩鞋)라고도 한다.

148　꽃신 ; 앞부리와 뒤꿈치에 구름무늬를 새긴 여자의 마른신으로 온혜(溫鞋)라고도 한다. 꽃신은 젊은 부녀자가 주로 신었다. 베를 여러 겹 붙인 위에 청홍색의 무늬 있는 비단을 두르고 다시 바탕색과 대조되는 색실로 매화, 대나무, 나비 등을 수놓아 꾸몄다.

149　못쓸 → 몹쓸

150　풍년장豐年場 ; 앞의 '태평장(太平場)'과 같이 풍년을 기원하는 의미가 담긴 장터에 대한 관념적 명칭이다.

151　청춘가조 ; 청춘가(靑春歌)는 경기민요의 하나다. 사설의 대부분이 청춘의 덧없음을 한탄하는 내용으로 되어 있고, 화류층(花柳層)에서 특히 불렸다. 굿거리 네 장단으로 한 절을 이루는 극히 짧은 유절형식(有節形式)의 노래이며, 후렴은 없다. 곡이 짧기 때문에 절마다 꼭 같이 반복하지 않고, 보통 가사에 따라 약간씩 변화시켜 단조롭지 않게 부른다.

「간다 간다네 나 돌아 간다네

풍년장으로 에이 나돌아 간다네

이 장은 사는 장이 아니로구나

못슬 장에 왔구나

다시 발을 돌려

풍년장으로 가 보자」[→ 다 간다네에, 나돌아간다네, 풍년장으로 에이 나돌아간다네. 풍년장으로 나돌아간다네.]

　　　　　(노장 앞쪽을 지나려 할 때에 노승이 부채로 신장사 면상을 탁 친다)

신장사 :　　　　(깜짝 놀래어 뒤로 몇 걸음 물러선다)

아 이게 무엇이냐?[→ 아 이게] 평상에 매라는 것을 맞아 본 적이 없는데 딱 하고 때리니 이것이 무엇이냐?

오오 자서히[152] 보니 머리에 송낙을 눌러쓰구 푸른 장삼에 백팔 염주百八念珠[153]를 목에 걸구 붉은 가사를 매였으니 분명히 중이로구나

중이면 승속僧俗[154]이 다르다니 양반을 보고 「소승 문안이요」[155] 하고 인사는 없이 사람을 함부로 때리다니

노승 :　　　　(신장사를 손짓으로 부른다)

신장사 :　　　　(금시에 친절하게)

오 나를 오라고

　　　　　(신짐을 나려놓고 노장 있는 곳으로 간다)

　　　　　(부드러운 말로)

신을 쓸랴고?[→ 살라고?] 그럼 무슨 신?

노승 :　　　　(자기 신발을 가리킨다)

152　[보정] 자서히 ; '자세히'가 옳으나 가면극 공연현장에서는 이와같이 실현하는 것이 보통이다.

153　백팔염주百八念珠 ; 염주가 108개의 구슬을 사용한다 하여 이렇게 부른 것이다. 불보살에게 예배할 때 손목에 걸거나 손으로 돌리는 불구(佛具)의 하나이다.

154　승속僧俗 ; 승려(僧侶)와 속인(俗人)이다. 승려와 승려가 아닌 속인(俗人)을 아울러 이르는 말이다. 출가 수행자와 세속 사람 혹은 출가와 재가 혹은 도량과 세속 등을 아우른다. 출가 수행승들의 풍속이나 습속을 의미하기도 한다.

155　수정분에는 '「 」'가 없다.

신장사 :　　　　오오 있지 그럼 몇 치?

노승 :　　　　　(부채에다 손뼘으로 재여준다)

신장사 :　　　　오 일곱 치 닷분[156] 오 있어 있지

　　　　　　　　(신짐 뒤에 있는 신발 한 켤레를 노장에게 갖다 준다)

노승 :　　　　　(다시 소모의 신을 가리키며 손짓을 한다)

신장사 :　　　　오 또 소자[157]의 신을? 그것도 있지 그럼 몇 치?

노승 :　　　　　(부채에 손뼘으로 알려준다)

신장사 :　　　　(깜짝 놀래여)

　　　　오 아흔 아홉 치[158]? 야아 그년의 발 대단히 크고나 비오는 날 매상[(이)][159]에

　　　굽달아 신겠구나[160][161] 암 그것도 있지 있어.

　　　　　　(하면서 신짐에서 밑엣 것을 꺼내려 신짐을 끌르니까[→ 끄르니까][162]

　　　　원숭이[163]가 펄쩍 뛰어나온다

　　　　신장사 놀래서 도망간다[→ 도망친다]

　　　　장내를 한 바퀴 돈다

---

156 일곱 치 닷분 ; 20cm가 조금 넘는 길이이다. 노승의 신발 크기로서는 매우 작게 설정되어 있다. '치'는 길이의 단위로, 한 치는 한 자의 10분의 1 또는 약 3.03cm에 해당한다. 촌(寸)이라고도 한다. '분(分)'은 길이의 단위로, '푼'의 한자 표기이며, 한 푼은 한 치의 10분의 1로, 약 0.3cm에 해당한다.

157 소자少者 ; 젊은 사람, 또는 자기보다 나이가 열 살 이상 아래인 사람이다. 여기서는 소무를 두고 이른 말이다.

158 아흔 아홉 치 ; 300cm가 넘는 길이이다. 소무의 신발 크기로서는 매우 크게 설정되어 있다.

159 [보정] 매상[(이)] → 마상이 ; 통나무배, 통목선, 독목주(獨木舟)라고도 하는데, 큰 통나무를 2~3m 길이로 잘라 속을 파낸 것이다. 목판을 맞붙여서 만든 돛 없는 거룻배도 이에 속한다.

160 매상[(이)]에 굽달아 신겠구나 ; 통나무배에다가 굽을 달아 신 삼아 신어도 될 정도로 발이 크다는 말이다. 관용적 표현이다.

161 오 아흔 아홉 치? 야아 그년의 발 대단히 크고나 비오는 날 매상[(이)]에 굽달아 신겠구나 ; 소무의 발을 300cm 가 넘는 길이로 본 것은 과대과장이고, 노승의 발을 20cm 가량으로 본 것은 과소과장으로 설정되고 있다.

162 신짐에서 밑엣 것을 꺼내려 신짐을 끌르니까[→ 끄르니까] ; '신짐'은 소도구다. 우리 가면극에서 소도구가 등장하는 장면은 흔하지 않으며, 등장한다 하더라도 이 대목과 같이 적극적으로 활용되는 경우는 많지 않다.

163 원숭이 ; 방위는 서남방, 오행은 금(金), 색깔은 백(白)색이며, 시간은 3~5시이고 4시가 신시의 중이다. 12지의 제9위인 신(申)일이라 하고, 원숭이날·납날이라고도 한다. 세시풍속으로 정월 첫 잔나빗날에는 일손을 쉬고 놀며, 특히 칼질을 하며 손이 벤다고 하며 삼간다. 남자가 먼저 일어나서 부엌과 마당의 네 귀를 쓸고, 부엌에 귀신이 있다고 하여 남자가 먼저 부엌에 들어가기도 한다. 제주도에서는 나무를 자르지 않는데, 이날 자른 나무를 사용하여 만든 물건에는 좀이 많이 쓴다고 한다. 한편 경상남도 지방에서는 이날뿐 아니라 어느 신일에도 '원숭이'란 말을 입에 담으면 재수가 없다고 하여 불가피한 경우 '잔나비'라고 바꾸어 말한다.
　우리 가면극에 이같이 원숭이가 등장하는 이유는 현재 불분명하다. 나례(儺禮) 때나 장터에서 장대를 타는 묘기를 보여주는 원숭이가 등장하기도 하였다.

　　　원숭이도 신장사 뒤를 따라 같이 돈다)

　　　(덩덩덩반주伴奏[164])

　　　(신장사 돌다가 뒤로 돌아서서)

　　쉬이

　　　(양팔을 벌리고 선다

　　　원숭이도 같은 행동을 한다

　　　앞으로 모든 행동을 신장사와 똑같이 한다)[165]

　　이것이 무엇이냐? 아 집신[166] 속에서 뛰어나온 이게 무슨 괴물이냐 네가

　　무엇이냐 무엇인지 자세히 알아보자 여기 앉어라[→ 이것이 무엇이냐? 아, 짚

　　신 속에서 뛰어나온 이게 무엇이냐. 무엇인지 자세히 알아보자. 여기 앉어라.] 네 모양을

　　　(자세히 보고)

　　네 모양을 보니[167] 네가 털이 있고 네발을 가졌으니 분명히 짐승은 짐승

　　인데 무슨 짐승이냐 개냐?[168]

원숭이[169] :　　　　(부정)

164　[보정] 덩덩덩반주伴奏 ; 원숭이와 신장사가 뛰어다니는 장면에 맞춘 장구소리를 말한다. 뒤에서는 '덩덩덩장
　　구반주'라고 수정하였다.

165　장내를 한 바퀴 돈다 원숭이도 신장사 뒤를 따라 같이 돈다) (덩덩덩반주伴奏) (신장사 돌다가 뒤로 돌아서
　　서) 쉬이 (양팔을 벌리고 선다 원숭이도 같은 행동을 한다 앞으로 모든 행동을 신장사와 똑같이 한다) ; 수정분
　　에는 '장내를 한 바퀴 돈다 장고 소리에 맞추어 신장수 돌다가 뒤로 돌아서서 양 팔을 벌리고 선다. 원숭이도
　　같은 행동을 한다. 원숭이는 모든 행동을 신장수와 똑같이 한다.' 라고 하였다. '(덩덩덩반주伴奏) (신장사 돌
　　다가 뒤로 돌아서서) 쉬이'가 생략되었다.

166　집신 → 짚신 ; 여기서는 '짚신이 든 짐'을 말한다.

167　[보정] 네 모양을 (자세히 보고) 네 모양을 보니 ; 수정분에는 '네 모양을 자세히 보니'라고 하였다.

168　[보정] 이 대목은 '수수께끼식 문답법(問答法)'을 원용하고 있다. 이미 알려진 것에 대한 수수께끼식 문답을 주
　　고받음으로써 가면극 현장을 축제 분위기로 조성한다. 수수께끼는 역사가 오랜 표현 수법으로, 상식적으로는
　　사물을 빗대어서 알아 맞추는 놀이, 혹은 일정한 대답을 바라는 사물의 비유적 묘사나 표현이다. 또 수수께끼
　　는 은유를 써서 대상물을 정의하는 언어표현법이며, 구연에 있어서 화자와 청자 쌍방이 참여한다는 점, 묘사가
　　극히 단순하다는 점·은유적 표현이란 점, 고의적 오도(誤導)성을 띠고 있다는 점 등을 수수께끼의 특징으로
　　든다. 또 수수께끼는, 의미의 다발을 전달하고, 긴장과 이완은 혼란을 의도하고, 단어의 탄력을 이용하며, 질서
　　에 대한 집단의 원칙을 이야기하는 것이 허용되는 관습적 위상이 일치되는 속에서 전개된다. 또, 수수께끼는
　　사건의 해결을 구하는 문제라고도 하고, 바른 대답을 목적으로 한 고풍(古風)의 질문이라고도 한다. 즉 수수께
　　끼식 문답이란, 이러한 수수께끼의 특성을 바탕으로 전개되는, 탈춤 사설의 한 양상이다. 또한, 이 수수께끼와
　　유사한 형태에 '스무 고개(twenty-questions)'가 있다.

169　이두현 보고서에 따르면 '원숭이탈'은 '종이탈로 붉은 얼굴 바탕에 코밑에 흰점을 무수히 찍었고, 눈은 뚫렸
　　고, 흰 테와 검은 선線을 돌렸다. 머리가장자리에 모피毛皮로 선을 돌렸다. 두 귀를 달았다. 상하上下 홍색紅

신장사 : 돼지냐?

원숭이 :   (부정)

신장사 : 그러면 고양이냐?

원숭이 :   (부정)

신장사 : 고양이도 아니야 그러면 산에서 내려온 노루냐?

원숭이 :   (부정)

신장사 : 사슴이냐?

원숭이 :   (부정)

신장사 : 사슴도 아니야 그러면 토끼냐?

원숭이 :   (부정)

신장사 : 이것도 저것도 아니면 그러면 네 하내비[170]냐?

          (원숭이를 밀어버린다 원숭이도 같이 민다)

가만있자 내가 가만히 보니 사람의 입내[171]를 내는 것을 보니까니[→ 보니까] 속담에 사람의 입내를 내는 것은 원숭이[172]라고 했는데 사람의 입내를 잘 내니 네가 분명히 원숭이로구나

원숭이 :   (긍정)

신장사 : 오— 그러면 원숭이면 잘 됐다 과거에 우리 선친께서 중국 사신으로 다닌 적에 기념으로 사다 두었다는 원숭이드니 내가 신짐을 지고 나온다는 것이 원숭이 짐을 지고 나왔구나 그러니 원숭이라 하는 것은 사람과 같이 영리하니 내수금원收金員[173]으로 채용 할 터이니 내 말을 잘 듣겠느냐?

원숭이 :   (머리를 끗덕끗덕한다[→ 끄덕끄덕한다])

신장사 : 그러면 저 중한테 신을 팔았으니 신값을 받어 오너라

원숭이 :   (소모에게 가서 소무 뒤에 붙어 음외淫猥[174]한 짓을 한다)[175]

色 옷을 입는다.' 라고 하였다.

170 하내비 ; '할아비'의 방언이다.

171 입내 ; '흉내'의 방언이다.

172 사람의 입내를 내는 것은 원숭이 ; 속담 '원숭이 흉내내듯'은 생각 없이 남이 하는 대로 덩달아 따라 함을 비유적으로 이르는 말이다.

173 수금원收金員 ; 받을 돈을 거두어들이는 일을 하는 사람이다.

신장사 : (원숭이를 기다려 오지 않으니까 야단을 친다)

아 요놈이 올 때가 되였는데 아직 오지를 않으니 요놈이 어디를 도망했
나 신값을 가지고 어디로 다라난 모양이로구나 요놈을 찾아보아야 되겠
다 아 찾을랴니 어디로 갔는지 알 수가 있어야 찾지 오 내가 젊어 소시
적에 점을 치는 것을 배웠으니 점을 풀어가지고 찾을 터이다

(점 대롱을 꺼내 가지고)

「추왈176

천하 언재시하며 지하 언재시리요마는

고지즉응하시나니 감이 신통하소서177

미련한 백성178이 원숭이를 찾으려고 하니

곽곽선생籗郭先生179 이순풍李淳風180

제갈공명선생諸葛孔明先生181이며

---

174 음외(淫猥) ; 음란하고 방탕함, 또는 그런 짓을 말한다.

175 [보정] 원숭이 : (소모에게 가서 소무 뒤에 붙어 음외(淫猥)한 짓을 한다) ; 여기서는 성행위에 대한 노골적인
표현을 이른다. 음외한 행위는 우리 가면극 공연에서 다반사로 나타난다. 보통 이를 '오예(汚穢)의 축제' -더럽혀짐
으로써 깨끗함으로 나아간다는 의미를 가진 축제- 라고 한다.

176 추왈 → 축왈祝曰 ; '축(文) -제사 때에 읽어 신명(神明)께 고하는 글- 을 하여 말하기를'이라는 뜻이다. 가면극 현
장에서는 '축'을 '추'로 하되 '추— 왈' 곧 '추'음을 길게 실현하는 것이 보통이다.

177 추왈 천하 언재시하며 지하 언재시리요마는 고지즉응하시나니 감이 신통하소서 ; 신명(神明)께 고하노니, 하
늘이 무엇을 말씀하시며 땅이 무엇을 말씀하시리요, 고하면 즉시 응답하시나니 감응하시어 모든 일이 순리대
로 통하소서. 『논어』 양화편(陽貨篇)에 '선생님께서 말씀하시기를, 나는 말하는 일이 없기를 바란다 고 하셨다.
자공(子貢)이, 선생님께서 말씀하시지 않으신다면 저희들이 무엇을 전하겠습니까 하늘이 무엇을 말하느냐. 그
래도 사시절이 운행하고 모든 것이 생겨난다. 하늘이 무엇을 말하느냐. 子曰 予欲無言 子貢曰 子如不言 則小
子何述焉 子曰 天何言哉 四時行焉 百物生焉 天何言哉'를 원용한 대사다. 임석재본에서는 '천하언재天何言
哉시며 지하언재地何言哉시리요, 고지즉응告之卽應하시나니 감이순통感而順通하소서.'라고 채록되었다.
   [참고] 성주본풀이 - 대모산통 흔들면서 고축사하되 천하 언재하며 지하 언제하나니 / 춘추매일 통사언 여천지
로 획기덕하고 여일월로 획기명하고 뇌사시로 획기길흥하나니 / 대성인 복희신농 황제 구천천왕 문왕 귀곡선생
손빈선생 곽각선생 / 리순풍 소강절 팔팔 륙십사괘 소불난등하야 길즉길신이 응성하고 / 흉즉흉신이 복창하야
일결에 명판하소서. 『가사선집』

178 미련한 백성 ; 축문祝文에서 자기 자신을 신명에게 낮추어 이르는 말이다.

179 [보정] 곽곽선생籗郭先生 ; 곽박(郭璞)선생을 말한다. 곽곽은 점복(占卜)의 신령이자 눈병을 치료해주는 의료신
을 말한다. 곽박 선생은 자가 경순(景純)이며 하동 문희(聞喜 : 현 산서성 문희현)사람이다. 그는 박학다식하고,
『이아(爾雅)』,『산해경(山海經)』,『초사(楚辭)』등을 주석하였고, 점술술에도 뛰어났다. 경학(經學)과 역수(易數)
에 능했다고 하는 중국 동진(東晋)의 학자 곽박이 점복을 하는 사람들에 의해 신처럼 모셔지다가 곽곽으로 와음
(訛音)이 된 듯하다. 곽곽 선생은 맹인(盲人)풀이의 대상 신으로 안질(眼疾) 환자들이 특히 신봉한다고 한다.

180 이순풍李淳風 ; 중국 당나라의 방술가(方術家)다. '방술'은 신선의 술법을 닦는 사람, 즉 방사(方士)가 행하는
신선의 술법을 말한다.

여러 신명神明[182]이 동시에 하강하시와

일시에 회답[183]하여 상쾌[[(上卦)]][184]로 판단하옵소서」[→ 추왈(祝曰) 천하 언재(天
何言哉)시하며 지하 언재(地何言哉)시리요마는 고지 즉응(告之卽應)하시나니 감히 신통(感而
順通)하소서. 미련한 백성이 원숭이를 찾으려고 하니 곽곽선생(藿郭先生) 이순풍(李淳風), 제
갈공명(諸葛孔明)선생이며 여러 신명이 동시에 하강하시와 일시에 회답하여 상쾌(上卦)로 판

단하옵소서……]

하아 그 점괘 괴상한데 합동지괘라[185]

요놈이 멀리 못 가서 어디가 붙었구나

요놈을 찾아 보리라

　　(찾는다 이리갔다 저리왔다[→ 저리갔다] 한다

　　덩덩덩 [장구] 반주伴奏)

　　(소모 등에 붙어서 음외淫猥한 동작을 하는 것을 보고)

181　제갈공명선생諸葛孔明先生 ; 제갈량(諸葛亮)을 말한다. 제갈량의 자(字)는 공명(孔明)이다. 시호(諡號)는 충무
(忠武)이며 산동성(山東省) 기수현(沂水縣) 출생으로 호족(豪族) 출신이었으나 어릴 때 아버지와 사별하여 형주
(荊州)에서 숙부 제갈현(諸葛玄)의 손에서 자랐다. 후한 말의 전란을 피하여 사관(仕官)하지 않았으나 명성이
높아 와룡선생(臥龍先生)이라 일컬어졌다. 위(魏)나라의 조조(曹操)에게 쫓겨 형주에 와 있던 유비(劉備)로부터
'삼고초려(三顧草廬)'의 예로써 초빙되어 '천하삼분지계(天下三分之計)'를 진언(進言)하고 '군신수어지교(君臣
水魚之交)'를 맺었다. 이듬해, 오(吳)나라의 손권(孫權)과 연합하여 남하하는 조조의 대군을 적벽(赤壁)의 싸움에
서 대파하고, 형주·익주(益州)를 유비의 영유(領有)로 하였다. 그 후도 수많은 전공(戰功)을 세웠고, 한(漢)나라
의 멸망을 계기로 유비가 제위에 오르자 재상이 되었다. 유비가 죽은 후는 어린 후주(後主) 유선(劉禪)을 보필하여
재차 오나라와 연합, 위나라와 항쟁하였으며, 생산을 장려하여 민치(民治)를 꾀하고, 운남(雲南)으로 진출하여
개발을 도모하는 등 촉(蜀)나라의 경영에 힘썼으나 위나라와의 국력의 차이는 어쩔 수 없어, 국세가 기울어
가는 가운데, 위의 장군 사마의(司馬懿)와 오장원(五丈原)에서 대진 중 병사하였다. 위나라와 싸우기 위하여
출진할 때 올린 '전출사표(前出師表)'와 '후출사표(後出師表)'는 천고(千古)의 명문으로 이것을 읽고 울지 않는
자는 사람이 아니라고까지 일컬어졌다.

182　신명神明 ; 천지(天地)의 신령을 이른다.

183　회답 ; 보통은 '화답(和答)'이다.

184　상쾌[[(上卦)]] → 상괘(上卦) ; 가장 좋은 점괘(占卦)다. 두 괘로 된 육효(六爻)에서 위의 괘다. 공연현장에서
는 '상쾌'라고 실현한 듯하다.

185　하아 그 점괘 괴상한데 합동지괘라 ; '합동지괘'는 미상하다. 임석재본에서는 '하아 이 괘상卦象 고약하다. 애
독성지괘犢聲之卦라. 송아지가 소리하고 일어나는 卦가 났고나. 음매애' 라고 채록되었다. '독성지괘犢聲之卦'
는 '송아지가 소리를 치며 일어나는 괘'라는 것이다. 설날에 짐승의 동작을 보아 점치는 방법도 있는데, 소가
일찍부터 기동(起動)하면 풍년이 들고, 송아지가 울어도 연사(年事)가 풍조(豊兆)이며, 까치가 울면 길조(吉
兆)이고, 도깨비불이 일어도 길조(吉兆)이며, 까마귀가 울면 풍재(風災)와 병마(病魔)가 있고, 개가 짖으면 도
둑이 많으며, 개보다 사람이 먼저 일어나면 한 해를 무료(無聊)하게 보내게 된다고 전한다고 한다. 그리고『주
역』 대축(大畜)조에, '송아지가 외양간에 있다. 크게 길할 것이다. 상(象)에 말하기를, 크게 길하다는 것은 기쁨
이 있다는 말이다.' 라고 하였다.

쉬이 아아 네 여기와 붙었구나 일루 나와 너 신값을 받았느냐 못 받았느
냐 너 신값 받아서 거 소모에게 다 없애고 이놈 이리 오너라

　　　(원숭이 코를 잡고 끌고 온다

　　　원숭이도 같이 코를 잡는다)

요놈 이 코를 놔라 놔 이놈아 자 놨다

　　　(신장사가 먼저 놓는다)

너는 소모하고 하였으니 그 대신 나는 네게 뺙[186]이나 한번 하겠다[187]

　　　(원숭이를 엎어놓고 음외한 동작을 한다)

원숭이 :　　　(살짝 빠져 나와서 신장사를 엎어놓고 음외한 동작을 한다)

신장사 :　　　(일어나서 원숭이의 볼기짝을 딱 때리며)

이놈 생긴 게 요꼴에 무얼 안다고 그런데 너 신값은 받아 왔는지 못 받아
왔는지 계산 놔 보자 이 팔이 십륙 삼오 십오

　　　(땅바닥에 쓰면서 계산한다)

원숭이 :　　　(자꾸만 방해하며 지운다)[188]

신장사 :　　　오 네놈 계산을 방해를 하려는 것을 보니 네가 신값을 못 받어 온 게로구
나 지금 가서 당장 신값을 다시 받어 오너라

　　　(원숭이를 다시 보낸다)

원숭이 :　　　(노승 앞으로 가서 손을 내민다)

노승 :　　　(신값은 안 주고 종이에 편지를 써준다)

원숭이 :　　　(편지를 가지고 와서 신장수에게 준다)

신장사 :　　　오 너 신값을 받어왔느냐? 너 신값 받아오라니깐 뭘 가져왔느냐 신값은
안받아오고 네가 편지를 가져왔으니 무슨 편지냐 어디 읽어보자

　　　(편지를 펴서 본다)

「신값을 받으랴면 장작전長斫廛 뒷골목[189]으로 오너라」

---

186 뺙 → 비역 ; 남자끼리의 동성애로서 남녀 사이에 육체적 교접을 하듯이 사내끼리 하는 짓을 말한다.
187 [보정] 너는 소모하고 하였으니 그 대신 나는 네게 뺙이나 한번 하겠다 ; 음외한 행위이다. 뒤로부터 성행위를
　　　하겠다는 말이다.
188 [보정] 원숭이 : (자꾸만 방해하며 지운다) ; 훼방을 노는 행위이다. 이에 대하여는 별도의 연구가 필요하다.

에이쿠 이것 장작찜¹⁹⁰을 하겠다고 했구나 어서 도망가자

(원숭이를 잡고 급히 퇴장한다.

덩덩덩 반주伴奏)

(신장사가 나가면 타령곡으로 노승이 소모와 같이 춤을 춘다

얼마간 추면 취발이 등장한다)¹⁹¹

---

189 장작전長斫廛 뒷골목 ; 뒷골목에 있는 장작을 파는 가게를 이른다. '장작(長斫)'은 통나무를 길쭉하게 잘라서 쪼갠 땔나무를 말한다.

190 장작찜 ; 장작으로 몹시 매를 때리는 일을 속되게 이르는 말이다.

191 [보정] 이 장면은 흔히 정현석(鄭顯奭)의 『教坊諸譜(교방제보)』의 '僧舞(승무)'에 비견한다는 견해가 지배적이다. '승무'의 풍류랑은 취발에 비견한다고 본다. 이는 소위 노장 마당을 해명하는 데에 있어서 염두에 두어야 할 자료다. 그 자료를 보면 다음과 같다.

[참고] 小妓拜而舞 어린 기생이 절하고 춤춘다. / 風流郎着快子對舞 풍류랑은 쾌자를 입고 마주 춤을 춘다 [대무對舞]. / 郎繞妓而舞 戲狎備至 랑이 기생의 주위를 돌며 춤을 추어 희롱하고 친압(親狎)하기에 열중한다. / 有老僧伏軒隅 때마침 이럴 즈음에 노승이 이르러 무대 한쪽에 엎드려 있다. / 上座出舞 往老僧前 指示妓 상좌가 춤추다가, 노승에게 앞에 가서 기생을 가리킨다. / 老僧掉頭不見 노승은 머리를 조아리고 보지 않는다. / 上座又附耳而語 老僧稍稍氣視 상좌가 또 귀에 대고 무어라고 말하니 노승은 잠깐 쳐다본다. / 上座曳山錫杖 상좌가 산석장을 끈다. / 老僧戰慄不能起 노승은 떨며 일어나지 못한다. 欲起而頹臥 又曳出起舞 漸近妓處 繞行而舞 일어나려다가 자빠져 누워버린다. 다시 끌자 나와 일어나 춤추며 점차로 기생 가까이 가서는 주위를 돌며 춤춘다. / 上座居間周旋 郎故避之 상좌가 끼어들어 주위를 돌자 랑은 그곳을 피한다. / 老僧與妓戲狎 노승은 기생과 더불어 희롱하고 친압한다. / 每見郎近入則避去 매양 랑이 가까이 들어오는 것을 살피다가 피하여 도망간다. / 郎以錦鞋着妓足而去 랑은 기생 발에 비단신을 신기고 나간다. / 老僧亦以色鞋換着足而去 노승 역시 색신을 바꾸어 신기고 나간다. / 郎還見其換鞋 忿而打妓 랑이 돌아와 그 바뀐 신을 보고 노하여 기생을 때린다. / 妓佯泣 郎抱腰解忿而去 기생이 우는 체하자 랑이 허리를 안아 달래다가 나간다. / 老僧又來戲 負妓而去 노승이 또 와서 기생을 희롱하다가 업고 나간다. / 郎乘醉亂步而入見妓不在 乃伸脚坐泣 랑이 술에 취하여 비틀거리며 들어와 기생이 없음을 보고는 다리를 뻗고 운다. / 妓棄僧還入 抱郎腰而泣 기생이 노승을 버리고 돌아와 랑의 허리를 끌어안고 운다. / 郎打妓 妓飮泣不已 랑이 기생을 때리자 기생은 울기를 그치지 않는다. / 郎抱腰解之 妓不聽 랑이 허리를 끌어안아 달래도 기생이 듣지 않는다. / 郎連解之 更爲起舞郎 랑이 계속해서 달래니 다시 일어나 랑과 춤을 춘다. / 郎抱一少妓 랑이 다른 기생을 끌어안는다. / 妓妬打之 기생이 질투하여 다른 기생을 때린다. / 又爲起舞 또 (기생이) 일어나 춤을 춘다. / 妓先拜出 기생이 먼저 절하고 나가면 / 郎亦出 랑도 역시 나간다. / 老僧與上座舞 노승과 상좌는 춤춘다. / 罷 끝난다.

此一場雜戲也 한 마당의 잡회이다. 然究其本意 亦寓勸懲之義 그러나 궁구하는 그 본뜻은 역시 권선징악의 뜻을 빗댄 것이다.

女始若懷貞 終爲淫亂 여자는 처음에는 정조를 품은 것 같지마는 끝내는 음란해지고
士始若守操 終爲乖悖 선비는 처음에는 지조를 지키는 것 같지마는 끝내는 어그러지며
僧始若戒行 終爲癡狂 중은 처음에는 계율을 행하는 것 같지마는 끝내는 미치광이가 된다.
此乃調戲人間 이는 곧 인간 세상의 희롱에 휩쓸려
鮮克有終者也 끝내 자신을 이겨내는 자가 드물다는 것이다.
覽者如是 구경하는 자도 마찬가지다.

少年白晳弄紅粧 신수 훤한 젊은이는 기생을 희롱하고,
撩亂春風老錫腸 봄바람이 요란하니 노승의 간장이 탄다.
禪心幻作探香蝶 선심이 홀려서 향기로운 나비를 탐하는구나.

〈제3경〉 취발이춤

취발이[192][193] :   (두 손엔 푸른 버드나무 가지[194]를 하나들고 한쪽 무릎엔 큰 방울[195]

하나 달았다[196]

竟逐飛花上下狂 필경 날아다니는 꽃을 좇아 상하[젊은이와 늙은이]가 미쳐버리네.

192 [보정] 취발이 ; 일반적으로 술에 취하여 지지벌개가지고 다니기에 이러한 이름이 붙었다고 한다. 그런데 다음과 같은 사실을 염두에 두어야 한다고 본다. 은율가면극에서는 '쵀괄이'라 하였고, 이를 이두현은 취발이와 같이 보았다. 손진태의 『校註 歌曲後集』 권제육 농가월령가(農家月令歌) 시월령을 보면 '李風憲 金僉知는 준말슺희 醉倒ᄒ고 崔勸農 姜約正은 쳬궐이춤을 춘다.'라는 대목이 보인다. 여기의 '쳬궐이춤'을 주목할 일이다. 또한 중국의 팔선(八仙) 가운데 술을 잘 먹는 철괴리(鐵拐李)가 나오는데, 박지원의 '광문자전'에 나오는 광문이도 철괴리춤에 능했다고 하였다. 따라서 철괴리, 쳬궐이, 쵀괄이, 취발이 등은 동일 대상, 혹은 동일한 관념이 작용하고 있는 대상에 대한 상이한 표기라고 보아야 할 것이다. 『퇴계원산대놀이 연희본』에서 다음과 같이 설명하고 있다.

  [참고] 취발이 : 취발이는 노총각으로 절에서 밥 짓고 물 긷는 일을 하는 불목한. 임석재는 그의 회고록에서 '취발이도 그냥 한글로 써야 할 것을 한자로 썼는데, 그 당시 막연히 취한 것 같은 인물이 연상이 나 취발(醉發)이라고 했다'고 하였는데, 취발이 대사에 '술 서너 잔 먹어 얼굴이 지지벌거니깐…'라는 대목이 있다. 같은 역이 은율가면극에서만은 '쵀괄이'로 되어 있다. 쵀괄이는 사설시조 <관등가(觀燈歌)>에 '사자(獅子) 탄 쳬괄(體适)이요 호랑(虎狼)이 탄 오랑캐(兀良哈)와… '로 보이는 그 '쳬괄'에서 쵀괄(崔适)로 바꾼 말이 아닌가 생각된다. 쵀괄은 오랑캐의 이름이라고 하였는데 (鄭炳昱 編, 『時調文學事典』) 오랑캐는 야만스러운 종족이란 뜻으로 침략자를 업신여겨 부르던 말이다. 고려 말부터 조선 전기에 걸쳐 두만강 연변이나 그 북쪽지방에서 살던 여진족(女眞族)을 이르던 말이다. 그러나 원래는 북부 만주에서 시베리아 남쪽에 걸친 삼림 속에 살던 수렵민(狩獵民)의 범칭(汎稱)이다. 그러기에 힘세고 용맹스런 '사자탄 쳬괄이요'라고 읊었고. 다시 은율가면극에서는 '쵀괄'로 취발이의 배역명으로 정하지 않았나 생각된다. '농가월령가(農家月令歌)' 10월령의 1절에 '쳬달이 춤을 춘다.' 라고 있는데 이 쳬달이 춤이 '쳬괄(體适)이 춤'으로도 표기된 곳이 있어 취발이의 옛 표기로 생각된다는 의견도 있다. (서연호, 『山臺탈놀이』, p.78)

193 이두현 보고서에 따르면 '취발(醉發)탈'은 '종이탈로 목중과 같은 제작법이나 얼굴 길이가 제일 길고 크다. 이마에 혹이 네 개, 미간眉間에 6개, 양 입가에 두개의 혹이 있다. 이마에 머리를 길게 풀어헤친다.[이마에 상투가 풀어져 드리운다.] 붉은 더거리와 붉은 바지, [손에] 버들가지를 들고, [무릎에] 큰 방울을 차고[달고] 나온다.' 라고 하였다.

194 [보정] 푸른 버드나무 가지 ; 버들가지는 생명력의 상징으로 본다. 버드나무는 냇가에서 흔히 자라고 우리나라와 만주와 일본에 분포한다. 썩은 버드나무의 원줄기는 캄캄할 때 빛이 난다. 이것을 도깨비불이라고 한다. 도깨비가 나온다고 알려진 곳은 습지에서 버드나무가 무성한 숲일 때가 많다. 불교에서 서른 셋 관세음보살이 신봉되었는데 그 첫째인 양류관세음보살(楊柳觀世音菩薩)을 비롯하여 덕왕(德王), 청경(靑頸), 쇄수(灑水) 관세음보살이 버드나무와 관계가 있다고 한다. 관세음보살 진언에 '몸에 있는 질병을 없애려거든 버드나무 가지를 든 관세음보살에게 진언을 왼다.'라 한 점으로 보아 그 종교적 심성을 알 수 있다. 우리 가면극에서의 푸른 버드나무 가지도 이러한 차원에서 수용할 필요가 있다. 학질을 앓고 있을 때 환자의 나이 수만큼 버들잎을 따서 봉투에 넣고 겉봉에 유생원댁입납(柳生員宅入納)이라 써서 큰 길에 버리면 쉽게 낫는다고 믿었다. 버드나무 주일은 겨우내 죽은 듯이 보이던 자연의 부활과 소생을 상징하는 절기이다. 또한 이 명절은 라자리(Lazar)의 부활에 대한 기독교의 전설과도 관련이 있다. 러시아에서 버드나무 주간은 봄의 시작을 알리는 명절인데 그것은 이즈음 갯버들의 싹이 트기 때문이다. 일부 독실한 러시아인들은 버드나무 주간의 주일 성당에서 정화된 갯버들 가지를 1년 내내 집에 보관하기도 하였다. 예수가 못 박힌 십자가도 버드나무로 알려져 있다. 한국의 신화에서도 곳곳에 버드나무가 등장한다.

195 [보정] 큰 방울 ; 소도구다. 이 방울이 가지고 있는 연극적 의미나 상징성은 또다른 연구 과제다. 방울은 일반적으로 종교의식에서 흔히 등장한다. 샤머니즘과의 관련성에만 국한시키는 입장은 경계해야 한다.

196 [보정] 두 손엔 푸른 버드나무 가지를 하나들고 한쪽 무릎엔 큰 방울 하나 달았다 ; 방울과 푸른 버드나무 가지

술에 취한 것처럼 비틀거리며[197] 타령곡으로 들어온다

노장과 어느 정도의 거리를 두고 큰 소리로)

쉬이

(장단과 춤이 일제히 멎는다[→ **멈춘다**])

엑케 앗쉬이 앗쉬이 쉬이

아 그 제에미를 할놈[198]의 집안은

곳불[199]인지 행불[200]인지[201]

해해 년년이 다달이 나날이

는 역할 변신을 위한 장치로 쓰였다. 임석재본에서는 '허리에 큰 방울을 차고 푸른 버들가지를 허리띠에 꼽고'라고 채록되었다. 이두현본의 제2과장에서 첫째목중은 '버드나무 생가지를 허리 뒤쪽에 꽂고' 등장한다. 여기에서는 두 손에 들고 실현한다. 큰 방울도 한쪽 무릎에 다는 경우와 허리에 차는 경우 두 가지가 있다.

197 [보정] 술에 취한 것처럼 비틀거리며 ; 이러한 이유로 '취발(醉發)이'란 이름이 붙은 것으로 보고 있으나 이는 연구 대상이다.

198 [보정] 제에미를 할놈 ; 우리 가면극에서 흔히 등장하는 욕설이다. 속담에도 '에미를 붙구 대명 간다.', '에미를 붙어 담양 갈 놈' 등이 있다. 중국의 문학자 노신(魯迅)은 이를 '국매(國罵)'라고 하였다. 노신의 말을 빌면 '나는 네 에미의 先親十八代도 하노라.'에서 왔다고 하면서 '他媽的!'을 '國罵'라 하였다. 中國의 '下等人種' 사이에서는 본래 '你的媽穴(나는 네 어미 구멍을 한다.)'를 비롯하여 '你媽的祖宗十八代(나는 네 에미의 先祖十八代도 하였다.)', '媽才立介穴(어미 저 구멍)' 등이 쓰여지고 있었으나, '你'란 말이 제삼자를 의미하는 '他'로 변하여 드디어 구체적인 동사와 목적어가 떨어져간 것이다. 중국어의 이런 종류의 매리(罵詈)는 가문이나 조종(祖宗)의 위력을 매세(賣勢)하는 자에의 반항에서 생긴 것이라 한다. 일본어에도 '母開'라는 말은 '너는 네 어머니를 姦한다.'라는 뜻이다. 야촌신일은, 남사당패 재담에서 쓰인 욕설을, 단어의 수준으로 상대편을 헐뜯어 희롱하는 것·말의 희롱을 엿볼 수 있는 것으로 마을 생활과 관련 깊은 동식물을 이용한 것·동물 이외의 것·배설물에 관한 것·병신이나 불구나 볼품없는 사람을 이르는 것 등으로 분류하고는, 욕설은 그 어떠한 가치를 지니고 있든지 간에 적어도 '살아있는' 말이었다 라고 하였다. 野村伸一, "辱說考", 『韓國民俗藝能』, (社會評論社, 1985 참조.)

욕설은 반드시 비속한 단어를 사용하는 것만으로 성립하는 것이 아니라, 오히려 언어유희라든가 문맥의 전환 혹은 엉뚱한 말을 가져옴으로써 보다 극적효과를 올리고 있다고 할 만하다 한다.

다음과 같은 사례도 있다.

　　말뚝이; 이 어떤 제미를 붙고 금각 대명(潭陽)(大命이 옳다 — 필자)을 갈 이 양반들이 … <東萊 들놀음>
　　首兩班: 이 제기를 붙고 경각대명(頃刻待明) 갈 연식들 … <水營 들놀음>
　　원양반: … 이내 몸은 한글한글하여 石塔에 비겨 앉아 古今事를 곰곰 생각할 때, 이런 제할미 불고 홍각대명을 우쭌 우쭌 갈 놈들이 … 밤이 맞도록 웅방캥캥하는 소리 양반이 잠을 이루지 못하야 이미 나온지라 이 사람 四寸들! <統營 五廣大, 諷刺탈; 李玟基 채록>
　　쇠뚝이; 애 우리 같으면 네 어미 씹구녁이나 잘 했느냐 할 터인데, 신중히 계시니 분명한 양반이시더라.
　　　　　　<楊州別山臺, 의막사령놀이; 李杜鉉 채록>
　　쇠뚝이; 하, 이런 놈의 일 보게. 양반의 새끼라 다르다. 상놈같으면 네미나 잘 붙었느냐? 그럴 텐데 그런 호래들 녀석이 어디 있어? 늙은 사람에게 의젓이 좋이 있더냐 그러네!
　　　　　　<楊州別山臺, 샌님과정; 趙鐘洵 채록>

199 곳불 ; 고뿔의 옛말로 감기(感氣)를 일상적으로 이르는 말이다.
200 행불 ; '고뿔'의 방언이다.
201 [보정] 곳불인지 행불인지 ; 이음동의어반복의 언어유희이다.

시시 때때로[202]

　(불림[203]으로)

감돌아들고[204] 풀돌아든다[205]

　(타령곡으로 몇 장단 손춤을 춘다)

쉬이

[206]

산불고이山不高而 수려하고[207] 수불심이水不深而 청징(淸澄)이라[208]

지불광이地不廣而 평탄하고[209] 인불다이人不多而 무성茂盛이라[210]하고

---

202 [보정] 해해 년년이 다달이 나날이 시시 때때로 ; '매우 자주'라는 뜻으로 이음동의어반복의 언어유희이다.

203 [보정] 불림 ; 불림의 사전적인 의미는, '춤에 필요한 장단을 청하는 노래. 또는 그때 추는 춤사위.' 혹은 '탈춤에서 춤추기 전에 어깻짓을 하면서 악사에게 장단을 청하는 말'이라고 한다. 그리고 '불리다'의 사전적 의미를 찾아보면 다음과 같다.

　　① 과거에 급제한 사람을 창방(唱榜)하기 전에 지구(知舊) 중의 선진(先進)이 찾아와서 치하(致賀)한 뒤에 시달리게 하기 위하여 신은(新恩)의 얼굴에 관주(貫珠)를 그리어 흉악하게 만들고, '이리위 저리위'라 부르며 삼진(三進) 삼퇴(三退)를 시키어 괴롭히다. <이희승, 『국어대사전』, 민중서림, 1994 삼판>

　　② 과거에 급제한 사람을 창방하기 전에 먼저 과거를 본 친한 아는 선배가 찾아와서 치하한 뒤에, 시달리게 하기 위하여 새로 급제한 사람의 얼굴에 관주를 그리어 흉악하게 만들고, "이리위 저리위"라 하면서 세번 앞으로 오랬다 뒤로 물러가랬다 하며 괴롭히다. <박용수, 『겨레말 갈래 큰사전』, 서울대학교출판부, 1993>

　　③ (과거에 급제한 사람을)괴롭히다. 註; 과거에 급제한 사람을 치하하는 뜻에서 선배가 찾아와 급제한 사람의 얼굴에 관주(貫珠)를 그려 흉악하게 만들고, 앞뒤로 오라 가라 하며 괴롭히는 것을 이름. <남영신, 『우리말 분류 사전』, 동사편, 한강출판사, 1989>

　'불림소리'는 허튼춤에서 서로의 흥을 돋구기 위하여 외치는 말, 좋지·좋아·얼씨구 등의 소리를 일컫는다고 한다. 이러한 점에 착안하여 필자는 불림을 다음과 같이 정리하였다.

　'불림'은 '성스럽게 여기는 자리에서 괴롭힘으로써 축하하는 역설적 하례(逆說的 賀禮)'다. 이러한 관념은 과거에 급제하였거나 새로이 관직에 등용되었거나 결혼을 하거나 하는 축하할 만한 자리에서 이루어졌던 것이다. 또한 '불림'의 본래적 기능에는 '구호치어(口號致語)'와 동일한 의미가 있었던 것은 아니라 하더라도 '축(祝)'의 관념이 작용하고 있었던 것은 분명하다. 결국 가면극 대사에서의 '불림'은 '역설적 하례'라는 관념으로 언어유희와 육담(肉談) -재담(才談)과 덕담(德談)- 의 난무가 가능했다. 다만 전승되어 오는 과정에서 이러한 관념은 사라지고 오직 그 외형적 기능 -춤 문구(文句)로써의 기능- 만 남게 된 것이다. '불림'은, 국가적 제전에서의 구호치어와 그 형식과 기능면에서 상응하는 것으로, 오신(娛神) 즉 풀이와 갱신(更新) 즉 신명 등과 관련이 있으며, 언어유희와 재담과 덕담을 매개로 하면서, '역설적 하례'를 지향하는 연극적 행위이다.

204 감도라들고 ; '감돌다'는 '어떤 둘레를 여러 번 빙빙 돌다.'의 뜻이다.

205 풀도라든다 ; '풀돌다'는 '어떤 둘레를 돌던 방향과 반대로 빙빙 돌다.'의 뜻이다.

206 이 자리에 '(춤과 장단 멎음)'이 생략되었다.

207 산불고이山不高而 수려하고 ; 산은 높지 아니하며 빼어나게 아름답다.

208 수불심이水不深而 청징(淸澄)이라 ; 물은 깊지 아니하며 맑고 깨끗하다.

209 지불광이地不廣而 평탄하고 ; 땅은 넓지 아니하며 평평하다.

210 [보정] 인불다이(人不多而) 무성(茂盛)이라 ; 사람은 많지 않으나 무성하다. 원래는 '林不多而(임불다이) 茂盛(무성)'으로, '나무는 많지 않으나 무성하다'의 뜻이다.

월학月鶴은 쌍반雙伴하고[211] 송죽松竹은 교취交翠로다[212]

녹양綠楊은 춘절이라[213]

기산영수箕山穎水 별건곤別乾坤[214]에 소부巢父 허유許由[215]가 놀고

채석강采石江[216] 명월야[217]에 이적선李謫仙[218]이가 놀고

적벽강赤壁江[219] 추월야[220]에 소동파蘇東坡[221]가 놀았으니

나도 본시 한량閑良[222]으로

---

211 월학月鶴은 쌍반雙伴하고 ; 달빛에 학은 나란히 거닐고
212 송죽松竹은 교취交翠로다 ; 소나무와 대나무는 비취빛이로구나. 푸른 대나무를 취죽(翠竹)이라고 한다.
213 녹양綠楊은 춘절이라 ; 버들잎이 푸르니 봄철이다.
214 기산영수箕山穎水 별건곤別乾坤 ; '기산영수'는 중국 하남성(河南省)에 있는 산과 시내를 말한다. 요임금 때
     소부巢父와 허유(許由)가 임금의 자리를 물려받으라는 왕명을 피하여 들어가 은거했다는 산과 물이다. '기산'
     은 하남성 행당현(行唐縣) 서북쪽에 위치한다. '영수'는 하남성 등봉현(登封縣) 서쪽 경계에 있는 영곡(潁谷)
     에서 발원하여 회수(淮水)로 유입하는 물길이다. '별건곤'은 별세계, 별천지를 말한다.
215 소부巢父 허유許由 ; 고대 중국의 전설상의 은자(隱者)인 소부와 허유를 말한다. 속세를 떠나서 산의 나무
     위에서 살았기 때문에 생긴 이름이며, 요(堯)임금이 천하를 그에게 나라를 맡기고자 하였으나 이를 사양하고
     받지 않았다. 허유(許由)가 영천에서 귀를 씻고 있는 것을 소를 몰고 오던 소부(巢父)가 보고서 그러한 더러운
     물은 소에게도 마시게 할 수 없다며 돌아갔다는 고사가 있다. 소부와 허유를 소유(巢由), 소허(巢許)라고도 하
     며, 이를 한 사람으로 보는 설도 있다.
216 채석강采石江 ; 중국 안휘성(安徽省)에 위치한 강으로, 동정호(洞庭湖)의 한 지류다. 이백(李白)이 채석강
     (采石江)에서 놀 때 술에 취하여 물에 비친 달을 잡으려고 강에 뛰어들어 빠져 죽었다고 한다.
217 명월야明月夜 ; 달 밝은 밤이라는 뜻이다.
218 이적선李謫仙 ; 중국 당 나라 때 시인 이백(李白)을 말한다. 자는 태백(太白)이며, 호는 청련거사(青蓮居士),
     주선옹(酒仙翁)이다. 시선(詩仙)으로 일컬어지는데 장안(長安)에 들어가 하지장(賀智章)을 만났을 때 하지장
     은 그의 글을 보고 탄(歎)하여 적선(謫仙)이라 하였다. 두보(杜甫)는 '飮中八仙歌(음중팔선가)'에서 '이백은 말
     술에 백 편의 시를 짓고 장안 거리 술집에서 잠을 자며 천자가 불러도 배에 오르지 않고 술의 신선이라고 스스
     로 자랑한다. 李白一斗詩百篇 長安市上酒家眼 天子呼來不上船 自稱臣是酒中仙 '라고 노래하였다.
219 적벽강赤壁江 ; 중국 호북성 황강현에 있는 강으로 삼국시대 오나라의 장군인 주유가 제갈량의 도움을 받아
     조조의 군대를 대파한 곳이다. 또한 송나라의 문인인 소식(蘇軾)이 뱃놀이를 하면서 '적벽부(赤壁賦)'를 지었
     던 곳이다.
220 적벽강赤壁江 추월야秋月夜 ; 적벽 강가의 가을 달밤이라는 뜻이다.
221 소동파蘇東坡 ; 중국 북송(北宋) 때의 문인이자 정치가인 소식(蘇軾)을 말한다. 자(字)는 자첨(子瞻)이며, 호
     (號)는 동파(東坡)다. 소선(蘇仙)이라고도 한다. 아버지 순(洵)과 아우 철(轍)과 더불어 '삼소(三蘇)'라고 불리
     며, 당송팔대가(唐宋八大家)의 한 사람이자 송나라를 대표하는 제일의 문인으로 문명(文名)을 날렸다. 정치적
     으로는 개혁파인 왕안석(王安石)과 대립하여 좌천되었으나 후에 철종(哲宗)에게 중용(重用)되어 구법파(舊法
     派)를 대표했다. 대표적인 작품으로는 특히 '적벽부(赤壁賦)'가 유명하며, 서화(書畫)에도 능했다.
222 [보정] 한량閑良 ; 한량은 원래 아직 무과에 급제하지 못한 무반(武班)의 사람을 뜻하던 말이다. 무과 준비를
     위해 활을 쏘러 다니던 한량 중에는 멀지 않아 벼슬길에 나서게 될 것이라며 거들먹거리거나 무예 연마 기간
     중이라는 핑계를 대고 아무 하는 일 없이 노는 일에만 열심인 사람들도 많았다. '용비어천가'에는 한량의 뜻을
     풀이해 '관직이 없이 한가롭게 사는 사람을 한량이라 속칭한다.'고 하였다. 조선 초기의 한량은 본래 관직을 가
     졌다가 그만두고 향촌에서 특별한 직업이 없이 사는 사람을 가리키는 것이었다. 그러나 뒤에는 벼슬도 하지
     못하고 학교에도 적(籍)을 두지 못해 아무런 직업이 없는 사람을 가리키게 되었다. 그리고 조선 후기에는 무예

금강산 좋단 말 풍편에 잠간[223] 들고[224][225]

녹림간綠林間[226] 수풀속에 친구 벗을 찾아갔드니[227]

친구 벗은 하나도 없고

승속僧俗이 가하거든[228]

중이 되여 절간에서 불도는 힘 안 쓰고

이뿐 아씨를 데려가다 놀리면서

낑꼬랑 깽꼬랑

(노래조로)[229]

(취발이 이리 뛰고 저리 뛰며 춤을 추면서 노승 있는 곳으로 가서 한 바퀴 돌아 소모 앞에 이르면)

(武藝)를 잘 하여 무과에 응시하는 사람을 지칭하게 되었다. 한편 돈 잘 쓰고 만판 놀기만 하는 사람을 가리키기도 하는데, 이것은 한량이 직업이 없으면서도 경제적으로는 비교적 부유한 계층이었음을 말해준다. 조선시대 전 시기를 통해 있었지만 시대에 따라 그 뜻이 조금씩 달라졌고, 부유하면서도 직업이 없는 유한층(遊閑層)이라는 공통점이 있다. 그리고 관직이나 학생이 될 자격이 있는 양인(良人) 이상의 신분으로서 하층 양반이나 상층 평민 중에서 배출되었다. 여기서는 풍류를 즐기는 사람을 두고 이른 것이다.

223 잠간暫間 ; 오청본에서는 '넌짓'이라고 채록되었다.

224 [보정] 금강산 좋단 말 풍편에 잠간 들고 ; 불림으로 흔히 사용되어온 구절이다.

225 [보정] 산불고이山不高而 수려하고 ~ 금강산 좋단 말 풍편에 잠간 들고 ; 이 대목은 제2과장의 넷째먹중의 첫 대사와 같다. 오청본에 따르면 채록 당시에 먹중 Ⅵ은 김태혁이 맡았고 취발은 이윤화가 맡았는데 동일한 대사가 활용되었다는 것은 연구할 과제다. 공연집단이 공유하는 대사인지 공연자에 국한한 것인지가 연구 과제이다.

226 [보정] 녹림간綠林間 ; 보통은 '녹음간綠陰間'이라고 한다. 우거진 숲속이라는 뜻이다.

227 [보정] 이 대목은 제2과장의 넷째먹중의 대사와 같다는 점은 시사하는 바가 있다. 이는 일인 다역으로 가면극이 진행되었을 가능성이 있고, 또한 '취발이'는 여덟목 가운데 하나일 가능성이 있다는 점이다. 몇 자료 가운데에 가면을 공용한다는 점만 보더라도 짐작할 수 있다. 그리고 사설시조나 잡가에도 등장한다는 점도 관심을 가질 일이다.

　　[참고] 天下 名山 五岳之中에 衡山이 죠토던지 / 六觀大師ㅣ 說法濟衆홀 제 上佐中 靈通者로 龍宮에 奉命홀 제 石橋上에 八仙女 만나 戱弄흔 罪로 幻生 人間ㅎ여 龍門에 놉히 올나 出將入相타가 太師堂 도라들 제 窈窕絶代드리 左右에 버러시니 蘭陽公主 李簫和 英陽公主 鄭瓊貝며 賈春雲 秦彩鳳과 桂蟾月 狄驚鴻 沈裊煙 白凌波로 슬커지 노니다가 山鍾 一聲에 자던 꿈을 다 깨거고다 / 아마도 富貴 功名이 이러흔가 ㅎ 노라. 『靑丘永言』

　　[참고] 학타고 녀불고 호로병 차고 불노초 메고 / 쌍상투짜고 식등거리 닙고 / 가는 아히 게 좀 섯거라 말무러보자 / 요지진연시예 누구누구 모여 계시더냐 / 그곳에 영양공쥬 뎡경퍼 란양공쥬 리소화 / 진치봉 가츈운 하복에 걱경홍 계섬월 / 심효연 빅룽파가 다 모여 계시더라 [하략] 『증보신구잡가』

228 [보정] 승속僧俗이 가하거든 ; 앞에서 신장수의 대사에 '중이면 승속이 다르다니'라고 하였듯이 문맥으로 보아 '승속이 다르거든'이 옳다.

229 (노래조로) ; 여기서는 앞의 대사들은 노래조로 실현한다는 것이다. 노래조로 실현되면 불림으로 기능하게 된다. '노랫말' 전체가 불림으로 활용되는 사례는 소위 '미얄춤' 장면에서 두드러진다.

노승 :　　　　　(소모와 춤을 추지 않고 서 있다가 취발이가 앞에 오면 부채로 면상
　　　　　　　　을 딱 한다)

취발이 :　　　　　(부르르 떨면서 뒷걸음으로 물러선다)

　　　　쉬이

　　　　　(장단 그친다)

　　　아이쿠 아 이거디 뭐이란 말이요

　　　아 도대체 매라는 것은 맞아본 즉이 없는데

　　　머이 딱 하고 때리니

　　　아 원 이건 뭐이란 말이요

　　　오 알갓다

　　　내가 세이 인간사불문洗耳人間事不問[230]하여

　　　산간에 뜻이 없어 명승처名勝處를 찾아가서

　　　천하 명승 오악지중五岳之中[231]에

　　　향산香山[232]이 높았으니

　　　서산대사西山大師[233] 출입 후에

230　[보정] 세이 인간사불문洗耳人間事不問 ; '洗耳人間事不聞'이 옳다. 귀를 씻고 세상의 사람 일을 듣지 아니한
　　　다는 뜻이다. 임석재본을 참고한다면 '소부허유 고사'를 연상케 하는 구절이다.
231　오악지중五岳之中 ; 백두산·금강산·묘향산·지리산·삼각산을 말한다. 산악에 대한 신앙으로 오행사상(五
　　　行思想)에 의하여 오악의 개념이 생겼다. '五嶽'으로 표기하기도 한다.
232　향산香山 ; 묘향산을 말한다. 평안북도 영변군·희천군과 평안남도 덕천군에 걸쳐 있는 산이다. 예로부터 동금
　　　강(東金剛)·남지리(南智異)·서구월(西九月)·북묘향(北妙香)이라 하여 우리 나라 4대 명산의 하나로 꼽혔다.
　　　또한, '수이장(秀而壯)'이라 하여 산이 빼어나게 아름다우면서도 웅장한 모습을 지닌 명산으로 알려졌다. 일명
　　　태백산(太白山 또는 太佰山) 혹은 향산(香山)이라고도 한다. 서산대사와 사명대사의 원당이 이곳에 있다.
233　서산대사西山大師 ; 조선 중기의 승려(僧侶)이며, 승군장(僧軍將)이었다. 완산 최씨(完山崔氏)로 이름은 여신
　　　(汝信), 아명은 운학(雲鶴), 자는 현응(玄應), 호는 청허(淸虛). 별호는 백화도인(白華道人) 또는 서산대사(西山
　　　大師)·풍악산인(楓岳山人)·두류산인(頭流山人)·묘향산인(妙香山人)·조계퇴은(曹溪退隱)·병로(病老) 등
　　　이고 법명은 휴정이다. 선조는 그에게 팔도선교도총섭(八道禪敎都摠攝)이라는 직함을 내렸으나 나이가 많음을
　　　이유로 군직을 제자인 유정에게 물려주고, 묘향산으로 돌아가 나라의 평안을 기원하였다. 선조가 서울로 환도할
　　　때 700여 명의 승군을 거느리고 개성으로 나아가 어가(御駕)를 호위하여 맞이하였다. 선조가 서울로 돌아오자
　　　그는 승군장의 직을 물러나 묘향산으로 돌아와 열반(涅槃)을 준비하였다. 이 때 선조는 '국일도 대선사 선교도총
　　　섭 부종수교 보제등계존자(國一都大禪師禪敎都摠攝 扶宗樹敎 普濟登階尊者)'라는 최고의 존칭과 함께 정2품
　　　당상관 직위를 하사하여 나라에 있어서의 공과 불교에 있어서의 덕을 치하하였다. 그 뒤에도 여러 곳을 순력하다
　　　가 1604년 1월 묘향산 원적암(圓寂庵)에서 설법을 마치고 자신의 영정(影幀)을 꺼내어 그 뒷면에 "80년 전에는
　　　네가 나이더니 80년 후에는 내가 너로구나 八十年前渠是我 八十年後我是渠"라는 시를 적어 유정에게 전하게

상좌[234]중 능통자[235]로

용궁龍宮[236]에 출입타가

석교상[237] 봄바람에

팔선녀八仙女[238] 노던 죄로

적하인간謫下人間[239] 하직하고

대사당大師堂[240] 돌아들 제

요조窈窕숙녀[241]는 좌우로 버려앉고

난양공주蘭陽公主[242] 진채봉秦彩鳳[243]이며

세운細雲[244]같은 계섬월桂蟾月[245]과

하고 가부좌하여 앉은 채로 입적하였다. 나이 85세, 법랍 67세였다. 입적한 뒤 21일 동안 방 안에서는 기이한 향기가 가득하였다고 한다. 묘향산의 안심사(安心寺), 금강산의 유점사(楡岾寺)에 부도(浮屠)를 세웠고, 해남의 표충사(表忠祠), 밀양의 표충사, 묘향산의 수충사(酬忠祠)에 제향하였다.

234 상좌上佐 ; 산스크리트어 'sthavira', 팔리어 'thera'에서 온 말로, 출가한 지 오래 되어, 모임에서 맨 윗자리에 앉는 비구나 수행 기간이 길고 덕이 높은 수행자를 말한다. 승려를 높여 일컫는 말이기도 하다. 또한 출가한 지 오래되고 덕망이 높아, 사원의 승려들을 통솔하는 직책을 맡은 승려를 말하기도 한다.

235 능통자能通者 ; 수도하여 초인적인 영묘한 힘을 얻은 사람을 말한다.

236 용궁龍宮 ; 용신(龍神)이 산다는 곳으로 대개 강·바다·나무 속·우물 속·설산(雪山)의 기슭 등이 그 대상이 된다. 청결한 땅, 즐거운 숲속, 꽃과 과일, 아름다운 새소리, 노래와 춤, 금·은 등으로 만들어진 궁전, 미녀와 쾌락과 장수(長壽), 여의주와 진미(珍味) 등으로 그 아름다움이 묘사된다. 뱀을 살려 주어 용궁에 초대되는 이야기, 인류의 행복을 위하여 용궁으로 여의주를 찾아 떠나는 이야기 등 용궁을 무대로 한 많은 설화문학이 불교의 발상지인 인도에서 나타났다. 한국에서도 고려 태조의 이야기인 '왕건과 용녀', 동부여(東扶餘)의 '금와(金蛙)', '귀토지설(龜兎之說)' 등 용궁에 관한 설화가 있다.

237 석교상石橋上 ; 돌다리 위라는 말이다.

238 팔선녀八仙女 ; 선경에 사는 여덟 여자 신선을 말한다. 난양공주(蘭陽公主), 영양공주(英陽公主), 진채봉(秦彩鳳), 계섬월(桂蟾月), 백능파(白凌波), 심뇨연(沈裊燕), 적경홍(狄驚鴻), 가춘운(賈春雲) 등을 이른다.

239 적하인간謫下人間 ; 인간 세상으로 귀양을 살러 내려가거나 내려옴을 말한다.

240 대사당大師堂 ; '대사(大師)'는 '불보살'을 높여 이르는 말이다. 혹은 '중'을 높여 이르는 말이다. '태사(太師·大師)'는 고려, 삼사(三師)의 하나다.

241 요조窈窕숙녀淑女 ; 말과 행동이 품위가 있으며 얌전하고 정숙한 여자를 말한다. 『시경』에 '관관(關關)히 우는 저구(雎鳩)새 하수(河水)의 모래섬에 있도다. 요조(窈窕)한 숙녀(淑女) 군자(君子)의 좋은 짝이로다. 關關雎鳩 在河之洲 窈窕淑女 君子好逑'에서 유래한다. 한(漢)나라 광형(匡衡)이 말하기를, "'요조숙녀(窈窕淑女) 군자호구(君子好逑)'라는 것은 능히 그 정숙함을 지극히 하여 그 지조(志操)를 변치 않아서, 정욕(情欲)의 느낌이 용의(容儀)에 개입함이 없고, 연사(宴私)의 뜻이 동정(動靜)에 나타나지 않음을 말한 것이다. 그러한 뒤에야 지존(至尊)에 짝하여 종묘(宗廟)의 주인이 될 수 있는 것이니, 이는 기강(紀綱)의 머리요, 왕교(王教)의 단서이다." 하였다.

242 난양공주蘭陽公主 ; 김만중의 '구운몽(九雲夢)'에 등장하는 인물이다.

243 진채봉秦彩鳳 ; 김만중의 '구운몽(九雲夢)'에 등장하는 인물이다.

244 세운細雲 ; 연기가 피어오르는 듯한 구름을 이른다.

245 계섬월桂蟾月 ; 김만중의 '구운몽(九雲夢)'에 등장하는 인물이다.

심오연沈裊烟[246] 백능파白凌波[247]

이 세상 싫토록 노니다가

귀가하여 돌아오던 차에

이 친구 저 친구 만나

일배일배 부일배杯一杯復一杯[248]라

한잔 두잔 이삼배를 마셨더니

얼굴이 불그레하여[249]

마침 이곳에 당도하니

산천은 험준하고 수목은 진잡[250]한데[251]

중천[252]에 뜬 솔개미[253]란 놈이

나를 고기덩이로 알고

이놈도 휘익 저놈도 휘익

아마 나를 희롱하는가보다

내 다시 들어가 자서히 알고 오려던[254]

---

246 심오연沈裊烟 → 심뇨연(沈裊燕) ; 김만중의 '구운몽(九雲夢)'에 등장하는 인물이다.

247 백능파白凌波 ; 김만중의 '구운몽(九雲夢)'에 등장하는 인물이다.

248 일배일배 부일배一杯一杯復一杯 ; 한 잔, 한 잔에 다시 또 한 잔이라는 뜻이다. 거푸 여러 잔을 마신다는 말이다. 이백의 시 '산중여유인대작(山中與幽人對酌)'에서 '둘이 마주 앉아 술 마시니 산꽃이 피고, 한 잔, 한 잔에 거듭되는 또 한 잔이라. 나는 취하였으니 그대는 우선 가게나. 내일 아침에 생각나거든 거문고 안고 오게나. 兩人對酌山花開 一杯一杯復一杯 我醉欲眠君且去 明朝有意抱琴來' 라고 노래하였다.

249 얼굴이 불그레하여 ; 취발이탈의 빛깔을 직접 묘사한 대사다. 이와같이 탈의 형상이나 빛깔을 직접 묘사한 사례는 여러 자료에서 나타난다.

　　　　원양반 ; (才談調로) 이놈 말뚝아, 네 根本은 그러하거니와 내 根本을 들어 봐라. 내집에는 비자가 일곱이요, 기생이 여덟이요, 能櫓軍이 열다섯이요, 左右廳 兩司요, 倭司요, 下東門안 官有司 들어 잡아다 해 먹고, 그것은 姑捨하고 우리집 둘째양반은 庶派에서 나고, 세째양반은 水原白氏가 아버지요, 또 한편은 南陽洪氏가 아버지요, 黑國놈이 아버지요, 다섯째양반은 아버지가 風氣가 甚하여 四肢가 비틀어겼고, 여섯째양반은 江南손님이 아버지요, 일곱째양반은 보살의 所出이라, 이것저것 다 버리고 나 하나이 양반이라. 네 가문을 들어 보니 우리 家門을 똘똘 뭉쳐도 네 하나를 못당하겠다. 그러나 이것 저것 다 버려두고 흥미대로 한번 놀아보자.

　　　　　　　　　　　　　　　　　　　　　　　　　<統營 五廣大, 諷刺탈; 李玟基 채록>

250 [보정] 진잡塵雜 ; 더럽고 잡스러운 것을 이른다. 여기서는 무성하다는 뜻으로 쓰였다. 오청본에서는 '密立'이라고 채록되었다.

251 [보정] 내가 세이 인간사불문(洗耳人間事不問)하여 ~ 산천은 험준하고 수목은 진잡한데 ; 김만중의 '구운몽'의 한 대목을 연상케 하는 대목이다.

252 중천中天 ; 하늘의 한가운데를 말한다.

253 솔개미 ; 솔개 혹은 소리개의 방언이다.

(불림으로)

적막寂寞은 막막漠漠 중천中天[255]에 구름은 둥실 떳네[256]

(춤과 장단 시작하여 취발이 다시 노장 있는 곳으로 간다)

노승 : (취발이가 앞에 이르면 딱 친다)

취발이 : (뒷걸음으로 물러서서)

쉬이

(장단 멎음)

아 잘은 맞는다

아 이게 무어람

나라는 인간은 한창 소년시절에도 맞아 본 적이 없는데

아 아니 또 맞았구만

아 원 저것 무어람

오오 이제야 알갓다

저 거밋거밋한[257] 것도 보이고

또 번뜻 번뜻한 것도 보이고

히뜩히뜩[258] 한 것도 보이고

저 이 번들번들한 것도 보이는 것은

아마도 금인가 보다

금이란 말로 당치 않다

육출기계六出奇計 진평陳平이가

황금 삼만냥을 초군楚軍중에 흣였으니[259]

---

254 [보정] 내 다시 들어가 자서히 알고 오려던 ; 이 대사에서 '자서히 알고 오려던'은 보통 노래조로 실현한다.
255 중천中天 ; 하늘의 한가운데를 말한다.
256 [보정] 적막寂寞은 막막漠漠 중천中天에 구름은 둥실 떳네 ; 한자어와 우리말이 결합된 불림이다. '적막은 막막'은 유사의미어 유사음어 반복이다. 운율을 맞추기 위한 것이다.
257 거밋거밋한 → 거뭇거뭇한
258 히뜩히뜩 → 희뜩희뜩
259 [보정] 육출기계六出奇計 진평陳平이가 황금 삼만냥을 초군楚軍중에 흣였으니 ; 진평과 관련한 고사다. 진평은 중국 한(漢)나라 정치가로 진유자(陳留子)라고 한다. 양무(陽武) 호유(戶牖) 사람인데, 호유(戶牖)가 진류현(陳留顯)에 속해 있기 때문에 진유자(陳留子)라고 하였다. 황로(黃老)의 술(術)을 배워 한나라의 고조를 섬겼다.

거 금이란 말로 당치않다

그러면 옥인가?

너 옥이여든[260]

옥의 내력을 들어봐라[261]

홍문연鴻門宴 높은 잔채[262] 범증□增[263]이가 깨친 옥이

그 공(功)으로 혜제(惠帝) 때 좌승상이 되어 주발(周勃)과 여시(呂氏) 일족을 죽여 한실(漢室) 부흥에 공을 이루었다. 젊을 때에는 가난하였으나 글읽기에 힘을 기울여, 뒤에 한 고조의 신하로서 '육출기계(六出奇計)'의 공을 세워 곡역후(曲逆侯)에 봉해졌다. 그는 형과 함께 살았는데, 형은 농사를 지으면서 동생인 진평에게는 공부를 하도록 하여 진평은 살이 찌고 잘 생겼다. 한번은 그의 형수가 그에게 농사에 전혀 도움이 되지 않는다고 하여 쌀겨와 같다고 욕을 하자, 나중에 그 말을 들은 그의 형이 자기 아내를 내쫓았다고 한다. '육출기계'는 진평이 고조 유방(劉邦)을 도와 여섯 번 기묘한 계책을 낸 고사로, 여섯 가지 계책은, 첫째는, 황금 4만 근으로 초나라 진중의 장수들을 매수하여 항우(項羽)의 모사(謀士)인 범증(范增)이 한과 내통하고 있다는 허위 풍문을 유포하여 불신케 하였고, 둘째는 초나라 사신이 위조 편지를 훔쳐 가게 하여 범증의 계책을 사용하지 못하게 하였고, 셋째는 형양성(滎陽城)이 초나라 군사에게 포위되었을 때 밤에 여자 2천 명을 내보냄으로써 포위를 해제시켜 한 패공을 탈출케 하였고, 넷째는 한신을 제왕(齊王)에 봉하게 하여 제에서 속히 회군하여 초군과 대전케 하였으며, 다섯째는 패공이 제위에 오른 후 운몽(雲夢)으로 수렵을 간다고 핑계를 대고서 한신을 사로잡게 하고, 여섯째는 흉노를 정벌하려다가 오히려 흉노에 의해 백등성(百登城)에 포위되자 흉노왕이 고조(高祖)의 황후(皇后)인 여태후의 미색에 빠질 것이라는 소문을 퍼트림으로써 흉노왕비의 시기를 유발하여 위기를 벗어나게 한 것들이다.

[참고]『사기』진승상세가(陳丞相世家) : 이에 한왕(漢王)은 그렇다고 생각하여 황금 4만 근을 내어 진평에게 주어서 마음대로 쓰게 하고, 그 돈의 출납에 대해서는 일체 묻지 않았다. 진평이 많은 황금을 써서 초나라 군대에 대량으로 첩자를 파견하여 공개적으로 유언비어를 퍼뜨려 종리매(鍾離昧) 등이 항왕(項王)의 장수로서 공을 많이 쌓았는데도 항왕이 끝내 땅을 떼어 왕으로 봉하지 않았기 때문에 한나라와 동맹하여 항왕을 멸망시키고 그 땅을 나누어 각기 왕이 되고자 한다고 하였다. 그러자 항왕은 과연 종리매 등을 불신하기 시작하였다. 항왕이 이미 그들을 의심하면서 사신을 한나라로 보냈다. 이에 한왕은 사람을 시켜 풍성한 태뢰(太牢)를 마련하여 들고 들어가게 하였다. 그리고는 초나라의 사신을 보고 짐짓 놀라는 척하며 말하기를 '나는 아부의 사신인 줄 알았더니 알고 보니 항왕의 사신이었구려' 라고 하고는 그 풍성한 음식을 가지고 나가게 하고, 다시 나쁜 음식을 사신에게 올리게 하였다. 초나라 사신이 돌아가 모든 사실을 항왕에게 보고하니, 항왕은 과연 아부(亞父) 범증(范增)을 매우 의심하였다. 그때 아부는 급히 형양성을 공격하여 항복시키려고 하였으나, 항왕이 그의 말을 의심하여 따르려고 하지 않았다. 아부는 항왕이 자신을 의심한다는 말을 듣고는 화를 내며 말하기를 '천하의 대사가 대체로 확정되었으니 이제 대왕께서 직접 경영하소서. 원컨대 이 늙은 해골을 집으로 돌아갈 수 있도록 해주십시오' 라고 하였다. 아부는 귀가 도중 팽성에 못 미쳐 등에 종기가 나서 죽고 말았다. 이에 진평이 야밤을 틈타 여자 2,000명을 형양성 동문으로 내보내자, 초나라가 곧 이를 공격하였다. 그 틈에 진평은 한왕과 함께 성의 서문을 통해서 밤중에 달아났다. 한왕은 이렇게 하여 관중으로 들어가서 흩어진 병사를 모아 다시 동쪽으로 진군하였다. 그 이듬해 회음후(淮陰侯)는 제(齊)나라를 격파하고 자립하여 제왕(齊王)이 된 후, 사신을 보내어 그 사실을 한왕에게 알렸다. 이에 한왕이 크게 노하여 욕을 하였는데, 진평이 슬며시 한왕의 발을 밟으니, 한왕 또한 문득 크게 깨닫고 곧 제나라 사신을 후하게 대접하였고, 장자방(張子房)을 보내어 결국 한신을 제왕으로 세웠다. 한왕은 호유향(戶牖鄉)을 진평에게 봉해 주고 그의 기묘한 계책을 써서 마침내 초나라를 멸망시켰다. 진평은 일찍이 호군중위의 신분으로 한왕을 따라 연왕(燕王) 장도(臧荼)를 평정하기도 하였다.

260 이여든 ; '이거든'의 고어투다.
261 옥의 내력을 들어봐라 ; 옥이라 할 사연이나, 옥이라 할 증거를 내보이라는 말이다.
262 잔채 ; '잔치'의 방언이다.

옥석이 구분俱焚²⁶⁴이라

옥과 돌이다 탓거든²⁶⁵

---

263 범증(□增) → 범증(范增)

264 [보정] 옥석玉石의 구분俱焚 :『서경(書經)』 '윤정(胤征)'에 연유한 말로, 옥과 돌이 모두 불에 탄다는 뜻에서, 선악의 구별 없이 함께 멸망함을 일컫는 말이다. [참고]『서경(書經)』 '윤정(胤征)' : '불이 곤강(崑岡)을 태우면 옥과 돌이 모두 불탄다. 천리(天吏)로서 지나친 덕(德)은 맹렬한 불보다 더하니, 큰 괴수를 죽이고 위협(威脅)에 따른 자들은 다스리지 말아서 옛날에 물든 나쁜 풍습을 모두 함께 새롭게 하겠다. 火炎崑岡 玉石俱焚 天吏逸德 烈于猛火 殲厥渠魁 脅從 罔治 舊染汚俗 咸與惟新 곤(崑)은 옥(玉)이 나오는 산 이름이고, 강(岡)은 산의 등마루이다. 일(逸)은 지나침이요, 거(渠)는 큼이다. 불이 곤강(崑岡)을 태우면 옥·석(石)의 좋고 나쁨을 구분하지 않고 태우니, 만약 천리(天吏)가 되어 지나친 덕(德)이 있어서 사람의 선악(善惡)을 가리지 않고 죽이면 그 폐해가 맹렬한 불이 옥·석을 구분하지 않는 것보다 심하다. 지금 나는 단지 첫번째로 악(惡)을 주도한 괴수를 벨뿐이요, 위협에 따른 무리는 다스리지 말아서 옛날에 나쁜 풍습에 물든 사람을 또한 모두 용서하여 새롭게 한다 하였으니, 악을 주벌하고 선(善)을 용서함은 이는 오히려 왕(王)의 군대인 것이다. 이제 살펴보건대 윤후(胤后)가 정벌(征伐)할 적에 처음 희화(羲和)의 죄를 칭하면서 다만 "관직을 어지럽히고 처한 바의 위차(位次)를 버려 비로소 천기(天紀)를 어지럽혔다."고 말하였고, 이에 이르러는 "위협에 따랐다.", "옛날에 물들었다."는 말이 있으니, 희화의 죄가 마땅히 때를 폐하고 날을 어지럽히는데 그치지 않고, 반드시 불령(不逞)[불량]한 사람들을 모아 사사로운 고을에서 술을 마심을 숭상하여 난당(亂黨)을 만들어 예를 도와 악(惡)을 한 자임을 알 수 있다. 윤후가 가서 정벌할 때에 이들의 반역(叛逆)을 숨기고 말하지 않은 것은 아마도 그 죄를 바로 이름 하면 반드시 뿌리를 뽑고 근원을 제거해야 할 터인데, 중강(仲康)의 형세가 족히 후예를 제재할 수 없었다. 그러므로 다만 직무를 유기한 죄만 책하였으나 실제는 신하노릇하지 않는 마음을 주벌한 것이다.

265 [보정] 홍문연鴻門宴 높은 잔채 범증(□增)이가 깨친 옥玉이 옥석玉石의 구분俱焚이라 옥과 돌이 다탓거든 ; 玉石俱焚(옥석구분)은『서경(書經)』 '윤정(胤征)'에 연유한 말로, 옥과 돌이 모두 불에 탄다는 뜻에서, 선악의 구별 없이 함께 멸망함을 일컫는 말이다. 이 '옥석구분'은 '홍문연'과는 직접적인 관련성이 없다. 여기서는 '옥'에 관한 이야기를 하자니 임의로 '옥석구분'을 등장시킨 것이다. 이같이 모순된 면을 보이는 대사가 가면극에는 흔히 등장한다. 세익스피어의 '로미오와 줄리엣' 1막 2장에서 어릿광대는 '구둣방장이는 잣대를, 양복장이는 신틀을, 낚시꾼은 연필을, 그림장이는 그물을 가지고 먹고 살아야 한다?'라고 한다. 구둣방장이와 신틀, 양복장이와 잣대, 낚시꾼과 그물, 그림장이와 연필 등이 정상인데도 모순된 대사를 보이고 있다.

　　홍문연은 섬서성(陝西省) 임동현(臨潼縣)의 홍문(鴻門)에서 한고조 유방(劉邦)에게 초왕(楚王) 항우(項羽)가 베푼 잔치를 말한다. 항우가 범증(范增)의 말을 듣고 유방을 죽이려다가 장량(張良)의 꾀로 유방이 무사히 피할 수 있었던 유명한 회합이다. 범증(范增)은 기이한 계책을 좋아하여 나이 70에 항우의 모사가 되어 항우가 아부(亞父)라 불렀다. 홍문연에서 한패공(漢沛公) -한고조 유방(劉邦)- 을 죽이도록 권하였으나 항우가 따르지 않아 뜻을 이루지 못했고, 이 일의 실패로 인한 화를 참지 못하고 등에 종기가 나서 죽었다. [참고]『사기』 '항우본기(項羽本紀)' : 장량이 묻기를 '대왕께서는 오실 때 무슨 선물을 가지고 오셨습니까' 라고 하니, 패공이 말하기를 '백벽(白璧) 한 쌍을 가져와서 항왕에게 바치려고 하였으며, 옥두(玉斗) 한 쌍은 아부(亞父)에게 주고자 하였는데, 그 노한 모습을 대하고는 감히 바치지를 못하였소이다. 그러니 공께서 나를 대신해서 바쳐주시오' 라고 하였다. 장량이 말하기를 '삼가 받들겠나이다' 라고 하였다. 이때 항왕의 군대는 홍문 아래에 있었고 패공의 군대는 패상에 있었으니 서로 떨어진 거리가 40리였다. 패공은 자신의 수레와 말을 버려둔 채 몸만 빠져나와서 홀로 말에 오르고, 검과 방패를 들고 도보로 수행하는 번쾌, 하후영(夏侯嬰), 근강(靳彊), 기신(紀信) 등 네 사람과 함께 여산(驪山)을 내려와서 지양(芷陽)의 샛길을 이용하였다. 그전에 패공(沛公)은 장량에게 이르기를 '이 길을 통해서 우리 군영까지는 20리에 불과하니, 내가 군영에 이르렀다고 생각되거든 공께서는 즉시 들어가시오' 라고 하였다. 패공이 나간 뒤 샛길을 통해서 군영에 이르렀을 때가 되자 장량은 들어가서 사죄하여 이렇게 말하였다. '패공께서 술을 이기지 못하여 하직인사를 드릴 수가 없었습니다. 그리하여 삼가 신 장량으로 하여금 백벽 한 쌍을 받들어 대왕 족하(足下)께 재배(再拜)의 예를 올리며 바치게 하고, 옥두 한 쌍은

옥이란 말도 당치않다

그러면 귀신이냐?

너 귀신이어든

귀신의 내력을 들어봐라[266]

백주청명白晝淸明 밝은 날[267]에

귀신이란 말도 당치않다

그러면 네가 대명[268]이냐?[269]

노승 : (부채를 들어 때릴려는 시늉을 한다)

취발이 : 아이 이것 야단났구나

(놀래서 나무로 자기 얼굴을 가린다[270])

오오 이제야 알갔다

자서히 보니까

네 몸에다

칠포漆布 장삼長衫[271]을 떨쳐 입었으며[272]

육환장六環杖을 눌러짚고[273]

백팔염주百八念珠를 목에 걸고

붉은 가사를 메고

대장군 족하게 재배의 예를 올리며 바치게 하였나이다.' 항왕이 '패공은 어디에 계신가' 라고 물으니, 장량이
대답하기를 '대왕께서 심히 질책하려는 마음이 있으시다는 것을 듣고 빠져나가서 홀로 떠났는데 이미 군영에
당도했을 것입니다' 라고 하였다. 그러자 항왕은 구슬을 받아서 자리 위에 두었는데, 아부는 옥두를 받아서 땅
에 놓고는 검을 뽑아 그것을 깨뜨리며 말하기를 '에이, 어린아이와는 더불어 대사를 도모할 수가 없도다. 항왕
의 천하를 빼앗을 자는 반드시 패공일 것이며, 우리들은 이제 그의 포로가 될 것이다' 하였다.

266 귀신의 내력을 들어봐라 ; 귀신이라 할 사연이나, 귀신이라 할 증거를 내보이라는 말이다.
267 백주청명白晝淸明 밝은 날 ; 대낮의 밝은 날이라는 말이다. 동의어반복에 의한 표현이다. 민간화술folk speech이다.
268 대명 ; 대망(大蟒) 즉 이무기를 말한다.
269 [보정] 이 대목은 소위 '정체확인형 사설' 혹은 '금옥 사설'의 실현 방법을 원용한 것이다. 위에서와 같이 금인
가, 옥인가, 귀신가 등으로 대상의 정체를 알아내려는 상황을 보이는 대사를 판소리에서는 소위 '정체확인형
사설'이라고 한다.
270 [보정] 놀래서 나무로 자기 얼굴을 가린다 ; 푸른 버드나무가지로 가면을 가린다는 말이다.
271 칠포漆布 장삼長衫 ; 옻칠한 헝겊으로 만든 장삼을 이른다.
272 떨쳐 입었으며 ; '드러나게 차려입었으며'라는 말이다.
273 육환장(六環杖)을 눌러짚고 ; '눌러짚고'는 뒤의 '송낙을 눌러 썼으니'와 대구시키기 위한 표현이다. '눌러쓰
다'는 깊이 힘을 주어 모자 따위를 쓴 모양새다.

사선선四仙扇²⁷⁴을 손에 들고

송낙²⁷⁵을 눌러 썼으니

중일시가 분명하구나

중이면 절간에서 불도나 힘쓸 일이지

중의 행세로 속가俗家²⁷⁶에 내려와서

이쁜 아씨 다려다 놓고

　　(불림으로)

끼잉꼬랑 깽꼬랑²⁷⁷

　　(타령으로 춤을 추다가)

쉬이

　　(춤과 장단 멎음)

이놈 중놈아 말 들어거라허니²⁷⁸

너는 이쁜 아씨를 다려다 놓고

저와 같이 노니

네놈의 행세는 잘 안 되었다

그러나 너하고 나하고 내기나 해보자

너 그런데 땜질²⁷⁹을 잘 했다 허니

너는 풍가[→ 풍구]²⁸⁰가 되고

274　사선선四仙扇 ; 세 부처를 그린 삼불선(三佛扇)이 있으며, 네 선녀를 그린 사선(四仙)부채, 여덟 선녀를 그린 팔선녀(八仙女)부채도 있다.

275　송낙 ; 송라립(松蘿笠)을 말한다. 소나무 겨우살이로 만든 여승(女僧)의 쓰개다. 차양을 넓게 하여 햇빛이나 비를 막는데 쓰인다. 승려가 평상시에 납의(衲衣)와 함께 착용하는 모자다. 송라립(松蘿笠)이라고도 한다. 소나무 겨우살이, 즉 소나무에 기생하는 지의류(地衣類)인 송라로 짚주저리 비슷하게 엮는데, 위는 촘촘히 엮고 아래는 15cm쯤 엮지 않고 그대로 둔다. 위는 뾰족한 삼각형이나 정수리 부분은 뚫려 있다.

276　[보정] 속가俗家 ; 불교를 믿지 아니하는 사람의 집, 혹은 승려가 되기 전에 태어난 집을 이른다. 여기서는 가면극 공연 현장을 말한다.

277　끼잉꼬랑 깽꼬랑 ; 우리말 불림이다. 의태어를 그대로 활용하였다. 뜻은 미상하다.

278　말 들어거라허니 → 말 듣거라 하니

279　땜질 ; 금이 가거나 뚫어진 그릇을 때우는 일을 말한다.

280　풍가[→ 풍구] ; '풍구'는 '풀무'의 방언으로, 불을 피울 때에 바람을 일으키는 도구이다. 또한 곡물에 섞인 쭉정이·겨·먼지 등을 날리는 데 쓰인다. 지역에 따라 '풍로(경상남도 영산, 전라남도 보성)'·'풀무'·'풍차(風車)'로도 불린다.

나는 풀떼기²⁸¹가 되어^{282 283}

네가 못 견디면 저년을 날 주고

내가 못 견디면 내 엉덩이밖에 없다²⁸⁴

그러면

　　(불림으로)

솟을 땔까 가마를 땔까²⁸⁵

　　(타령으로 춤을 춘다)[→ (타령으로 춤을 추며 노장이 뒤에서 취발이 가랭이²⁸⁶ 사

　　이로 지팡이로 풍구질하여 쫓는다.)]²⁸⁷

쉬이

²⁸⁸

아 이것도 못 견디겠군

그러면 이번에는 너하고 나하고 대무對舞하여

네가 못 견디면 그렇게 하고

내가 못 견디면 그렇게 하자―²⁸⁹

백수 한산에 심불로白首寒山心不老―²⁹⁰

281　풀떼기 ; 구멍 따위에서, 한쪽 방향으로 작용하는 힘에 의하여 열리고 그 반대쪽 방향으로 작용하는 힘에 의
　　하여 닫히게 되어 있는 물건을 말한다. 바람을 일으키는 풀무질을 하는 데에 쓰이는 도구다.
282　[보정] 너는 풍가[→ 풍구]가 되고 나는 풀떼기가 되여 ; 임석재본과 송석하본에서는 '너는 풍구가 되고 나는
　　불 테이니' 라고 채록되었다. 풍구와 풀떼기는 같은 도구다. 문맥상으로 볼 때에 임석재본과 송석하본과 같이
　　실현되어야 한다. 여기서는 의도적인 설정인지 분명치 않다.
283　[보정] 너는 풍가[→ 풍구]가 되고 나는 풀떼기가 되여 ; 임석재본과 송석하본에서는 '너는 풍구가 되고 나는
　　불 테이니' 라고 채록되었다. 임석재본과 송석하본을 따르면 풍구는 풀무라고도 하는데, 곡물에 섞인 쭉정이,
　　겨, 먼지 따위를 날려서 제거하는 농기구의 하나다. 노장보고 풍구가 되어 바람을 일으키라 하고, 취발 자신은
　　입으로 분다는 것이다. 이 내기는 애초부터 취발이 이길 수 없는 내기다.
284　[보정] 내 엉덩이밖에 없다 ; 뒤에서 하는 성행위를 이르는 노골적 표현이다. 민간화술에 해당하는 관용어화
　　된 비속어이다.
285　[보정] 솟을 땔가 가마를 땔가 ; 우리말 불림이다. 가마솥에 불을 땐다는 뜻을, '솥'과 '가마'를 떼어서 언어유희
　　를 보이고 있다. '솥가마'는 '가마솥'의 방언이다.
286　가랭이 ; '가랑이'의 방언이다. 하나의 몸에서 끝이 갈라져 두 갈래로 벌어진 부분이다. 바지 따위에서 다리가
　　들어가도록 된 부분이다.
287　[보정] (타령으로 춤을 춘다)[→ (타령으로 춤을 추며 노장이 뒤에서 취발이 가랭이 사이로 지팡이로 풍구질하여
　　쫓는다.)] ; 노장의 행위가 구체적으로 제시되어 있다. 지팡이로 하는 풍구질이 어떤 의미인지는 연구대상이다.
288　[보정] 이 자리에 '(춤과 장단 멎음)'이 생략되었다.
289　[보정] 네가 못 견디면 그렇게 하고 내가 못 견디면 그렇게 하자― ; '그렇게 하고 그렇게 하자'는 뜻이 무엇인
　　지 분명치 않다. 막무가내로 이기고 보자는 뜻으로 풀이된다.

(타령으로 춤을 추다가)[→ (타령으로 춤을 추다가 얻어맞고)]

쉬이

291

아 이것도 못 견디겠군

자 이거 야단 난 일이구나

거 저292 도깨비라는 놈은 방맹이로 휜다더니293

이건 들어가서 막 두들겨 봐야겠구나

강동에 범이 나니 길로래비 휠휠294

　(춤을 추며 노장 있는 데 간다

　타령곡이다)[→ (타령곡에 맞춰 춤을 추며 노장 있는 데로 간다.)]

노승 :　　　(취발이가 닥아오면[→ 다가오면] 부채로 면상을 딱 친다)

취발이 :　　　(뒷걸음으로 물러서며)

쉬이

295

아이쿠 아이쿠 이거 웬일이냐

이놈이 때리긴 바로 때렸다

아 이놈이 때리긴 발 뒷축을 때렸는데

아 피가 솟아올라서 코피가 나는구나296

290　백수 한산에 심불로白首寒山心不老— ; 한자어 불림이다.

291　[보정] 이 자리에 '(춤과 장단 멎음)'이 생략되었다.

292　거 저 ; 여기서는 '속담에 이르기를' 정도의 뜻이다. 송석하본에서는 '그저'라고 곧 '변함없이 언제나' 정도의 뜻으로 채록되었다.

293　도깨비라는 놈은 방맹이로 휜다더니 ; 관용적 표현이다. '도깨비는 방망이로 떼고 귀신은 경으로 뗀다.' '미친 개에게는 몽둥이가 제격.' 등과 같이, 귀찮은 존재를 떼는 데는 특수한 방법이 있다는 말이다. 『한국속담집』

294　강동에 범이 나니 길로래비 휠휠 ; 한자어와 우리말이 결합된 불림이다. 오청본에서는 '江東에범인하니 질나래비휠휠.'이라고 채록되었다. '강동에 범이'나 '江東에범인'은 '강동 범인'을 말하는 것이다. '강동범인'은 진나라 말의 범인인 항적(項籍)으로 자(字)는 우(羽)이다. 강동(江東)은 강남(江南), 양자강 하류 이남의 땅으로, 여기서는 항우의 고향을 가리킨다. '질나래비휠휠'은 어린아이에게 새가 휠휠 날듯이 팔을 흔들라는 뜻으로 하는 말이라고 한다.

295　이 자리에 '(춤과 장단 멎음)'이 생략되었다.

296　[보정] 아 이놈이 때리긴 발 뒷축을 때렸는데 아 피가 솟아올라서 코피가 나는구나 ; 맞기는 발 뒤축을 맞았는 데 코피가 난다 함은 불합리한 표현이다. 이같은 표현 수법도 가면극 대사에서는 흔히 나타난다. 아울러 가면을 썼으니 코피가 흐르는 상황은 표현이 가능하지 않다. 오청본에서는 '아이놈이때리긴바로때렷구나. 아— 피

이것을 어떻게 하면 좋단 말인가

저거 코피가 나는 건 타라막는[297] 것이 제일이라드라

자 그런데 코를 찾을 수가 있어야지

상판[298]이 조선 반만 해서[299]

어디에 코가 있는지 찾을 수가 있어야지

그러나 지재차산중只在此山中[300]이지

내 상판 가운데 있겠지[301]

그런즉 이것을 찾을려면 끝에서 부터 찾아 들어와야지[302]

　　　(머리위에서 부터 더듬더듬 찾아내려온다)

아 여기 코가 있는 걸 그렇게 애 써 찾았구나

가솟겨울나서코피가나는군.'이라고 채록되었다.

297 타라막는 → 틀어막는

298 상판 ; 얼굴을 속되게 이르는 말이다. 관습적으로 '쌍판'이라고 한다.

299 상판이 조선 반만 해서 ; 얼굴 크기가 조선 땅의 반 만하다는 말로 얼굴이 크다는 과장된 표현이다.

300 지재차산중只在此山中 ; 다만 이 산중에 있도다. 가도(賈島)의 시의 한 구절이다. 이 구절은 다른 연행물에
　　서도 나타난다.

　　　[참고]
　　　松下問童子 소나무 아래에서 동자에게 물으니,
　　　言師採藥去 스승은 약을 캐러 갔다고 대답하네.
　　　只在此山中 다만 이 산 속에 있으련만,
　　　雲深不知處 구름이 깊어서 간 곳을 알길 없구나.
　　　[참고] 가도(賈島)는 당나라 때의 시인으로 자는 낭선(浪仙)이다. 하북(河北) 범양 사람으로 처음에 출가(出
　　家)하여 법호를 무본(無本)이라 하였다가 후에 한유와 가까이 사귀게 되어 환속(還俗)하였다. 일찍이 시 읊
　　기를 좋아하며 항상 시구를 찾아 명상하였으며, 비록 귀인들을 만나도 깨닫지 못할 정도였다. 퇴고(推敲)에
　　관한 일화는 유명(有名)하다. 하루는 서울에서 말을 타고 가면서 '鳥宿池邊樹, 僧敲月下門(조숙지변수, 승고
　　월하문)'이라는 시구를 지었는데, '堆'자와 '敲'자 중에서 어느 자가 좋은지 고심하다가 한유(韓愈)와 충돌하
　　는 것도 알지 못했다. 충돌한 사연을 들은 한유가 '敲'자가 좋다고 했다. 이후 한유와 포의교(布衣交)를 맺고
　　환속하여 장강(長江)의 주부(主簿)를 지냈다.
　　　[참고] 松下에 問童子ᄒ니 스승이 영장 방장 봉래 三神山으로 採藥하러 가선니아다 / 只在此山中이나 雲
　　深ᄒ여 不知處라 / 童子야 스승이 오시거든 나 왓드라고. 『時調』(關西本)

301 그런데 코를 찾을 수가 있어야지 상판이 조선 반만 해서 어디에 코가 있는지 찾을 수가 있어야지 그러나 지
　　재차산중(只在此山中)이지 내 상판 가운데 있겠지 ; 코는 얼굴에 있다는 말이다. '지재차산중(只在此山中)이
　　지'는 본래의 뜻과는 상관없이 '내 상판 가운데에 있겠지.' 라는 동일 의미로 활용되었다. 이와 같은 불합리한
　　표현은 가면극 대사에 흔히 등장한다.

302 [보정] 그런데 코를 찾을 수가 있어야지 상판이 조선 반만 해서 어디에 코가 있는지 찾을 수가 있어야지 그러나
　　지재차산중(只在此山中)이지 내 상판 가운데 있겠지 그런즉 이것을 찾을려면 끝에서 부터 찾아 들어와야지 ;
　　얼굴이 조선 땅 반만하다고 하여 얼굴이 큼을 과장한 것이다. 또한 이하의 대사로 보아 취발이탈이 매우 큼을
　　짐작할 수 있다. 결국 취발이 탈을 직설한 것이다. 이같이 가면극 현장에서 탈의 형상을 직설한 대사가 곳곳에
　　보인다.

(코를 타라 막는다)

아 코를 타라 막아도 피가 자꾸 나는구나

이걸 어떻게 허니

옛날 의사 말에 코 터진 건 몬지[303]로 문지르는 것이 제일 이라드라[304]

(흙몬지로 코를 문지른다)

아 이렇게 낫는 걸 공연히 애를 빠락빠락[305] 썩구나[306]

이제는 다시 들어가서 찬물을 쥐어 먹고[307][308]

이를 갈고서라도[309] 이놈을 때려 내 쫓고

저년을 다리고 놀 수밖에 없다

소상반죽瀟湘班竹[310] 열두마디[311]

(타령곡으로 노장에게 가서 사정없이 노장을 때린다)

노승 :   (취발이에게 얻어맞고 할 수 없이 퇴장한다)

취발[312] :   (만족해서 춤을 추면서 노래한다)

---

303 몬지 ; '먼지'의 방언이다.

304 옛날 의사 말에 코 터진 건 몬지로 문지르는 것이 제일 이라드라 ; 민간요법 –민간에서 흔히 사용되는 질병 치료법– 의 하나다.

305 빠락빠락 ; '바락바락'의 센말이다. 원말은 '버럭버럭'이다.

306 썩구나 → 썼구나

307 쥐어 먹고 ; '지어 먹고'인 듯하다. '지어 먹다'는 '마음을 다잡아 가지다' 라는 뜻이다.

308 찬물을 쥐어 먹고 ; 관습적으로 '정신 차린다'는 뜻으로 쓴다.

309 이를 갈고서라도 ; 힘에 겨운 곤란이나 난관을 헤쳐 나가려고 비상한 결심을 한다는 관용적 표현이다.

310 소상반죽瀟相班竹 ; 중국 소상지방에서 나는 아롱진 무늬가 있는 대를 말한다. '소상반죽'은 중국 소상지방에 서 나는 아롱진 무늬가 있는 대를 말한다. 순임금이 창오(蒼梧)에서 죽은 후, 순임금의 두 비인 아황(娥皇), 여영(女英)이 소상강 가에서 피눈물을 흘린 것이 대나무에 맺혀 소상반죽이 되었다는 전설이 있다.

311 [보정] 소상반죽瀟湘班竹 열두마디 ; 한자어와 우리말이 결합된 불림이다. '소상반죽으로 만든 담뱃대'를 두고 이른 것이다.

　　　　[참고] '담바귀타령' – 담바귀야 담바귀야 동래 울산 담바귀야 너의 국은 어떻건데 우리 국은 왜 나왔나 은도 없고 금도 없고 담바귀 씨 갖고 나와 저기저기 남산 밑에 홀홀살살 뿌려놓고 낮이어던 찬 냉수 주고 밤이나 되면 찬 이슬 맞아 곁에 겉잎 다 제쳐놓고 속의 속잎 척척 접어 네 귀 번듯 은장도로 어슥비슥 곱게 썰어 소상반죽 열두 마디 모양나게 맞춰놓고 청동화로 백탄 숯을 이글이글 피워놓고 담배 한 대 먹고 나니 목구멍에서 실안개 돌고 또 한 대를 먹고 나니 청룡 황룡이 뒤틀어지고 또 한 대를 먹고 나니 용문산 밑에서 안개 돈다.

　　　　[참고] 청울치 늁눌 메토리 신고 휜대 長衫 두루쳐 메고 / 瀟湘班竹 열 두 마디를 불횟재 샌혀 집고 ᄆ로 너머 재 너머 들 건너 벌 건너 靑山 石逕에 구분 늙은 솔 아리로 흿근 누은 누은 흿근 흿근동 너머 가옵거늘 보신가 못 보신가 긔 우리 男便 禪師 듕이올너니 / 남이셔 듕이라 ᄒ여도 밤中만 ᄒ여셔 玉 ᄀᆺ튼 가슴 우희 슈박 ᄀᆺ튼 디고리를 둥굴썰금 썰금둥굴 둥실 둥실 긔여 올나 올 제 내사 죠해 즁 書房이 [출전] 靑丘永言(珍本)

312 [보정] 원자료는 '취발이'일 것이다.

그러면 그렇지 영락 아니면 송락이라[313][314]

　　(춤을 추다가)

쉬이

[315]

자 이년아 네 생각에 어떠냐?

뒷절[316] 중놈만 좋아하고

사자獅子 어금니[317] 같은 나는 싫으냐?

중놈에게선 노린내가 나고

취발이에게선 향내가 나느니라

취발이와 놀아보는데

추천은 경축 수양이[318]

　　(취발이 춤을 춘다)

쉬이

[319]

야 앵도를 똑똑 따는구나[320]

오오 네가 나를 총각이라고 업신여기구나

상투를 틀 터이니 봐라

　　(상투를 튼다)

　　[(노랫조로)]

---

313 그러면 그렇지 영락 아니면 송락이라 ; '영낙'과 '송낙'을 결합한 유사음 언어유희이다. '영낙 없다' 곧 틀림이 없다는 말이다.

314 [보정] 그러면 그렇지 영락 아니면 송락이라 ; 춤을 끝내면서 실현하는 불림이다. 임석재본에서는 '때렸네. 때렸네. 뒷절 중놈을 때렸네. 영낙아니면 송낙이지'라고, 오청본에서는 '때렷네때렷네 뒷절중놈을때렷네 영낙아니면송낙이지.'라고 채록되었다.

315 [보정] 이 자리에 '(춤과 장단 멎음)'이 생략되었다.

316 뒷절 ; 마을 북쪽 산에 위치한 절을 이른다. 간혹 별로 인정하여주지 않는 절을 이르기도 한다.

317 사자獅子 어금니 ; 관용적 표현이다. 힘을 쓰는 데에 없어서는 안 될 물건이나 사람을 가리키는 말이다.

318 추천은 경축 수양이 ; 한자어 불림이다. 소위 제2과장에서는 '추천(秋天)은 경축 수양(首陽)이—[<추천은 경출 수양이…… (鞦韆은 更出垂楊裡)>]' 라고 하였다. 수양버들 숲에서 그네 타는 모습을 두고 이른 것이다.

319 이 자리에 '(춤과 장단 멎음)'이 생략되었다.

320 앵두만 똑똑 따는구나 ; 하는 행동이 매우 귀엽다는 뜻이다. 관용적 표현이다.

　　　　　개미 상투 열두도리[321] 틀구나니 풀어진다[322]

　　　　　　　(취발이 춤춘다)

　　　　　쉬이

　　　　　[323]

　　　　　여봐라 말 듣거라

　　　　　날로 말하면 강산 외입쟁이[324]로

　　　　　술 잘 먹고 노래 잘하고

　　　　　춤 잘 추고 돈 잘 쓰는 한량이라

　　　　　금전이면 사귀신事鬼神이라[325] 돈이면 귀신도 사는 법이라[326]

　　　　　돈으로 네 마음을 사 보리라

　　　　　　　(돈을 던져준다)

　　　　　엣다[327] 돈 받아라

소모 :　　　　　(돈을 주우려고 한다)

취발이 :　　　　　(재빨리 달려가며)

　　　　　앗!

　　　　　　　(재빨리 줏어든다)[→ (다시 주워든다.)]

　　　　　아 그년 쇠줄피[328] 받는[329]것[330]을 보니

321　개미 상투 열두도리 ; '개미상투'는 상투를 틀 때에 끝을 꼭 잡아매어 마치 개미허리처럼 가늘게 된 모양새를
　　이른다. '상투'는 머리카락을 모두 올려 빗어 정수리 위에서 틀어 감아 맨 머리 모양이다. '열두 도리'는 열두
　　번 둘레를 돌린 모양새다. '도리'는 '둘레'의 옛말이다.

322　개미 상투 열두도리 틀구나니 풀어진다 ; 우리말 불림이다. 보통 '개미 상투 열두도리'라고 실현하는데, 여기서
　　'틀구나니 풀어진다'는 취발이탈의 머리털이 매우 짧아서 상투를 틀다가 제대로 상투를 맺지 못한 상황을 직설한
　　것이다.

323　[보정] 이 자리에 '(춤과 장단 멎음)'이 생략되었다.

324　강산 외입쟁이 ; 여기서는 풍류를 즐기는 사람을 두고 이른 것이다.

325　금전이면 사귀신事鬼神이라 ; 돈을 준다고 하면 귀신이라도 섬긴다는 뜻이다.

326　금전이면 사귀신事鬼神이라 돈이면 귀신도 사는 법이라 ; 돈이면 안 되는 일이 없다는 뜻이다.

327　엣다 → 옜다 ; 가까이 있는 사람에게 무엇을 주면서 하는 말이다.

328　쇠줄피 ; '쇠줄바'로, 여러 가닥의 강철 철사를 합쳐 꼬아 만든 줄인 강삭(鋼索)을 말한다. 여기서는 엽전을
　　엮는 쇠줄을 가리켜, 결국은 '엽전꾸러미'를 이른다.

329　받는 → 밭는 ; '밭다'는 '어떤 사물에 열중하거나 즐기는 정도가 너무 심하다.'라는 뜻이다.

330　[보정] 쇠줄피 받는것 ; 임석재본에서는 '쇠줄 밭은 것'이라고 채록되었다. '쇠줄을 꼭 붙들고 있는 모양'이라는
　　뜻이다. 여기서는 돈에 욕심이 많은 것을 뜻한다.

문고리쇠 쥐고 엿장수 부르겠구나[331]

그러나 저러나 너 내말을 들어 보아라

주사청루酒肆靑樓[332]에 절대가인絶對佳人[333] 절영絶影[334]하야

청산靑山 동무[335]로 세월을 보내드니마는

오늘날에 너를 보니 세상 인물이 아니로다[336]

탁문군卓文君의 거문고[337]로 월로승月老繩[338] 다시 맺어

나하고 백세百歲[339]무양無恙[340]함이 어떠하냐?

---

331 아 그년 쇠줄피 받는것을 보니 문고리쇠 쥐고 엿장수 부르겠구나 ; 돈에 욕심이 많은 것을 보니 행실이 바르지
    못하다는 말이다. 속담 '행실을 배우라 하니까 포도청 문고리를 뺀다'는 바른 행실을 배우라고 하니까 한 수
    더 떠서 범죄자를 붙잡아가는 관청의 문고리를 뺀다는 뜻으로, 품행을 단정히 하라고 하였더니 오히려 더 못된
    짓을 함을 비겨 이르던 말이다. 같은 뜻을 담은 속담으로 '버릇 배우라니까 과부집 문고리 빼어들고 엿장사 부른다.'
    도 있다.
332 주사청루酒肆靑樓 ; 술집, 기생집, 매음굴 따위를 통틀어 이르는 말이다.
333 절대가인絶代佳人 ; 이 세상에서는 견줄 사람이 없을 정도로 뛰어나게 아름다운 여자를 이른다.
334 절영絶影 ; 그림자조차 끊어진다는 뜻으로, 발길을 아주 끊음을 이르는 말이다.
335 청산靑山 동무 ; 청산 곧 자연을 벗 삼는다는 말이다.
336 세상 인물이 아니로다 ; 여기서는 '미인'이라는 말이다.
337 탁문군卓文君의 거문고 ; 탁문군과 사마상여(司馬相如)에 얽힌 고사를 말한다. 탁문군은 한(漢)나라 탁왕손
    (卓王孫)의 딸로 음악을 좋아했는데, 익주에 살다가 사마상여가 타는 '봉구황곡(鳳求凰曲)'의 거문고 소리에
    반하여, 밤에 몰래 집을 도망쳐 나가 사마상여의 아내가 되었다. 탁문군의 아버지는 처음에는 사마상여를 냉대
    하다가 후에 사마상여가 익주의 자사가 되어 가자, 그제서야 탁문군에게도 재산을 아들들과 똑같이 나누어 주
    었다고 한다. 녹기금(綠綺琴)은 한나라 사마상여가 쓰던 거문고인데, 사마상여는 녹기금으로 '봉구황곡'을 타
    서 그 때 마침 과부가 되어 있던, 탁문군을 꾀어내었다. 사마상여는 한나라 성도인(成都人)으로 경제(景帝) 때
    에 무기상시(武騎常侍)가 되었으나 병으로 사임(辭任)하고 촉나라로 돌아가던 중 임공(臨邛)에서 탁문군을
    만나 함께 사랑하게 되었다. 무제 때에 양득의(楊得意)의 추천으로 효문원령(孝文園令)이 되었다.
338 월노승月老繩 ; 월하노인이 가지고 다니며 남녀의 인연을 맺어 준다고 하는 주머니의 붉은 끈을 말한다. 중
    매쟁이를 뜻한다. 보통은 '월하빙인(月下氷人)'이라 하며 '월하노(月下老)'와 '빙상인(氷上人)'의 약어다.
    [참고] 月老繩[월노승] ; 다음과 같은 고사에 연유한다.
       당나라 위고(韋固)가 어려서 결혼하지 않았을 때 송성(宋城)에 여행하던 차에 기이한 주머니를 지니고 달
    빛 아래 책을 넘기고 있는 이인(異人)을 만났다. 위고가 묻자 대답하였다. '하늘 아래 혼인이라는 것은 주머
    니 속의 붉은 끈에 달렸다. 이로써 남편과 아내의 발을 묶어 놓으면 비록 원수지간이라도 끈이 하나로 묶어
    바꿀 수가 없다. 그대의 아내는 이곳 채소 파는 노파의 딸이라네.' 그 뒤 십사 년 후 삼상주(參相州)의 군사
    자사왕(刺史王) 태(泰)의 딸로써 아내를 삼았다. 나이는 십육 칠이었다. 그 딸이 말하였다. '나는 군수의 딸이
    었다. 아버지가 송성에 부임하여 때마침 강보에 쌓여 있을 때에 돌아가시자 아침저녁으로 채소를 보급하는
    유모에 의하여 길러졌다.' 송성에서 들으니 그 가게 이름을 정혼점(定婚店)이라 한다. 『속유괴록(續幽怪錄)』
       색담(索紞)의 자는 숙철(叔徹)이다. 점술을 잘 했다. 후령(候令) 호책(狐策)이 얼음 위에 서서 얼음 아래에
    있는 사람과 말을 주고받는 꿈을 꾸었다. 담(紞)이 말하였다. 얼음 위는 양(陽)이라 하고, 아래는 음(陰)이라
    하는데 양과 음이 이야기를 했다는 것이다. 그대가 얼음 위에 있어 얼음 아래 사람과 말을 주고받았다는 것
    은 양이 음에게 말한 것으로 중매의 일이다. 그대는 마땅히 일을 도모할 것이로되 혼인은 얼음이 녹을 때에
    이루어진다. 태수 전표(田豹)를 만나 인하여 책(策)의 아들을 위하여 장공(張公)의 딸을 취하여 중춘(仲春)
    에 혼인이 성사되었다. 『진서예술전(晉書藝術傳)』

소모 :   (살짝 외면外面하여 돌아선다)

취발이 :   아, 그래도 나를 마대[341]?

          그러면 그것은 다 농담이지만

          내 너같은 미색을 보고

          주랴는 돈을 다시 거두어 갖는다는 것은 당치않은 일이다

          아나[342] 돈 받아라 돈

            (돈을 소모에게 던져 준다)

소모 :   (돌아서서 돈을 보고 주어갖는다)[343][344]

취발이 :   어이쿠 잘 먹는다 [다 먹어라]

          내 몸까지 다 먹어라.[→ 내 몸뚱아리까지 다 먹어라.] —

          낙양동천 이화정落陽東村梨花亭—[345]

           (취발이 춤을 추기 시작한다)

소모 :   (같이 춤을 춘다 이렇게 한참 추다가)

취발이 :   (소모의 치마를 떠들고 머리를 들여 민다)

          쉬이 야아 이놈의 곳이 뜨겁기도 뜨겁구나

          어디 관함[346]이나 한번 세어보자

---

339 백세百歲 ; 오랜 세월을 말한다.

340 무양無恙 ; 몸에 탈이나 병이 없다는 뜻으로, 흔히 윗사람에게 자기의 안부를 말하거나 또는 아랫사람의 안부를 물을 때 쓰는 말이다.

341 마대 → 마다고 해

342 아나 ; 상대편의 분수에 맞지 않는 희망이나 꿈에 대하여 비웃거나 조롱할 때 쓰는 말이다. 여기서는 '옛다', '여기 있다' 정도의 뜻으로 쓰였다.

343 줏는다 → 줍는다 ; '줏다'는 '줍다'의 방언이다.

344 [보정] 이 대목에서 취발이와 소무와의 돈 거래는 무엇인가. 연구할 대목이다. '지전'은 종이를 돈 모양으로 재단한 것으로, 현물화폐가 아닌 저승에서 망자가 사용할 저승화폐를 상징화한 무구 중의 하나다. 지전(紙錢)은 한지나 창호지를 가늘게 접어 엽전의 원형이 길게 이어지도록 오린 것을 여러 가닥 모아 만든 조형물이다. 불교에서는 음전(陰錢)·우전(寓錢)이라고도 한다. 지전은 황해도·서울경기·동해안에서는 금전·은전으로, 호남 지역에서는 넋전·돈전, 제주도에서는 그 형태에 따라 지전·발지전·통지전이라고 부른다. '지전춤'은 백지 엽전이 여러 개 이어진 모양처럼 길게 찢어 뭉친 지전을 당골이 양손 또는 한손에 들고 신을 부르거나 보내기 위해 추거나 망자의 넋을 불러 부정을 가시게 하고 원한을 풀어 극락으로 천도하기 위해 추는 춤이다. 진도씻김굿의 지전춤을 추는 당골은 흰 한복을 입는다. 제석굿에서는 두루마기를 입고, 종이고깔을 쓰고, 홍띠를 두른다. 이 춤은 처음에 느리게 추다가 후반부에서 빠른 동작으로 격렬하게 추어 절제되면서도 역동적인 힘을 보여준다. 진도씻김굿에서는 돈이 있으면 귀신도 부릴 수 있다고 믿어 돈을 상징하여 지전춤을 돈전춤이라고도 한다.

345 낙양동천 이화정落陽東村梨花亭 — ; 한자어 불림이다. 보통은 '낙양동천 이화정(落陽洞村梨花亭)'이다.

한관 두관 세관 네관 다섯관…[347]

야아 이것 놔라 놔라 놔

야아 나왔다

　　(털을 뽑는다)

아 이놈의 털 길기도 길구나

한발 가옷[348]이로구나[349]

　　(취발이는 자기의 머리털 몇 개를 뽑아가지고 또한 인형을 사타구니

　　에 꽂아주고 나온다[350])

소모 :　　　　(갑자기 배앓는 양을 한다

　　　　　　적은[→작은] 인형을 치마 속에 빠치고 아이를 낳[았]다는 것이다)[351]

---

346 [보정] 관함 ; 앞뒤 문맥으로 보아 '온정가(溫井歌)'의 '관암(冠巖)세기'의 '관암(冠巖)', 혹은 '관음(觀音)세기'의 '관음(觀音)'인 듯하다.

347 쉬이 야아 이놈의 곳이 뜨겁기도 뜨겁구나 어디 관함이나 한번 세어보자 한관 두관 세관 네관 다섯관… ; 이 대목은 온천에서 뜨거움을 견디기 위하여 탕 속에서 부르는 '온정가(溫井歌)' -'탕(湯)세기', '관암(冠巖)세기', '관음(觀音)세기'라고도 함- 의 한 대목을 원용한 것이다. 여성 성기가 뜨겁다를 욕탕의 물이 뜨겁다로 전이(轉移)시키면서 놀이화하고 있다.

　　[참고] 평양지방 '탕세기'

　　1. 초루한관 두관세관 너이 다섯 여섯 일곱 여덟에 아홉 초열 관암보살 열에 하 하나 둘 셋 넷 다섯 여섯 일곱 여덟에 아홉 양십 관암보살

　　2. 한관 두관 세관 네관 다섯 여섯 일곱 여덟에 아홉 열에 한관 두관 세관 네관 다섯 여섯 일곱 여덟에 아홉 양십 관암보살

　　3. 십오야 밝은 달은 운무중천에 걸렸구나 스물스물 끓는 물은 백병이 소열하고 스물 한관 두관 세관 너이 다섯 여섯 일곱 여덟 아홉 서른 관암보살

　　4. 서른 한관 두관 세관 네관 다섯 여섯 일곱 여덟 아홉 마흔 관암보살 마흔 한관 두관 세관 네관 다섯 여섯 일곱 여덟 아홉 절반 관암보살

　　5. 반이 남아 다 늙었으니 다시 젊지는 못하리라 이팔청춘 소년들아 백발을 보고 허허 웃지를 말어라 절반 한관 두관 세관 네관 다섯 여섯 일곱 여덟 아홉 예순 관암보살

　　6. 일간 칠십은 고래희요 팔십밖은 구십춘광 장차 백세를 다 살아두 죽기가 싫다고 일러를 왔건만 일흔 한관 두관 세관 너이 다섯 여섯 일곱 여덟 아홉 여든 관암보살 여든 한관 두관 세관 너이 다섯 여섯 일곱 여덟 아홉 관암보살

　　7. 백구야 훨훨 날지를 말아 너 잡으러 내 안간다 승상이 버리심에 너를 쫓아 예 왔노라 강상에 터를 닦고 규목유서를 하여 놓고 백에 한관 두관 세관 네관 다섯 여섯 일곱 여덟 아홉 백에 여라문 관암보살

348 가옷 → 가웃 ; 수량을 나타내는 표현에 사용된 단위의 절반 정도 분량의 뜻을 더하는 말이다.

349 이 대목은 성적 분위기를 조장하고 있다.

350 [보정] 인형을 사타구니에 꽂아주고 나온다 ; 취발이탈이 등장할 때에 이미 소도구로 작은 인형을 소지하고 있었음을 알 수 있다.

351 [보정] (갑자기 배앓는 양을 한다 적은[→작은] 인형을 치마 속에 빠치고 아이를 낳[았]다는 것이다) ; 소무가 퇴장하였다가 등장하면서 이같이 실현하는 경우도 있다.

(퇴장退場)³⁵²

취발이 :　　　　(춤을 추며 소모 섰던 곳에 와서 아이를 안고 아이 우는 시늉을 내면서)³⁵³

응애 응애

(자기 소리로)[→ (다시 자기 소리로)]³⁵⁴

에게게³⁵⁵ 이게 웬 일이냐?

아 동내 양반들³⁵⁶ 말씀 들어보오

년만칠십年晩七十에 생남하였오³⁵⁷

우리집에 오지도 마시요³⁵⁸

우리 아이 이름을 지어야겠군 둘째라고 지을가?

아 첫째가 있어야 둘째라고 짓지³⁵⁹

에라³⁶⁰ 마당에서 났으니 마당이라고 지을 수밖에 없군³⁶¹

마당어머니³⁶² 젖좀 주소⋯

(아이 얼르는 소리로)³⁶³

어헝[→ 어혀] 둥둥 내 사랑아

---

352 [보정] 소 모 : (갑자기 배앓는 양을 한다 적은 인형을 치마 속에 빠치고 아이를 낳다는 것이다) (퇴장退場) ; 임석재본에서는 '小巫 I = (배 앓는 양樣을 한다) <주註. 이와 같은 동작動作을 소무小巫 II에 대對해서도 되풀이한다.> 小巫 = (배 앓는 양樣을 한 뒤에 아이를 낳았다 하고 소무小巫 둘다 퇴장退場한다)' 라고 채록되었다. 오청본에서는 '少巫. (배압혼表情을하더니 少焉에小兒를産出한다)' 라고 채록되었다. 현재 '소무 II'에 의하여 실현되는 사례는 보이지 않는다.

353 [보정] 취발이 : (춤을 추며 소모 섰던 곳에 와서 아이를 안고 아이 우는 시늉을 내면서) ; 1인 2역 -역할 변신-으로 실현됨을 보여준다.

354 [보정] (자기 소리로)[→ (다시 자기 소리로)] ; 아이 역에서 취발 역으로 전환됨을 보여준다.

355 애게게 ; 뉘우치거나 탄식할 때 아주 가볍게 내는 소리다. 혹은 대단하지 아니한 것을 보고 업신여기어 내는 소리다. 여기서는 나이 70살에 자식을 얻었다는 기쁨의 소리다.

356 동내양반洞內兩班들 ; 관중을 가리킨다. '양반'은 남자를 범상히 또는 홀하게 이르는 말로도 쓴다.

357 [보정] 년만칠십年晩七十에 생남하였오 ; 늦은 나이 70살에 남자 아이를 낳았다는 것이다. 자료에 따라 차이가 있다. 취발을 '젊음'의 상징으로 보는 견해가 있었다. 이는 노장탈이 '검은색'이고 취발탈이 '붉은색'이라는 점에만 관심을 두고 도출해낸 결과인데, 재고의 여지가 있다.

358 [보정] 우리 집에 오지도 마시요 ; 아이를 낳았으니 출입을 삼가라는 말이다. 아이를 낳은 집에는 삼칠일간 찾아감을 꺼리는 풍속이 나타나 있다.

359 [보정] 아 첫째가 있어야 둘째라고 짓지 ; 태어난 순서에 따라 이름을 부르는 관습이 나타나 있다.

360 에라 ; 생각을 단념하거나 무엇을 포기하려 할 때 내는 소리를 말한다.

361 [보정] 에라 마당에서 났으니 마당이라고 지을 수밖에 없군 ; 태어난 곳을 따서 이름으로 삼는다는 말이다. 본명은 아니지만, 귀하게 낳은 자식일수록 별명으로 태어나 곳을 이름으로 삼는 풍속이 나타나 있다.

362 마당어머니 ; 자식의 이름을 앞에 붙여 부모를 부르는 습관에서 나온 호칭이다.

363 [보정] (아이 얼르는 소리로) ; 오청본에서는 '(唱)'이라고 채록되었다. 결국 노래조로 실현함을 알 수 있다.

어델 갔다 이제 오나[364]

기산영수箕山潁水 별건곤別乾坤[365]에

소부허유巢父許由[366]와 놀다왔나

채석강명월야采石江明月夜[367]에

이적선李謫仙[368]과 놀다왔나

수양산首陽山[369] 백이숙제伯夷叔齊[370]와

채미採薇[371]하다 이제 왔나

둥둥둥 내 사랑아[372]

　　　(아이 소리로)

아버지 날 데리고 이렇게 둥둥 타령打鈴[373]만 할 것 없이

---

364 어헝[→ 어허] 둥둥 내 사랑아 어델 갔다 이제 오나 ; 오청본에서는 '어화둥둥내사랑 어델갓다이제오나.'라고
　　채록되었다. 여음구[조흥구]에 차이를 보인다. 이러한 현상은 채록현장의 상황이나 공연자에 따라 달라질 수 있다.
365 기산영수箕山潁水 별건곤別乾坤 ; '기산영수'는 중국 하남성(河南省)에 있는 산과 시내를 말한다. 요(堯)임
　　금 때 소부(巢父)와 허유(許由)가 임금의 자리를 물려받으라는 왕명을 피하여 들어가 은거했다는 산과 물이다.
　　'기산'은 하남성 행당현(行唐縣) 서북쪽에 위치한다. '영수'는 하남성 등봉현(登封縣) 서쪽 경계에 있는 영곡
　　(潁谷)에서 발원하여 회수(淮水)로 유입하는 물길이다. '별건곤'은 별세계, 별천지를 말한다.
366 소부허유巢父許由 ; 고대 중국의 전설상의 은자(隱者)인 소부와 허유를 말한다. 속세를 떠나서 산의 나무 위에
　　서 살았기 때문에 생긴 이름이며, 요(堯)가 천하를 그에게 나라를 맡기고자 하였으나 이를 사양하고 받지 않았다.
　　허유(許由)가 영천에서 귀를 씻고 있는 것을 소를 몰고 온 소부(巢父)가 보고서 그러한 더러운 물은 소에게도
　　마시게 할 수 없다며 돌아갔다는 고사(故事)가 있다. 소부와 허유를 소유(巢由), 소허(巢許)라고도 하며, 이를
　　한 사람으로 보는 설도 있다.
367 채석강명월야采石江明月夜 ; 채석강의 달 밝은 밤을 말한다.
368 이적선李謫仙 ; 중국 당나라 때 시인 이백(李白)을 말한다. 자 태백(太白)이며, 호 청련거사(靑蓮居士), 주선
　　옹(酒仙翁)이다. 시선(詩仙)으로 일컬어지는데 장안(長安)에 들어가 하지장(賀智章)을 만나자 하지장은 그의
　　글을 보고 탄(歎)하여 적선(謫仙)이라 하였다.
369 수양산首陽山 ; 중국 산서성(山西省)에 있는 산 이름이다. 이곳에서 백이(伯夷)와 숙제(叔齊)가 아사(餓死)
　　했다고 한다. 또한 황해도 해주 시내에서 바로 동쪽 지점에 있는 산으로, 옛날 백이숙제가 고사리를 캐먹다 굶
　　어 죽었다는 산과 이름이 같아서, 조선 시대에 이 산을 소재로 하여 지어진 한시 중에 백이숙제(伯夷叔齊)와
　　관련된 작품이 많다.
370 백이숙제伯夷叔齊 ; 중국 은나라 때의 처사(處士)인 형 백이(伯夷)와 아우 숙제(叔齊)는 모두 은나라 고죽군
　　(孤竹君)의 아들이다. 주나라 무왕(武王)이 은을 치려고 하는 것을 말리다가 이를 듣지 않으므로 형제는 주나
　　라의 녹 먹기를 부끄럽게 여기고 수양산(首陽山)에 들어가 고사리를 캐어 먹으며 숨어 살다가 채미가(采薇歌)
　　를 남기고 굶어 죽었다고 한다. 『맹자(孟子)』에 '백이와 숙제는 성인 중에서 청백한 분(夷齊聖之淸者)'이라는
　　말이 있다.
371 채미採薇 ; '고사리를 캔다'는 뜻으로 고사리로 연명하였다는 말이다. '首陽薇(수양미)'는 수양산 고사리로,
　　은(殷)나라의 충신 백이(伯夷)와 숙제(叔齊)가 수양산(首陽山)에서 고사리를 꺾어 먹고 연명하였다는 데서 나
　　온 말이다.
372 둥둥둥 내 사랑아 ; 오청본에서는 '어허둥둥내사랑 아가아가둥둥내사랑.'이라고 채록되었다.

나도 남의 자식들과 같이 글 공부를 시켜주시요

（자기 소리로）

야 이거 좋은 말이로구나

（아이 소리로）

그러면 아버지 나를 양서[374]로 배워주시요

（자기 소리로）

양서[375]라니 평안도平安道하고 황해도黃海道하고[376]

（아이 소리로）

아니 그것이 아니라오 언문諺文[377]하고 진서眞書[378]하고

（자기 소리로）

오냐 그는 그는 그렇게 해라[→ 오냐 그렇게 해라] 하늘 천(天)

（아이 소리로）

따 지(地)

（자기 소리로）

아 이놈 봐라 나는 하늘 천 하는데 이놈은 따지 하는구나[379]

（아이 소리로）

아버지 나는 하늘천天 따지地로 배워주지 말고[380]

천자千字 뒷풀이[381]로 배워주시요

373　[보정] 둥둥 타령打鈴 ; 어린아이를 안거나 쳐들고 어를 때 내는 소리를 두고 이른 것이다.

374　양서 ; 여기서는 '兩書' 즉 한글과 한문을 아울러 이르는 말이다.

375　양서 ; 여기서는 '兩西' 즉 황해도와 평안도로 황평양서(黃平兩西)를 이르는 말이다.

376　[보정] (아이 소리로) 그러면 아버지 나를 양서로 배워주시요 (자기 소리로) 양서라니 평안도(平安道)하고 황해도(黃海道)하고 ; 아이가 양서(兩書) 즉 한글과 한문을 배우게 하여 달라고 하였는데, 취발은 양서(兩西) 즉 평안도와 황해도라고 받은 유사음 이의어를 활용한 언어유희다. 임석재본에서는 '(소아小兒소리). 그러면 아버지 나를 양서로 배워주시오. (제소리) 양서라니 평안도平安道하고 황해도黃海道하고' 라고 채록되었다.

377　언문諺文 ; 한글을 예전에 일컫던 말이다.

378　진서眞書 ; 예전에, 우리글을 언문(諺文)이라고 낮춘 데에 상대하여 진짜 글이라는 뜻으로 '한문'을 높여 이르던 말이다.

379　나는 하늘 천 하는데 이놈은 따지 하는구나 ; '하늘 천'을 가르쳐주니 '따 지'도 아는구나. '하나를 가르쳐주면 열을 안다'와 같은 뜻이다.

380　하늘천天 따지地로 배워주지 말고 ; '본래의 천자문풀이로 가르치시지 말고'의 뜻이다

381　천자千字 뒷풀이 ; 천자문(千字文)에 있는 글자의 뜻을 풀어 운율에 맞추어 해석하여 부르는 타령의 한 가지이다. 천자문의 글자를 풀어 노랫조로 꾸민 민요. 어희요(語戲謠)의 일종이다. 한자의 특징을 해학적으로 풀이하여

(자기 소리로)

거 참 좋은 말이다

(노래조로 음악에 맞추어)[382]

자시子時[383]에 생천生天[384]하니 유유피창悠悠彼蒼[→ 유유피창(悠悠彼蒼, 悠悠蒼天?)][385] 하늘천天[386]

축시丑時[387]에 생지生地[388]하니 만물창성萬物昌盛[389] 따지

유현幽玄 비모[390] 흑적색黑赤色[391] 북방현무北方玄武[392] 가물현玄

궁상각치우宮商角徵羽[393] 동서사방東西四方[394] 중앙토색中央土色[395] 누를 황黃

천지사방天地四方[396] 몇만리냐 거루광활巨樓廣闊[397] 집우宇

부르는 내용으로, 서당에서 한문공부가 성행하던 근래까지 전국적으로 많이 불린 노래이다. 이러한 어희요는 한국 민요의 특징의 하나로 한자공부의 어려움을 잊기 위하여 해학과 풍자로 읊은 것이다. 그 대표적인 예를 들면 "하늘천 따따지/가마솥에 누룽지/딸딸 긁어서/배꼭다리 한 그릇"- 예안지방(禮安地方), "높고 높은 하늘천(天)/깊고 깊은 따지(地)/홰홰친친 가물현(玄)/불타졌다 누룽황(黃)"- 춘향전 완본(春香傳 完本) 등이 있다. 글자풀이 노래는 비단 이것만 있는 것은 아니다. 이와 유사한 것으로 '한글풀이(국문풀이)'와 '구구(九九)풀이', '지명풀이' 등이 있는데 그 중에도 '한글풀이'는 천자풀이와 맥을 같이 하는 것으로 다양한 사설(辭說)이 전한다. 천자문은 중국 양(梁)나라의 주홍사(周興嗣)가 무제(武帝)의 명으로 지은 책이다. 1구 4자로 250구, 모두 1,000자로 된 고시(古詩)이다. 하룻밤 사이에 이 글을 만들고 머리가 허옇게 세었다고 하여 '백수문(白首文)'이라고도 한다.

382 (노래조로 음악에 맞추어) ; 여기서의 음악은 타령곡일 것이다. 임석재본에서는 '음악音樂에 맞추어 노래부른다' 라고 채록되었다.
383 자시子時 ; 밤 11시부터 1시 사이를 말한다.
384 생천生天 ; 하늘이 생긴다는 말이다.
385 유유피창悠悠彼蒼 ; 아득히 먼 저 푸른 하늘을 말한다.
386 자시子時에 생천生天하니 유유피창悠悠彼蒼[→ 유유피창(悠悠彼蒼, 悠悠蒼天?)] 하늘천(天) ; 임석재본에서는 '자시子時에 생천生天하니 불어행사시不言行四時 유유피창悠悠彼蒼 하날 천天' 라고 채록되었다. '유유창천(悠悠蒼天)'은 원한을 표현할 때 쓰이는 말로 한없이 멀고 푸른 하늘을 말한다.
387 축시丑時 ; 밤 1시에서 3시 사이를 말한다.
388 생지生地 ; 땅이 생긴다는 말이다.
389 만물창성萬物昌盛 ; 만물이 번성한다는 말이다.
390 [보정] 유현幽玄 비모 ; 본래는 '유현비묵(幽玄秘墨)'이다. 이치가 깊고 그윽하여 알기 어려운 검은색[墨]을 말한다.
391 [보정] 흑적색黑赤色 ; 붉은 빛이 도는 검은색을 말한다. 임석재본에는 '黑正色'으로 채록되었다. 천자문 뒤풀이 자료들에서는 대체로 '黑正色'으로 나타난다.
392 북방현무北方玄武 ; 사신(四神) 중의 하나로 북쪽을 맡은 거북과 뱀의 형상을 닮은 태음신(太陰神)을 말한다.
393 궁상각치우宮商角徵羽 ; 동양 음악의 다섯 음(音)을 이른다.
394 동서사방東西四方 ; 동서남북의 사방을 말한다.
395 중앙토색中央土色 ; 중앙은 흙색이라는 말이다.
396 천지사방(天地四方) ; 온 세상을 말한다.
397 거루광활巨樓廣闊 ; 크고 너른 누각을 말한다.

여로국도國都[→ 여도(역대) 국도(조)(國都, 歷代國朝?)]][398] 홍망성쇠興亡盛衰[399] 그 누구 집주宙

우치홍수禹治洪水[400] 기자춘[401] 홍범구주洪範九疇[402] 넓을홍洪

전원장무田園將蕪 호불귀胡不歸[403] 삼경취황三逕就荒[404] 거칠황荒

요순성덕堯舜聖德[405] 장하시다 취지여일就之如日[406] 날일日

억조창생億兆蒼生[407] 격양가擊壤歌[408] 강구연월康衢煙月[409] 달월月

---

398 [보정] 여로국도國都[→ 여도(역대) 국도(조)(國都, 歷代國朝?)]] ; 보통은 '역대국도(歷代國都)', 혹은 '역대국조(歷代國朝)' 라고 한다. 역사적으로 이름이 난 국가 혹은 수도(首都)라는 말이다.

399 홍망성쇠興亡盛衰 ; 흥하고 망함을 이른다.

400 우치홍수禹治洪水 ; 우(禹)의 아버지 곤(鯀)은 제요(帝堯) 때에 황하(黃河)의 대홍수를 9년간이나 다스렸으나 치수(治水)의 업적을 올리지 못하고 마침내 죽음을 당하고 말았다. 그의 아들 우가 치수에 전력하여 제순(帝舜) 때에 완전히 성공을 보았으므로 마침내 천자(天子)가 될 수 있었다는 고사에서 연원을 두고 있다. '구년치수(九年治水)'라고도 한다. 관용구다.

401 [보정] 기자춘 ; '箕子推演(기자추연)'의 잘못이다. 기자가 홍범구주(洪範九疇)의 내용을 상세히 풀이[추연(推演)]한 것을 두고 이른다. 기자는 은(殷)나라 주(周)임금에게 그릇됨을 바로 잡고자 하였으나 듣지 아니하자 주나라로 도망하여 무(武)임금에게 홍범구주를 추연한 것을 바쳤다고 한다.

402 홍범구주洪範九疇 ; 중국 하(夏)나라 우왕(禹王)이 남겼다는 정치 이념이다. 홍범은 대법(大法)을 말하고, 구주는 9개 조(條)를 말하는 것으로, 즉 9개 조항의 큰 법이라는 뜻이다. 우왕이 홍수를 다스릴 때 하늘로부터 받은 낙서(洛書) -하도낙서(河圖洛書)로 고대 중국에서 예언(豫言)이나 수리(數理)의 기본이 된 책임- 를 보고 만들었다고 한다. 주나라 무왕(武王)이 기자(箕子)에게 선정의 방안을 물었을 때 기자가 이 홍범구주로써 교시하였다고 한다.

403 [보정] 전원장무田園將蕪 호불귀胡不歸 ; 고향의 전원이 장차 거칠어지려는데 어찌 돌아가지 않으리 라는 뜻이다. 도연명(陶淵明)의 '귀거래사(歸去來辭)'의 한 대목이다. 오청본에서는 '田園丈夫 (將蕪)不好歸' 라고 채록되었다.

404 삼경취황三徑就荒 ; '전원의 세 갈래 길은 거칠어진다.'는 뜻이다. 도연명(陶淵明)의 '귀거래사(歸去來辭)'의 한 대목이다.

405 요순성덕堯舜聖德 ; 중국 고대의 성군(聖君)인 요(堯)임금과 순(舜)임금의 거룩한 덕을 이른다.

406 취지여일就之如日 ; 해를 따르고 구름을 바라본다는 말로 임금의 덕을 우러러 본다는 말이다. 『사기』의 '오제기(五帝紀)'에 옛날 요(堯)임금의 덕이 지극하여 사람들이 '그 어짊이 하늘과 같고 그 슬기 신 같으며, 그에게 나아가기를 해에 나아가듯 하고 그를 바라보기를 구름같이 하네. 其仁如天 其知如神 就之如日 望之如雲' 라 했다.

407 억조창생億兆蒼生 ; 매우 많은 수의 백성, 혹은 많은 사람을 가리키는 말로 쓰이며 '억만창생(億萬蒼生)'이라고도 한다.

408 격양가擊壤歌 ; '땅을 치며 노래한다'는 뜻이며, 요(堯)나라 때의 태평세월을 구가(謳歌)한 것이다. 이 노래는 요(堯)나라 때 지은 노래라 하나 후세의 분식(粉飾)일 것이라는 설이 강하다. '격양'이란 원래 나무를 깎아 만든 '양(壤)'이라는 악기를 친다는 뜻과, '땅[壤]'을 친다는 뜻이 있다. 요임금이 천하를 다스린 지 50년이 되었을 때, 과연 천하가 잘 다스려지고 백성들이 즐거운 생활을 하고 있는지 직접 확인하고자 평민 차림으로 거리에 나섰다. 넓고 번화한 네거리에 이르렀을 때 아이들이 노래 부르며 놀고 있어 그 노랫소리를 유심히 들었다. 그 노랫말은 "우리가 이렇게 잘 살고 있는 것은 모두가 임금의 지극한 덕이네. 우리는 아무것도 모르지만 임금이 정하신 대로 살아간다네. 立我烝民 莫匪爾極 不識不知 順帝之則" 라고 하였다. 그 뜻은 임금님이 인간의 본성에 따라 백성을 도리에 맞게 인도하기 때문에 백성들은 법이니 정치니 하는 것을 염두에 두거나 배워 알거나 하지 않아도 자연 임금님의 가르침에 따르게 된다는 것으로, 이 노래를 강구가무(康衢歌舞)라고도 한다. 임금은 다시 발길을 옮겼다. 한 노인이 길가에 두 다리를 쭉 뻗고 앉아 한 손으로는 배를 두들기고 또 한 손으로는 땅바닥을 치며 장단에 맞추어 노래를 부르고 있었다. 그 노랫말은 "해가 뜨면 일하고, 해가 지면 쉬고,

오거시서五車詩書 백가서百家書[410] 적안영상積案盈床[411] 촬영盈

밤이 어느 때냐 월만즉축月滿則昃[412] 기울측昃

이십팔수二十八宿[413] 하도낙서河圖洛書[414] 중성공지衆星拱之[415] 별진辰

우물 파서 마시고, 밭을 갈아 먹으니, 임금의 덕이 내게 무슨 소용이 있으랴 日出而作 日入而息. 鑿井而飮 耕田而食 帝力于我何有哉" 하였다. 이는 정치의 고마움을 알게 하는 정치보다는 그것을 전혀 느끼기조차 못하게 하는 정치가 진실로 위대한 정치라는 것을 뜻하는 것으로, 이 노래를 격양가라 한다. 이 노래를 들은 요임금은 크게 만족하여 "과시 태평세월이로고." 하였다 하며, 그 후 중국은 물론 우리나라에서도 풍년이 들어 오곡이 풍성하고 민심이 후한 태평시대를 비유하는 말로 쓰이고 있다.

409 강구연월康衢煙月 ; '강구(康衢)'는 번화한 네거리를 뜻하며, '연월(煙月)'은 달빛이 연무(煙霧)에 은은하게 비치는 모습을 형용한다. 이는 『열자(列子)』 '중니(仲尼)'에 나오는 '강구요(康衢謠)'에서 유래한 말이다. '강구요'는 중국의 요(堯)임금이 나라를 다스린 지 50년이 되어 민심을 살피려고 나온 길에 어느 번화한 네거리에서 놀고 있던 아이들이 불렀다는 노래이다. 그 가사는 '우리가 이렇게 잘 살고 있는 것은 모두가 임금의 지극한 덕이네. 우리는 아무것도 모르지만 임금이 정하신 대로 살아간다네. 立我烝民 莫匪爾極 不識不知 順帝之則'라는 것으로, 요임금의 치세를 찬양하는 내용이다. 여기서 유래하여 강구연월은 태평성(太平聖代)의 평화로운 풍경을 비유하는 말로 사용된다.

410 [보정] 오거시서五車詩書 백가서百家書 ; '오거서'와 '시서백가어'와 '백가서'가 결합된 말이다. '오거서'는 다섯 수레에 가득 실을 만큼 많은 책을 말한다. 장자(莊子)의 친구 혜시(惠施)가 학식이 많아 장서가 오거지서(五車之書)였다 한다. '시서백가어'는 『시전(詩傳)』과 『서전(書傳)』과 제자백가(諸子百家)의 서책을 말한다. '백가서(百家書)'는 보통 '백가어(百家語)'라고 하는데, 중국(中國) 전국시대(戰國時代)의 제자백가(諸子百家)의 저술을 두고 이른 것이다.

411 [보정] 적안영상積案盈箱 → 積案盈箱 ; 누독연편(累牘連篇), 연편누폭(連篇累幅), 연장누독(連章累牘)이라고도 한다. '독(牘)'은 종이가 발명되기 이전에 글을 쓰는 데 이용한 죽간(竹簡)이나 목간(木簡)을 가리킨다. '연편누독(連篇累牘)'은 '편에서 편으로 이어지는 글과 높이 쌓인 죽간'이라는 뜻으로, 쓸데없이 문장이 길고 복잡함을 비유하는 말이다. 중국 수(隋)나라 때 이악(李諤)이 쓴 글에서 유래되었다.

  이악은 자(字)가 사회(士恢)이며, 수나라 문제(文帝) 때 치서시어사(治書侍御史)라는 벼슬을 지냈다. 당시 문단의 풍조는 위진남북조(魏晉南北朝) 시대를 답습하여 문장의 화려함만을 추구하고 내용은 중시하지 않았기 때문에 실생활과는 동떨어진 공허함이 만연하였다. 이에 이악은 황제에게 '상서정문체(上書正文體)'라는 글을 올려 이러한 풍조를 바로잡아야 한다고 상주(上奏)하였다. 이 글에서 이악은 당시의 문인들의 행태에 대하여 '도리는 빠뜨리고 기이함만 있으며, 허황된 것을 찾고 사소한 것을 좇아 한 운(韻)의 기이함을 다투고, 한 글자의 교묘함만 다투고 있습니다. 글이 편에서 편으로 이어지고 죽간이 높이 쌓이도록 달과 이슬의 형체가 드러나지 않으며, 다 읽은 죽간이 책상에 가득하고 상자를 채우도록 오직 바람과 구름의 형상만 묘사하고 있을 뿐입니다. 連篇累牘, 不出月露之形, 積案盈箱, 唯是風雲之狀' 라고 비판하였다. 이악의 글은 당시의 문단에 상당한 영향을 미쳤다고 한다. 여기서 유래하여 연편누독은 내용도 없으면서 쓸데없이 장황하고 복잡하기만 한 글을 비유하는 고사성어로 사용된다. '적안영상(積案盈箱)'도 비슷한 의미로 쓰인다.

412 월만즉측月滿則昃 ; 달도 차면 기운다는 뜻이다. 오청본에서는 '月中咫尺'으로 채록되었다.

413 이십팔수二十八宿 ; 해와 달의 위치를 밝히기 위하여 황도를 중심으로 나눈 스물 여덟 자리를 말한다.

414 하도낙서河圖洛書 ; 고대 중국에서 예언(豫言)이나 수리(數理)의 기본이 된 책이다. 『하도(河圖)』는 복희(伏羲)가 황하(黃河)에서 얻은 그림으로, 이것에 의해 복희는 팔괘(八卦)를 만들었다고 하며, 『낙서(洛書)』는 하우(夏禹)가 낙수(洛水)에서 얻은 글로, 이것에 의해 우(禹)는 천하를 다스리는 대법(大法)으로서의 '홍범구주(洪範九疇)'를 만들었다고 한다.

415 중성공지衆星拱之 ; 뭇별들이 북극성을 둥글게 둘러싸는 모양을 두고 이른 것이다. 보통은 제후국이 천자(天子)에게 충성을 다한다는 뜻으로 쓰인다. 『논어』 '위정(爲政)'에 '덕정(德政)'을 펴게 되면, 북신(北辰)이 가만히 제자리를 지키고 있어도 뭇별들이 옹위하는 것처럼 될 것이다. 爲政以德 譬如北辰居其所 而衆星拱之' 라고 하였다.

투계소년鬪鷄少年 아해들아[416] 창가금침娼家衾枕[417] 잘숙宿

절대가인絶代佳人[418] 좋은 풍류 만반진수滿盤珍羞[419] 벌열列

야반삼경夜半三更 심창리深窓裡[420]에 갖은 정담情談 베풀장張

　　(아이 소리로)

그건 그만 해두고 이제는 언문諺文[421]을 배우자 가갸 거겨 고교 구규[→

그건 그만 해 두고 이제는 언문을 배워주시오. (자기 소리로) 그래라, 언문을 배우자. 가갸 거

겨 고교 구규]

　　(아이 소리로)

아버지 그것도 그렇게 배워주지 말고 언문 뒷풀이[422]로 배워주시오

　　(자기 소리로)

가나 다라 마바 사아 자차 카타 앗차차 잊었구나[423]

기억 니은 지긋하니 기억자로 집을 짓고

니은 같이 살쟀드니 지긋같이 벗어난다[424]

가갸 거겨 가이없은 이 내 몸은 거지 없이 되였구나[425]

416　[보정] 투계소년鬪鷄少年 아해兒孩들아 ; '투계(鬪鷄)'와 같은 도박에 빠져서 소일하는 젊은이를 일컫는다. '투계'
　　는 닭끼리 싸움을 붙여서 이를 보고 즐기거나 내기를 거는 놀이로 지금까지도 세계적으로 분포되어 있으며,
　　도박의 폐해가 심하여 금지하는 경우도 있었다. 일부 관련 저서에서 '走馬鬪鷄의 착오'라고 보았다. 우리 연행문화
　　에서 '走馬鬪鷄猶未返 - 말달리기와 닭싸움에 빠진 임은 아직 돌아오지 않네' 라고 하여 여러 곳에 나타난다.
417　창가금침娼家衾枕 ; '창가'는 몸 파는 기생의 집을 말한다. '금침(衾枕)'은 이부자리와 베개를 아울러 이르는
　　말이다. 결국 기생집에 들러 질탕하게 논다는 말이다. 일부 판소리나 천자뒤풀이에는 왕발의 시 '임고대'의 '가
　　련금야숙창가(可憐今夜宿娼家)'라는 구절이 원용되기도 하였다.
418　절대가인絶代佳人 ; 그 시대에 견줄 이 없는 뛰어난 미인을 말한다.
419　만반진수滿盤珍羞 ; 상에 가득 차린 진수성찬을 말한다.
420　야반삼경夜半三更 심창리深窓裡 ; '한밤중 깊은 창문 안에'라는 말이다.
421　언문諺文 ; 한글을 예전에 일컫던 말이다.
422　언문諺文 뒤풀이 ; 한글의 자모 순서에 따라 말을 만들어가며 말놀이하는 동요다. 어희요(語戲謠)의 하나로
　　가갸뒤풀이 · 국문뒤풀이 · 언문뒤풀이 · 가갸풀이 · 국문풀이 · 언문풀이라고도 한다. 곧, ㄱㄴㄷ 혹은 가갸거겨의
　　순서에 따라서 말을 꾸며나가는데, 거침없이 외어나가는 데에 흥취를 느끼며 전승된다. '이고사본춘향전 李古
　　寫本春香傳'이나 '신구잡가 新舊雜歌'에도 드러나는 것으로 보아 오래 전부터 전승된 듯하다. 경기 잡가(雜
　　歌)의 하나이기도 하다. 경기도의 '창부 타령' 곡조를 많이 땄으며, 굿거리장단이다.
423　[보정] 가나 다라 마바 사아 자차 카타 앗차차 잊었구나 ; 동음이의어를 원용한 언어유희이다. 오청본에서는
　　'가나다라마바사 아자차 잊었구나 기억'라고 채록되었다.
424　[보정] 기억 니은 지긋하니 기억자로 집을 짓고 니은 같이 살쟀드니 지긋같이 벗어난다 ; 한글 자모 이름 낭송은
　　'기억자로 집을 짓고 니은같이 사는 것'은 편안한 삶을 뜻하게 된다. 그러던 것이 '디귿'이 '지긋지긋'의 뜻으로
　　의미가 전이(轉移) 된다. 결국 편안한 삶을 갈구하였는데 진저리가 나도록 싫고 지겹다는 뜻이 된다. 오청본에서는
　　'기억 니은 디긋하니 기억字로집을짓고 니은같이사잣더니 디긋같이離別 된다.'라고 채록되었다.

고교 구규 고생하던 이 내 몸이 고구하기 짝이 없다[426]

나냐 너녀 나라가는 원앙鴛鴦새야 널과 날과 짝을 두위[→ **두워**][427]

노뇨 누뉴 노류장화路柳牆花 인개가절人皆可折[428]

눌로[429] 말미암아 생겨났는고

다댜 더뎌 다닥 붙었던 정이 덛이 없이[430] 떨어진다[431]

도됴 두듀 도장에 늙은 몸이 두고 가기 막연해라[→ **막연하다**][432] [433]

[434]

(춤추며 아이를 들고 퇴장)

---

425 [보정] 가갸거겨 가이 없은 이내 몸은 거지없이 되였구나 ; '가엾은 이 몸이 거지 같은 신세가 되었구나.'의 뜻이다. 'ㄱ'음 변용을 통한 언어유희이다. '가이'와 '거지'가 대구를 이룬다. 오청본에서는 '가갸거겨 가이업슨 이내몸이 거이업시되엿구나'라고 채록되었다. 오청본에 따르면 '아무것도 없는 신세'가 되었다는 뜻이 된다. 이같은 양상은 전승 유통과정에서 다양한 모습으로 나타난다.

426 [보정] 고교구규 고생하던 이 내 몸이 고구하기 짝이 없다 ; '고생하던 이 몸이 구차스러운 신세가 되었네.'의 뜻이다. 'ㄱ'음을 변용한 언어유희이다. '고구'는 미상하다.

427 [보정] 두위[→ **두워**] ; '두어'의 잘못인 듯하다.

428 노류장화路柳牆花 인개가절人皆可折 ; 길가의 버들과 담 밑의 꽃은 누구든지 쉽게 만지고 꺾을 수 있다는 뜻으로, 기생을 뜻한다. 달리 말하면 기생은 여러 남자의 노리개가 될 수 있다는 말이다. 『열자(列子)』에 '산닭이나 들오리는 능히 길들이지 못하고, 길가의 버들이나 담 밑의 꽃은 다 꺾을 수 있다. 山鷄野鶩 莫可能馴 路柳牆花 人皆可折 '라고 하였다.

429 눌로 → 누구로

430 [보정] 덛이없이 → 덧없이 ; 'ㄷ'음을 이용한 언어유희를 실현하다 보니 '덛이없이'로 된 것이다.

431 [보정] 다댜 더뎌 다닥 붙었던 정이 덛이 없이 떨어진다 ; 'ㄷ'음을 변용한 언어유희다.

432 [보정] 막연해라[→ **막연하다**] ; 문맥상으로는 '茫然하다'의 잘못이다. '망연하다'를 '막연하다'로 실현한 것은 유희성에 바탕을 둔 것이다. 오청본에서는 '茫然하다'라고 채록되었다. '망연(茫然)하다'는 매우 넓고 멀어서 아득하다 혹은 아무 생각이 없이 멍하다는 뜻이다.

433 [보정] 이 대목은 언문 뒤풀이 전체가 불림으로 활용된 것이다.

434 [보정] 이 대목에 임석재본에서는 '(이하략以下略)'이라 채록하였다. 이하를 생략하였다는 것이다. 이것은 실제 현장에서는 계속될 수 있음을 말한다. 즉 현장의 상황에 따라 출입이 있을 수 있다는 것이다. 이를 가면극의 현장성의 한 가지라고 한다.

5. '제오과장 사자춤'의 복원

제오과장第五科場 사자춤(사자무獅子舞)[1]

1 [보정] 제오과장第五科場 사자춤(사자무獅子舞) ; 오청본에서는 '第五場 獅子舞'라고 채록되었다. 장면의 명칭이 '獅子舞'라고 붙어 있다.

　[참고] 사자놀이 – 보통은 음력 정월 대보름날 축사연상(逐邪延祥)의 주원(呪願)으로서 거행되는 탈놀이이다. 지방에 따라서는 주지놀음[하회지방]·사지놀음[광주(廣州)지방]·사자놀음[북청지방]이라고도 한다. 이 놀이는 나무나 대광주리·종이를 가지고 만든 사자탈 속에 두 사람이 들어가 쓰고 풍물을 치면서 마을을 돌아다닌다. 이때에 여유 있는 집으로 들어가 마당에서 한바탕 춤을 추고 논 뒤에, 그 집주인으로부터 사례로 곡물이나 금전 등을 받는다. 이 곡물과 금전은 마을을 위한 공공사업에 사용되는 것이 보통이다. 지금은 시대의 변천으로 옛날같이 세시풍속의 하나로서 연희되지는 않는다. 광복 8년 전까지만 해도 정초의 벽사(僻邪)에 북청(北靑)·정평(定平)·종성(鐘城)·명천(明川)·회령(會寧)·경성(鏡城)·경흥(慶興)·고성(高城)·횡성(橫城)·순천(順川)·광주(廣州)·안성(安城)·송화(松禾)·은율(殷栗)·해주(海州)·봉산(鳳山)·마산(馬山)·통영(統營)·수영(水營)·김해(金海)·남해(南海)·아산(牙山)·경주(慶州) 등 큰 고을 20여 곳에서 행하여졌다. 그 중에서도 지방으로는 북청의 사자놀음이 봉산가면극의 사자춤과 더불어 한때 그 이름이 높았다. 이 사자놀이가 언제부터 연행되었는지는 분명하지 않으나, 문헌상으로는 『삼국사기』악지(樂志)에 사자놀이가 보인다. 최치원(崔致遠)의 '향악잡영(鄕樂雜詠)'에는 '산예(狻猊)'가 보인다. 또, 성종 19년(1488) 3월에 우리나라에 사신으로 왔던 명(明)나라의 동월(董越)이 자신을 영접하는 산대희(山臺戲)를 보고 지은 '조선부(朝鮮賦)'에 사자가 나온다. 동월이 본 놀이 가운데 '말가죽을 벗겨 뒤집어쓰고 사자와 코끼리로 꾸민 것 飾獅象盡蒙解剝之馬皮'이 나온다. 여기서의 사자는 바로 사자춤을 추는 것으로 생각된다. 유득공(柳得恭)의 '경도잡지(京都雜誌)' 성기(聲伎)조에 의하면, 나례도감(儺禮都監)에 속하는 산희(山戲)에 사자춤이 나온다. 그리고 송만재(宋晩載)가 1843년에 지은 '관우희(觀優戲)'에도 사자춤이 보인다. 또 김홍도(金弘道)가 그린 '평안감사환영도(平安監司歡迎圖)'와 『화성성역의궤(華城城役儀軌)』의 '낙성연도(落成宴圖)'에도 사자춤이 보인다. 『국연정재창사초록(國宴呈才唱詞抄錄)』에 의하면, 고종24년에 성천잡극(成川雜劇)이라고 하는 사자춤을 처음 사용했다는 기록이 발견된다. 이 사자춤은 평안남도 성천지방의 민속 사자춤을 받아들인 것으로 보인다. 두 마리의 사자가 춤을 추는 놀이 내용은 현재의 북청사자놀이와 매우 유사하다. 사자춤에서는 머리 쪽에 한 사람, 뒤쪽에 한 사람이 들어가는 것이 보통이며, 사자가 큰 경우에는 몸뚱이 쪽에 한 사람이 더 들어가서 추기도 한다. 춤의 동작은 꼿꼿하게 높이 솟기도 하고, 앉아서 좌우로 몸을 돌려 이 잡는 시늉을 하기도 하며, 꼬리를 흔들면서 몸을 긁기도 한다. 타령이나 굿거리장단에 맞추어 덩실덩실 춤을 추기도 한다. 이 사자놀이에는 대체로 사자 한 마리가 나오는데, 지방에 따라서는 두 마리도 나온다. 왕년에 경주지방에서 축사연상의 주원으로서 행하여졌던 사자놀이에는 두 마리의 사자가 나와 싸우며, 하회가면극(河回假面劇)에도 두 마리가 나와 싸운다. 조선시대에 간행된 『화성성역의궤(華城城役儀軌)』의 '낙성연도(落成宴圖)'에는 3명의 몰이꾼이 사자와 범 한 마리씩을 놀리는 장면을 볼 수 있다. 1887년(고종 24) '성천잡극(成川雜劇)'이라는 사자무를 시용(始用)하였다는 필사본 기록에는, '악기만방녕(樂氣萬方寧)'의 곡(영산회상)에 사자 두 마리가 풍류를 따라서 몸을 흔들고 뛰어나간다. 이 사자들은 동과 서로 나뉘어 북으로 향하여 머리를 들고, 입으로 땅을 두드리고, 눈을 번쩍이며 일어난다. 풍류장단에

2 3

목중들 :　　　짐생⁴낳오[→ 짐생 낳소!]

　　　　　　　(목중 여덟이 일제히 쫓겨서 등장하면 뒤에 사자⁵가 뒤따라 쫓아온다

　　　　　　　목중들을 잡아 먹을려는 기세다⁶

　　　　맞추어 꼬리를 휘두르고 발로 뛰며 좌우로 돌아보고, 또 입을 벌리고 이빨을 딱딱거리며 나가고, 물고 돌아
　　　즐거이 춤추다가 물러가며, 풍류도 그쳤다.'고 하였다.
2　[보정] 오청본에서는 '이 장면은 생불과 같은 노승을 유인하여 타락시킨 불량배를 징계하려고 부처님의 사자로
　　서 사자가 출현하는 것이다. 먹중 일인이 돌연 출현한 사자에게 그 유래를 묻다가 사자를 때리면 사자는 그
　　먹중을 잡아먹는다. 이에서 다른 먹중들은 사자의 온 뜻을 알고 크게 공포하여 곧 개과하기로 맹서하고 최후의
　　춤이라 하며 사자와 함께 춤을 추는 것이다.' 라고 부기되어 있다. 이 기사는, '먹중갑'의 대사에서도 볼 수 있듯
　　이 '서유기'에서, 삼장법사와 손오공을 시험하기 위하여 문수보살이 자신이 타고 다니던 푸른 사자를 오계국왕
　　으로 변장시켜 괴롭혔던 장면을 원용하였다. 서유기에서는 삼장법사와 손오공에게 힘을 불어넣어주기 위하여
　　시험하는 것인데, 여기에서는 불량배를 징계하려고 사자를 출현시켰다고 하였다. '시험'함으로써 더욱 힘을 발
　　휘토록 한다는 관념이 후대에 이르러서는 '징계'로 관념하는, 즉 권선징악적 발상에 의한 기사다. '노승을 유인
　　하여 타락시켰다'함은 '제4장 노승무'와 연락 관계가 있다고 보는 입장에서 나온 기사다. 이는 우리 가면극의
　　각 장면이 연락 관계가 어떻게 되는가와 관련시키면서 탐구할 과제다.
3　[보정] 정병호는, 사자무의 춤장단은 잦은타령과 굿거리이며, 사자에 맞추어 허튼춤을 춘다고 한다.
4　짐생 ; 짐승의 고어투다.
5　이두현 보고서에 따르면 '사자(獅子)탈'은 종이와 나무로 제작하며 '흰 사자가 보통이나 이 번 사자는 황갈색
　　黃褐色으로 눈과 눈섭, 수염 등을 그렸다. 눈동자 돌기부突起部에 금지金紙를 발랐다. 입은 벌리고, 흰 이를
　　드러내고 있다. 머리가장자리에 흰 털을 달았다. 전신에 흰털을 달았다. 머리 속에 두 손잡이가 있어 조종한다.
　　사자머리에 [사자몸뚱이]사자신獅子身을 달아 두 사람이 들어가고, 꼬리는 따로 꽂아 �췬다. 붉은 혀도 쥐고 내
　　민다.' 라고 하였다.
6　목중 여덟이 일제히 쫓겨서 등장하면 뒤에 사자가 뒤따라 쫓아온다 목중들을 잡아 먹을려는 기세다 ; 이 대목이
　　김유경본에서는 '<먹중들이 홍겹게 합동춤을 출 때 사자가 뛰어 나온다. 먹중들이 놀라서 도망하는데 한 먹중이
　　미쳐 피하지 못하고 잡아먹힌다. 사자는 잡아먹고 춤추면서 뒤꽁무니로 사람을 빼어서 퇴장시키고 한참 놀다
　　쉰다.> 라고 하였다. 사자에게 잡아먹힌다는 의미가 무엇인지 심도 있는 연구가 필요하다. 임석재본에서는
　　　　먹중 하나= (사자獅子에게 잡혀 먹힌다) (한참만에 사자獅子의 꼬리쪽으로 살짝 빠져 나온다. 그리하여
　　　　　　　　　사자의 뱃속에서 본 것을 여러가지로 재미있게 재담才談을 한다. 또는 약략略하는 수도 있다.
　　　　　　　　　여기에는 약략略한다.)
　　와 같이 채록되었다. 수영(水營) 가면극에서 '영노 양반을 잡아먹어야 득천(得天)한다' 함은 종국에는 '양반의
　　득천(得天)'을 염두에 둔 놀이가 아닐까.

　　　　　　兩班 ; 옳지 우리 高祖 할아부지는 領議政이오, 우리 曾祖 할아버지는 吏曹判書를 지내고 우리 祖父님은
　　　　　　　　　兵曹判書를 지냈고 우리 아버지는 駙馬都尉요, 나는 翰林學士를 지냈으니 내야말로 참 兩班이다.
　　　　　　　　　이놈 영노야 썩 물러가라.
　　　　　　영노 ; 옳지 그런 양반을 잡아 먹어야 得天하겠다. …
　　　　　　　　　　　　　　　　　<水營 들놀음, 영노 科場; 釜山大學校 傳統藝術硏究會 채록>

　　이 문제는 '복중(腹中) 모티프' 혹은 '동굴 모티프'와 관련하여 연구할 필요가 있다고 본다. '동굴'과 '복중'은
재생의 상징이다. '동굴'은 재생의 공간을 상징함은 인류학에서 널리 알려진 관점이다. 그러니까 이 장면은 '재
생'과 연관시켜 연구해야 할 대상인 것이다. '홍동지'와 '이시매'와의 관계도 마찬가지다.

목중들 장내를 한 바퀴 돌아서 반대편으로 퇴장하고 그 중 한 사람
만 남아서 마부노릇[7]을 한다[8]
마부는 채찍을 들었다)[9]

마부 :   쉬이

[10]

(사자는 중앙에서 적당히 자리 잡고 앉는다
머리에 큰 방울[11]을 달았기 때문에 소리가 난다
앉아서 좌우로 몸을[→ 머리를] 돌리며 몸을 긁고 이를 잡기도 한다[12])
짐성[13]이라니 이 짐성이 무슨 짐성이냐?
노루 사슴도 아니고 범도 아니로구나
그러면 어디 한번 물어보자 (네가 무슨 짐성이냐? 우리 조상적부터 못 보던
짐성이로구나)[14]

7　[보정] 마부馬夫노릇 ; 마부라기보다 인도하는 인물이다.

8　[보정] 목중들 장내를 한 바퀴 돌아서 반대편으로 퇴장하고 그 중 한 사람만 남아서 마부노릇을 한다 ; 임석재
본에서는 <마부馬夫는 먹중 중中 하나가 된다> 라고 채록자 주를 달았다. 우리 가면극이 1인 다역으로 실현
된다는 사례에 대한 증언이다.

9　[보정] (목중 여덟이 일제히 쫓겨서 등장하면 뒤에 사자가 뒤따라 쫓아온다 목중들을 잡아 먹으려는 기세다
목중들 장내를 한 바퀴 돌아서 반대편으로 퇴장하고 그 중 한 사람만 남아서 마부노릇을 한다 마부는 채찍을
들었다) ; 임석재본에서는 '먹중 八人 = (등장登場하며, 한편 구석에 적당適當히 느러 선다)' 라고 채록되었고,
오청본에서는 '먹중八人이 먼저살작登場하야 한便구석에모여잇슬때에 白獅子한匹이설넝설넝들어온다.'라고
채록되었다. 여덟 목이 먼저 등장하고 이어서 여덟 목 중에서 한 목이 '짐승 낫소.'하고 외치면, 그 뒤에서 사자
가 한 필 등장한다. 그러니까 여덟 목 중에서 한 목이 '마부'의 역할role을 담당하게 되는 것이다. 임석재본과
오청본을 비교해 보면, 전자는 마부가 사자를 인도하면서 등장하고, 후자는 사자 스스로 등장한다. 김유경 연희
본에서는 다음과 같다.

　　　마부 <먹중들이 흥겹게 합동춤을 출 때 사자가 뛰어 나온다.
　　　　먹중들이 놀라서 도망하는데 한 먹중이 미처 피하지 목하고 잡아먹힌다. 사자는 잡아먹고 춤추면서 뒤꽁무
　　　니로 사람을 빼어서 퇴장시키고 한참 놀다 쉰다.>

　이같은 김유경 연희본 자료를 중시한다면 여덟 목이 등장하여 뭇둥춤을 추다가 사자가 등장하는 방식으로
전개되었을 것으로 추정된다.

10　[보정] 이 자리에 '(춤과 장단 멎음)'이 생략되었다.

11　[보정] 큰 방울 ; 이 방울이 가지고 있는 연극적 의미나 상징성은 또다른 연구 과제다. 방울은 일반적으로 종교
의식에서 흔히 등장한다. 샤머니즘과의 관련성에만 국한시키는 입장은 경계해야 한다.

12　[보정] 앉아서 좌우로 몸을[→ 머리를] 돌리며 몸을 긁고 이를 잡기도 한다 ; '몸을 긁고 이를 잡기'도 한다는
것이 연극적으로 어떤 의미인지는 연구대상이다.

13　짐성 ; '짐승'이다.

노루냐?[15]

사자 :　　　　(부정 머리를 좌우로 설레설레 흔든다

　　　　　　혀를 내밀어 입 언저리를 닦기도 한다)[16]

마부 :　　그럼 노루도 아니고 사슴이냐?

사자 :　　　　(부정)

[마부 : 아, 사슴도 아니야. 그럼 범이냐 네 할애비냐?

사자 : (부정)]

마부 :　　이놈 아무리 미물의 짐승이라 할지라도

　　　　만물의 영장 사람을 몰라보고

　　　　함부로 달려들어 해코저[→ 해코자] 할라는

　　　　너같은 고얀 놈이 어데 있느냐?

　　　　그러면 도대체 네가 무슨 짐승이냐

　　　　올타 이제야 알갓다

　　　　예로부터 성현聖賢[17]이 나면 기린麒麟[18]이 나고

14　[보정] 수정분에는 '(네가 무슨 짐성이냐? 우리 조상적부터 못 보던 짐성이로구나)'가 없다. '(　)'를 친 것은 잘못인 듯하다.

15　[보정] 이 대목은 '수수께끼식 문답'으로 전개된다.

16　[보정] 이 장면은 최치원의 '향악잡영(鄕樂雜咏)'의 '산예(狻猊)'를 염두에 둘 필요가 있다.

[참고] 최치원 '향악잡영' 산예
遠涉流沙萬里來　멀리 유사에서 만리를 건너오니
毛衣破盡着塵埃　털은 다 빠지고 먼지로 뒤덮였네.
搖頭掉尾馴仁德　머리를 흔들고 꼬리를 치며 인덕(仁德)을 가르치네.
雄氣寧同百獸才　웅혼한 기상과 안녕은 백수의 으뜸이라.

상상의 동물인 '산예'의 형상과 '사자'의 형상 사이에서 혼재 현상이 일어난 것으로 추측된다. 『청장관전서(靑莊館全書)』의 다음과 같은 기사가 이를 방증하여 준다. '경복궁(景福宮) 어구(御溝)의 곁에 누워 있는 석수(石獸)가 있다. 얼굴은 새끼 사자 같은데 이마에 뿔이 하나 있으며 온 몸에는 비늘이 있다. 새끼 사자인가 하면 뿔과 비늘이 있고, 기린인가 하면 비늘이 있는 데다 발이 범과 같아서 이름을 알 수 없다. 후에 상고해 보니, 남양현(南陽縣)의 북쪽에 있는 종자비(宗資碑) -종자(宗資)의 비. 종자는 후한(後漢)의 남양현(南陽縣) 안중(安重) 사람으로 벼슬이 여남 태수(汝南太守)에 이르렀다. 『후한서』- 곁에 두 마리의 석수(石獸)가 있는데, 그 짐승의 어깨에 하나는 천록(天祿)이라 새겨져 있고, 하나는 벽사(辟邪)라 새겨져 있다. 뿔과 갈기가 있으며 손바닥만한 큰 비늘이 있으니 바로 이 짐승이 아닌가 싶다. 지화(至和 송 인종의 연호, 1054~1055) 연간에 교지(交趾)에서 기린을 바쳤다. 모양은 소와 같으나 크며 큰 비늘이 있고 뿔이 하나 있었다. 심존중[(沈存中 존중은 송 나라 심괄(沈括)의 자]은 이를 보고 기린이 아니라 천록(天祿)이라 하였다. 남양(南陽)에 있는 송균(宋均)의 묘 앞에도 두 마리의 석수(石獸)가 있는데 모양은 영양(羚羊) 같다. 왼쪽의 것에는 천록이라 새겼고 오른쪽 것에는 벽사(辟邪)라 새겨 있으니 이는 같은 동물로서 두 가지 이름이 있는 것인 듯싶으나 자세히 알 수 없다. 남별궁(南別宮)에도 이러한 짐승이 하나 있는데 바로 경복궁에서 옮겨 놓은 것이다.'

군자君子[19]가 나면 [봉鳳[20]이] 난다드니[21]

우리 시님이 나셨으니

네가 기린이냐?[22]

사자 :　　　　(부정)

마부 :　　　아니야

기린도 아니고 곰도[→ 봉도] 아니면

도대체 정말 네가 무슨 짐승이냐?

　　　(생각하다가)

옳다 이제야 알았다

젯齊나라 때 전단田單이가

소에다 햇불을 달아가지고

17　성현聖賢 ; 성인(聖人)과 현인(賢人)을 아울러 이르는 말이다.

18　기린麒麟 ; 털은 오색이고 이마에 뿔이 하나 돋아 있으며, 사슴의 몸에 소의 꼬리, 말과 같은 발굽과 갈기를 가지고 있는 것으로 알려진 상상의 동물이다. 용·거북·봉황과 함께 사령(四靈)이라 하며, 상서로운 동물로 인식되었다.

19　군자君子 ; 행실이 점잖고 어질며 덕과 학식이 높은 사람을 이른다.

20　봉鳳 ; 상서롭고 고귀한 뜻을 지닌 상상의 새다. 고대 중국에서 신성시했던 상상의 새로 기린·거북·용과 함께 사령(四靈)의 하나로 여겼다. 수컷을 봉(鳳), 암컷을 황(凰)이라고 하는데 그 생김새는 문헌에 따라 조금씩 다르게 묘사되어 있다. 『설문해자(說文解字)』에는 봉의 앞부분은 기러기, 뒤는 기린, 뱀의 목, 물고기의 꼬리, 황새의 이마, 원앙새의 깃, 용의 무늬, 호랑이의 등, 제비의 턱, 닭의 부리를 가졌으며, 오색(五色)을 갖추고 있다고 하였다. 『악집도(樂汁圖)』에는 닭의 머리와 제비의 부리, 뱀의 목과 용의 몸, 기린의 날개와 물고기의 꼬리를 가진 동물로 봉황의 모양을 묘사하고 있다. 『주서(周書)』에는 봉의 형체가 닭과 비슷하고 뱀의 머리에 물고기의 꼬리를 가졌다고 하였다. 봉황은 동방(東方) 군자(君子)의 나라에서 나와서 사해(四海)의 밖을 날아 곤륜산(崑崙山)을 지나 지주(砥柱)의 물을 마시고 약수(弱水)에 깃을 씻고 저녁에 풍혈(風穴)에 자는데, 이 새가 세상에 나타나면 천하가 크게 안녕하다고 한다. 그래서 봉황은 성천자(聖天子)의 상징으로 인식되었다. 천자가 거주하는 궁궐 문에 봉황의 무늬를 장식하고 그 궁궐을 봉궐(鳳闕)이라고 했으며, 천자가 타는 수레를 봉연(鳳輦)·봉여(鳳輿)·봉거(鳳車)라고 불렀다. 중국에서 천자가 도읍한 장안(長安)을 봉성(鳳城)이라 하였고 궁중의 연못을 봉지(鳳池)라고 불렀다. 이처럼 봉황이 천자의 상징이 된 까닭은 봉황이 항상 잘 다스려지는 나라에 나타난다고 믿어 천자 스스로가 성군(聖君)임을 표방한 데 연유한다.

21　예로부터 성현聖賢이 나면 기린麒麟이 나고 군자君子가 나면 [봉鳳이] 난다드니 ; 어진 임금이나 어진 인물이 나와 나라를 잘 다스리면 기린이나 봉황이 나타나는 것과 같은 상서로운 일도 있게 됨을 이르는 말이다.

22　[보정] 예로부터 성현이 나면 기린이 나고 군자가 나면 [봉이] 난다드니 우리 시님이 나셨으니 네가 기린이냐? ; '옛날부터 성현이 태어나고자 하면 먼저 기린이 나타나고 군자가 태어나고자 하면 봉황이 나타난다고 하더니 우리 스님이 나셨으니 네가 분명히 기린이로구나' 라는 말이다. 한편 기린이 나면 성현이 태어나고 봉황이 나면 군자가 태어난다고도 한다. 여기서 사자를 기린이라고 오답을 한 이유는 노승을 군자라고 보는 연극적 -가면극 현장의 유희성- 설정이다.

수만의 적군을 물리쳤다더니

우리가 이렇게 굉장히 떠들고 노니까

전장터로 알고 뛰어든

소냐?[23]

사자 :   (부정)

마부 :   소도 아니야

소도 아니고 개도 아니고

도대체 네가 무슨 짐승이냐?

아아 이제야 알았다

당唐나라 때에 오계국烏鷄國[24]이 가물어

수많은 백성이 떠들어 댈 제

용왕이 너에게 신통한 조화로서[→ 조화로써] 단비를 내려주고[→ 내려주게 하여]

---

23   젯(齊)나라 때 전단(田單)이가 소에다 햇불을 달아가지고 수만의 적군을 물리쳤다더니 우리가 이렇게 굉장히 떠들고 노니까 전장터로 알고 뛰어든 소냐? ; 전단(田單)이 연(燕)나라를 상대로 싸워 승리했던 역사적 사건을 두고 이른 것이다. 전단田單은 제(齊)나라의 명장이자 공족의 후예다. 연나라 장수 악의(樂毅)가 이끄는 5국 연합군의 총공격에 의해 제나라의 70여 개 성읍(城邑)이 한꺼번에 함락되는 전무후무한 국란을 겪을 당시 즉묵(卽墨) 태수를 역임하면서 망국 직전의 제나라를 지키기 위해 고군분투했다. 세자 법장(法章)이 거주(莒州) 땅에 피신해 있는 사실을 알고 그를 영입해 양왕(襄王)으로 즉위시켰다. 그후 참소와 유언비어에 의해 당대의 명장 악의가 연나라로 소환되고 기겁(騎劫)이 제나라에 주둔하게 되자 그 틈을 타 신묘한 작전으로 연나라 군사를 대패시켰다. 이에 호응하여 제나라 70여 개 성이 일제히 독립함으로써 연나라 세력을 제나라에서 완전히 축출하는 데 특등 공신이 되었다. 제나라를 수복하고 수도 임치(臨淄)에 입성한 후에도 양왕을 도와 국정을 훌륭하게 운영하였다. [참고] 『사기』 전단열전(田單列傳) : 전단은 성 안에서 소 1천여 마리를 모아 붉은 비단 옷을 만들어, 거기에 오색으로 용무늬를 그려 소에게 입혔다. 또한 칼날을 쇠뿔에 붙들어 맨 다음, 갈대를 쇠꼬리에 매달아 기름을 붓고 갈대 끝에 불을 붙였다. 그리고는 성벽에 수십 개의 구멍을 뚫어 밤을 틈타 구멍으로 소를 내보내고, 장사 5천명이 소 뒤를 따르게 했다. 소는 꼬리가 뜨거워지자 성이 나서 연나라 군중으로 뛰어들어갔고, 연나라 군사는 한밤중에 크게 놀랐다. 쇠꼬리에 붙은 햇불은 눈이 부실 정도로 빛이 났는데, 연나라 군사가 자세히 보니 모두 용의 모습을 하고 있었고, 그것에 부딪치기만 하면 모두들 죽거나 부상을 당했다. 게다가 장사 5천명이 함매(銜枚) -군사가 행진할 때에 떠들지 못하도록 군졸들의 입에 나무 막대기를 물리던 일- 를 하고 돌격했고, 성 안에서는 북을 울리며 함성을 올렸으며, 노약자들도 모두 구리 그릇을 두들기며 성원을 했는데, 그 소리가 천지를 뒤엎는 것 같았다. 연나라 군사들은 크게 놀라 패해서 달아났다. 제나라 사람들은 마침내 연나라 장군 기겁(騎劫)을 죽여 버렸다. 연나라 군사는 허둥지둥 정신없이 계속 달아났다. 제나라 사람들은 도망가는 적을 추격했는데, 그들이 지나며 들른 성과 고을은 모두 연나라를 배반하고 전단에게로 귀순했다. 제나라는 날마다 병사가 불어나며 승기를 탔지만, 연나라는 하루하루 패해 도망만 가다가 결국 하상(河上)에 닿았다. 이리하여 제나라의 70여 성은 모두 다시 제나라 것이 되었다.

24   오계국烏鷄國 ; 서유기(西遊記)에 나오는 나라 이름이다.

오계국왕烏鷄國王²⁵ 은총을 입어

궁중에 들어가 같은[→ 갖은] 영화 다 보다가

(궁중 후원 유리정琉璃井²⁶에 국왕을 생매²⁷하고

삼년동안이나)²⁸ 국왕으로 변장하여

부귀영화를 누리다가 [*]

서천[→ 서역국으로]²⁹ 불경을 구하려고

봉림사³⁰에 유숙하면서

문수보살文殊普薩³¹을 태워가지고 댕기면서

온갖 조화를 다 부리던 네가

바로 사자로구나 [→ 서역국으로 불경을 구하러 가던 당삼장唐三藏이 보림사寶林寺에 유숙할 제 생매된 오계국왕의 본색이 현몽으로 삼장법사 수제자로 도솔천兜率天에 행패하던 제천대성齊天大聖 손행자孫行者에게 탄로되어 구사일생 달아나다가 문수보살文殊菩薩의 구호받아 근근히 생명을 보존케 되어 문수보살이 타고 다니던 사자냐? (서유기西遊記에 나오는 설화說話를 기조로 한 대사이다.)]

오 알갔다.

(*표 이하의 대목은 다음과 같이도 한다.)³²

---

25   오계국왕烏鷄國王 ; '서유기(西遊記)'에서의 등장인물이다. 도사로 변장한 요괴에게 당해 어화원(御花園)의 우물에 빠져 죽는다. 용왕의 도움으로 시신 상태로 보존되어 있다가, 마침 길을 가다 보림사(寶林寺)에 묵은 삼장법사(三藏法師)를 찾아 도움을 청한다. 삼장법사는 손오공(孫悟空)으로 하여금 요괴를 물리치고 국왕을 되살리게 한다. 손오공은 태상노군(太上老君)로부터 구전환혼단(九轉還魂丹)을 얻어와 국왕을 되살려낸다.
26   유리정琉璃井 ; 서유기(西遊記)에 나오는 우물 이름으로, 오계국왕(烏鷄國王)이 갇혔던 곳이다.
27   생매生埋 ; 목숨이 붙어 있는 생물을 산 채로 땅속에 묻음을 뜻한다.
28   수정분에는 '( )'가 없다.
29   서천西天[→ 서역국西域國으로] ; '서천西天 서역국西域國'은 인도를 지칭한 것이다. '서천'은 부처가 태어나신 나라 즉 인도의 별칭이다. '서역'은 옛날 중국인이 중국의 서쪽에 있는 여러 나라를 부른 범칭으로, 곧 중국의 서쪽에 있는 총령(葱嶺)의 동서편에 있는 여러 나라를 통틀어 일컫는다. 또는 중국에서 부처님의 나라가 중국의 서쪽에 있으므로 서역(西域)이라고도 한다.
30   [보정] 봉림사 → 보림사寶林寺 ; 서유기(西遊記)에 나오는 절로 삼장법사(三藏法師)가 묶은 곳이다.
31   문수보살文殊普薩 ; 문수는 문수사리(文殊師利) 또는 문수시리(文殊尸利)의 준말로, 범어 원어는 만주슈리 (Manjushri)이다. '만주'는 달다[甘], 묘하다, 훌륭하다는 뜻이고, '슈리'는 복덕(福德)이 많다, 길상(吉祥)하다는 뜻으로, 합하여 훌륭한 복덕을 지녔다는 뜻이 된다. 문수보살은 부처님이 돌아가신 뒤 인도에서 태어나 반야 (般若) -인간이 진실한 생명을 깨달았을 때 나타나는 근원적인 지혜- 의 도리를 선양한 이로서, 항상 반야지혜의 상징으로 표현되어 왔다. 그는 '반야경(般若經)'을 결집, 편찬한 이로 알려져 있고, 또 모든 부처님의 스승이요 부모라고 표현되어 왔다. 문수보살은 '반야경'이 지혜를 중심으로 취급한 경전이고, 지혜가 부처를 이루는 근본이 된다는 데서 유래된 표현이다.

서역국으로 불경을 구하러 가든[33] 당삼장唐三藏[34]이

보림사寶林寺에 유숙할 제

생매生埋된 오계국왕烏鷄國王의 현몽으로

삼장법사三藏法師[35] 수제자[36]로

도솔천兜率天[37]에 행패行悖[38]하던

제천대성齊天大聖[39] 손행자孫行者[40]에게 탄로綻露되어

구사일생 달아나다가 문수보살文殊菩薩의 구호 받아

근근히 생명을 보존케 되어

문수보살이 타고 다니던

---

32 (*표 이하의 대목은 다음과 같이도 한다.) ; 『震檀學報』 수정분에서는 이와 같이 첨부하였다.

33 가든 ; 원자료에는 '거든'이다.

34 당삼장唐三藏 ; 서유기(西遊記)에 나오는 삼장법사(三藏法師)를 두고 이른 것이다. '당(唐)'은 중국을 통칭할 때에 쓰인다.

35 삼장법사三藏法師 ; 불교 성전인 경장(經藏), 율장(律藏), 논장(論藏)에 모두 정통한 사람을 이르는 말이다. 삼장 비구(比丘) 또는 삼장 성사(聖師)라고도 부르며 줄여서 삼장이라고도 한다. 한 가지 장에 정통하기도 어려운 일이었으므로 삼장에 모두 정통한 법사(法師)란 극진한 존경의 뜻이 포함된 호칭이었다. 중국에서는 인도와 서역에서 불경을 들여와 한자로 번역하는 일에 종사하던 사람들을 역경삼장(譯經三藏)이나 삼장법사라고 불렀다. 가장 알려진 사람은 중국 최대의 번역승려인 현장이며 쿠마라지바와 진체(眞諦)도 삼장법사로 불렸다. 특히 현장(玄奘)이 천축(天竺)에서 불경을 들여온 일을 소설화한 '대당삼장취경시화(大唐三藏取經詩話)'와, 명(明)나라 때의 장편 백화소설(白話小說)인 '서유기(西遊記)'가 세상에 소개된 뒤부터는 손오공(孫悟空), 저팔계(豬八戒), 사오정(沙悟靜) 등을 제자로 삼아 천축으로 모험과 고난의 여행을 하는 구법승려(求法僧侶)인 현장을 일컫는 경우가 많다. 현장(玄奘)은 중국 당나라의 고승(高僧)으로 인도로 떠나 나란다(那爛陀, Nalanda) 사원에 들어가 계현(戒賢 : 시라바드라) 밑에서 불교 연구에 힘썼다. 이후 중국으로 돌아와 인도 여행기인 '대당서역기(大唐西域記)'를 저술하였다.

36 수제자首弟子 ; 여러 제자 가운데 배움이 가장 뛰어난 제자를 말한다.

37 도솔천兜率天 ; 불교의 우주관에서 분류되는 천(天)의 하나다. 미륵보살(彌勒菩薩)이 머물고 있는 천상(天上)의 정토(淨土)이다. 범어(梵語) 듀스타(Tusita)의 음역으로서, 의역하여 지족천(知足天)이라고 한다. 즉, 이곳에 사는 무리들은 오욕(五欲)을 만족하고 있음을 뜻한다. 불교에서는 세계의 중심에 수미산(須彌山)이 있고, 그 산의 꼭대기에서 12만 유순(由旬) 위에 있는 욕계(欲界) 6천 중 제4천인 도솔천이 있다고 한다. 도솔천은 미륵보살의 정토(淨土)로서, 정토신앙과 밀접한 관계가 있다. '두솔천(兜率天)'이라고도 한다.

38 [보정] 행패行悖 ; 여기서는 손오공(孫悟空)이 잔재주를 피움을 두고 이른 것이다.

39 제천대성齊天大聖 ; '서유기(西遊記)'의 주인공인 손오공(孫悟空)이 스스로 붙인 봉호(封號)이다. 72가지의 변화술과 근두운(筋斗雲, 손오공이 타고 다니는 구름으로, 한 번에 10만 8천 리를 날아갈 수 있다.), 여의봉(如意棒)을 가진 그는 처음 하늘나라에 불려가 마구간을 관리하는 필마온(弼馬溫)이라는 말단 벼슬을 받는데, 나중에 속았다는 것을 알고 다시 화과산(花果山)의 원숭이 무리로 돌아가 하늘나라에 대항하면서 '제천대성'이라고 자처했다. 이것은 하늘나라 옥황상제(玉皇上帝)와 동등한 위대한 신선이라는 뜻이다. 이후 그의 위세를 누르지 못한 옥황상제는 그 봉호를 승인해준다.

40 손행자孫行者 ; 손오공(孫悟空)을 말한다. '행자'는 불도를 닦는 사람, 혹은 여러 곳의 성지(聖地)를 돌아다니며 참배하는 사람, 혹은 중이 되기 위하여 출가한 사람으로서 아직 계를 받지 못한 사람을 말한다.

사자냐?)⁴¹

사자 :　　　　　(머리를 상하上下로 움직여서 긍정함[→ 긍정한다])

마부 :　　　그러면 풍악소리 반겨듣고 우리와 같이 놀려고 내려왔느냐?

　　　　　　네 하내비⁴² 네 에미를 잡아먹으려고 내려왔느냐

　　　　　　[또는] 네가 무슨 일로 적하인간謫下人間⁴³하였느냐

41　[보정] 이 대목은 오승은(吳承恩)의 '서유기(西遊記)'에 나오는 한 장면을 원용한 것이다. 이같이 고사를 원용하는 일은 세계 사자춤들의 공통점이기도 하다.

　　[참고] '서유기'

　　[전략] 일행이 다다른 월상동산(月上東山)에는 칙건보림사(敕建寶林寺)가 있었다. 삼장 일행은 나이 벌써 저물었으므로 이 절에서 하룻밤 묵어가기로 했다. 밤이 되자 오공과 발계, 오정은 모두 잠에 빠졌다. 삼장만이 혼자 탁자 앞에 앉아 조용히 경문을 외다가 밤이 깊어 삼경이 될 무렵에야 자신도 모르게 잠에 들었다. 삼장은 잠결에 임금의 복장을 갖추어 입은 사람이 다가오는 것을 보았다. 그 사람이 말했다.

　　"나는 오계국(烏鷄國)의 임금이오. 5년 전에 나라에 큰 가뭄이 들어 초목이 다 마르고 많은 백성이 굶어 죽는 일이 있었소. 그런데 어느 날 바람과 비를 부르는 도인 한 사람이 날 찾아왔소. 나는 그를 보고 기우제를 지내 달라고 청하였고 그 도사가 제단으로 올라가 기우제를 지내자 과연 큰 비가 내리더니 우리나라에 가뭄이 사라졌소. 나는 그의 은혜에 감사하기 위해 그와 의형제를 맺었소."

　　"형제가 되었군요."

　　"도인과 인연을 맺었으니 난 진심으로 기뻤소. 그를 정말 친형제 이상으로 아꼈지요."

　　"당연한 일이지요."

　　임금은 계속 말을 이었다.

　　"그렇게 이 년이 흘렀소. 그러다 삼 년 전 어느 봄날 나는 그 도인과 함께 꽃동산으로 봄나들이를 하러 나갔을 때의 일이오. 그 도인은 내가 방심하고 있는 틈을 노려 나를 유리정(琉璃井)으로 밀어 떨어뜨린 위 넓적한 돌판으로 우물 입구를 덮고 그 위에는 파초 나무 가지 심어 놓았소. 그리고는 내 모습으로 둔갑을 하더니 내 나라를 빼앗고 임금의 자리에 앉았소. 궁궐의 신하들은 그 도인이 나인 줄로 잘못 알고 있소이다."

　　"아, 그럴 수가? 임금의 자리를 탐내어 접근한 흉악한 놈이었구려."

　　"그렇소. 원통하기 그지없소."

　　"쯧쯧…. 정말 안 되었소이다."

　　삼장은 진심으로 위로하였다.

　　"그래서 하는 말이오……."

　　오계국의 임금은 삼장에게 그 요괴를 쫓아 줄 것을 부탁하고 백옥규(白玉圭)를 주며 말했다.

　　　　　　　　　　　　　　　　　[중략]

　　오공이 여의봉을 들고 요괴의 머리를 내려치려는 순간 문수보살이 나타나 오공을 말렸다. 문수보살은 오공을 도와 요괴를 잡으려고 온 것이었다. 보살이 조요경을 꺼내 비추자 요괴는 순식간에 본래의 모습으로 돌아갔다.

　　"모두들 수고하였다."

　　요괴는 다름 아닌 문수보살이 타고 다니던 푸른 털의 사자로 여래의 분부를 받고 오계국에 내려와 삼장과 제자들을 시험했던 것이다.

　　"그대들이 듣던 것보다 더 훌륭히 임무를 수행하고 있어서 흡족하구나."

　　삼장법사가 무릎을 꿇고 두 손을 모아 합장을 하자 오공을 비롯한 제자들도 일제히 삼장을 따라 했다. 보살은 목하 푸른 털 사자를 타고 하늘로 떠났다. 이튿날 삼장과 제자들은 오계국의 임금과 신하들과 작별 인사를 하고 다시 서천을 향해 발길을 재촉하였다. [후략]

42　하내비 ; '할아비'의 방언이다.

43　적하인간謫下人間 ; 인간세계로 귀양 보내 짐을 말한다.

우리 시님[44] 수행修行하여 온 세상이 지칭指稱키로 생불[45]이라 이르나니,

석가여래釋迦如來[46] 부처님이 우리 시님 모시라고 명령 듣고 여기 왔느냐?

사자 :　　　　　(부정)

마부 :　　　그러면 네가

　　　　　오계국五鷄國에 있을 때에

　　　　　실이목지소호悉耳目之所好[47]하며

　　　　　궁심지지소락窮心志之所樂하여

　　　　　인간의 갖은 행락 마음대로 다 하다가[48]

44　시님 ; '스님'의 방언이다.

45　생불生佛 ; 덕이 높은 고승 또는 자비심 깊은 사람을 가리킨다. 살아 있는 듯한 불상(佛像)을 가리키기도 한다.

46　석가여래釋迦如來 ; 가비라국(迦毗羅國) 정반왕(淨飯王)의 맏아들로 석가모니(釋迦牟尼)를 이른다. 부처가 되시기 전에는 이름이 선혜(善慧), 도솔천(兜率天)에 계실 때에는 이름이 성선(聖善) 또는 호명대사(護明大士) 였다. 여래는 산스크리트 '타타가타(tathāgata)'를 음역한 것으로 'tathā'는 '이와 같이', 'āgata'는 '왔다'의 뜻이다. 대승(大乘) 불교에서 주로 진리를 체득하여 중생 제도를 위해 이 세상에 왔다는 의미로 사용되었다. 아울러 여래는 부처의 위대함을 나타내는 열 가지 칭호인 불십호(佛十號)의 첫째 명칭이다.

47　[보정] '悉耳目之所好'를 '尋耳目之所好'의 오류로 보는 일부 자료는 잘못된 것이다.

48　그러면 네가 오계국(五鷄國)에 있을 때에 실이목지소호(悉耳目之所好)하며 궁심지지소락(窮心志之所樂)하여 인간의 갖은 행락 마음대로 다 하다가 ; '실이목지호(悉耳目之好)하며 궁심지지소락(窮心志之所樂)하여'는 '욕실이목지호(欲悉耳目之好)하며 궁심지지소락(窮心志之所樂)하여'가 옳다. 사자인 네가 오계국에서 오계국 왕(烏鷄國王)으로 변장하여 '귀와 눈에 좋은 바를 다하고자 하며, 마음과 뜻에 즐거운 바를 다하며, 즉 인간의 갖은 즐거움 마음대로 다 하다가' 라는 말이다. 2세 황제가 조고(趙高)에게 한 말이다. 『사기』 이사열전(李斯列傳) 에서 원용한 구절이다. 조고는 '지록위마(指鹿爲馬)' 고사의 주인공이다. [참고] 『사기』 이사열전(李斯列傳) : 2세 황제가 한가할 적마다 조고(趙高)를 불러 함께 의논하였는데 '대저 사람이 태어나 세상에 살아 있는 시간은 비유하자면 여섯 마리의 준마가 끄는 수레가 뚫어진 틈을 지나가는 것과 같소. 나는 이미 천하에 군림하게 되었고, 귀와 눈에 좋은 바를 다하며, 마음과 뜻에 즐거운 바를 다하며, 이로써 종묘(宗廟)를 안정시키고 만백성을 기쁘게 하여, 천하를 오래도록 소유한 채, 나의 천수를 마치고 싶은데, 어떤 방법이 있겠소' 라고 물었다. 조고는 대답하기 를 '이것은 현명한 군주만이 누릴 수 있는 바이고, 어리석은 군주는 그럴 수 없는 바입니다. 제가 감히 도끼로 처형당함을 피하지 않고 말씀을 드립니다만, 폐하께서 조금이라도 이것을 유념해주십시오. 대저 사구(沙丘)에서 의 음모를 여러 공자들과 대신들이 모두 의심하고 있는데, 여러 공자들은 모두 폐하의 형들이며, 대신들도 선제께 서 등용하셨던 인물입니다. 이제 폐하께서 즉위하시자 그 무리들은 이 일을 못마땅하게 여겨서 모두 복종하지 않았으니, 변란을 일으킬까 두렵습니다. 그리고 몽염(蒙恬)이 이미 죽었다고 하나, 몽의(蒙毅)는 군대를 이끌며 변방에 머물고 있습니다. 저는 전전긍긍하며 오로지 두려움을 떨쳐버리지 못하고 있습니다. 그러니 폐하께서 어찌 그러한 즐거움을 누리실 수 있겠습니까.' 라고 하였다. 2세 황제가 '이 일을 어찌하면 좋겠소.' 라고 묻자, 조고는 '법을 엄하게 하고 형벌을 가혹하게 하여, 명령을 위배한 자에게는 연좌(連坐)하여 처단하고 일가족을 구속하도록 하십시오. 대신들을 멸하고 골육의 형제들을 멀리하십시오. 가난한 자를 부유하게 하고 천한 자를 존중하게 하십시오. 선제의 옛 신하들을 모두 제거하시고, 폐하께 신망을 주는 자로 대체하시어 가까이하십시오. 이렇게 하시면 잠재된 덕이 폐하께 모이고, 해로운 것이 제거되면 간사한 계략이 방지될 것이며, 여러 신하들 가운데 폐하의 두터운 은덕을 입지 않은 자가 없게 되어, 폐하께서는 베개를 높이 하고 마음껏 즐기실 수 있습니다. 이보다 나은 계책은 없을 것입니다.' 2세 황제는 조고의 말을 옳다고 여기고 이에 법률을 바꾸었다. 그리하여

손행자孫行者에게 쫓겨서 천상으로 올라간 후

문수보살文殊菩薩 엄시하嚴侍下[49]에 근근히 지내다가[50]

우리가 질탕히 노는 마당[51]

유량嚠喨[52]한 풍악소리[53] 천상에서 반겨 듣고

우리와 같이 한바탕

놀아 보려고 왔느냐?

사자 :　　　　(부정)

마부 :　　아 이놈 사자야

　　　　나의 하는 말을 자세히 들어라

여러 신하들과 공자들 중에 죄를 지으면 조고에게 맡겨서 죄를 조사하고 처형하도록 하였다. 이렇게 하여 대신 몽의 등이 죽었고, 공자 12명이 함양의 시장 바닥에서 죽었으며, 공주 10명도 두현(杜縣)에서 사지(四肢)가 찢겨 죽었다. 재산은 모두 관청에 몰수되었고, 연루된 자도 이루 다 헤아릴 수 없었다. 공자 고(高)는 도망가려다가 가족이 구속되는 것이 두려워서, 이에 상서(上書)를 올렸다. 二世燕居, 乃召高與謀事, 謂曰:「夫人生居世間也, 譬猶騁六驥過決隙也. 吾旣已臨天下矣, 欲悉耳目之所好, 窮心志之所樂, 以安宗廟而樂萬姓, 長有天下, 終吾年壽, 其道可乎」高曰:「此賢主之所能行也, 而昏亂主之所禁也. 臣請言之, 不敢避斧鉞之誅, 願陛下少留意焉. 夫沙丘之謀, 諸公子及大臣皆疑焉, 而諸公子盡帝兄, 大臣又先帝之所置也. 今陛下初立, 此其屬意怏怏皆不服, 恐爲变. 且蒙恬已死, 蒙毅將兵居外, 臣戰戰栗栗, 唯恐不終. 且陛下安得爲此樂乎」二世曰:「爲之柰何」趙高曰:「嚴法而刻刑, 令有罪者相坐誅, 至收族, 滅大臣而遠骨肉; 貧者富之, 賤者貴之. 盡除去先帝之故臣, 更置陛下之所親信者近之. 此則陰德歸陛下, 害除而姦謀塞, 群臣莫不被潤澤, 蒙厚德, 陛下則高枕肆志寵樂矣. 計莫出於此.」二世然高之言, 乃更爲法律. 於是群臣諸公子有罪, 輒下高, 令鞠治之. 殺大臣蒙毅等, 公子十二人僇死鹹陽市, 十公主矵死於杜, 財物入於縣官, 相連坐者不可勝數.

　[참고]『사기』진시황본기(秦始皇本紀) : 8월 기해일에 조고는 반란을 일으키고자 했으나 군신들이 듣지 않을까 염려되자, 먼저 시험해보기 위해서 2세황제에게 사슴을 바치며 말하기를 '말[馬]입니다.' 라고 하였다. 이세는 빙그레 웃으며 '승상이 틀렸을 게요. 사슴을 말이라고 하는구려.' 라고 말하고는 주변의 군신들에게 물으니, 어떤 사람은 묵묵히 있으면서 대꾸를 하지 않았고, 어떤 사람은 말이라고 대답하여 조고에게 아부했으며, 또 어떤 사람은 사슴이라고 말하였다. 조고는 은밀하게 사슴이라고 말한 사람을 법을 빙자하여 모함하였다. 이와 같은 일이 있은 다음, 군신들은 모두 조고를 두려워하였다.

49　엄시하嚴侍下 ; 어머니는 돌아가시고 아버지만 살아 계신 사람, 또는 그런 처지를 말한다. 여기서는 문수보살을 받들어 모신다는 뜻으로 쓰였다.

50　[보정] 손행자孫行者에게 쫓겨서 천상으로 올라간 후 문수보살文殊菩薩 엄시하嚴侍下에 근근히 지내다가 ; 손오공에게 쫓기어서 하늘로 올라 간 후에 문수보살을 받들어 모시며 근근이 지내다가. 이 문맥은 '서유기(西遊記)'의 사건과 순서가 다르다. '서유기'로 보면 사건은 본래 '문수보살의 엄한 가르침을 받으며 지냄', 그러다가 '문수보살의 분부로 삼장(三藏)과 오공(悟空)을 시험하는 중에 '손오공에게 쫓김', '문수보살을 태우고 하늘로 올라감'의 순서다. 하릴없이 지냈음을 강조하기 위하여 사건의 전개 순서를 바꾸어 놓은 듯하다.

51　질탕히 노는 마당 ; 가면극 공연 현장의 분위기를 말해준다. '질탕(跌宕/佚蕩)'은 신이 나서 정도가 지나치도록 흥겨움, 또는 그렇게 노는 짓을 말한다.

52　유량嚠喨 ; 음악 소리가 맑으며 또렷함을 이른다.

53　풍악소리 ; 가면극 공연 현장에서 들리는 소리를 말한다.

네나 나나 일찍기 성경[→ 선경[54]]은 다 헤쳐버리고

네가 내려온 심지를 좀 알아보자

그러면 우리 목중들이 선경에서 도를 닦는 노승을 꾀어

파계시킨 줄로 알고

석가여래님의 영을 받아

우리들을 벌을 주려고 내려오느냐

그러면 우리 목중들을 다 잡아 먹을랴느냐

사자 :   (긍정하고 마부에게 달려들어 물려고 한다)

마부 :   (놀래서)

아이쿠 이거 큰일 낫구나

(뒤로 도망하다가 채찍으로 사자머리를 사정없이 때린다)

사자 :   (하는 수 없이 뒤로 물러서서 그 자리에 앉는다)

마부 :   쉬이

(무서워하고 있다)

사자야 말 들어 봐라

그러나 우리가 무슨 죄가 있느냐

취발이가 시켜 아지를 못하고 하였으니[55]

진심으로 회개하여

깨끗한 마음으로 도를 닦아

훌륭한 중이 되어

부처님의 제자가 될 터이니

용서하여 주겠느냐?

사자 :   (좋다고 머리를 끗덕끗덕한다)

마부 :   그러면 헤어지는 이 마당에서

---

54 선경(仙境) ; 신선이 산다는 곳이나 경치가 신비스럽고 그윽한 곳을 비유적으로 이르는 말이다. 사람이 사는
    세상과는 별도인 신선이 사는 곳이라는 뜻으로, 경치가 매우 아름다운 곳을 이르는 말이기도 하다.
55 [보정] 취발이가 시켜 아지를 못하고 하였으니 ; 이 장면이 '취발이'와 어떤 연관이 있는지 미상하다.

저런 좋은 음률에 맞춰

춤이나 한자리 추고 가는 것이 어떻냐?

사자 :   (긍정)

마부 :   좋아

그러면 무슨 춤으로 출랴는지

네 형편을 알아보겠다

긴영산[56]으로 출랴느냐?

아니야 그럼 도도리를 출랴느냐?

그것도 아니야

옳다 이제야 알갓다

타령으로 출랴느냐?

—낙양동천이화정—[57]

(사자와 같이 한참 타령곡으로 추다가)

쉬이

(장단 그치고 사자 그 자리에 앉는다)

아깐 타령으로 쳤지만

이번엔 굿거리로 한번 추는 것이 어떠냐?

사자 :   (좋다고 한다)

마부 :   아 좋아

—덩덩 덩덕꿍—[58]

(굿거리 곡으로 한참 추다가 사자를 데리고 퇴장한다)[59]

---

56   긴영산 ; 상영산(上靈山)으로 영산회상의 첫번째 곡이다.
57   —낙양동천이화정— ; 한자어 불림이다.
58   —덩덩 덩덕꿍— ; 우리말 불림이다.
59   [보정] (굿거리 곡으로 한참 추다가 사자를 데리고 퇴장한다) ; 임석재본에서는 '먹중 팔인八人과 사자獅子,
      한데 어울려 각각各各 장기長技의 춤을 추다가 전원全員 퇴장退場' 이라고 채록되었다. 임석재본에 따르면 여덟
      목은 '장기춤'을 춘다. 이 장면의 시작 대목으로 보아도 끝에 목중 여덟이 모두 등장하여 '장기춤'을 실현하는
      설정이 적절하다고 본다. 현재 이렇게 실현되는 사례는 보이지 않는다.

6. '제육과장 양반춤'의 복원

제육과장第六科場 양반춤[1]

말뚝이[2] : (번거지[→ 벙거지][3]를 쓰고 채찍을 들었다

　　　　　 굿꺼리 장단에 맞추어 양반 삼형제를 인도하여 등장)

양반 삼형제 : (말뚝이 뒤를 따라 굿거리에 맞추어 점잔을 피우나 어색하게 춤을

　　　　　 추며[4] 등장)[5]

1　　[보정] 제육과장第六科場 양반춤 ; 임석재본에서는 '第 六 場'이라고 하였고, 오청본에서는 '第六場 兩班舞'라
　　고 채록되었다. 그리고 '이 장면은 양반의 비부 말둑이가 주역이 되어 시골 양반의 생활상을 재미스럽게 풍자
　　표현하는 것으로써 마침내 그 위로써 방탕무뢰한 취발을 체포하는 것이다. 그러나 전 오장과는 별개의 것인
　　듯하다'라고 부기 되어 있다. 이러한 기사가 지금까지 이 장면의 주제로 치부되어왔다. 그러나 이는 연출법이
　　될지언정 주제가 될 수는 없다.
2　　[보정] 이두현 보고서에 따르면 '말뚝이탈'은 종이탈로 '황갈색 바탕에 검은 눈섭을 그리고, 눈은 뚫렸으며, 흰
　　자위를 그렸고, 입가 전체에 흰점을 찍어 수염을 나타냈다. 검은 더거리에 흰 바지와 행전을 쳤다. 채찍[을 들
　　고], 흑색전립黑色戰笠[을 썼다.] (목중탈로 겸용하기도 한다.)'라고 하였다. '(목중탈로 겸용하기도 한다.)'라
　　는 기사는 봉산가면극의 등장인물 구성에 대한 단서를 제공한다. 곧 본래에는 말뚝이 역할role을 목중이 담당
　　하였다고 할 것이다. 이 문제에 관하여는 심도 있는 연구가 필요하다.
3　　번거지[→ 벙거지] ; '벙거지'는 전립(戰笠)을 말한다. '모자'를 속되게 이르는 말이다. '전립(戰笠)'은 조선 시
　　대에, 무관(武官)이 쓰던 모자의 하나다. 붉은 털로 둘레에 끈을 꼬아 두르고 상모(象毛), 옥로(玉鷺) 따위를
　　달아 장식하였으며, 안쪽은 남색의 운문대단(雲文大緞)으로 꾸몄다. 임석재본에서는 '검은 벙거지'라고 하였고,
　　오청본에서는 '黑色말둑벙거지'라고 채록되었다.
4　　[보정] 굿거리에 맞추어 점잔을 피우나 어색하게 춤을 추며 ; 임석재본에서는 '우스운 춤'이라고 채록되었다.
　　정병호는, 이 마당의 춤장단은 굿거리를 주로 쓰며, '두어춤', '거드름춤', '발림춤' 등이 쓰인다고 한다.
　　　　　[참고] 두어-춤은 가면극에서, 양반의 종 말뚝이가 양반을 희롱하는 몸짓을 표현하는 춤이다. 말뚝이의 두
　　어춤은 양반들을 돼지우리 속에 몰아넣는다고 해서 붙여진 이름이라고 한다. 거드름춤은 경기도 지방에 전
　　해 오는 산대계(山臺系)의 대표적인 춤사위다. 이 춤은 깨끼춤과 쌍벽을 이루는 춤으로, 단조롭게 완만한 형
　　태로 움직이는 느린 동작의 춤이다. '거드럭거린다', '거드름 피운다'라는 말의 의미와 함께 몸의 마디마디의
　　흥과 멋을 풀어 감듯이 꿈틀거리며 추는 이 춤은, 주로 6박의 긴 염불장단에 의해 노승·옴중·연잎·눈끔적
　　이·상좌(上佐)와 같은 승려 성분의 역들에 의해 전형적인 의식무로 연출된다. 이 춤의 대표적인 동작의 종
　　류와 형태 및 그 숨은 뜻은 다음과 같다.

(양반 삼형제 맏이는 새님(생원生員님)[→ 샌님(生員)][67] 둘째는 서방書
房님[89] 끝은 도령道令님[→ 도련님(道令)]][1011이다

① 팔뚝잡이 : 상좌와 옴중이 추며, 마치 술잔을 향불 위에 세 번 돌리고 제신(諸神)에게 바치듯이 한 팔뚝
   을 받들어 머리를 숙인 채 나머지 한 팔로 내밀면서 사방에 축원하는 동작이다.
② 고개끄덕 : 옴중이 추며 장삼자락을 어깨너머로 넘기고 삼진삼퇴(三進三退)하면서 고개를 좌우로 살
   피듯 돌리면서 끄덕거리는 동작이다.
③ 사방치기 : 팔뚝잡이의 형식으로 상좌·옴중·노장이 추며, 사방의 축원과 잡신사기악신(雜神邪氣惡神)
   들을 차례로 쫓아내는 일종의 구나의식무(驅儺儀式舞)로, 긴 장삼자락을 머리 위로 펴면서 한 방향으로
   돌아가며 사방에 재배하는 동작이다.
④ 용트림 : 옴중이 추며, 용이 세상 밖에 처음 나와서 이편저편의 세상 실정을 조심스럽게 돌아보듯 양팔
   을 펴들고 꿈틀거리는 동작이다.
⑤ 활개꺾기 : 학이 날개를 펴고 날아가듯 펼쳐진 일직선의 양팔을 한쪽씩 접어 올렸다 내렸다 하는 동작
   이다.
⑥ 활개펴기 : 팔뚝잡이동작 앞이나 뒤에 나오는 동작으로, 삼진삼퇴가 끝나고 방위를 바꿀 때 양팔을 활개
   펴듯 펴서 거드름을 피우는 동작으로 완만하고 단조롭게 춘다.

이상과 같은 춤사위들로 구성된 이 춤의 특성은 삼진삼퇴의 전형적인 의식무에 축원의 형식을 띠고 있으며,
반드시 종반에는 거드름춤 그 자체로 끝나지 않고 장단이 바뀌면서 깨끼춤을 동반하고 있어 흥을 돋우어 주는
구실을 한다.
발림춤은 입창(立唱)에서 흔히 활용된다. 노래 부르는 사람이 서서 연주하기 때문에 붙여진 입창이라는 말은
앉아서 부르는 좌창의 대칭으로 쓰인다. 원래 사당패(社黨牌)의 소리인 입창은 한 사람이 장고를 메고 소리를
메기면 소고수 4, 5명이 일렬로 늘어서서 전진 또는 후진하며 발림춤을 추면서 제창으로 받는 소리를 하는 교
창(交唱)형식으로 연행된다. 이들은 연주 도중에 흥에 겨워 앞뒤로 왔다 갔다 하면서 발림춤을 추기도 한다.

5   [보정] (말뚝이 뒤를 따라 굿거리에 맞추어 점잔을 피우나 어색하게 춤을 추며 등장) ; 임석재본에서는 '말뚝이
    뒤에 따라 매우 점잖을 피우며 들어온다. 허나 어색스러운 점 잔빼기이다' 라고 채록되었다. 오청본에서는 '兩班
    三兄弟는 모다점잔은체로 발자최를드문드문띄며 之字거름으로 말둑이뒤를따라登場한다.'라고 채록되었다. 걸
    음걸이 모습이 오청본이 구체적이다. 연출법을 제시하고 있다. '점잖을 피우며', '지자거름' 등의 기사로 보아
    양반 흉내를 내는 형상이다.
6   새님(생원生員님)[→ 샌님(生員)] ; '새님'은 '샌님'의 잘못이다. '샌님'은 '생원님'의 준말이다. '생원(生員)'은
    조선 시대에, 소과(小科)인 생원과에 합격한 사람을 말한다. 예전에는 나이 많은 선비를 대접하여 이르던 말로
    쓰였다.
7   이두현 보고서에 따르면 '맏양반(兩班)(샌님)탈'은 종이탈로 '백면白面에 흰 수염과 흰 눈섭을 달고, 코밑이
    입까지 두 줄로 째졌다. 머리에 묵선墨線으로 망건을 그렸고, 눈은 도드라지게 만들어 [끝에] 금지金紙를 바르
    고, 뚫려있다. 흰 도포와 흰 바지, 흰 행전, 흰 부채, 정자관(뿔관)을 쓴다.' 라고 하였다.
8   서방書房님 ; '남편'을 낮추어 이르는 말이다. 혹은 성에 붙여 사위나 매제, 아래 동서 등을 이르는 말로 쓰인
    다. 또 벼슬이 없는 사람의 성 뒤에 붙여 이르는 말로 쓰인다. 여기서는 '둘째'라는 뜻이다. 오청본에서는 '仲弟'
    라고 채록되었다.
9   이두현 보고서에 따르면 '둘째양반(서방님)탈'은 종이탈로 '맏양반과 같으나, 코밑이 입까지 한 줄로 째졌다.'
    라고 하였다. 의상도 맏양반과 같이 '흰 도포와 흰 바지, 흰 행전, 흰 부채, 정자관(뿔관)을 쓴다.' 라고 하였다.
10 도령道令님[→ 도련님(道令)] ; '도령'은 총각을 대접하여 이르는 말이다. 한자를 빌려 '道令'으로 적기도 한
    다. 오청본에서는 '末弟'라고 채록되었다.
11 이두현 보고서에 따르면 '세째양반(도령님)탈'은 종이탈로 '연분홍 살색 바탕에 검은 머리를 그려 가르마를
    탔고, 눈섭은 검고, 입술은 붉다. [입이 왼쪽으로 비뚜러졌다. 눈은 뚫렸다.] 도령복 일식 ----- 흰옷에 푸른
    쾌자와 검은 복건, 부채를 들었다.' 라고 하였다.

생원[→ 샌님]과 서방님은 흰 창擎옷[12]에 관冠[13]을 썼다

도령님은 남색 쾌자藍色快子[14]에 복건幞巾[15]을 썼다

생원[→ 샌님]과 서방님은 언챙이며 (생원[→ 샌님]은 언챙이 두 줄 서방님은 한 줄이다)[16] 부채와 장죽長竹[17]을 가지고 도령님은 [입이 삐뚜러졌고][18] 부채만 가졌다

도련님은 일체 말이 없으며[→ 대사는 없으며] 형들의 동작을 같이 하면서 형들의 면상을 부채로 때리며 방정맞게 군다)[19]

말뚝이 :   (중앙쯤 나와서)

쉬이

(음악과 춤 멈춤)

---

12   창擎옷 ; '소창옷'의 준말이다. '소창옷(小擎—)'은 예전에, 중치막이 없이 옆이 터진 네 폭으로 된 웃옷이다. 창의는 소매가 넓고, 무가 있고, 트임이 있는데, 뒷솔기나 옆솔기 또는 뒷솔기와 옆솔기 두 곳에 모두 트임이 있는 것을 말한다. 옛날에 지체는 높으나 벼슬하지 못한 백두(白頭)가 입었다. 벼슬아치가 평소에도 입는다. 오청본에서는 '擎衣'라고 채록되었다.

13   관冠 ; '정자관(程子冠)'이다. '정자관'은 선비들이 집에서 평상시에 창의나 도포를 입었을 때에 함께 쓰던 관이다. 중국 송나라 때 정자(程子)가 만든 제도라서 붙여진 이라고 한다. 홑겹으로부터 2층 3층으로 썼는데 지위가 높을수록 층이 많은 것을 썼다. 오청본에서는 '亭子冠'이라고 채록되었다.

14   남색 쾌자藍色快子 ; 남색빛이 돈는 쾌자다. '쾌자'는 괘자(掛子), 전복(戰服), 답호(褡護)라고도 한다. 동달이 -군복의 두루마기에 해당하는 옷- 위에 껴입는 소매 없는 웃옷이다. 일반으로 검은 빛을 썼으나 맡은 임무에 따라 색깔을 달리하여 구분하기도 하였다. 고종 때에 두루마기 위에 검은 전복을 받쳐 입도록 통일한 적도 있었으나, 근자에는 옥색 두루마기에 남빛 전복은 신랑의 차림새로 지켜져 왔다. 복건(幞巾[幅巾])과 함께 명절이나 돌날에 어린이에게 입히기도 한다.

15   복건幞巾/幅巾 ; 도복(道服)에 갖추어서 머리에 쓰던 건(巾)이다. 검은 색 천으로 둥글고 삐죽하게 만들어 머리를 감싸서 넓고 긴 자락을 저고리 길이까지 드리우고 끈으로 머리 뒤에서 동이게 한 쓰개다. 유생(儒生)들이나 관례(冠禮)하기 전의 소년이 주로 썼다. 오청본에서는 '福巾'이라고 잘못 채록되었다. 관습적으로 '福巾'이라고 표기하기도 한다.

16   [보정] 생원[→ 샌님]과 서방님은 언챙이며 (생원[→ 샌님]은 언챙이 두 줄 서방님은 한 줄이다) ; 임석재본에서는 「샌님」은 코밑이 입에까지 두 줄로 째지다' 라고 채록되었다. '언챙이'는 창병(瘡病) -곪는 병- 의 상징이라고 한다.

17   장죽長竹 ; 긴 담뱃대를 말한다.

18   [보정] 도령님은 [입이 삐뚜러졌고] ; 도령탈이 입이 삐뚜러진 형상이다. 상징적 의미는 연구 대상이다.

19   [보정] 이 자리에 임석재본에서는 '양반兩班 삼형제三兄弟는 장長은 샌님<생원生員님>, 둘째는 서방書房님, 끝은 도령道令님이다. 생원生員과 서방書房님은 흰 창옷을 입고 머리에 관冠을 쓰고, 도령님은 복건卜巾을 썼다. 생원生員님은 흰수염이 늘어진 백색면白色面인데 언챙이다. 장죽長竹을 물었다. 서방書房님은 검은 수염이 돋친 약간若干 붉은 면面을 썼고, 도령道令님은 소년면小年面을 쓰고 남색쾌자藍色快子를 입었다.' 라고 채록되었다. 탈의 형상과 의상이 제시되어 있다. 오청본에서는 '관(冠)과 복건(幞巾)'이 빠져있다. '도령'은 대사가 없다는 점 곧 무언가면의 역할에 대한 연구가 필요하다. 그리고 부채로 생원과 서방의 면상을 톡톡 친다는 행위가 무엇을 상징하는지 연구할 대상이다.

양반 나오신다아

양반이라고 하니까

노론老論[20] 소론小論[21] 호조戶曹[22] 병조兵曹[23]

옥당玉堂[24]을 다 지내고

삼정승三政丞[25] 육판서六判書[26]를 다 지낸

퇴노재상退老宰相[27]으로 계신

양반인줄 아지 마시요

개잘량[28]이라는 양자에

개다리 소반小盤[29]이라는 반자 쓰는

양반들이 나오신단 말이요[30]

20　[보정] 노론老論 ; 조선 시대에, 사색당파(四色黨派) 가운데 남인(南人)에 대한 처벌 문제로 서인(西人)에서
　　갈려 나온 파를 가리킨다. 여기서는 벼슬 이름으로 쓰였다.

21　[보정] 소론少論 ; 조선 시대에, 서인(西人)의 한 분파를 가리킨다. 여기서는 벼슬 이름으로 쓰였다.

22　호조戶曹 ; 고려 시대에, 육조(六曹) 가운데 호구(戶口), 공부(貢賦), 전곡(錢穀)에 관한 일을 맡아보던 관아
　　다. 공양왕대에 판도사(判圖司)를 고친 것이다. 조선 시대에는 육조 가운데 호구(戶口), 공부(工部), 전량(田
　　糧), 식화(食貨)에 관한 일을 맡아보던 관아다.

23　병조兵曹 ; 고려 시대에, 육조(六曹) 가운데 무선(武選), 군무(軍務), 의위(儀衛) 따위에 관한 일을 맡아보던
　　관아다. 이전의 군부사(軍簿司)를 고친 것으로, 그 뒤 여러 차례 이름을 고쳤다. 조선 시대에는, 육조(六曹) 가
　　운데 군사와 우역(郵驛)에 관한 일을 맡아보던 관아다.

24　옥당玉堂 ; 홍문관(弘文館)의 부제학(副提學), 교리(校理), 부교리(副校理), 수찬(修撰), 부수찬(副修撰) 따
　　위를 통틀어 이르는 말이다.

25　삼정승三政丞 ; 영의정(領議政)·좌의정(左議政)·우의정(右議政) 등을 이른다.

26　육판서六判書 ; '육조판서(六曹判書)'의 준말이다. '육조'는 고려와 조선 때의 주요한 국무를 처리하던 이조
　　(吏曹)·호조(戶曹)·예조(禮曹)·병조(兵曹)·형조(刑曹)·공조(工曹) 등 여섯 관부(官府)를 이른다. '판서(判
　　書)'는 고려 말기에 둔, 전리사(典理司), 군부사(軍簿司) 따위의 으뜸 벼슬로 품계(品階)는 정삼품(正三品)이
　　다. 조선 시대에는 육조의 으뜸 벼슬 -정이품(正二品)- 이다.

27　퇴노재상退老宰相 ; 늙어서 벼슬에서 물러난 재상을 말한다.

28　개잘량 ; 털이 붙어 있는 채로 무두질 -생가죽, 실 따위를 매만져서 부드럽게 만드는 일- 하여 다룬 개의 가죽이다.
　　흔히 방석처럼 깔고 앉는 데에 쓴다.

29　개다리 소반小盤 ; 개의 뒷다리처럼 구부러진 다리를 가진 상을 말한다. 혹은 네모반듯하고 다리가 민틋한
　　막치 소반을 말한다.

30　[보정] 양반 나오신다아 양반이라고 하니까 노론(老論) 소론(小論) 호조(戶曹) 병조(兵曹) 옥당(玉堂)을 다 지내
　　고 삼정승(三政丞) 육판서(六判書)를 다 지낸 퇴노재상(退老宰相)으로 계신 양반인줄 아지 마시요 개잘량이라는
　　양자에 개다리 소반이라는 반자 쓰는 양반들이 나오신단 말이요 ; 유사의미반복과 파자놀이를 활용한 언어유희다.
　　노론, 소론, 호조, 병조, 옥당, 삼정승, 육판서 등과 같이 당파 명칭과 관청 명칭과 직분 명칭 등을 나열, 반복하는
　　유사의미반복을 활용한 언어유희와, '양'을 '개잘량'의 '양'으로, '반'을 '개다리소반'의 '반'으로 풀이하는 동음이의
　　어를 활용하는 파자(破字)놀이를 원용하고 있다. 임석재본에서는 '양반兩班 나오신다아, 양반兩班이라거니 노론
　　老論 소론小論 이조吏曹 형조戶曹 옥당玉堂을 다 지내고 삼정승三政丞 육판서六判書를 다 지내고 퇴로재상退

양반들 : 　　　야아 이놈 뭐야아[31]

말뚝이 : 　　　아 이 양반들 어찌 듣는지 모르갔오

　　　　　　노론 소론 호조 병조 옥당을 다다 지내고

　　　　　　삼정승 육판서를 다 지내고

　　　　　　퇴노재상으로 계신

　　　　　　이생원네 삼형제분이 나오신다고 그리 하였오[32]

양반들 : 　　　（합창）[33]

　　　　　　이생원이라네[34]

[35]

　　　　　（굿꺼리장단으로 모두 춤을 춘다）

　　　　　（도령은 때때로 형들의 면상을 치며 논다

　　　　　끝까지 그런 행동을 한다）[36]

老宰相으로 계신 양반인 줄 아지 마시요. 개잘양이라는 양자字에 개다리 소반이라는 반자字를 쓰는 양반이 나오신단 말이요.' 라고 채록되었다. 오청본에서는 「兩班나오신다 兩班나오신다. 兩班이라니壯元及第하야 玉堂·承旨·三提學다지내고 吏曹戶曹兵曹禮曹刑曹工曹六判書다지내고 左右領相三政丞다지내고 退老宰相으로계신老論少論兩班인줄은아지마오. 개잘량이란양字에 개다리小盤이란반字쓰는 양반나온다.」와 같이 채록되었다. 육판서 명을 활용하는 데에 차이가 있다. 대체로 육판서 명을 모두 실현하는 것이 보통이나 몇 가지 요인으로 압축 혹은 생략되기도 한다.

31　[보정] 양반들 : 야아 이놈 뭐야아 ; 오청본이 구체적 행위를 제시하고 있다. 오청본에서는 '(兩班伯仲二人은 怒氣騰騰하엿스나 末弟는아모말도하지안코 兄들의떠드는動作만보고 가만히섯다.)'라고 채록되었다.

32　[보정] 아 이 양반들 어찌 듣는지 모르갔오 노론 소론 호조 병조 옥당을 다다 지내고 삼정승 육판서를 다 지내고 퇴노재상으로 계신 이생원네 삼형제분이 나오신다고 그리 하였오 ; 이 대목에서 '아 이 양반들 어찌 듣는지 모르갔오'는 '오청(誤聽) mishearing'으로 실현하고 있다는 것이다. 잘못 듣기, 잘못 들은 체하기, 잘못 들은 것으로 유도하기 등이 이 수법에 해당한다. 즉 잘못 들은 것이 아닌데도 잘못 들은 것으로 유도함으로써 희극적 분위기를 연출하기 위한 연극적 장치로 활용하고 있다. 이같은 수법은 이 장면에서 반복된다. '이생원님네 삼형제분'이라고 구체적으로 성씨를 거명하고 있다. 별도의 고찰이 필요하다.

33　[보정] （합창） ; 합창으로 실현한다는 점으로 보아서는 양반 셋이 실현한다는 것인데, 본래 도령은 무언(無言)가면이라는 기사가 지배적이다. 이 대목은 예외인지 아니면 생원가면과 서방가면에 의하여 실현되는 것인지 분명하지 않다.

34　[보정] 양반들 : （합창） 이생원이라네 ; '오청(誤聽)'을 스스로 인정한 것이다. 이같은 수법은 이 장면에서 반복된다. 그 형태가 공연 환경에 따라서 다양하게 변용될 수 있다. 아울러 이어서 춤을 춘다는 점에서 보면 대화반응이 '불림'으로 전환되어 실현된 것이다. 경우에 따라서는 도령도 함께 불림할 수 있다. 오청본에서는 '老論少論兩班李生員이라네.'라고 채록되었다.

35　[보정] 이 자리에 '(반주가 시작된다.)'가 생략되었다.

36　[보정] （도령은 때때로 형들의 면상을 치며 논다 끝까지 그런 행동을 한다） ; 도령의 행위에 관한 기사다. 여기서 면상을 탁탁 치는 행위가 어떤 의미인지는 알 수 없다. 면상을 톡톡 치는 행위는 양주별산대에서도 나타난다. '면상을 치는 행위'에 대하여는 별도의 연극적 기능을 탐구할 필요가 있다. 가면극 공연자를 '딱딱이패'라고

말뚝이 :　　　쉬이

　　　　　(반주 그친다)[37]

　　　　여보 구경 하시는 양반들

　　　　말씀 좀 들어보시오

　　　　짤다란[38] 곰방대[39]로 잡숫지 말고

　　　　저 연죽전煙竹廛[40]으로 가서

　　　　돈이 없으면 내게 기별이래도 해서

　　　　양칠洋漆 간죽竿竹[41] 자문죽紫紋竹[42]을

　　　　한발 가웃식[43] 되는 것을 사다가

　　　　육무깍지[44] 희자죽喜字竹[45]

　　　　오동수복梧桐壽福 연변죽[46]을 사다가

　　　　이리저리 맞추어 가지고

　　　　저 자령(재령載寧) 나무리(평야명平野名)[47] 거이[48] 낙씨[49] 걸듯[50]

한 점도 유의할 점이다.

37　[보정] (반주 그친다) ; '(반주와 춤이 멈춘다)'가 옳다.

38　짤다란 → 잔다란 ; '잔다랗다'는 꽤 잘다, 아주 자질구레하다, 볼 만한 가치가 없을 정도로 하찮다 등의 뜻이다. 여기서는 '꽤 잘다'라는 뜻으로 쓰였다. '짤다란'으로 실현된 것은 '짧다'는 의미가 담겨 있다는 의식에서 비롯된 것으로 민간화술적 양상이다.

39　곰방대 ; 살담배 -칼로 가늘게 선 담배- 를 피우는 데에 쓰는 짧은 담뱃대를 말한다. 임석재본에서는 '골연' 곧 '궐연'이라 하였는데, 얇은 종이로 가늘고 길게 말아 놓은 담배를 말한다. 오청본에서는 '골부랑담배대'라고 채록되었다. 문맥으로 보아서는 '곰방대'가 옳다.

40　연죽전煙竹廛 ; 옛날 담배를 팔던 가게를 말한다.

41　[보정] 양칠洋漆 간죽(竿竹) ; 빨강, 파랑, 노랑의 빛깔로 알록지게 칠한 담배설대를 말한다. 간죽은 담뱃대 설대이다.

42　자문죽紫紋竹 ; 자문죽(自紋竹), 자점죽(自點竹)을 말한다. 아롱진 무늬가 있는 중국산 대나무로 주로 담뱃대를 만드는 데에 쓰인다.

43　한발 가웃식 → 한발 가웃씩 ; '한 발 반 넘는 정도'의 길이를 말한다. '한발'은 우리나라 길이 단위로 두 팔을 좌우로 폈을 때 오른손 끝에서 왼손 끝까지 길이를 기준으로, 약 5자[1.50미터]에 해당한다. '가웃'은 되, 말, 자 등을 셀 때 세고 남는 반분(半分) 정도이다. 여기서는 기다란 담뱃대를 말한다.

44　육무깍지 ; 육각형 모양의 담뱃대다.

45　희자죽喜字竹 ; 겉에 '희(喜)'자 문양이 새겨진 담뱃대를 말한다. 옛 문양에 喜, 福, 壽자 등이 있다.

46　오동수복梧桐壽福 연변죽 ; '오동수복(梧桐壽福)'은 '오동수복(烏銅壽福)'으로, 오동(烏銅) -검은 광택을 띠는 구리- 으로 '壽', '福'의 글자 문양이 새겨진 담뱃대를 말한다. '연변죽'은 담뱃대의 일종이다. 오청본에서는 '寧邊竹'이라고 채록되었다. 평안북도 영변(寧邊)은 담배 재배지로 유명하다. 이러한 점으로 볼 때에 문맥상 '연변죽'은 '영변죽'이 옳다.

47　자령(재령載寧) 나무리(평야명平野名) ; 재령평야를 말하며, 나무리[南勿里]벌 또는 극성(棘城)평야라고도 한다. '나무리'라는 말의 어원에 대하여는 그 의미가 무엇인지, 왜 나무리라고 부르게 되었는지는 확실하게 고증하기

　　　　　　쭉 걸어놓고 잡수시오.

양반들 :　　머야아[51]

말뚝이 :　　아 이 양반들 어찌 듣소

　　　　　　양반 나오시는데

　　　　　　담배와 훤화喧譁를 금하라고 그리하였오[52]

양반들 :　　　　　(합창)

　　　　　　훤화를 금하였다네

[53]

　　　　　　　　(굿거리곡으로 모두 춤을 춘다)[54]

가 어렵다. '나무리'는 '먹고 입고 쓰고도 남는다'고 하여 생겨난 지명이라고 한다. 나무리는 예부터 나무리, 법물, 법계(法溪), 법평(法坪), 평지(坪地) 등으로 일컬어져 오고 있다. 법물리는 문헌상으로 보면 현재의 나무리(법물) 본동(本洞)과 거동(巨洞), 청산(靑山), 작산(鵲山), 지내(旨內), 서기(西基), 내당(內塘), 관이(冠耳)의 자연 마을을 말한다.

　　　[참고] 김소월의 '나무리벌 노래' - 신재령에도 나무리벌 / 물도 많고 / 땅 좋은 곳 / 만주나 봉천은 못 살 곳 // 왜 왔느냐 / 왜 왔드냐 / 자국자국이 피땀이라 / 고향산천이 어디메냐 // 황해도 / 신재령 / 나무리벌 / 두 몸이 김 매며 살았지요 // 올 벼논에 닿은 물은 / 처렁처렁 / 벼 자란다 / 신재령에도 나무리벌

48　거이 ; '게'의 방언이다. 오청본에서는 '가에'라고 채록되었다..

49　거이 낙씨 → 거이 낚시 ; 지렁이를 미끼로 한 낚시를 말한다. 혹은 게 -참게, 방게와 같은 민물게- 를 낚는 낚시를 뜻하기도 한다. '거이 낚시'는 낚싯대를 여러 개 들인다. 오청본에서는 '가에'라고 채록되었다.

50　저 자령(재령載寧) 나무리(평야명平野名) 거이 낙씨 걸듯 ; 관용적 표현인 듯하다. 여러 줄기가 죽 나열된 형상을 말한다.

51　머야아 ; 양반가면들이 화가 난 반응이다. 오청본에서는 '(怒염이나서큰목소리로) 「이놈 뭐야.」'라고 채록되었다.

52　[보정] 양반 나오시는데 담배와 훤화(喧譁)를 금하라고 그리하였오 ; '喧譁(훤화)'는 시끄럽게 지껄여서 떠듦을 뜻한다. '훤화금(喧譁禁)'은 대취타(大吹打)를 아뢸 때, 연주를 그치라고 집사가 외치던 구령이다. 이 대목은 양반들을 위하여 각종 담배를 배설하여 두었다는 말끝에 '재령평야에서 거이 낚시 걸 듯 죽 걸어 놓고 피우라'고 한다. 각종 담배와 호사스런 담뱃대와 설대까지 마련하여 놓았으니 충분히 대접을 한 셈이다. 그런데 '거이 낚시'는 지렁이를 미끼로 하는 낚시를 두고 이른다. 혹은 민물게인 참게나 방게를 낚는 것을 말하기도 한다. '외관과 현실과의 대조', 외관은 호사스런 담배와 담뱃대와 설대인데, 현실은 '거이 낚시'로 전이됨으로써 희극적 상황을 조장한다. 이러한 희극적 상황의 전개에 양반들은 '머야아'하고 항의한다. 그러자 말뚝이는 '아아 이 양반 어찌 듣소' 하고 잘못 들었다고 한다. '양반 나오시는데 담배와 훤화(喧譁)를 금하라고 그리하였오'라고 바로 잡아줌으로써 말뚝이는 자신이 실수하였음을 인정하는 듯하다. 이어서 양반들은 '훤화를 금하였다네.' 하고 반응을 보임으로써 자신들이 잘못 들었음을 인정하게 된다. 문제는 '훤화금(喧嘩禁)'에 있다. '훤화금(喧嘩禁)'은 대취타(大吹打)를 아뢸 때, 연주를 그치라고 집사가 외치던 구령이다. 그리고 '대취타'는 행악(行樂) 곧 행진음악으로 옛날 고취악(鼓吹樂) 계열에 드는, 임금의 거동이나 고관(高官)의 행차 또는 군대의 개선(凱旋)이나 행진 때 연주되는 음악이다. 양반들이 '훤화를 금하였다네.' 하고 반응을 보임으로써 자신들이 임금이나 고관의 지위에 있는 인물로 착각하고 있다는 것이다. 철저히 '외관과 현실과의 대조'를 이룬다. 오청본에서는 '兩班이나오시는데 담배피우지말고 떠들지말아고그리하얏소'라고 채록되었다.

53　[보정] 이 자리에 '(반주가 시작된다.)'가 생략되었다.

54　양반들 : (합창) 훤화를 금하였다네 (굿거리곡으로 모두 춤을 춘다) ; 이 대목에서 '훤화를 금하였다네'는 불림

말뚝이 : 　쉬이

　　　　　　(춤과 반주 그친다)

　　　　　여보 악공들 말씀 드르시오[55]

　　　　　오음육률五音六律[56] 다 버리고

　　　　　저 버드나무 홀뚜기[57] 뽑아다[58] 불고

　　　　　바가지장단[59] 좀 쳐 주오

양반들 : 　야아 이놈 뭐야

말뚝이 : 　아 이 양반 어찌 듣소

　　　　　용두[60] 해금奚琴[61] 북 장고 피리 졌대[→ 젓대][62]

으로 활용되었다. 오청본에서는 '兩班伯.「담배피우지말고 떠들지말아고하엿네.」'(라고하며 굿거리장단에마
추어 仲弟와같이춤을춘다.)'라고 채록되었다.

55　여보 악공들 말씀 드르시오 ; 등장인물이 음악 담당자를 부르는 대사다. 이렇게 함으로써 악공은 극중인물로
전환되며, 관객이나 악공은 방관적인 제삼자가 아닌 당사자로서 극의 현실에 참여함으로써 극적 환상이 차단
되고 현실적 비판이 선명해질 뿐만 아니라 좀 더 신명나고 친근한 현장으로 만든다고 한다.

56　오음육률五音六律 ; '오음(五音)'은 궁(宮), 상(商), 각(角), 치(徵), 우(羽)의 다섯 음률이다. '육률(六律)'은
십이율 가운데 양성(陽聲)에 속하는 여섯 가지 소리로 황종(黃鐘), 태주(大簇), 유빈(蕤賓), 이칙(夷則), 무역
(無射)을 이른다. 임석재본에서는 '오통육율五統六律'이라고 채록되었다. 이는 '오음육율(五音六律)'이 아닌가
한다. 실제로 '오통육율五統六律'이라는 용어가 쓰이지는 않는다. '오통(五通)'은 다섯 가지의 신통력(神通力)
으로 도통(道通)·신통(神通)·의통(依通)·보통(報通)·요통(妖通) 등을 이른다. 가면극 현장의 음악을 언어
유희적으로 표현한 것이다. 참고로 오청본에서는 '三絃六角'이라고 채록되었다.

57　버들나무 홀뚜기 → 버드나무 호드기 ; 홀뚜기는 '호드기'의 방언으로 물오른 버들가지를 비틀어 뽑은 통껍질이
나 밀짚 토막으로 등으로 만든 피리의 한 가지이다. 봄철 잎이 나기 직전에 물이 잘 오른 버드나무 가지를 15㎝
가량 잘 끊어서 조심스럽게 비틀어 속에 든 나무막대기 부분을 빼버리고, 그 껍질로 호드기를 만든다. 호드기의
서[舌, reed]는 몸통의 한 끝 부분을 칼로 껍질을 베껴버리고 속줄기를 잘 다듬어서 만든다. 호드기는 크기에
따라서 여러 종류가 있다. 대체로 지공이 없으나, 몸통에 지공을 가진 호드기도 있다. 농촌 어른들의 소일꺼리로
제조되는 호드기는 아이들의 장난감으로 쓰인다. 우리나라의 향피리는 옛날 호드기류 관악기에서 발달된 고유의
우리 악기로 추정되기도 한다. 이러한 단순 관악기는 우리나라 뿐 아니라 몽골·터키·유럽 여러 나라에서도
발견된다. 터키에서는 호드기를 '십시sipsi'라고 부른다. 호밀대나 보릿대로 만들어서 피리처럼 불기도 한다. '호
돌기'라고도 하는데, 재료에 따라서 버들피리·나뭇잎피리·보리피리 등이 있다. 풀피리라고도 한다.

58　뽑아다 ; 버들가지를 비틀어 통껍질을 뽑기 때문에 '뽑아다'라고 한 것이다.

59　바가지장단 ; 바가지를 물 위나 맨바닥에 엎어 놓고 치는 장단이다. 물박놀이라고도 한다. 물동이에 물을 반
쯤 담아두고 큰 바가지를 엎어놓고 대나무채로 바가지를 두드리며 장단을 맞추며 노래를 부른다. 이 놀이는
설, 대보름, 단오 등 명절이나 동네에 경사가 있을 때 바가지 장단에 맞춰 노래 부르고 춤도 춘다. 오청본에서
는 '바지장단'이라고 채록되었다.

60　용두 ; '용두(龍頭)'인 듯하다. 가야금에서 현이 고정되어 있는 쪽을 용두(龍頭), 다른 쪽을 양이두(羊耳頭)
또는 봉미(鳳尾)라고 하며, 줄을 얹어 매어 놓은 부들이라고 한다. 결국 여기서는 가야금의 일부를 지칭하여
가야금을 가리키는 것 -대유적 표현- 인데, 가면극 음악에 가야금은 이용되지 않는다. 따라서 '용두'는 언어유희
적 표현을 위하여 끌어들인 것이다.

61　해금奚琴 ; 사부(絲部) 찰현악기(擦絃樂器)의 하나로 일명 깡깡이이다.

한 가락도 뽑지 말고

건 건드러지게 치라고 그리하였오[63]

양반들 :　　　　　（합창）

건 건드러지게 치라네[64]

[65]

（굿거리 곡으로 춤）

생원 :　　　쉬이

（춤과 장단 그친다）

말뚝아

말뚝이 :　　예에

생원 :　　　이놈 너도 양반을 모시지 않고 어디로 그리 다니느냐

말뚝이 :　　예에 양반을 찾으려

찬밥 국말어[66] 일조식日무食하고[67]

마구간馬廐間[68]에 들어가 노새[69] （원)님을[→ 노새 원님을][70] 끌어내다[71]

62　젔대[→ 젓대] ; '저'를 일상적으로 이르는 말이다. 대금(大笒)을 말한다.

63　[보정] 아 이 양반 어찌 듣소 용두 해금(奚琴) 북 장고 피리 젔대[→ 젓대] 한 가락도 뽑지 말고 건 건드러지게 치라고 그리하였오 ; 역시 '오청(誤聽)'을 유도한 것이다. 삼현육각(三絃六角)은 향피리 둘, 대금 하나, 해금 하나, 장구 하나, 북 하나 등으로 편성되는데, 여기서는 '용두 해금 북 장고 피리 저때'라고 하여 '용두'가 추가되었다. '용두'는 편종 틀 위 양편에 조각한 용의 머리를 뜻하는 것으로 생각되는데, 그렇다면 '용두'는 '편종(編鐘)'을 지칭하는 대유적 표현이 된다. 그런데 '편종'은 삼현육각에 포함되지 않는다. 그렇다면 '오청'을 유도하였다가 '용두 해금 북 장고 피리 젓대'라고 하여 바로잡았지만 역시 잘못되기는 마찬가지다. 이렇게 하여 극적 분위기를 해학적으로 조성하게 된다.

64　건 건드러지게 치라네 ; '건드러지다'의 '건'을 반복함으로써 강화하고자 하는 관습적 표현이다. 혹은 '건드러지다'와 '건건하다'를 결합한 언어유희인 듯하다. '건드러지다'는 '목소리나 맵시 따위가 멋들어지게 가늘고 아름답고 부드럽다.'는 뜻이다. '건건하다'는 '꽤 마르다.'는 뜻이다. 대화반응이 불림으로 활용되었다. 오청본에서는 '저놈이 건건드러지게치라고하엿네.'라고 채록되었다.

65　[보정] 이 자리에 '(반주가 시작된다.)'가 생략되었다.

66　찬밥 국말어 ; '찬밥'과 '국밥'이 결합된 말이다. 찬밥을 국에 말은 음식이다. 결국 보잘것없는 음식을 뜻한다. '국밥'은 끓인 국에 밥을 만 음식이다. 또는 국에 미리 밥을 말아 끓인 음식이다. '찬밥'은, 지은 지 오래되어 식은 밥 혹은 지어서 먹고 남은 밥, 혹은 중요하지 아니한 하찮은 인물이나 사물을 비유적으로 이르는 말 등으로 쓰인다. 속담 '찬밥에 국 적은 줄만 안다'는 가난한 살림에는 없는 것이 당연한 것인 줄 모르고 무엇이 부족하다고 하여 마음을 씀을 이르는 말이다. 오청본에서는 '찬밥국마라'라고 채록되었다.

67　일조식日무食하고 ; '조식'은 아침밥을 일찍 먹음을 말한다. 오청본에서는 '일즉이먹고'라고 채록되었다.

68　[보정] 마구간馬廐間 ; 말을 기르는 곳으로, '외양간'의 방언이다. 임석재본에서는 '마죽간'이라 하였다. '마죽'은 말죽이다. '말죽(-粥)'은 콩, 겨, 여물 따위를 섞어 묽게 쑤어 만든 말의 먹이를 말한다. '마굿간'과 '마죽'이 결합

등에 솔질을 쐴쐴[72] 하여 말뚝이님 내가 타고[73]

서양西洋[74] 영미英美[75] 법덕法德[76] 동양삼국東洋三國[77]

무른 메주 밟듯[78] 하고

동은 여울[79] 이요 서는 구월九月 이라[80]

동여울 서구월 남 드리[81] 북 향산香山[82][83]

방방곡곡坊坊谷谷[84] 면면촌촌面面村村이

된 민간화술적 표현이다. 오청본에서는 '馬죽間' 라고 채록되었다. 문맥으로 보아서는 '마죽간'이 옳다.

69　노새 ; 암말과 수나귀 사이에서 난 잡종으로 크기는 말보다 약간 작으며, 머리 모양과 귀·꼬리·울음소리는 나귀를 닮았다. 몸이 튼튼하고 힘이 세어 무거운 짐을 나를 수 있고 생식 능력이 없다.

70　[보정] 노새 (원)님을[→ 노새 원님을] ; 노새에게 존칭의 뜻인 '님'을 붙였다. 그런데 '원'을 함께 붙였다는 점에 유의할 필요가 있다. 의미상으로는 양반가면들이 탈 '노새'에게 존칭을 붙였으니 양반 대우를 한다는 것인데 '원'을 덧붙임으로써 그 뜻은 '노 생원님' 곧 '늙은 생원님'이 된다. 유사음 이의어를 활용한 언어유희를 실현하고 있다. 오청본에서는 '노새님'이라고 채록되었다.

71　[보정] 노새 (원)님을[→ 노새 원님을] 끌어내다 ; 의미상으로는 '노새를 끌어내다'이지만 가면극 현장에서는 '늙은 생원을 끌어내다'가 된다.

72　쐴쐴 ; 물 따위가 거침없이 자꾸 번져 흐르는 소리, 또는 그 모양을 말한다. 고운 가루나 모래 따위가 좁은 틈이나 구멍으로 거침없이 자꾸 흘러내리는 소리, 또는 그 모양이다. 혹은 자꾸 머리털을 빗질하거나 짐승의 털을 손질하는 소리, 또는 그 모양이다.

73　[보정] 말뚝이님 내가 타고 ; 자기 자신에게 높임말을 구사하고 있다. 이는 민간화술에서도 흔히 쓰이는 화법으로 양반을 비하하기 위한 수법이다. 이 대목의 뒤에 나오는 대사에서 '샌님 비뚝한 놈'과 대(對)가 된다.

74　서양西洋 ; 동양에서 유럽과 아메리카 주의 여러 나라를 이르는 말이다.

75　영미英美 ; 영국과 미국을 아울러 이르는 말이다.

76　법덕法德 ; 프랑스와 독일을 아울러 이르는 말이다.

77　동양삼국東洋三國 ; 동양의 세 나라, 한국, 중국, 일본을 이른다. '동양東洋'은 터키의 동쪽에 있는 아시아 여러 나라를 통틀어 일컫는 말이다.

78　서양西洋 영미英美 법덕法德 동양삼국東洋三國 무른 메주 밟듯 ; 관용적 표현이다. 여러 곳을 빠짐없이 골고루 돌아다님을 비유적으로 이르는 말이다. '팔도를 무른 메주 밟듯 한다.'는 속담을 원용한 것이다. 메주를 틀에 재울 때에 쉴새없이 부지런히 밟듯 한다는 뜻으로, 나라의 방방곡곡을 안 가는 곳 없이 부지런히 돌아다님을 비겨 이르는 말이다. 우리 가면극에는 민간화술의 한 수법인 속담을 원용하는 장면이 많다. '서양(西洋) 영미(英美) 법덕(法德) 동양삼국東洋三國'은 열거, 과장이다. 오청본에서는 '八道江山 다도라 물은메주밟듯하얏는대'라고 채록되었다.

79　여울 ; 강이나 바다의 바닥이 얕거나 폭이 좁아 물살이 세게 흐르는 곳이다.

80　구월九月 ; 구월산(九月山)을 말하는 듯하다.

81　드리 : 들판을 말한다.

82　향산香山 ; 묘향산이다. 오청본에서는 '北漢山下' 라고 채록되었다.

83　[보정] 동여울 서구월九月 남 드리 북 향산香山 ; 동쪽은 물살이 센 형세이고, 서쪽은 구월산이 있는 산세, 남쪽은 들판이고, 북쪽은 묘향산이 있는 산세라는 뜻이다. 여기서는 험준한 강산을 넘나들었다는 말이다. 예로부터 동금강(東金剛)·남지리(南智異)·서구월(西九月)·북묘향(北妙香)이라 하여 우리나라 4대 명산의 하나로 꼽혔다. '東金剛 西九月 北香山 南智異 漢挐莫非踐義之地'라는 말이 있다. 오청본에서는 '西는九月 이라 東 여울西九月 넘드러 北漢山下'이라고 채록되었다.

84　방방곡곡坊坊谷谷(坊坊曲曲) → 방방곡곡(坊坊曲曲) ; 한 군데도 빠짐이 없는 모든 곳을 말한다. 곡곡(曲曲), 골골샅샅, 면면촌촌이라고도 한다.

바위 틈틈이 모래 쩜쩜이[85]

참나무 결결이[86] [87] 다 찾아 다녀도

샌님 비뚝한[88] 놈도 없고 보니[89] [90]

낙양사부落鄕士夫[→ **낙향사부**落鄕士夫][91]라

서울 본댁本宅[92]을 찾아가니

샌님도 안 계시고

종가집宗家[93] 도령님[도 안 계시고 마나님 혼자 계시기로]

벙거지 쓴 채

이 채찍 찬 채

감발[94]한 채[95]

두 무릎을 꿇고

하고하고 재독再讀[96]으로 됐습니다[97] [98] [99]

---

85   쩜쩜이 ; 틈틈이를 말한다.

86   결결이 ; 어떤 일이 일어나는 그때마다, 혹은 때때로라는 뜻이다. '결'은 나무, 돌, 살갗 따위에서 조직의 굳고 무른 부분이 모여 일정하게 켜를 지으면서 짜인 바탕의 상태나 무늬를 이른다.

87   동여울 서구월九月 남 드리 북 향산香山 방방곡곡(坊坊谷谷) 면면촌촌(面面村村)이 바위틈틈이 모래 쩜쩜이 ; 대구(對句)와 이음동의어(異音同義語)의 반복에 의한 언어유희이다.

88   비뚝한 ; 비뜩하다. '비슷하다'의 방언이다.

89   없고 보니 → 없기에 보니

90   [보정] 마구간에 들어가 노새 (원)님을[→ 노새 원님을] 끌어내다 ~ 샌님 비뚝한 놈도 없고 보니 ; 대구의 대사다. 노새를 '노새원님'이라고 존칭을 붙이고, 이에 대구하여 '말뚝이님'이라고 실현하고 있다. 이로써 '말뚝이'는 격상되고, 양반은 '샌님 비뚝한 놈'으로 전락하고 만다. '노새원님'은, 노새에 '노생원', '원님' 등을 함께 조합한 희학적 표현을 보여주고 있다. 오청본에는 '馬죽間에들어가서 노새님을끌어내다 등에솔질쏼쏼하여 말둑이님 내가타고'라고 채록되었다.

91   낙양사부落鄕士夫[→ **낙향사부**落鄕士夫] ; 관직을 떠나서 고향으로 돌아온 사대부를 말한다. '落鄕'과 '士大夫'가 결합된 말이다. '낙향落鄕'은 시골로 거처를 옮기거나 이사함을 말한다. '사대부(士大夫)'는 사(士)와 대부(大夫)를 아울러 이르는 말이다. 혹은 문무 양반(文武兩班)을 일반 평민층에 상대하여 이르는 말이다. 혹은 벼슬이나 문벌이 높은 집안의 사람을 말한다.

92   서울 본댁本宅 ; 임석재본에서는 '경성본댁京城本宅'이라고 채록되었다. 오청본에서는 '서울本宅을'이라고 채록되었다.

93   종가宗家 ; 한 문중(門中)에서 맏이로만 이어온 큰집을 이른다.

94   감발 ; '발감개', 혹은 발감개를 한 차림새를 이른다. 발감개는 버선이나 양말 대신 발에 감는 좁고 긴 무명천이다. 주로 먼 길을 걷거나 막일을 할 때 쓴다.

95   [보정] 벙거지 쓴 채 이 채찍 찬 채 감발한 채 ; 대구(對句)와 유사의미반복에 의한 언어유희다.

96   재독再讀 ; 이미 읽었던 것을 다시 읽는다는 뜻이다. 여기서는 '반복'이라는 뜻으로 쓰였다.

97   됐읍니다 ; 여기서는 '됐습니다'가 옳다. '뇌다'는 지나간 일이나 한 번 한 말을 여러 번 거듭 말한다는 뜻이다.

98   벙거지 쓴 채 이 채찍 찬 채 감발한 채 두 무릎을 꿇고 하고하고 재독으로 됐읍니다 ; 성적 행위를 연상케

생원 :   이놈 뭐야 !

말뚝이 :   하아 이 양반 어찌 듣소

　　　　　문안을 드리고 하니까

　　　　　마나님이 술상을 차리는데

　　　　　벽장[100]문壁□門[→ **벽장문壁欌門**] 열고

　　　　　목이 길다 황새병瓶[101]

　　　　　목이 짧다 자라병瓶[102]이며

　　　　　홍곡주紅穀酒[103] 이강주梨薑酒[104] 내여 놓자

　　　　　앵무잔鸚鵡盞[105]을 마나님이 친히 들어

　　　　　잔 가득히 술을 부어

　　　　　한잔 두잔 일이삼배一二三杯를 마신 후에

　　　　　안주를 내어놓는데

　　　　　대양푼[106]에 갈비찜[107] 소양푼[108]에 제육豬肉[109]

　　　　　초 고추[110] 저린 김치[111] 문어文魚[112] 점복[113] [114]

　　하는 대사다.

99 [보정] 말뚝이 : 예에 양반을 찾으려 ~ 하고하고 재독으로 됐습니다 ; 마나님과 사통(私通)하였음을 암시적으로
　　드러내고 있다. '바위 틈틈이 모래 짬짬이'와 같은 대구(對句)와, '이 벙거지 쓴 채로 이 채찍 찬 채로 이 감발
　　한 채로'와 같이 유사의미반복에 의한 언어유희를 원용함으로써 희극적 분위기를 보여주고 있다.

100 벽장壁欌 ; 벽을 뚫어 작은 문을 내고 그 안에 물건을 넣어 두게 만든 장(欌)을 말한다. 벽다락이라고도 한다.

101 황새병瓶 ; 황새의 목처럼 목이 긴 병을 말한다. 여기서는 황새병에 담긴 술을 말한다.

102 자라병瓶 ; 자라 모양을 한 병을 말한다. 납작하고 둥근 몸통에 짧은 목이 달려 있다. 여기서는 자라병에 담긴
　　술을 말한다.

103 홍곡주紅穀酒 ; 중국에서 나는, 붉은빛으로 물들인 쌀[홍곡(紅穀)]로 빚은 술이다. 홍소주가 있다. 한편 홍국주
　　(紅麴酒)는, 멥쌀로 밥을 지어 누룩가루를 섞고 뜬 다음에 더운 기운을 빼고 볕에 말린 누룩 -홍국(紅麴)- 으로
　　만든 술이다. 어혈을 없애는 작용이 있어, 해산 후 오로(惡露)가 다 나오지 않고 배가 아픈 데와, 음식이 잘
　　소화되지 아니하고 뭉치어 생기는 병이나, 비위(脾胃)의 기능 장애로 인하여 가슴이 답답하고 트림을 하는 따위의
　　증상이나, 이질·타박상 따위에 쓴다. 오청본에서는 '江麴酒'라고 채록되었다.

104 이강주梨薑酒 ; 소주에 배즙·생강즙·꿀 등을 넣고 중탕한 술을 말한다.

105 앵무잔鸚鵡盞 ; 앵무배(鸚鵡杯)라고도 하며, 자개를 가지고 앵무새의 부리 모양으로 만든 술잔을 말한다.

106 대大양푼 ; 큰 양푼이다. 음식을 담거나 데우는 데에 쓰는 놋그릇으로 운두가 낮고 아가리가 넓어 모양이, 둥
　　글고 바닥이 평평한 반병두리 같으나 더 크다. 양푼은 대가집에서 주로 쓰던 용기로 크기는 대·중·소로 되어
　　있다. 대양판(大洋板)이라고도 한다. '소의 밥통 고기'로 본 것은 잘못이다.

107 갈비찜 ; 소나 돼지 따위의 갈비를 양념과 간을 하여 푹 찐 음식이다.

108 소小양푼 ; 작은 양푼이다. '돼지의 밥통 고기'로 본 것은 잘못이다.

109 제육豬肉 ; 저육(豬肉)이라고도 한다. 식용으로 하는 돼지고기를 말한다.

110 초 고추 ; '볶은[炒] 고추'를 말한다.

다 버리고

작년 팔월에 샌님댁에서

등산登山 갔다 남아온[115]

좆대갱이[116] 하나 줍디다[117][118]

생원 :　　　이놈 뭐야

말뚝이 :　　　아 이 양반 어찌 듣소

등산갔다 남아온 어두일미魚頭一味[119]라고 하면서

조기 대갱이 하나 줍디다

그리하였오

양반들 :　　　（합창）

조기 대갱이라네[120]

[121]

（굿거리 곡으로 일제히 춤）

생원 :　　　쉬이

111　저린 김치 → 절인 김치 ; 푸성귀와 같은 야채를 소금기나 식초, 설탕 따위가 배어들게 한 김치를 말한다.
112　문어文魚 ; 낙지과의 연체동물이다. 우리 전통 상차림에 대표적인 음식의 하나이다.
113　점복 → 전복(全鰒)
114　대양푼에 갈비찜 소양푼에 제육(猪肉) 초 고추 저린 김치 문어(文魚) 점복 ; 유사의미어의 열거와 반복에 의한 표현이다.
115　남아온 → 남겨온
116　좆대갱이 ; 좆 대가리를 이른다.
117　[보정] 좆대갱이 하나 줍디다 ; '조기 대가리'를 의도적으로 유사음 이의어인 '좆대갱이'라고 실현하고 있다. 이러한 언어유희로 인하여 회학적인 분위기가 연출된다.
118　[보정] 말뚝이 : 하아 이 양반 어찌 듣소 ~ 좆대갱이 하나 줍디다 ; 이 대목에서의 연극적 장치는 '오청(誤聽) mishearing'을 유도하고 있다는 것이다. 잘못 듣기, 잘못 들은 체하기, 잘못 들은 것으로 유도하기 등이 이 수법에 해당한다. 아울러 소위 술사설 또는 안주 사설을 원용한 대목이다. 열거와 반복이 지배적이다. '엮음수심가(愁心歌)'의 한 대목을 보면 다음과 같다. '술이익자 달이뜨고 달이뜨자 임이온다 목이길다고 황새병이며 목이말라 자라병이며 [중략] 풋고추 저리김치 문어전복 곁질러너라 [중략] 앵무배에 뚜르르 한 잔 술을 가득부어 잡수시오 잡수시오'. '춘향전 완판 -열녀춘향수절가'의 술안주와 술병 사설치레 -우리 연행문화에서 길게 늘어놓는 언어 표현의 형태를 통해 다양한 형상을 꾸미어 치러내는 양태(樣態)를 가리키는 말.- 를 보면 더욱 다양한 모습을 보여준다. 이는 장르간 교섭현상의 대표적 양상이다.
119　어두일미魚頭一味 ; 물고기는 대가리 쪽이 그 중 맛이 있다는 말이다.
120　[보정] 조기 대갱이라네 ; 말뚝이의 대사에서 실현된 '조기 대갱이'를 그대로 불림으로 활용하고 있다. 대화반응이 불림으로 활용되었다. 오청본에서는 '魚頭가一味라네.'라고 채록되었다.
121　이 자리에 '(반주가 시작된다.)'가 생략되었다.

(가락과 춤 멈춘다)

이놈 말뚝아

말뚝이 :　　예에

아 이 제미를 붙을[122]

양반인지 좃반[123]인지

허리 꺾어 절반折半[124]인지

개다리 소반인지

꾸레미전[125]에 백반白飯[126][127]인지

말뚝아 꼴뚝아[128]

밭 가운데 최뚝아[129]

오유월에 밀뚝아[130]

잔대뚝[131]에 메뚝아[132]

---

122 [보정] 제미를 붙을 ; 욕설이다. 이 욕설은 가면극마다 전반에 걸쳐 두루 또 빈번히 나온다. 이는 간음을 금기시하는 사회 풍토에 있어서는 지나친 욕설이다. 노신의 말을 빌면 '나는 네 에미의 先親十八代도 하노라.'에서 왔다고 한다. 한편 너무 심하다는 이유로 심지어는 속담이 탄생하기까지 하였다고 한다. "에미 붙구 대명 간다."(박계홍 ; 『한국구비문학대계』, 충남 대덕군편)와 "에미 붙어 담양갈 놈"(최래옥 · 김균태, 『한국구비문학대계』, 전남 장성군편)과 같은 것이 대표적이다. 이 욕설은 상상도 못할 심한 말이기 때문에 어떤 특정인을 향한 욕설이기보다는 독백조로 흔히 쓰인다. 독백조로만 쓰이던 욕설을 공개적인 자리에서 방백의 형식을 빌어 공공연히 내뱉음으로써 숨겨진 의식이 노정된다. 노신도 '他媽的!'을 '국매(國罵) – 국민적 욕설'이라 하였다. 일본어에도 '母開'라는 말은 '너는 네 어머니를 姦한다.'라는 뜻이다.
123 [보정] 좃반 ; '조반(朝飯)'을 강세를 더하여 실현한 것이다. '좃반'은 '좃반'을 연상케 한다. 즉 '조반(朝飯)'을 비속하게 표현한 민간화술적인 언어유희다.
124 절반折半 ; 하나를 반으로 가름, 또는 그렇게 가른 반을 말한다.
125 꾸레미전 → 꾸러미전 ; '꾸레미'는 '꾸러미'의 방언이다. 꾸리어 싼 물건을 파는 곳이다. '꾸러미'는 꾸리어 싼 물건을 말한다. 또는 꾸리어 싼 물건을 세는 단위로 쓰인다. 또 달걀 열 개를 묶어 세는 단위를 말한다. '전(廛)'은 물건을 벌여 놓고 파는 가게다.
126 백반白飯 ; 흰쌀밥을 말한다. 혹은 음식점에서 흰밥에 국과 몇 가지 반찬을 끼워 파는 한 상의 음식을 말하기도 한다. 오청본에서 '白礬'이라고 채록되었다. 백반(白礬)은 떫은맛이 나는 무색투명한 정팔면체의 결정으로, 물에 녹으며 수용액은 산성을 나타낸다. 매염제, 수렴제 따위로 쓴다.
127 [보정] 꾸레이전에 백반白飯 ; '꾸러미전에 쌀밥' 즉 맛있는 반찬에 흰쌀밥이라는 뜻이다.
128 꼴뚝아 → 꼴뚝기야 ; '꼴뚜기'는 꼴뚜깃과의 귀꼴뚜기, 좀귀꼴뚜기, 잘룩귀꼴뚜기, 투구귀꼴뚜기를 통틀어 이르는 말이다. '꼴뚜기'는 속담 '어물전 망신은 꼴뚜기가 시키다'나 '장마다 꼴뚜기'와 같이 상대방을 격하하는 뜻으로 말할 때에 등장한다.
129 최뚝아 ; '최뚝길'이다. '최뚝길'은 밭두둑에 난 길의 방언이다.
130 밀뚝아 ; '밀따기'다. '밀따기'는 벌통에서 밀을 떼어 내는 일이다.
131 잔대뚝 → 잔대둑 ; 잔대가 난 둑을 말한다. '잔대'는 초롱꽃과의 여러해살이풀이다. 산에 나는데, 뿌리는 희고 굵으며 줄기 높이는 1m 정도다. 어린잎과 뿌리는 식용한다.

부러진 다리 절뚝아[133] [134]

호도엿[135] 장사 오는데 할애비[136] 찾듯

왜 이리 찾소[137]

생원 : 네 이놈 양반을 모시고 나왔으면

새처[138]를 정定하는 것이 아니고

어디로 이리 도라 다니느냐

말뚝이 :   (채찍을 가지고 원을 그으며 한 바퀴 돌면서)[139]

예에

이마만큼 터를 잡고

참나무 울장[140]을 두문두문[141] 꽂고

깃[142]을 푸군푸군이[143] 두고

---

132 메뚝아 → 메뚜기야
133 절뚝아 ; 보통은 다리가 부러져서 다리를 절뚝절뚝 하는 이를 가리킨다.
134 [보정] 아 이 제미를 붙을 양반인지 좃반인지 허리 꺾어 절반인지 개다리 소반인지 꾸레미전에 백반인지 말뚝아
   꼴뚝아 밭 가운데 최뚝아 오유월에 밀뚝아 잔대뚝에 메뚝아 부러진 다리 절뚝아 ; 유사음과 동의어반복을 원용한
   민간화술적 언어유희이다. 양반이라는 글자를 이용해 해학적 분위기를 돋우고 있다. 처음에는 '班'자를 매개로
   삼아 좃반이라 하고 이를 다시 허리 꺾을 양반이라 하여 꺾일 '折'자를 써서 '절반折半'이라 하고 있다. 그리고
   '-인지'를 써서 대수롭지 않음과 표현상으로 대구로 인한 리듬감이 나타난다. 자기를 자꾸 부르는 것에 대하여
   답하는 뒷부분은 비슷한 이름을 나열로 재치와 해학을 느끼게 된다. 우선 꾸러미전에 백반이라 하여 시장바닥에
   흔히 있는 것들, 쉽게 자주 부를 수 있는 것이라는 의미를 담고 있다. 이런 흔하디흔한 것이 '-둑'을 매개로 이것저
   것 부르다가 밭 가운데 있는 최뚝이, 잔디에 있는 메뚜기, 부러질 '折'자로 절뚝이 라고 한다. 이는 자기를
   자주 찾는 것에 대한 답이며, 말장난인 동시에 부드러운 리듬감으로 부담 없이 웃을 수 있는 분위기를 자아낸다.
135 호도엿 ; 호도를 함께 버무려 만든 엿이다.
136 할애비 ; '할아비'의 방언이다. '할아비'는 '할아범'의 낮춤말로 늙은 남자가 손자, 손녀에게 자기 자신을 이르
   는 말이다.
137 호도엿 장사 오는데 할애비 찾듯 왜 이리 찾소 ; 필요할 때면 찾아댄다는 뜻의 관용적 표현이다. '엿장사가
   놋쇠 사러 다니듯'은 이리저리 쏘다니는 모양을 비유적으로 이르는 말이다.
138 새처 → 사처 ; 점잖은 손님이 길을 가다가 묵음을 뜻한다. 또는 그 유숙하는 집을 말한다.
139 [보정] (채찍을 가지고 원을 그으며 한 바퀴 돌면서) ; 가면극 현장에서 가축 축사를 연상하게 하는 공간을 설
   정하는 행위이다. 이 지문은 연희자의 언급을 그대로 채록한 것이다. 실제로 현장에 '돼지우리'가 있는 것이 아
   니라 연기를 그렇게 하라는 뜻이다. 가면극에서 연극적 공간을 실현해 내는 기법적 특징을 말해주는 기사다.
   임석재본에서는 '(채찍으로 동그랗게 공중에 금을 그으면서)' 라고 채록되었다. 오청본에서는 '(채직으로 도야지
   울을가르키며)'라고 채록되었다.
140 울장 ; 울타리에 박은 긴 말뚝을 말한다.
141 두문두문 → 드문드문
142 깃 ; 외양간, 마구간 등에 깔아주는 짚이나 풀을 말한다.
143 푸군푸군이 → 푸근푸근히 ; 두툼한 물건이나 자리 따위가 매우 부드럽고 따뜻한 느낌이다.

문을 하늘로 낸 새처[144]를 잡아 놨읍니다

생원 : 이놈 뭐야

말뚝이 : 아 이 양반 어찌 듣소

자좌오향子坐午向에 터를 잡고[145]

난간 팔자八字[146]로 오련각五聯閣[147]과

입구자 로 집[148]을 짓되

호박주초琥珀柱礎[149]에 산호珊瑚기둥[150]에

비추연목翡翠椽木[151]에

금파金波도리[152]를 걸고

입구자로 풀어짓고

쳐다보니 천판자天板子[153]요

---

144 이마만큼 터를 잡고 참나무 울장을 두문두문 꽂고 깃을 푸군푸군이 두고 문을 하늘로 낸 새처 ; 가축 축사를
연상하게 하는 대사다. '돼지우리'를 묘사한 듯하다. '문을 하늘로 낸 새처'는 지붕이 없는 집이라는 말로, 돼지
우리를 지칭하는 것이다.

145 자좌오향(子坐午向)에 터를 잡고 ; 북쪽[자방(子方)]을 등지고 남쪽[오방(午方)]을 향함을 말한다. 즉 정남방
을 향해 지은 집을 말한다.

146 [보정] 난간 팔자八字 ; 난간을 두르고, 팔작(八作)지붕을 얹었다는 말이다. 난간과 처마 끝의 무게를 받치기
위하여 기둥머리에 짜 맞추어 댄 팔자 모양의 나무쪽으로, 즉 화려하게 지은 집을 말한다. '欄干八作'이 옳다.
'난간(欄干/欄杆)'은 층계, 다리, 마루 따위의 가장자리에 일정한 높이로 막아 세우는 구조물이다. '난간포(欄干
包)'는 난간에 꾸민 처마 끝의 무게를 받치기 위하여 기둥머리에 짜 맞추어 댄 나무쪽인 공포(栱包)를 말한다.
'팔자(八字)'는 한자(漢字)의 '팔(八)'이라는 글자의 모양이다. 효사정(孝思亭)은 조선 세종대에 공숙공(恭肅
公) 노한(盧閈)이 지금의 노량진 한강변에 지은 정자였다. 현재의 효사정은 넓이 46.98㎡의 정면 3칸·측면 2칸
규모로, 온돌방 1칸을 들인 건물이다. 민도리집 구조의 오량집[五樑閣]이며 난간을 두르고, 팔작지붕을 얹었다.

147 [보정] 오련각五聯閣 ; '五樑閣(오량각)'의 잘못이다. 대들보를 다섯 줄로 놓아 넓이가 두 간통 되게 지은 집을
말한다. 오량집이라고도 한다. 여기서는 '오양간'을 염두에 둔 듯하다.

148 입구자 로 집 ; '입구자집(-口字-)', 즉 ㅁ자 집을 말한다.

149 [보정] 호박주초琥珀柱礎 ; 전각(殿閣)의 두리기둥 밑에 받치는 둥글게 다듬어 만든 호박(琥珀)으로 깎은 주
춧돌을 말한다. '주초'는 '주추'가 원말이다.

150 [보정] 산호珊瑚 기둥 ; 산호(珊瑚)를 다듬어 세운 기둥을 말한다. 보통은 '산호기둥에 호박 주추다.'라 하는데,
호사스럽게 산다는 말이다.

151 [보정] 비추연목翡翠椽木 → 비취연목(翡翠椽木) ; 비취로 된 서까래를 말한다. 호사스럽게 지은 집을 이른다.

152 금파(金波) 도리 ; 금빛이 돋는 도리를 말한다. '도리'는 기둥과 기둥 위에 건너 얹어 그 위에 서까래를 놓는
나무를 말한다. 화려하게 지은 집을 이른다.

153 [보정] 천판자天板子 ; '반자'를 말한다. 방이나 마루의 천장을 평평하게 하는 시설물이다. 김유경본에서는 '올
려다보니 소라반자요'라고 하였다. '소라반자'는 '소란(小欄)반자'로, 반자를 여러 개의 井자 모양이 모인 것처
럼 소란(小欄) -반자 판을 받치거나 양판문의 양판을 고정하기 위하여 대는 가늘고 긴 나뭇조각- 을 맞추어 짜고, 그 구멍
마다 네모진 널조각을 얹어 만든 반자로, 천장을 꾸미는 방법 중에서 보다 격조가 높은 방법이다.

내려다보니 장판방張板房[→ **장판방**壯版房]¹⁵⁴이라¹⁵⁵

화문석花紋□[→ **화문석**花紋席]¹⁵⁶ 칫다펴고¹⁵⁷

부벽서付壁書¹⁵⁸를 바라보니

동편에 붙은 것이 담박령[→ **녕**]졍澹泊寧靜¹⁵⁹

네 글자가 분명하고

서편을 바라보니 백인당중유태화百忍堂中有泰和¹⁶⁰가

완연히 붙어있고

---

154 [보정] 장판방張板房[→ 장판방壯版房] ; 누런 빛깔의 차진 흙에 고운 모래나 말똥 따위를 섞어 초벽에 덧바르고 그 위에 기름 먹인 장판지로 바닥을 바른 방이다. 장판지(壯版紙)는 방바닥을 바르는 데 쓰는 기름을 먹여 만든 마감용 종이다. 김유경본에서는 '갑장 장판'이라고 하였다. 호화롭게 장식한 장판방을 말한다. 동방삭이 무제(武帝)에게 '갑장(甲帳)'을 만들어 주어서 기쁘게 했다고 한다. '갑장(甲帳)'이란 본래 '갑을장(甲乙帳)'을 줄여서 한 말이다. 이것은 동방삭이 천하의 온갖 진귀한 진주로 장식하여 무제(武帝)에게 만들어 준 최고급 침실용 장막 커튼이다. 동방삭은 두 개의 장막을 만들어, 그 중 좋은 '갑장(甲帳)'은 신을 모시는 신전(神殿)에 치고, 나머지 '을장(乙帳)'은 무제(武帝)의 침실에 드리웠다 한다.

155 [보정] 처다보니 천판자天板子요 내려다보니 장판방張板房[→ 장판방壯版房]이라 ; 이 대목이 김유경본에서는 '올려다보니 소라반자요 굽어보니 갑장 장판이요' 라고 하였다. 두 자료를 보면 '소라반자'가 '천판자(天板子)'로, '갑장 장판'이 '장판방(壯版房)'으로 다름을 볼 수 있다. 이두현본이 가옥의 내부만을 묘사하여 보여주고 있다면, 김유경본은 가옥 내부가 매우 화려함을 보여주고 있다. 이를 통하여 전승양상을 짐작할 수 있다.

156 화문석(花紋□)[→ 화문석花紋席] ; 기직자리[草席]의 하나로, 온돌바닥을 장판을 하지 않고 흙바닥인 채로 쓸 경우 그 위에 까는 자리이다. 왕골로 겉을 하고 짚을 곁들여서 틀에 올려 한 눈 한 눈 엮어간다. 무늬를 놓아서 엮은 것이 '화문석'이요 강화 지방의 명산물이다. 이때 자리 눈은 깨끗해야 하므로 '청올치' -칡 껍질로 만든 끈- 로 매야 했다.

157 칫다펴고 → 치어 펴고 ; '짜서 펴고'다. 여기서 '치다'는 돗자리, 멍석, 가마니 따위를 틀로 짜거나 손으로 엮거나 틀어서 만드는 행위를 이른다.

158 부벽서付壁書 ; 종이 따위에 써서 벽에 붙이는 글이나 글씨를 말한다.

159 담박령[→ 녕]졍澹泊寧靜 ; 마음에 욕심이 없어 담백하고 마음이 안정됨을 뜻한다. 제갈량(諸葛亮)이 '계자서(誡子書)'에서 '군자의 행실이란 고요한 마음으로 몸을 닦고, 검소함으로써 덕을 기르는 것이다. 마음에 욕심이 없어 담박하지 않으면 뜻을 밝힐 수 없고, 마음이 안정되어 있지 않으면 원대한 이상을 이룰 수 없다. 夫君子之行 靜以修身 儉以養德 非澹泊無以明志 非寧靜無以致遠'라고 하였다. 이러한 뜻을 압축하여 사자성어(四字成語)를 만든 것이다. 전통적으로 이 사자성어를 현판으로 만들어 붙였다. 오청본에서는 '淸白明正'라고 채록되었다.

160 백인당중유태화百忍堂中有泰和 ; 당(唐)나라 고종 때에 장공예(張公藝)가 인(忍)자 백 개를 써서 올렸다는 고사를 원용한 것이다. 백인(百忍)은 온갖 고난이 참고 이겨낸다는 뜻이다. 즉 많이 참는 집에 태평과 평화로움이 있다는 말이다. '구세동거 장공예(九歲同居 張公藝) 일화'로 다음과 같은 이야기가 있다. 옛날 성은 장가요 이름은 공예이다. 구대(九代)가 한 집에서 살았는데 혹자가 와서 말하기를 '3대도 한 집에서 살기가 어려운데 어떻게 9대를 한 집에서 살수가 있느냐.' 하고 묻자 공예는 필묵(筆墨)을 꺼내놓고 '참을 인(忍)자와 일백 백(百)자를 쓴다. 참아라. 넘어오는 간도 삭여서 넘겨라.' 하는 말이다. 그래서 후에 사람들이 '백인당중 유태화(百忍堂中 有泰和)라. 백번 참는 집안에는 큰 화평이 있다.' 고 한 것이다. 백인(百忍)이란 말이 여기서 비롯된 것이라 한다. 또 '서인자일백(書忍字一百)'은, 역시 장공예라는 사람이, 참을 인(忍)자를 백 번이나 썼다는 고사에서 온 말로, 가정의 화목은 서로가 인내하는 데 있다는 말이다.

남편을 바라보니 인의예지仁義禮智[161]가

북편을 바라보니 효자충신孝子忠臣[162]이 분명하니

이는 가위 양반에 새처방이 될 만하고

문방제구文房諸具[163] 볼작시면

옹장봉장[164] 궤櫃두지[165] 자기함농函籠[166] 반다지[167]

샛별같은 놋요강[168] 놋대야[169] 받쳐[170] 요기놓고[171]

양칠간죽洋漆竿竹[172] 자문죽自紋竹[173]을 이리저리 맞춰놓고

삼털[174] 같은[→ **씹털**[175]**같은**] 칼담배(기사미)[176]를

---

161 인의예지仁義禮智 ; 유학에서, 사람이 마땅히 갖추어야 할 네 가지 성품, 곧 어질고, 의롭고, 예의 바르고, 지혜로움을 이른다.

162 효자충신孝子忠臣 ; 보통은 孝悌忠義[효제충의] 혹은 효제충신(孝悌忠信)이라 한다. 어버이에 대한 효도, 형제끼리의 우애, 임금에 대한 충성과 벗 사이의 믿음을 통틀어 이르는 말이다.

163 문방제구文房諸具 ; 학용품과 사무용품 따위를 통틀어 이르는 말이다. 전통적으로는 보통 문방사우(文房四友)인 종이·붓·먹·벼루의 네 문방구이며, 문방사보(文房四寶)라고도 한다. 이후의 대사를 보면 여기서는 의미가 가재도구라는 뜻으로 전용되었다.

164 옹장봉장 → 용장봉장 ; '용장봉장(龍欌鳳欌)'은 용의 모양을 새긴 옷장과 봉황의 모양을 새겨 꾸민 옷장이다.

165 궤(櫃)두지 ; '궤'는 궤짝으로 궤짝은 나무로 만든 네모진 상자를 말한다. 두지는 '뒤주'의 방언으로 곡식을 담아 두는 세간살이이다.

166 자기함롱函籠 → 자개함롱(函籠) ; 겉에 자개를 박아서 꾸며 놓은 자개함을 말한다. '함(函)'은 옷이나 물건 따위를 넣을 수 있도록 네모지게 만든 통이다. 또는 혼인 때 신랑 쪽에서 채단(采緞)과 혼서지(婚書紙)를 넣어서 신부 쪽에 보내는 나무 상자를 말한다. '농(籠)'은 버들채나 싸리채 따위로 함같이 만들어 종이로 바른 상자로 옷이나 물건을 넣어 두는 데 쓰인다. 또는 같은 크기의 궤를 이층 또는 삼층으로 포개어 놓도록 된 가구를 말한다. '자개'는 금조개 껍데기를 썰어 낸 조각으로 빛깔이 아름다워 여러 가지 모양으로 잘게 썰어 가구를 장식하는 데 쓴다.

167 반다지 → 반닫이 ; 앞의 위쪽 절반이 문짝으로 되어 아래로 잦혀 여닫게 된 궤 모양의 가구다.

168 놋요강 ; 놋쇠로 만든 요강이다. '요강'은 방에 두고 오줌을 누는 그릇이다. 놋쇠나 양은, 사기 따위로 작은 단지처럼 만든다. 한자를 빌려 '溺강, 溺釭, 溺江'으로 적기도 한다. '샛별 같은 놋요강'은 반짝반짝 빛나게 닦아 놓은 놋요강을 두고 이른다. 누렇게 변한 놋그릇은 짚수세미나 짚 가마니로 닦으면 반짝반짝 빛난다. 근자에는 연탄재를 수세미에 묻혀 닦기도 하였다.

169 놋대야 ; 놋쇠로 만든 물을 담아서 얼굴이나 손발 따위를 씻을 때 쓰는 둥글넓적한 그릇이다.

170 바쳐 → 받쳐 ; 물건의 밑이나 옆 따위에 다른 물체를 댄다는 말이다.

171 요기놓고 ; '요기'는 말하는 이에게 가까운 곳을 가리키는 말이다. 여기서는 세간살이를 가지런히 정리해 두었다는 말이다.

172 양칠간죽洋漆竿竹 ; 빨강·파랑·노랑의 빛깔로 알록지게 칠한 담배설대다.

173 [보정] 자문죽自紋竹 ; 아롱진 무늬가 있는 중국산 대나무다. 흔히 담뱃대로 쓴다. 자점죽(自點竹)이라고도 한다. 자문죽(紫紋竹)은 거문고를 만드는 데에 쓰인다.

174 삼털 ; '대마(大麻)'를 실로 만들 때에 생겨나는 털과 같은 보푸라기를 이르는 듯하다.

175 씹털 ; 여성 성기에 난 털을 말한다.

176 [보정] 삼털 같은[→ 씹털같은] 칼담배(기사미) ; 칼로 가늘게 썬 담배를 비유적으로 표현한 것이다. '기사미'는 살담배 즉 칼로 썬 담배를 말한다. 각(刻)연초 혹은 절초(切草)라고도 한다. 이에 대하여 썰지 아니하고 그냥

> 저 평양平壤 동東푸루[177] 선창船艙[178]에
>
> 돼지 똥물에다 축축 축여[179] 났습니다[180][181]

생원 :   이놈 뭐야

말뚝이 :   아 이 양반 어찌든소

　　　　쇠털같은 담배[182]를 꿀물에다 추겨났다[183] 그리하였오[184]

양반들 :   （합창）

　　　　꿀물에다 추겨 났다네[185]

[186]

　　　　（굿거리곡에 맞춰 일제히 춤춘다

　　　　한참 추다가 춤과 음악이 끝나고 새처방으로 들어간 양을 한다）[187]

양반들 :   （새처 안에 앉는다.）

　　　　※ （이본)[188] 이 대목에서 말뚝이와 양반兩班의 "복福잡이"가 있음

　　부숴서 종이에 말아 피는 잎담배가 있다. '칼담배'는 '살담배'의 와음(訛音)이다.

177　[보정] 평양平壤 동東푸루 ; '평양 동포루(東鋪樓)'가 옳다. 포루(鋪樓)는 적이 볼 수 없게 치성 위에 군사들이 몸을 숨길 수 있도록 지은 집이다. 치성은 성벽을 돌출시켜 성벽에 접근하는 적을 공격할 수 있게 만든 시설이며, 치성 가운데 중요한 위치에는 포루를 세웠다. 화성에는 서포루(西鋪樓), 북포루(北鋪樓), 동북포루(東北鋪樓, 각건대), 동1포루(東1鋪樓), 동2포루(東2鋪樓) 등 5개의 포루가 있다. 『양파유고(陽坡遺稿)』에 '총수산에 이르러 유숙하면서到葱秀山留宿'에 '7월 15일 일찍 출발하여 늦은 아침에 대동강변에 도착하였다. 큰비로 불어난 강물 때문에 건너기가 대단히 어려웠다. 중국 사신은 배가 준비되어 있지 않고 장막이 설치되어 있지 않았기 때문에 분노하여 차사원(差使員)인 광량첨사(廣梁僉使) 김희민(金希敏)을 붙잡아 들이게 하고 곤장 15대를 쳤다. 각 방면의 배를 부벽루 근방에 끌어올려 비로소 배를 띄워 동포루 아래에 정박시켰다. 평양성에 들어가서 묵었다.' 라고 하였다.

178　선창船艙 ; 배 안 갑판 밑에 있는 짐칸이다.

179　추기어 → 축이어

180　[보정] 저 평양平壤 동東푸루 선창船艙에 돼지 똥물에다 축축 축여 났습니다 ; 평양 동포루 아래에 있는 선창은 주로 평양에 가축 특히 돼지를 반입하는 일이 많았다고 한다. 이에 연유한 듯하다.

181　이 대목은 소위 '기물사설'을 원용한 것이다.

182　쇠털같은 담배 ; '쇠털담배'는 쇠털처럼 잘게 썬 담배를 말한다.

183　추겨났다 → 축여놓았다

184　[보정] 쇠털같은 담배를 꿀물에다 추겨났다 그리하였오 ; 앞의 대사인 '삼털 같은[→ 쇱털같은] 칼담배(기사미)를 저 평양 동푸루 선창에 돼지 똥물에다 축축 축여 났습니다'에 대하여 대구 형태로 받은 대사다. '오청(誤聽)'을 유도하고 있다. '똥물'을 '꿀물'이라고 바로 잡았지마는 담배를 꿀물에다 축이지는 않기 때문에 역시 양반이 격하된다.

185　[보정] 양반들 : (합창) 꿀물에다 추겨 났다네 ; 대화반응이 불림으로 활용되었다.

186　이 자리에 '(반주가 시작된다.)'가 생략되었다.

187　[보정] (굿거리곡에 맞춰 일제히 춤춘다 한참 추다가 춤과 음악이 끝나고 새처방으로 들어간 양을 한다) ; 일정한 무대 장치가 없음을 보여주는 단적인 사례다.

[(※ 새처 안에 들어간 뒤 아래와 같은 〈복(福)잡이 놀이〉로 끝맺기도 한다.)

말뚝이 : 쉬이. (음악과 춤이 멈춘다.) 샌님 새처방이 어떻습니까?

생 원 : 참 좋다.

말뚝이 : 만복이 들어오라고 사방문을 활짝 열었읍니다.

생 원 : 야 이놈, 문을 열어야 복이 들어오느냐 ?

말뚝이 : 예, 그렇습니다. 「개문이 만복래[189]」라 문을 열어야 복이 들어옵니다. 복이 들어오면 소인이 잡을랴고
　　　　하니 샌님도 잡으시오.

양반들 : (일어서려고 한다.)

말뚝이 : 가만히 게시오. 소인이 복 들어왔다고 할 때 일어나 잡으시오.

말뚝이 : 복들어 왔소 !

양반들 : (일어나서 복을 잡으려고 두 손을 벌려들고 사방으로 돌아다닌다.)

말뚝이 : (이때 「복이야 복이야」 소리치며 채찍으로 양반들을 때린다.)

양반들 : (쫓기며 퇴장한다.)]

생원 :　　　　쉬이

　　　　　　(음악과 춤 멈춤)

　　　　여보게 동생 우리가 본시 양반이라[190]

　　　　이런데 가만히 있자니 갑갑도 하네

　　　　우리 시조時調 한 수식 불러보세

서방 :　　　형님 그거 좋은 말씀입니다

양반들 :　　　　(시조를 읊는다)[191]

　　　　반 남아 늙었으니 다시 젊지는 못하리라 하하……[→「……반남아 늙었으니 다

---

188 (이본) ; '이본異本'인 듯하다. 어느 자료를 말하는지 분명치 않다.
189 개문이 만복래 ; '掃地簋金出(소지황금출) 開門萬福來(개문만복래) 땅을 쓸면 황금이 나오고 문을 열면 만
　　복이 들어온다.' 라는 입춘(立春) 첩자(帖子) 문구에 연유한다. 3월 입춘 때 사용하는 춘첩자(春帖子)나 5월
　　단오날에 사용하는 단오첩(端午帖)이라고 한다. 입춘이나 단오날이 되면 오언절구(五言絶句)의 첩자를 만들
　　어 기둥에 붙였다. 조선 후기, 궁궐에서 사용할 춘첩자와 단오첩은 제진(製進)할 관원이 궁궐로 들어와서 지어
　　바치도록 법으로 규정하였다.
190 여보게 동생 우리가 본시 양반이라 ; 양반 역할을 하겠다는 지문성 대사다.
191 [보정] 양반들 : (시조를 읊는다) ; 여기서 '시조'를 읊는다고 하였으나 실제로 실현되는 대사는 가사나 혹은
　　잡가 등을 원용한 것이다.

시 젊지는 못하리라……」 하하.]¹⁹²

　(웃는다) 양반시조 다음에 말뚝이 시조가 있음[→ (하고 웃는다. 양반시조

다음에 말뚝이 소리가 있다.)]

　"낙양성洛陽城¹⁹³ 십리허十里許¹⁹⁴에 높고 저 무덤에……"[→ 말뚝이 : 낙양성

십리허에 높고 낮은 저 무덤에…….]¹⁹⁵

192　[보정] 반 남아 늙었으니 다시 젊지는 못하리라 하하……[→「……반남아 늙었으니 다시 젊지는 못하리라……」, 하하.] ; 이 노래말은 '온정가(溫井歌)'의 한 대목을 원용한 것이다. '온정가'는 서도잡가의 하나로 '탕(湯)세기', '관암(冠巖)세기', '관음(觀音)세기'라고 전하기도 한다. 속설에는 목욕할 때에 뜨거움을 참기 위하여 부르는 일종의 숫자세기에 연유한다고 한다. 이 노래말은 시조가 아니고 잡가다. 말뚝이가 시조를 부르자고 하였는데 잡가를 부르고 있다. 이러한 설정은 희극적인 분위기를 연출하게 되고 축제가 된다.
　　[참고] 평양지방 '탕세기'
　　　　1. 초루한관 두관세관 너이 다섯 여섯 일곱 여덟에 아홉 초열 관암보살 열에 하 하나 둘셋 넷 다섯 여섯 일곱 여덟에 아홉 양십 관암보살
　　　　2. 한관 두관 세관 네관 다섯 여섯 일곱 여덟에 아홉 열에 한관 두관 세관 네관 다섯 여섯 일곱 여덟에 아홉 양십 관암보살
　　　　3. 십오야 밝은 달은 운무중천에 걸렸구나 스물스물 끓는 물은 백병이 소열하고 스물 한관 두관 세관 너이 다섯 여섯 일곱 여덟 아홉 서른 관암보살
　　　　4. 서른 한관 두관 세관 네관 다섯 여섯 일곱 여덟 아홉 마흔 관암보살 마흔 한관 두관 세관 네관 다섯 여섯 일곱 여덟 아홉 절반 관암보살
　　　　5. 반이 남아 다 늙었으니 다시 젊지는 못하리라 이팔청춘 소년들아 백발을 보고 허허 웃지를 말어라 절반 한관 두관 세관 네관 다섯 여섯 일곱 여덟 아홉 예순 관암보살
　　　　6. 일간 칠십은 고래회요 팔십밖은 구십춘광 장차 백세를 다 살아두 죽기가 싫다고 일러를 왔건만 일흔 한관 두관 세관 너이 다섯 여섯 일곱 여덟 아홉 여든 관암보살 여든 한관 두관 세관 너이 다섯 여섯 일곱 여덟 아홉 관암보살
　　　　7. 백구야 훨훨 날지를 말아 너 잡으러 내 안간다 승상이 버리심에 너를 쫓아 예 왔노라 강상에 터를 닦고 규목유서를 하여 놓고 백에 한관 두관 세관 네관 다섯 여섯 일곱 여덟 아홉 백에 여라문 관암보살
193　[보정] 낙양성洛陽城 ; 중국 주(周)나라의 무왕(武王)이 상(商)나라의 주왕(紂王)을 주멸(誅滅)하고 구정(九鼎)을 옮겨 두었던 곳이 주나라의 땅인 낙읍(洛邑)이다. 이 낙읍은 뒤에 낙양(洛陽)으로 일컬어진 주나라의 서울 이름이 된다.
194　낙양성 십리허 ; 낙양으로부터 10리 정도 떨어진 곳으로 북망산(北邙山)이 있는 곳이다. 북망산은 하남성(河南省) 낙양의 북쪽에 있는 작은 산 이름이다. 낙양은 11세기에 주(周)나라 성왕(成王)이 이곳에 왕성을 쌓은 이래 후한(後漢)을 비롯한 서진(西晉)·북위(北魏)·후당(後唐) 등 여러 나라의 도읍지로서 역사적으로 번창하였던 곳이다. 낙양에는 많은 귀인·명사들이 살았으며, 이들이 죽은 뒤 대개 북망산에 묻히고 있어 이곳에는 한나라 이후의 역대 제왕과 귀인·명사들의 무덤이 많다. 이같은 연유로 북망산이라고 하면 무덤이 많은 곳, 사람이 죽어서 가는 곳의 대명사처럼 쓰이게 되었고, 지금도 '북망산천(北邙山川)'하면 무덤이 많은 곳, 사람이 죽어서 가는 곳이다. '북망산 가는 길'하면 사람의 죽음을 뜻하는 말로 쓰이고 있다. '십리허'는, 십여리라는 뜻에서 '十里許'라고 보는 입장과, 십리 떨어진 곳의 폐허가 된 언덕이라는 뜻에서 '十里墟'라고 보는 입장이 있다. '십리하(十里河)'는 요동에 있는 물길이다.
195　[보정] "낙양성洛陽城 십리허十里許에 높고 저 무덤에……"[→ 말뚝이 : 낙양성 십리허에 높고 낮은 저 무덤에…….] ; '성주풀이'의 한 대목을 원용한 것이다. 일부만 채록되었다. '성주풀이'는 남도민요의 하나로 집터를 관장하는 성주신을 기리는 노래다. 조상들은 집터를 관장하는 신령인 성주신과 그의 아내인 성주부인 등이 가옥의 건축이나 집안의 복과 덕을 도맡아 다스린다고 믿음에 뿌리를 두고 있다. 이러한 점을 염두에 두고, 가면

생원 :   다음은 글[196]이나 한 수식 지어보세

서방 :   그럼 형님이 지어보시요

생원 :   그러면 동생이 운자(韻字)[197]를 내게

서방 :   예 제가 한 번 내드리겠읍니다

           산자 영잡니다[198]

생원 :   아 그것 어렵다

           여보게 동생

           되고 안 되고 내가 부를 터이니 들어보게

                (영시조<咏詩調>로)[→ (咏時調로)][199]

           울룩줄룩[200] 작대산作大山허니

           황천풍산黃川豊山[201]에 동선령洞仙嶺[202]이다[203]

극 현장에서 '성주풀이'를 실현하는 연극적 의미를 탐구할 필요가 있다.

196 글 ; 문맥으로 보아 '시(詩)'라는 뜻으로 쓰였다.

197 운자(韻字) ; 한시의 운으로 다는 글자를 말한다. 시(詩)나 사(詞)를 지을 때 정해진 운각(韻脚)의 자리에 쓰
도록 규정된 글자다.

198 산자 영잡니다 ; '산(山)' 자와 '영(嶺)' 자를 운자로 하여 시를 지으라는 뜻이다.

199 (영시조<咏詩調>로)[→ (咏時調로)] ; '영시(咏詩)'는 영가(詠/咏歌)인 듯하다. '영가(詠歌)'는 보통 창가(唱歌)
를 말하며, 국악에서는 종교적인 노래의 하나로 오음(五音)을 처음에는 길게 나중에는 빠르게 가락을 붙여 반복하
여 부르는 것으로, 조선 후기부터 불리기 시작했다. 오청본에서는 '詠'이라고 채록되었다. '咏時調'는 '咏詩調'가
옳다.

200 울룩줄룩 ; 울룩불룩인 듯하다. 물체의 거죽이나 면이 고르지 않게 매우 높고 낮은 모양이다.

201 황천풍산黃川豊山 ; 함경남도에 있는 지명이다. 1914년 군폐합(郡廢合) 때 갑산군(甲山郡) 웅이면(熊耳面)·이
인면(里仁面)·천남면(天南面)과 북청군(北靑郡) 안산면(安山面)으로 풍산군을 신설했다.

202 동선령洞仙嶺 ;『신증동국여지승람』에서 '황해도 봉산군'에 동선(洞仙)은 북쪽으로 15리에 있다 라고 하였고,
'동선관행성(洞仙關行城)' 쪽으로 15리 황주(黃州) 경계에 있으며 속칭 사인암성(舍仁巖城)이라 하며 돌이 공
중에 우뚝 솟아 있어 적암(積巖)이라 이름하고, 사인암(舍人巖)이라고 부른다. 고갯길이 좁고 매우 비탈져 말
과 같이 걸어갈 수가 없다. 영종(英宗) 22년에 성을 쌓아서 동쪽과 서쪽에 문(門)을 설치하였다. 성의 길이는
모두 1천 9백 70보다 라고 하였다.

203 울룩줄룩 작대산作大山허니 황천풍산黃川豊山에 동선령洞仙嶺이다 ; '울룩불룩하게 큰 산들로 이루어진 것
이 항천풍산의 동선령이다' 라는 말이다. 이 대사는 시가 아니고 '동선령(東仙嶺)'의 산세를 직접적으로 말한
것이다. 소위 '운자(韻字)놀이'에 해당한다. '운자(韻字)놀이'는 한글을 가지고 한문과 같이 시 짓기를 놀이화한
것을 두고 이른다.

[참고] 차운(次韻) 또는 화운(和韻)은 대상이 되는 시의 운(韻)에 맞추어 한시를 짓는 문화의 한 가지다. 이와
같은 방식은 '유상곡수(流觴曲水)'에 이르러서 축제문화로 발전한다. '유상곡수(流觴曲水)'는 삼짇날 정원에서
술잔을 띄우고 자기 앞으로 떠내려 올 때까지 시를 읊던 연회로, 동양의 선비나 귀족들이 즐겼다. 유상곡수에
관한 가장 오래된 기록으로 알려진 것은 4세기경에 쓰인 왕희지(王羲之)의 '난정서(蘭亭序)'로, 문인들이 굽이
진 물줄기에 둘러 앉아 시를 지으며 즐겼다는 내용이 있다. 한국의 포석정(鮑石亭)은 현존하는 유상곡수 유적

서방 :   하하

         (형제 같이 웃는다)

         거 형님 잘 지었읍니다

생원 :   동생 한 귀 지어보세

서방 :   그럼 형님이 운자를 하나 내 주십시요

생원 :   총자 못잘세[204]

서방 :   아 운자 그 벽자僻字[205]로군[→ 아 그 운자 벽자로군.]

         (한참 껑껑 하다가)[→ (한참 낑낑거리다가)]

         형님 한 마디 들어 보십시요

         (영시조로)

         집세기[206] 앞총[207]은 헌겁총[208]하니

         나막신[209] 뒤축[210]에 거말못[211]이라[212][213]

말뚝이 :   [샌님, 저도 한 수 지을 터이니 운자를 하나 불러 주시오.]

으로는 한중일 삼국에서 가장 오래된 것이다. 한편 후대에 '시회(詩會)'와 같이 시를 좋아하는 친우, 선비, 문인들이 모여서 시를 지으며 교유했던 모임이 있었다. 포석정지(鮑石亭址)가 신라에서 시회와 연회를 위한 장소였던 것으로 보면 시회가 여러 놀이와 더불어 행해진 오래된 축제적 행사였다. 시회는 명절이나 의례적인 행사와 잔치 그리고 뱃놀이 불놀이 등 여러 민속놀이 때 함께 여는 것이 보통이었는데, 문인들은 경치가 아름다운 산과 강에서 시회를 열어 시재(詩才)를 겨루었다. 조선 후기로 내려오면서 시를 향유하는 계층이 넓어지면서 시회는 더욱 보편화되었고, 점차 정기적인 모임과 일정한 규약을 통해 중인(中人)들을 중심으로 시사(詩社)로 조직화되는 경향까지 나타난다. 우리 가면극에서 보이는 '운자(韻字)놀이', '파자놀이' 등은 이러한 '시회(詩會)'와 같은 축제문화와 깊은 연관성을 가지고 있었을 것이다.

204   총자 못잘세 ; '총'자와 '못'자를 운자로 하여 시를 지으라는 말이다. 한자에 '못'자는 없으니 한글화된 한시 짓기로 변형되면서 '운자(韻字)놀이'화 되고 있다.

205   벽자僻字 ; 흔히 쓰지 아니하는 야릇하고 까다로운 글자를 말한다.

206   집세기 ; 짚신을 말한다.

207   앞총 ; 짚신이나 미투리 따위의 앞쪽의 양편쪽으로 운두를 이루는 낱낱의 신울을 말한다. '엄지총'이라고 한다.

208   헌겁총 → 헝겊총 ; 헝겊으로 신울을 돌려 만든 신을 말한다. 포화(布靴)라고도 한다.

209   나막신 ; 신의 하나로 나무를 파서 만든 것으로 앞뒤에 높은 굽이 있어 비가 오는 날이나 땅이 진 곳에서 신었다. 목극, 목리(木履), 목혜라고도 한다.

210   뒤축 ; 발뒤축 즉 발 뒤쪽의 둥그런 부분 가운데 맨 뒤쪽의 두둑하게 나온 부분이다.

211   거말못 → 거멀못 ; 나무 그릇 따위의 터지거나 벌어진 곳이나, 또는 벌어질 염려가 있는 곳에 거멀장처럼 겹쳐서 박는 못이다. 줄여서 거멀이라고도 하며, 양각정(兩脚釘)이라고도 한다. '거멀장'은 가구나 나무 그릇의 사개를 맞춘 모서리에 걸쳐 대는 쇳조각을 말한다.

212   [보정] 집세기 앞총은 헌겁총하니 나막신 뒤축에 거말못이라 ; '운자(韻字)놀이'에 의하여 탄생한 구절이다. 여기서 '총'자와 '못'자는 한자가 아니니 운자로 쓰일 수 없다. 놀이적 성향을 보여준다.

213   [보정] 이 대목도 '운자(韻字)놀이'로 전개된다.

[생원 :]   재구삼년齊狗三年에 능풍월能風月 이라드[→ 더]니[214]

네가 양반집의 집에서 몇 해를 있더니 기특한 말을 다 하는구나

우리는 두 자식[→ 씩] 불러 지었건마는

너는 단자單子[215]로 불러 줄 터이니

한 자식[→ 씩]이나 달고 지어 보아라

운자는 강자다[216]

말뚝이 :   (곧 영시조로)[217]

썩정 바지[→ 바자][218] 구녕[219]엔 개대갱이[220] 요

험바지[→ 헌바지] 구녕엔 좃 대갱이[221] 라[222] [223]

생원 :   아 그놈 문장文章[224]이로구나[225]

운자를 내자 마자 지여내는구나

자알 지었다[226]

---

214 [보정] 재구삼년齊狗三年에 능풍월能風月 이라드[→ 더]니 ; 속담 '서당 개 삼 년에 풍월한다.'를 원용한 대사로, 무식한 사람이라도 유식한 사람과 오래 섞이면 다소 견문이 트인다는 뜻이다. 보통은 '당구삼년폐풍월(堂狗三年吠風月)'이라 한다. 속담 곧 민간화술이다.

215 단자單子 ; 여기서는 한 글자의 운(韻)이다. 운자는 보통 두 자를 넘이 원칙이나 말뚝이에게는 한 자만 내고 있다.

216 운자는 강자다 ; '강'자 하나를 써서 시를 지으라는 말이다.

217 (곧 영시조로) ; '서방'이 '(한참 껑껑 하다가)[→ (한참 낑낑거리다가)]' 지은 데 비하여 '말뚝이'는 '곧'바로 지었다는 뜻이다.

218 썩정 바지[→ 바자] → 삭정이 바자 ; '삭정이'는 산 나무에 붙은 채 말라 죽은 가지를 말한다. '바자'는 싸리나무·대·갈대·수수깡 등으로 발처럼 엮거나 결은 물건이다. 보통은 가축이 밖으로 나가지 못하도록 울타리를 엮는 데 쓰인다.

219 구녕 ; '구멍'의 방언이다.

220 개대갱이 → 개 대가리 ; '대갱이', '대강이', '대가리'는 머리를 속되게 이르는 말이다.

221 좃대갱이 → 좃대가리 ; '대갱이', '대강이', '대가리'는 머리를 속되게 이르는 말이다.

222 썩정 바지[→ 바자] 구녕엔 개대갱이요 험바지[→ 헌바지] 구녕엔 좃 대갱이라 ; 삭정이로 두른 담장 틈으로 개가 머리를 내밀고, 헌 바지 구멍으로 성기가 드러난 형상을 '강' 자를 넣어 지은 것이다.

223 [보정] 말뚝이 : (곧 영시조로) 썩정 바지[→ 바자] 구녕엔 개대갱이요 험바지[→ 헌바지] 구녕엔 좃 대갱이라 ; 오청본에서는 '말뚝이. 「아그韻字어렵습니다.」 (조곰생각하다가흥등이춤을추면서)(唱) 「썩정바자구녕에 개대강이요 헌바지구녕에 좃대강이라.」 라고 채록되었다. 임석재본에 따르면 '書房'이 '(한참을 낑낑 하다가)' 지은 데 비하여 '말뚝이'는 '곧'바로 지었다는 뜻이다. 오청본에 따르면 '아 그 운자 어렵습니다.' 하면서 짐짓 조금 생각하는 척까지 하면서 양반 흉내를 내는 방식으로 실현된 것이다.

224 [보정] 문장(文章) ; 여기서는 문장가(文章家)라는 뜻이다.

225 [보정] 생원 : 아 그놈 문장(文章)이로구나 ; 말뚝이를 보고 훌륭한 문장가라고 한 것이다. 상황적인 역설이다. 한시가 아닌 단순한 말장난fun을 두고는 잘 지었다고 함으로써 결국은 양반들이 어리석은 인물로 비쳐지게 된다.

226 생원 : 아 그놈 문장(文章)이로구나 운자를 내자 마자 지여내는구나 자알 지었다 ; 오청본에서는 '兩班伯.「아

그러면 이번엔 파破자[227]나 하여보자

주둥이는 하야코[228] 몸댕이[229]는 알락달락한 자가 무슨 자냐?[230]

서방 :　　　　(한참 생각하다가)

　　　　네에 거 운고옥편韻考玉篇[231]에도 없는 자인데 그것 참 어렵습니다

　　　　그거 피마자蓖麻子[232]라고 하는 자가 아닙니까?[233]

생원 :　　아 거 동생 참 용할세

서방 :　　형님 내가 그럼 한 자 부르라우[234]

생원 :　　불르게

서방 :　　논두럭[235]에 살피[236] 집고 섰는 자가 무슨 잡니까

― 그놈 文章이로구나 잘― 지엇다잘―지엇서.」 (담배대를입에물고 고개를끄덕끄덕하며 仲弟를바라본다.) 양반 중. 「아 과연 그놈이 큰 문장이올시다.」 라고 채록되었다.

227　파破자 ; 파자(破字)란, 한자의 자획을 나누거나 합하여 짜 맞추는 수수께끼, 혹은 술가의 점치는 법의 한가지로 한자를 풀어 보아서 좋고 언짢음을 알아내는 행위이며, 소위 성명철학에서 다반사로 쓰인다. 파자는 탁자(坼字)·해자(解字)라고도 한다. 또한 파자는 글자로써 표현할 수 있는 모든 표현 방법을 동원하여 즐기는 글자 놀이, 즉 일종의 수수께끼이며, 이미 춘추전국(春秋戰國) 시대 이전부터 인기 있는 민속 놀이였다.

228　하야코 → 하얗고

229　몸댕이 ; '몸뚱이'의 방언이다. '-댕이'는 친근함을 표현하고자 명사 뒤에 덧붙이는 말이다.

230　[보정] 주둥이는 하야코 몸댕이는 알락달락한 자가 무슨 자냐? ; '주둥이는 하얗고 몸뚱이는 알락달락한'은 피마자의 모양새를 말하면서, 파자로 보면 훈(訓)에 해당한다. '자(字)'는 글자를 뜻하면서 '자(子)'의 뜻 즉 씨앗이나 사물의 이름에 붙는 접사로 쓰였다. 여기서는 파자가 아니라 수수께끼이다.

231　운고옥편韻考玉篇 ; 운회옥편(韻會玉篇)인 듯하다. 고의적인 잘못인지 불분명하다. 운회옥편은 한문 글자의 운자(韻字)를 분류하여 놓은 사전을 말한다. 중국 송(宋) 황공소(黃公紹)가 지은 『고금운회(古今韻會)』를 수정, 편찬한 책이다. 조선 중종 때의 학자 최세진(崔世珍)이 편찬하여 1536년(중종 31) 왕명에 의하여 국비로 인간(印刊) 반포하였다. 『고금운회(古今韻會)』가 그 내용은 자세하나 해석이 너무 번잡하여 읽기에 번거로우므로 그 글자를 자형별(字形別)로 분류하여 음과 뜻은 붙이지 않고 운모(韻母)만을 붙인 체제로 수정·편찬하였다. 『사성통해(四聲通解)』의 보편(補篇)이다.

232　피마자蓖麻子 ; 아주까리라고 하며, 대극과의 한해살이풀로 잎은 손바닥 모양으로 크고, 초가을에 엷은 홍자색 꽃이 핀다. 어린잎은 식용한다. 피마자 열매는 겉 무늬가 알록달록하다.

233　[보정] 네에 거 운고옥편(韻考玉篇)에도 없는 자인데 그것 참 어렵습니다 그거 피마자(蓖麻子)라고 하는 자가 아닙니까? ; 생원이 부른 글자가 옥편에도 없을 정도로 자주 쓰는 글자가 아니라서 아주 어렵다고 하면서 피마자란 답을 찾아낸다. '피마자'라고 답한 것은 열매의 모양과 색깔에서 유추한 것이다. 파자놀이와 수수께끼식 문답이 결합되었다.

234　[보정] 서방 : 형님 내가 그럼 한 자 부르라우 ; 파자를 내겠다는 말이다. 여기서는 수수께끼 문제를 내겠다는 말이다.

235　논두럭 ; '논두렁'의 방언이다. 논둑 곧 물이 괴도록 논가에 흙으로 둘러서 막은 두둑을 말한다.

236　[보정] 살피 ; '살포'의 방언이다. 논에 물꼬를 트거나 막을 때 쓰는 농기구다. 두툼한 쇳조각의 머리 쪽 가운데에 괴통 ―괭이, 삽, 쇠스랑, 창 따위의 쇠 부분에 자루를 박도록 만든 통― 이 붙은 모가 진 삽으로 긴 자루를 박아 지팡이처럼 짚고 다닌다. 지역에 따라 살포갱이(경상남도 영산)·살피(경상북도)·논물광이(강원도 도계)·살보(전라남도)·삽가래(전라남도 보성)·손가래(경상북도)·살보가래(전라남도 강진)로 불린다. 손바닥만한 날에 비하여 자루는

생원 :　　　　　(한참 생각하다가)

　　　　　　　아 그것 참 어려운 잘세

　　　　　　　그것은 논임자가 아닌가[237]

서방 :　　　하하 그것 형님 잘 맞췄읍니다

　　　　　　　(이러는 동안에 취발이 살짝 들어와 한편 구석에 서 있다)[238]

생원 :　　　이놈 말뚝아아

말뚝이 :　　예에

생원 :　　　나랏돈[239] 노랑돈[240] 칠푼[241] 잘라 먹은 놈

　　　　　　　상통[242]이 무르익은 대초大棗 빛[243] 같고

　　　　　　　울룩줄룩 배미 잔등[244]같은 놈[245]을 잡아 드려라[246]

길어서 2m에 이르는 것도 있다. 남부지방에서는 대나무를 자루로 박아 쓰는 일이 많다. 날의 형태는 네모난 날 끝을 위로 두번 구부리고 괴통을 단 것, 깻잎 모양으로 앞이 뾰족하고 끝이 위로 두번 구부려져서 괴통이 달린 것(이를 오리살포라고도 한다.), 말굽쇠형 따비처럼 직사각형의 몸채에 말굽쇠형의 날을 끼운 것, 괭이의 날처럼 위로 한번 구부리고 괴통을 단 것(날의 너비는 4.8cm, 길이는 12cm) 등 매우 다양하다. 이것은 논의 물꼬를 트거나 막을 때 쓰며, 논에 나갈 때 지팡이 대신 짚고 다니기도 한다. 무게는 700g 내외이다. 폭 12cm 길이 14cm 정도의 두툼한 쇳조각을 2m 정도의 자루에 붙인다. 노인들이 지팡이 대신에 논에 나갈 때 짚고 간다.

　　'두 땅의 경계선을 간단히 나타낸 표'로 보거나, '살피고'로 본 견해가 있는데, 잘못이다.

237　서방 : 논두럭에 살피 집고 섰는 자가 무슨 잡니까 / 생원 : (한참 생각하다가) 아 그것 참 어려운 잘세 그것은 논임자가 아닌가 ; '수수께끼식 문답'을 원용하고 있는 대목이다. '수수께끼'는 기억하기가 아주 간단하고 전달과 보급이 쉬울 뿐 아니라, 심리적 및 기능적 필요에서 생겨난 인간적 언술(言述)의 근원 형태라고 한다. 구연(口演)에 있어 화자(話者)와 청자(聽者) 쌍방이 참여한다는 점, 묘사가 극히 단순하다는 점, 은유적인 표현이라는 점, 그리고 특히 고의적인 오도성(誤導性)을 띠고 있다는 점 등이 특징이다. 한편 '논임자'를 양반층으로만 한정하고자 하는 견해가 있는데 재고되어야 한다.

238　[보정] (이러는 동안에 취발이 살짝 들어와 한편 구석에 서 있다) ; 이렇게 취발이가 등장하고 나서부터의 장면은 소위 '포도부장놀이'와 교섭된 것으로 추정된다. 저간의 사정으로 '포도부장놀이'를 생략하는 대신 그 흔적만 조금 남긴 듯하다.

239　나랏돈 ; 국고금(國庫金)을 말한다.

240　노랑돈 ; 노란 빛깔의 엽전, 혹은 몹시 아끼는 돈을 말한다.

241　칠푼 ; 칠푼(七-)으로 매우 작고 보잘것없는 것을 비유적으로 이르는 말이다. 오청본에서는 '七分'이라고 채록되었다. '푼'의 한자 표기는 '分'이다.

242　상통 ; '얼굴'을 속되게 이르는 말이다.

243　무르익은 대초(大棗) 빛 ; 붉은 빛이 도는 모양을 말한다.

244　배미 잔등 → 매미 잔등 ; 얼굴이 몹시 얽은 모습을 매미잔등에 비유한다. 자료에 따라 '매미'와 '배미'로 채록되었다. '잔등'은 '등'의 방언이다.

245　상통이 무르익은 대초(大棗) 빛 같고 울룩줄룩 배미 잔등같은 놈 ; 붉은 빛이 돈으면서 매미의 등과 같이 울퉁불퉁하게 생긴 취발이탈의 형상을 두고 이른 말이다.

246　[보정] 생원 : 나랏돈 노랑돈 칠푼 잘라 먹은 놈 상통이 무르익은 대초(大棗) 빛 같고 울룩줄룩 배미 잔등같은 놈을 잡아 드려라 ; 이 대목은 앞의 전개와는 매우 이질적이다. 왜 갑자기 취발이를 잡아들이라는 것인지 미상

말뚝이 :	그놈이 심[247]히[→ 심(힘)이]
	무량대각無量大角[248]이요
	날램이 비호飛虎같은데[249]
	샌님의 전령傳令[250]이나 있으면 잡아 올련지
	거저는 잡아올 수 없읍니다
생원 :	오오 그리 하여라 옛다 여기 전령 가지고 가거라
	(편지[→ 종이]에 무엇을 써서 준다)[251]
말뚝이 :	(편지[→ 종이]를 받아 들고 취발이한테로 가서)
	당신 잡히였오[252]
취발이 :	어데 전령 보자
말뚝이 :	(편지[→ 종이]를 취발이에게 보인다)
취발이 :	(편지를 보더니 말뚝이에게 끌려 양반의 앞에 온다)[253]
말뚝이 :	(취발이 엉덩이를 양반 코앞에 내밀게 하며)

하다. 다만 이 대목은 소위 '포도부장 놀이'의 변형이 아닌가 한다.

247 심 ; '힘'의 방언이다.

248 무량대각無量大角 ; '무량(無量)'은 정도를 헤아릴 수 없을 만큼 많음을 이른다. '大角'은 '大覺'의 잘못인 듯 하다. '대각(大角)'은 옛 관악기의 하나다. '無量大角(무량대각)'은 '無量大覺(무량대각)'의 잘못이다. 결국 '無量(무량)'이라고만 해도 될 자리에 불교적 성격을 띤 두 용어 '無量(무량)'과 '大覺(대각)'을 결합하여 언어유회를 보이고 있다. '무량(無量)'은 헤아릴 수 없이 많은 것, 잴 수 없는 것, 무한한 것 등을 의미한다. 인간의 인식 능력을 벗어나 무한한 것을 나타낸다. 끝이 없다는 뜻의 무변(無邊)과 같은 의미다. '대각(大覺)'은 불(佛)의 진리에 대한 각오(覺悟)를 지칭하는 것으로 각지(覺知)의 이상적 상태, 곧 인간의 행위의 원리를 근본적으로 통달한 상태를 말한다. 오청본에서는 '無量'이라고만 채록되었다.

249 비호飛虎같은데 ; '비호'는 나는 듯이 빠르게 달리는 범을 말한다. 매우 용맹스럽고 날쌔다는 뜻의 관용적 표현이다.

250 전령傳令 ; 명령이나 훈령, 고시 따위를 전하여 보냄을 말한다. 또는 그 명령이나 훈령, 고시를 말한다.

251 [보정] (편지[→ 종이]에 무엇을 써서 준다) ; 오청본에서는 '(紙片에逮捕狀을써서말둑이에게준다.)' 라고 채록 되었다. 보통 부채 자루로 글을 쓰는 행위와, 말뚝이탈을 툭치는 행위로 실현된다.

252 [보정] 당신 잡히였오 ; 직설적 언술이다. 소위 지문적 성향을 띤 대사다. 이와 같이 지문을 대사로 전향시키는 '돌발'이 가면극 공연공간을 더욱 신명나게 한다. 이 '돌발의 미학'은 '불합리의 합리'를 조장하는 서민적 정서에 기인한다.

253 [보정] 취발이 : 어데 전령 보자 / 말뚝이 : (편지[→ 종이]를 취발이에게 보인다) / 취발이 : (편지를 보더니 말뚝이에게 끌려 양반의 앞에 온다) ; '편지[→ 종이]'은 체포장으로서 소도구이다. 이 소도구는 실제로 등장하지 아니한다. '보이지는 않되 있는 것'이다. 현재는 실제 소도구를 활용하는 경우도 있다. 오청본에서는 '말둑이. 「傳令업시올理잇소 자이것보아.」 (하며 逮捕狀을내여醉發에게준다. 醉發은逮捕狀을바다본다음 말둑이에게잡혀온다. 말둑이 는醉發이를逮捕하여가지고와서 醉發의웅등이를 兩班의面前에내민다.)' 라고 채록되었다.

그 놈 잡어드렸오[254]

생원 :　　　야 이놈 말뚝아 이게 무슨 냄새냐?

말뚝이 :　　예 이놈이 피신避身을 하여 다니기 때문에 양치[255]를 못하여서 그렇게 냄
　　　　　새가 나는 모양이외다

생원 :　　　그러면 이놈에 모가지[256]를 뽑아서 밑구녕[257]에다 갖다 **밖아라**

말뚝이 :　　이놈의 목쟁이[258]를 뽑아다 밑구녕에다 꽂는 수가 있으면 내 좃대강으로
　　　　　샌님[→ **생원님**]의 입술을 떼여 드리겠읍니다[259]

생원 :　　　　　　(노하여 큰 소리로)

　　　　　야 이놈 뭐이 어째?

말뚝이 :　　샌님, 말씀 들으시요

　　　　　시대時代 금전이면 그만[260]인데 하필 이놈을 잡아다 죽이면 뭣하오

　　　　　돈이나 몇백량 내라고 하야 우리끼리 노나 쓰도록 하면 샌님[→ **샌님**]도

　　　　　좋고 나도 돈양[→ **돈냥**][261]이나 벌어 쓰지 않겠오

　　　　　그러니 샌님은 못 본 체하고 가만이 계시면 내 다 잘 처리하고 갈 것이니

　　　　　그리 알고 계시요[262]

[263]

　　　　　　　(굿거리에 맞추어 일제히 어울려서[264] 한바탕 춤추다가 전원 퇴장)[265]

---

254 [보정] 그 놈 잡어드렸오 ; 오청본에는 이 대사가 없다.

255 양치 ; 소금이나 치약으로 이를 닦고, 물로 입 안을 가셔 내는 일이다. 한자를 빌려 '養齒'로 적기도 한다.

256 모가지 → 목아지 ; '목'을 속되게 이르는 말이다.

257 밑구녕 ; '밑구멍', 또는 '항문'의 방언이다

258 목쟁이 ; '목정강이'다. 목덜미를 이루고 있는 뼈다.

259 말뚝이 : 이놈의 목쟁이를 뽑아다 밑구녕에다 꽂는 수가 있으면 내 좃대강으로 샌님[→ 생원님]의 입술을 떼
　　여 드리겠읍니다 ; 불가능하다는 뜻이다. 비속어를 원용하여, 실행 불가능하다는 뜻을 표현하고 있다.

260 시대時代 금전이면 그만 ; 어느 때고 사람 사는 세상에서 금전이 제일이라는 말이다.

261 돈양[→ 돈냥] ; 쉽사리 헤아릴 만큼 그다지 많지 아니한 돈을 말한다.

262 [보정] 말뚝이 : 샌님, 말씀 들으시요 ~ 그러니 샌님은 못 본 체하고 가만이 계시면 내 다 잘 처리하고 갈 것이니
　　그리 알고 계시요 ; 생원탈과 취발이와 말뚝이의 돈거래는 무엇인가. 앞 장면에서 소무와 취발이 사이에 등장하는
　　돈과 같은 맥락에서 이해할 필요가 있다. 이에 대하여는 일반적으로 상업주의적 발상으로 보는 견해가 있는데,
　　보다 면밀한 검토가 필요하다. '지전(紙錢)' 풍속이 상업주의적 발상의 영향으로 패로디화한 것으로 추정된다.

263 이 대목에 '(반주가 시작된다)'가 생략되었다.

264 어울려서 → 어울러서 ; 여럿을 모아 한 덩어리나 한판이 크게 되게 하다.

265 [보정] (굿거리에 맞추어 일제히 어울려서 한바탕 춤추다가 전원 퇴장) ; 오청본에서는 '(兩班三兄弟와말둑이와醉
　　發이가一齊히退場한다.)'라고 채록되었다. 오청본에 비하여 다 같이 어우러져 춤을 추는 행위가 더 채록되었다.

266

〈부기〉 　　　　[구술자] 김진옥씨가 어린 시절(십十대 소년시절)에 본 바로는 [양반춤] 끝
　　　　　　　장면에서 포도비장裨將[→ 포도부장]²⁶⁷이 갓 쓰고 두루막이[→ 두루마기]²⁶⁸ 입
　　　　　　　고 부채 들고 굿거리 장단에 맞춰 춤을 추며 퇴장하였다고 하니 [본시] 봉
　　　　　　　산탈춤에도 포도비장과장[→ 포도부장놀이]²⁶⁹이 있었음이 확실하다.²⁷⁰

266 　조동일은 이 장면을 다음과 같이 분석하였다.
　　1 - 양반의 위엄 : 양반과 하인 말뚝이의 정상적인 관계를 나타낸다. 2 - 말뚝이의 항거 : 말뚝이의 도전으로
양반의 위엄이 급격히 파괴된다. 3 - 양반의 호령 : 양반은 민감하고 정확한 반응을 보여 무서운 제재를 가해
2를 부정하고 1을 긍정한다. 4 - 말뚝이의 변명 : 말뚝이는 궁지에 몰려 부득이 표면적으로는 2를 부정하고
1, 3을 긍정한다. 그러나 내심으로는 여전히 2를 긍정하고 1, 3을 부정하고 있다. 5 - 양반의 안심 : 양반은 반어
를 반어로 이해하는 데 완전히 실패했기 때문에 말뚝이의 승리가 확정된다. 양반은 4의 표면의 의미만 믿고
기분 좋게 2가 부정되고 1, 3이 긍정되었다고 생각하나, 그것은 일방적인 착각이고 객관적으로는 1, 3이 부정되
고 2가 긍정되었다. 양반은 자기가 이겼다고 생각하나 사실은 그 반대이다. 양반의 대사는 말과 의미가 불일치
할 뿐만 아니라 양반이 그 불일치를 모르고 있기 때문에 주관과 객관의 불일치이기도 하다. 따라서 이중의 반
어이다. 이러한 구조를 통해서 서민인 말뚝이가 양반을 풍자하고, 해학적으로 회화화하는 것이 더욱 높은 수준
의 유희적 요소로 작용하게 되는 것이다. 또, 춤 대목을 경계로 엄격히 분리되어 있는데, 대사 부분에서는 양반
과 말뚝이가 해학적으로 갈등하는 모습이 보이지만, 춤 대목에서는 대사가 없을 분 아니라 싸움도 없이 모두
즐거운 듯이 춤만 춘다. 춤 대목에서는 대사부분의 갈등이 도달한 결말을 더욱 의미 있게 해 준다. 양반은 우스
꽝스럽게 회화화되었으면서도 사정을 모르고 기분이 좋은데, 춤 대목에서 모두 즐겁게 춤을 춤으로써 이 희극
적 반어가 지속될 수 있다.

267 　포도비장裨將[→ 포도부장] ; 포도부장(捕盜部將)은 조선 시대에, 포도청에 속하여 범죄자를 잡아들이거나
다스리는 일을 맡아보던 벼슬아치를 말한다. '비장(裨將)'은 조선 시대에, 감사(監司)·유수(留守)·병사(兵使)·
수사(水使)·견외사신(遣外使臣)을 따라다니며 일을 돕던 무관 벼슬을 이른다.

268 　두루막이[→ 두루마기] ; 우리나라 고유의 웃옷이다. 외출복으로 옷자락이 무릎까지 내려오며, 소매·무·섶·
깃 등으로 이루어져 있다. 주의(周衣) 혹은 주차의(周遮衣)라고도 한다.

269 　[보정] 포도비장과장[→ 포도부장놀이] ; 양주별산대 가면극이나 송파산대 가면극, 퇴계원산대 가면극 등에서
실현되고 있다. 대체로 삼각관계를 주조로 하고 있다.

270 　[보정] 소위 '포도부장놀이'가 본래부터 실현되어 왔다는 증언이 담긴 기사다. 독립된 장면으로 실현되어 왔던
것으로 추측된다. 다만 취발이와 노승과 소무에 의하여 실현되는 장면과 연계하여 탐구가 필요한 부면이다. 아
울러 가면극에서 두루 보이는 '삼각관계'가 갖는 연극적 의미도 함께 탐구되어야 한다. 풍요제의극들이 대체로
'삼각관계'를 주조로 한다는 점은 우리 가면극 연구에 있어서 심상히 볼 일이 아니다.

7. '제칠과장 미얄춤'의 복원

제칠과장第七科場 미얄춤[1][2]

영감[3], 미얄[4], 용산삼개[5]덜머리집[6][7], 3인이 등장하고 끝에 남강노인 무당

---

1 [보정] 제칠과장第七科場 미얄춤 ; 오청본에서는 '第七場 미얄舞'이라고 채록되었다. 오청본에서는 '미얄은巫女·그의男便은절구匠이로 오래간만에夫婦가반갑게만나 그동안서로그리워하든情懷를주고밧다가 嫉妬싸홈으로因하여 마츰내 永永離別을하고마는것인대 이場面은 前記各場面과는아모連絡이업는別個의것으로서 一種의餘興이다. 或은미얄의夫婦는酒幕主人으로서 醉發·老僧·墨僧等에게酒食을提供하야써 그들을放蕩의길로빠지게하엿기때문에 마츰내神罰을받게된것이라는說도잇스나 이는以上各場面과連絡식히랴는臆說인듯하다.' 라고 부기하였다. 이 기사를 따라 미얄을 무당으로 결정하고만 것이 기존 입장이지만, 보다 심도 있는 연구가 필요하다.

2 [보정] 정병호는 이 장면에서, 미얄은 잦은굿거리장단에 맞추어 '엉덩이춤'을 추며, '발림춤'을 추기도 한다. 영감은 굿거리, 세마치, 중중몰이에 맞추어 '허튼춤', '발림춤'을 춘다. 삼개덜머리집과 남강노인은 '손춤'을 춘다고 한다. 그리고 잦은굿거리, 굿거리, 세마치, 중중몰이 등의 장단에 맞추어 엉덩이춤, 발림춤, 허튼춤 등을 춘다고 한다. 장단 가운데에 '세마치'는 활기찬 느낌, 꿋꿋한 느낌, 매우 흥겹고 씩씩한 느낌을 준다고 한다. 그리고 '허튼춤'은 일정한 틀과 순서가 없이 마음먹은 대로 자유롭게 표현하는 춤으로, 흥을 일으켜 춤에 몰입함으로써 황홀경에 도달하게 하고 신명을 얻게 하여 생명체에 새로운 활력을 주는 춤이라 할 수 있다고 한다. 이러한 점을 보면 이 장면은 흥겹고, 씩씩하며, 꿋꿋한 장단으로 활기찬 느낌을 조장하는 가운데에 황홀경에 도달하고 신명을 얻게 하여 활력을 주는 장면이라고 할 수 있다.

3 이두현 보고서에 따르면 '영감탈'은 종이탈로 '흰 얼굴에 흰[털] 수염, 흰[털] 눈섭을 달고, 눈은 금金테를 돌리고, 뚫려 있다. 흰 도포와 바지, 행건, 개가죽관(구피관狗皮冠)[을 썼다.] 라고 하였다.

4 이두현 보고서에 따르면 '미얄탈'은 종이탈로 '검은 바탕색으로 얼굴 전면에 흰 점과 붉은 점을 찍었고, 눈은 뚫렸으며, 흰 자위 속에 금金테를 돌렸다. 입술은 붉다. 흰 치마와 저고리, 부채, 방울[을 들었다.] 라고 하였다.

5 삼개 ; 지명으로 지금의 '마포(麻浦)'를 말한다.

6 덜머리집 ; '덜머리'에 사는 혼인한 여자를 이른다. '덜머리'는 마포구 양화도 동쪽 한강가에 돌출된 봉우리이다. '가을두'·'잠두령'·'용두봉'·'절두산'·'들머리'·'용산'이라고도 한다. 허강이 지은 '서호별곡'에 '덜머리'라는 지명이 나온다. '서호별곡'은 '서호', 즉 지금의 이태원 부근에서 배를 띄워 마포 어구까지 내려오는 동안의 한강의 풍경을 노래한 가사이다. 그 한 대목을 보면 다음과 같다.

    [참고] 濟川 舟揖은 傅巖 殷說이오 宛轉 龍潭는 龍門 八折리오 十里 平蕪는 洛陽 天津이오 龍山 落帽臺는 孟嘉 陣跡이오 撲地 閭閻은 滕王 古郡이오 麻浦 牙橋은 淇苑 綠竹이오 瓷店 烟火는 虞氏 河濱이오 西江을 브라호니 林處士 西湖ㅣ오 덜머리 구버호니 蘇仙의 赤壁이론듯『한국역대가사문학집성』

    한편 '덜머리'는 '떠꺼머리'라고도 하며, 장가나 시집갈 나이가 넘은 총각·처녀가 땋아 늘인 긴 머리를 말한다. 또는 그런 머리를 한 사람을 말한다. '떠꺼머리처녀'는 떠꺼머리를 한 처녀, 혹은 '노처녀'를 비유적으로 이

목중 I : 아나야

목중들 : 그래애

목중 I : 우리 노승님이 저렇게 쉽사리 죽을 리가 있나 내가 들어가서 다시 한번

자서히 보고 오마—[99]

낙양동천이화정[100]

(달음질로 갔다가 온다)[→ (달음질해서 노장 있는 곳을 다녀온다.)]

쉬이 아나야[101]

목중들 : 그래애

목중 I : 내가 가서 자세히 보고 온 즉 죽을시가[102] 분명하더라 육칠월에 개 썩은

내가 나더라[103]

목중 II : 아나야

목중들 : 그래애

목중 II : 중은 중의 행세를 해야 하고 속인은 속인의 행세를 해야 하는 법이니[104]

또는 혐오시되기도 한다. 혐오(嫌惡)하거나 '숭상(崇尙)'해야 할 '주검'에 대한 태도와 예절을 염두에 둔다면 '柳柳井井花花'는 겉으로는 격식을 갖춘 것이나, 훈(訓)이 유사음운을 가진 이의어로 전용되면서 언어유희fun에 돌입한다. 그러니 '柳柳井井花花'는 주검에 대하여 '숭상(崇尙)'하다 못해 혐오시하는 사람들의 보편적 정서가 희화화parody된 표현이라 하겠다. 그런데 유유(悠悠)·적정(寂靜)·화화(華化) 이 세 용어는 불교와 관련이 있음을 유의할 필요가 있다. 불교적인 술어가 서민적 표현이라 할 '버들버들 우물우물 꼿꼿'과 만나 '柳柳井井花花'가 탄생하였음을 알 수 있다. 그러므로 '柳柳井井花花'에 대하여 '버들버들 우물우물 꼿꼿'이 서민지향(庶民指向)이라면, '悠悠寂靜華化'는 양반지향(兩班指向)이라 하겠다. 다시 말하면 '柳柳井井花花'하면 庶民層에서는 '버들버들 우물우물 꼿꼿'을 연상하여 '노장'의 죽음이 희화화되는데, '아 그 놈이 벽센 말 한마디 하는구나'하고 뜸을 들이는 동안 식자층에서는 '悠悠寂靜華化'를 떠올리는 순간 가면극 현장에서는 '버들버들 우물우물 꼿꼿'으로 답하게 되어서는 식자층에게는 그 현장 자체가 희화일 수밖에 없다.

98 [보정] 수정분에는 '—' 즉 장음 표시가 없고 '!' 표시하였다.

99 [보정] 내가 들어가서 다시 한번 자서히 보고 오마— ; 이 대사에서 '자서히 보고 오마—'는 보통 노래조로 실현된다. 수정분에는 '—' 즉 장음 표시가 없다.

100 낙양동천이화정 ; 한자어 불림이다.

101 [보정] 쉬이 아나야 ; 이 대사는 위의 '목중 I[→ 첫째목중] : 쉬이. (춤과 장단이 일제히 멎는다.) 아나야' 와 같이 실현된다.

102 죽을시가 → 죽은 것이 ; '-ㄹ시'는 예스러운 표현으로 추측한 내용을 나타내는 말 뒤에 붙어, '분명하다' 는 뜻으로, '-ㄹ 것이', '-ㄴ 것이'에 가깝다.

103 [보정] 육칠월에 개 썩은 내가 나더라 ; 육칠월에 개가 죽어 썩은 냄새가 심하게 나더라. 냄새가 매우 심하다 는 뜻의 관용적 표현이다. 비속한 표현이다.

104 중은 중의 행세를 해야 하고 속인은 속인의 행세를 해야 하는 법이니 ; '내 몸이 중이면 중의 행세를 하라' 라는 속담과 같이 제 신분이나 분수를 지켜야 함을 이르는 말이다.

우리가 노승님의 상좌가 되여 갖이고 거저 있을 수 있느냐 노승님이 돌
아가셨으니 천변 수락[105]에 만변 야락 재[106]를 올려 보자구나[107]

목중들 :　오냐 그래 네 말이 옳다

　　　　　(장고 북 강쇠[→ 꽹과리] 징 같은 것을 갖이고 나와 염불念佛[108]을 하
　　　　　면서 노장이 누워있는 주위를 빙빙 돌면서 재를 올린다)

　　　　　나무아미타불 관세음보살[109]

　　　　　(노승장[110] 부채를 떤다)

목중Ⅲ :　쉬이

　　　　　(일제히 멎음)

　　　　　아나야

105　천변 수락 ; 천변수륙재(川邊水陸齋)를 말한다. 수륙재(水陸齋)는 불교에서 물과 육지에서 헤매는 외로운 영혼과
　　　아귀(餓鬼)를 달래며 위로하기 위하여 불법을 강설(講說)하고 음식을 베푸는 종교의식이다. 설단(設壇)의 양식을
　　　살펴보면, 이 수륙의식이 불보살 이외에 다신교적인 신앙의 대상을 의식도량에 끌어들이고 있는 것을 볼 수 있는데,
　　　여러 신앙의 대상을 의식도량에 끌어들여서 궁극적으로는 불보살의 신앙으로 통섭되고 만다는 밀교적인 지혜가
　　　작용하고 있음을 살필 수 있다. 그리고 수륙재의 수륙은 여러 신선이 흐르는 물에서 음식을 취하고, 신이 깨끗한
　　　땅에서 음식을 취한다는 뜻에서 따온 말이므로 청정한 사찰 또는 높은 산봉우리에서 행하기도 한다.
106　만변 야락 재 ; '야락굿'으로 야락잔치 즉 씻김굿을 말한다. '재(齋)'는 불교에서 공양(供養)을 올리면서 행하
　　　는 종교의식이다. '재'의 어원은 범어 upavasatha에서 비롯되었고, 이를 번역하여 재라 하게 된 것이다. 어원상
　　　으로 볼 때 재의 의미는 승려의 식사를 의미하는 것이었으나, 이것이 전용되어 승려에게 식사를 공양하는 의
　　　식, 또는 그와 같은 의식을 중심으로 한 법회를 뜻하게 되었다. 다른 한편 상사(喪事)가 관련된 의식법회를 칭
　　　하는 용어로 전용되었다.
107　[보정] 천변 수락에 만변 야락 재를 올려 보자구나 ; 오청본에서는 '천변수락에만병야락굿을하여보잣구나.'라고
　　　채록되었다. 채록상의 '천변수락'은 '천변수륙(川邊水陸)'의 잘못이다. 만변야락의 '만변(萬變)'은 천변만화 즉
　　　여러 가지로 변고가 있음을 뜻하고, '야락(夜-)'은 진도 씻김굿을 밤에 한다 하여 이르는 말이라고 한다. '천변
　　　수락'과 '만변야락'은 댓구를 이룬다.
108　염불念佛 ; 염불곡으로 무용 반주곡의 하나다. 도들이 장단으로 경기 민요 형식의 가락에 의한 곡이다.
109　나무아미타불 관세음보살 ; 아미타불과 관세음보살에게 돌아가서 의지한다는 뜻으로 불경구의 하나다. '나무
　　　[南無]'는 'namas : namo'로, 귀명(歸命), 귀의(歸依), 귀경(歸敬), 경례(敬禮), 구아(救我), 도아(度我) 등 여러
　　　가지 뜻으로 번역된다. '나무'는 본심(本心)으로 돌아감(歸還本心, 귀환본심), 나 없는 마음 아무심(我無心)으
　　　로 돌아간다는 뜻을 담고 있다. 아미타불(阿彌陀佛)은 대승불교에서 서방정토(西方淨土) 극락세계에 머물면
　　　서 법(法)을 설한다는 부처를 말한다. '아미타'란 산스크리트의 아미타유스 -무한한 수명을 가진 것- 또는 아미타
　　　브하 -무한한 광명을 가진 것- 라는 말에서 온 것으로 한문으로 아미타(阿彌陀)라고 표기하였고, 무량수(無量
　　　壽)·무량광(無量光) 등으로 의역한다. 관세음보살(觀世音菩薩)은 자비로 중생의 괴로움을 구제하고 왕생의
　　　길로 인도하는 불교의 보살이다. 임석재, 송석하, 오청본에서는 '원아願我 임욕명종시臨欲命終時 진제일체盡
　　　除一切 제장애제장애諸障碍 면견피불아미타面見彼佛阿彌陀 즉득왕생卽得往生 안락찰安樂刹' 라고 채록되었다.
　　　'장엄염불' 등과 같은 염불의 한 대목이다. '원컨대 내가 죽음에 임해서 일체의 장애를 제거하고 저 아미타불을
　　　볼 수 있다면 안락찰[극락정토(極樂淨土)]에 왕생하게 하소서.'의 뜻이다. 염불곡조로 실현한다.
110　[보정] 노승장 ; '노승'과 '노장'이 결합된 말이다. '노장승'의 잘못인 듯하다. 민간화술이다.

이 등장한다.[8]

미얄 :　　　　(한 손에 부채 들고 한 손에 방울을 들었으며[9] 굿거리 장단에 춤을
　　　　　　추면서 등장하여 악공 앞에 와서 울고 있다)

　　　　　　아이고 아이고

악공 :　　　웬 할맘[10]이냐?[→ 웬 할맘입나[11]?]

미얄 :　　　웬 할맘이더니 덕꿍[→ 떵꿍] 하기에[12] 굿만 여기고 [한] 거리[13] 놀고 갈려고
　　　　　　들어온 할맘일세[→ 할맘이올세.]

악공 :　　　그러면 한 거리 놀고 갑세

미얄 :　　　놀던지 말던지 허름한 영감을 잃고 영감을 찾아다니는 할맘이니[→ 할미
　　　　　　개] 영감을 찾고야 놀가습네[→ 영감 찾고야 놀갔웁네.]

악공 :　　　할맘 본 고향[14]은 어데와![15]

미얄 :　　　본 고향은 전라도 제주 망막골[16][17]일세[18]

　　르는 말이다. '-집'은 자기집안에서 출가한 손아래 여자가 시집 사람임을 이를 때 쓴다. 또는 남의 첩이나 기생
　　첩을 이를 때 쓰는 말이다.
7　　이두현 보고서에 따르면 '(용산삼개) 덜머리집탈'은 종이탈은 '흰색 바탕에 두발頭髮과 눈섭을 묵선墨線으로
　　그리고, 눈은 뚫리고, 입술은 붉다. [틀어올린 머리에는 붉은 댕기를 달았다.] 노란 저고리, 붉은 치마' 라고 하였다.
8　　[보정] 수정분에는 '영감, 미얄, 용산삼개덜머리집, 3인이 등장하고 끝에 남강노인 무당이 등장한다.'가 없다.
9　　[보정] 한 손에 부채 들고 한 손에 방울을 들었으며 ; 소도구가 제시되어 있다. 기존 연구에서는 소도구 부채와
　　방울은 무당이라는 징표라고 여기고 있다. 임석재본에서는 '(미얄은 검은면面에 하얀 점점點이 박힌 면상面相
　　을 하고, 한 손에 부채를 들고 한 손에는 방울 하나를 들었다)' 라고 채록되었다. 등장인물 기호와 더불어 탈의
　　형상이 함께 기사화되었다.
10　　할맘 ; 할머니의 방언이다. 할머니와 엄마를 뜻하는 'MOM'계의 합성어로, 아이를 보살피는 할머니를 일컫는
　　말이다.
11　　할맘나 → 할맘인가 ; '할맘입나'는 높임이 섞인 반말 정도로 수수하게 물어보는 어투다.
12　　[보정] 덕꿍[→ 떵꿍] 하기에 ; 여기서는 가면극 공연현장을 두고 이른 것이다. 임석재본에서는 '덩덩하기에'라
　　고, 오청본에서는 '덩덕궁'이라고 채록되었다. 보통은 '덩더꿍'이라 하는데 북이나 장구를 두드릴 때 나는 홍겨
　　운 소리나 덩달아 덤비는 모양이다.
13　　[한] 거리 ; 여기서는 '한바탕'이라는 뜻이다. '거리'는 가면극, 꼭두각시놀이, 굿 따위에서, 장(場)을 세는 단위
　　혹은 음악, 연극 따위에서 단락, 과장, 마당을 이르는 말이다.
14　　[보정] 본 고향 ; '태어난 고향'의 뜻이다. 임석본과 송석하본에서는 '본향(本鄕)'이라고 채록되었다. '본향(本
　　鄕)'은 무속에서 근본·근원을 의미하는 '본향본산(本鄕本山)'이라고 하며 신령의 이름으로 대개 굿을 청한 재
　　가집 조상의 뿌리를 관장하는 신령을 의미한다.
15　　어데와 → 어디요 ; '어데'는 '어디에'의 줄임말이다. '와'는 의문의 뜻을 담은 '오' 혹은 '어요'의 방언이다. 임석
　　재본에서는 '어데메와'라고 채록되었다. '-메'는 '-이며'의 방언이다.
16　　[보정] 망막골 ; 고요하고 쓸쓸한 느낌이 드는 깊은 산속이라는 '막막궁산(寞寞窮山)'에서 만들어진 관념적인
　　지명이다.
17　　전라도 제주 망막골 ; 현재의 제주도는 조선시대에는 전라도 제주목(濟州牧)이었다.

악공 :	그러면 영감은 어찌 잃었읍나?
미얄 :	우리 고향에 난리가 나서 목숨을 구하려고 서로[19] 도망을 하였더니 그 후로 아즉[20]까지 종적을 알 수 없읍네
악공 :	그러면 영감에 모색貌色[21]이나 닙세[→ 댑세]
미얄 :	우리 영감의 모색은 마모색[22]일세
악공 :	그러면 말새끼[23]란 말인가?
미얄 :	아니 소모색[24]일세
악공 :	그러면 소새끼[25]란 말인가
미얄 :	아니 마모색도 아니고 소모색도 아니올세 영감의 모색을 알아서 무엇해 아모리 바로 댄들 여기서 무슨 소용 있읍나
악공 :	모색을 자서히[26] 대면 찾을 수 있을런지 모르지
미얄 :	[(소리조로)][27]

우리 영감의 모색을 대

난간 이마[28] 주게턱[29]

웅케눈[30]에[→ 웅케(우먹)눈에] 깨발코[→ 개발코][31]

---

18 일세 ; '-ㄹ세'는 '이다' 뒤에 붙어, 하게할 자리에 쓰여, 자기의 생각을 설명하는 데 쓰이는 말이다.
19 [보정] 서로 ; 여기서는 '서로 각각'이라는 뜻이다.
20 아즉 ; '여태껏' 혹은 '이제껏'의 방언이다. '아침'의 방언이기도 하다.
21 모색貌色 ; 얼굴의 생김새나 차린 모습을 말한다. '본색'을 뜻하기도 한다. 뒤에 '마모색'과 '소모색'과 댓구를 조성하기 위한 언어유희성이 담겨있다.
22 마모색 ; 여기서는 '馬貌色'으로 말의 모양이라는 뜻으로 쓰였다. 즉 얼굴의 생김새나 차린 모습이 말을 닮았다는 말이다. 임석재본에서는 '마모색馬毛色'으로 채록되었다. 곧 말의 털빛이라는 말이다.
23 말새끼 ; 망아지를 비속하게 표현한 말이다.
24 소모색 ; 소의 털빛이라는 말이다. 여기서는 '소貌色'으로 소의 모양이라는 뜻으로 쓰였다. 즉 얼굴의 생김새나 차린 모습이 소를 닮았다는 말이다. 임석재본에서는 '소모색毛色'라고 채록되었다.
25 소새끼 → 쇠새끼 ; 말을 잘 안 듣는 소를 속되게 이르는 말이다. 소와 같이 미련한 사람을 속되게 이르는 말이다.
26 [보정] 자서히 ; '자세히'가 옳으나 가면극 공연현장에서는 이와같이 실현하는 것이 보통이다.
27 [(소리조로)] ; 여기에서는 판소리나 잡가와 같은 양식 -노래 실현 방식- 으로 실현한다는 말이다. '소리'는 판소리나 잡가 따위를 통틀어 이르는 말이기도 하다.
28 난간 이마 ; 난간과 같이 정수리가 넓고 툭 불거져 나온 이마를 말한다.
29 주게턱 → 주걱턱 ; 주걱 모양으로 길고 끝이 밖으로 굽은 턱이다. 또는 그런 턱을 가진 사람을 놀림조로 이르는 말이다.
30 웅케눈에[→ 웅케(우먹)눈에] → 움펑눈 ; 움푹 들어간 눈을 말한다. '움펑눈이'라고도 한다. '우먹눈'은 '움펑눈'의 방언이다.

　　　　　　상통은 관역같고[→ (갓바른[32]) 과녁(판) 같고][33] [34]

　　　　　　수염은 다 모즈러진[→ 모즈라진][35] 귀얄[36] 같고[37]

　　　　　　상투[38]는 다 갈아먹은 망말좃[→ 망좃][39] 같고[40]

　　　　　　키는 석 자 네 치 되는[41]

　　　　　　영감이올세.[42] [43] [44]

악공 :　　　아 옳지 바루 등[45] 너머로

　　　　　　망[46] 쪼러[47] 갔읍네

미얄 :　　　에잇 고 놈의 영감[→ 그놈에 영감]

　　　　　　고리쟁이[48]가 죽어도 버들가지를 물고 죽는다[49]더니

31　깨발코[→ 개발코] ; 너부죽하고 뭉툭하게 생긴 코를 비유적으로 이르는 말이다.

32　갓바른 → 가파른

33　관역 → 과녁 ; 활이나 총 따위를 쏠 때 표적으로 만들어 놓은 물건을 말한다.

34　상통은 관역같고[→ (갓바른) 과녁(판) 같고] ; '얼굴은 활이나 총 따위를 쏠 때 표적인 가파른 과녁 같고' 라는 말이다.

35　모즈러진[→ 모즈라진] ; 물건의 끝이 닳아서 없어진 모양을 말한다.

36　귀얄 ; 풀이나 옻을 칠할 때에 쓰는 솔의 하나다. 주로 돼지털이나 말총을 넓적하게 묶어 만든다.

37　수염은 다 모즈러진[→ 모즈라진] 귀얄 같고 ; '수염은 다 닳아 없어진 솔 같이 숱이 별로 없다' 는 말이다.

38　상투 ; 예전에, 장가든 남자가 머리털을 끌어 올려 정수리 위에 틀어 감아 맨 것이다.

39　망말좃[→ 망좃] ; 맷돌의 위아래를 연결하는 볼록한 부분을 말한다. 보통 '중쇠'라고 한다.

40　상투는 다 갈아먹은 망말좃[→ 망좃] 같고 ; '상투는 다 갈려 없어진 맷돌 중쇠 같이 짧아 볼품이 없다' 는 말이다.

41　키는 석 자 네 치 되는 ; '키는 석 자 네 치 되는' 이라는 말로 매우 작은 키다. 임석재본에서는 '키는 석자 세치되는' 라고 채록되었다.

42　영감이올세 ; 겸양하여 이른 말이다. '-ㄹ세'는 자기 생각을 설명하는 뜻이 있다. 임석재본에서는 '영감슈監이 올수에'라고 채록되었는데, '영감이올소'의 방언투다.

43　키는 석 자 네 치 되는 영감이올세 ; 키가 매우 작아 석자 네 치밖에 안 된다는 말로 관용적 표현이다. 영감의 키를 왜 이렇게 작게 묘사하였는지는 미상하다. 다만 공연관련 문헌자료에 '유(儒)'는 대개 '난쟁이'로 해석하며, 그리고 연극학적인 입장에서 볼 때에 '난쟁이'는 특별한 인물character로 취급한다는 점에 관심을 가질 필요가 있다.

44　[보정] 우리 영감의 모색을 대 ~ 키는 석 자 네 치 되는 영감이올세 ; 이 대목은 미얄이 절구장이인 영감의 모습을 대는 대사이다. 언어유희와 비속한 표현으로 공연 현장의 축제적 분위기를 조장하고 있다.

45　원자료에는 '둥'이다.

46　망 ; '맷돌'의 방언이다. 곡식을 가는 데 쓰는 기구로 둥글넓적한 돌 두 짝을 포개고 윗돌 아가리에 갈 곡식을 넣으면서 손잡이를 돌려서 간다.

47　쪼러 ; '뾰족한 끝으로 쳐서 찍으러'라는 말이다.

48　고리쟁이 → 고리장이 ; 고리버들로 고리짝이나 키 따위를 만들어 파는 일을 직업으로 하는 사람이다.

49　고리쟁이가 죽어도 버들가지를 물고 죽는다 ; 속담을 원용하고 있다. 민간화술이다. 속담 '백정이 버들잎을 물고 죽는다.'라고, 고리버들의 가지를 가지고 버들고리를 짜는 것을 업으로 하는 고리백정이 껍질 벗길 때 하던 버릇대로 입에 문 버들잎을 놓지 못하고 죽는다는 뜻으로, 죽는 경우를 당하여도 자기의 근본을 잊지 않는 경우에 비겨 이르는 말이다. 속담에서 '행담 짜는 이 죽을 때도 버들잎을 자갈 물고 죽는다.'라고, 버들고리로

　　　　　상게[50] 망을 쪼러 단이나[51]

악공 :　영감을 한번 불러 봅소

미얄 :　여기 없고[→ 없는] 영감을 불러본들 무엇 하나

악공 :　아 그래도 한 번 불러봐.

미얄 :　영가암!

악공 :　거 너무 짧아 못쓰것읍네[52]

미얄 :　영—가아암!

악공 :　너무 길어 못 쓰겠읍네[53]

미얄 :　그러면 어떻게 부르란 말입나?

악공 :　아 전라도 제주도 망막골 산다니 시나위청으로[→ 쉬(세)나위청으로][54] 불러 봅소

미얄 :　　　　　(시나위청으로)[55]

　　　　　절절 절시구 저절절절 절시구

　　　　　얼시구 절시구 지화자 절절 절시구[56]

　행담(行擔)고리짝 -길 가는 데에 가지고 다니는 작은 상자다. 흔히 싸리나 버들 따위를 얽어서 만든다.- 짜는 사람은 죽을 때까지 버들껍질을 입으로 물어 벗기다가 죽는다는 데서 '사람은 어떤 조건에서도 자기의 본색을 감추지 못함'을 비겨 이르는 말이다.

50　상게 → 상개 ; '아직'의 방언이다.

51　단이나 → 다니나

52　못쓰것읍네 ; 못 쓰겠어요. '-것- '은 화자의 경험에 의한 주관적 느낌을 강하게 나타내는 뜻을 담고 있다. '-ㅂ네'는 어떤 사실을 인용하는 식으로 말하되, 그 내용을 못마땅한 투로 이르는 말이다. 이하에서 '-것읍네'는 '-겠읍네'라고 하였다.

53　못 쓰겠읍네 ; '못 쓰것읍네'라고 함이 옳다. 이하도 같다.

54　시나위청으로[→ 쉬(세)나위청으로] → 시나위청 ; '시나위'는 정악에 상대한 향악 혹은 굿거리를 이른다. 살풀이 따위의 무속 음악을 이르기도 한다. 또한 육자배기 특징으로 된 산조(散調)의 기악곡으로 오늘날 전하는 것은 경기도 남부, 충청도 서부, 전라도, 경상도 서남부 등지의 무가(巫歌) 반주 음악에서 나온 것으로, 다성적(多聲的) 효과를 자아내고 즉흥적인 특성이 있다. '청'은 합주나 시나위에서 모든 악기가 조율하는 기본음으로 대금의 중심 음인, 대금 여섯 구멍을 다 막고 내는 음이다. 여기서 '청'은 '조(調)'라는 뜻으로 쓰였다.

55　[보정] 미얄 : (시나위청으로) ; 오청본에서는 '미얄. (응둥이춤을추며 바른便손에든붓채를피엿다접엇다하면서 신아위청으로)' 라고 채록되었다. 오청본이 행위가 구체적으로 제시되어 있다.

56　절절 절시구 저절절절 절시구 얼시구 절시구 지화자 절절 절시구 ; 절씨구를 시나위청에 맞추어 부르는 소리다. '얼시구 절시구'는 흥겨울 때에 장단을 맞추며 변화 있게 내는 소리다. '얼시구'는 흥에 겨워서 떠들 때 가볍게 장단을 맞추며 내는 소리다. '지화자'는 나라가 태평하고 국민이 평안한 시대에 부르는 노래, 또는 그 노랫소리다. 흥을 돋우기 위하여 노래나 춤의 곡조에 맞추어 내는 소리다. 윷놀이에서 모를 치거나 활쏘기에서 과녁을 맞혔을 때, 잘한다는 뜻으로 외치는 소리로, '얼시구 절시구 지화자 좋네. 얼시구절시구 지화자 좋다.'라는 식으로 실현된다. 이와 같은 조흥구가 실현되는 양상은 공연현장의 상황과 공연자에 따라 다양하게 나타난다.

우리 영감 어데 갔나

기산영수箕山潁水 별건곤別乾坤[57]

소부巢夫 허유許由[58] 따라 갔나

채석강采石江 명월야明月夜[59]에

이적선李謫仙[60] 따라갔다

적벽강赤壁江 추야월秋夜月[61]에

소동파蘇東坡[62] 따라 갔나

우리 영감 찾으려고

일원산一元山[63]서 하로[64] 자고

이강경二江景[65]서 이틀 자고

삼부여三夫餘[66]서 사흘 자고

사법성四法聖[67]서 나흘 자고[68]

---

57 기산영수箕山潁水 별건곤別乾坤 : '기산'은 중국 하남성(河南省) 등봉현(登封縣) 동남쪽에 있는 산으로 요
(堯)임금 때 소부(巢父)와 허유(許由)가 숨어살던 곳이다. 일명 악령(嶽嶺)이라고도 한다. '영수'는 역시 하남
성 등봉현에 있는 강 이름이다. '별건곤(別乾坤)'은 별다른 세계 곧 별천지(別天地)를 말한다.

58 소부巢夫 허유許由 → 소부허유(巢父許由) ; 고대 중국의 전설상의 은자(隱者)인 소부와 허유를 말한다. 속
세를 떠나서 산의 나무 위에서 살았기 때문에 생긴 이름이며, 요(堯)가 천하를 그에게 나라를 맡기고자 하였으
나 이를 사양하고 받지 않았다. 허유(許由)가 영천(潁川, 영수潁水)에서 귀를 씻고 있는 것을 소를 몰고 온 소
부(巢父)가 보고서 그러한 더러운 물은 소에게도 마시게 할 수 없다며 돌아갔다는 고사(故事)가 있다.

59 채석강采石江 명월야明月夜 ; 채석강의 달 밝은 밤이라는 뜻이다. 채석강(采石江)은 중국 안휘성(安徽省)에
위치한 강으로, 당(唐)나라의 시인 이태백(李太白)이 놀다가 빠져 죽은 곳으로 유명하다. 동정호(洞庭湖)의 한
지류다. 이백(李白)이 채석강(采石江)에서 놀 때 술에 취하여 물에 비친 달을 잡으려고 강에 뛰어들어 빠져
죽었다고 한다.

60 이적선李謫仙 ; 중국 당 나라 때 시인 이백(李白)을 말한다. 자(字)는 태백(太白)이며, 호(號)는 청련거사(靑
蓮居士), 주선옹(酒仙翁)이다. 시선(詩仙)으로 일컬어지는데 장안(長安)에 들어가 하지장(賀智章)을 만나자
하지장은 그의 글을 보고 탄(歎)하여 적선(謫仙)이라 하였다.

61 적벽강赤壁江 추야월秋夜月 ; 적벽강의 가을밤을 뜻한다. 적벽강은 중국 호북성 황강현에 있는 강으로 삼국
시대 오나라의 장군인 주유가 제갈량의 도움을 받아 조조의 군대를 대파한 곳이다. 또한 송나라의 문인인 소식
(蘇軾)이 뱃놀이를 하면서 '적벽부(赤壁賦)'를 지었던 곳이다.

62 소동파蘇東坡 ; 중국 북송(北宋) 때의 문인이자 정치가인 소식(蘇軾)을 말한다. 자(字)는 자첨(子瞻)이며, 호
(號)는 동파(東坡)다. 소선(蘇仙)이라고도 한다. 아버지 순(洵)과 아우 철(轍)과 더불어 '삼소(三蘇)'라고 불리
며, 당송팔대가(唐宋八大家)의 한 사람이자 송나라를 대표하는 제일의 문인으로 문명을 날렸다. 대표적인 작
품으로는 특히 '적벽부(赤壁賦)'가 유명하며, 서화(書畵)에도 능했다.

63 원산元山 ; 현재 동해의 영흥만 안에 있는 항구 도시이다.

64 하로 ; '하루'의 방언이다.

65 강경江景 ; 현재 충청남도 논산시에 있는 읍이다. 한때는 대구, 평양과 함께 우리나라의 3대 시장으로 유명하였다.

66 부여(夫餘) ; 현재 충청남도 부여군에 있는 읍이다.

삼국三國적[69] 유현덕劉玄德[70]이

제갈공명諸葛孔明[71] 찾으랴고

삼고초려三顧草廬[72]하던 정성

만고성군萬古聖君[73] 주문왕周文王[74]이

태공망太公望[75]을 찾으려고

67　법성法聖 ; 현재 전라남도 영광군에 소재하는 포구다.

68　[보정] 일원산一元山서 하로 자고 이강경二江景서 이틀 자고 삼부여三夫餘서 사흘 자고 사법성四法聖서 나흘 자고 ; 여기에서는 '一'元山에서 '하루', '二'江景에서 '이틀', '三'夫餘서 '사흘', '四'法聖에서 '나흘' 등으로 표현함은, 숫자놀이와 유사의미반복을 통한 언어유희를 보이고 있다. 『조선의 민간오락』에는 다음과 같이 채록되었다.
　　　　우리집 령감을 찾으려고 一에 명월산에 一박하고 이에 강경(江景)에 二박하고 三에 부소(扶蘇)에 三박하고 四에 법성에 四박하고 三국시대 류현덕이 제갈공명(諸葛孔明)을 찾으려고 三고초려(三顧草廬)한 정성

69　삼국三國적 ; 삼국 시대(三國時代)는 후한(後漢)이 몰락하기 시작했던 2세기 말부터 위(魏), 촉(蜀), 오(吳)가 세워져 서로 다투다가 서진(西晉)이 중국을 통일하는 3세기 후반까지를 가리키는 말이다. 오청본에서는 '戰國(전국)적'이라고 채록되었다. '전국시대'는 중국 역사에서, 춘추 시대 다음의 기원전 403년부터 진나라가 중국을 통일한 기원전 221년까지 약 200년간의 과도기를 말한다. 여러 제후국이 패권을 다투었던 동란기로 '전국칠웅(戰國七雄)'이라는 일곱 개의 제후국이 세력을 다투었으며, 제자백가(諸子百家)와 같이 학문의 중흥기를 이루었고, 토지의 사유제와 함께 농사 기술의 발달로 화폐가 유통되기도 하였다.

70　유현덕劉玄德 ; 중국 삼국시대 촉한(蜀漢)의 초대 황제다. 유비(劉備)가 본명이다. 자(字)는 현덕(玄德), 시호(諡號)는 소열제(昭烈帝)이다. 삼국지(三國志)에서는 조위(曹魏)가 한(漢)을 계승한 정통 황조(皇祖)라고 보았으므로 유비를 황제로서 칭하지 않고 촉한 선주(先主)라고 부른다. 『진서(晉書)』 열전에서 유비의 묘호(廟號)를 열조(烈祖)라고 칭한 바가 있으나, 이것은 그의 정식 묘호가 아닌, 후세사가들이 추봉(追封)한 묘호이다.

71　제갈공명諸葛孔明 ; 제갈량(諸葛亮)을 이른다. 중국 삼국시대 촉한(蜀漢)의 모신(謀臣)이다. 자(字)는 공명(孔明)이며, 별호(別號)는 와룡(臥龍)·복룡(伏龍)이다. 전란의 시대, 형주(荊州)의 초야에서 지내던 중 제갈량의 나이 27세 때 유비(劉備)의 삼고초려(三顧草廬)로 세상에 나온 제갈량은 재략과 웅재로써 유비를 도와 촉한을 건국하는 제업을 이루었다. 적벽(赤壁)에서 손권(孫權)과의 연합을 이끌어내 당대 최강의 제후인 조조(曹操)의 남하를 저지하였고 형양(衡陽)을 차지한 후 유비를 제위에 오르게 하였고 제갈량은 승상의 직에 올랐다. 그의 '출사표(出師表)'는 후세 사람들이 이 글을 보고 울지 않으면 충신이 아니라고 평하는 명문으로 꼽히고 있다.

72　삼고초려三顧草廬 ; 오두막을 세 번 찾아간다는 뜻이다. 중국 촉한(蜀漢)의 임금 유비(劉備)가 제갈량(諸葛亮)의 초옥(草屋)을 세 번 찾아가 간청하여 드디어 제갈량을 군사(軍師)로 맞아들인 일에서 유래한다. 제갈량의 '출사표(出師表)'에 나오는 말이다. 삼국시절 유현덕(劉玄德)이 와룡강(臥龍江)에 숨어 사는 제갈공명(諸葛孔明)을 불러내기 위해 세 번이나 그를 찾아가 있는 정성을 다해 보임으로써 마침내 공명(孔明)의 마음을 감동시켜 그를 세상 밖으로 끌어낼 수 있었던 이야기에서 비롯된 말이다.

73　만고성군萬古聖君 ; 길이 역사에 남을 어질고 덕이 뛰어난 임금을 말한다.

74　주문왕周文王 ; 주(周)나라를 창건한 왕이다. 이름 창(昌)이고, 계왕(季王)의 아들, 무왕(武王)의 아버지다. 서백(西伯)이라고도 한다. 어머니는 은(殷)나라에서 온 태임(太任)이다. 은나라에서 크게 덕을 베풀고 강국으로서 이름을 떨친 계(季)의 업을 계승하여, 점차 인근 적국들을 격파하였다. 만년에는 현상(賢相) 여상(呂尙, 태공망太公望)의 도움을 받아 덕치(德治)에 힘썼다. 뒤에 은나라로부터 서방 제후의 패자(覇者)로서 서백의 칭호를 사용하도록 허락받았다. 죽은 뒤 무왕이 은나라를 쓰러뜨리고 주나라를 창건하였으며, 그에게 문왕(文王)이라는 시호를 추존하였다. 뒤에 유가(儒家)로부터 이상적인 성천자(聖天子)로서 숭앙을 받았으며, 문왕과 무왕의 덕을 기리는 다수의 시가 『시경(詩經)』에 수록되어 있다.

75　태공망太公望 ; 주(周)나라 초기의 현신(賢臣) 여상(呂尙)이다. 여상은 주나라 동해(東海) 사람이다. 본성(本姓)은 강씨(姜氏)다. 그의 선조가 여(呂 : 지금의 하남성河南省 남양南陽)에 봉해졌으므로 여상으로 칭해졌다.

위수양渭水陽[76] 가던 정성

초한楚漢[77]적 항적項籍[78]이가

범아부范亞夫[79] 찾으려고

나二十一고산祁高山[→ 나(기)고산祁高山][80]가던 정성

이 정성 저 정성 다부려서

강산 천리를 다 단여도

우리영감을 못 찾갔네

우리영감을 만나보면 귀도 대고

코도 대고 눈도 대고 입도 대고

업어도 보고 안아도 보건마는[→ 보렴마는]

우리영감 어데로[→ 어데를] 가고

날 찾을 줄을 왜 모르는가?

아이고 아이고

　　(굿거리 춤을 추며 퇴장)[81]

자(字)는 자아(子牙)다. 나이 칠순에 위수(渭水)에 낚시를 드리우며 때를 기다린 지 10여 년 만에 주나라 문왕(文王)을 만나 초빙된 다음, 문왕(文王)의 스승이 되었으며, 문왕은 그가 조부인 태공(太公)이 항시 바라던 사람이라는 뜻에서 '태공망(太公望)'이라고 했다. 병법(兵法)의 이론에도 밝아서 문왕(文王)이 죽은 뒤에 무왕(武王)을 도와 목야(牧野)의 전투에서 은(殷)나라 주(紂)왕의 군대를 물리치고 주나라를 세우는 데 큰 공을 세웠고, 후에는 제(齊) 땅을 영지로 받아 제(齊)나라의 시조(始祖)가 되었다.

76 위수양渭水陽 ; 중국 감숙성(甘肅省) 위원현(渭源縣)의 서북 조서산(鳥鼠山)에서 발원하여 섬서성(陝西省)을 거쳐 낙수(洛水)와 합쳐 황하(黃河)로 흐르는 강이다. 이곳의 반계석(磻溪石)에서 강태공이 낚시하였다고 한다.

77 초한楚漢 ; 초나라와 한나라를 말한다.

78 항적項籍 ; 진말(秦末)의 범인(梵人)이다. 초(楚)의 장수 항우(項羽)를 말한다. 숙부 양(梁)과 함께 기병(起兵)하여 진군(秦軍)을 쳐서 함양(咸陽)을 불사르고 진왕(秦王) 자영(子嬰)을 죽이고 자립하여 서초(西楚)의 패왕(覇王)이 되었다. 패공(沛公) 유방(劉邦)과 천하를 다투었으나 해하(垓下)의 싸움에서 패하고 오강(烏江) -안휘성(安徽省) 화현(和縣) 동북에 있는 강- 에 투신자살하였다.

79 범아부范亞夫 ; 범아부(范亞父)가 옳다. 항우(項羽)의 책사(策士)였던 범증(范增)을 말한다. 항우를 도와 패왕(覇王)이 되게 하였다. 기이한 계책을 좋아하여 나이 70에 항우의 모사(謀士)가 되어 항우가 아부(亞父)라 불렀다. 항우의 모사인 범아부(范亞父)는 유방(劉邦)이 제왕이 되리라고 점치고 홍문(鴻門)의 잔치에서 옥결(玉玦)을 자주 들어 항우에게 유방을 죽이도록 신호했으나 뜻을 이루지 못했고, 이 일의 실패로 인한 화를 참지 못하고 등에 종기가 나서 죽었다.

80 [보정] 나二十一고산祁高山[→ 나(기)고산祁高山] ; '旗鼓山' 혹은 '旗鼓山'이다. 범증(范增)의 고향에 있는 산이다. 이곳에서 산신이 되려하다가 항우(項羽)에게 발탁된다. 중국 하남성(河南省) 동부 영하(潁河) 북안에 위치한다. 주(周)나라 때는 진국(陳國)의 땅이었다.

81 [보정] 아이고 아이고 (굿거리 춤을 추며 퇴장) ; 임석재본에서는 '어엉 어엉. <구꺼리 長短에 춤 춘다>' 라고

82

영감 :   (이상한 관[83]을 쓰고 회색빛 나는 장삼을 입고 한 손에 부채 한 손엔
          지팡이를 들고 있다[84]
          굿꺼리 장단에 춤을 추면서 등장한다)
          쉬이 정처없이 왔드니 풍악소리 낭자하니 참 좋긴 좋구나
          풍악소리 듣고 보니 우리 할맘 생각이 간절하구나
          우리 할맘이 본시 무당이라 풍악소리 반겨듣고
          혹 이리로 지나갔는지 몰라 어디 한번 불러볼까?
          여보시요

악공 :   거 뉘시요

영감 :   그런 것이 아니라[→ 아니오래] 허름한 할맘을 잃고 찾아다니는데 혹시 이
          리로 갔는지 못 보았오?

악공 :   할맘은 어찌 잃었읍나?

영감 :   우리 고향에 난리가 나서 목숨을 구하려고 이리저리 동서사방으로 도망
          을 하였는데 그 후로 통 소식이 없읍네

악공 :   본 고향은 어디메와[85]?

영감 :   전라도 제주 망막골이올세

악공 :   그러면 할맘의 모색을 댑세

영감 :   우리 할맘의 모색은 하도 흉해서 댈 수가 없읍네

악공 :   그래도 한 번 대 봅세

영감 :   여기서 모색을 댄들 무엇하겠읍나

악공 :   세상일이란 그런 것이 아니야 모색을 대면 찾을 수가 있을런지 모르지

     채록되었다. 오청본에서는 「엉─엉─ 엉─엉─」 (울다가 장내의 중앙으로 가서 굿거리장단에 맞추어 춤을 춘
     다.)'라고 채록되었다. 오청본에서는 춤을 추는 위치가 나타나 있다.

82   [보정] 이 대목에 '(반주가 그친다)'가 생략되었다.
83   [보정] 이상한 관 ; 여기서는 개잘량으로 만든 '개가죽관'이다.
84   [보정] 이상한 관을 쓰고 회색빛 나는 장삼을 입고 한 손에 부채 한 손엔 지팡이를 들고 있다 ; 영감의 의상과
     소품이 나타나 있다. 그 형상은 노장과 매우 유사하다. 심도 있는 연구가 필요한 부면이다.
85   어디메와 → 어디요 ; '-메'는 '-이며'의 방언이다. '-와'는 '-어요'의 방언이다.

영감 :　　그럼 바로 대지

　　　　　난간이마에 주게턱

　　　　　웅케눈에 개발코[→ **개발코(빈대코**[86]**)**]

　　　　　머리칼은 다 모즈러진 빗자루 같고

　　　　　상통은 깨진 바가지 같고[→ **상통은 깨진 (먹푸른**[87]**) 바가지 같고**]

　　　　　한 손엔 부채 들고

　　　　　또 한 손엔 방울 들고

　　　　　키는 석자 세 치되는 할맘이올세[88]

악공 :　　옳지 그 할맘이로군 바로 등 너머 굿하러 갔읍네

영감 :　　에에 고놈의 할맘 항상 굿하러만 다녀?

악공 :　　할맘을 한번 불러 봅소

영감 :　　여기 없는 할맘을 불러 무엇합나

악공 :　　그런 것이 아니야 한 번 불러봅세

영감 :　　무슨 영문인지 알 수 없으나 하라는 대로 해 보지 할멈!

악공 :　　너무 짧아 못 쓰겠읍네!

영감 :　　할맘암!

악공 :　　그것은 길어서 못 쓰겠읍네

영감 :　　그러면 어떻게 부르란 말입나?

악공 :　　전라도 제주 망막골 산다니 시나위청으로 불러봅소

영감 :　　　　[(시나위청으로)]

　　　　　절절 절시구 저저리 절절 절시구

　　　　　얼시구 절시구 지화자 절시구

　　　　　우리 할맘 어디를 갔나

　　　　　채석강(采石江) 명월야에 이적선(李謫仙)을 따라갔나

86　빈대코 ; 납작한 코를 이른다.
87　먹푸른 → 먹[墨] 푸는
88　[보정] 키는 석자 세 치되는 할맘이올세 ; 미얄의 키도 매우 작게 설정되어 있다.

적벽강赤壁江 추야월에 소동파蘇東坡 따라갔나

우리 할맘 찾으려고

일원산一元山 이강경二江景 삼부여三夫餘 사법성四法聖

강산천리를 다 다녀도

우리 할맘 못찾겠네[89] [90]

우리 할맘 보고지고

칠년대한七年大旱 가뭄날[91]에 빗발같이 보고지고

구년홍수九年洪水 대홍수[92]에 햇발같이 보고지고

우리 할맘 만나보면

눈도 대고 코도 대고 입도 대고

연적硯滴같은 젖[93]을 쥐고 신짝같은 혀를 물고[94]

건드러지게[95] 놀겠구만

---

89   수정분에는 '우리할맘 못찾겠네'가 없다.

90   [보정] 영감이 시나위청으로 미얄을 부르는 대목이다. 춤과 불림으로 실현된다. 이 대목은 '시나위청'으로 부른
     다고 되어 있지만 '우리 할맘 못찾겠네' 이후부터는 '노래조'와 '말'이 섞여서 실현된다. 판소리에서도 활용되는
     소위 '사벽도四壁圖 사설', '쑥대머리' 등을 원용하면서 미얄을 그리워하여 찾아다녔다는 대사인데, 이 대사 이
     후에 '굿거리장단'에 맞추어 춤을 춘다는 점으로 볼 때에 역시 '불림'적 성격이 강하다.

91   칠년대한七年大旱 가뭄날 ; 임석재본에서는 '대한칠년大旱七年 왕王가물'이라고 채록되었다. '대한칠년(大
     旱七年)'은 7년간의 큰 가뭄이라는 뜻이고, '왕王가물'은 큰 가뭄을 뜻한다. 즉 '大旱七年'과 '王가물'은 같은
     의미다. 관용구화 되었다.
        '칠년대한(七年大旱)'은, 『회남자(淮南子)』에 의하면 탕(湯) 임금 시대에 7년 동안 가뭄이 들자 탕이 몸소 상
     림(桑林)에서 기도를 드리자 그 기도에 반응하여 사해의 구름이 모여들어 천리에 걸쳐 비가 내렸다고 하는 고
     사에 연유한다. 여기서 '상림지도(桑林之禱)'라는 말이 생겼다. 은(殷) 나라 탕왕(湯王)이 7년의 큰 가뭄에 상
     림(桑林)에서 비 내리길 빌었다 해서 성인(聖人)이 백성을 근심함을 이르는 말이다. 자료에 따라서는 탕왕이
     자신의 '머리털과 손톱'을 바쳤다고 한다.
            [참고] 시조(時調) - 어화 보완지고 그리던 님 보완지고 / 七年 大旱에 열 구름 빗발 본 듯 / 이 後에 다시
            만나면 九年之水에 볏 뉘 본 흐듯여라. 『동국가사(東國歌辭)』

92   구년홍수九年洪水 대홍수 ; 9년 동안의 큰 홍수를 말한다. 우(禹)의 아버지 곤(鯀)은 제요(帝堯) 때에 황하(黃
     河)의 대홍수를 9년간이나 다스렸으나 치수의 업적을 올리지 못하고 마침내 죽음을 당하고 말았다. 이에 그의
     아들 우가 치수에 전력하여 제순(帝舜) 때에 완전히 성공을 보았으므로 마침내 천자가 될 수 있었다는 고사에
     연원을 두고 있다. 여기에서 '구년치수(九年治水)'라는 성어가 생겼다. 관용구다. 임석재본에서는 '구년치수九年
     治水 대大탕수'라고, 오청본에서는 '九年洪水大大洪水'라고 채록되었다. '탕수'는 '큰 홍수'의 방언이다.

93   연적硯滴같은 젖 ; 관용적 표현이다. 벼루에 먹을 갈 때 쓰는, 물을 담아 두는 그릇인 연적과 같이 생긴 젖을
     말한다. 연적이나 사발(沙鉢)처럼 납작하게 올라붙은 젖을 연적젖 혹은 사발젖이라고 한다. 다만 '연적硯滴같
     은 젖'은 그 형상을 '복숭아연적'에 빗대어 복숭아 닮은 젖을 비유하는 경우가 있다.

94   신짝같은 혀를 물고 ; 관용구다. '신짝'은 신발의 한 짝, 혹은 '신'을 속되게 이르는 말이다. 형상이 크고 긴
     혀를 빗댄 것이다.

· 어델 가고 날 찾을 줄 모르는가?

　　(굿거리곡으로 춤을 추면서 한쪽으로 가면 미얄이 다음 것을 부르며

　　등장한다)

미얄 :　절절 절시고 얼시구 절시구

　　지화자 좋네 절절 절시구

　　거 누가 날 찾나?

　　[이태백(李太白)이 술을 먹자구 날 찾나?]

　　상산사호商山四皓[96] 네 노인이 바둑 두자고 날 찾나?

　　춤 잘 추는 학두루미[97] 춤을 추자고 날 찾나?[98]

　　수양산首陽山[99] 백이숙제伯夷叔齊[100] 채미採薇[101]하자고 날 찾나?[102]

영감 :　　(굿거리 장단에 춤을 추며 다음 것을 부르며 미얄 쪽으로 간다)

　　절절 절시구 얼시구 절시구

　　지화자 절시구

　　할맘 찾을 이 누가 있나

　　할맘 내야 내야

95　건드러지게 ; 목소리나 맵시 따위가 아름다우며 멋들어지게 부드럽고 가늘다는 뜻이다.

96　[보정] 상산사호商山四皓 ; 중국 진시황 대에 나라가 어지러움을 피해 섬서성(陝西省) 상산(商山) 산에 숭어
　들어간 네 은사(隱士)를 말한다. 동원공(東園公), 기리계(綺里季), 하황공(夏黃公), 녹리선생(甪里先生)을 말
　하는 데 이들은 모두 눈썹과 수염이 희었기에 '皓'가 붙었다. 이들은 자주 그림의 주제로 떠올렸다. 또한 우리
　연행문화에 흔히 원용되었다.

97　학두루미 ; '학'과 '두루미'가 결합된 말이다. 동의어 한자어와 우리말이 결합된 것이다.

98　[보정] 수정분에는 '춤 잘 추는 학두루미 춤을 추자고 날 찾나?'가 없다.

99　수양산首陽山 ; 중국 산서성(山西省) 영제현(永濟縣) 남쪽에 있는 산 이름이다. 이곳에서 백이(伯夷)와 숙제
　(叔齊)가 아사(餓死)했다고 한다. 또한 황해도 해주 시내에서 바로 동쪽 지점에 있는 산으로, 옛날 백이숙제(伯
　夷叔齊)가 고사리를 캐다가 굶어 죽었다는 산과 이름이 같아서, 조선 시대에 이 산을 소재로 하여 지어진 한시
　중에 백이숙제(伯夷叔齊)와 관련된 작품이 많다.

100　백이숙제伯夷叔齊 ; 중국 은(殷)나라 때의 처사(處士)인 형 백이(伯夷)와 아우 숙제(叔齊)는 모두 은나라 고
　죽군(孤竹君)의 아들이다. 주(周)나라 무왕(武王)이 은을 치려고 하는 것을 말리다가 이를 듣지 않으므로 형제
　는 주나라의 녹 먹기를 부끄럽게 여기고 수양산(首陽山)에 들어가 고사리를 캐어 먹으며 숨어 살다가 채미가
　(采薇歌)를 남기고 굶어 죽었다고 한다. 『맹자(孟子)』에 '백이(伯夷)와 숙제(叔齊)는 성인 중에서 청백한 분
　(夷弟聖之淸者)'이라는 말이 있다.

101　채미採薇 ; '고사리를 캔다'는 뜻으로 고사리로 연명하였다는 말이다. '首陽薇(수양미)'는 수양산 고사리로,
　은(殷)나라의 충신 백이(伯夷)와 숙제(叔齊)가 수양산에서 고사리를 꺾어 먹었다는 데서 나온 말이다.

102　[보정] 이 대목에서 미얄과 영감이 상봉한다. 이 장면은 소위 '거누가날찾나'가 원용되었다. 수궁가(水宮歌)에
　서도 활용된다.

미얄 :　　　이게 누구야 우리 영감 아닌가

　　　　　　아모리 보아도 우리 영감일지 분명하구나

　　　　　　지성至誠이면 감천感天이라드니[103]

　　　　　　이제야 우리 영감을 찾았구나

　　　　　　　(노랫조로)

　　　　　　반갑도다 좋을시구[104]

　　　　　　　(춤을 추면서 영감에게 매달린다)

영감 :　　　여보게 할맘

　　　　　　우리가 오래간만에 천우신조天佑神助[105]로

　　　　　　이렇게 반갑게 만났으니

　　　　　　얼사 안고 춤이나 추어봅세

　　　　　　　(노랫조로)

　　　　　　반갑고나 얼러보세

　　　　　　　(서로 얼른다[106]

　　　　　　미얄은 영감에게 매달려 노골적으로 음란한 행동을 한다.

　　　　　　영감이 땅에 넘어지면 미얄은 영감의 머리위로 기여나간다)[107]

103　지성至誠이면 감천感天이라드니 ; 지극(至極)한 정성(精誠)을 다하면 하늘도 감동(感動)한다 라는 뜻으로, 무엇이든 정성껏 하면 하늘도 움직여 좋은 결과를 맺는다는 뜻이다.

104　[보정] 반갑도다 좋을시구 ; 임석재본에서는 ‘반갑도다, 반갑도다 우리 영감슈監이 반갑도다, 조흘시고 조흘시고, 지화자持花者 조흘시고.’ 라고 채록되었다. 노래조로 부르다가 춤을 춘다는 점을 보면 이 대목은 불림이다. 임석재본에서는 다음과 같이 영감과 미얄이 함께 부르는 것으로 채록되었다.

　　　슈監.미얄 : (서로 맞대 보고서 놀래고 반가운 목소리로 合聲) 거 누구가, 거 누구가. 아무리 보아도 우리 슈監(할맘)일시 分明쿠나. 至誠이면 感天이라드니 이제야 우리 슈監(할맘)을 찾었구나. (合唱) -- 반갑도다 반갑도다 우리 슈監(할맘) 반갑도다. 좋을시고 좋을시고 지화자자 좋을시고. 얼러보세 얼러보세.

105　천우신조天佑神助 ; 하늘이 돕고 신이 돕는다는 뜻이다.

106　얼른다 ; ‘어르다’, ‘어우르다’는 성교하다를 비유적으로 이르는 말이다.

107　[보정] (서로 얼른다 미얄은 영감에게 매달려 노골적으로 음란한 행동을 한다. 영감이 땅에 넘어지면 미얄은 영감의 머리위로 기여나간다) ; 이 대목에서는 ‘노골적으로 음란한 행동을 한다’는 점에 관심을 가질 필요가 있다. 송석하본에서는 ‘(미얄 부부夫婦가 서로 끄러안고 굿거리 장단長短에 맞후어 춤을 춘다. 이렇게 한참 춤을 추다가 정신精神에 이상異狀이 생기어 영감슈監이 넘어지면 미얄은 영감슈監의 머리 우으로부터 넘어간다.)’ 라고 채록되었다. 임석재본에서는 ‘(兩人은 서로 얼른다. 미얄은 슈監의 前下部에 매여달려 매우 露骨的인 淫行動을 한다. 슈監이 땅에 누우면 미얄은 슈監의 머리 위로 기여 나간다.)’라고 채록되었다. 오청본에서는 ‘精神에異常이생기여’라고 하였고, 임석재본은 ‘露骨的인 淫行動’이라고 하였다. 뒤에서 영감이 여성 성기를 묘사하는 대사로 보아 ‘露骨的인 淫行動’으로 보아야 한다. 이같은 성행위는 풍요제의의 모의 주술적 의미를

미얄 :　　　　　　(고통스러운 소리로)

　　　　　아이고 허리야 년만 팔십에 생남자하였으니 이런 경사 어데 있나[108]

　　　　　아들 보니 좋을시구[109]

　　　　　　(춤을 춘다)

영감 :　　　　　　(누운 채로)

　　　　　야아 좋기는 정말 좋구나

　　　　　그놈의 곳이 험하기도 험하다

　　　　　솔잎이 좌우로 우거지고

　　　　　산고곡심山高谷深[110]한데 물 맑은 호수 중에

　　　　　굽이굽이 섬 뚝이요[111]

　　　　　갈피갈피 유자柚子[112]로다[113]

　　　　　자 여기서 우리 고향을 갈려면

　　　　　육로로는 삼천리요 수로로는 이천리니

　　　　　예라 배를 타고 수로로 갈 밖에 없다

　　　　　배를 타고 오다가 풍랑風浪을 만나

　　　　　이곳에 와서 딱 붙었으니

갖는다고 한다.

108　[보정] 아이고 허리야 년만 팔십에 생남자하였으니 이런 경사 어데 있나 ; 송석하본에서는 '아이고 허리야, 아이고 허리야, 연만70年滿七十에 생자生男子하였으니' 라고 채록되었다. 뒤 대목에서 '이년 처아들[→ 첫아들]로 망신주었구나 이년 천하에 고약한 년이 있나' 라고 한 점으로 보아 '생남자'는 '득남(得男)' 즉 아들을 낳았음을 말한다. 그런데 임석재본에서는 '年晚 八十에 生男子 보았드니年晚 무리 공알이 시원하다'라고 채록되었다. '공알'이 '음핵'(陰核)을 일상적으로 이르는 말인 점으로 보아 '생남자'는 '아들을 낳았다'가 아니라 '남자를 상대하였다'로 봄이 옳다.

109　[보정] 아이고 허리야 년만 팔십에 생남자하였으니 이런 경사 어데 있나 아들 보니 좋을시구 ; '생남자'를 '아들 낳음'으로 보면 '아들 보니 좋을시구'가 무리가 없다. '생남자'를 '남자를 상대하였다'로 보면 '아들 보니 좋을시구'가 어색하다. '아들 보니 좋을시구'는 이러러한 사정으로 후에 윤색된 것으로 추정된다.

110　산고곡심山高谷深 ; 산이 높고 골짜기가 깊다는 뜻이다.

111　[보정] 굽이굽이 섬 뚝이요 ; 송석하본과 오청본에서는 '구비구비섬뚝이요' 라고 채록되었다. 섬뚝은 항만의 수역 앞에 쌓은 섬 모양의 방파제를 말한다. 임석재본에서는 '구비구비 동굴섬 피섬이요' 라고 채록되었다. '동굴섬'과 '피섬'은 실제 지명인 듯하나 분명치 않다.

112　유자柚子 ; 유자의 열매로, 노란색의 공 모양이다. 껍질이 울퉁불퉁하고 신 맛이 특징이다.

113　그놈의 곳이 험하기도 험하다 솔잎이 좌우로 우거지고 산고곡심(山高谷深)한데 물 맑은 호수 중에 굽이굽이 섬 뚝이요 갈피갈피 유자柚子로다 ; 여성 성기의 한 부위를 비유적으로 묘사한 대사다.

어떻게 떼야 일어날 것인가

이것 떼는 문서가 있어야지

이제야 알갓다[114]

내가 한창 소년[115] 적에 점占[116]치는 법을 배웠으니

어데 일어날 수 있을는지 점이나 한 꿰[117] 풀어볼까?

추왈祝日[118]

천하언재天下言哉[→ 천하언재天何言哉]며 지하언재地下言哉[→ 지하언재地何言哉]시리요마는

고지즉응告之卽應 하시나니 감이순통感而順通 하소서[119]

미련한 백성이 배를 타고 오다가

이곳에 딱 붙어 놓았으니

복걸伏乞[120]

이순풍李淳風[121] 곽곽선생藿郭先生[122] 제갈공명선생諸葛孔明先生[123]

---

114 알갓다 ; '-갓-'은 '-것-'의 고어투다. 전망이나 추측 혹은 주관적인 소신 따위를 드러낼 때에 쓴다.

115 소년少年 ; 여기서는 젊은 나이 또는 그런 나이의 사람이라는 뜻으로 쓰였다.

116 점占 ; 팔괘·육효·오행 따위를 살펴 과거를 알아맞히거나, 앞날의 운수·길흉 따위를 미리 판단하는 일이다.

117 꿰 → 괘 ; 점괘(占卦)다.

118 [보정] 추왈祝日 → 축왈 ; 신에게 축원을 드리는 축문(祝文)에서 머리에 흔히 쓰이는 말이다. '축(文) -제사 때에 읽어 신명(神明)께 고하는 글- 을 하여 말하기를'이라는 뜻이다. 가면극 현장에서는 '축'을 '추'로 하되 '추─왈' 곧 '추'음을 길게 실현하는 것이 보통이다.

119 [보정] 천하언재天下言哉[→ 천하언재天何言哉]며 지하언재地下言哉[→ 지하언재地何言哉] 시리요마는 고 지즉응告之卽應 하시나니 감이순통感而順通 하소서 ; 신명(神明)께 고하노니, 하늘이 무슨 말씀하시며 땅이 무슨 말씀하시리요, 고하면 즉시 응답하시나니 감응하시어 모든 일이 순리대로 통하소서.
그런데 '天下言哉 地下言哉'로 채록된 경우가 있다. 여기서 '何', '下' 등으로 달리 채록되었다는 것을 통하여 공연집단의 의중을 새롭게 정리할 필요가 있다는 점을 지적한다. '何'는 '어찌'와 '무슨'이 가능하다.
『논어』 양화편을 원용한 것이다. 그 내용을 보면 다음과 같다.
子曰 予欲無言 子貢曰 子如不言 則小子何述焉 子曰 天何言哉 四時行焉 百物生焉 天何言哉 공자께서 말씀하셨다. "나는 말을 하지 않으려고 한다." 자공이 말하였다. "선생님께서 만일 말씀하지 않으시면 저희들이 어떻게 도를 전하겠습니까?" 공자께서 말씀하셨다. "하늘이 무슨 말씀을 하시는가? 사시가 운행되고 온갖 만물이 생장하는데, 하늘이 무슨 말씀을 하시는가?"
[참고] 성주본풀이 - 대모산통 흔들면서 고축사하되 천하 언재하며 지하 언제하나니 / 춘추매일 통사언 여천지로 획기덕하고 여일월로 획기명하고 뇌사시로 획기길흉하나니 / 대성인 복희신농 황제 구천천왕 문왕 귀곡선생 손빈선생 곽각선생 / 리순풍 소강절 팔팔 륙십사괘 소불난등하야 길즉길신이 융성하고 / 흉즉흉신이 복창하야 일결에 명판하소서. 『가사선집』

120 복걸伏乞 ; 엎드려 빎을 뜻한다. 축문에서 간절하게 빈다는 뜻이다.

121 이순풍李淳風 ; 중국 당나라의 방술가(方術家)다. '방술'은 신선의 술법을 닦는 사람, 즉 방사(方士)가 행하는

정명도程明道[124] 정이천선생程伊川先生[125] 소강절선생邵康節先生[126]

여러 신명[127]은 일시 회답하시와

상괘上卦[128]로 물비勿秘소서[→ 물비소서(勿秘昭示)][129] …

　　(점괘[130]를 빼 보며)

하[131] 와[132] 이 괘상卦象[133] 고약하다

독성지괘犢聲之卦과

　신선의 술법을 말한다.

122　[보정] 곽곽선생篭郭先生 ; 곽곽은 점복(占卜)의 신령이자 눈병을 치료해주는 의료신을 말한다. 여기서는 곽박(郭璞)선생을 말한다. 곽박 선생은 자(字)가 경순(景純)이며 하동 문희(聞喜, 현 산서 문희현) 사람이다. 그는 박학다식하고, 『이아(爾雅)』, 『산해경(山海經)』, 『초사(楚辭)』 등을 주석하였고, 점성술에도 뛰어났다. 경학(經學)과 역수(易數)에 능했다고 하는 중국 동진(東晉)의 학자 곽박이, 점복을 하는 사람들에 의해 신처럼 모셔지다가 곽곽으로 와음이 된 듯하다. 곽곽 선생은 맹인(盲人)풀이의 대상신으로 안질(眼疾)환자들이 특히 신봉한다고 한다.

123　제갈공명선생諸葛孔明先生 ; 제갈 량(諸葛亮)을 말한다. 제갈량의 자(字)는 공명(孔明)이다. 시호 충무(忠武)이며 산동성(山東省) 기수현(沂水縣) 출생으로 호족(豪族) 출신이었으나 어릴 때 아버지와 사별하여 형주(荊州)에서 숙부 제갈현(諸葛玄)의 손에서 자랐다. 후한 말의 전란을 피하여 사관(仕官)하지 않았으나 명성이 높아 '와룡선생(臥龍先生)'이라 일컬어졌다. 위(魏)나라의 조조(曹操)에게 쫓겨 형주에 와 있던 유비(劉備)로부터 '삼고초려(三顧草廬)'의 예로써 초빙되어 '천하삼분지계(天下三分之計)'를 진언(進言)하고 '군신수어지교(君臣水魚之交)'를 맺었다. 이듬해, 오(吳)나라의 손권(孫權)과 연합하여 남하하는 조조의 대군을 적벽(赤壁)의 싸움에서 대파하고, 형주(荊州)·익주(益州)를 유비의 영유(領有)로 하였다. 그 후도 수많은 전공을 세웠고, 한(漢)나라의 멸망을 계기로 유비가 제위에 오르자 재상이 되었다. 유비가 죽은 후는 어린 후주(後主) 유선(劉禪)을 보필하여 재차 오나라와 연합, 위나라와 항쟁하였으며, 생산을 장려하여 민치(民治)를 꾀하고, 운남(雲南)으로 진출하여 개발을 도모하는 등 촉(蜀)나라의 경영에 힘썼으나, 국세가 기울어 가는 가운데, 위의 장군 사마의(司馬懿)와 오장원(五丈原) -섬서성(陝西省) 미현(郿縣) 남서쪽, 위수(渭水) 남쪽 기슭에 있는 구릉이다- 에서 대진 중 병이 들어 죽었다. 위나라와 싸우기 위하여 출진할 때 올린 '전출사표(前出師表)'와 '후출사표(後出師表)'는 천고(千古)의 명문으로 이것을 읽고 울지 않는 자는 사람이 아니라고까지 일컬어졌다.

124　정명도程明道 ; 북송(北宋) 유학자인 정호(鄭顥)를 말한다. 명도선생이라 불리었으며, 아우인 이(頤)와 함께 주렴계(周濂溪)의 문인이다.

125　정이천선생程伊川先生 ; 북송(北宋) 유학자인 정이(程頤)를 말한다. 이천백(伊川伯)을 봉한 까닭에 이천선생이라 부른다. 처음으로 이기 철학을 제창하였고, 유교 도덕에 철학적 기초를 세웠다.

126　소강절선생邵康節先生 ; 소옹(邵雍)이라 한다. 중국 송(宋)나라 때의 유학자다. 이지재(李之才)에게서 도서선천상수(圖書先天象數)의 학을 배워 역리(易理)에 정통하였으며, 선천괘위도(先天卦位圖)를 만들었다. 그의 학파를 백원학파(百源學派)라 이른다. 공묘(孔廟)에 종사(從祀)되고 신안백(新安伯)에 추봉되었다. 왕안석(王安石)이 신법을 실시하기 전에 천진의 다리 위에서 두견새 우는 소리를 듣고, 천하가 분주할 것을 예견하였다 한다.

127　신명神明 ; 하늘과 땅의 신령을 말한다.

128　상괘上卦 ; 두 괘로 된 육효(六爻)에서 위의 괘다. 가장 좋은 점괘(占卦)다.

129　[보정] 물비勿秘소서[→ 물비소서勿秘昭示] ; '물비소시(勿秘昭示)'는 '숨김없이 밝히어 보라'는 뜻으로, 점쟁이가 외는 주문의 맨 끝에 부르는 말이다. '물비소서'는 '물비소시'와 '-하소서'가 결합된 민간화술적 표현이다.

130　점괘 ; '점괘(占卦)'다. 점을 쳐서 나오는 괘로, 이 괘를 풀이하여 길흉을 판단한다.

131　하 ; 기쁘거나 슬플 때, 화가 나거나 걱정스럽거나 한탄스러울 때 가볍게 내는 소리다.

132　와 ; '우아'의 준말이다. 여기서는 뜻밖에 기쁜 일이 생겼을 때 내는 소리로 쓰였다.

133　괘상卦象 ; 역괘(易卦)에서, 길흉을 나타내는 상(象)이다.

송아지가 소리치고 일어나는 괘로구나

음매애[134]

　　(일어난다)

이년 처아들[→ 첫아들]로 망신주었구나[135]

이년 천하에 고약한 년이 있나

이년의 씹중방[136]을 꺾어놓겠다

웃중방[137]은 울툭불툭[138]하니

번대머리[139]에 풍잠風簪[140] 파주고[141]

아랫중방[142]은 미끈미끈하니

골패짝[143] 만들밖에 없구나[144]

134　하 와 이 괘상 고약하다 독성지괘(犢聲之卦)과 송아지가 소리치고 일어나는 괘로구나 음매애 ; 여기서 문맥상으로 보면 '독성지괘犢聲之卦'는 '송아지가 소리를 치며 일어나는 괘'라는 것이다. 설날에 짐승의 동작을 보아 점치는 방법도 있는데, 소가 일찍부터 기동(起動)하면 풍년이 들고, 송아지가 울어도 연사(年事)가 풍조(豊兆)이며, 까치가 울면 길조(吉兆)이고, 도깨비불이 일어도 길조(吉兆)이며, 까마귀가 울면 풍재(風災)와 병마(病魔)가 있고, 개가 짖으면 도둑이 많으며, 개보다 사람이 먼저 일어나면 한 해를 무료(無聊)하게 보내게 된다고 전한다고 한다. 그리고 『주역』 대축(大畜)조에, '송아지가 외양간에 있다. 크게 길할 것이다. 상(象)에 말하기를, 크게 길하다는 것은 기쁨이 있다는 말이다.' 라고 하였다.

135　이년 처아들[→ 첫아들]로 망신주었구나 ; 미얄의 앞 대목의 대사 '년만 팔십에 생남자하였으니 이런 경사 어데 있나 아들 보니 좋을시구 '를 영감은, 늦은 나이 80에 남자 아이를 낳았다로 받은 것이다. 미얄이 자신을 아들 취급하였다는 말이다.

136　씹중방 ; '중방(中枋)'은 '중인방(中引枋)'의 준말로, 기둥과 기둥 사이, 또는 문이나 창의 아래나 위로 가로지르는 나무다. 문짝의 아래위 틀과 나란하게 놓는다. 또는 톱틀의 톱양과 탕개줄의 사이에 양쪽 마구리를 버티어 지른 막대기를 말한다. 여기 '씹중방'은 여성성기를 말한다.

137　웃중방 → 윗중방(一中枋) ; 상인방(上引枋)이다. 창이나 문틀 윗부분 벽의 하중을 받쳐 주는 부재로 창문 위 또는 벽의 상부에 가로질러 댄다. 상대어는 아랫중방이다. 여기서는 여성성기의 한 부위를 말한 것이다.

138　울툭불툭 ; 물체의 거죽이나 면이 고르지 않게 여기저기 크게 나오고 들어간 모양을 말한다.

139　번대머리 ; '대머리'를 낮잡아 이르는 말이다.

140　풍잠風簪 ; 망건의 당 앞쪽에 대는 갓을 고정시키기 위하여 망건(網巾) 앞쪽에 다는 장식품이다. 반달·원산(遠山) 모양으로 만들어 망건당 가운데 달아 갓모자가 풍잠에 걸려 바람이 불어도 갓이 뒤로 넘어가지 않게 하였다. 처음에는 실용적인 측면에서 이용하였으나 장식을 겸하게 되면서부터는 양반은 대모(玳瑁/瑇瑁)나 호박(琥珀), 마노(瑪瑙), 금패(錦貝)를 쓰고 일반 백성들은 주로 나무나 뼈, 쇠뿔로 만들어 사용하였다.

141　번대머리에 풍잠風簪 파주고 ; '대머리에 갓모자가 걸려서 바람이 불어도 뒤쪽으로 넘어가지 않도록 풍잠을 하고'의 의미로 생각된다.

142　아랫중방 ; 하인방(下引枋)이다. 벽의 아래쪽 기둥 사이에 가로지른 인방이다. 여기서는 여성성기의 한 부위를 말한 것이다.

143　골패짝 ; 납작하고 네모진 작은 나뭇조각 32개에 각각 흰뼈를 붙이고, 여러 가지 수효의 구멍을 판 노름기구를 말한다. 오청본에서는 '골패장판'이라고 채록되었다.

144　[보정] 이년의 씹중방을 꺾어놓겠다 웃중방은 울툭불툭하니 번대머리에 풍잠(風簪) 파주고 아랫중방은 미끈미

(미얄을 때린다)

미얄 :   여보 영감 설혹 내가 잘 못 했기로 오래간만 만나서 이렇게 사람을 함부
          로 친단 말이요?[145]

영감 :   아아 이 년 듣기 싫어 무슨 잔말이야.

[미얄 : (영감에게 달려들어 물어뜯는다.) 자, 때려 죽여라.

영감 : 야, 이것 봐라, 이년이 도리어 물어뜯는구나.]

미얄 :   이 보소 영감 우리가 이렇게 만날 싸움만 한다고 이 동네 사람이 우리를
          내어쫓겠답네

영감 :   홍 우리를 내여 쫓갔대

          그 역씨[→ 역시] 좋은 말이로구나

          나가라면 나가지

          욕거선이순풍欲去船而順風[146]일다

          하늘이 들장지[147] 같고

          길이 낙지발[148] 같고[149]

끈하니 골패짝 만들밖에 없구나 ; '이 년의 섭 가운데를 꺾어 놓겠다. 웃중방은 울툭불툭하니 번대머리에 풍잠
을 해주고 아랫중방은 미끌미끌하니 골패장 판을 만들 수밖에 없구나.'의 뜻이다. 성적 행위의 비속한 표현이
다. 이러한 점을 염두에 두면 이어서 미얄을 때린다는 행위acting 즉 '때린다'는 원래는 성적 행위였던 것이 그
의미가 변전(變轉)된 것이 아닌가 추측된다.

145 미얄 : 여보 영감 설혹 내가 잘 못 했기로 오래간만 만나서 이렇게 사람을 함부로 친단 말이요? / 영감 : 아아
     이 년 듣기 싫어 무슨 잔말이야. ; 임석재본에서는 '미얄＝ 오래간만 만나서 사람을 왜 이리 치는가. 사람을 치
     는 것이 인사란 말인가. 令監＝ 이년이 무얼 잘했다고 이 지랄이야. 잔말 말고 가만 있거라. (하며 또 때린다.)'
     라고 채록되었다. 오청본에서는 '미얄. 「여보令監! 설혹내가조곰잘못하엿기로 오래간만에만나서 이러케도사람
     을한부로 친단말이요.」令監. 「야이년 듯기시러 무슨잔말이야.」(미얄을때린다)' 라고 채록되었다.

146 욕거선이순풍欲去船而順風 ; 배를 띄워 가고자 하니 바람이 순조롭다는 뜻이다. 여기서는 아무 걱정 없다는
     뜻이다.

147 들장지 ; 들어 올려서 매달아 놓게 된 방과 방 사이, 또는 방과 마루 사이에 칸을 막아 끼우는 문이다. 미닫이
     와 비슷하나 폭이 넓거나 높이가 높고 문지방이 낮다.

148 낙지발 ; 문어과의 하나다. 몸의 길이는 70cm 정도이고 길둥글며 회색인데 주위의 빛에 따라 색이 바뀐다.
     여덟 개의 발이 있고 거기에 수많은 빨판이 있다. 위험이 있으면 먹물을 뿜고 도망친다. 식용하며 전 세계에
     분포한다. 여기서는 길이 여러 갈래라는 뜻을 비유하는 데에 쓰였다.

149 하늘이 들장지 같고 길이 낙지발 같고 ; 하늘은 들장지처럼 막혀 있고 갈 길은 낙지발 같이 여러 길이라는
     말이다. 처지가 막막하고 살 길도 막막하다는 뜻이다. 시조에서 '窓(창) 내고쟈 창을 내고쟈 이 내 가슴에 창
     내고쟈 고모장지 셰살장지 들장지 열장지 암돌져귀 수돌져귀 배목걸새 크나큰 장도리로 둑닥 바가 이 내 가슴
     에 창 내고쟈 잇다감 하 답답할제면 여다져 볼가 하노라' 『청구영언』 라고 노래하였다.

막비왕토莫非王土에 막비왕신莫非王臣이라[150][151]

어데를 간 들 못 살겠나

내여 쫓기 전에 우리가 먼저 나가자구나

그러나 저러나 너하고 나하고 이 동내 떠나면

이 동내에 인물 동티[152]난다

너는 저 웃목[153]에 서고 내가 아랫목[154]에 서면

이 동네에 잡귀雜鬼[155]가 범犯[156]치 못하는 줄 모르더냐?[157]

미얄 :   그건 그렇지만

영감 나 하고 이별한 후에 어디를 단기며 어떻게 지냈읍나

영감 :   그 험한 난에 할맘하고 이별 후로 나는 여기 저기 단기면서[158] 온갖 고생

을 다 하였네

---

150 막비왕토莫非王土에 막비왕신莫非王臣이라 ; 이 대목에서는 『시경』의 '북산(北山)'의 한 대목을 원용하고

있다. 그를 살펴보면 다음과 같다.

저 북산(北山)에 올라 그 구기자를 딴다. 해해(偕偕)한 사자(士子) 조석으로 일에 좇으니, 왕사(王事) 느슨

히 할 수가 없어 내 부모를 근심케 한다. 부천(溥天)의 아래 왕토(王土) 아님은 없고, 솔토(率土)의 빈(濱)

왕신(王臣) 아님은 없다. 대부 고르지 않아 나 일에 좇아 홀로 수고한다. 陟彼北山 言采其杞 偕偕士子 朝夕

從事 王事靡鹽 王事 憂我父母 溥天之下 莫非王土 率土之濱 莫非王臣 大夫不均 我從事獨賢

대부(大夫)가 유왕(幽王)을 비난하는 시라고 한다. 행역(行役)에서 사람을 부리는 것이 공평하지가 못하다.

나 혼자 고생하고, 그 때문에 부모를 봉양할 수도 없다는 내용이다. 보통은 '하늘 아래에 왕의 땅 아닌 곳이

없고, 세상 끝의 사람에 이르기까지 왕의 백성이 아닌 사람이 없다.'는 뜻으로 쓰인다.

여기서는 '왕의 신하라면 어디든 살 수 있다.'는 뜻을 담고 있다. 즉 저간의 사정은 내 잘못이 아니라는 뜻과,

이 땅의 주인이라는 뜻도 함께 담고 있는 쌍관어(雙關語)라는 하나라고 볼 수 있다.

151 하늘이 들장지 같고 길이 낙지발 같고 막비왕토(莫非王土)에 막비왕신(莫非王臣)이라 ; 여기서는 처지가 어

려워도 어디든 살 곳이 있다는 말이다.

152 동티 ; 땅, 돌, 나무 따위를 잘못 건드려 지신(地神)을 화나게 하여 재앙을 받는 일, 또는 그 재앙을 말한다.

건드려서는 안 될 것을 공연히 건드려서 스스로 걱정이나 해를 입거나 또는 그 걱정이나 피해를 비유적으로

이르는 말이다.

153 웃목 → 윗목 ; 온돌방에서, 아궁이로부터 먼 쪽이다. 불길이 잘 닿지 않아 아랫목보다 상대적으로 차가운 쪽

이다. 또 위쪽의 길목이나 물목을 말한다.

154 아랫목 ; 온돌방에서 아궁이 가까운 쪽의 방바닥을 말한다. 또 아래쪽의 길목이나 물목을 말한다.

155 잡귀雜鬼 ; 잡스러운 모든 귀신을 말한다. 객신(客神), 잡귀신이라고도 한다.

156 범犯 ; 들어가서는 안 되는 경계나 지역 따위를 넘어 들어감을 말한다.

157 [보정] 그러나 저러나 너하고 나하고 이 동내 떠나면 이 동내에 인물 동티난다 너는 저 웃목에 서고 내가 아랫

목에 서면 이 동네에 잡귀가 범치 못하는 줄 모르더냐? ; 이 대목은 우리 가면극을 제의적인 성격을 갖는 것으

로 규정하는 데에 가장 많이 언급된다. 소위 상당(上堂)신과 하당(下堂)신을 모신 동신(洞神)에서 그 사례가

흔히 발견된다. 여기서는 미얄이 상당신이고 영감이 하당신이 된다.

158 단기면서 ; '단기다'는 '다니다'의 고어투다.

미얄 : 그러고 저러고 영감 머리에 쓴 것은 무업나?[→ **무엇입나?**]

영감 : 내 머리에 쓴 것 근본을 알고 싶나?

미얄 : 그럼 알고 싶고 말고요

영감 : 내 머리에 쓴 것 내력을 들어보아라[159]

아랫녁[160]을 당도하야 이곳저곳 단여도 해 먹을 것이 있어야지

땜쟁이[161] 통을 사서 걸어메고[→ **걸머메고**[162]] 다니다가[163]

산대도감山臺都監[164]을 만났더니

---

159 [보정] 내 머리에 쓴 것 내력을 들어보아라 ; 내 머리에 쓴 것이 어떻게 해서 내 머리에 쓰게 되었는지 들어보아라 라는 말이다. '-- 내력을 들어보아라' 이후의 대사는 노래조로 실현되는 것이 보통이다.

160 아랫녁 → 아랫녘 ; 서울을 기준으로 남쪽에 있는 전라도와 경상도를 이르는 말이다.

161 때음쟁이 → 땜쟁이 ; 금이 가거나 뚫어진 그릇을 때우는 일을 업으로 하는 사람이다. '장이'는 어떤 사물을 만드는 장인(匠人)과 특정한 기예(技藝), 곧 기술과 재주를 지닌 기능공을 말한다.

162 걸머메고 ; 한쪽 어깨에 걸치어 놓는다는 뜻이다.

163 땜쟁이 통을 사서 걸어메고[→ 걸머메고] 다니다가 ; '땜장이'를 업으로 하였다는 말이다.

164 산대도감山臺都監 ; 나례도감(儺禮都監)과 같은 기능을 담당했던 관청의 하나다. 나례도감은 궁궐 안에서 악귀를 쫓아내기 위한 행사인 나례를 시행하기 위하여 임시로 설치하는 관청이다. 인조(仁祖) 때에는 폐지되어 그 일을 관상감(觀象監)에서 맡았다. 소위 '산대' 행사를 주관하는 관청 명칭이 여기서는 관청의 주관자, 곧 벼슬의 명칭으로 사용되고 있다. 조선시대 나례도감의 주관자가 종이품(從二品) 벼슬로서 '동지(同知)'가 붙는 벼슬아치가 맡았다.

'산대도감'이라는 용어는 『조선왕조실록』을 비롯하여 『滄洲先生遺稿』 '雜著', 『少陵先生文集』 '雜著' 등 몇 군데에서만 보인다. 그리고 산대도감과 나례도감의 개념과 기능에 대하여는 견해상의 편차를 보인다. 다음 기사를 살펴보면 산대도감은 나례도감과 같은 기능을 담당하였던 임시기구의 하나였다.

[참고] 호조(戶曹)가 아뢰기를, 나례청(儺禮廳)의 잡상(雜像)인 주지광대(注之廣大) 등의 물품을, 우변(右邊) 나례청은 이미 이전에 쓰던 것으로 수리해 만들었는데 좌변(左邊) 나례청은 본조로 하여금 판출하도록 하였습니다. 본청이 바야흐로 헌가(軒架)와 잡상(雜像)을 수리하는 일로 공장(工匠)들을 불러 모았는데, 이른바 주지광대 등의 물품은 모두 지난해에 새로 만든 것들로서 지금 수리해 고치더라도 공역(工役)이 많이 들지는 않을 것입니다. 『조선왕조실록』 광해군 8년 병진

의금부(義禁府)가 아뢰기를, 예조가 등극조사(登極詔使) 때 채붕(綵棚) 건조 문제에 대하여 비망기에 따라 본부로 공문을 보내왔습니다. 신들이 반복하여 의논한 결과 군무사(軍務司)와 함께 제반 사항을 상의하여 범위를 정한 후 재가를 받아 처리하려고 했는데, 군기시에서는 본부가 하는 대로 한다는 것입니다. 신들이, 호조가 간직하고 있는 채붕 의식을 상고해 보고 임오년 중국 사신이 왔을 때 산대도감(山臺都監) 하인(下人)을 찾아 물어보았더니, 채붕에 소요되는 하고많은 물품들은 그만두고라도 그 당시 도감의 하인으로 아직 남아 있는 사람이라곤 서리(書吏), 서원(書員), 사령(使令) 각 한 명씩뿐이었습니다. 『조선왕조실록』 광해군 12년 경신

이밖에 찬집청(撰集廳)·수정청(修正廳)·서적 별청(書籍別廳)·주사청(舟師廳)·수어청(守禦廳)·대장청(大將廳)·진휼청(賑恤廳)·나례청(儺禮廳)·장악도감(掌樂都監) 등 임시로 설치한 아홉 아문은 조사가 왔다가 돌아갈 때까지를 기한으로 하여, 모두 정지하고 파하여 비용을 줄이는 일을 승전을 받들어 시행하는 것이 어떻겠습니까 『조선왕조실록』 광해군 12년 경신

침향산(沉香山)을 네거리에서 태워 없앨 것을 명하였으니, 이는 예조(禮曹)의 청을 따른 것이다. 광해(光海) 때 종묘(宗廟)에 고유(告由)하고 친히 제사하는 일이 있으면 미리 나례도감(儺禮都監)을 설치하고 헌가(獻架)와 잡상(雜像) 및 침향산을 만들어 한량없이 民力을 허비하는가 하면, 온 나라의 회자(戱子)가 미리 모여 있다가 환궁(還宮)할 때가 되면 묘문(廟門) 밖에서부터 서서히 전도하며 회자와 기생이 섞여 서서 요란

산대도감의 말이

인왕산仁旺山[165] 모르는 호랭이가 어디 있으며[166]

산대도감 모르는 땜쟁이가 어디 있느냐[167]

너도 세금稅金을 내라고 하기로

세금이 얼마냐 물은 즉

세금이 하루에 한돈[168] 팔푼八分[169]이라고 하기로

이 세금이 뼈근하구나[170]

벌기는 하루에 한돈 팔푼이면

한돈을 보태야 하겠구나[→ 벌기는 하루에 팔푼 버는데 세금은 하루에 한돈 팔푼이면

한돈을 보태야 하겠구나]

그런 세금 난 못 내겠다 하니까

산대도감이 달려들어[→ 달겨들어[171]]

의관탈파衣冠脫破[172] 당하여

하게 음악을 연주하고 온갖 묘기를 보였다. 이에 곳곳마다 어가(御駕)를 멈추고 그것을 구경하기에 여념이 없었으므로 식자들이 한심하게 여기었다. 지금 반정(反正)하는 초기에 네거리에서 이를 태워 없앨 것을 명하였으므로 원근에서 듣고 보는 사람들이 모두 열복(悅服)하였다.『조선왕조실록』인조 1년 계해

　현재 각종 자료를 살펴보면 산대도감놀이, 산디도감, 산지도감, 산두놀이, 산디놀이, 산지놀이, 산대놀이, 산두나례도감, 나례도감, 딱딱이패, 산대극(山臺劇), 산대잡극(山臺雜劇), 산대도감극(山臺都監劇) 등으로 그 명칭이 혼재되어 있으며, 개념과 기능면에서도 서로 다르게 인지되고 있다.

　'산디', '산지', '산두' 등의 명칭을 통하여 두 가지 추론이 가능하다. 하나는 우리말을 한자 '山臺'로 표기한 것이다. 그리고 다른 하나는 그 반대의 경우다. 다만 여기서는 전자일 가능성을 제기한다. 아울러 '別山臺'도 우리말을 한자로 표기한 것으로 추정할 뿐이다.

165 인왕산仁旺山 ; 서울 서쪽, 종로구와 서대문구 사이에 있는 산이다.
166 인왕산仁旺山 모르는 호랭이가 어디 있으며 ; 속담 '인왕산 모르는 호랑이가 있나'를 원용하였다. 자기를 모르는 사람이 있을 수 없음을 이르는 말이다. 또는 그 방면에 속하는 사람들이라면 누구나 잘 알고 있는 사실이라는 말이다.
167 산대도감 모르는 땜쟁이가 어디 있느냐 ; 땜장이와 산대도감이 어떤 관계인지 미상하다.
168 돈 ; 예전에, 엽전을 세던 단위다. 한 돈은 한 냥의 10분의 1이고 한 푼의 열 배이다. 또한 무게의 단위이다. 귀금속이나 한약재 따위의 무게를 잴 때 쓴다. 한 돈은 한 냥의 10분의 1, 한 푼의 열 배로 3.75그램에 해당한다.
169 팔푼八分 ; '푼'은 예전에, 엽전을 세던 단위다. 한자는 '分'으로 표기한다. 한 푼은 돈 한 닢을 이른다. '팔푼이(八--)'이는 생각이 어리석고 하는 짓이 야무지지 못한 사람을 낮잡아 이르는 말이다.
170 뼈근하구나 ; 힘에 겨울 정도로 몹시 벅차다는 뜻이다.
171 달겨들어 ; '달려들다'의 방언이다.
172 의관탈파衣冠脫破 → 의관파탈(衣冠擺脫) ; '의관(衣冠)'는 남자의 웃옷과 갓이라는 뜻으로, 남자가 정식으로 갖추어 입는 옷차림을 이르는 말이다. '파탈(擺脫)'은 어떤 구속이나 예절로부터 벗어남, 또는 의관을 제대로 갖추지 못하였음을 이르는 말이다. 여기서는 의관을 모두 빼앗겼다는 뜻이다. '의관파탈(衣冠擺脫)'은 관직

어디 머리에 쓸 것이 있더냐

마츰 땜쟁이 통 속을 보니 개털가죽[173]이 있기로

이놈으로 관冠을 지어 쓰니

내가 동지同知[174] 벼슬이라[→ 벼슬이다][175][176]

미얄 :   머 임자가 무슨 벼슬 동지?

　　　　(울며 노랫조로)

절절 절시구

저 놈의 영감의 꼴을 보게

일백一百 열두도리 통영統營 갓[177]

대모풍잠玳瑁風簪[178]은 어디 두고

에서 벗어남을 뜻하기도 한다.

173 개털가죽 ; 개잘량으로, 털이 붙어 있는 채로 무두질 -생가죽, 실 따위를 매만져서 부드럽게 만드는 일- 하여 다룬 개의 가죽을 말한다. 흔히 방석처럼 깔고 앉는 데에 쓴다.

174 동지同知 ; 동지중추부사(同知中樞府事)를 말한다. 조선 시대에, 중추부에 속한 종이품(從二品) 벼슬이다. 동추(同樞)라고도 한다. '종이품'은 조선 시대의 18 품계(品階) 가운데 넷째 등급이다. 종친(宗親)의 중의대부(中義大夫)·정의대부(正義大夫)·소의대부(昭義大夫), 의빈(儀賓)의 자의대부(資義大夫)·순의대부(順義大夫), 문무(文武)의 가정대부(嘉靖大夫)·가의대부(嘉義大夫)·가선대부(嘉善大夫) 등이 해당한다. 삼군부(三軍府)·돈녕부(敦寧府)·의금부(義禁府)·경연(經筵)·성균관(成均館)·춘추관(春秋館)·중추부(中樞府) 등에 각각 약간 명을 두었다. 직함의 표시는 소속된 관청 이름 위에 동지를, 밑에 사를 붙여서 동지중추부사·동지삼군부사(同知三軍府事) 등과 같이 썼다.

175 일다 ; '되다, 이루어지다'의 고어다.

176 [보정] 마츰 땜쟁이 통 속을 보니 개털가죽이 있기로 이놈으로 관(冠)을 지어 쓰니 내가 동지(同知) 벼슬이라 [→ 벼슬이다] ; 개털 가죽으로 관을 지어서 쓰고는 동지 벼슬에 올랐다는 말이다. 동래(東萊) 야유에서는 양반이 옥색 바지저고리에 자주색 도포를 입고 개털 관을 쓰고 부채를 들고 나온다. 이를 개잘량이라고도 하는데, 이는 털이 붙어 있는 채로 무두질하여 다룬 개의 가죽을 말한다. 흔히 방석처럼 깔고 앉는 데에 쓴다고 한다. 한편 세금관계로 산대도감과 옥신각신 끝에 싸움이 나서 의관파탈을 당하여 개잘량으로 관을 지어서 쓰고는 동지 벼슬에 올랐다는 이 대목은 다분히 풍자적이기는 하나 '절구장이' 혹은 '땜장이'와 '동지(同知)벼슬'과의 큰 격차로 인하여 대립이 극단으로 치닫지 아니하기 때문에 해학에 더 가깝다.

　　기존 연구에서 계층간의 대립상을 보여주는 것으로 파악하고 있는데, 이러한 면에서 볼 때 재론의 여지가 있다.

177 일백一百 열두도리 통영統營 갓 ; '도리'는 바구니, 중절모 따위와 같은 둥근 물건의 둘레를 말한다. '통영갓(統營-)'은 경상남도 통영 지방에서 만든 갓이다. 또는 그런 양식으로 만든 갓이다. 품질이 좋고 테가 넓은 것이 특징이다. '일백(一百) 열두도리'는 미상하다. 보통 갓은 '80도리' 곧 여든 번 말총을 둘레를 돌려 촘촘하게 짜게 되는데, '일백(一百) 열두도리'는 훨씬 더 촘촘하게 짠 갓을 두고 이르는 듯하다. 말총을 촘촘하게 짠 갓을 품질이 좋은 것으로 여겼다.

178 대모풍잠玳瑁風簪 ; '대모(玳瑁)'는 바다거북 -대모- 의 등과 배를 싸고 있는 껍데기로 만든 망건(網巾)의 당 앞쪽에 대는 장식품이다. '풍잠(風簪)'은 쇠뿔, 대모, 금패 따위로 만들며 여기에 갓모자가 걸려서 바람이 불어도 뒤쪽으로 넘어가지 않는다. '풍잠'은 망건(網巾)의 당 중앙에 꾸미는 지름 4㎝ 내외의 타원 또는 반달 모양의 장식물이다. 원산(遠山)이라고도 하며 갓을 고정시키는 구실을 한다. 관자(貫子)처럼 관품(官品)에 따른 규

공단貢緞[179] 뒤막이[180] 인모망건人毛網巾[181]

어데나[→ 어데다] 내 버리고

개가죽관冠[182]이란 웬 말이냐

　　　(대사조로)

그러나 영감 입은 것은 무엇입나?

영감 :　　내 입은 것 근본을 들어 보아라

산대도감을 뚝 떠나서

평안도平安道 영변寧邊 향산香山[183]을 들어갔다[184]

중을 만나 노승님께 인사를 하고 하룻밤 자던 차에

어떠한 이쁜 여중이 있기로 객지에서 옹색도 하기에[185]

한번 덮쳤더니

중들이 벌떼[186]같이 달려들어 무수히 때리기로

갑자기 도망하여 나오면서 가지고 나온 것이

정은 없지만, 갓 밑으로 빛나는 풍잠은 착용자의 격(格)을 암시한다. 망건을 착용하면 풍잠은 이마의 중심에 위치하게 되는데, 그 위에 갓을 쓰면 풍잠이 갓모자 속으로 들어가게 되므로 모자가 풍잠에 걸려 바람에도 갓이 뒤로 넘어가지 않게 된다. 상류계급에서는 주로 대모(玳瑁) · 호박(琥珀) · 마노(瑪瑙)로 만든 것을 사용하였고, 일반에서는 골(骨) · 각(角)을 사용하였다.

179 공단貢緞 ; 두껍고, 무늬는 없지만 윤기가 도는 비단이다. 고급 비단에 속한다. 각색의 다양한 공단이 사용되었는데 조선시대의 유품에서도 견의 공단이 나타나고 있다. 공단은 견으로 제직되는 것이 일반적이나, 오늘날 면 또는 합성섬유로도 제직되고 있다. 무늬가 구슬을 늘어놓은 것과 같다고 하여 '진주사(眞珠絲)'라고 한다. 한복을 지어 놓으면, 점잖고 기품이 묻어나는 직물이다. 임석재본에서는 '진주眞珠당 공단'이라고 채록되었다.

180 뒤막이 ; 두루마기인 '주막의(周莫衣)'의 잘못인 듯하다. 두루마기는 주막의(周莫衣), 주차의(周遮衣), 주의(周衣)라고도 하는데, 양쪽 어깨 밑이 터져 3폭이 따로 도는 창의(氅衣)에 대해, 옷 전체가 돌아가며 막혔다는 데서 두루마기라고 이름이 붙여졌다.

181 인모망건人毛網巾 ; 사람의 머리털로 앞을 뜬 망건이다. '망건(網巾)'은 상투를 튼 사람이 머리카락을 걷어 올려 흘러내리지 아니하도록 머리에 두르는 그물처럼 생긴 물건이다. 보통 말총, 곱소리 -가늘고 부드러운 코끼리의 꼬리털- 또는 머리카락으로 만든다.

182 개가죽관冠 ; 개의 가죽 -개잘량- 으로 만든 관을 말한다.

183 평안도平安道 영변寧邊 향산香山 ; 오청본에서는 '平安道寧邊妙香山'이라고 채록되었다.

184 [보정] 산대도감을 뚝 떠나서 평안도平安道 영변寧邊 향산香山을 들어갔다 ; 산대도감을 뚝 떠나서 평안도 영변 묘향산을 들어갔다는 말이다. 여기서 '산대도감'은 관청 이름으로 사용되었다. 자신이 산대도감 벼슬아치임을 기정사실화하고 있다.

185 옹색도 하기에 ; '옹색하다'는 생활이 어렵다, 매우 비좁다, 활달하지 못하다, 옹졸하고 답답하다 등의 뜻이다. 여기서는 성적으로 충족되지 못한 상태를 두고 이른 말이다.

186 벌떼 ; 무리지어 몰려다니면서 못된 행동을 일삼는 사람들을 벌들의 떼에 비유한 말이다. 또는 몸가짐이 단정하지 못하고 행동이 사뭇 난잡하고 사나운 사람을 일컫는 말이다. 관용어다.

중의 칠베 장삼長衫[187]이다

미얄 :　　　　　　(운다)[→ (울며 노래조로)]

아이고 아이고 절절 절시구

해가 떴다 일광단日光緞[188]

달이 떴다 월광단月光緞[189] [190]

여름이면 하절의복夏節衣服

겨울이면 동절의복冬節衣服

철철이 입혔드니

어디갔다 내 버리고

중의 장삼이란 웬 말인가?[191]

　　　　(대사조로)

그건 그렇고 영감 나와 살적에는

얼굴이 명주明紬자루[192] 메물가루[193] 같더니

왜 이렇게 버쩍버쩍[194]합나[→ 벗쩍벗쩍합나?][195]

187　[보정] 칠베 장삼長衫 ; 칠포(漆布) -옻칠한 베- 로 만든 장삼이다. 보통은 '칠포장삼(漆布長衫)'이라 한다.
188　일광단日光緞 ; 해나 햇빛 무늬를 놓은 비단이다.
189　월광단月光緞 ; 달무늬를 놓은 비단이다.
190　해가 떴다 일광단日光緞 달이 떴다 월광단月光緞 ; 고운 옷감으로 지은 옷을 두고 이른 말이다. 여기에서는
　　'日光緞'과 '月光緞'의 '日光'과 '月光'을 각각 '해가 떴다', '달이 떴다'와 연관시킨 언어유희이다. 관용구의 하나다.
191　[보정] 해가 떴다 일광단日光緞 달이 떴다 월광단月光緞 여름이면 하절의복夏節衣服 겨울이면 동절의복冬節
　　衣服 철철이 입혔드니 어디갔다 내 버리고 중의 장삼이란 웬 말인가? ; 이 대목은 관용구다. 다른 사례는 아래
　　와 같다.
　　　　　각식비단 버러스니 화려도 장흘시고 공단디단 수단이며 궁쵸싱쵸 설한쵸며 금계졔파 일류홍ᄒ니 날도닷
　　　다 일광단과 일년명월 금쇼다ᄒ니 달이발근 월광단과 츄운담담 영유유ᄒ니 보기죠혼 운문디단 '한양풍물가
　　　(漢陽風物歌)'
　　　　　너가 살어쓸 제 부친의 〃복 쏄닉나 흐리라 ᄒ고 츈추의복 상침졉것 ᄒ졀의복 흔삼고의 박어지여 다려노
　　　코 동졀의복 소음두어 보의 ᄡᅥ서 농의 넛코 쳥목으로 갓ᄭᅳᆫ 졉어 갓스 달어 벽의 걸고 망건 ᄭᅮ며 당줄 달어
　　　거러두고 『한국방각본소설전집』 '심청전'
192　명주明紬자루 ; 명주실로 무늬 없이 짠 피륙으로 만든 자루다.
193　메물가루 → 메밀가루 ; 메밀의 열매를 찧어서 낸 가루다. 여기서는 메밀가루처럼 얼굴빛이 곱다는 것을 비유
　　하기 위하여 쓰였다.
194　버쩍버쩍 ; 물기가 자꾸 몹시 마르거나 졸아붙거나 타 버리는 모양이다.
195　[보정] 얼굴이 명주자루 메물가루 같더니 왜 이렇게 버쩍버쩍합나[→ 벗쩍벗쩍합나?] ; 얼굴이 명주 자루와 메
　　밀가루처럼 곱더니 왜 이렇게 얼굴이 버적버적하게 말랐나 라는 말이다. '벗쩍벗쩍합나'는 '버쩍버쩍합나'를 강
　　세를 두어 실현한 대사다.

영감 : 왜 내 얼굴이 어떻단 말이냐

[나는] 도토리하고 감자를 먹어서 참나무 살[196]이 쪘다[197]

너 오래간만에 만났으니 아해[198]들 말이나 물어 보자

처음 난 문열이[199] 그 놈은 어떻게 자랐났나

미얄 : 아이고 그 놈의 말 맙소 후유

　　　(한숨 쉰다)

영감 : 웬 한숨만 쉬나 어떻게 되었나 어서 말 합세

미얄 : 아 영감 하도[→ 해] 빈곤하기에 산으로 나무하러 갔다가 호랭이[200]게 물려

갔다오[201]

영감 : 무어야 이제는[→ 인제는] 자식도 죽이고 아무것도 볼 것 없으니 너하고 나

하고는 영영 헤여지고 말자

미얄 : 여보 영감 오래간만에 맞나서[→ 만나서] 어찌 그런 말을 합나

영감 : 듣기 싫다 자식도 없는데 너와 나와 살 재미가 조금도 없지 않냐

미얄 : 헤여질랴면 헤여집세

영감 : 헤여지는 판에야 더 볼 것 무엇 있나

네 넘의[→ 비년에] 행적을 덮어둘 것 조금도 없다

여봅소 여러분 내 말 좀 들으시요

　　　(객석을 향해서)

이 년의 소행 말씀 좀 들어보시요

196　참나무 살 ; 참나무 껍질처럼 거친 살을 말한다. '참나무'는 '상수리나무'다. '상수리나무'는 참나뭇과의 낙엽
　　교목이다. 5월 무렵에 누런 갈색 꽃이 피고 열매는 다음 해 10월에 견과(堅果)를 맺는다. 열매는 묵을 만드는
　　데 쓰고 목재는 가구의 재료로 쓴다. 참고로 상수리의 알맹이를 빻은 가루를 '상수리쌀'이라 한다. 상수리를 껍
　　데기째 삶아서 겨울에 얼렸다가 봄에 녹은 것을 말려서 슳은 뒤에 물을 쳐 가며 빻는다. 밥이나 떡, 묵 따위를
　　만든다. 상수리쌀에 붉은 팥을 갈아 넣어 지은 밥을 상수리밥이라 한다. 밥을 풀 때 꿀을 쳐서 그릇에 담는다.
　　상수리쌀은 지사(止瀉), 지혈(止血)의 효능을 가지고 있으며, 적용질환은 설사, 장출혈, 치질로 인한 출혈, 탈항
　　등에 효과적이라고 한다.
197　도토리하고 감자를 먹어서 참나무 살이 쪘다 ; 제대로 먹지 못하고 살았음을 말하는 것이다.
198　아해 ; '아히' 곧 '아이'의 옛말이다.
199　문열이 → 무녀리 ; 태로 나오는 짐승의 맨 처음 나온 새끼를 말한다. 언행이 좀 모자라서 못난 사람을 비유하
　　는 말이다. 여기서는 특별히 못났다기보다 제 새끼를 부르는 뜻이다.
200　호랭이 ; '호랑이'의 방언이다.
201　호랭이게 물려갔다오 ; 호환(虎患)이라고 한다. 사람이나 가축이 호랑이에게 당하는 화(禍)를 말한다.

이 년이 영감 공경을 어떻게 잘 하는지[202]

하로는 앞집 털풍네[203] 며느리[→ 며누리][204]가

나드리[205]를 왔다고 떡을 가지고 왔는데

그 떡을 가지고 영감 앞에 와서 이것 하나 잡수시요 하면

내가 먹고 싶어도 저를 먹일 것인데

이 년이 그 떡 그릇을 손에다 쥐고 하는 말이

영감 앞집 털풍네 나드리 떡[206]을 가져온 것

먹겠읍나 안 먹겠읍나?

안 먹겠으면 그만 두지하고 저 혼자 먹으니

대답할 사이가 어디 있읍나

동지(冬至) 섯달 설한풍雪寒風[207]에 방은 찬데

발길로 이불을 툭 차고

이마로 복장[→ 봇장][208]을 딱 받아서[209]

코피가 줄줄 흘러가지고

배때기를 뼈적뼈적[210] 긁으면서

우리 요강은 파리 한 놈만 들어가도 소리가 왕왕하는 것인데

벌통같은 씹통[211]을 벌리고

오좀[→ 오줌]을 촬촬[→ 쌀쌀]누며 방구를 탕탕 뀌니

앞집의 덜풍이[212]가 봇동이[→ 봇洑동(돌)이][213] 터졌다고

---

202 이 년이 영감 공경을 어떻게 잘 하는지 ; 반어적 표현이다. 잘못한다는 뜻이다.
203 털풍네 ; 형상을 본 딴 별명인 듯하다.
204 며느리[→ 며누리] ; '며누리'는 방언이다. '메누리'라고도 한다.
205 나드리 → 나들이 ; 집을 떠나 가까운 곳에 잠시 다녀오는 일이다.
206 나드리떡 → 나들이떡 ; 나들이 하면서 들고 가는 떡이다.
207 동지冬至 섯달 설한풍雪寒風 ; 동짓달과 섯달에 몰아치는 눈바람이다. 임석재본에서는 '동지冬至 섯달 설한雪寒 서북풍西北風'이라고 채록되었다.
208 복장[→ 봇장] ; '봇장'은 들보를 말한다. 칸과 칸 사이의 두 기둥을 건너질러 도리와는 'ㄴ' 자 모양, 마룻대와는 '十' 자 모양을 이루는 나무다.
209 이마로 복장[→ 봇장]을 딱 받아서 ; 자다가 이마로 들보를 받을 수 없는 일이다. 과장된 표현이다.
210 뼈적뼈적 → 벅적벅적 ; 잇따라 크게 마구 긁는 모양을 이른다.
211 벌통 같은 씹통 ; 여성성기의 형상에 대한 관용적 표현이다. '씹통'은 여성성기의 속어다.
212 덜풍이 ; 형상을 본 딴 별명인 듯하다.
213 봇동이[→ 봇(洑)동(돌)이] ; 보통 '봇둑'이라 한다. '보동(洑垌)'은 논에 물을 대기 위한 수리 시설의 하나다.

괭이²¹⁴ 가지고 왔으니²¹⁵

이런 망신이 어데 있읍나²¹⁶

미얄 :   ([한편에 서 있던] 용산삼개덜머리집을 가리키며)²¹⁷

이놈의 영감 저렇게 고운 년을 얻어 두었으니까 나를 미워라고 흉만 내지

이별하면 같이 이별하고

미워하면 같이 미워하지

어느 년의 씹에는[→ 보지는] 금테두리 했나²¹⁸

이년 너 하고 나하고 무슨 원수가 있길래

저놈의 영감을 환장換腸²¹⁹을 시켰나

네년 죽이고 나 죽으면 그만이다

(달려들어 때린다)

덜머리집 :   아이고 사람 살리이유²²⁰

(운다)

영감 :   (미얄을 때리면서)

너 이년 용산삼개 덜머리집이 무슨 죄가 있다고 때리느냐

[야]²²¹ 더러운 년 구린내난다²²²

둑을 쌓아 흐르는 냇물을 막고 그 물을 담아 두는 곳이다.

214 괭이 ; 땅을 파거나 흙을 고르는 데 쓰는 농기구다.

215 벌통같은 씹통을 벌리고 오좀[→ 오줌]을 촬촬[→ 촬촬]누며 방구를 탕탕 뀌니 앞집의 덜풍이가 봇동이[→ 봇(洑)동(돌)이] 터졌다고 괭이 가지고 왔으니 ; 오줌발이 세고 방구 소리가 크다는 말로 과장된 표현이다.

216 [보정] 여봅소 여러분 내 말 좀 들으시요 ~ 이런 망신이 어데 있읍나 ; 이 대목은 소위 '심술 타령'에 가깝다. 미얄의 여러 행동을 비속하고 과장되게 표현하고 있다. 예를 들어 '이마로 복장[→ 봇장]을 딱 받아서'와 같은 표현만 보더라도 누워서 대들보를 받을 수는 없는 일이다. 김일출본에서는 '배때기를 벅적벅적 긁으면서 일어나다가 문 중방에 코가 터져 이불에다 피칠을 하면서'라고 채록되었다.

217 [보정] ([한편에 서 있던] 용산삼개덜머리집을 가리키며) ; 등장한 시점이 나타나 있지 않고 있다. 자료에 따라서는 영감과 함께 등장하는 설정과, 영감이 미얄과 이별하자고 하는 시점에 등장하는 설정이 있다. 어느 시점에 등장하는가에 따라 공연미학은 달라진다.

218 어느 년의 씹에는[→ 보지는] 금테두리 했나 ; '누구는 특별한 사람인가. 사람은 모두가 똑같다'라는 뜻으로, 관용구다.

219 환장換腸 ; 마음이나 행동 따위가 비정상적인 상태로 달라짐이나, 어떤 것에 지나치게 몰두하여 정신을 못 차리는 지경이 됨을 속되게 이르는 말이다.

220 덜머리집 : 아이고 사람 살리이유 ; 자료에 따라서는 무언(無言)탈이라고 하였다.

221 야 ; 매우 놀라거나 반가울 때 내는 소리다.

222 구린내 난다 ; 수상쩍어 의심스러운 생각이 든다는 뜻이다.

미얄 :   너는 저런 년에게 빠져서 이같이 나를 괄세하니

이제는 나도 너같은 놈하고 살기가 싫다

너하고 나하고 같이 번 세간이니

세간이나 똑 같이 노나 가지고 헤여지자

어서 노나내라

영감 :   그래라 노느자

물이 충충[223] 수답水畓[224]이며 사래찬 밭[225]은

나 갖이고

제비같은 여종[226]이며 날매같은 남종[227]일랑 새끼 껴서

나 갖이고

황소 암소 새끼 껴서

나 갖이고

곡식 안 되는 노리마당[228] 모래 밭대기[229]

너 가지고

숫쥐 암쥐 새앙쥐[230]까지

너 가지고[→ 네년의 새끼 너 다 가져라]

미얄 :   아이고 아이고 서름이야

나무라도 짝이 있고

나는 새와 기는 즘생[→ 짐승] 모두다 짝이 있건만

---

223 충충 ; 물이 가득한 모양이다.

224 수답水畓 ; 바닥이 깊고 물을 대기에 편리한 기름진 논이다. 무논이라고도 한다.

225 사래찬 밭 ; 농사짓기 좋은 밭을 두고 이른다. '사래차다'는 이랑이 곧고 길다는 뜻이다.

226 제비같은 여종 ; 제비같이 재바르게 일을 잘 하는 여종을 말한다. 임석재본에서는 '앵무鸚鵡 같은 여女종' 라고 채록되었는데, 앵무새같이 말 잘 듣고 예쁜 여자 아이 종이라는 말로, 관용적 표현이다. '앵무새'는 사람처럼 말하는 새로 보통은 말 잘하는 사람을 비유하거나 흉내를 잘 낼 때에 쓴다.

227 날매 같은 남종 ; 공중에서 날고 있는 매와 같이 빠르고 부지런한 남자 종이라는 말로, 관용적 표현이다.

228 노리마당 ; 이 자료에서 '곡식 안 되는'이라고 하였고, 오청본에서도 '곡식안되는노리마당 모래밧대기너가지고'라고 한 점으로 보아 농사짓기 좋지 않은 땅인 듯하다.

229 모래 밭대기 → 모래밭뙈기 ; '모래밭'은 모래가 넓게 덮여 있는 곳, 혹은 흙에 모래가 많이 섞인 밭을 말한다. '뙈기'는 경계를 지어 놓은 논밭의 구획, 혹은 일정하게 경계를 지은 논밭의 구획을 세는 단위를 말한다. 여기서는 모래가 많이 섞여 농사가 잘 안 되는 밭을 말한다.

230 [보정] 새앙쥐 ; '생쥐'의 잘못이다. '사향(麝香)뒤쥐'를 말하기도 하는데, 여기서는 '작은 쥐'로 '생쥐'가 보통이다.

우리부부 헤여지잔 이게 모두 웬 말이냐

헤여질랴면 헤여지자[→ 우리 부부 헤여질라면 헤어지자]

　　(춤을 추면서)

저얼절 절시구 지화자 절시구

물이 충충 수답이며 사래찬 밭도

너 가지고

제비같은 여종과 날개[→ 날매]같은 남종도 새끼 껴서

너 가지고

황소 암소 새끼 껴서

너 가지고

곡식 안되는 노리마당 모래밭대기

나를 주고 숫쥐 암쥐 새앙쥐까지

나를 주고 네년의 새끼

너 다 가지라니

이 늙은 할멈 혼자 벌어먹기도 어려운데

새끼까지 나를 주니 어찌하여 살란 말인가

　　(엉엉 운다)

영감 :　그럼 조금 더 갈라주마

미얄 :　내가 처음 시집올 때

우리 부부 화합하여

수명장수壽命長壽하겠다고

백집을 돌고 돌아[231]

깨진 그릇 모고[232] 모아[233]

---

231 [보정] 내가 처음 시집올 때 우리 부부 화합하여 수명장수(壽命長壽)하겠다고 백집을 돌고 돌아 ; '백집을 돌고 돌아'는 '여러 집을 돌고 돌아'의 뜻으로 관용적 표현이다. 민속에 '백집밥(百--)'은 음력 정월 대보름날에 행하는 풍속의 하나다. 그 해의 액운을 막고 복을 받기 위하여 여러 집의 오곡밥을 얻어먹는다. 또 봄을 타거나 병으로 야윈 아이들이 절구를 타고 개와 함께 이 밥을 먹으면 병이 낫는다고 한다. 백가반(百家飯)이라고도 한다. 여기서 문맥으로 볼 때에 '백 집을 돌고 도는 행위'는 부부화합이나, 수명장수와 같은 축수의 의미를 갖는 민속일 것으로 추정된다.

불이고[→ 불리고] 또 불려서

일만一萬정성精誠[234] 다 들이며 맨들어다[235] 놓은

요강과 도끼하골랑은 나를 줍소

영감 :　앗다 이년 욕심 봐라

박천博川 두지[236]돈[237] 삼만냥三萬兩 별은銀[238]

내 다 가지고

웅장[→ 용장]봉장[239] 궤櫃[240]두지[241]

232　모고 → 모으고

233　깨진 그릇 모고 모아 ; 민속학적으로 '깨진 그릇을 모으는 행위'가 무엇인지 규명할 과제다.

234　일만一萬정성精誠 ; 온갖 힘을 다하려는 참되고 성실한 마음이다. 오청본에서는 '萬端精力'이라고 채록되었다.

235　맨들어다 → 만들어다 ; '맨들다'는 '만들다'의 방언이다.

236　두지 → 뒤주 ; 나무로 만든 곡식을 담는 궤(櫃)다. 통나무로 만들거나 널빤지를 짜서 만든다. 통나무로 만드는 것은 밑동과 머리에 따로 널빤지를 대어 막고, 머리 부분의 한쪽을 열도록 문짝을 달아 낟알을 넣거나 퍼낸다. 널빤지를 짜서 만드는 뒤주는 네 기둥을 세우고 벽과 바닥을 널빤지로 마감하여 공간을 형성하고 머리에 천판(天板 : 천장을 이루는 널)을 설치한다. 천판은 두 짝으로 만들어 뒤편의 것은 붙박이로 하고 앞쪽으로 여닫는다. 여닫는 데는 쇠장석을 달아 자물쇠를 채운다. 또 네모반듯한 상자를 여러 개 만들어 차곡차곡 쌓고 그 위에 이엉을 덮어 만든 것도 있다. 이 밖에 네 기둥을 세우는 뒤주의 서너 배 크기로 만들어, 기둥의 앞면에 따로 기둥을 세워 문벽선을 삼고, 그 문벽선에 물홈을 파고 널빤지를 드린 것도 있다. 이런 거대한 뒤주는 동화사(桐華寺)의 요사(寮舍)채 등에서 볼 수 있다. 이러한 유형의 것을 한층 더 크게, 곳간 만하게 만들어 마당 한쪽에 세우고 지붕을 이어 비바람을 가리게 하거나, 집의 한 끝에 따로 한 칸을 설치하고 정면에 빈지 드린 문얼굴을 만들어 완성하기도 한다. 이것도 곡식을 수장하는 시설이라는 점에서 넓은 의미의 뒤주라고 할 수 있다. 넓은 의미의 뒤주로는 버드나무 굵은 것이나 가는 싸리나무, 대나무오리를 써서 큰 독과 같은 형태로 엮은 것도 있다. 여기에 서까래를 걸고 이엉을 이어 초가처럼 꾸민다. 밑동 한쪽에는 네모난 창을 내고 문을 닫아 두었다가 필요할 때 열어 낟알이 쏟아져 나오게 한다.

237　박천(博川) 두지돈 ; 박천 뒤주에 넣어 둔 돈으로, 귀하게 여기고 깊이 간직하였던 돈을 뜻한다. '박천(博川) 두지'는 박천반닫이(博川———)를 말한다. 평안북도 박천지방에서 제작된 반닫이다. 문판이 하나로 앞면 상단(上端)에서 위아래로 열게 되어 있으며, 의류뿐만 아니라 귀중품 또는 제기(祭器)같이 무거운 것을 넣도록 매우 튼튼한 목재를 사용하였다. 박천반닫이의 특징은 검정 무쇠판에 날카로운 징으로 구멍을 뚫어 문양을 정교하게 투각(透刻)하여 경첩 -돌쩌귀처럼 쓰는 장식- 내지 귀장식 등의 장식을 하였는데 이를 속칭 '쑹쑹이 반닫이'라고도 부른다. 이러한 투각문양을 살리기 위해 흑칠(黑漆)을 하였으며, 결이 적은 피나무·호도나무를 사용하였다. 투각에 나타난 문양들은 자연적인 당초문(唐草文)을 편이화하여 기하학적 표현을 하였다. 그리고 큰 달형 들쇠 하나가 전면 하단 중앙에 하나 부착되어 있고, 이것보다 작은 같은 모양의 들쇠가 문짝 상단 좌우에 하나씩 달려 손잡이 기능을 하고 있다.

　'박천'은 평안북도에 있는 읍이다. 박천선의 종점이며 박천평야의 중심지이다. 박천군의 군청 소재지이다.

238　별은銀 ; 별은(別銀), 즉 황금(黃金)을 말한다.

239　웅장[→ 용장]봉장 → 용장봉장 ; 용장(龍欌)과 봉장(鳳欌)으로, 용의 모양을 새긴 옷장과, 봉황의 모양을 새겨 꾸민 옷장을 말한다.

240　궤櫃 ; 물건을 넣어 두는 장방형의 상자다. 크기에 따라 큰 것은 궤, 작은 것은 갑(匣), 아주 작은 것은 독(匵)이라 한다. 형태는 윗면 또는 앞면의 반을 외짝문으로 만들어 여닫도록 하고 빗장과 자물쇠를 달았으며, 재료는 주로 결이 곱고 단단한 나무를 썼는데 황유목(黃楡木 : 느릅나무)을 가장 상품으로 여겼다. 용도는 책·활

자개 함롱函籠[242] 반다지[243]

샛별같은 놋요강 놋대야 바쳐[244]

나 가지고

죽장망혜竹杖芒鞋 헌 집세기

만경청풍萬頃淸風[245] 삿부채[246]

이빨 빠진 고리짝[247]

굴뚝 덮은 헌삿갓[248] [249] 모두

너 가지고

도끼날은 내가 갖고

도끼 자룰랑은 너 가져라![250]

미얄 :　　　이 놈의 [영감] 욕심 보게

박천博川 두지돈 삼만냥三萬兩 별은

네 갖이고[→ 가지고]

웅장봉장[→ 용장봉장] 궤두지

　　자·문서·돈·옷감·의복·제기·화자기(畫磁器)·놋그릇·곡물 등을 보관하는 데 사용하였고, 특수한 용도로서 종묘(宗廟)에서는 신주를 보관하는 데 이용하기도 하였다.
241　궤櫃두지 ; 한자어와 우리말이 결합한 동의어가 중첩된 용어다. 민간화법folkspeech이다.
242　자개 함롱函籠 ; 자개를 박아 꾸민 장롱이다. '자개'는 금조개 껍데기를 썰어 낸 조각이다. 빛깔이 아름다워 여러 가지 모양으로 잘게 썰어 가구를 장식하는 데 쓴다.
243　반다지 → 반(半)닫이 ; 앞의 위쪽 절반이 문짝으로 되어 아래로 젖혀 여닫게 된, 궤 모양의 가구를 말한다.
244　바쳐 → 받쳐 ; '받치다'는 물건의 밑이나 옆 따위에 다른 물체를 댄다는 뜻이다. 여기서는 모양새나 구색을 갖추었다는 뜻으로 쓰였다.
245　만경청풍萬頃淸風 ; '만경(萬頃)'은 백만 이랑이라는 뜻으로, 지면이나 수면이 아주 넓음을 이르는 말이다. '청풍(淸風)'은 부드럽고 맑은 바람이다. '만경창파(萬頃蒼波)'를 원용한 것이다.
246　삿부채 ; 갈대 따위를 쪼개어 결어 만든 부채다.
247　이빨 빠진 고리짝 ; 헐어서 못쓰게 된 고리짝이다. '고리짝'은 고리버들의 가지나 대오리 따위로 엮어서 상자같이 만든 물건으로 주로 옷을 넣어 두는 데 쓴다. 오청본에서는 '입살빠진고리짝' 이라고
248　삿갓 ; 대오리나 갈대를 엮어서 우산과 비슷한 모양으로 만든 쓰개를 말한다. 햇볕이나 비를 가리기 위하여 사용한다. 한자어로는 노립(蘆笠) 또는 농립(農笠)·우립(雨笠)·야립(野笠) 등으로 불린다. 재료에 따라 늘[부들]을 원료로 한 늘삿갓, 가늘게 쪼갠 맷개비[대오리]를 가지고 만든 대삿갓 및 세대삿갓 등이 있다. 늘삿갓은 주로 경기도 일원과 황해도 일부에 걸쳐 선비들이나 부녀자의 내외용 쓰개로도 사용되었으며, 대삿갓은 남승들이, 세대삿갓은 여승들이 사용하였다.
249　굴뚝 덮은 헌삿갓 ; 일부 전통 가옥에서는 굴뚝 안으로 빗물이 들어가지 못하도록 못 쓰게 된 삿갓을 덮어 놓는다.
250　도끼날은 내가 갖고 도끼 자룰랑은 너 가져라 ; 긴요한 것 -도끼날- 은 내가 가지고 긴요치 않은 것 -도끼 자루- 은 너 가지라는 말이다.

자개함농 반다지

샛별같은 놋요강 놋대야 밭쳐[251]

너 다 가지고

죽장망혜 헌집세기

만경청풍萬頃淸風 삿부채

이빨 빠진 고리짝

굴뚝 덮은 헌삿갓

[도끼 자루 나를 주고

도끼날은 너 가지니

날이 없는] 도끼자루

가진들 무엇하고[→ 무엇하리]

[동지섣달설한풍에 얼어죽는 수밖에 없구나.

영감, 이렇게 여러 새끼 다리고]

나 혼자 몸뚱이로 어찌 산단 말입나

좀 더 줍소[252]

영감 : 너 그것 가지고 나가면 똑 굶어 죽기 좋을라

미얄 : 이 봅소 영감 어찌 그리 야속한 말 합나

어서 더 갈라 줍소.

영감 : 야 이년에 욕심 봐라 똑같이 갈라 줍소 에잇 이년 다 부수고 말같다[253] [*]

덜머리집 : 　　(이때에 덜머리집이 앙큼하게 소리친다)

영감 내 말을 들어 보시요 영감이 나 만날 적에 무어라고 하였오 영감이

말하기를 [아즉 미혼이며] 순진한 노총각이라고 하며 논 밭 열닷섬직이[254] 절

251　밭쳐 → 받쳐
252　[보정] 이 대목도 앞 대목과 동일하게 영감의 대사를 미얄이 그대로 받아서 춤을 추면서 노래로 실현되고 있
　　다. 이러한 방식은 비극적 정조를 경쾌하고 유쾌한 희극적 정조로 이완시키는 기능을 발휘한다. 이렇게 반복적
　　으로 실현되고, 대칭적 구조를 갖게 된다.
253　말같다 → 말겠다
254　논 밭 열닷섬직이 ; 논밭을 합쳐 쌀 열닷섬을 수확할 수 있는 넓이가 되는 땅이라는 말이다. '섬'은 부피의
　　단위다. 곡식, 가루, 액체 따위의 부피를 잴 때 쓴다. 한 섬은 한 말의 열 배로 약 180리터에 해당한다. '직이'는
　　'-지기'로 '그 정도 양의 씨앗을 심을 수 있는 논밭의 넓이'의 뜻을 더하는 데 쓴다. 또 '논'이라는 뜻을 더하는

반을 준다고 하고 살아오지 않았오 오늘 보니 본처 할멈을 두고 산다 안 산다 하며 살림을 노느니 나주려던 논 밭 열닷섬직이 절반 나누어 주고 부시던지 말던지 합소

미얄 :　네 이년 무어야 논밭 열닷섬직이 절반을 너에게 달라구 어림도 없다 나 줄것도 없는데 네년에게 주어 네년 줄것 하나도 없다 영감! 저 년에겐 논 밭 열닷섬직이 절반식이나 준다고 하였지 어서 내게 똑 같이 갈라 줌소
　　　　[→ 줍소]

영감 :　야 이년 욕심 봐라 너 줄것 하나도 없다

미얄 :　무어야 줄것이 없다고 저년에겐 줄것이 있구 나 줄것은 없다구 분해라[→ **아이구 분해라**] 너 죽구 나 죽자.
　　　　(하며 영감에게 달려든다)

덜머리집 :　영감 어서 갈러 줍소

영감 :　너 줄 것도 하나도 없다

덜머리집 :　아이구 분하구 원통해라 지금까지 속아 살았구나 영감 죽고 나 죽자
　　　　(영감에게 달려든다)

영감 :　(살짝 빠져서 한 편 구석에 가서 있다 미얄과 덜머리는 영감은 살짝 빠져나간 것도 모르고 서로 영감인 줄 알고 때리다가 미얄이 뒤로 쓰러진다)

덜머리집 :　(미얄이 죽는 것을 보고 급히 도망쳐 퇴장한다)

영감[255] :　(미얄이 쓰러진 곳으로 와서 미얄을 본다)

이것이 죽지 않았나? 성질도 급하기도 해라.

　　　　(미얄의 맥을 짚어보고 놀래며)

아이고 할멈이 죽었구나 불쌍하고 가련하다

[이렇게 갑자기 죽는단 말이 웬말이냐]

데 쓴다.

255 이 대목은 약성가(藥性歌)가 원용되었다. '약성가'는 약물(藥物)의 성미(性味), 효능(效能), 주치(主治) 등을 노래형식으로 만들어 외우고 쓰기 편하게 해놓은 것이다. '수궁가'와 '변강쇠가'에서도 나타난다. 김일출본에서는 영감을 살리겠다고 미얄이 실현한다.

(노래조로)

신농씨神農氏 상백초嘗白草하야 모든 병을 고치랴고[256]

원기부족증元氣不足症에는 육미六味 팔미八味 십전대보탕十全大補湯[257]

비위脾胃 허약한덴 삼출탕蔘出湯[258]

주체酒滯에는 대금음자對金飮子[259]

담증(痰症)에는 도씨도담탕(陶氏導痰湯)[260]

황달고창黃疸鼓脹에는 온백원溫白元[261]

대취난성大醉難醒에는 석갈탕石葛湯[262]

학질瘧疾에는 불이음不二飮[263]

---

256 신농씨神農氏 상백초嘗白草하야 모든 병을 고치랴고 ; 염제씨(炎帝氏)라고도 하는 신농씨가 일찍이 백 가지 풀을 맛보아 거의 죽게 된 수십 명을 구하였다고 한다. 신농씨는 상고시대(上古時代) 중국제왕(中國帝王)의 이름이다. 농사짓는 법을 처음으로 가르쳤으므로 신농씨(神農氏)라고 하고, 화덕(火德)으로 다스렸으므로 염제(炎帝)라고도 하며, 제약법(製藥法)과 역(易)의 64효(爻)를 만들었다고 한다. 복희씨(伏羲氏) 뒤를 이어 다스렸는데, 백성에게 쟁기와 비슷한 따비를 만들어 농사짓는 법을 가르쳤다. 백초(百草)를 맛보아서 의약을 만들고, 설시(設市)하여 상거래(商去來) 매매법을 이루었다고 한다. 인신우수(人身牛首)였다고 한다.

257 원기부족증元氣不足症에는 육미六味 팔미八味 십전대보탕十全大補湯 ; 십전대보탕(十全大補湯)은 기혈부족(氣血不足)으로 몸이 허약하고 기운이 없으며 때로 기침을 하고 땀을 흘리며 식욕이 없고 소화가 안 되는 데 쓴다. 철부족성 빈혈, 앓고 난 후, 만성소모성 질병, 만성소화기 질병 등에 쓸 수 있다.

258 [보정] 비위脾胃 허약한덴 삼출탕蔘出湯 ; 비위(脾胃)가 허약하여 음식을 먹은 후에 몹시 노곤하고 명치 밑이 답답하며 몸이 무거운 데 '삼출탕(蔘朮湯)'을 쓴다. '삼출탕(蔘出湯)'은 '삼출탕(蔘朮湯)'이 옳다.

259 주체酒滯에는 대금음자對金飮子 ; '주체(酒滯)'는 술을 마셔서 생기는 체증을 말한다. 주적(酒積)은 술에 상해서 생긴 적(積)을 말한다. 얼굴이 누르면서 컴컴하며 배가 불러 오르고 때로 토하거나 배가 아프면서 설사를 한다. 적을 삭이는 방법으로 대금음자(對金飮子)에 갈근(葛根), 적복령(赤茯苓), 사인(沙仁/砂仁), 신곡(神曲)을 더 넣어 쓰거나, 주적환(酒積丸) -약재는 오매육(烏梅肉), 황련(黃連), 반하곡(半夏麯), 지실(枳實), 사인, 목향(木香), 행인(杏仁), 파두상(巴豆霜) 등이다- 을 쓴다.

260 담증痰症에는 도씨도담탕陶氏導痰湯 ; 도씨도담탕(陶氏導痰湯)은 중풍(中風) 때 담(痰)이 성하여 말을 더듬고 어지럼증이 나는 데, 담음(痰飮)으로 구역이 나면서 가래가 많고 기침을 하며 열이 나고 뒷등이 시리며 식욕이 없는 데, 눈앞이 아찔하며 의식을 잃고 경련을 일으키는 데 쓴다. 담(痰)이 심(心)을 장애하여 정신이 혼미하고 가슴이 답답하며 귀가 잘 안 들리고 눈이 잘 보이지 않는 데, 속이 답답하고 메스꺼우며 소화가 안 되는 데 쓴다. 약 한 첩을 달여 잠잘 무렵에 죽력과 생강즙을 약간 타서 먹는다.

261 황달고창黃疸鼓脹에는 온백원溫白元 ; '황달(黃疸)'은 담즙이 원활하게 흐르지 못하여 온몸과 눈 따위가 누렇게 되는 병이다. 온몸이 노곤하고 입맛이 없으며 몸이 여위게 된다. '고창(鼓脹)'은 반추 동물, 특히 소의 혹위에서 음식물의 이상 발효로 갑자기 많은 가스가 생겨 배가 불룩해지는 병이다. 온백원(溫白元)은 적취(積聚), 징가(癥瘕), 현벽(痃癖), 황달(黃疸), 고창(鼓脹), 복수(腹水), 부종(浮腫), 임증(淋證), 흉통(胸痛) 등 모든 풍병(風病) 등에 쓴다.

262 대취난성大醉難醒에는 석갈탕石葛湯 ; 매우 취하여 술이 깨기 어려울 때는 석갈탕이라는 말이다. 석갈탕(石葛湯)은 술로 인한 병(病)을 치료하는 처방이다. 오청본에서는 이 대사가 없다.

263 학질瘧疾에는 불이음不二飮 ; 불이음(不二飮)은 모든 학질(瘧疾 : 말라리아)을 치료하는 처방이다.

회충蛔蟲에는 건리탕建理湯[264]

소변불통小便不通에는 우공산禹功散[265]

대변불통大便不通에는 육신환六神丸[266]

임질淋疾에는 오림산五淋散[267]

설사泄瀉에는 위령탕胃苓湯[268]

두통에는 이진탕二陳湯[269]

구토嘔吐에는 복영반하탕茯苓半夏湯[270]

감기에는 패독산敗毒散[271]

관격關格에는 소체환消滯丸[272]

구감口疳에는 감언탕甘言湯[273]

---

264 [보정] 회충蛔蟲에는 건리탕建理湯 ; '건리탕(建理湯)'은 비위(脾胃)가 허냉(虛冷)하거나 적취(積聚)가 생겨 가슴
으로 치밀고 배가 몹시 아픈 데 쓴다. 만성위염, 위무력증 등 때에 쓸 수 있다. 보통 회충에는 쓰이지 않는다.
회충에는 사군자(使君子)이나 이중탕(理中湯) 등을 쓴다.

265 소변불통小便不通에는 우공산禹功散 ; 우공산(禹功散)은 한산(寒疝)으로 고환(睾丸)이 커지고 굳으며 차면
서 땅기고 아픈 데 쓴다. 원기(元氣)가 손상되지 않은 환자에게 쓴다. 약을 가루내어 한번에 8G씩 생강 달인
물에 타서 먹는다. 소변이 잘 나가지 않는 데도 쓴다.

266 대변불통大便不通에는 육신환六神丸 ; 육신환(六神丸)은 습열(濕熱)로 배가 아프며 음식 먹기를 싫어하고
피와 곱이 섞인 대변을 보는 이질에 쓴다.

267 임질淋疾에는 오림산五淋散 ; 오림산(五淋散)은 오림(五淋) -다섯 가지 종류의 임질이다. 기림(氣淋), 노림(勞淋), 고림
(膏淋), 석림(石淋), 혈림(血淋)을 이른다.- 에 쓴다. 특히 소변이 잘 나가지 않거나 방울방울 떨어지며 요도가 아프고
아랫배가 무직하며 때로 몸에 열감이 있는 데 쓴다. 급성방광염, 요도염 등에 쓸 수 있다. 특히 소장 및 방광
열(熱)로 소변이 잘 나가지 않고 배뇨 때 요도에 작열감이 있거나 아프며 누렇거나 벌건 소변이 나가는 데 쓴다.

268 설사泄瀉에는 위령탕胃苓湯 ; 위령탕(胃苓湯)은 비위(脾胃)에 습(濕)이 성하여 소변량이 줄며 배가 끓고 설
사가 나면서 아프고 식욕이 없고 음식이 소화되지 않는 데 쓴다. 급성 및 만성 대장염 때에 쓸 수 있다.

269 두통에는 이진탕二陳湯 ; 이진탕(二陳湯)은 담음(痰飮)으로 가슴과 명치 밑이 그득하고 불어나며 기침을 하
고 가래가 많으며 메스껍고 때로 토하며 어지럽고 가슴이 두근거리는 데 쓴다. 급성 및 만성 위염, 위하수, 급
성 및 만성 기관지염, 자율신경실조증, 임신오조 등에 쓸 수 있다.

270 구토嘔吐에는 복영반하탕茯苓半夏湯 ; 복령반하탕(茯苓半夏湯)은 담음(痰飮)으로 명치 밑이 그득하고 메스꺼
우며 소화가 잘 안되고 때로 위에서 물소리가 나며 몸이 무거운 등 증상이 있는 데, 만성위염, 위무력증, 오조(惡阻)
등에 쓸 수 있다. 위의 약을 한 첩으로 하여 물에 달여 하루 2번에 나누어 먹는다. 담음으로 명치 밑이 더부룩하고
소화가 잘 안되며 식욕이 없고 구역질을 하거나 토하며 온몸이 무겁고 머리가 아픈 등 증상이 있는 데 쓴다.

271 감기에는 패독산敗毒散 ; 패독산(敗毒散)은 풍한(風寒)으로 열(熱)이 나며 목덜미가 뻣뻣하고 머리와 온몸
이 아프며 코가 막히고 기침이 나며 가래가 있는 데 쓴다. 감기, 유행성 감기에 쓰며 급성기관지염, 폐렴 초기,
급성대장염, 일련의 급성화농성 질병 등에 쓸 수 있다. 위의 약을 한 첩으로 하여 물에 달여 먹는다. 패독산(敗
毒散)에 인삼을 더 넣은 것을 인삼패독산(人蔘敗毒散)이라고 한다.

272 관격關格에는 소체환消滯丸 ; 소체환(消滯丸)은 음식에 체하여 명치 밑이 그득하고 아프며 배가 불어나고
끓는 데 쓴다. 부종(浮腫), 창만(脹滿), 적취(積聚) 등에도 쓴다.

273 구감口疳에는 감언탕甘言湯 ; '감언탕甘言湯'은 감길탕(甘桔湯)이 옳다. 풍한(風寒)으로 목안이 붓고 아프

단독丹毒에는 서각소독음犀角消毒飲[274]

방사房事 후後에는 쌍화탕雙和湯[275]

이러한 영약靈藥[276]들이 세상에는 가득 하건만

약 한첩[277] 못 써보고 갑자기 죽었으니

이런 기맥힐 데가 어데 있나

　　　(굿거리으로 춤을 추며 퇴장)

<異本> pp.二一八～二二五[(*표 이하의 대목은 다음과 같이도 한다.)]

영감 :　　야 이년 욕심 봐라 똑같이 갈러줌소[→ 갈라줍소?] 에잇 이년 다 부시고 말

　　　　갓다 꽝꽝 짓모아라[278]

　　　　　　(굿거리 장단에 짓모는 춤을 춘다)

미얄 :　　이 봅소 영감 나의건[→ 나의 것] 짓모아도 사당일랑 짓모지 맙소 사당 동티

　　　　나면 어찌하오

영감 :　　흥! 사당祠堂 동티나면 나라지

　　　　　　(여전히 짓모는 춤을 추다가 갑자기 쓸어져 죽는다)

미얄 :　　잘 되었다 이놈의 영감 사당 짓모지 말라 해도 내 말 안 듣고 짓모드니

　　　　사당 동티로 너 죽었구나 동내洞內 방내坊內 키 크고 코 큰 총각[279] 우리영

며 말소리가 낮거나 목쉰 소리가 나는 데 쓴다. 급성인후염, 편도선염 등에 쓸 수 있다. 여성탕(如聖湯)이라고
　도 한다. 풍열(風熱)로 목안이 붓고 아프며 목쉰 소리가 나는 데 쓴다.

274　단독丹毒에는 서각소독음犀角消毒飲 ; 서각소독음(犀角消毒飲)은 단독(丹毒) -피부의 헌데나 다친 곳으로 세균
　이 들어가서 열이 높아지고 얼굴이 붉어지며 붓게 되어 부기(浮氣), 동통(疼痛)을 일으키는 전염병- 과 두드러기에 쓴다. 위
　의 약을 한 첩으로 하여 물에 달여 서각즙(犀角汁)을 타서 먹는다. 두진(痘疹) 때 발진이 잘 나오지 않거나
　발진이 다 나왔어도 열이 내리지 않는 데 쓴다.

275　방사房事 후後에는 쌍화탕雙和湯 ; 쌍화탕(雙和湯)은 사물탕(四物湯)과 황기건중탕(黃芪建中湯)을 합한
　것이다. 허로손상(虛勞損傷)으로 기혈(氣血)이 허(虛)해진 데, 힘든 일을 한 후나 중병을 앓은 후에, 온몸이
　노곤하고 몹시 피로감을 느끼며 어지럼증이 나고 가슴이 두근거리며 절로 땀이 나는 데, 허약한 사람이 감기에
　자주 걸리는 데 쓴다. 피로회복약으로 많이 쓰인다. 오청본에서는 뒤에 '霍亂에는香薷散'가 더 채록되었다. 향
　유산(香薷散)은 더위를 먹었거나 곽란(霍亂)으로 토하고 설사하면서 배가 아프고 가슴이 답답하며 힘줄이 뒤
　틀리고 팔다리가 싸늘한 데 쓴다. 위의 약을 한 첩으로 하여 술을 조금 섞은 물에 달여 차게 하여 먹는다.

276　영약靈藥 ; 영묘한 효험이 있는 신령스러운 약을 말한다.

277　첩貼 ; 약봉지에 싼 약의 뭉치를 세는 단위이다.

278　짓모아라 → 짓몰아라 ; '마구 몰다'라는 뜻의 방언이다. 기를 펴지 못하도록 몹시 구박하거나 나무란다는 뜻이다.

감 내다 묻고 나하고 둘이 살아 봅세 이놈의 영감 눈깔은 벌써 가마귀가 파 먹었구나[280]

영감 : (큰 소리로) 아아아![→ 아야야]

미얄 : 죽은 놈의 영감이 말을 하나

영감 : 가지 죽었으니[281] 말하지 너 이년 무엇이 어째 키 크고 코 큰 총각 나하고 삽세?

(벌떡 일어나 미얄을 때림[→ 때린다])

미얄 : 아이쿠 이놈의 영감 나 싫다드니 왜 날 때려

(미얄 운다)

아이고 아이고 사람 죽는다

영감 : 야 이년 무슨 잔말이냐

(미얄을 마구 때린다 미얄 악을 쓰다가 죽는다)

(사이 음악音樂)

야 이년 죽지 않았나? 성질도 급하기도 해라

(미얄을 들여다본다 죽은 것을 확인하고)

(노랫조로)

아이고 아이고 불쌍하고 가련하다 이렇게도 갑자가 죽단 말이 웬말이냐?

[[이때 덜머리집이 나가려 하니까 영감은 그리로 가서 한참 어울려서 희롱하다가 퇴장한다.)][282]

남강노인[→ 남강(극)노인][283] [284] :

---

279 키 크고 코 큰 총각 ; 잘생긴 총각을 이른다. 여기서 '코'는 남성 성기를 비유한다. 관용구다.

280 가마귀가 파 먹었구나 ; 죽었다는 말이다. 사체를 지상이나 나무 위, 암반 등과 같은 자연상태에 유기하여 비바람을 맞아 부패되게 하여 자연적으로 소멸시키는 풍장(風葬) 풍속에서 연유한다. 나무 위나 암반 위에 사체를 놓아두면 까마귀가 와서 사체를 파먹기에 멀리서 활을 쏘아 까마귀를 쫓았다. '弔[조]'는 '弓'과 'ㅣ'이 결합된 문자로 화살을 쏜다는 뜻이다.

281 [보정] 가지 죽었으니 ; 송석하본에서는 「가짓 죽었으니 말하지.」 라고 채록되었다. '거짓 죽음'의 의미가 무엇인지 미상하다.

282 [(이때 덜머리집이 나가려 하니까 영감은 그리로 가서 한참 어울려서 희롱하다가 퇴장한다.)] ; 송석하본에서는 '(한편便 구석에 서있던 용산龍山삼개덜머리집은 살작 장외場外로 나가라고한다. 영감令監이 달려가서 덜머리집을 끌어안고 희롱戱弄하며 퇴장退場한다.)' 라고 채록되었다.

283 남강노인[→ 남강(극)노인] ; 남극노인(南極老人)으로 '남극성(南極星)'을 의인화한 말이다. 장수와 복록을 상징하는 '삼성(三星)' 중 하나로 숭배되었으며, '수성(壽星)', '남극노인성(南極老人星)' 또는 '남극선옹(南極仙翁)'이라고도 불린다. 이 별은 이미 진시황 때부터 사당에 모셔져서 숭배를 받았는데, 일반적인 그림에서 그는

(흰 수염에 갓을 쓴 노인이다

큰 기침[285]을 천천히 하고 들어온다)

에헴! 아니 이것들이 무슨 쌈을 하는고

오래간만에 만나더니 사랑 쌈인가

동내가 요란하구나

(미얄을 한참 보고 죽은 것을 확인하고)

아이고 이것이 웬 일이냐

지독하게도 죽었구나

동내사람들 이것 보소

미얄할멈이 죽었구려

아이고 불쌍하고 가련하여라

영감을 잃고 가진 고생을 하더니 그만하고 죽었구나

이것을 어찌하노

기왕 죽었으니 죽은 혼이라도 좋은 곳 극락세계[286]로 가라고

무당 불러 굿이나 하여 줄 밖에 없다——[287]

하얀 수염에 지팡이를 짚고 이마가 높이 솟은 노인으로 묘사된다. 예로부터 남극노인, 즉 노인성이 인간의 수명을 관장한다고 믿었기 때문에 왕이 노인성을 향해 제사를 올리는 풍습이 있었다. 또한 노인성이 보이는 해에는 나라가 평안해진다고 믿었다. 고시조에 안민영이 지은 '洛城西北 三溪洞天에 水澄淸而山秀麗 흐듸 翼然有亭에 伊誰在矣오 國太公之偃息.이시리 비느니 南極老人 北斗星君으로 享壽萬年 흐오소셔'가 있다.

김일출본에서는 '제 11 과장 남극 로인'으로 채록되어 독립된 장면으로 되어있다. 이렇게 본다면 이 '남강노인'의 등장은 미얄 장면과의 연관성 문제는 연구 과제다.

[참고] 洛城 西北 三溪 洞天에 水澄淸而山秀麗 흐듸 / 翼然 有亭에 伊誰在矣오 國太公之偃息.이시리 / 비느니 南極老人 北斗星君으로 享壽萬年 흐오소셔.

南極老人星이 四教齋에 드리오셔 / 우리님 壽富貴를 康寧으로 도으셔든 / 우리도 德蔭을 무르와 太平燕樂 흐노라.

南極壽星 도다 잇고 勸酒歌로 祝壽로다 / 오늘날 老人들은 셔로 노자 勸흐는고야 / 이 後란 花朝月夕에 每樣 놀녀 흐노라. 『歌曲源流』

284 이두현 보고서에 따르면 '남강노인(南江老人)탈'은 종이탈로 '영감탈과 동일同一함. 흰 도포와 바지, 큰모갓(흑색黑色)[을 썼다.] 라고 하였다.

285 큰기침 ; 남에게 위엄을 보이거나, 제정신을 가다듬느라고 소리를 크게 내어 하는 기침이다.

286 극락세계極樂世界 ; 더없이 안락해서 아무 걱정이 없는 경우와 처지나 또는 그런 장소를 두고 이른다. 또는 아미타불이 살고 있는 정토(淨土)로, 괴로움이 없으며 지극히 안락하고 자유로운 세상을 말한다. 인간 세계에서 서쪽으로 10만억 불토(佛土)를 지난 곳에 있다. 극락계, 정토, 극락정토, 안락국, 안락세계, 안락정토, 연화세계 등으로 불리기도 한다.

287 [보정] 무당 불러 굿이나 하여 줄 밖에 없다— ; 송석하본에서는 '(무녀巫女로써 성대盛大한 굿을 하는 일도

무당 불으러 갑네

(남강노인이 무당 불으러 나가면 목중 둘이 들어와 미얄을 들고 퇴
장한다)[288]

무당[289] : [290]　　(남강노인이 향로香爐[291]와 잔대[292]가 있는 상[293]을 받쳐 들고 앞에 오
고 뒤엔 무당이 부채와 방울을 들었다

남강노인이 중앙 쯤 와서 상을 내려놓으면 무당은 춤을 추고 굿을 한다

남강노인은 공수[294]받고 서 있다[295]

옳소 옳소 그 말만 한다)

무당 :　　　　모혈毛血[296]이라 모혈이라

있다.)' 라고 채록되었다. 무당에 의한 굿이 반드시 행하여진 것은 아니라는 기사다. 이는 우리 가면극의 이념적
배경을 연구하는 데에 염두에 두어야 할 기사다. 최근 마당극 형태의 공연문화에서 종국에 흔히 무당이 등장하
는 것을 볼 수 있다. 가면극의 공연층이 무당과 결합되면서 일어난 현상으로 생각된다. 현상이야 어떻든 가면
극의 이념과 굿의 이념은 동일한 것이 아니며, 상반된 것이다. 임석재본의 후기에서도 '12. 이 演技를 始作할
때, 먼저, 이 노리의 中興者인 安草木의 功을 爲하고 또 그가 無後하므로 이를 慰靈하는 意味로 演技者一同
은 탈을 쓰고 樂器를 들고 一齊히 巫歌를 부르며 굿을 한다. 그러나 이 굿을 每年 每演技때마다 하는 것은
아니다.' 라고 하였다.

288　(남강노인이 무당 불으러 나가면 목중 둘이 들어와 미얄을 들고 퇴장한다) ; 미얄의 퇴장방식에 대한 무대지
시문이다. 송석하본에서는 '미얄도 이러나서 살작 퇴장退場한다.' 라고 채록되었다.

289　이두현 보고서에 따르면 '무당탈'은 '소무탈 겸용兼用 푸른 저고리, 붉은 치마, 남색 쾌자, 검은 전립戰笠, 부
채, 방울 [본래 탈을 쓰지 않고 나왔으나 근래에는 따로 여자탈을 만들었다. 연지와 곤지를 찍지 않았을 뿐 소
무탈과 같다. 푸른 저고리에 붉은 치마와 남색 쾌자를 입었고, 검은 전립戰笠을 쓰고 부채와 방울을 들었다.]'
라고 하였다.

290　수정분에는 이 자리에 '무당 :'이 없다.

291　향로香爐 ; 향을 사르는 데 사용하는 분향기구(焚香器具)다. 소도구다.

292　잔대 ; 놋쇠로 만든 잔을 올려놓는 대이다. 소도구다. 여기서는 잔도 포함되어야 한다.

293　향로香爐와 잔대가 있는 상 ; 보통은 향로(香爐) 하나, 촉대(燭臺)와 초 한 쌍, 화병(花甁)과 꽃 한 쌍으로
구성한다. 이를 '오구족(五具足)'이라 한다.

294　공수 ; 강신무가 모시는 신령이 굿을 진행하거나 점사(占辭)를 풀어보는 과정에서 무당을 통해 인간에게 내
리는 신탁 중 말로 이루어진 대목을 이른다.

295　[보정] 남강노인은 공수받고 서 있다 ; '공수'는 강신무가 모시는 신령이 굿을 진행하거나 점사를 풀어보는 과
정에서 무당을 통해 인간에게 내리는 신탁 중 말로 이루어지는 제의를 가리키는 말이다. 가면극은 무당의 제의
와는 구별된다. 무당이 가면극에 개입하면서 삽입된 것으로 추측된다.

296　[보정] 모혈毛血 ; 종묘(宗廟)와 사직(社稷) -새로 나라를 세울 때 천자나 제후가 제사를 지내던 토지신과 곡신- 의 제
향(祭香)에 쓰던 짐승의 털과 피를 이른다.
　　[참고] 조선왕조는 나라에서 행하는 길례吉禮제사의 모든 예절을 대사大祀·중사中祀·소사小祀로 나누었다.
대사에는 종묘宗廟(조선왕조 때 역대 왕의 위패를 모시는 사당)·영녕전永寧殿(조선왕조의 임금 및 왕비로서
종묘에 모실 수 없는 분의 신위를 봉안한 전각)·경모궁景慕宮(사도세자와 혜경궁 홍씨를 모신 곳)의 오대五大
(정초·한식·단오·추석·동지) 시향時享과 사직社稷의 시향, 대보단大報壇(명나라의 태조·신종·의종을 제사
지내던 사우)의 대향 그리고 종묘와 영녕전에서 제왕帝王의 삼년상三年喪을 마친 뒤에 그 신주神主를 태묘太廟

계성마누라^{297 298} 모혈이라

모혈이라 모혈이라

가문마누라²⁹⁹ 모혈이라

모혈이라 모혈이라

계성이계³⁰⁰로 모혈이라

에 모실 때에[祔太廟] 올리는 제사 등이 있었다. 중사에는 풍운뇌우風雲雷雨 절제節祭·성황城隍 절제·악해독 嶽海瀆 절제·선농先農(처음으로 농업을 가르친 신, 신농씨) 절제·선잠先蠶(양잠하는 법을 시작하였다는 신, 서릉씨) 절제·우사雩祀(비를 하늘에 비는 제사) 절제, 문선왕文宣王(공자)·관왕묘關王廟(중국의 군신軍神 관우를 모신 곳)·역대시조歷代始祖·문희묘文禧廟(정조正祖의 제1자의 묘)에서 올리는 사중삭제四仲朔祭(2월·5월·8월·11월의 초하루제), 칠궁七宮(왕의 사친私親을 모신 곳)에서 올리는 사중삭제, 영소묘永昭廟(장헌세자의 제1자의 묘)에서 올리는 춘추향春秋享 제사 등이 있었다. 소사로는 풍운뇌우·산천·성황의 기고제, 영성 靈星(농업신)·노인성老人星(남극노인성. 나타나면 치안治安이 오고 나타나지 않으면 전란이 있다고 함)·마조 馬祖(말의 수호신인 방성房星의 이칭)·명산대천名山大川·선목先牧(말을 처음으로 먹였다고 전해지는 신)· 마사馬社(말을 처음으로 탄 신)·마보馬步(말을 해치는 귀신)의 제사, 영제禜祭(기청제祈晴祭)·독제纛祭(대가 大駕 앞이나 군중軍中에서 대장의 앞에 세우는 기, 독에 지내는 제사)·여제厲祭(여귀厲鬼에 지내는 제사), 영녕전의 춘추봉심春秋奉審(봄과 가을에 왕명을 받들어 전을 보살피는 일), 종묘의 춘추봉심, 기고祈告, 이환안제移 還安祭, 사직의 기고별제祈告別祭, 계성사啓聖祠(공자·안자·자사·증자·맹자의 아버지를 제사하는 사당)의 절제와 고유제 등이 있었다.

297 마누라 ; '마누라'는 15세기의 『삼강행실도(三綱行實圖)』에 '마노라'로 처음 나온다. 여기서의 '마노라'는 '주인[公]'의 의미이다. 『이두편람(吏讀便覽)』에서도 '마노라'에 대해 '노비가 그 주인을 이르는 말'이라고 기술하여 '주인'의 의미를 보이고 있다. 이 책에서는 비천한 사람이 존귀한 사람을 부르는 말이라는 의미도 첨가하고 있다. 『한중록(閑中錄)』에서는 '마노라'가 '왕, 왕대비, 세자, 세자빈' 등과 같은 궁중의 높은 인물을 직접 지시하는 데 쓰이고, '대비마노라, 선왕마노라, 웃전마노라' 등으로 활용되어 이들 궁중 인물과 결부된 존칭 호칭어로도 쓰이고 있다. 이때에는 '존칭(尊稱)'으로서 '여성'은 물론이고 '남성'에게도 적용되었다. 궁궐 밖에서는 '마노라'가 '지체 높은 벼슬아치'나 '그 부인' 등을 부르거나 지시하는 데도 쓰였다. '운현(雲峴)마노라, 선혜당상(宣惠堂上)마노라' 등이 예다. 또한 무속(巫俗)이라는 특정 사회에서는 '마노라'가 '神'이라는 의미로 통용되었다. '산신(山神)마노라, 성주마노라, 터주마노라'에 보이는 '마노라'가 바로 그 예이다. 또한 천연두(天然痘)를 보통 '마마' 또는 '서신국 마누라'라고 해서 '큰손님'으로 모시는 속신이 있다. 이러한 '서신국 마누라'에는 '큰 마누라'와 '족은마누라'가 있는데 이들을 가리켜 '돌림마누라'라고도 말하며, 이러한 두신(痘神)에 걸렸을 때는 좋게 빌고 대접해서 돌려버려야 병이 나아지고 탈이 없어진다고 한다. 여기서 이 '큰마누라'는 '서신국마누라'로서 3월 4일날 내리고 5월 만부종 밭 밟는 소리가 나면 하늘 위로 올라가 버린다고 한다. '족은 마누라'는 '홍진국'이라고 말한다. '대신할머니'라고도 부르는 대신 마누라는 대감, 즉 지체 높은 양반의 부인을 말하는데, 무당신의 원조격인 대신마누라는 집안의 부엌신인 조왕신이나 터줏대감으로, 잘 모시지 않으면 큰 재앙이 따른다고 믿었다. 방울과 부채를 흔들어 신을 불러들이거나 그 자체를 신체(神體)로 변화하여 신의가 표시되면 무당은 그 신의에 따라 말이나 행동으로 신의 뜻을 전달하게 된다. 이때 영험으로 집안의 잡귀나 잡신 때로는 마마귀신을 추방하여 여러 무속인에게 제신(諸神)을 배송하고 굿의 절차 등도 순조롭게 진행하기 위하여 대신마누라를 잘 받들어 모신다. 특히 괴질이 돌 때는 대신 마누라의 역할이 크다고 생각하였다.

298 계성마누라 ; '대신마누라'와 같이 '계성사(啓聖祠)'에 모시는 신격이라는 뜻이다. '계성사(啓聖祠)'는 공자(孔子)·안자(顏子)·자사(子思)·증자(曾子)·맹자(孟子)의 아버지 등에게 제사하는 사당으로 절제와 고유제가 실행된다.

299 [보정] 가문 마누라 ; '가문(家門)'으로 표상되는 신격(神格)을 이른다.

에헤 에에 불쌍하고 가련하다

왔소 왔소

만신³⁰¹의 입을 빌고 몸을 빌어 내가 왔소

어어어 생전에 먹은 마음 이루지 못하고

황천객³⁰²이 되여 왔소

어어어 영감을 맞나[→ 만내] 소원을 이루렸더니

뜻밖에도 억울한 죽음을 당하였으니

　　　[(운다.)]

이이이 명산대천³⁰³에 후사신령後事神靈³⁰⁴님

불쌍한 이 인생을 극락세계 가게 하옵소서

넋에 넋은 넋반³⁰⁵에

혼에 혼은 혼반³⁰⁶에 담아

영화봉榮華峰(蓮花峰)[→ 영(연?)화봉[榮華峰(蓮華峰)]]으로³⁰⁷ 가옵소서³⁰⁸

얼사³⁰⁹

　　　[(춤을 춘다.)]

---

300 계성이계 ; '계성이계(啓聖二戒)'인 듯하다. 이계(二戒)는 십계(十界) -사미와 사미니가 지켜야 할 열 가지 계율- 와 삼계(三界) -부처의 세 가지 계율. 재가계(在家戒), 출가계(出家戒), 도속공수계(道俗共守戒)를 이름- 를 통틀어 이르는 말이다.

301 만신 ; 보통은 '무녀(巫女)'를 높여 이르는 말이다. 한자를 빌려 '萬神'으로 적기도 한다.

302 황천객黃泉客 ; 저승으로 간 나그네라는 뜻으로, 죽은 사람을 이르는 말이다.

303 명산대천名山大川 ; 이름난 산과 큰 내를 말한다.

304 후사신령(後事神靈) ; '후토신령後土神靈'의 잘못이다. 토지를 맡아 다스린다는 신이다. 오청본에서는 '後山神靈'이라고 채록되었는데, 묏자리나 집터, 도읍터 따위의 뒤쪽에 있는 산에 모셔 섬기는 신이다. '후산'은 묏자리나 집터, 도읍터 따위의 뒤쪽에 있는 산을 말한다.

305 넋반 ; 넋을 담는 데 쓴다고 하는 작은 상을 말한다.

306 혼반 ; 혼을 담는다는 소반을 말한다. 오청본에서는 '魂盤'이라고 채록되었다.

307 영화봉榮華峰(蓮花峰)[→ 영(연?)화봉[榮華峰(蓮華峰)]] ; '영화(榮華)'는 귀하게 되어 몸이 세상에 드러나고 이름이 빛난다는 뜻이다. 영화봉은 관념적 명칭이다. '연화봉'은 불교적 관점의 명칭이다.

308 이이이 명산대천에 후사신령後事神靈님 불쌍한 이 인생을 극락세계 가게 하옵소서 넋에 넋은 넋반에 혼에 혼은 혼반에 담아 영화봉榮華峰(蓮花峰)[→ 영(연?)화봉[榮華峰(蓮華峰)]]으로 가옵소서 ; 이 대목은 죽은 미알의 넋풀이를 위하여 남강노인이 부르는 노래다. 그 주요내용은 '극락왕생(極樂往生)'을 기원한다. 따라서 미알의 넋풀이도 넋풀이이지만 가면극 현장에 '극낙왕생'을 축수하는 의미도 함께 가지고 있는 것으로 보아야 한다. 임석재본에서는 '名山 大川 後土神靈 불상한 이 人生을 極樂世界 가게 하소. 넋에 넋은 넋반에 담고 鬼에 鬼는 鬼반에 담아 榮華<註. 蓮花>峰으로 가옵소서.'라고 채록되었다.

309 얼사 ; '얼시구'에 해당하는 조흥구다. 불림으로 활용되었다.

남강노인 :　　　그래 그래 좋은 곳으로 가라고 굿을 하니

　　　　　　　좋은 곳으로 가라

　　　　　　　극락세계로 가기만하여라

　　　　　　　　(춤을 추고 방울을 흔든다 얼마동안 하다가 퇴장)[→ (무당은 춤을 추고

　　　　　　　방울을 흔든다. 얼마 동안 추다가 퇴장한다.)]

　　　　　　　　[(남강노인의 「아이덜아, 일어나거라, 남창동창 다 밝았다……」[310]라는 대사가 끝에 첨

　　　　　　　부되기도 한다.)]

　　　　　　　　이로써 탈춤 놀이[311]는 전부 끝나고 즉시 주상酒床을 차려놓고 [연희

　　　　　　　자[312] 일동이] 가면을 불에 사르며[313] 재배再拜한다[314] [315]

　　　　　　　　　　　　　　　　　　　(1965―九六五 8.27八・二七 녹음)

310　[보정] 「아이덜아, 일어나거라, 남창동창 다 밝았다……」 ; 남구만(南九萬)의 시조 '東窓(동창)이 볼갓느냐 노
고지리 우지진다 쇼 칠 아희는 여태 아니 니러느냐 재 너머 스래 긴 밧츨 언제 갈려 ᄒ느니'가 원용되었다. 약
천(藥泉) 남구만이 말년에 관직에서 물러나서 쓴 작품이다. 농촌의 운치 있는 아침 정경을 여유 있게 표현한
대표적인 권농가(勸農歌) 중의 하나다. 일찍 일어나 부지런히 농사를 지어야 하지 않겠느냐는 가르침과 부지
런히 일하는 건강한 모습을 담고 있다. 이와 다른 해석으로는 '동창'을 동쪽에 뜨는 해, 즉 숙종 임금을 말하는
것으로 보고, '노고지리'는 당시 조정대신을, '우지진다'는 마치 새들이 짹짹거리며 야단스럽게 구는 중신(重臣)
들의 모습을, '소'는 백성을, '아이'는 목민관을, '언제 갈려 하나니'는 경세치국(經世治國)에 대한 염려와 경계
를 비유적으로 표현한 것으로 보기도 한다.

311　탈춤 놀이 ; '가면극'이라는 용어와 혼재하여 사용하고 있는 사례다.

312　연희자 ; '공연자'를 이른다. '연희(演戲)'와 '공연'의 개념적 이해를 분명히 할 필요가 있다.

313　[보정] 가면을 불에 사르며 ; 실제로 불사르는 일이 목격되지는 않았다. 탈과 의상 등 제도구를 불살라 버리는
것은, 가면극을 끝맺는 의식에 해당하는 대목이다. 소위 이를 뒤풀이라고 한다. 한편 탈이 목탈을 사용하였을
때에는 탈과 의상을 비롯하여 제도구를 태워버리지 않았을 것으로 추정된다. 여기 가면극에서 가면을 태우는 의식은
'소지(燒紙)의식 – 종이에 소원하는 바를 써서 불태우는 민속'의 영향이다. 탈이 신격(神格)으로 인식되는 한에는
불태워질 수 있는 대상이 아니었다. 그러던 것이 탈에 대한 신성성 인식의 퇴조로 불살라버리기에 이른 것으로
보인다. 앞풀이에 해당하는 탈고사도 공연자들만의 비공개 의식이었던 것이 공개되어버린 사례 중의 하나다.

314　재배再拜한다 ; '재배(再拜)'는 통상 죽은 혼령을 향한 의식이다. 가면극에서는 보통 삼배(三拜) 한다.

315　이로써 탈춤 놀이는 전부 끝나고 즉시 주상(酒床)을 차려놓고 [연희자 일동이] 가면을 불에 사르며 재배(再
拜)한다 ; 송석하본에서는 '(이상以上으로써 극劇은 전부全部 끝을 막는다. 그리고 즉석卽席에서 탈 의상衣裳
등等 제구諸道를 불에 살아버리는대 그것이 전소全燒할 때까지 출연자出演者 일동一同이 장작불 앞에 모여
서서 충천衝天하는 화광火光을 향向하여 수數없이 절을 한다.)' 라고 채록되었다. 김유경본에서는 '회심곡이
끝나면 무당은 대를 내려 명당을 정한 뒤에 모든 의상과 탈을 모아놓고 불태우며 춤춘다. <모든 연희자는 탈판
이 끝나면 마당놀이를 한다.>' 라고 하였다.

Ⅱ. 봉산가면극 복원

【김일출본】

1. '제일과장 상좌춤'의 복원

봉산 탈놀이 대본[1]

각 과장(各 科場)[2]

제 1 과장 - 상좌춤(上佐舞)

제 2 과장 - 팔목춤[3]

---

1   ≪봉산 탈놀이≫대본 ; 이 자료의 제목이다. '탈놀이'라는 용어를 사용하고 있다. 이 자료는 채록본에 해당한다.
2   각 과장(各 科場) ; 여기서는 11개 장면으로 분할하고 있다. '제 3 과장 - 법고춤(法鼓舞)'은 이두현본에서는 '제 2 과장 - 팔목춤'에 편입시켰다. '제 5 과장 - 로승'과 '제 6 과장 - 신장사'과 '제 7 과장 - 취발이(醉發)'을 나누고 있다. '제 8 과장 - 량반(兩班)' '제 9 과장 - 포도비장(捕盜裨長)' '제 10 과장 - 미알' '제 11 과장 - 남극로인(南極老人)'
3   팔목춤 ; '목'은 채록자 경우에 따라 '目', '목', '木'이라 채록되기도 하였다. 고려 때 예빈시(禮賓寺)를 '孔目(공목)'이라 하였다. '공목'은 회계와 공문서를 관장하는 관명이다. 고려시대 빈객의 연향(宴享), 궁중과 재신(宰臣)의 음식을 관장한 예빈성(禮賓省 : 예빈시禮賓寺 또는 전객시典客寺라고도 함)에 속하여 문서 검토와 사증을 맡은 관직이다. 당(唐)나라에서는 집현전에 공목을 두었고, 송(宋)나라에서는 내외관서나, 각 왕부에 공목을 두었다. 원(元)나라에서는 도공목관을 도목이라 개칭하고 여러 사(司)에 두었는데 명(明)나라에서는 오직 한림원(翰林院)에만 공목을 두었다. 이러한 차원에서 '目'의 뜻을 이해하여야 한다. 한편 '팔목춤'의 연원을 팔선(八仙)과 관련시킬 수 있다는 주장을 주목할 필요가 있다. 극동아시아 문화권에는 예로부터 팔성(八聖) 혹은 팔선 관념이 널리 퍼져 있었다. 우리 자료 중에서 대표적인 것은 산천신앙과 관련이 깊은 우리 고유의 신선사상과 불교사상이 합류되어 팔선을 고려 때에 배치하였다. 우리 땅의 진산(鎭山)인 백두악(白頭嶽)을 비롯하여 거기서 약간 떨어져 있는 용위악[龍圍嶽 ; 평안북도 용천(龍川)에 있는 용골산(龍骨山)], 월성악[月城嶽 ; 고려 인종 때 송도에 속했던 토산(兎山)], 구려평양[駒麗平壤 ; 고구려의 도읍지였던 평양의 진산이고 모란봉이 있는 금수산(錦繡山)과, 한때 고구려 고국원왕(故國原王)이 머물렀던 평양 땅에 있는 목멱산(木覓山), 송도의 송악(松嶽), 증성악[甑城嶽 : 평양에 인접해 있는 증산(甑山)의 국령산(國靈山)], 두악[頭嶽 : 경기도 강화의 마이산摩利山] 등 8개소의 산악이 내세웠다. 그 영향 관계까지 추정한다면 수를 헤아릴 수 없다. 일반적으로 알려진 팔선은 종리권(鍾離權 : 한종리漢鍾離)·장과로(張果老)·한상자(韓湘子)·이철괴(李鐵拐)·조국구(曹國舅)·여동빈(呂洞賓)·남채화(藍采和)·하선고(何仙姑) 등으로 8명을 말한다. 팔선 관념이 극에 달한 것은 원나라 때로 추정되며, 이들은 후대에 여러 예술의 소재가 되었다. 이 밖에도 동방삭(東方朔)·팽조(彭祖)·귀곡자(鬼谷子) 등을 포함시키기도 한다. '팔선'은 신선도탈극(神仙度脫劇 : 신선도탈극神仙度脫劇)의 주요 모티프였다. 신선도화극(神仙道化劇)은 여덟 신선이 인간계에 내려와서 인간을 신선계로 도탈(度脫)해 간다는 내용을 담고 있다. 이들은 인간만이 아니라 잘 생긴 바위나, 나무와 같은 자연물을 인간으로 환생시켜

제 3 과장 - 법고춤(法鼓舞)

제 4 과장 - 사당춤(私黨舞)

제 5 과장 - 로승

제 6 과장 - 신장사

제 7 과장 - 취발이(醉發)

제 8 과장 - 량반(兩班)

제 9 과장 - 포도비장(捕盜裨長)

제 10 과장 - 미알

제 11 과장 - 남극로인(南極老人)

제1과장[4] 상좌춤上佐舞

○ 등장인물

상좌[5] : 4명

4상좌는 먹중(墨僧. 가면을 쓰고 등거리[6]만 입는다)에게 한 사람씩 업히여 탈판으로 등장한다 (현재는 사상좌가 걸어서 등장한다).[7]

짝을 맺어 주고 도탈로 이끌기도 한다. '구운몽'에서도 이러한 관념이 작용하였음은 주지의 사실이다. 김만중이 '구운몽'을 통하여 도탈을 이야기하고자 하였던 것은 그의 인간적인 번뇌가 있었으리라고 추측된다.

4 [보정] 場[장] : 여기서 '第一場'이라 하였다. 장면을 분할하는 데에 있어서는 채록 자료에 따라 '場', '科場', '科程', '마당', '과장', '과정' 등으로 나타난다. 그리고 景도 나타난다. 이들을 act, scene 등과 변별점을 찾는 일도 하나의 과제다. 봉산가면극 임석재 자료에서 '全場'이라고 한 점으로 보아 연행 현장에서는 별도의 구분 없이 연행되었던 듯하다. 그러던 것이 채록 과정에서 편의상 분절[분할]된 것이 아닌가 한다. 이 분절의 문제는 탈춤의 마당을 별개의 것으로 볼 것인가 아니면 옴니버스식으로 볼 것인가 아니면 일관된 하나의 공연물로 볼 것인가 하는 등의 문제와 결부되어 있다.

5 [보정] 상좌上佐 ; 산스크리트어 'sthavira', 팔리어 'thera'에서 온 말로, 출가한 지 오래 되어, 모임에서 맨 윗자리에 앉는 비구나 수행 기간이 길고 덕이 높은 수행자를 말한다. 승려를 높여 일컫는 말이기도 하다. 또한 출가한 지 오래되고 덕망이 높아, 사원의 승려들을 통솔하는 직책을 맡은 승려를 말하기도 한다. 스승의 대를 이을 여러 승려 가운데에서 가장 높은 사람을 말하기도 한다. 송파 산대놀이나 양주 산대놀이와 같은 경기지방의 가면극과 봉산가면극·강령가면극·은율가면극과 같은 황해도 해서지방의 가면극에서만 나타난다. 한편 실재 춤의 내용은 사방신과 중앙신에 합장 재배하는 등 다섯 번 절을 하고 잡귀를 몰아내어 가면극 현장을 정화하는 의미가 강하다고 한다.

6 등거리 ; 등만 덮을 만하게 걸쳐 입는 홑옷이다. 등깃이 없고, 소매는 짧거나 아주 없는 형태로, 주머니를 다는 경우도 있다. 베로 만든 것은 맨살에 그냥 입고, 무명으로 만든 것은 봄·가을에 속옷 위에 덧입는다. 다른 자료에서는 '더거리'를 입는다고 하였다.

상좌를 업은 먹중은 한 사람씩 탈판으로 나타나서 탈판을 한 바퀴 돌아 재비 앞에 서서 타령곡[8]에 맞추어 흥겨운 춤을(이때 먹중에 업힌 상좌도 등에 업힌 채 춤을 춘다[9])추다가 상좌는 합장하고 재비[10] 앞에 일렬로 정렬하여 배례[11]를 행하고 두 명씩 동서로 갈라서 네 모퉁이에 서고, 령산회상곡[12]으로부터 타령곡까지의 주악에 맞추어 춤을 춘다.

이것이 끝날 즈음에 첫목(初目)[13]이 험상궂은 탈[14]을 쓰고 등에 푸른 복숭아 가지[15] 또는 버들가지[16]를 꽂고 탈판으로 나와 중앙에 눕는다.

---

7 [보정] 4상좌는 먹중(墨僧. 가면을 쓰고 등거리만 입는다)에게 한 사람씩 업히어 탈판으로 등장한다(현재는 사상좌가 걸어서 등장한다). ; 현재 실제의 연행에서 네 상좌가 업혀 나오는 경우는 잘 보이지 않는다. 여기서 '업고 나온다'는 뜻은 그 상징적 의미가 따로이 있음을 의미한다. 구체적인 연구가 필요하다.

8 타령곡打令曲 ; 원래는 그냥 '타령(打令)'이라 한다. 영산회상(靈山會相)의 여덟째 곡의 이름이다. 또한 서도지방 민요의 하나를 말하기도 한다. 흥타령, 잦은 아리 또는 감내기라는 딴 이름이 있다.

9 이때 먹중에 업힌 상좌도 등에 업힌 채 춤을 춘다 ; '손춤 – 손을 놀려 추는 춤'을 춘다.

10 재비 ; 북·장구·꽹과리·징·피리·젓대·해금 연주자를 재비라 한다.

11 배례拜禮 ; 윗사람에게 절하는 예(禮)를 이른다. 전통적으로 망궐례(望闕禮)·망궁례(望宮禮)·배표전(拜表箋)·하대비전(賀大妃殿) 및 조하(朝賀)·조참(朝參)·연향(宴享)에서 배례(拜禮)할 때, 전정악(殿庭樂)으로 '낙양춘(洛陽春)'을 연주한다.

12 영산회상곡靈山會相曲 ; '영산회상(靈山會相)'을 말한다. 영산회상은 석가여래가 설법하던 영산회의 불보살을 노래한 악곡이다. 영산회(靈山會)는 석존(釋尊)이 영취산(靈鷲山)에서 주로 '법화경(法華經)'을 설법하던 때의 모임을 이르고, 이때 석존의 연세가 일흔 하나였다고 한다.

13 첫목(初目) ; '첫목'은, '공연집단의 우두머리 격'이라는 뜻이나, '첫번째로 등장하는 인물'이라는 뜻이다. '목'을 '먹중'이라고 등장인물 기호가 붙음으로써 불교적 해석으로 경도되지 않았는가 한다. '장삼'이라는 의상도 한몫 한 것으로 생각된다. 가면극이니 만큼 '가면'에 초점이 맞추어진 연구가 필요하다.

14 험상궂은 탈 ; 경향신문 1979년 4월 20일 기사에 '팔먹의 의상은 저고리(더거리)가 까만색이고 반소매이며 모습이 질속한 것에 비해 현재의 의상은 지나치게 화려하다 한다. 당시의 탈은 크기도 매우 크고 코밑에 구멍을 뚫어 밖을 내다볼 수 되어있었다. 노승무에서 소무(小巫)가 가면을 쓰지 않고 전립에 쾌자를 걸치고 있으며 소무가 둘이 등장한다.' 라고 하였다.

15 푸른 복숭아 가지 ; 옛날부터 복숭아나무는 행복과 부귀를 상징하는 나무로 여겼으며, 귀신을 쫓기 위해 복숭아나무를 신장(神將)대로 쓰기도 하였다. 그리고 복숭아는 악마를 제거하는 힘이 있고, 신선이 먹는 과일이라는 뜻으로 선과(仙果)라고 부르기도 하였다. 가면극에서 활용되는 '복숭아 나무 가지'는 이러한 차원에서 이해되어야 한다.

16 [보정] 버들가지 ; 버드나무는 전국 각처에서 자라며 특히 냇가에서 흔히 자라고 만주와 일본에 분포한다. 썩은 버드나무의 원줄기는 캄캄할 때 빛이 난다. 시골사람들은 이것을 도깨비불이라고 하며 무서워하고 있다. 따라서 산골에서 도깨비가 나온다고 알려진 곳은 습지에서 버드나무가 무성한 숲일 때가 많다. 물가 어디서나 잘 자라는 나무로, 생명력을 상징하고 칼처럼 생긴 잎은 장수나 무기를 나타낸다. 학질을 앓고 있을 때 환자의 나이 수만큼 버들잎을 따서 봉투에 넣고 겉봉에 '유생원댁입납(柳生員宅入納)'이라 써서 큰 길에 버리면 쉽게 낫는다고 믿었다. 먼 길을 떠나는 낭군에게도 버들가지를 꺾어주어 보냈는데, 이는 나그네 길의 안녕과, 건강을 기원하는 뜻이 담겨 있다고 한다. 불교에서 서른 셋 관세음보살이 신봉되었는데 그 첫째인 양류관세음보살(楊柳觀世音菩薩)을 비롯하여 덕왕(德王), 청경(青頸), 쇄수(灑水) 관세음보살이 버드나무와 관계가 있다고 한다. 관세음보살 진언에 '몸에 있는 질병을 없애려거든 버드나무 가지를 든 관세음보살에게 진언을 왼다.'라고 한 점으로 보아 그 종교적

4명의 상좌는 퇴장한다.[17]

심성을 알 수 있다. 민속극인 봉산가면극에서 첫목의 소도구인 '푸른 버드나무가지'도 이러한 '생명력의 상징'이
라는 차원에서 포용할 필요가 있다. 취발이도 푸른 버드나무 가지를 꽂고 등장한다.
17 4명의 상좌는 퇴장한다 ; 자료에 따라서는 '8목춤'이 끝날 때까지 퇴장하지 아니하고 한편에 서서 손춤을 추
    는 것으로 설정되어 있다.

2. '제이과장 팔목춤'의 복원

제2과장 팔목춤

O 등장인물

　　　팔목= 8명의 먹중

　　　첫목이 누어서 일을 시작하여 일어나서 춤춘다.

　　　둘째목이 등장하여 복숭아 가지로 첫목의 얼굴을 때려 쫓고[1]

O 재담[2]　　≪쉬—

1　[보정] 둘째목이 등장하여 복숭아 가지로 첫목의 얼굴을 때려 쫓고 ; 여기에서는 면상을 치는 것으로 되어 있
　으나 현재는 뒤에서 치는 것으로 연행되고 있다. 이에 대하여는 '큐(cue)'와 같이 등퇴장을 지시하는 것으로 파
　악되고 있다. 그러나 이는 연행 현장에서 관찰된 것에 지나지 않는다. 성현(成俔)의『용재총화(傭齋叢話)』기
　사를 주목할 필요가 있다. 딱딱 치는 행위는 소위 양반 마당에서도 나타난다. 이두현이 사직골 탈춤패를 '딱딱
　이패'라고 한 점도 이를 규명하는 데에 긴요한 자료가 된다. 오청본에서는 '첫목의 面을 한번 탁—쳐서 退場식
　히고'라고 채록되었다.
　　　[참고] 성현(成俔)『용재총화(傭齋叢話)』: 구나(驅儺)의 일은 관상감(觀象監)이 주관한다. 제석(除夕)의 전야
　　에 창덕궁과 창경궁의 대궐 뜰에서 한다. 그 제도는 악공 한 사람이 창수(唱帥)가 되어서 붉은 옷에 탈을 쓴다.
　　방상씨(方相氏)로 분장한 네 사람은 황금빛 네 눈을 하고 곰 가죽을 쓰고 창을 잡았으며 딱따기를 친다. 지군(指
　　軍) 다섯 사람은 붉은 옷을 입고 탈을 쓰고 그림을 그린 전립(戰笠)을 쓴다. 판관(判官) 다섯 사람은 푸른
　　옷에 탈을 쓰고 그림 전립을 쓴다. 조왕신(竈王神) 네 사람은 푸른 도포에 복두를 쓰고, 나무 홀(笏)을 들며
　　탈을 쓴다. 소매(小梅) 두어 사람은 여자의 저고리를 입고 탈을 쓴다. 저고리 치마는 다 붉은 빛과 푸른 빛으로
　　길다란 간당(竿幢)을 잡는다. 십이신(十二神)은 각기 자기의 탈을 쓴다. 가령 자신(子神)은 쥐 형상의 탈을
　　쓰고, 축신(丑神)은 소 형상의 탈을 쓴다. 또 악공 십여명이 복숭아가지로 만든 비[桃列 : 부정 풀이할 때에
　　쓰는 복숭아 가지로 만든 비 — 필자]를 잡고 따라 간다. 아동 수십명을 골라서 붉은 옷, 붉은 건을 착용하고
　　탈을 쓰고 진자[侲子 : 어린 아이, 옛날에 역귀(疫鬼)의 구축(驅逐)을 맡은 아이 — 필자]가 되게 한다.

　딱딱 치는 행위는 소위 양반 마당에서도 나타난다. 이두현이 사직골 탈춤패를 '딱딱이패'라고 한 점도 이를
　규명하는 데에 긴요한 자료가 된다.
2　재담才談 ; 익살과 재치를 부리며 재미있게 이야기 하는 행위나 그 말을 이른다. 혹은 일상생활에서나 구전하
　여 온 여러 가지 전승물(傳承物)에서 듣거나 실제로 하는 재치 있는 말들을 이르기도 한다. 재담은 실현하는

(음악이 그친다. 이하 동일함)

죽장마혜竹杖麻鞋[34]로 이곳에 당도하니

만산홍록萬山紅綠[5]은 춘색春色을 자랑하고

기화요초奇花瑤草[6]는 편편금片片金[7]이요.[8]

화간花間의 접무蝶舞는 분분설粉粉雪이라.[9]

도화만발 점점홍桃花滿發 點點紅[10]은 무능도원武陵桃源[11][12]이 예가 아니냐.

사람의 능력이 뛰어나야 하며, 창작이라기보다는 전승에 기초 – formula – 를 둔다. 한편 재담은 독립적인 공연물로서, 사건의 설정과 반전이라는 측면에서 웃음이 유발되며, 익살맞은 말과 행동이 중심이 되는 측면에서 웃음이 터져 나오는 총체적인 공연물로 보는 입장도 있다.

3 원주 1. 대지팽이와 짚신.

4 죽장마혜竹杖麻鞋 ; 대지팡이와 짚신의 뜻으로, 먼 길을 떠날 때의 아주 간편한 차림새를 이르는 말한다. '마혜'는 '미투리'라고도 한다. '마혜(麻鞋)'가 '망혜(芒鞋)'로 와문 되어 흔히 죽장망혜(竹杖芒鞋)라고 많이 읽히는데 이것은 노래를 부를 때에 '마' 음(音)을 길게 뽑는 데서 말미암은 것이라 한다.

5 만산홍록萬山紅綠 ; 온 산이 붉고 푸름으로 가득 참을 말한다.

6 원주 2. 이상한 꽃과 아름다운 풀.

7 원주 3. 어느 것이던지 진기(珍奇)하다는 뜻.

8 [보정] 기화요초奇花瑤草는 편편금片片金 ; 보통은 '기화요장奇花瑤章 난만중爛慢中 유상앵비柳上鶯飛 편편금片片金 아름답고 고운 꽃과 풀이 활짝 많이 피어 화려하고, 버들 위에서 꾀꼬리가 나니 조각조각 황금쪽 같구나.'이다.

9 화간花間의 접무蝶舞는 분분설粉粉雪이라 ; 꽃 사이로 나비가 춤을 추니 펄펄 나는 흰 눈 같구나.

10 [보정] 도화만발 점점홍(桃花滿發 點點紅) ; 복숭아꽃이 만발하여 점점이 붉도다. 기존 작가의 작품의 한 구절을 원용하여 관용구formula로 정착된 사례다. [참고] 『동국이상국집』 백운소설(白雲小說) : 시중(侍中) 김부식(金富軾)과 학사 정지상은 문장으로 함께 한때 이름이 났는데, 두 사람은 알력이 생겨서 서로 사이가 좋지 못했다. 세속에서 전하는 바에 의하면 지상이, '임궁(琳宮)에서 범어를 파하니 琳宮梵語罷 하늘빛이 유리처럼 깨끗하구나. 天色淨琉璃' 라는 시구를 지은 적이 있었는데, 부식(富軾)이 그 시를 좋아한 끝에 그를 구하여 자기시로 삼으려 하자, 지상은 끝내 들어 주지 않았다. 뒤에 지상은 부식에게 피살되어 음귀(陰鬼)가 되었다. 부식이 어느 날 봄을 두고 시를 짓기를, '버들 빛은 일천 실이 푸르고 柳色千絲綠 복사꽃은 일만 점이 붉구나 桃花萬點紅' 하였더니, 갑자기 공중에서 정지상 귀신이 부식의 뺨을 치면서, '일천 실인지, 일만 점인지 누가 세어 보았느냐. 왜, 버들 빛은 실실이 푸르고 柳色絲絲綠 복사꽃은 점점이 붉구나 桃花點點紅 라고 하지 않는가.' 하매, 부식은 마음속으로 매우 그를 미워하였다. 뒤에 부식이 어느 절에 가서 측간에 올라앉았더니, 정지상의 귀신이 뒤쫓아 와서 음낭을 쥐고 묻기를, '술도 마시지 않았는데, 왜 낯이 붉은가.' 하자, 부식은 서서히 대답하기를, '언덕에 있는 단풍이 낯에 비쳐 붉다.' 하니, 정지상의 귀신은 음낭을 더욱 죄며, '이놈의 가죽주머니는 왜 이리 무르냐.' 하자, 부식은, '네 아비 음낭은 무쇠였더냐.' 하고 얼굴빛을 변하지 않았다. 정지상의 귀신이 더욱 힘차게 음낭을 죄므로 부식은 결국 측간에서 죽었다 한다.

11 원주 4. 중국 진(晋)나라 시인 도잠(陶潛)의 《도화원기(桃花源記)》에 나온 말. 선경과 같이 아름다운 이상향을 말함.

12 무릉도원(武陵桃源) ; 선경(仙境) 또는 낙원(樂園)을 가리키는 말이다. 진(晋)나라 때에 어부(漁父)가 계곡물에 떠서 내려오는 복숭아꽃을 따라 올라갔다. 동굴 속으로 이어진 물줄기를 따라 굴속에 들어가서, 그곳에 있는 선경(仙境)을 발견하고 귀가(歸家)하였다가 뒤에 다시 찾으려 했을 때 그 지형(地形)을 분별할 수가 없

나도 풍류정風流亭 당도하여 한 번 놀고 가려던![13]≫

○ **재담**   ≪쉬—[14] 봉제사연후 접빈객奉祭祀然後接賓客이요.

수인사修人事연후에 대천명待天命[15]이라.

수인사 한마디 들어가오!≫[16]

○ **불림**   ≪백수한산심불로[17] [18]≫

재비는 타령곡을 반주한다.

둘째목이 신명나게 춤을 출 때 셋째목이 등장한다.

셋째목이 봉숭아 가지로 둘째목의 얼굴을 쳐서 퇴장시키고,

타령곡 반주에 맞추어 탈판을 한 바퀴 돌면서 춤을 춘 후에 장내를 훌적

보면서

있었다고 한 데서 온 말이다. 이와 관련하여 진(晉)나라 문인인 도잠(陶潛)이 지은 '도화원기(桃花源記)'가 있고, 당나라 문인인 이백(李白)이 지은 '산중문답(山中問答)'에도 '도화유수묘연거(桃花流水渺然去) 별유천지비인 간(別有天地非人間)'이라는 구절이 있다.

13   나도 풍류정風流亭 당도하여 한 번 놀고 가려던 ; 대화반응이 불림으로 활용되었다. 특히 '놀고 가려던'을 노래조로 실현한다. 이 대사를 통하여 가면극이 공연되는 공간이 '풍류정(風流亭)'으로 전이된다.

14   [보정] 쉬— ; 춤을 그치면서 음악을 멈추라는 뜻이다. 그러면서 다음 대사를 시작하겠다는 뜻을 담은 대사다. '—'는 장음으로 실현한다는 뜻이다. 한편 관중에게는 집중하여 들어 달라는 뜻도 있다.

15   원주 5·6. 조상에게 제사를 지낸 후에 손님을 접대하며 사람의 본분을 다한 후에 천명을 기다린다는 뜻.

16   ≪쉬— 봉제사연후 접빈객奉祭祀然後接賓客이요. 수인사修人事연후에 대천명待天命이라. 수인사 한마디 들 어가오!≫ ; 불림으로 활용되었다. 조상 제사를 잘 받들어 모신 후에 귀한 손님을 대접하고, 사람의 도리를 다한 후에 하늘의 명을 기다린다 하였으니 수인사 -인사를 예법에 맞게 하는 일- 한 마디 들어가오. '수인사대천명(修人事 待天命)'은 사람의 할 바를 다하고 천명을 기다린다는 뜻이다. 참고로 '계녀가(誡女歌)'의 가사에도 이러한 내용이 등장하는데, 화자가 내일 신행(新行) 가는 딸에게 사구고(事舅姑)·사군자(事君子)·목친척(睦親戚)·봉제사(奉 祭祀)·접빈객(接賓客) 등 한 집안의 며느리로서 지켜야 할 일들에 대해 읊고 있다.

17   원주 7. 머리털은 희여졌으나 일없이 한가하여 마음만은 늙지 않았다는 뜻.

18   백수한산심불로 ; 한자어 불림이다. 보통은 '심불로心不老 심불로心不老 백수白首 한산寒山에……… - 마음 은 늙지 않았다 마음은 늙지 않았다 한산과 같이 머리는 희었으나'라고 실현한다. 당나라 왕발(王勃)의 '등왕각 서(滕王閣序)'의 '내가 믿는 바로는 / 군자는 가난을 편안하게 여기고 / 달인은 자신의 운명을 안다. / 늙을수 록 더욱 강해져야 하나니 / 어찌 노인의 마음을 알 것이며, / 가난할수록 더욱 굳건해져야 하나니 / 청운의 뜻 을 저버리지 않을 것이다. 所賴 君子安貧 達人知命 老當益壯 寧知白首之心 窮且益堅 不墜靑雲之志'를 원 용한 대사다. 몸은 늙었을망정 마음은 청운지지(靑雲之志)를 버리지 않는다는 뜻이다. 이를 원용한 것이다. 이 같은 양상은 가사 작품에서도 나타나는데 '금강도사도덕가'에서는 '白首寒山心不老라 靑春압장 이世界에 마 음조차 늘글소냐' 라고 읊었다. 오청본에서는 '心不老心不老白首寒山에心不老'라고 채록되었다.

○ 재담   ≪쉬— 멱라[19]의 청수류淸水流[20]는

굴삼려[21]의 충혼忠魂이요.[22]

삼강수三江水[23] 험한 탄탄灘[24]은

오자서[25] [26]의 정혼精魂[27]이라.

고사리 캐던[28] 백이 숙제[29] [30]

구추명절九秋名節[31] 있다고 하였건만

---

19   원주 8.9. 멱라수는 중국 호남성에 있는 강 이름. 굴삼려는 초(楚)나라의 면신 굴원(屈原)을 가리킴. 그의 벼
슬이 삼려대분(三閭大夫)였기에 그렇게 부른다. 굴원(屈原)은 간신의 참소를 어찌 할 수 없어 멱라수에 몸을
던져 항의를 표시하였다.

20   멱라의 청수류淸水流 ; '멱라의 흐르는 맑은 물'이라는 뜻이다. 멱라수(汨羅水)는 전국 시대에 초(楚)나라의
충신 굴원(屈原)이 주위의 참소로 분함을 못 이겨 투신자살한 강이다. 멱수(汨水)와 나수(羅水)가 합류하여 이
룬 강이다. 호남성(湖南省)에 있다.

21   굴삼려屈三閭 ; 굴원(屈原)을 말한다. 굴원이 삼려대부(三閭大夫) 벼슬을 지내 이렇게 부르는 것이다. 중국
전국시대(戰國時代) 초(楚)나라의 우국지사(憂國之士)이며, 시인(詩人)이다. 이름은 평(平)이다. 회왕(懷王)
을 도와서 공이 컸으나, 참소(讒訴)를 당하고 한때 방랑 생활을 하다가 마침내 울분을 참지 못하여 '회사부(懷
沙賦)'를 읊고 멱라수(汨羅水)에 빠져 죽었다. 그는 죽으면서도 조국과 임금을 위하는 마음을 변하지 않았기
때문에 후대에 충신의 대명사로 일컬어진다.

22   멱라의 청수류(淸水流)는 굴삼려의 충혼(忠魂)이요 ; 멱라수의 맑은 물은 굴원의 충성스러운 혼령이요. 굴원
이 멱라수에 몸을 던져 죽은 고사에 연유한다.

23   삼강수三江水 ; 중국 강소성(江蘇省)의 태호(太湖)에서 흘러나가는 세 개의 강으로 곧 송강(松江)·누강(婁
江)·동강(東江)을 아울러 이르는 말이다.

24   험한 탄탄灘 ; '험한 여울'을 말한다. 임석재본에서는 '얼크러진 비' 라고 하였다.

25   원주 10. 오자서(伍子胥)는 중국 춘추시대(春秋時代) 사람 오왕 부차(夫差)는 그의 간언을 듣지 않고 도리여
그를 자결(自決)하게 하여 그 시체를 강에 던지게 하였다.

26   오자서伍子胥 ; 아버지와 형이 모두 초나라의 평왕(平王)에게 살해되었을 때 자서는 오나라로 도망하여 오
를 도와 월을 쳤으나, 참소로 오나라 부차(夫差)의 노여움을 입고 삼강(三江)에 던져져 죽음을 당했다.

27   정혼精魂 ; 만물의 근원을 이룬다는 신령스러운 기운이다. 죽은 사람의 영혼을 말하기도 한다. 산천초목이나
무생물 따위의 여러 가지 사물에 깃들어 있다는 혼령으로 원시 종교의 숭배 대상 가운데 하나이다. 다른 자료
에서는 '정령精靈'이라고 하였다.

28   고사리 캐던 ; '고사리를 캔다'는 뜻으로 고사리로 연명하였다는 말이다. '首陽薇(수양미)'는 수양산(首陽山)
고사리로, 은나라의 충신 백이(伯夷)와 숙제(叔齊)가 수양산에서 고사리를 꺾어 먹고 연명하였다는 데서 나온
말이다. 다른 자료에서는 '채미採薇'라고 하였다.

29   원주 11. 12. 백이(伯夷)와 숙제(叔齊)는 중국 은말(殷末)의 두 사람 이름 그들은 주무왕(周武王)이 은에 대
하여 반기를 들자 수양산(首陽山)에 들어가서 굶어 주었다.

30   백이 숙제伯夷叔齊 ; 중국 은나라 때의 처사(處士)인 형 백이(伯夷)와 아우 숙제(叔齊)는 모두 은나라 고죽
군(孤竹君)의 아들이다. 주(周) 무왕(武王)이 은을 치려고 하는 것을 말리다가 이를 듣지 않으므로 형제는 주
나라의 녹 먹기를 부끄럽게 여기고 수양산(首陽山)에 들어가 고사리를 캐어 먹으며 숨어 살다가 채미가(采薇
歌)를 남기고 굶어 죽었다고 한다. 『맹자(孟子)』에 백이(伯夷)와 숙제(叔齊)는 성인 중에서 청백한 분(夷齊聖
之淸者)'이라는 말이 있다.

31   구추명절九秋名節 ; 보통 천추명절(千秋名節)이라고 한다. 천추명절(千秋名節)은 지조와 절개를 지켜 오래
고 긴 세월 동안 이름을 날린 인물을 말한다.

수양산[32]에 아사[33]하고

말 잘하는 소진 장의[34]는

렬국제왕列國諸王[35] 다 달래도 염라대왕[36][37] 못 달래어

춘풍세우春風細雨 두견성杜鵑聲에 슬픈 원혼冤魂[38]이 되였구나.[39]

초로[40] 같은 우리 인생 이런 풍악에 아니 놀고 무엇 하리.[41][42]≫

○ **불림** ≪이 두견 저 두견 만첩청산萬疊靑山[43]에 문두견[44]≫[45]

재비의 타령곡 반주에 맞추어 3목이 춤을 출 때 4목이 등장한다.

4목이 뛰여 등장하여 3목의 면을 처서 퇴장시키고

타령곡 반주에 맞추어 장내를 한 바퀴 휘— 돌면서 춤을 추고 장내를 홀적 돌아보면서

○ **재담** ≪쉬—

세거인두백歲去人頭白이요, 추래목엽황秋來木葉黃이라.[46]

---

32   수양산首陽山 ; 중국 산서성(山西省)에 있는 산 이름이다. 이곳에서 백이(伯夷)와 숙제(叔齊)가 아사(餓死)했다
고 한다. 또한 황해도 해주 시내에서 바로 동쪽 지점에 있는 산으로, 옛날 백이숙제가 고사리를 캐먹다 굶어 죽었다
는 산과 이름이 같아서, 조선 시대에 이 산을 소재로 하여 지어진 한시 중에 백이숙제와 관련된 작품이 많다.

33   아사餓死 ; 굶어 죽음을 말한다.

34   원주 13. 소진(蘇秦)과 장의(張儀)는 중국 전국 시대의 사람.

35   렬국제왕列國諸王 ; 여러 나라의 왕을 말한다.

36   원주 14. 염라 대왕(閻羅大王)은 불교 전설에서 지옥을 주관한다고 하는 귀신 이름.

37   염라대왕閻羅大王 ; 지옥에 살며, 십팔 장관과 팔만 옥졸을 거느리고, 죽어 지옥으로 떨어지는 인간이 생전
에 지은 죄악을 심판하고 징벌하는 대왕을 말한다.

38   원혼冤魂 ; 분하고 억울하게 죽은 사람의 넋을 이른다.

39   춘풍세우(春風細雨) 두견성(杜鵑聲)에 슬픈 원혼(冤魂)이 되였구나 ; 봄바람 가랑비에 두견새 울음소리에
슬픈 넋이 되었구나.

40   초로草露 ; 풀잎에 맺힌 이슬을 말한다.

41   이런 풍악에 아니 놀고 무엇 하리 ; 대화반응이 불림으로 활용되었다.

42   초로 같은 우리 인생 이런 풍악에 아니 놀고 무엇 하리 ; 풀잎에 맺힌 이슬 같은 우리 인생이야 이러한 풍악
소리를 듣고 놀지 아니할 수 없다 즉 가면극 현장에서 한껏 즐기자는 뜻이다.

43   만첩청산萬疊靑山 ; 겹겹이 둘러싸인 푸른 산을 말한다.

44   문두견聞杜鵑 ; 두견새의 울음소리를 듣는다는 뜻이다.

45   ≪이 두견 저 두견 만첩청산萬疊靑山에 문두견≫ ; 한자어를 우리말화한 불림이다. 두견새와 만첩청산을 대
비한 표현은 가사와 판소리에 두루 쓰이고 있다.

46   세거인두백歲去人頭白이요, 추래목엽황秋來木葉黃이라 ; 세월이 가니 사람의 머리는 희어지고 가을이 오니

세월이 장차 가고 보면 사람의 머리가 백발이 되고

가을이 장차 오고 보면 나무 잎 누러지노라≫.

나뭇잎은 누렇게 물드네. 보통은 '우후산여목(雨後山如沐) 풍전초사취(風前草似醉) 비 온 뒤의 산은 목욕을
한 듯하고 바람 앞에 풀은 술 취한 듯 날리도다'와 대를 이룬다.

○ **불림**   ≪적막寂寞은 막막 중천외中天外[47]에 구름이 둥실 높이 떴다≫[48]

하고 타령곡 반주에 맞추어 4목이 왕성히 춤을 출 때 5목이 등장한다.
5목이 뛰여 들어 와서 4목을 퇴장시키고 장내를 일견하면서

○ **재담**   ≪쉬―

오호五湖[49]로 돌아드니

범례范蠡[50] [51]는 간 곳 모르고

백빈주白蘋洲[52] 갈매기

강호안江湖岸으로 날아들 때[53]

심양강潯陽江[54] 당도하니

백락천白樂天[55] [56] 일거후―去後에

---

47   중천외中天外 ; 하늘 높이 한 가운데라는 뜻이다. '중천(中天) -하늘의 한가운데'과 '천외(天外)- 하늘의 바깥. 매우 멀거나 높은 곳'가 결합된 것이다.

48   ≪적막寂寞은 막막 중천외中天外에 구름이 둥실 높이 떴다≫ ; 한자어와 우리말이 결합된 불림이다. 임석재본에서는 '적막寂寞은 막막漠漠 중천中天에 구름은 뭉게 뭉게 솟아 있네' 라고 채록되었다. '적막은 막막'은 유사음어 반복이다. 운율을 맞추기 위한 것이다.

49   원주 14. 오호(五湖)는 중국 강소성에 있는 다섯 호수. 즉 격호(隔湖) 사호(射湖) 도호(洮湖) 귀호(貴湖) 태호(太湖)를 가리킨다. 혹은 태호(太湖)만을 오호라고도 부른다.

50   원주 16. 중국 춘추 시대 월왕(越王) 구천(句踐)의 신하.

51   범례范蠡 ; 범려(范蠡)다. 춘추시대(春秋時代) 월왕구천(越王句踐)의 충신으로 서시(西施)로 미인계(美人計)를 써서 오왕(吳王) 부차(夫差)에 대한 구천(句踐)의 치욕을 씻었다. 범소백(范小伯), 범상공(范上公)이라고도 한다. 월왕 구천을 도와서 오왕 부차(夫差)를 쳤으나, 높은 명성을 얻은 뒤에는 오래 살기 어렵다고 하며 벼슬을 내어 놓고 미인 서시(西施)와 더불어 오호(五湖)에 배를 띄우고 놀았다고 한다. 그 뒤 배를 타고 제(齊)에게 가서 변성명(變姓名)하여 치이자(鴟夷子)라 일컫고 재물을 모았다가 그 재물을 모두 흩어 백성들에게 나누어 준 다음 또 도(陶)땅에 가서 호를 도주공(陶朱公)이라 자칭했다. 다시 수만금을 모아 대부호가 되었으며, 왕이 공인(工人)에게 명하여 금으로 그의 형상을 새기게 하여 조정에서 예를 올렸다고도 한다.

52   백빈주白蘋洲 ; 흰 마름꽃이 피어 있는 물속의 작은 섬을 말한다. '마름'은 마름과의 한해살이풀로, 진흙 속에 뿌리를 박고, 줄기는 물속에서 가늘고 길게 자라 물 위로 나오며 깃털 모양의 물속뿌리가 있다. 잎은 줄기 꼭대기에 뭉쳐나고 삼각형이며, 잎자루에 공기가 들어 있는 불룩한 부낭(浮囊)이 있어서 물 위에 뜬다. 여름에 흰 꽃이 피고 열매는 핵과(核果)로 식용한다. 연못이나 늪에 나는데 한국, 일본, 중국 등지에 분포한다.

53   [보정] 백빈주白蘋洲 갈매기는 강호안(江湖岸)으로 날아들 때 ; 보통은 '백빈주白蘋洲 갈매기는 홍료안紅蓼岸으로 날아들고' 라고 한다. '홍료안紅蓼岸'은 붉은 여뀌꽃이 무성하게 피어 있는 물가 언덕을 말한다. '여뀌'는 마디풀과의 한해살이풀로. 잎은 바늘형이며 줄기는 60cm가량, 여름에 흰 꽃이 핀다. 잎과 줄기는 짓이겨 물에 풀어서 고기를 잡는 데 쓰며, 매운 맛이 나 조미료로도 쓴다. '빈료(蘋蓼)'는 부평초와 여뀌다.

54   심양강潯陽江 ; 중국 강서성(江西省) 구강현(九江縣)에 있는 강의 이름으로, 당나라 문인인 백거이(白居易)가 이곳을 지나다가 밤에 비파를 연주하는 소리를 듣고 「비파행(琵琶行)」을 지었다고 해서 유명해졌다.

비파성琵琶聲 끊어지고[57]

적벽강赤壁江[58] 돌아드니

소동파蘇東坡[59][60] 놀던 풍월[61]

의구依舊하다마는

조맹덕曹孟德[62][63] 일세지후一世之後[64]에

---

55   원주 17. 중국 당 나라의 시인 백거이(白居易). 락천은 그의 자(字)이다.

56   백락천白樂天 ; 백거이(白居易)를 말한다. 중국 당(唐)나라 시인이다. 작품 구성은 논리의 필연에 따르며, 주제는 보편적이어서 '유려 평이(流麗平易)'한 문학의 폭을 넓혀 당나라 일대(一代)를 통하여 두드러진 개성을 형성했다. '장한가(長恨歌)'와 '비파행(琵琶行)' 등의 작품을 남겼다. 중국 낙양(洛陽)에서 태어났다. 자는 낙천(樂天)이다. 호는 취음선생(醉吟先生), 향산거사(香山居士)로 불렸다. 이백(李白)이 죽은 지 10년, 두보(杜甫)가 죽은 지 2년 후에 태어났으며, 같은 시대의 한유(韓愈)와 더불어 '이두한백(李杜韓白)'으로 불린다. 어려서부터 총명하여 5세 때부터 시 짓는 법을 배웠으며 15세가 지나자 주위 사람을 놀라게 하는 시재를 보였다. 대대로 가난한 관리 집안에 태어났으나, 800년 29세로 진사(進士)에 급제하였고 32세에 황제의 친시(親試)에 합격하였다.

57   [보정] 백빈주白蘋洲 갈매기 강호안江湖岸으로 날아들 때 심양강潯陽江 당도하니 백락천白樂天 일거후一去後에 비파성琵琶聲 끊어지고 ; 백락천이 지은 '비파행'의 한 대목 '심양강 어구에서 밤에 손님을 보내려니 潯陽江頭夜送客'으로 보아도 이 대사는 '비파행'과 관련한 백락천의 생애를 연상시킨다. 백락천의 무상감과 비애를 주조로 비파행에 담았음이 '비파행(琵琶行) 병서(幷序)'에 잘 나타나 있다. '비파행'은 '비파인(琵琶引)'이라고도 한다. 당시 백거이는 신악부(新樂府)를 비롯한 일련의 사회비판의 시 때문에 중앙에서 쫓겨나, 천애(天涯:하늘 끝)라고 하던 구강(九江)에 좌천되어 있었다. 어느 가을날 저녁 우연히 들려오는 비파 소리에 느낀 바 있어 자신의 내면을 대상으로 이 시를 지어냈다. 비파의 음색에 매혹되어 끊임없이 떠오르는 환상을 때로는 화사하게 때로는 울적하게 펼쳐 나간다. 그것은 바로 음악을 언어로 옮기는 독창적인 형상이 되기도 한다. 또 한때 화려한 서울에서 미모와 슬기로 뭇사람의 이목을 끌었던 몸이 지금은 상인의 아내가 되어, 강상(江上)의 배에서 외로이 남편을 기다린다는, 비파를 탄주하는 여인의 술회에 문화의 그림자도 찾아볼 수 없는 변경의 땅에서 잿빛의 나날을 보내는 자신의 처지가 생각되어 누를 길 없는 한탄을 슬픈 억양으로 노래하였다고 평가된다.

58   적벽강赤壁江 ; 중국 호북성(湖北省) 황강현(黃岡縣)에 있는 강으로 삼국시대 오나라의 장군인 주유가 제갈량의 도움을 받아 조조의 군대를 대파한 곳이다. 또한 송나라의 문인인 소식(蘇軾)이 뱃놀이를 하면서 '적벽부(赤壁賦)'를 지었던 곳이다.

59   원주 18. 중국 송(宋)나라 문인. 당송팔대가(唐宋八大家)의 한 사람.

60   소동파蘇東坡 ; 중국 북송(北宋) 때의 문인이자 정치가인 소식(蘇軾)을 말한다. 자(字)는 자첨(子瞻)이며, 호(號)는 동파(東坡)다. 소선(蘇仙)이라고도 한다. 아버지 순(洵)과 아우 철(轍)과 더불어 '삼소(三蘇)'라고 불리며, 당송팔대가(唐宋八大家)의 한 사람이자 송나라를 대표하는 제일의 문인으로 문명을 날렸다. 정치적으로는 개혁파인 왕안석(王安石)과 대립하여 좌천되었으나 후에 철종(哲宗)에게 중용(重用)되어 구법파(舊法派)를 대표했다. 대표적인 작품으로는 특히 '적벽부(赤壁賦)'가 유명하며, 서화(書畵)에도 능했다.

61   풍월風月 ; 청풍(淸風)과 명월(明月)을 말한다. 아름다운 자연(自然)을 뜻하기도 한다. 여기서는 바람과 달에 부쳐 시가(詩歌)를 지으면서 살아가는 삶을 말한다.

62   원주 19. 중국 삼국 시대 사람. 조조(曹操)의 자(字)가 맹덕이다.

63   조맹덕曹孟德 ; 중국 위(魏)나라 무제(武帝)다. 중국 삼국시대의 걸출한 정치가이자 군사가다. 맹덕(孟德)은 그의 자이고 이름은 조(操)이며, 어릴 때 이름은 아만(阿瞞)이다. 초(譙) 사람으로, 동한말 효렴에 천거되어 입신하였다. 건안 18년 위공(魏公)으로 봉해지고, 건안 21년 위왕(魏王)에 봉해졌으며, 건안 25년에 죽었다. 그의 아들인 조비(曹丕)가 한(漢)을 대신하여 칭제(稱帝)하였으며, 조조를 무제(武帝)로 추존하였다. 황건의 난을 다스려 군공을 세웠으며, 적벽의 싸움에서는 유비와 손권의 연합군에 패하여 중국이 삼분되었다.

64   [보정] 일세지후一世之後 ; '일세효웅(一世梟雄)' 혹은 '일세지웅(一世之雄)'이 옳다. 한 시대의 사납고 용맹스

이금爾今에 안재재安在哉[65][66]≫

○ **불림** ≪월락오제月落烏啼 깊은 밤에 한산사寒山寺[67]

고소성[68]외姑蘇城外 배를 대니,

한산사 철고鐵箍[69] 소리 객선客船이 둥둥≫[70]

타령곡에 맞추어 5목이 춤을 출 때에 6목이 등장한다.

6목이 뛰여 들어 5목의 면을 쳐서 퇴장시키고

탈판을 일회 춤추고 돌은 후

장내를 휘— 돌아 보면서

러운 영웅을 말한다.

65 이금爾今에 안재재安在哉 ; '지금은 어디에 있는가' 라는 뜻이다.

66 일세지후一世之後에 이금爾今에 안재재安在哉 ; 소동파의 '전적벽부'의 한 구절을 원용한 것이다.

　　[참고] **전적벽부(前赤壁賦)** : 소자(蘇子)가 근심스레 옷깃을 바루고 곧추앉아 손에게 묻기를 '어찌 그러한가.' 하니, 객이 말하기를 '달은 밝고 별은 성긴데, 까막까치가 남쪽으로 난다.는 것은 조맹덕(曹孟德)의 시가 아닌가. 서쪽으로 하구(夏口)를 바라보고 동쪽으로 무창(武昌)을 바라보니 산천(山川)이 서로 얽혀 빽빽히 푸른데, 여기는 맹덕이 주랑(周郎)에게 곤욕(困辱)을 받은 데가 아니던가. 바야흐로 형주(荊州)를 깨뜨리고 강릉(江陵)으로 내려갈 제, 흘러서 동으로 가니 배는 천 리에 이어지고 깃발은 하늘을 가렸어라. 술을 걸러 강물을 굽어보며 창을 비끼고 시를 읊으니 진실로 일세(一世)의 영웅(英雄)이러니 <u>지금 어디에 있는가.</u> (이하 생략) '蘇者。 秋然正襟。危坐而問客曰 : 何爲其然也 客曰 : 月明星稀烏鵲南飛此非曹孟德之詩乎 西望夏口 東望武昌 山川 上繆 鬱乎蒼蒼 此非孟德之困於周郎者乎 方其破荊州 下江陵 順流於東也 軸艫千里 旌旗蔽空 釃酒臨江 橫槊 賦詩 <u>固一世之雄也 而今安在哉</u>

67 한산사寒山寺 ; 중국 강소성(江蘇省) 오현(吳縣) 서쪽 풍교(楓橋)에 있는 절로, 한산(寒山)과 습득(拾得)이라는 두 도승이 이곳에 있었으므로 붙여진 이름이다. 풍교사(楓橋寺)라고도 한다.

68 고소성姑蘇城 ; 중국 강소성(江蘇城) 오현(吳縣)의 고소산(姑蘇山)에 있는 성으로, 춘추시대 오나라 부차(夫差)가 건축하였으며, 완성하는 데에 7년이 넘는 기간이 소요되었다고 한다.

69 철고鐵箍 ; 여기서는 '쇠북'을 이른다. 청동으로 만든 북으로서 금구(禁口) 또는 반자(飯子, 半子) 등으로 불리며, 절에서 쓰인 의식 법구의 하나이다. 범종이 주로 아침저녁의 예불이나 중요한 의식 법회 때 사용된 것과 비교해 볼 때 금고는 공양(供養) 시간을 알린다거나 사람을 모으는 등에 사용되었다.

70 ≪월락오제月落烏啼 깊은 밤에 한산사寒山寺 고소성외姑蘇城外 배를 대니, 한산사 철고鐵箍 소리 객선客船이 둥둥≫ ; 불림으로 활용되었다. 달이 지고 까마귀가 우는 깊은 밤에 고소성 밖에 배를 대니 한산사 쇠북소리는 객선을 둥둥 울리고. 당나라 장계(張繼)의 '풍교야박(楓橋夜泊)' '月落烏啼霜滿天 달은 지고 까마귀는 울고 서리는 하늘에 가득한데, 江楓漁火對愁眠 강변의 단풍과 어부의 불빛을 바라보다 시름 속에 잠든다. 姑蘇城外寒山寺 고소성 -소주성- 밖 한산사 夜半鍾聲到客船 한 밤 북소리가 나그네 뱃머리에 들려온다.'를 원용한 것이다. 이는 우리 연행문화에서 흔히 원용되었다.

　　[참고] 月落烏啼 霜滿天호니 江楓漁火 對愁眠이라 / 姑蘇城外 寒山寺의 夜半鍾聲의 到客船이라 / 밤중만 欸乃一聲의 山水綠이로다. 『靑丘永言』

　　[참고] 寒山寺 쇠북 소리 五更枕을 놀래 깨니 / 소상강 쩨기럭기 碧波 秋月을 반기는 듯 / 壁上의 耿耿孤燈에 心懷를 도도는 듯. 『雜誌』

○ **재담**　　≪쉬—

　　　산불고山不高에 수려하고[71]

　　　수불심水不深 등청澄淸이라[72]

　　　지불광地不廣이 평탄하고[73]

　　　인무다人無多이 무성이라.[74]

　　　월학月鶴은 상반相伴하고[75]

　　　송죽은 상취록相翠綠이라.[76]

　　　기산영수箕山潁水[77] 별건곤別乾坤[78]은

　　　소부 허유巢父 許由[79][80]가 놀고

　　　채석강[81][82] 명월야明月夜[83]에는

　　　리적선[84][85]이가 놀고 적벽강

71　[보정] 산불고山不高에 수려하고 ; '산불고이(山不高而) 수려秀麗하고'다. 산은 높지 아니하며 빼어나게 아름답다.

72　[보정] 수불심水不深 등청澄淸이라 ; '수불심이(水不深而) 청징淸澄이라'다. 물은 깊지 아니하며 맑고 깨끗하다.

73　[보정] 지불광地不廣이 평탄하고 ; '지불광이(地不廣而) 평탄平坦하고'다. 땅은 넓지 아니하며 평평하다.

74　[보정] 인무다人無多이 무성이라 ; '인불다이(人不多而) 무성茂盛이라'다. 사람은 많지 않으나 무성하다. 원래는 '林不多而(임불다이) 茂盛(무성)'으로, '나무는 많지 않으나 무성하다'의 뜻이다.

75　[보정] 월학月鶴은 상반相伴하고 ; '월학(月鶴) 쌍반(雙伴)하고'다. 달빛에 학은 나란히 날아감을 뜻한다. '상반(相伴)'은 서로 짝을 이룬다는 뜻이다.

76　[보정] 송죽은 상취록相翠綠이라 ; '송죽松竹 교취交翠이라'다. 소나무와 대나무는 비취빛이로구나. 푸른 대나무를 취죽(翠竹)이라고 한다.

77　기산영수箕山潁水 ; 중국 하남성(河南省)에 있는 산과 시내를 말한다. 요임금 때 소부와 허유가 임금의 자리를 물려받으라는 왕명을 피하여 들어가 은거(隱居)했다는 산과 물이다. '기산'은 하남성 행당현(行唐縣) 서북쪽에 위치한다. '영수'는 하남성 등봉현(登封縣) 서쪽 경계에 있는 영곡(潁谷)에서 발원하여 회수(淮水)로 유입하는 물길이다.

78　별건곤別乾坤 ; 별세계, 별천지를 말한다.

79　원주 20. 중국 고대 전설에 기산 아래 령수'가에 살았다고 하는 두 은자(隱者 – 賢人)이다.

80　소부 허유(巢父 許由) ; 고대 중국의 전설상의 은자(隱者)인 소부와 허유를 말한다. 속세를 떠나서 산의 나무 위에서 살았기 때문에 생긴 이름이며, 요(堯)가 천하를 그에게 나라를 맡기고자 하였으나 이를 사양하고 받지 않았다. 허유(許由)가 영천에서 귀를 씻고 있는 것을 소를 몰고 온 소부(巢父)가 보고서 그러한 더러운 물은 소에게도 마시게 할 수 없다며 돌아갔다는 고사(故事)가 있다.

81　원주 21. 채석강(采石江). 중국 당 나라 시인 리백(李白)이 술에 취하여 채석강에 비친 달 그림자를 잡으려 했다는 이야기를 가리킴.

82　채석강采石江 ; 중국 안휘성(安徽省)에 위치한 강으로, 당(唐)나라의 시인 이태백(李太白)이 놀다가 빠져 죽은 곳으로 유명하다. 동정호(洞庭湖)의 한 지류다. 이백(李白)이 채석강(采石江)에서 놀 때 술에 취하여 물에 비친 달을 잡으려고 강에 뛰어들어 빠져 죽었다고 한다. 그러나 이화(李華)의 태백묘지(太白墓誌)나 이양(李陽)의 '빙초당집서(氷草堂集序)'로 보아 그의 죽음에 대해서는 의심쩍은 데가 있다.

83　명월야明月夜 ; 달 밝은 밤을 말한다.

추야월[86]에 소동파는 놀았거던,

하물며 우리도 풍류정에 당도하니

한 번 놀고 갈려던[87]≫

○ 불림   ≪추천鞦韆[88]은 경출수양리境出垂楊裡≫[89][90]

타령곡에 맞추어 잠간 춤을 춘다. 6목이 춤추고 있을 때 7목이 등장한다.

7목이 뛰여 등장하여 6목의 면을 처 퇴장시킨다.

7목은 장내를 휘— 한번 돌아보고서

○ 재담   ≪쉬—

천지현황天地玄黃[91] 생긴 후에

일월영측日月盈昃[92] 되였어라.[93]

천지 개벽[94]후 만물이 번성하여[95]

산도 자연 수도 자연 산수[96]간 나도 절로[97]

---

84   원주 22. 적선은 리백의 자.
85   리적선 ; '이적선(李謫仙)'이다. 중국 당 나라 때 시인 이백(李白)을 말한다. 자는 태백(太白)이며, 호는 청련거사
     (靑蓮居士), 주선옹(酒仙翁)이다. 시선(詩仙)으로 일컬어지는데 장안(長安)에 들어가 하지장(賀智章)을 만났을
     때 하지장은 그의 글을 보고 탄(歎)하여 적선(謫仙)이라 하였다. '두보는 배에 오르지 않고 술 속의 신선이라고
     스스로 자랑한다. 李白一斗詩百篇 長安市上酒家眼 天子呼來不上船 自稱臣是酒中仙'라고 노래하였다.
86   추야월秋夜月 ; 가을밤의 달을 말한다.
87   하물며 우리도 풍류정에 당도하니 한 번 놀고 갈려던 ; 대화반응이 불림으로 활용되었다.
88   추천鞦韆 ; 부녀자들이 주로 오월 단오에 그네를 타고 노는 놀이를 이른다. 그네뛰기는 한무제(漢武帝) 때에
     후궁(後宮)에서 시작하였는데, 원래 축사(祝詞) -인류학적으로 보면 풍요다산을 기원하는 의미- 의 뜻으로 천추(千
     秋)라고 하던 것이 뒤집혀 추천(秋千)으로 되고, 다시 '추천(鞦韆)'으로 쓰이게 되었다.
89   원주 23. 버드나무 가지 늘어진 사이로 그네가 왔다 갔다하는 광경.
90   ≪추천鞦韆은 경출수양리境出垂楊裡≫ ; 한자어 불림이다. 수양버들 숲에서 그네 타는 모습을 묘사한 것이
     다. 이두현본에서는 '(鞦韆은 更出垂楊裡)'라고 채록되었다.
91   천지현황天地玄黃 ; 하늘은 위에 있으니 그 빛이 검고 그윽하며, 땅은 아래 있으니 그 빛이 누르다는 뜻이다.
92   일월영측日月盈昃 ; 해는 서쪽으로 기울고 달도 차면 점차 이지러진다는 뜻이다. 즉 우주의 진리를 말한다.
93   천지현황天地玄黃 생긴 후에 일월영측日月盈昃 되였어라 ; 천자문의 첫 여덟 글자를 원용하였다.
94   개벽開闢 ; 세상이 처음으로 생겨 열림을 말한다. 세상이 어지럽게 뒤집힘을 말하기도 한다. 새로운 시대가
     열리는 것을 비유적으로 이르는 말로도 쓰인다.
95   천지 개벽후 만물이 번성하여 ; 천지가 창조된 후에 만물이 번성한다.
96   산수山水 ; 산과 물이라는 뜻으로, 자연의 경치를 이르는 말이다.

봄이 오면 산수 경치를 구경하려고

죽장망혜[98] 단표자單瓢子[99]로

천리 강산을 당도하니

산에 찬 홍紅과 록綠[100]은 일년일도一年一度[101]

새로이 웃어 춘색을 자랑하고

창송록죽蒼松綠竹[102]은 울울히 창창하고나.[103]

기화요초 란만중爛漫中[104]에

화중花中에 자는 봉접蜂蝶[105]

그 자취 없이 날아든다.

류상앵비柳上鶯飛는 편편금이요.[106]

화간접무花間蝶舞는 분분설[107]이라.[108]

얼시구나[109] 삼춘가절[110]

도화만개桃花滿開 점점홍點點紅이요.[111]

---

97 산도 자연 수도 자연 산수간 나도 절로 ; 산도 제 스스로요, 물도 제 스스로이니 산과 물속에 나도 제 스스로니, 산과 물이 잘 어우러진 좋은 봄철이라 나도 그 풍광 속에 절로 빠져든다는 말이다. 보통은 '산절로 수절로 하니 산수간에 나도 절로' 라고 실현한다.

98 죽장망혜竹杖芒鞋 ; 대지팡이와 짚신의 뜻으로, 먼 길을 떠날 때의 아주 간편한 차림새를 이르는 말한다. '망혜'는 '미투리'라고도 한다. '마혜(麻鞋)'가 '망혜(芒鞋)'로 와문 되어 흔히 죽장망혜(竹杖芒鞋)라고 많이 읽히는데 이것은 노래를 부를 때에 '마' 음(音)을 길게 뽑는 데서 말미암은 것이라 한다.

99 단표자單瓢子 ; 도시락과 표주박을 말한다.

100 산에 찬 홍紅과 록綠 ; 보통은 '만산홍록(滿山紅綠)'으로, 온 산이 붉고 푸름으로 가득 참을 말한다.

101 일년일도一年一度 ; 일 년에 한번이라는 뜻이다.

102 창송록죽蒼松綠竹 ; 푸른 소나무와 푸른 대나무를 이른다. '창송취죽(蒼松翠竹)'이라고도 한다.

103 울울히 창창하고나 ; 보통은 '울울창창(鬱鬱蒼蒼)'으로, 큰 나무들이 빽빽하게 들어서 푸르게 우거져 있다는 뜻이다.

104 [보정] 기화요초奇花瑤草 란만중爛慢中 ; 아름답고 고운 꽃과 풀이 활짝 많이 피어 화려함을 말한다.

105 봉접蜂蝶 ; 별과 나비를 말한다.

106 류상앵비柳上鶯飛는 편편금片片金이요 ; 버들 위에서 꾀꼬리가 나니 조각조각 황금쪽 같구나.

107 원주 24. 버들 가지에서 꾀꼬리가 나니 쪼각 쪼각 금쪼각 같고 꽃 사이에 나비가 나니 흰눈이 분분히 내리는 듯하다.

108 화간접무花間蝶舞는 분분설紛紛雪이라 ; 꽃 사이로 나비가 춤을 추니 펄펄 나는 흰 눈 같구나.

109 얼시구나 ; 조흥구(助興句)다.

110 삼춘가절三春佳節 ; 봄철 석 달의 좋은 시절이다. 음력 정월, 2월, 3월을 각각 맹춘(孟春), 중춘(仲春), 이춘(李春)이라고 하며 이를 통틀어 삼춘(三春)이라고 한다.

111 [보정] 도화만개桃花滿開 점점홍點點紅이요 ; 복숭아꽃이 만발하여 점점이 붉도다. 기존 작가의 작품의 한 구절을 원용하여 관용구formula로 정착된 사례다. [참고]『동국이상국집』 백운소설(白雲小說) : 시중(侍中) 김부식(金富軾)과 학사 정지상은 문장으로 함께 한때 이름이 났는데, 두 사람은 알력이 생겨서 서로 사이가 좋지

무릉도원[112]이 예 아닌가.

우리 풍류정 당도하여

한 번 놀고 가려던[113]≫

○ **불림**　　≪옥동[114]도화만수춘玉洞桃花萬樹春≫[115]

타령곡 반주에 맞추어 화려한 춤을 출 때 8목이 등장한다.

8목이 뛰여 등장하여 7목의 얼굴을 처 퇴장시키며 장내를 휘— 돌아보면서

○ **재담**　　≪쉬—

죽장[116] 짚고 마혜[117] 신어 천리 강산[118] 들어 가니

못했다. 세속에서 전하는 바에 의하면 지상이, '임궁(琳宮)에서 범어를 파하니 琳宮梵語罷 하늘빛이 유리처럼 깨끗하구나. 天色淨琉璃' 라는 시구를 지은 적이 있었는데, 부식(富軾)이 그 시를 좋아한 끝에 그를 구하여 자기 시로 삼으려 하자, 지상은 끝내 들어 주지 않았다. 뒤에 지상은 부식에게 피살되어 음귀(陰鬼)가 되었다. 부식이 어느 날 봄을 두고 시를 짓기를, '버들 빛은 천 갈래 실이 푸르고 柳色千絲綠 복사꽃은 일만 점이 붉구나 桃花萬點紅' 하였더니, 갑자기 공중에서 정지상 귀신이 부식의 뺨을 치면서, '천 갈래 실인지, 일만 점인지 누가 세어보았느냐. 왜, 버들 빛은 실실이 푸르고 柳色絲絲綠 복사꽃은 점점이 붉구나 桃花點點紅 라고 하지 않는가.' 하니, 부식은 마음속으로 매우 그를 미워하였다. 뒤에 부식이 어느 절에 가서 측간에 올라앉았더니, 정지상의 귀신이 뒤쫓아 와서 음낭을 쥐고 묻기를, '술도 마시지 않았는데, 왜 낯이 붉은가.' 하자, 부식은 서서히 대답하기를, '언덕에 있는 단풍이 낯에 비쳐 붉다.' 하니, 정지상의 귀신은 음낭을 더욱 죄며, '이놈의 가죽주머니는 왜 이리 무르냐.' 하자, 부식은, '네 아비 음낭은 무쇠였더냐.' 하고 얼굴빛을 변하지 않았다. 정지상의 귀신이 더욱 힘차게 음낭을 죄므로 부식은 결국 측간에서 죽었다 한다.

112　무릉도원武陵桃源 ; 선경(仙境) 또는 낙원(樂園)을 가리키는 말이다. 진(晋)나라 때에 어부(漁父)가 계곡물에 떠서 내려오는 복숭아꽃을 따라 올라갔다. 동굴 속으로 이어진 물줄기를 따라 굴속에 들어가서, 그곳에 있는 선경(仙境)을 발견하고 귀가(歸家)하였다가 뒤에 다시 찾으려 했을 때 그 지형(地形)을 분별할 수가 없었다고 한 데서 온 말이다. 이와 관련하여 진(晉)나라 문인인 도잠(陶潛)이 지은 '도화원기(桃花源記)'가 있고, 당나라 문인인 이백(李白)이 지은 '산중문답(山中問答)'에도 '도화유수묘연거(桃花流水渺然去) 별유천지비인간(別有天地非人間)'이라는 구절이 있다.

113　우리 풍류정 당도하여 한 번 놀고 가려던 ; 대화반응이 불림으로 활용되었다.

114　옥동玉洞 ; 옥으로 된 동혈(洞穴)로 신선이 사는 곳이다. 또는 은자(隱者)가 사는 곳을 일컫는 말로 쓰고 있다.

115　≪옥동도화만수춘玉洞桃花萬樹春≫ ; 한시구를 원용한 불림이다. '옥동(玉洞)의 복숭아꽃이 일만 나무 봄이로구나.'라는 뜻이다.

116　죽장竹杖 ; 대지팡이를 말한다.

117　마혜麻鞋 ; 죽장망혜(竹杖芒鞋)는 대지팡이와 짚신으로, 먼 길을 떠날 때의 아주 간편한 차림새를 이르는 말한다. '망혜'는 '미투리'라고도 한다. '마혜(麻鞋)'가 '망혜(芒鞋)'로 와문 되어 흔히 죽장망혜(竹杖芒鞋)라고 많이 읽히는데 이것은 노래를 부를 때에 '마' 음(音)을 길게 뽑는 데서 말미암은 것이라 한다.

118　천리 강산千里江山 ; 천리에 벋친 자연이라는 뜻이다.

폭포도 장이 좋다마는 려산廬山[119]이 예로구나

비류직하飛流直下 삼천척[120]은 옛말로 들었건만

의시은하疑是銀河 락구천落九天[121] [122]은

과연 허언[123]이 아니로다.

은하석경협도銀河石徑狹道[124]로 찾아 내려 오니

풍류정이 예 아닌가.

우리도 풍류정 당도하여

한 번 놀고 갈려던[125]≫

○ **불림** ≪흑운만천黑雲滿天 천불견天不見≫[126]

---

119 려산廬山 ; 강서성 구강부(江西省 九江府)에 있는 명산이다. 보는 장소에 따라 달리 보이고 향로봉(香爐峰)
과 여산 폭포가 유명하며, 광유(匡裕)라는 사람이 여기 살았기에 광려(匡廬)라고도 한다. 평야 지대에 위치해
있어서, 그 기세가 더욱 웅장하고 높아 보인다. 깎아지른 듯한 높은 절벽이 많고 맑은 물과 폭포가 유명하며,
산중에 늘 운무(雲霧)가 끼어 있어서 산봉우리를 보는 일이 쉽지가 않아 '不識廬山眞面目(불식여산진면목)'이
라는 말이 있으며, 예로부터 명승지로 이름이 높다.
  [참고] 소식(蘇軾) '제서림벽(題西林壁)'
  橫看成嶺側成峰 옆에서 보면 산령이오, 곁에서 보면 산봉이로세,
  遠近高低各不同 멀고, 가깝고, 높고, 낮기가 각각 다르구나.
  不識廬山眞面目 여산의 참 모습을 알지 못하는 것은,
  只緣身在此山中 바로 이 몸이 산 속에 있기 때문이로구나.
120 비류직하飛流直下 삼천척三千尺 ; 날듯 수직으로 떨어지는 삼천 척 물줄기라는 뜻이다. 이백(李白)의 '망여
산폭포(望廬山瀑布)'의 한 구절이다.
  [참고] '망여산폭포(望廬山瀑布)'
  日照香爐生紫烟 향로봉에 해 비치니 자줏빛 안개 피어나고
  遙看瀑布掛前川 멀리 보이는 폭포는 앞 냇물에 걸렸도다.
  飛流直下三千尺 날 듯 수직으로 떨어지는 삼천 척 물줄기는
  疑是銀河落九天 의심컨대, 은하수가 하늘에서 떨어진 것이리.
121 원주 25. 은하(銀河)가 하늘에서 떨어지는 것 같다.
122 의시은하疑是銀河 락구천落九天 ; 의심컨대, 은하수가 하늘에서 떨어진 것이라는 뜻이다. 이백(李白)의 '망
여산폭포(望廬山瀑布)'의 한 구절이다.
123 허언虛言 ; 실속이 없는 빈말을 뜻한다.
124 은하석경협도銀河石徑狹道 ; 보통은 '은하석경(銀河石徑) 좁은 길'이라고 실현한다. '은하석경(銀河石徑)'은
은하수와 같이 밝게 빛나는 돌길을 말한다. '협도(狹道)'는 좁은 길을 말한다.
125 우리도 풍류정 당도하여 한 번 놀고 갈려던 ; 대화반응이 불림으로 활용되었다.
126 [보정] ≪흑운만천黑雲滿天 천불견天不見≫ ; 한자어 불림이다. '검은 구름이 가득하여 하늘을 볼 수 없다'는
뜻이다. 송석하본에서는 다른 대목이지만 '흑운黑雲이 만첩천불견萬疊天不見' -검은 구름이 만첩이 되도록 두꺼워
하늘을 볼 수 없다- 이라고 채록되었다.

타령곡 반주에 맞추어 춤을 추고 있을 때

퇴장한 7명의 먹중이 함께 다시 등장한다.

8명의 먹중이 뒤섞여 뭇등 춤[127]을 춘다.

이 때 재비는 타령곡 반주를 한다.

이리하여 흥겨워 춤을 추던 8명의 먹중은 퇴장한다.

---

127 [보정] 뭇등 춤 → 뭇동춤 ; '합동춤'이라고도 한다. 정병호는, 뭇동춤은 탈판에 나온 팔목이 흩어져 서서 각자
   추었던 개인춤을 중심으로 군무를 추는 것으로 공동체를 형성하는 화합의 춤을 추는 것을 의미한다고 한다.
   춤은 일제히 불림을 하고 잦은 타령에 맞추어 한동안 각자 추다가 또다시 일제히 불림을 하고 '앉아뛰기 외사
   위', '앉아뛰기 겹사위', 도무하면서 '외사위', '겹사위', '연풍대', '까치걸음' 등 활달한 건무(健舞)를 추다가 원무
   (圓舞)로 돌면서 퇴장한다.

3. '제삼과장 법고춤'의 복원

제3과장 법고춤 [1]

○ 등장인물

먹중 : 8명

상좌 : 1명

가사당[2] : 1명

재비는 악기를 내 놓고 퇴장한다.[3]

8목은 가면을 쓰고 등거리만 입고 띠[4]를 띠고 행건[5]을 친다.

가사당[6]은 소무 의상을 하고 나온다(한삼은 달지 않는다).[7]

○ 악기 　　북, 징, 갱쇠[8], 장고, 법고[9]

1　제3과장 법고춤 ; 본래 불교의식 성격이 강한 법고무가 실현되었던 장면인데 후에 언어유희 중심으로 변모한 것으로 추정된다. 이두현본이 좀더 자세하다.

2　가사당 ; 임시로 사당 역할role을 맡은 인물을 말한다.

3　재비는 악기를 내 놓고 퇴장한다 ; 이 대목에서는 악이 연주되지 않고 전개된다는 사실을 알 수 있다.

4　띠 ; 청색, 홍색, 황색의 삼색 띠를 이른다.

5　[보정] 행건 ; 행전(行纏)이다. 바짓가랑이를 좁혀 보행과 행동을 간편하게 하기 위하여 정강이에 감아 무릎 아래에 매는 도구다. 행등(行縢)이라고도 한다. [이하 '행건'은 '행전'이다]

6　가사당 ; 이 자료 뒤에서는 '가사당(녀자사당)'라고 하였다.

7　가사당은 소무 의상을 하고 나온다(한삼은 달지 않는다) ; '가사당'과 '소무'가 같은 역할을 담당함을 알 수 있는 기사다.

8　갱쇠 ; '깽쇠'로, '꽹과리'의 방언이다.

9　법고(法鼓) ; 불교의식에 사용되는 북이다. 홍고(弘鼓)고도 하며 줄여서 북이라고 한다. 주로 잘 건조된 나무로써 북의 몸통을 구성하고, 쳐서 소리를 내는 양면은 소의 가죽을 사용한다. 주로 잘 건조된 나무로써 북의 몸통을 구성하고, 쳐서 소리를 내는 양면은 소의 가죽을 사용한다. 이때 북의 가죽은 암소와 수소의 가죽을 각

O **갑먹중** ≪우리가 모두 중이 아니냐≫

O **7명의 먹중** ≪그래≫

O **갑먹중** ≪우리가 중인데 중이면 중의 행세를 하고, 속인은 속인의 행세를 한다
고 하는데 우리가 한 번 벗구 놀자≫

O **7명의 먹중** ≪벗구 놀아 벗구 놀아≫

하면서 옷을 벗으려 할 때

O **갑먹중** ≪(북을 가르치면서) 북을 치면서 놀잔 말인데 너는 왜 옷을 벗으려 하느냐≫

하면서 다시 북을 가리키면서 벗구 놀자고 한다.[10]

O **7명의 먹중** ≪이놈아 이것이 법고法鼓지 벗구냐? 이 무식한 놈아 벗구벗구 하기
에 우리는 옷을 홀딱 다 벗으려 하였다≫

O **갑먹중** ≪(하하 웃으며) 내가 몰라서 벗구벗구 했고나, 그러면 법고면 법고 놀자≫

이때에 법고 든 놈은 법고 들고 갱쇠 든 놈은 갱쇠 들고 장고 든 놈은 장
고 들어 8목이 다 악기를 돌고 (미리 8목 각 자의 기능에 따라 법고, 장
고, 갱쇠 등을 정해 놓는다)[11]

기 양면에 부착하여야 좋은 소리를 낸다고 한다.

10 북을 가리키면서 벗구 놀자고 한다 ; 소위 '법구놀이'를 실현한다는 기사다. 여기서는 '법고'와 '벗고'를 이용한
언어유회를 중심으로 전개된다. '법구놀이'는 버꾸춤·버꾸놀이·벅구놀이·법고놀이·소고놀이 등으로 불린다.
소고놀이로 알려진 법구놀이는 설장고놀이·상모놀이와 함께 의미 있는 민속놀이다. 판굿에서 소고잽이가 소
고를 치면서 연풍대·시사·일사·두루거리·자반지기·나비상 등 여러 춤을 추면서 논다. 법구놀이에서 추는
춤은 매우 빠른 동작으로 이루어진다.

법고 장단에 맞추어 제각기 흥겨워 춤을 출 때

가사당(녀자사당)도 8목들의 법고무[12]에 맞추어 한 구석에서 허튼 춤[13]을
춘다.

이리하여 얼마큼 란무(亂舞)하다가[14] 퇴장한다.

---

11   (미리 8목 각 자의 기능에 따라 법고, 장고, 갱쇠 등을 정해 놓는다) ; 각각 악기를 들고 장기(長技)로 가지고
     있는 춤을 춘다고 한다.
12   법고무法鼓舞 ; 불교의식 때 실행되는 작법(作法)의 한 가지다. 법고춤이라고도 한다. 절에서 거행하는 영산
     재(靈山齋) 때 범패(梵唄)와 함께 법고무가 실행된다. 장삼(長衫)을 입은 승려(僧侶)가 법고 앞에서 북채를 들
     고 북 둘레와 북통을 치면서 춤을 춘다. 절에서 추는 법고무는 반주 없이 자진모리장단으로만 실행되는데, '반
     염불'과 '굿거리'를 반주로 실행되기도 한다.
13   허튼 춤 ; 일정한 형식이나 정해진 순서 없이 자기의 멋을 넣어 추는 즉흥적인 춤이다. 전문춤꾼인 기생이나
     재인들이 의례적이고 공적인 연회의 자리가 아닌 사적이고 자유분방한 놀음에서 허튼춤을 추었고, 이때 상황
     에 따라 춤꾼마다 다른 멋과 기교를 부리며 추었다. 허튼춤은 일 년 농사 절기와 연관된 풍물판이나, 놀이판에
     서 추어졌고, 집안이나 마을의 잔치에서도 추어졌다. 전문적인 멋이나 기교보다는 놀이판이나 춤판에서 형식
     없이 거리낌 없이 홀로 혹은 집단으로 추었다. 지역마다 다른 이름이 있으니, 보릿대춤, 막대기춤, 절굿대춤,
     황새춤, 덧배기춤, 어깨춤, 몽둥이춤, 거드름춤, 번개춤, 소쿠리춤, 활개춤, 깨끔춤, 엉덩이춤, 두레춤, 몽두리춤
     이라고 한다. 허튼춤은 대개 위아래로 오금을 굽혔다 폈다 하거나, 팔을 위아래, 좌우로 흔드는 등 동작이 간단
     하다. 음악은 삼현육각을 갖추기도 하고 장고와 구음만으로 맞출 수도 있으며, 기본 장단은 굿거리와 잦은몰이
     이다. 즉흥적인 춤이지만 현재 허튼춤은 무질서하기만 한 것이 아니고 기본적인 짜임이 있으면서 그때 그때
     즉흥적으로 추어지고 있다.
14   얼마큼 란무(亂舞)하다가 ; 각각 가지고 있는 장기(長技)에 맞추어 춤춘다.

4. '제사과장 거사 사당춤'의 복원

제4과장 거사 사당춤 [1]

○ 등장인물

녀사당 : 1명

거사 : 8명

재비는 퇴장하고 없다.

○ 의상

녀사당[2] : 머리는 낭자[3]를 틀고 옷은 록의홍상(綠衣紅裳)[4]에 우수(右手)에

양산(陽傘)[5]을 들고 좌수에 딱선[6]을 들고 교자(轎子)[7] 바탕[8]에 타고 등장

---

1   거사 사당춤 ; 다른 자료에서는 '사당춤' 혹은 '사당무(社堂舞)'라고 하였다.

2   녀사당 ; 사당패(社堂牌)는 주된 구성원이 여성으로, 일명 '여사당'으로 통하는 조선 후기 유랑예인집단이다. 사료에 따라서 회사(回寺), 사당(社堂), 사당(捨堂), 사당(舍黨), 사당(沙嬌), 사당(社堂) 등으로 표기되어 있다. 『선조실록』40년 5월 4일 조와 『중종실록』8년 10월 3일 조의 기사에 따르면 조선시대 절과 관련을 맺고 연희하는 사람들 가운데 여자는 사당, 남자는 거사라고 부르는 구별이 있었다. 이긍익(李肯翊)의 『연려실기술(燃藜室記述)』에 '비구승(比丘僧)·비구니(比丘尼)·우바새(優婆塞)·우바이(優婆夷)를 사중(四衆)이라고 일컫는다. 우리나라 풍속에 우바새를 거사라고 부르고, 우바이를 사당(捨堂)이라고 부른다.'라는 기사가 있다. 사당과 거사를 비구승, 비구니와 함께 사중(四衆)이라고 불렀다는 것은 사당과 거사가 본래 불교에 속했던 때가 있었음을 뒷받침한다.

3   낭자 ; '쪽머리'로, 옛부터 내려온 출가한 여자의 머리 모양이다. '쪽찐머리'라고도 한다. 혼인 전에는 머리를 길게 길러 양쪽 귀밑머리를 땋고 다시 한 묶음으로 땋다가, 혼인을 하면 귀밑머리를 풀어 길게 하나로 땋아 뒷목에서 틀어 올려 비녀를 꽂는다.

4   록의홍상(綠衣紅裳) ; 혼례식에 신부의 예복으로 착용되었다. 안에 청색 치마를 겹쳐 입거나 위에 원삼을 덧입기도 했다. 녹의홍상에 족두리를 쓰고 한삼을 착용하여 혼례복을 대신한 경우도 많았다.

5   양산(陽傘) ; 일산(日傘)이거나 그 대용품을 쓴 듯하다. 일산(日傘)은 볕을 가리기 위한 큰 비단 양산을 이른다. 의장(儀仗)의 한 가지로 산(傘)이나 개(蓋)라고도 쓴다. 계급에 따라 그 색과 형태가 다르다. ≪고려사≫에 기록된 의종 때에 상정한 대례·대조회 때의 의장을 보면 대관전의 조회·절일·정월·동지·가례에는 전정(殿庭)에서 의식을 치르는 데 대산(大傘)과 양산(陽傘)이 쓰였다.

6   딱선扇 ; 살이 몇 개 안 되는 쥘부채를 이른다.

7   교자(轎子) ; 조선 시대에, 종일품 이상 및 기로소(耆老所)의 당상관이 타던 가마다.

한다.

거사 : 4명은 교군[9]. 먹중 가면 우에 패랭이[10]를 쓰고 등거리만 입고, 행건[11]을 치고 녀사당을 태운 교군'군[12]이 된다.

1명은 가면을 쓴 우에 패랭이를 쓰고 등거리만 입고 행건을 치고 시대기짐(사당의 행장)[13]을 지고 나온다.

3명의 목승은 가면 우에 패랭이를 쓰고 등거리를 입고 행건을 치고 탈판 가운데 먼저 나와 서 있는다.

제일 먼저 3명의 거사가 탈판 한 가운데에 서서 장구, 쇠, 태증[14]을 들고 소고(小鼓)[15] 장단[16]을 칠 때 4명의 거사가 교자를 메고 춤을 추면서 탈판

---

8 바탕 ; 물체의 뼈대나 틀을 이루는 부분이다. 여기서는 '가마'의 수를 세는 단위로 사용되었다.

9 교군轎軍 ; '가마꾼'을 이른다. 예전에, 가마를 메는 일이나 한 사람이 안에 타고 둘이나 넷이 들거나 메던, 조그만 집 모양의 탈것을 이르기도 하였다.

10 패랭이 ; 옛날 신분이 낮은 사람이나 상제가 쓴 갓이다. 평량자(平凉子) · 차양자(遮陽子) · 폐양자(蔽陽子) · 평량갓이라고도 한다. 댓개비 -대나무를 가늘게 오린 것- 를 갓 모양으로 만든 것인데, 초립이나 갓은 패랭이가 발전한 것으로 여겨진다. 패랭이는 원래 방립(方笠:삿갓)과 마찬가지로 일반에게 통용된 것이었으나 고급 관모의 출현으로 용도가 점점 국한되어 뒤에는 사인(士人)이 3년상을 치를 때까지 썼으며, 일반에게는 역졸의 제모(制帽), 부보상 · 천민의 평상모가 되었다. 패랭이는 대개 대나무 빛으로 된 것을 그대로 썼으나 역졸만은 검은 칠을 해서 썼다. 부보상은 갓끈을 꿰어단 꼭대기에 목화송이를 다는 것이 통례였다.

11 행건 ; '행전'이다.

12 교군'군 ; '교꾼군'이다. '가마꾼'을 이른다.

13 시대기짐(사당의 행장) ; '시래기짐'이다. 무청을 말린 것을 시래기라고 한다. 이두현 채록 보고서에 '호래비거사는 가마니나 거적을 달아서 둘러멘다.'라고 한 것으로 보아 여기서 시래기집이라고 한 것은 시래기짐을 졌거나 가마니나 거적을 두고 이른 듯하다. 『동국세시기(東國歲時記)』 정월 상원에 의하면 박나물 · 버섯 등의 말린 것과 대두황권(大頭黃卷) · 순무 · 무우 등을 묵혀 두는데 이것을 진채(陳菜)라 한다고 했다. 이러한 것들은 이 날 나물로 무쳐서 먹는다고 했다. '대체로 외고지 · 가지고지 · 시래기 등도 모두 버리지 않고 말려 두었다가 삶아서 먹는데, 이렇게 하면 여름 동안 더위를 먹지 않는다(凡瓜顱茄皮蔓靑菓 皆不棄曬乾 亦爲烹食 謂之不病署)'고 했다. 그리고 『평양지』에 의하면 묵은 나물에 고추잎나물, 고비나물, 구엽초나물, 고사리나물 등이 있는데 이것을 검정나물이라고 하며 그것을 정월 보름 명절 아침에 찰밥과 함께 먹으면 그 해에 건강하여 앓지 않는다고 하였다. 여기에서 등장하는 시래기짐은 이러한 입장에서 조망하여야 할 것으로 본다.

14 태증 ; '바라'다. 국악기 중 금부(金部)에 속하는 타악기다. 인도에서 유래한 악기로, 자바라 · 제금 · 발 · 발자(鈸子) · 동반(銅盤)이라고도 한다. 자바라는 중동 지방의 찰파라(Chalpara)의 한자 표기를 우리식 발음으로 읽은 것이다. 크기에 따라 요발 · 동발 · 향발 등이 있으며, 행사 내용에 따라 쓰임새도 다르다. 궁중에서 향악정재(鄕樂呈才)를 출 때나 불교 의식무용의 하나인 바라춤을 출 때, 불전에 향을 올릴 때, 설법을 하거나 큰 집회, 장례의식 등을 치를 때 수행자가 울렸다. 통천(通川) 가면극에서 말뚝이의 '아모리 양반이라서니 집안에 어른이 없으니까 소잡아 북메우고, 말잡아 장고메우고, 개잡아 소고메우고, 양푼 대야 붙여서 태증을 만들고, 향로 상합 수셔서 꿩쇠만들고, 유경 초대 부셔서 새납만들고 네 놈들 장이 잘덜 노는구나, 으흐- 니나- 칭쾡-' 라는 대사가 있다.

15 소고(小鼓) ; 손잡이가 달린 작은 북이다. 혁부(革部)에 속하는 타악기의 하나로 벅구 · 매구북이라고도 한다.

16 소고장단 ; 보통은 삼채(자진모리), 굿거리, 삼채(자진모리), 동살풀이, 이채(휘모리)장단 순으로 진행된다.

으로 나온다.

녀사당은 교자에서 내려서 받고 나온 양산을 접어서 땅에 놓고 딱선만 들고서 있으며

그 때 교군 뒤를 따라 나오던 시대기짐을 진 거사는 (이 거사는 녀사당의 남편) 녀사당의 주위를 왔다갔다 하면서 혹시나 녀사당을 다른 사람들이게 롱락이나 당하지 않을가 하여 당황하여 덤빌 때

4명의 교군군은 교자를 얼른 탈판 밖에 갔다 놓고 들어 와서 먼저 나와 있던 3명의 거사와 아울러 시대기짐 진 거사의 당황하는 태도를 미워하여 법관이 거사 잡아 드리라는 령(令)을 내렸다고 거짓말로 큰 소리로 쑥덕거리니까

시대기짐을 진 거사는 더욱 녀사당을 버리고 도망갈 일이 안타까와서 녀사당 옆에 왔다 갔다 하면서 혹은 녀사당 귀에 대고 씨부렁거리면서 당황하여 덤빈다.

○ 거사 갑　《여보라》

○ 6명의 거사　《네 (일제히)》

○ 거사 갑　(도망하여 탈판을 이리저리 돌고 있는 시대기짐을 진 거사를 손질하면서)

　　　　《저 거사를 잡아 오너라》

○ 6명의 거사들
　　《네 (일제히)》

6명의 거사는 징, 장구 등 악기를 치며 시대기짐을 진 거사를 집으려고 하면서 장내를 뛰여든다.

그리하여 시대기짐을 진 거사는 드디여 도망하여 퇴장한다.

이때에 녀사당은 거사와 일동이 되여 악기를 치면서 ≪놀양 4거리[17]≫를
부르며 란무한다.

이 노래를 전부 마치고 퇴장한다.

---

17   놀양 4거리 ; 삽입가요(揷入歌謠) -판소리나 가면극 따위의 중간에 끼어 있는 시가(詩歌)를 이른다.- 에 해당한다. '놀량'
은 산타령에 나오는 노래 가운데 하나이다. 산타령은 서서 부른다고 하여 '입창(立唱)' 또는 '선소리'라고도 한다.
선창을 하는 사람이 장구를 메고 서서 메기는 소리를 하면 5~10명이 일렬로 늘어서서 소고를 들고 춤을 추며
받는 소리를 한다. 중요무형문화재 제19호로 지정된 산타령은 사당패소리에서 많이 발견되며, 이후 '선소리패'라고
하는 소리꾼들에 의해 계승되었다. '산타령'이라는 명칭은 내용이 산천의 경치를 주제로 하고 있기 때문에 붙여진
것이며, 악은 느리게 시작하여 갈수록 점차 빨라지는 방식으로 전개된다. 경기산타령은 놀량 - 앞산타령 - 뒷산타
령 - 자진산타령 순으로 부르고 서도[평양]산타령은 놀량 - 앞산타령(사거리) - 뒷산타령(중거리) - 경발림 순으
로 부른다. 네 가지를 부르기 때문에 4거리라는 명칭이 붙었다.

5. '제오과장 로승'의 복원

제5과장 로승

O 등장인물

     로승 : 1명

     팔목 : 8명

     소무 : 2명

제일 먼저 8목이 탈판에 나타나서 춤춘다.

로승이 8목의 흥겨운 춤을 보면서 탈판 한 모퉁이에 서 있는다.

소무 : 8목이 로승을 유인하여 탈판에 나온 후 등장하여 로승에게 어울린다.

8명의 먹중들이 가면에 등거리만 입고 행건을 치고 탈판 중앙에 나타나서 타령곡 반주에 맞추어 흥겨운 춤을 춘다.

8명의 먹중들이 한창 흥겨운 춤을 추고 있을 때 로승이 탈판 한 모퉁이에 나타난다.

로승이 부채를 가지고 얼굴을 가리우고 류환장[1]을 집고 장내 한 모퉁이에 몰래 서 있을 때 성대히 춤을 추고 있던 8명의 먹중 중 그 1명의 로승이 서 있는 자태를 보고서 깜짝 놀라서(이때 악과 춤은 중지한다.)

---

1 [보정] 류환장六環杖 ; 소도구이다. 석장(錫杖)이라고도 한다. 머리에 쇠로 불탑을 장식하고 여섯 개의 쇠고리가 달린 중이 짚는 지팡이이다. 쇠고리는 쇠소리를 내어 야수를 퇴치하기 위한 것이라 하는데, 어떤 종교적 심성과 관련이 있는 듯하다.

○ 첫목   ≪아나² 예──³≫

○ 먹중들   (7명이 다 같이)

　　　　　　　≪아나 왜── ≫⁴

○ 첫목   (로승이 서 있는 곳을 손질하면서)

　　　　　　≪저 동편을 바라보니 비가 올 듯하다. 날이 캄캄하다.⁵ 여보시요.

　　　　　　　(군중들을 보고)

　　　　　　비가 올 듯하니 장독 덮으시오≫

○ 둘째목   ≪네가 잘못 보았다. 오늘은 백주청명白晝淸明⁶한데 무슨 비가 오겠느

　　　　　　냐. 네가 잘못 보았다. 내가 들어가서 자세히 보고 오마≫

　　　　　　이때에 둘째목은

　　　　　　≪록수청산≫⁷

　　　　　　하고 불림을 부른다.

　　　　　　재비가 타령곡 반주를 다시 울린다.

　　　　　　둘째목이 춤을 추면서 로승한테로 갔다 와서

○ 둘째목   ≪아나애── ≫

────────────────
2　아나 ; 상대편의 분수에 맞지 않는 희망이나 꿈에 대하여 비웃거나 조롱할 때 쓰는 말이다. 여기서는 '여러분'
　정도의 뜻으로 쓰였다.
3　아나 예── ; 상대인물을 부른다는 뜻이 담겨 있다.
4　≪아나 왜── ≫ ; 앞의 '아나 예── '에 대한 답이다.
5　저 동편을 바라보니 비가 올 듯하다. 날이 캄캄하다 ; 상징적 의미를 연구할 과제다.
6　백주청명(白晝淸明) ; 밝은 낮에 하늘이 맑고 날이라는 뜻이다.
7　≪록수청산綠水靑山≫ ; 한자어 불림이다. 푸른 물과 산을 두고 이른 말이다.

○ **목중들**   ≪아나왜── ≫

○ **둘째목**   ≪내가 지금 가서 잘 보고 왔다. 날이 흐린 것이 아니라 옹기 장사가 옹기'짐을 벗어 놓았더라[8]≫

○ **셋째목**   ≪아나여── ≫

○ **먹중들**   ≪아나왜── ≫

○ **셋째목**   ≪내가 가서 잘 보고 오마≫

이 때 셋째목은

≪록음방초(綠陰芳草)≫[9]

하고 불림을 부르며 춤을 추면서 로승 가까이 가서 잠간 로승을 보고 와서

○ **세째목**   ≪아나여── ≫

---

8   날이 흐린 것이 아니라 옹기 장사가 옹기'짐을 벗어 놓았더라 ; 이두현본에서는 '내가 이자 가 보니 날이 흐린 것이 아니라 옹기장사가 옹기짐을 벗처[→ 벗어] 놓았더라' 라고 채록되었다. 임석재본에서는 '날이 흐린 것이 아니다. 내가 자서(仔細)히 들어가 보니 옹기장사가 옹기짐을 버트려 놨더라.', 오청본에서는 '내가 이제가 보니 날이흐린것이안이라 甕器匠이가 甕器짐을버트여놋드라'라고 채록되었다. 김일출 채록에는 '장마에 떠내려 와 걸린 것을 옹기장사라고 했더라'라고 하였다. 토정(土亭) 이지함(李之菡)과 관련된 설화에 보면 옹기장사와 토정이 내기를 하는 이야기가 있다. 마을이 물에 잠길 정도로 비가 내려 온 마을 사람을 산마루로 피하게 하였는데, 옹기 장사가 마을 사람들 보다 아래에 옹기짐을 버티고 태연히 앉아 있었다. 이때 토정이 물에 잠길 것이라 피하기를 권하였는데, 물은 옹기장사 발목까지 밖에 차지 않았다는 이야기다. 거꾸로 옹기장사의 위치에 토정이 앉아 있는 이야기도 있다. 즉 노장을 옹기장이에 빗댄 이유를 밝히는 것은 가면극 대사를 해명하는 데에 있어서 간과할 일이 아니다. 그것이 소위 사은유화(死隱喩化) 되었을 가능성을 점칠 필요가 있다. 속담에 '독장사 구구', '독장사 구구는 독만 깨뜨린다' 등이 있다.
9   ≪록음방초(綠陰芳草)≫ ; 한자어 불림이다. 푸른 잎이 우거진 나무 그늘과 꽃다운 풀이라는 뜻으로, 여름철의 자연 경치를 가리킨다. 녹음방초승화시(綠陰芳草勝花時)를 줄여서 쓴다. 또한 속세를 떠난 전원생활에 대해 노래하는 내용의 판소리 단가를 이른다.

○ 먹중들   ≪그랴 왜── ≫

○ 셋째목   ≪내가 지금 잘 보고 왔으나 옹기 장사가 아니라 패가'집[10] 살랑주저리[11][12]
          가 장마에 떠내려 와서 걸린 것을 옹기 장사라고 했더라≫

○ 넷째목   ≪아나얘── ≫

○ 먹중들   ≪아나웨── ≫

○ 넷째목   ≪살랑주저리가 내려와 걸렸단 말이냐 내가 한번 들어 가서 자세히 보고
          오마≫

          넷째목은

          ≪락일(落日)이 욕몰(欲沒) 현산서(峴山西)≫[13]

---

10 패가'집 ; '폐가(廢家)집'인 듯하다.
11 원주 26. 짚 또는 조'짚으로 만든 것인데 옛날 사람들이 일년 일차 밥을 떠놓고 오곡풍등을 빌었다.
12 [보정] 살랑주저리 ; '산량 주조리'다. '산량(山梁)'은, 산골짜기 사이에 놓인 다리 혹은 '꿩'을 달리 이르는 말이
    다. '공자가 산속 다리목의 까투리들은 때를 잘 타는구나. 때를 잘 타라고 하시자 자로가 꿩을 잡아가지고 구워
    서 바쳤더니, 세 번 냄새를 맡고는 일어나 가버리셨다. 曰, 山梁雌雉 - 時哉時哉. 子路 共之 三嗅 而作' 라고
    하였다. 꿩이 사람의 표정만 변해도 금방 날아 가버리는 것을 본 공자가 꿩의 이러한 품성에 감탄한 것인데
    자로가 공자의 뜻을 오해하여 그가 꿩을 먹고 싶어 하는 줄 알고 꿩을 잡아 바쳤다. 암꿩[자치(雌雉)]은 조심스
    럽고 온순하며 그 모습을 드러내지 않는다. 즉 산속 풀숲에 숨어 살며 조심하는, 천성이 여리고 겁이 많은 새이
    다. 공자는 자로가 웅치(雄雉)의 기상을 가지긴 하였으나, 정변이 일어난 후 몸을 피하지 않고 충의를 고집하
    여 스스로 표적이 되어 나서서 죽은 것을 비유하여 산량자치(山梁雌雉)라고 한 것이다. 정변으로 결국 꿩사냥
    을 당한 격으로 자로가 죽었으니, 공자가 한스러워 하면서 은유적 표현으로 남긴 말이다.
       '주조리'는 '주저기'로 '지저깨비'의 방언이다. '지저깨비'는 나무를 깎거나 다듬을 때에 생기는 잔조각이나 떨
    어져 나오는 부스러기나 잔조각을 말한다.
       여기서는 노장을 산에 있는 다리 밑에 몸을 숨긴 까투리에다가 희학적으로 비유한 것이다.
13 ≪락일(落日)이 욕몰(欲沒) 현산서(峴山西)≫ ; 저무는 해는 현산(峴山) 서편으로 진다. 양양가(襄陽歌)의
    한 대목을 불림으로 원용하였다. '양양가'는 작자 및 연대 미상의 작품으로 본래 중국 이태백(李太白)의 시에
    토만 달아 곡조에 맞추어 부른 노래이다. 현산(峴山)은 중국 호북성(湖北省) 양양현(襄陽縣) 남쪽에 있는 산
    이다.

하고 불림을 부르며

로승 근방에 가서 이곳저곳을 바라보고 돌아 와서

○ **넷째목**   《아나애── 》

○ **먹중들**   《아나왜── 》

○ **넷째목**   《내가 가서 잘 보고 오니 천기[14]가 흐려서 대망[15]이[16] 나와 서 있더라[17]》

○ **먹중들**   《대망이 나와 있어?》 7명의 먹중들은 대단히 놀란다.

○ **다섯째목**   《아나애── 》

○ **먹중들**   《아나왜── 》

이백(李白)의 양양가(襄陽歌)
落日欲沒峴山西 현산 서쪽으로 석양이 숨으려는데
倒著接䍦花下迷 흰 두건 뒤집어쓰고 꽃 아래 갈피 못 잡나니
襄陽小兒齊拍手 양양 아이들 일제히 박수치고
攔街爭唱白銅鞮 길을 막고 다투어 백동제를 부르더라
旁人借問笑何事 주위 사람이 묻나니 무슨 일로 웃느냐
笑殺山翁醉似泥 산옹이 취해 흐느적거려 우스워 죽겠어요
鸕鶿杓   가마우지 국자로
鸚鵡杯   앵무 술잔에
百年三萬六千日 백 년 삼만 육천 일을
一日須傾三百杯 모름지기 하루 삼백 잔을 기울이리라

14 천기天機 ; 하늘의 기밀 또는 조화(造化)의 신비를 이른다. 여기서는 '날씨'를 뜻한다.
15 원주 27. 대망(大蟒)은 큰 구렁이.
16 대망大蟒이 ; 구렁이나 이무기를 말한다. 이무기는 한국의 전설에 등장하는 상상의 동물이다. 용이 되기 전 상태의 동물로, 여러 해 묵은 구렁이를 말하기도 한다. 차가운 물속에서 천년 동안 지내면 용으로 변한 뒤 굉음과 함께 폭풍우를 불러 하늘로 날아올라간다고 여겨졌다. 이 대목은 '팔부중(八部衆)' -불법(佛法)을 수호하는 여덟 신(神)- 와 관련이 있을 것으로 생각한다. '팔부중(八部衆)'에는 용(龍), 금시조(金翅鳥), 대망신(大蟒神) 등과 같은 상상의 동물이 등장한다. 특히 '대망신(大蟒神)'은 몸은 사람과 같고 머리는 뱀과 같은 형상을 한 음악의 신(神), 또는 땅으로 기어 다닌다는 거대한 용(龍)을 이른다고 한다.
17 천기가 흐려서 대망이 나와 서 있더라 ; 앞의 '옹기장이 옹기짐'과 같은 맥락에서 해명되어야 한다.

○ **다섯째목**   ≪어떤 놈들은 옹기 장사니, 대망이니 하니 내가 가서 자세히 보고 오마≫

　　　　　다섯째목은 허리춤[18]을 추면서 무서워하는 로승의 근방에 가서 이곳저곳을 자세히 살펴보다가 깜짝 놀래여 돌아 와서

○ **다섯째목**   ≪아나 왜―― ≫

○ **먹중들**   ≪아나 왜―― ≫

○ **다섯째목**   ≪그것을 자세히 보니 로장님 같더라≫

○ **여섯째목**   ≪아나 여――, 얘――, 로장님 같아? 내가 도 한 번 가서 자세히 보고 오마≫

　　　　　여섯째목이 용기 있게 춤추면서 뛰여 가서 로승을 싸돌고 나와서

○ **여섯째목**   ≪정말 로장님 같더라≫

○ **일곱째목**   ≪아나 여―― ≫

○ **먹중들**   ≪아나 왜―― ≫

○ **일곱째목**   ≪로장님 같으면 내가 가서 자세히 보고 오마≫

　　　　　일곱째목은 불림을 부르지 않고 너슬너슬[19] 로장 곁에 걸어가서 이리저

18　허리춤 ; 엉덩이춤인 듯하다.
19　너슬너슬 ; 굵고 긴 털이나 풀 따위가 부드럽고 성긴 모양, 또는 길고 연한 풀이나 털 따위가 늘어져 자꾸 크게 흔들리는 모양이다.

리 살펴본다.

○ **일곱째목**   ≪로장님입니까?≫

로승이 화닥닥 놀라서 부채를 툭툭 치니까

○ **일곱째목**   (놀라서 돌아 와서)

≪아나 얘── ≫

○ **먹중들**   ≪아나 왜── ≫

○ **일곱째목**   ≪이것 야단났다. 로장님이 분명하더라 야단났다≫

○ **여덟째목**   ≪아나 얘── ≫

○ **먹중들**   ≪아나 왜── ≫

○ **여덟째목**   ≪로장님이 분명하면 우리가 중이니 로장님을 모시어야 하지 않겠느냐≫

○ **먹중들**   ≪올타올타── ≫

○ **첫목**   ≪아나 얘── 우리가 중이 되여서 로장님이 내려 오셨는데 평생 좋아하시
는 것이 백구(白鷗) 타령[20]이니 백구 타령을 로장님 귀에 한 번 부어 보자.≫

---

20   백구(白鷗) 타령打令 ; 일명 백구사(白鷗詞)라고도 한다. 십이가사의 한 가지이다. 도들이 장단에 8절로 구분
된다. 작자·연대 미상의 가사로 '백구가(白鷗歌)'라고도 한다. 벼슬에서 쫓겨난 처사가 대자연 속을 거닐면서
아름다운 봄날의 경치를 완상하는 내용이다.

O **먹중들**   《그것 좋다.》

먹중들 2명이 어깨를 나라니 로승의 방향을 향하여 가서 타령곡 반주에
합하여 백구 타령을 합창한다. 그 뒤에 1명의 먹중이 쫓아 와서 둘째목의
어깨를 가볍게 치니 둘째목은 뒤를 돌아본다.
뒤에 쫓아간 먹중 1명이 음악의 반주에 합하여

《백구는 껑충 날지마라, 너 잡으려 내 아니 왔노라》

하고 노래하면서 3명이 가지런히 춤을 추면서 돌아온다.

O **넷째목**   《아나 예── 》

          (음악은 중지)

O **먹중들**   《아나 왜── 》

O **넷째목**   《백구 타령으로 로장님을 위로했지만 이번은 오독도기 타령[21]으로 위로
해 보자》

O **넷째목**   《아나 얘── 》

O **먹중들**   (로승을 행해 가서)

---

21 오독도기 타령打令 : 오독떼기, 오돌도기, 도독도기라고도 불린다. 강원도 강릉일대에 전승되고 있는 김매기
소리의 하나다. 강릉지방에서는 마을마다 두레패를 이루어 한 조에 두 명 이상씩 여러 조를 만들어 번갈아가며
이 '오독떼기'를 불러가면서 즐겁게 김을 맨다. 다음과 같은 주장도 있다. '제주도 민요가 서울에 옮겨 와서 유
행된 민요의 하나다. 서울 지방에서 부르는 오돌도기는 그 가락과 사설에 있어서 본바닥 제주도의 것과 상당히
다르다. 후렴도 변질된 것이다. 굿거리 장단으로 맞춘다.'

≪오독도기 타령을 로장님 귀에 한 번 소올 소올 부어 보자≫

넷째목은 활발히 뛰여 로장 앞에 가서

O **넷째목**　　　　(로장을 향하여)

≪오독도기 타령을 귀에다가 솔올솔 부어리까?≫

로장이 이 소리를 듣고 좋아해서 고개를 끄덕끄덕한다.

O **넷째목**　　≪아나 애── ≫

O **먹중들**　　≪아나 왜── ≫

O **넷째목**　　≪오독도기 타령을 귀에 솔올솔 부어 주니까 로장님은 위로를 받은 듯이 대궁이[22]를 미친 개 불안[23] 떨듯[24]이 떨고 있데≫

O **다섯째목**　≪애── 그런 거 아니다. 우리가 중이 아냐? 백구 타령이나 오독도기 타령으로 위로했지만 우리가 중이 되여 로장님을 모셔야 되겠다≫

O **먹중들**　　≪아하 옳은 말이다≫

8목이 모아 로장 앞에 당도하여 첫목과 둘째목이 나와 로승의 지팽이를 어깨에 메고

22　대궁이 ; '대가리'의 방언이다.
23　원주 28. 불알의 방언. (睾丸)
24　대궁이를 미친 개 불안 떨듯 ; 관용어다.

또 4명은 그 앞에 서고 두 명은 첫목과 둘째목의 좌우 옆에 서서 노래를
부르면서 로장님을 중앙으로 안내한다.

로승은 먹중이 이끄는 데로 입장하는 도중에 몇 발자국 못 가서 넘어진다.

먹중 1명이 뒤를 돌아보고 깜짝 놀라서

○ 첫목 ≪우리 로승님은 어디로 가고 새 빨간 아이²⁵가 뒤를 따르니 이게 웬 일
이냐?≫

○ 둘째목 ≪그럴 리 없을 터인데 그것은 제자된 우리들의 성의가 부족한 것일세.
다시 로승님을 찾아보는 것이 좋지 않을가≫

8목중에 1명이 나와서 타령곡 반주에 합하여 란무하면서 로승을 찾기 위
하여 원처(元處)²⁶를 향하여 간다.

선두에 섰던 첫목이 로승이 넘어져 있는 것을 복 깜짝 놀랜다.

첫목이 한 발자국 뒤로 물러 서서

○ 첫목 ≪쉬―― (악은 중지됨) 아 대단한 일이 생겼다.≫

○ 먹중들 ≪무슨 일인가?≫

○ 첫목 ≪내가 너희들보다 먼저 가서 여기저기 찾아보았으나 의외한 일로 로승
님이 저편 길바닥에 넘어져 있더라. 어찌 보던지 사망한 것 같더라≫

○ 둘째목 ≪아나 애―― ≫

---

25 새 빨간 아이 ; 미상하다.
26 원처(元處) ; 본래의 곳이란 뜻이다.

○ **먹중들**　　≪아나 왜── ≫

○ **둘째목**　　≪과연 그런지 저런지 내가 가서 보마≫

둘째목이 뛰여 가서 넘어져 있는 로승을 보고 와서

○ **둘째목**　　≪아나 애── ≫

○ **먹중들**　　≪아나 왜── ≫

○ **둘째목**　　≪로장님이 죽은 것이 아니라 석교상(石橋上) 좁은 길[27]로 걸어 오시 던 중 시장도 하시고 길바닥에 누어 게시더라≫

○ **셋째목**　　≪우리 로장님이 그다지 경솔하게 죽지는 안하였을 것이다. 내가 한 번 들어 가 보마≫

셋째목은 로승 있는 곳에 가서 이곳저곳을 자세히 둘러보고 돌아와서

○ **셋째목**　　≪야── 로승님이 죽었고나 죽은 것이 분명하더라. 밑구멍을 들쳐 보니 6,7월에 쉬[28]가 하얗게 쓸은[29] 듯[30]이 쉬가 많이 쓸어 냄새가 고약하더라≫

이와 같이 8명의 먹중들이 넘어저 있는 로승을 보고 와서 의론이 분분하 게 떠든다.

27　석교상(石橋上) 좁은 길 ; '돌다리 위의 좁은 길'이다. '구운몽'을 연상시키는 대목이다.
28　쉬 ; 파리의 알이다.
29　쓸은 ; '슬은'이다. '슬다'는 곰팡이나 곤충의 알 따위가 생긴다는 뜻이다.
30　6,7월에 쉬가 하얗게 쓸은 듯 ; '6,7월에 파리 알이 하얗게 슬은 듯'이다. 썩었다는 말이다.

O **첫목**   ≪아나 애── ≫

O **먹중들**   ≪아나 왜── ≫

O **첫목**   ≪중은 중의 행세를 하지 않으면 안 된다. 우리들은 제자인 골 죽은 로승
          님의 영혼을 위로하지 않으면 안 된다.≫

O **먹중들**   ≪그렇지 그것이 진정일다. 로장님이 평생 좋아하시는 것이 천변수록[31]에
          만번야락[32][33]을 좋아하시니 우리 수록제[34]를 하여 드리자≫

O **먹중들**   ≪그것 좋은 말이다≫

          8명의 먹중들이 갱쇠 들고 태중 들고, 북, 장구, 소고 들고 로승 주위에
          둘러 서서 수록제를 하는데 북, 장구, 갱쇠를 치면서

          ≪대당괄불[35] 아하경[36] 남무아미타불
          십장모경 연하경[37] 남무아미타불[38]

---

31 천변수록 ; 천변수륙재(川邊水陸齋)를 말한다. 수륙재(水陸齋)는 불교에서 물과 육지에서 헤매는 외로운 영혼
   과 아귀(餓鬼)를 달래며 위로하기 위하여 불법을 강설하고 음식을 베푸는 종교의식이다. 설단(設壇)의 양식을
   살펴보면, 이 수륙의식이 불보살 이외에 다신교적인 신앙의 대상을 의식도량에 끌어들이고 있는 것을 볼 수
   있는데, 여러 신앙의 대상을 의식도량에 끌어들여서 궁극적으로는 불보살의 신앙으로 통섭되고 만다는 밀교적인
   지혜가 작용하고 있음을 살필 수 있다. 그리고 수륙재의 수륙은 여러 신선이 흐르는 물에서 음식을 취하고, 귀신이
   깨끗한 땅에서 음식을 취한다는 뜻에서 따온 말이므로 청정한 사찰 또는 높은 산봉우리에서 행하기도 한다.
32 만번야락 ; 야락잔치 즉 셋김굿을 말한다. '만번'은 '천변'과 대구하기 위하여 뜻 없이 덧붙인 것이다.
33 천변수록에 만번야락 ; '천변'과 '만번'을 대구한 언어유희다.
34 수록제 ; '수륙재(水陸齋)'다.
35 대당괄불 ; 대방광불화엄경(大方廣佛華嚴經)이다. 고려 현종 때 새긴 『초조대장경』 가운데 하나인 『화엄경』
   을 말한다.
36 아하경 ; 아함경(阿含經)이다. 불교 경전 가운데 아함부(部)에 속하는 원시(原始) 또는 소승(小乘) 경전이다.
   아함은 산스크리트 아가마(匯gama)의 음역으로서, 전승(傳承)이란 의미의 말이다.
37 연하경 ; 묘법연화경(妙法蓮華經)이다. 일승(一乘)불교 사상을 설한 경전이다. '법화경(法華經)'이라고도 한
   다. 이 경은 불탑신앙을 하는 집단에 의해 성립된 대표적 대승경전으로 삼승(三乘)을 한데 모아 일승(一乘)의
   큰 수레로 일체 중생을 구제한다는 정신에서 여래는 큰 인연으로 세상에 나와 모든 중생으로 하여금 부처의

정구업지너[39]니라

술이술이 마하수리 수술이 사바하[40]

오방내위 안위지신지는[41] 나무 사만다.

못다남옴 돌오돌오 지미 사바하[42]

무상 심심 미묘법[43]

백첨 만국 난조우[44]

아금 문견 득수지[45]

원래 여래 진실래[46]

개법장지는[47] ≫

경지에 들어가게 하는 데 근본 목적이 있다.

38   남무아미타불南無阿彌陀佛 ; 아미타불에 돌아가 의지함을 이르는 말이다. 보통 '나무아미타불'이라 한다. 아미타-불[阿彌陀佛]은 서방 정토에 있는 부처를 이른다. 대승 불교 정토교의 중심을 이루는 부처로, 수행 중에 모든 중생을 제도하겠다는 대원(大願)을 품고 성불하여 극락에서 교화하고 있으며, 이 부처를 염하면 죽은 뒤에 극락에 간다고 한다.

39   정구업지너 ; '천수경'의 시작인 '정구업진언(淨口業眞言) - 입으로 지는 업을 깨끗하게 씻어내는 참된 말이다.

40   술이술이 마하수리 수술이 사바하 ; '수리수리[修理修理] 마하수리[摩訶修理] 수수리[修修里] 사바하[娑婆訶]'다. 불교의 경전 '천수경' 첫머리에 나오는 말이다. 천수경에 나오는 말로 산크리스트어를 소리 나는 대로 적은 것이다. 스님들이 독송하기 전에 입을 깨끗하기 위해 외우는 주문으로, '좋은 일이 있겠구나, 좋은 일이 있겠구나, 대단히 좋은 일이 있겠구나, 지극히 좋은 일이 있겠구나, 아! 기쁘구나' 라는 뜻이다. 혹은 '깨끗하고, 깨끗하다. 아주 깨끗하여 좋아졌으니 걸림 없이 성취되오리.' 라고 풀이하기도 한다. '수리'는 '깨끗이 한다'라고 풀이한다. '마하'는 '크고 착하다' 라고 풀이한다. '마하수리'는 '아주 크게 깨끗하다' 라고 풀이한다. '사바하'는 '원만한 성취' 라고 풀이한다.

41   오방내위 안위지신지는 ; '오방내외五方內外 안위제신安慰諸神 진언眞言'이다.

42   나무 사만다. 못다남옴 돌오돌오 지미 사바하 ; '나무 사만다 못다남 옴 도로도로 지미 사바하'다. 한자 표기는 '남무삼만다南無三滿多 몰태남沒駄喃 암唵 도로도로度魯度魯 지미地尾 사파하莎婆訶'다. '귀의하노니 원만하고 높은 자여. 원컨대 신성하고 신성함을 항상 밝혀 이룰지로다' 라고 풀이한다. '나무'는 '귀명(歸命), 귀경(歸敬), 귀의(歸依), 경례(敬禮), 구아(救我)' 등의 뜻으로 이해한다. '사만다'는 '원만한 자'라고 풀이한다. '못다남'은 '최상자'라고 풀이한다. '암[唵]'은, 생겨나서부터 그 형상을 끝까지 그대로 유지한다는 뜻이다. '도로도로'는 '신성'이라고 풀이한다. '지미'는 '항상 밝다' 라고 풀이한다. '사바하'는 '원만한 성취' 라고 풀이한다.

43   무상無上 심심甚深 미묘법微妙法; '가장 높고 미묘하고 깊고 깊은 부처님의 법' 이라고 풀이한다.

44   백첨 만국 난조우 ; '백천百千 만겁萬劫 난조우難遭遇'다. '백천 만겁 지나도록 만나 뵙기 어려운 법' 이라고 풀이한다. '겁(劫)'은 범어 kalpa의 음역으로 헤아릴 수 있는 시간 단위다. 사람의 나이가 팔만사천 살에서 백년마다 한살씩 줄어서 이렇게 열살이 되었다가 다시 한살씩 늘어나 팔만사천 살에 이르면 이것을 소겁(小劫)이라 하고 그것의 20배를 중겁(中劫) 그리고 4배의 중겁을 대겁(大劫)이라 한다.

45   아금我今 심심甚深 미묘법微妙法; '내가 이제 보고 듣고 얻어 받아 지니오니' 라고 풀이한다.

46   원래 여래 진실래 ; '원해願解 여래如來 진실의眞實義'다. '원컨대 부처님의 진실한 뜻을 알게 하여 주옵소서' 라고 풀이한다. 여기에서는 동일음 '-래'를 이용한 언어유회를 보인다.

47   개법장지는 ; '개법장진언開法藏眞言 옴[唵] 아라남[阿羅南] 아라다[阿羅駄]'에서 뒤대목이 생략되었다. '법장을 여는 진언, 옴 아라남 아라다' 라고 풀이 한다. '옴[唵]'은, 생겨나서부터 그 형상을 끝까지 그대로 유지한

~ 략 ~⁴⁸

수록제를 하니까 로장이 부채를 안면에 대고 부들부들 부채를 떤다.
살아난 것이 분명하니까 여러 중이 재비를 불러

≪로장님이 평생 좋아하시는 것이 넘불가락⁴⁹이니 넘불을 한 통⁵⁰ 잘 처라≫

하고 여덟 먹중은 퇴장한다.

소무가 등장한다.

낭자⁵¹를 틀고 록의홍상⁵²에 한삼⁵³을 달아 입은 두 소무(雙小巫)⁵⁴는 걸어
서 탈판으로 나타나서 넘불곡 반주에 합하여 정숙히 춤을 춘다.
로승은 넘어저 있는 채 넘불곡 음률에 맞추어 간신히 몸을 움직이며 일
어 설랴고 한다.

다는 뜻이다. '아라남[阿羅南]'은 '깊다'는 뜻이다. '아라다[阿羅駄]'는 '이르다[到]'는 뜻이다.

48   ~ 략 ~ ; '천수경'의 이하는 생략한다는 기사다. 실제 공연에서는 '천수경'을 모두 실현했을 것으로 추정한다.

49   넘불念佛가락 ; 염불가락은 승무(僧舞)의 첫째 마당이다. 염불장단의 가락에 맞추어 춤추는 춤판의 뒤편에
     있는 북을 향하여 무용수가 엎드려 있다가 서서히 일어나 합장(合掌)하고, 앞으로 나오고 뒤로 물러서면서 장
     삼을 뿌리고 젖히고 휘두르는 등 여러 동작의 춤으로 무릎을 많이 굽힌다.

50   통 ; 여기서는 '가락' 또는 '곡조'라는 뜻으로 쓰였다.

51   낭자 ; '쪽머리'를 이른다. 삼국시대부터 내려온 출가한 여자의 머리 모양이다. 쪽진머리라고도 한다. 혼인 전
     에는 머리를 길게 길러 양쪽 귀밑머리를 땋고 다시 한 묶음으로 땋다가, 혼인을 하면 귀밑머리를 풀어 길게
     하나로 땋아 뒷목에서 틀어 올려 비녀를 꽂는다. 머리 모양으로 미혼과 기혼을 구별한 제도는 삼국시대부터
     조선 후기까지 계속되었는데, 대개 얹은머리를 많이 하였다. 동백기름을 바르고 참빗으로 빗어 넘겨 머리끝에
     는 빨간 댕기를 드리며 비녀·귀이개·빗치개 등의 뒤꽂이로 장식하였다. 특히 쪽머리의 상징인 비녀는 쪽이
     흘러내리지 않도록 고정하는 머리핀 구실 외에도, 머리장식품이었다.

52   록의홍상綠衣紅裳 ; 연두저고리에 다홍치마라는 뜻으로, 젊은 여자의 고운 옷차림을 이르는 말이다.

53   한삼汗衫 ; 여자예복인 원삼이나 활옷의 소매 끝에 댄 흰색 감으로 웃어른게 손을 보이지 않는 예를 갖추
     기 위하여 만든 것이다. 원삼에는 홑겹으로 하였고, 활옷에는 겹으로 하였으며 백비 -질기고 단단하게 하려고 풀칠
     을 하여 여러 겹으로 붙인 헝겊이나 종이.- 도 하였다. 또 궁중무용을 할 때 무동(舞童)이나 여기(女妓)가 손목에 묶
     어 착용한 긴 소매도 한삼이라 하였다. 여기서는 후자다.

54   두 소무(雙小巫) ; 임석재본에서는 '小巫 二人 = (먹중들이 다 퇴장退場하자 등장登場하여 노장老丈이 누워
     있는 자리에서 좀 떨어진 데서 양인兩人 상당相當 거리距離를 두고 서서 염불타령곡조念佛打令曲調에 맞추
     어 춤을 춘다.)' 라고, 오청본에서는 '(먹중들이모다退場하자 小巫二人은場內의中央에서 念佛장단의 伴奏에
     마추어 華麗한춤을추기始作한다.)'라고 채록되었다. 현재 소무 2인이 등장하는 사례는 보이지 않는다.

잠시 후 신고하면서 일어선다.

그러나 부채로 얼굴을 가리우고 주위에 인적이 있는가 없는가를 살피기 위하여 은밀히 사방을 돌아보다가 다시 지팽이를 땅에 꽉 짚은 채 고개를 수그리고 어깨를 이리 기웃둥 저리 기웃둥 하면서 지팽이를 중심으로 한 바퀴 돌은 후 지팽이를 땅에서 빼여 들려고 했으나 지팽이가 잘 빠지지 않으므로 툭툭 처서 지팽이를 빼여 메고 넘불곡 반주에 합하여 점잖한 자세로 춤을 추면서 장내를 일주하던 도중 문득 탈판 중앙에서 아름다운 두 소무가 화려하게 춤을 추고 있는 것을 보고 깜짝 놀란다.

로승의 마음은 선녀와도 같은 두 소무에게로 끌리자 메고 있던 지팽이를 뚝 꺾어 버리고(음악은 넘불곡에서 타령곡으로 바뀐다) 타령곡 반주에 합하여 팔을 쭉 벌이고 흥겨운 춤을 쾌활히 추면서 소무의 곁으로 가까이 간다.

로승은 더욱 흥을 내여 소무의 주위를 돌면서 혹은 소무의 정면에서 얼리기도 하고 혹은 배후에서 소무의 아름다운 용자(容姿)에 부딪쳐 보기도 한다.

이렇게 되자 로승의 기분은 미녀의 춤을 복 처음에는 사람인가 선녀인가 확실치 않았던 듯싶다.

심산유곡[55]에서만 은거(隱居)하고 있던 로승이라 이러한 선녀와 같은 춤추는 자태는 실로 꿈같은 일이다.

그러나 지금 보는 자태는 아무리 보아도 인간이고 선녀는 아니다.

그러자 인간 세상에도 저런 것이 있는가 생각하여 보니 자기의 과거는 너무도 무미건조하고 적적하기 짝이 없었다.

그리하여 로승은 인간 세상의 일이 어찌된 일인가를 처음 안 것만 같고 이 세상에 새로운 흥미를 얻은 것만 싶어 머리를 앞뒤로 끄덕거리면서 심중에 이 흥미를 맛본 듯이 표현한다.

---

55 심산유곡深山幽谷 ; 깊은 산속의 으슥한 골짜기를 이른다.

소무 2명은 함께 태연히 춤을 추면서 피하는 것처럼 로승과 반대 방향으로 동작을 취하면서 쉽사리 로승의 요구에 응하지 않는다.

로승은 여기서 실망한 듯이 또 소무를 싸고돌면서 재차 접근하여 소무의 정면에 선다.

소무는 더욱 교태(嬌態)를 떨면서 로승에게 떨어져서 춤을 춘다.

로승은 잠깐 곤난한 것처럼 머뭇거리다가 왁 소무에게 달려든다.

소무는 그래도 싫다는 듯이 물러선다.

로승은 초면이니까 피하는 것도 무리가 아니라는 듯이 머리를 전후로 끄덕거리면서 자기도 춤을 추면서 1명의 소무에게 접근하여 자기의 목에 건 념주(念珠)를 벗어서 그 소무에게 걸어준다. 그 때 전에 계속하여 재비의 반주는 타령곡이다.

소무는 태연히 춤을 추면서 목에 걸어 준 념주를 벗어 내던진다.

로승은 깜짝 놀라 그 소무의 정면에 왁 달려들어 마주 선다.

소무는 얼굴을 돌리고 춤을 춘다.

로승은 이러면 안 되겠다고 내던진 념주를 주어서 쥐고 춤을 추며 다시 그 소무의 목에 건다.

소무가 이제는 모르는 체 하고 이것을 거절하지 않고, 태연히 춤추고 있다.

로승은 그 태도에 만족한 듯이 춤추면서 그 념주의 일단을 자기 목에 걸고 한 념주에 두 명이 결합하여 처음으로 만족하여 춤을 춘다.

그러자 또 한 소무도 그에 어울려서 로승과 같이 흥겹게 화려한 춤을 춘다.

로승이 소무의 미모에 홀려서 황홀하고 있을 즈음 신장사가 등장한다.

6. '제육과장 신장사'의 복원

제6과장 신장사

○ 등장인물

      신장사 : 1명

      원숭이 : 1명

      신장사가 신짐 속에 원숭이를 지고 로승이 타령곡에 맞추어 춤을 추고 있을 때 탈판으로 등장한다.

○ 신장사   ≪쉬──≫

      (음악은 중지한다.)

      두 명의 소무를 다리고 탈판 모퉁이에 가서 소무를 부채로 훨훨 부처 주면서 서 있다.

○ 신장사   ≪장 잘 모였다.

      인물병풍[1] 죽 둘려쳤을 때에는 태평(太平)장[2]이 분명 하고나,

      그러나 저러나 곤륜산(崑崙山)[3]이 조종[4]이요.

---

1   인물병풍人物屛風 ; 뛰어난 인물들이 병풍처럼 둘러싸여 있다는 말이다.

2   태평(太平)장 ; '태평(太平/泰平)'은 나라가 안정되어 아무 걱정 없고 평안함, 혹은 마음에 아무 근심 걱정이 없음을 뜻한다. '태(太)'는 삼년 풍년을, '평(平)'은 일년 풍년을 뜻하기도 한다. 여기서 '태평장'은 풍년을 기원하는 뜻을 담은 관념적 명칭이다.

백두산 일지맥(一支脈)⁵이 향산(香山)⁶에 떨어지고

향산의 일지맥이 문화⁷ 구월산⁸으로 떨어지고

구월산 일지맥이 이 장터가 되였으니⁹

대단히 큰 거장(巨場)이구나.

날로 말하면 전에 호부자(豪富者)¹⁰ 자식이라고 명칭하였는데

물이 충충¹¹ 수답(水畓)¹²도 많고 사레찬¹³ 밭¹⁴도 많고

앵무 같고 날매¹⁵ 같은 녀종(女奴) 남종¹⁶도 많고

또 우마¹⁷ 양마¹⁸도 많아서 나를 호부자 자식이라고 했는데

지금에 와서 세간 탕패¹⁹ 당한 후에 하잘 것이 없어서

도적질 못 하고 장사는 사람의 상사라

그래 물건을 해 가지고 이 장을 쫓아 왔소,

무엇 무엇 가지고 왔노 하니

---

3 곤륜산(崑崙山) ; 중국 전설상의 높은 산이다. 중국의 서쪽에 있으며, 옥(玉)이 난다고 한다. 전국(戰國) 시대 말기부터는 서왕모(西王母)가 살며 불사(不死)의 물이 흐른다고 믿었다.

4 조종祖宗 ; 가장 근본적이며 주요한 것을 비유적으로 이르는 말이다.

5 일지맥(一支脈) ; 주맥에서 좌우로 뻗어 나간 한 앞맥을 말한다.

6 향산(香山) ; 묘향산을 말한다. 평안북도 영변군·희천군과 평안남도 덕천군에 걸쳐 있는 산이다. 예로부터 동금강(東金剛)·남지리(南智異)·서구월(西九月)·북묘향(北妙香)이라 하여 우리 나라 4대 명산의 하나로 꼽혔다. 또한, '수이장(秀而壯)'이라 하여 산이 빼어나게 아름다우면서도 웅장한 모습을 지닌 명산으로 알려졌다. 일명 태백산(太白山 또는 太佰山) 혹은 향산(香山)이라고도 한다. 서산대사와 사명대사의 원당이 이곳에 있다.

7 문화文化 ; 황해도 신천 지역의 옛 지명이다. 유적으로 구월산성(九月山城)이 있었고, 연양역(延陽驛) 부근의 온정(溫井)이 있다.

8 구월산九月山 ; 황해도 신천군과 은율군 사이에 있는 산이다.

9 백두산 일지맥(一支脈)이 향산(香山)에 떨어지고 향산의 일지맥이 문화 구월산으로 떨어지고 구월산 일지맥이 이 장터가 되였으니 ; 공연현장의 산세를 노래하고 있다. 이와 유사한 대사는 소위 제6과장 양반춤에서 말뚝이의 대사에 '동은 여울 이요 서는 구월九月이라 동여울 서구월 남 드리 북 향산香山' 라고 하였다. 임석재본에서도 '동東은 여울이요 서西는 구월九月이라 동東 여울 서西 구월九月 남南 드리 북北 향산香山' 라고 한 것이 보인다.

10 호부자(豪富者) ; 큰 부자를 말한다.

11 충충 ; 물이 가득한 모양이다.

12 수답(水畓) ; 바닥이 깊고 물을 대기에 편리한 기름진 논이다. 무논이라고도 한다.

13 원주 29. 이랑이 긴 밭.

14 사레찬 밭 ; 농사짓기 좋은 밭을 두고 이른다. '사래차다'는 이랑이 곧고 길다는 뜻이다.

15 원주 30. 날르는 매(鷹).

16 앵무 같고 날매 같은 녀종(女奴) 남종 ; 앵무새 같이 말 잘 듣고, 공중에서 날고 있는 매와 같이 빠르고 부지런한 여자종과 남자 종이라는 말로, 관용적 표현이다.

17 우마牛馬 ; 말과 소를 뜻한다.

18 양마良馬 ; 좋은 말을 뜻한다.

19 탕패蕩敗 ; 재물 따위를 다 써서 없앰을 말한다.

해가 떠서 일광단[20], 달이 돋아 월광단[21],

꿈틀꿈틀 룡문단[22], 도류불수[23] 진공단[24],

화문[25]궁초[26] 모초단[27], 모초궁초 영초단[28],

양덕[29] 맹산[30](陽德孟山) 중산포[31],

회령(會寧)[32] 종성(鐘城)[33] 영산포[34],

양단[35] 률동[36] 본견[37]

백갑사[38], 홍갑사[39], 길생사[40],

여의사[41], 한산 세모시[42],

해주 자주[43] 진자주[44],

---

20   일광단日光緞 ; 해나 햇빛 무늬를 놓은 비단이다.
21   월광단月光緞 ; 달무늬를 놓은 비단이다.
22   룡문단龍紋緞 ; 용의 무늬를 놓은 비단이다.
23   도류불수 ; 도류불수문(桃榴佛手紋)을 짠 영초단을 이른다. '도리 불수'는 '도류불수문(桃榴佛手紋)'을 말한다. 고급비단에 복을 상징하는 문양으로 들어간 도류불수문은 복숭아, 석류, 불수를 조합한 문양이다. 복숭아는 장수를, 석류는 사내아이의 다산을, 불수는 이승과 저승에 복이 있기를 비는 마음을 뜻한다. 불수는 불수감(佛手柑)으로, 감귤류에 속하는 과실로 중국 남방의 광동지방에서 많이 난다. 겨울에 열매를 맺으며 빛깔은 선황색이다. 모양이 부처의 손가락을 닮아서 불수감이라 부르며 특히 불교적인 상징무늬로 많이 쓰인다. 불수(佛手)의 불(佛)이 복(福)과 발음이 유사하여 행복의 상징으로 여겨졌다. 도자기나 건물의 단청으로 사용하기도 하였다. 조선 시대 궁중의 여인들의 옷감에서 주로 볼 수 있다.
24   진공단眞貢緞 ; 감이 두껍고 무늬가 없는 좋은 비단을 이른다.
25   화문花紋 ; 꽃무늬를 이른다.
26   궁초宮綃 ; 엷고 무늬가 둥근 비단의 하나다. 흔히 댕기의 감으로 쓴다.
27   모초단毛綃緞 ; 중국에서 나는 가는 날에 굵은 올로 짠 비단의 한 가지다.
28   영초단英綃緞 ; 중국에서 나는 비단의 하나다. 모초(毛綃)와 비슷한데 품질이 조금 낮다.
29   양덕(陽德) ; 평안남도 남동부에 있는 군이다.
30   맹산(孟山) ; 평안남도 북동부에 있는 군이다.
31   중산포 ; '중세포(中細布)'다.
32   회령(會寧) ; 함경북도의 북부, 두만강 연안에 위치한 도시이다.
33   종성(鍾城) ; 함경북도의 옛 군이다.
34   영산포 ; '영포(嶺布)'인 듯하다. 회령과 종성 지방에는 '산북포(山北布)'가 유명하다.
35   양단陽端 ; 평안북도 선천군 원봉리에 있는 마을이다.
36   률동 ; 황해북도 수안군 서평리 소재지의 북서쪽에 있는 마을이다. 지난날 골 안에 밤나무가 많았다 하여 '밤골'이라 하였다. 한자표기로 '률동(栗洞)'이라고도 한다.
37   본견本絹 ; 생사(生絲)만을 사용하여 만든 짠 비단을 말한다.
38   백갑사白甲紗 ; 생사(生紗)로 발을 살핏하게 짠 흰 비단 옷감이다.
39   홍갑사紅甲紗 ; 생사(生紗)로 발을 살핏하게 짠 붉은 비단 옷감이다.
40   길생사 ; '길상사(吉祥紗)'로, 중국에서 나는 생사로 짠 옷감의 하나다.
41   여의사如意紗 ; 중국에서 나는 비단의 하나다. 방승매듭(方勝--) -짧은 끈이나 꼰 실로 납작하고 네모지게 맺는 매듭.- 과 같은 무늬가 있다.
42   한산韓山 세세모시 ; 한산에서 나는 올이 가늘고 고운 모시를 말한다.
43   자주紫紬 ; 자줏빛이 나는 명주를 말한다. 해주, 대구 등지에서 난다.

평양자주[45], 반자주[46],

얼루룩 절루룩한[47] 비단이 많습니다.

또 꽃당혜(唐鞋)[48]도 있습니다.

꽃당혜는 무엇 하노라니

오월 단오일에 아씨들 추천할 때 신기라고

꽃당혜도 갖고 왔소.

이 물건을 팔아서 시금털털한

탁바기[49]나 한 사발 사 먹고 가겠소.

군밤을 사리, 삶은 밤을 사리,

호초[50] 양렴에 호도엿[51]을 사리,

자 이것 잘 못 되였고나

내가 무엇 비단 무엇무엇 불리다가

엿불림[52]을 했으니

엿장사 아들이 분명하고나.

그러나 저러나 내가 신장사요.

이것 신을 팔아서 식(食)이 막대(莫大)라니[53]

탁바기나 한 사발 사서 먹고 갈 수밖게 없다.

신을 사리[54] 신을 사요.

---

44 진자주眞紫紬 ; 자줏빛이 나는 좋은 명주를 말한다.

45 평양자주平壤紫紬 ; 평양에서 나는 자줏빛 명주를 말한다.

46 반자주半紫紬 ; 엷은 자줏빛 명주를 말한다.

47 얼루룩 절루룩한 ; '얼룩'은 본바탕에 다른 빛깔의 점이나 줄 따위가 뚜렷하게 섞인 자국을 말한다. '얼룩'에 대구가 되도록 '절룩'을 잇댄 언어유희다. 여기서는 무늬가 다양하다는 뜻으로 쓰였다.

48 꽃당혜(唐鞋) ; 꽃무늬 당혜(唐鞋)를 말한다. 당혜는 조선시대 부녀자가 신던 갖신이다. 코와 뒤꿈치에 당초문(唐草文)을 놓아 만든 마른 신으로, 안은 융 같은 푹신한 감으로 하고 거죽은 가죽을 비단으로 싸서 만들었다.

49 탁바기 ; '막걸리'의 방언이다. 농주(農酒), 탁주(濁酒), 탁배기, 탁바리라고도 불린다.

50 호초胡椒 ; '후추'다. 한자어로는 호초(胡椒)라고 하며, 향신료로 쓰인다. 후추나무는 후추과에 속하는 상록덩굴식물로 인도 남부가 원산지이다.

51 호도엿 ; 흰엿을 호도만하게 잘라 깨나 콩고물 등을 묻힌 엿을 말한다. 또는 호도를 함께 버무려 만든 엿이다.

52 엿불림 ; 엿장수가 엿을 팔려고 크게 외치는 일이다.

53 식(食)이 막대(莫大)라니 ; 보통은 '식이위천食而爲天'이라 한다. 백성은 먹는 것을 하늘로 삼는다는 뜻으로, 먹는 것이 사람이 살아가는 데에 있어서 가장 중요하다는 말이다.

54 사리 ; '살 것입니까'의 뜻이다.

육날 메투리 세코집섹[55]을 사리≫

탈판 한 모퉁이에 섰던 로승이 신 사라는 말을 듣고 터벅 터벅 걸어 나와
신장사를 부채로 때린다.
신장사가 깜짝 놀라서

○ 신장사 ≪아 이게 무엇이냐 뵙시다.

아 저게 무어란 말이요.

아 이것이 무어란 말이요.

아— 저런 짐승 같은 것을 어데서 보았노

대가리를 보니 패가'집 살양 주저리 같고,

눈알은 달구지[56] 멘 소눈갈[57] 같고

아가리[58]는 언덕에 자빠진 거랭이[59] 무엇 같으니

저게 무슨 짐승이냐

뵙시다.≫

로승이 신장사를 가리키며 오라고 손짓한다.

○ 신장사 ≪오— 인제 알겠다.

자세히 보니까 머리에다 송락[60]을 쓰고

---

55 육날 메투리 세코집섹 ; 짚신과 미투리를 말하는 것으로 관용적 표현이다. '집섹'은 집세기, 곧 짚신의 사투리
이고, '메투리'는 미투리의 사투리이다. 짚신은 볏짚으로 새끼를 꼬아 날을 하고 짚을 결어서 바닥을 한 신을
말한다. 보통 코 -버선이나 신 따위의 앞 끝이 오똑하게 내민 부분.- 를 셋을 만들기에 세코집세기이다. 초혜(草鞋),
비구(扉屨), 망리(芒履)라고 한다. 미투리는 질긴 삼베로 삼은 신인데, 발이 편하라고 날이 여섯 가닥 또는 여
덟 가닥 되게 한다. 마혜(麻鞋), 승혜(繩鞋)라고도 한다.
56 달구지 ; 소나 말이 끄는 짐수레를 말한다.
57 소눈갈 ; '소의 눈깔'이다.
58 아가리 ; '입'을 속되게 이르는 말이다.
59 거랭이 ; 거렁이 또는 걸뱅이는 거지를 이르는 방언이다.
60 송락 ; '송낙'이다. 예전에 여승이 주로 쓰던, 송라를 우산 모양으로 엮어 만든 모자다. 송라립(松蘿笠)이라고
도 한다.

실건 가사[61]를 메고 백팔념주(百八念珠)[62] 목에 걸고

류환장(六環杖)을 짚었을 때에는

뒤절'중이냐?≫

로승이 또 부채로 폈다 닫았다 하면서 신장사를 오라고 부른다.

○ 신장사   ≪왜 오래?≫

하면서 로승한테 간다.

로승이 부채을 한 뼘 두뼘 재 가면서 신장사를 부르니

○ 신장사   ≪오— 신 있나 물어보는 말이고나.

있다. 몇 치[63] 신을 달라는 말이냐?

열치? 스무치? 서른치? 쉰치? 여든치?[64]

얘 어미나이[65] 고은 것 다리고 산다.

얘 그것 신이 아니고

대동강 매상[66]이[67] 굽 달고 신고 다니는 것 같다.[68]

그런 신 있다.≫

---

61 실건 가사袈裟 ; '칠건 가사' 곧 '칠조가사(七條袈裟)'다. '칠조가사(七條袈裟)'는 평상시에 입는 가사다. 수행 자가 늘 휴대해야 할 여섯 가지 생활 도구를 '육물(六物)'이라 하는데, 삼의(三衣), 곧 구조가사(九條袈裟)·칠 조가사(七條袈裟)·오조가사(五條袈裟)와, 물을 거르는 녹수낭(漉水囊), 식기인 발우(鉢盂), 앉거나 누울 때 까는 좌구(坐具) 등이 있다. 칠포가사(漆布袈裟)는 옻칠한 천으로 만든 가사다.

62 백팔염주百八念珠 ; 염주가 108개의 구슬을 사용한다 하여 이렇게 부른 것이다. 불보살에게 예배할 때 손목 에 걸거나 손으로 돌리는 불구(佛具)의 하나이다.

63 치 ; 길이의 단위다. 한 치는 한 자의 10분의 1 또는 약 3.03cm에 해당한다.

64 열치? 스무치? 서른치? 쉰치? 여든치? ; 과장된 표현이다.

65 어미나이 ; '에미나이'로 '계집아이'의 방언이다.

66 [보정] 매상 ; '마상이'로 통나무배, 통목선, 독목주(獨木舟)라고도 하는데, 큰 통나무를 2~3m 길이로 잘라 속 을 파낸 것이다. 목판을 맞붙여서 만든 돛 없는 거룻배도 이에 속한다.

67 원주 31. 한 개의 대부등을 알맞게 잘라 만든 배. [＊필자 – '대부등(大不等)'은 아름드리의 매우 굵은 나무, 또는 그런 재목이다.]

68 대동강 매상이 굽 달고 신고 다니는 것 같다 ; 통나무배에다가 굽을 달아 신 삼아 신어도 될 정도로 발이 크 다는 말이다. 관용적 표현이다.

로승이 묵묵히 부채로 땅바닥을 치면서 놓으라고 한다.

○ 신장사   ≪그래 네가 신을 사겠단 말이냐≫

로승이 역시 묵묵히 사겠다고 고개를 끄덕거리면서 부채로 땅바닥을 치면서 여기에 놓으라고 한다.

○ 신장사   ≪계[69] 예다 놓으란 말인가?≫

로승은 고개를 끄덕끄덕거린다.

○ 신장사   ≪애 장사 고업(苦業)[70]이라니 할 수 없지. 그래≫

하고 신을 땅에 놓으려고 할 때,
로승이 부채로 땅을 가르키면서 거기에 놓으라고 한다.

○ 신장사   ≪나 여게[71] 못 놓겠다. 방위가 틀려 못 놓겠다.[72]≫

로승이 다시 부채로 딴 방위를 가리키면서 예다 놓으라고 한다.

○ 신장사   ≪할 수 없다.≫

고 하면서 궁둥이를 돌려 댈 적에 로승이 부채로 신장사를 탁 때린다.

---

69 계 ; '거기'라는 말이다. 상대방을 조금 낮잡아 이르는 말이다.
70 장사 고업(苦業) ; 물건 파는 일이 업보 때문에 맺어진 괴로운 인연이라는 말이다.
71 여게 ; '여기'의 방언이다.
72 방위가 틀려 못 놓겠다 ; 어떤 상황인지 미상하다.

O **신장사**   ≪너 신 사자고 하더니 왜 나를 때리느냐? 나는 안 팔겠다.≫

O **불림**   ≪간다 간다 나는 간다 나는 간다.
          여망청산(餘望靑山)으로 내가 돌아간다.[73]≫

로승이 나와서 신장사를 가자고 껀다.

O **신장사**   ≪너한테는 안 판다.≫

로승은 그래도 가자고 껀다.

O **신장사**   ≪할 수 없다. 이놈한테 잡혀 놓았으니 할 수 없다≫

로승은 부채로 예다 놓으라고 땅바닥을 가리킨다.

O **신장사**   ≪정말 이번에는 사겠느냐 그래 놓는 수밖에 없다≫

고 하면서 궁둥이를 돌려 대고 신을 놓으려고 한다.
그 때 로승이 또 부채로 신장사를 딱친다.

O **신장사**   ≪아까도 때리더니 또 때리니 너한테는 신을 안 판다≫

고 성을 내고 돌아갈라고 하면서

---

[73] 여망청산(餘望靑山)으로 내가 돌아간다 ; '여망청산(余望靑山)'이다. 나는 청산을 바라보고 돌아간다는 뜻이다.

○ 불림   ≪고로 고로 성황님[74], 마루 마루 성황님[75],

앞동산 성황님,

뒷동산 성황님,[76]

다시는 이런 놈 안 만나게 점지[77]해 주시요.

간다 간다 나는 간다.

여망청산으로 내가 돌아간다≫

고 타령곡에 맞추어 불림을 할 때,[78]

로승이 나와서 또 가자고[79] 손질한다.

○ 신장사   ≪자 이것 할 수가 없는 일이구나. 그러나 이놈한테 잡혔으니 할 수 없이

팔아야겠다≫

하면서 로승을 향하여 다시는 아니 때리겠느냐고 묻는다.

로승은 아니 때리겠다고 고개를 끄덕끄덕거린다.

신장사는 신짐을 지고 할 수 없다고 하면서 로승 앞으로 가서 로승하고

협력하여 신짐을 놓고서

○ 신장사   ≪이것 오래 지고 다녔더니 먼지가 많고나≫

---

74   고로 고로 성황님 ; 성황님의 덕이 고루 고루 내려달라는 축원이다. '고로 고로'는 '고루 고루'와 같이 여럿이
다 차이가 없이 엇비슷하거나 같게 혹은 두루두루 빼놓지 아니하고 라는 뜻이다.

75   마루 마루 성황님 ; '마루'는, 등성이를 이루는 지붕이나 산 따위의 꼭대기, 혹은 파도가 일 때 치솟은 물결의
꼭대기, 혹은 일이 한창인 고비 등의 뜻을 담고 있다. 또한 어떤 사물의 첫째나 어떤 일의 기준을 뜻하기도 한
다. '성황(城隍)님'은 도성(都城)의 신(神)인 성황신(城隍神)의 이름으로 도시의 수호신(守護神)을 일컫는다.
또한 서낭신이 붙어 있다는 나무로 풍운뢰우(風雲雷雨)의 신좌(神座)는 중앙에 있고, 산천(山川)의 신좌(神
座)는 동편에, 성황의 신좌는 서편에 있다.

76   앞동산 성황님 뒷동산 성황님 ; 앞동산과 뒷동산에 있는 마을 수호신을 이른다.

77   점지 ; 무엇이 생기는 것을 미리 지시해 줌을 비유적으로 이르는 말이다. 혹은 신불이 사람에게 자식을 갖게
하여 줌을 뜻하기도 한다.

78   ○ 불림 ≪고로 고로 선황님, 마루 마루 성황님, 앞동산 성황님, 뒷동산 성황님, 다시는 이런 놈 안 만나게 정
지해 주시요. 간다 간다 나는 간다. 여망청산으로 내가 돌아간다≫ 고 타령곡에 맞추어 불림을 할 때, ; 노래말
전체가 불림으로 활용된다는 기사다.

79   가자고 ; '사자고'가 옳다.

하면서 신짐 먼지를 툭툭 떤다.

그 때 신장사가

○ **불림**   ≪궁기 당기 당당궁[80]≫

하니까 재비 둘은 신장사의 요구에 의하여 <궁기 당기 당당궁> 반주를
한다.

그 때 원숭이가 신짐에서 튀여 나와서 길노랍이[81]를 하면서 탈판을 한 바
퀴 도는 신장사의 뒤를 따라 돌고서

(이 때 원숭이도 흉내를 내여 길노랍이를 하면서)

원숭이는 로승과 같이 서 있는 소무 뒤로 가서 숨고

신장사는 혼자서 원숭이를 찾으며 돌다가

○ **신장사**   ≪(군중들을 보고) 여보시요 우리 물건 어디로 가는가 보았소?

아 이것 야단났고나.

물건을 잊어버렸으니

이것 어디 가서 묻지도 못 하고

내가 이왕에 점괘[82]나 배웠으니

잊어버리지나 안 하였는지

어디 내가 점이나 한번 처보자≫

≪천하 언재시며 지하 언재시리오마는

---

80 궁기 당기 당당궁 ; 악기의 소리와 리듬을 의성어로 표현한 대사다.
81 길노랍이 ; '길라잡이'다. '길나장(羅將)이'는 수령이 외출할 때에 길을 인도하던 사령을 이른다. 갓을 쓰고 짙
    은 옥색 철릭을 입되, 두 앞자락을 뒤로 걸쳐 매고 거기에 큰 방울을 하나나 둘, 셋을 달고 다녔다. 혹은 '길나
    장(羅將)이'는 쓸데없이 길거리를 돌아다니는 사람을 놀림조로 이르는 말이기도 하다.
82 점괘占卦 ; 점을 쳐서 나오는 괘로, 괘를 풀이하여 길흉을 판단함을 뜻한다.

고지 죽웅하나니[83]

곽 박[84], 리순풍[85], 제갈량[86], 소강절 선생[87] [88]은

하강[89]하사 감이 순통하소서[90]

부덕인(不德仁)자는

여일월(如日月)로 합기덕(合其德)하며,

여사신(如四神)으로 합기사(合其事)하소서.[91]

---

83 천하 언재시며 지하 언재시리오마는 고지 죽웅하나니 ; 임석재본에서는 '천하언재天何言哉시며 지하언재地何言哉시리요, 고지즉응告之卽應하시나니 감이순통感而順通하소서.' 라고 채록되었다. 신명(神明)께 고하노니, 하늘이 무엇을 말씀하시며 땅이 무엇을 말씀하시리요, 고하면 즉시 응답하시나니 감응하시어 모든 일이 순리대로 통하소서.

84 곽 박郭璞 ; 곽박 선생은 자가 경순(景純)이며 하동 문희(聞喜 = 현 산서 문희현)사람이다. 그는 박학 다식하고, 『이아(爾雅)』, 『산해경(山海經)』, 『초사(楚辭)』 등을 주석하였고, 점술술에도 뛰어났다. 경학(經學)과 역수(易數)에 능했다고 하는 중국 동진(東晉)의 학자 곽박이 점복을 하는 사람들에 의해 신처럼 모셔지다가 곽곽(籗郭)으로 와음이 된 경우도 있다. 곽곽은 점복의 신령이자 눈병을 치료해주는 의료신을 말한다. 곽곽 선생은 맹인(盲人)풀이의 대상신으로 안질(眼疾)환자들이 특히 신봉한다고 한다.

85 리순풍李淳風 ; 중국 당나라의 방술가(方術家)다. '방술'은 신선의 술법을 닦는 사람, 혹은 방사(方士)가 행하는 신선의 술법을 말한다.

86 제갈량諸葛亮 ; 제갈량의 자(字)는 공명(孔明)이다. 시호 충무(忠武)이며 산동성 기수현 출생으로 호족(豪族) 출신이었으나 어릴 때 아버지와 사별하여 형주(荊州)에서 숙부 제갈현(諸葛玄)의 손에서 자랐다. 후한 말의 전란을 피하여 사관(仕官)하지 않았으나 명성이 높아 와룡선생(臥龍先生)이라 일컬어졌다. 위(魏)나라의 조조(曹操)에게 쫓겨 형주에 와 있던 유비(劉備 : 현덕玄德)로부터 '삼고초려(三顧草廬)'의 예로써 초빙되어 '천하삼분지계(天下三分之計)'를 진언(進言)하고 '군신수어지교(君臣水魚之交)'를 맺었다.

87 소강절 선생邵康節先生 ; 소옹(邵雍)이라 한다. 중국 송(宋)나라 때의 유학자다. 이지재(李之才)에게서 도서선천상수(圖書先天象數)의 학을 배워 역리(易理)에 정통하였으며, 선천괘위도(先天卦位圖)를 만들었다. 그의 학파를 백원학파(百源學派)라 이른다. 공묘(孔廟)에 종사(從祀)되고 신안백(新安伯)에 추봉되었다. 왕안석(王安石)이 신법을 실시하기 전에 천진의 다리 위에서 두견새 우는 소리를 듣고, 천하가 분주할 것을 예견하였다 한다.

88 원주 33. 고래로 점(占)을 잘 쳤던 사람들이다.

89 하강下降 ; 높은 곳에서 아래로 향하여 내려옴, 혹은 신선이 속계로 내려오거나 웃어른이 아랫자리로 내려옴을 뜻한다.

90 감이순통感而順通하소서 ; 감응하시어 모든 일이 순리대로 통하소서.

91 부덕인(不德仁)자는 여일월(如日月)로 합기덕(合其德)하며, 여사신(如四神)으로 합기사(合其事)하소서. ; '덕이 없고 어질지 못한 자는 일월과 더불어 덕을 합하며, 네 신과 더불어 섬김을 합하소서' 라는 뜻이다. 이 대사는 『주역』의 다음 한 대목을 원용한 것이다. "무릇 '대인'은 천지와 더불어 그 덕을 합하고, 해와 달과 더불어 그 밝음을 합하며, 사계절과 더불어 그 순서를 합하고, 귀신과 더불어 그 길흉을 합한다. 하늘보다 앞서 행하나 하늘은 (대인의 뜻을) 어기지 아니하고, 하늘보다 뒤에 행하나 (대인은) 하늘의 때를 받든다. 하늘도 어기지 않는데 하물며 사람이겠는가. 하물며 귀신이겠는가. 夫大人者 如天地 合其德 如日月 合其明 如四時 合其序 如鬼神 合其吉凶 先天而天弗違 後天而奉天時 天且弗違 而況於人乎 況於鬼神乎" 『주역』의 내용을 풀이해보면, 광대한 천지와 같이 큰 덕과, 광명한 일월과 같이 밝은 지혜와, 춘하추동 사시(四時)와 같이 신묘한 조화를 갖춘 이가 곧 대인(大人)이라는 것이다. 복희씨(伏犧氏) -중국 고대 전설상의 제왕. 삼황(三皇)의 한 사람-가 팔괘(八卦) -중국 상고 시대에 복희씨가 지었다는 여덟 가지의 괘로, 주역에서 세상의 모든 현상을 음양을 겹치어 여덟 가지의 상으로 나타낸 ☰[건(乾)], ☱[태(兌)], ☲[이(離)], ☳[진(震)], ☴[손(巽)], ☵[감(坎)], ☶[간(艮)], ☷[곤(坤)]을 이른다.- 를

오늘날에 물건을 잊어 버렸으니

여귀신(如鬼神)으로 판단하와[92]

믈비소서 믈비소서.[93][94]

아하하 점괘(占卦) 잘 났다.

이것 알 수가 어디 있나.

시재차장중(只在此場中)[95]이라.

자 찾아보아야 알겠다≫

한 후

O **불림**　　≪락일(落日)이 욕몰현산서(欲沒峴山西)≫[96]

처음으로 만들고, 그물을 발명하여 고기잡이의 방법을 가르쳤다고 한다. 팔괘를 그린 것은 하늘보다 앞선 일이지만 이미 하늘은 태극에서 양의를 낳고 양의(兩儀) -양(陽)과 음(陰)- 가 사상(四象) -일월성신을 통틀어 이르는 말- 을 낳고 사상이 팔괘를 자연히 낳고 있다. 그러니 하늘이 팔괘의 이치를 어기지 않는 것이다. 대인이 봄이 올 것을 미리 알고 씨를 준비하면 하늘은 반드시 봄이 오도록 해서 그 일이 어긋나지 않는 것이라는 말이다. '여사신(如四神)'은 본래 '여사시(如四時)'이고, '합기사(合其事)'는 본래 '합기서(合其序)'다.

92　여귀신(如鬼神)으로 판단하와 ; 『주역』의 한 대목에서 원용한 것이다. 귀신과 더불어 그 길흉을 합한다.(如鬼神 合其吉凶)

93　원주 33. 점쟁이의 주문(呪文)의 끝말.

94　믈비소서 믈비소서 ; '물비소시(勿秘昭示)'인 듯하다. '물비소시(勿秘昭示)'는 '숨김없이 밝히어 보라'는 뜻으로, 점쟁이가 외는 주문의 맨 끝에 부르는 말이다. '믈비소서' 곧 '물비소서'는, '물비소시'와 '-하소서'가 결합된 민간화술적 표현이다.

95　시재차장중(只在此場中) ; '다만 이 장중 곧 가면극 공연 현장에 있을 것이다'라는 말이다. 본래는 '지재차산중(只在此山中) - 다만 이 산중에 있도다.'이다. 가도(賈島)의 시의 한 구절이다. 이 구절은 다른 연행물에서도 나타난다.

[참고]
松下問童子 소나무 아래에서 동자에게 물으니,
言師採藥去 스승은 약을 캐러 갔다고 대답하네.
只在此山中 다만 이 산 속에 있으련만,
雲深不知處 구름이 깊어서 간 곳을 알길 없구나.

96　≪락일(落日)이 욕몰(欲沒) 현산서(峴山西)≫ ; 저무는 해는 현산(峴山) 서편으로 진다. 양양가(襄陽歌)의 한 대목을 원용하였다. '양양가'는 작자 및 연대 미상의 작품으로 본래 중국 이태백(李太白)의 시에 토만 달아 곡조에 맞추어 부른 노래이다. 현산(峴山)은 중국 호북성(湖北省) 양양현(襄陽縣) 남쪽에 있는 산이다.

이백(李白)의 '양양가(襄陽歌)'
落日欲沒峴山西 현산 서쪽으로 석양이 숨으려는데
倒著接䍦花下迷 흰 두건 뒤집어쓰고 꽃 아래 갈피 못 잡나니
襄陽小兒齊拍手 양양 아이들 일제히 박수치고
攔街爭唱白銅鞮 길을 막고 다투어 백동제[송별의 노래]를 부르더라

하고 타령곡에 맞추어 이리 저리 춤을 추고 다니면서 소무 앞에 가보니 원숭이가 소무에게 붙어 있었다. 그것을 보고

≪예기[97] 천하[98]≫[99]

하고

≪예 이놈 가자≫

원숭이 코를 잡으니까 원숭이는 신장사의 코를 잡아 아야 아야 (신장사) 하면서 원숭이를 다리고 탈판으로 기여 나온다.
신장사는 원숭이를 보고

≪여기 앉아라≫

하고 탈판 중앙에 앉혀 놓고 이 잡은 것을 놓아라 놓아라 놓아라 하면서 신장사가 먼저 원숭이 코를 놓으니까 원숭이도 신장사의 코를 놓는다.

旁人借問笑何事 주위 사람이 묻나니 무슨 일로 웃느냐
笑殺山翁醉似泥 산옹이 취해 흐느적거려 우스워 죽겠네
鸕鶿杓   가마우지 국자로
鸚鵡杯   앵무 술잔에
百年三萬六千日 백 년 삼만 육천 일을
一日須傾三百杯 모름지기 하루 삼백 잔을 기울이리라

97 예기 ; '예끼'다. 때릴 듯한 기세로 나무라거나 화가 났을 때 내는 소리다. 주로 나이가 비슷한 사람이나 아랫사람에게 쓴다.
98 천하天下 ; 보통은 '천하에'다. 세상에 다시는 없을 만큼 심한 형편이라는 뜻으로, 너무 놀라거나 한탄할 때 쓰는 말이다.
99 ≪예기 천하≫ ; 여기서는 가벼운 욕설이다.

≪자 이것 보시오. 우리 할아버지가 중국으로 동지상사(冬至上使)[100] 갔다올 때에 이 물건을 갖다 주면서 '이것 잘 보관해 두어라 잘 보관하여 두면 나중에는 기구한 일이 있을 터이니 잘 보관하여 두어라' 하시기에 잘 보관하여 두었더니 이 세상 탕패(蕩敗)[101] 당한 후에 하잘 것이 없어서 그래 이것을 팔라고 나와서 끄내 놓으니 세상에 이런 요물이 어디 있느냐. 이것이 무슨 요물이냐. 귀가 빨쪽하니[102] 이것이 짐승이냐. 네가 무어냐? 노루냐? 사슴이냐? 범이냐?≫

하고 물으니 원숭이는 다 아니라고 고개를 좌우로 흔든다.

○ 신장사   ≪네미[103] 할미냐≫

하고 원숭이를 밀친다.
원숭이는 신장사를 밀친다.

○ 신장사   ≪자 그러면 네가 노루도 아니고, 사슴도 아니고, 범도 아니고, 네가 무엇이란 말이냐? 그러면 네가 물에서 다니던 고래란 말이냐≫

원숭이는 아니라고 고개를 좌우로 흔든다.[104]

---

100 동지상사(冬至上使) ; 조선 시대에, 중국으로 보내던 동지사의 우두머리를 이른다. 동지사(冬至使)는 조선 시대에, 해마다 동짓달에 중국으로 보내던 사신이다.

101 세상 탕패(蕩敗) ; '세간 탕패(蕩敗)'가 옳다. '탕패(蕩敗)'는 재물 따위 혹은 시간, 힘, 정열 따위를 헛되이 다써 버림을 말한다. 의도적 오류인지 분명치 않다.

102 빨쪽하니 ; 여기서는 끝이 뾰족이 조금 나오거나, 조금 내민 모습을 말한다.

103 네미 ; 어떤 일에 대하여 몹시 못마땅할 때 욕으로 하는 말이다. 이 욕설은 탈춤마다 전반에 걸쳐 두루 또 빈번히 나온다. 이는 간음을 금기시하는 사회 풍토에 있어서는 지나친 욕설이다. 그것은, 금각대명·금각담양·홍각대명 등과 같이 채록된 것은 너무 심한 욕설이므로 발음을 고의적으로 바꾼 것이라 한다. 노신의 말을 빌면 '나는 네 에미의 先親十八代도 하노라.'에서 왔다고 한다. 한편 너무 심하다는 이유로 심지어는 속담이 탄생하기까지 하였다고 한다. "에미 붙구 대명 간다."(박계홍 ;『한국구비문학대계』, 충남 대덕군편)와 "에미 붙어 담양갈 놈"(최래옥·김균태 ;『한국구비문학대계』, 전남 장성군편)과 같은 것이 대표적이다.

104 이 대목은 수수께끼식 문답으로 실현된다.

○ 신장사   ≪그러면 메기냐≫

원숭이는 아니라고 고개를 좌우로 흔든다.

○ 신장사   ≪네 할아비냐≫

하고 원숭이를 꽉 밀치니까 원숭이는 또 일어나서 신장사를 밀친다.
그 때 신장사가 자빠지면서

○ 신장사   ≪아고≫

하면서 일어난다.

≪자 이것이 무엇인지 모르겠구나 오— 알겠다. 네가 사람의 **흉내**를 잘
내니 원숭이 흉내 내듯 한다니 네가 원숭이가 아니냐≫

원숭이는 그때야 비로소 그렇다고 고개를 전후로 끄덕거린다.

○ 신장사   ≪오— 원숭이고나. 이것 잘 되였다. 내가 이때를 예견했고나. 뒤'절 중놈
에게 신을 외상 주었는데 윤 동지 '달 초하루'날[105] 주었으니 네가 가서 그
신 값을 받아 오너라≫

원숭이가 로승한테 가서 신 값을 받아 온다.

---

105 윤 동지 '달 초하루'날 ; 음력으로 1월·9월·11월·12월은 윤달이 들지 않는다. 그러니까 동지 섣달에는 윤달
이 없다는 이야기가 된다. 동지달에 윤달이 들지 않는 까닭은 현재 사용하고 있는 우주력(宇宙曆)에 자연력(自
然曆)의 흔적이 남아 있는 것으로, 동지를 한 해의 시작으로 보았던 것이기 때문이다. 자료에 따라서는 '閏冬
至달 스무 초하룻날', '윤동지 섯달 스무 초하룻날', '윤동짓달 열 초사흘날' 등으로 채록되었다. 여기서는 돈 받
을 도리가 없다는 뜻으로 활용되었다.

신장사는 얼마나 받아 왔는가 땅 우에다 신 값을 계산한다.
팔팔이 ○팔[106], 콩팔이 팔팔[107]하면서 계산을 놓으니까,
원숭이가 가끔 그 계산한 것을 터러내 버린다.

○ **신장사**   ≪아— 이것 야단 났구나. 네가 옳은 줄 알았더니 네가 방해'군이구나. 그
러면 네가 사람의 흉내를 잘 낸다니 춤이나 한 번 추자≫

○ **불림**   ≪이 두견, 저 두견 만첩 청산에 문두견≫[108]

타령곡 반주에 맞추어 거드러지게[109] 춤을 추다가 퇴장한다.

---

106 팔팔이 ○팔 ; '팔팔이 씹팔'인 듯하다. 본래는 '팔팔이 십팔'인데 비속한 대사라고 생각하여 '○'표로 표기한
듯하다.
107 팔팔이 ○팔, 콩팔이 팔팔 ; 갈피를 잡을 수 없게 마구 지껄이는 모양을 콩팔 칠팔이라고 한다.
108 ≪이 두견, 저 두견 만첩 청산에 문두견≫ ; 우리말과 한자어가 결합된 불림이다.
109 거드러지게 ; '건드러지게'다. 목소리나 맵시 따위가 아름다우며 멋들어지게 부드럽고 가늘다는 뜻이다.

7. '제칠과장 취발이'의 복원

제7과장 취발이

○ 등장인물

  취발 : 1명

  로승 : 1명

  소무 : 2명

  로승 전 과장과 동일. 소무 전 과장과 동일.

  로승과 두 소무는 탈판 가운데서 춤을 춘다.

  취발이[1]가 술 취한 듯이 비틀비틀하면서, 록음가지[2]를 이마에 대고 너머

---

1 [보정] 취발이 ; 일반적으로 술에 취하여 지지벌개가지고 다니기에 이러한 이름이 붙었다고 한다. 그런데 다음과 같은 사실을 염두에 두어야 한다고 본다. 은율가면극에서는 '최괄이'라 하였고, 이를 이두현은 취발이와 같이 보았다. 손진태의 『校註 歌曲後集』 권제육 농가월령가(農家月令歌) 시월령을 보면 '李風憲 金僉知는 준말곳회 醉倒ㅎ고 崔勸農 姜約正은 체궐이춤을 춘다.'라는 대목이 보인다. 여기의 '체궐이춤'을 주목할 일이다. 또한 중국의 팔선(八仙) 가운데에 술을 잘 먹는 철괴리(鐵拐李)가 나오는데, 박지원의 '광문자전'에 나오는 광문이도 철괴리 춤에 능했다고 하였다. 따라서 철괴리, 체궐이, 최괄이, 취발이 등은 동일 대상, 혹은 동일한 관념이 작용하고 있는 대상에 대한 상이한 표기라고 보아야 할 것이다. 『퇴계원산대놀이 연희본』에서 다음과 같이 설명하고 있다.

  [참고] 취발이 : 취발이는 노총각으로 절에서 밥 짓고 물 긷는 일을 하는 불목. 임석재는 그의 회고록에서 '취발이도 그냥 한글로 써야 할 것을 한자로 썼는데, 그 당시 막연히 취한 것 같은 인물이 연상이나 취발(醉發)이라고 했다'고 하였는데, 취발이 대사에 '술 서너 잔 먹어 얼굴이 지지벌거니깐….'라는 대목이 있다. 같은 역이 은율가면극에서만은 '최괄이'로 되어 있다. 최괄이는 사설시조 <관등가(觀燈歌)>에 '사자(獅子) 탄 체괄(體适)이요 호랑(虎狼)이 탄 오랑캐(兀良哈)와… '로 보이는 그 '체괄'에서 최괄(崔适)로 바꾼 말이 아닌가 생각된다. 최괄은 오랑캐의 이름이라고 하였는데 (鄭炳昱 編, 《時調文學事典》, p.524) 오랑캐는 야만스러운 종족이란 뜻으로 침략자를 업신여겨 부르던 말이다. 고려 말부터 조선 전기에 걸쳐 두만강 연변이나 그 북쪽지방에서 살던 여진족(女眞族)을 이르던 말이다. 그러나 원래는 북부 만주에서 시베리아 남쪽에 걸친 삼림 속에 살던 수렵민(狩獵民)의 범칭(汎稱)이다. 그러기에 힘세고 용맹스런 '사자탄 체괄이요'라고 읊었고, 다시 은율가면극에서는 '최괄'로 취발이의 배역명으로 정하지 않았나 생각된다. <농가월령가(農家月令歌)>

질듯 너머질듯 하면서 등장한다.

O 취발이   ≪쉬── ≫

음악은 중지하고 로승은 소무를 다리고 한 편에 서 있다.

O 취발이   ≪애케──

곱불³인지 행불⁴인지 작년에 들린 곱불이,

해해년년이 다달이 나날이 시시로 때때로⁵≫

O 불림   ≪감돌아 들고 풀돌아 든다≫⁶

중지했던 음악이 다시 타령곡을 울리자,

그에 합하여 그 자리에 서서 돌아 섰다 돌아 섰다 하면서 춤을 추다가 다시

O 재담   ≪쉬── 이곳을 들어 와 살펴보니

담박명정(淡泊明淨)⁷ 네 글자 분명히 붙어 있고,

일소량보(一笑兩步⁸) 상전(桑田)⁹에 던졌더라.¹⁰

10월령의 1절에 '체달이 춤을 춘다.' 라고 있는데 이 체달이 춤이 '체괄(體适)이 춤'으로도 표기된 곳이 있어 취발이의 옛 표기로 생각된다는 의견도 있다. (서연호, 『山臺탈놀이』, p.78)

2   록음가지 ; 보통은 복숭아 나무 가지나 버드나무가지를 착용한다.

3   곱불 ; '고뿔'로, 감기(感氣)를 일상적으로 이르는 말이다.

4   행불 ; '고뿔'의 방언이다.

5   해해년년이 다달이 나날이 시시로 때때로 ; '매우 자주'라는 뜻으로 이음동의어반복의 언어유희이다.

6   ≪감돌아 들고 풀돌아 든다≫ ; 우리말 불림이다. 춤추는 형상을 묘사한 불림으로 생각된다. '감돌다'는 '어떤 둘레를 여러 번 빙빙 돌다.'의 뜻이다. '풀돌다'는 '어떤 둘레를 돌던 방향과 반대로 빙빙 돌다.'의 뜻이다.

7   담박명정(淡泊明淨) ; 담박영정(澹泊寧靜)이다. 제갈량이 '계자서(誡子書)'에서 '군자의 행실이란 고요한 마음으로 몸을 닦고, 검소함으로써 덕을 기르는 것이다. 마음에 욕심이 없어 담박하지 않으면 뜻을 밝힐 수 없고, 마음이 안정되어 있지 않으면 원대한 이상을 이룰 수 없다. 夫君子之行 靜以修身 儉以養德 非澹泊無以明志 非寧靜無以致遠'라고 하였다. 이러한 뜻을 압축하여 사자성어(四字成語)를 만든 것이다. 전통적으로 이 사자성어를 현판으로 만들어 붙였다.

8   량보(兩步) ; '양보음(梁父吟)'을 이른다.

9   상전(桑田) ; '뽕밭'을 말한다.

동편을 바라보니

만고성군(萬古聖君)[11] 주문왕(周文王)[12]은

태공망(太公望)[13][14] 찾으려고

위수양(渭水洋)[15] 가는 경(景)[16]

력력(歷歷)히 생겨 있고

남편을 바라보니

춘추쩍[17] 진목공(秦穆公)[18][19]은

---

10 일소량보(一笑兩步) 상전(桑田)에 던졌더라 ; '량보(兩步)'는 '양보(梁父)'의 잘못이다. 제갈량(諸葛亮)이 위(魏)나라를 정벌하러 떠나면서 '출사표(出師表)'를 지어 국가의 장래를 염려하는 간곡한 심정을 담아 후주(後主)에게 올렸다는 고사를 말한다. 제갈량은 뽕나무를 관리하고, 밭을 갈면서 살았다. 한가할 때는 양보음(梁父吟) -사람들이 죽으면 양보(梁父)산에다 장사 지낸다 하여, 이 산에 장사 지낼 때 부르는 노래다- 이라는 노래를 읊었다. 그리고 유비(劉備)에게 등용된 서서(徐庶)의 추천으로, '삼고초려'의 예우를 받은 다음 유비의 모사(謀士)가 된다. 『삼국지(三國志)』 '제갈량전(諸葛亮傳)'에 출사표(出師表)를 올리면서 제갈량은 "신은 성도(成都)에 뽕나무 8백 그루와 척박한 밭 15이랑이 있어서 자손들의 의식이 여유롭고, 신이 외직에 나가서는 재물을 모으지 않고 의식을 모두 녹봉에 의지하였으므로 따로 삶을 도모하여 조금의 재물도 늘리지 않았습니다. 신이 죽은 날에 곳집에 남은 곡식이 있고 창고에 남은 재물이 있다면, 폐하를 저버리는 것입니다." 라고 하였는데, 제갈량이 죽었을 때 모두 그의 말과 같았다고 하는 기사가 있다. 이두현본에서는 이 고사에 관한 대사로 소위 미얄과장에 '삼국(三國)적 유현덕(劉玄德)이 제갈공명(諸葛孔明) 찾으려고 삼고초려(三顧草廬)하던 정성'이라고 채록되었다. 다른 자료들에서도 유사하다.

11 만고성군(萬古聖君) ; 역사에 길이 남을 어질고 덕이 뛰어난 임금을 말한다.

12 주문왕(周文王) ; 기원전 12세기경, 중국 주(周)나라를 창건한 왕이다. 이름은 창(昌)이다. 계왕(季王)의 아들이요, 무왕의 아버지다. 어머니는 은(殷)나라에서 온 태임(太任). 서백(西伯)이라고도 한다. 은나라에서 크게 덕을 베풀고 강국으로서 이름을 떨친 계(季)의 업을 계승하여, 점차 인근 적국들을 격파하였다. 위수(渭水)를 따라 동진하여 지금의 서안(西安) 남서부 풍읍(豊邑), 즉 호경(鎬京)에 도읍을 정하였다. 은나라의 주왕(紂王)이 산동반도(山東半島)의 동이(東夷)민족 정벌에 여념이 없는 틈을 타, 인근 제후의 지지를 받아 세력을 길러 황하강(黃河江)을 따라 동으로 내려가, 화북(華北)평원으로 진출하였다. 그 도하점(渡河點) 맹진(孟津)을 제압하고, 은나라를 공격할 태세를 정비하였다. 만년에는 현상(賢相) 여상(呂尙 : 太公望)의 도움을 받아 덕치(德治)에 힘썼다.

13 원주 34. 본명은 여상(呂尙), 중국 주(周) 나라 개국(開國) 공신(功臣)의 한 사람.

14 태공망(太公望) ; 주(周)나라 초기의 현신(賢臣) 여상(呂尙)이다. 여상은 주나라 동해(東海) 사람이다. 본성(本姓)은 강씨(姜氏)다. 자(字)는 자아(子牙)다. 그의 선조가 여(呂)에 봉해졌으므로 여상(呂尙)으로 칭해졌다. 나이 칠순에 위수(渭水)에 낚시를 드리우며 때를 기다린 지 10여 년 만에 주나라 문왕(文王)을 만나 초빙된 다음, 문왕(文王)의 스승이 되었으며, 문왕은 그가 조부인 태공(太公)이 항시 바라던 사람이라는 뜻에서 '태공망(太公望)'이라고 했다. 병법의 이론에도 밝아서 문왕(文王)이 죽은 뒤에 무왕(武王)을 도와 목야(牧野)의 전투에서 은(殷)나라 주(紂)왕의 군대를 물리치고 주(周)나라를 세우는 데 큰 공을 세웠고, 후에는 제(齊) 땅을 영지로 받아 제(齊)나라의 시조(始祖)가 되었다.

15 위수양(渭水洋) ; '위수양(渭水陽)'이다. 강 이름이다. 중국 감숙성(甘肅省) 위원현(渭源縣)의 서북 조서산(鳥鼠山)에서 발원하여 섬서성(陝西省)을 거쳐 낙수(洛水)와 합처 황하(黃河)로 흐른다. 강태공(姜太公)이 이곳에서 은거하며 낚시를 하며 세월을 보내다 주(周)나라 문왕(文王)을 만난 곳으로 유명하다.

16 만고성군(萬古聖君) 주문왕(周文王)은 태공망(太公望) 찾으려고 위수양(渭水洋) 가는 경(景) ; 주문왕과 태공망과의 고사를 그린 그림을 말한다. 소위 '사벽도(四壁圖) 사설'을 원용한 것이다.

건숙(蹇叔)[20]을 찾으려고

명촌(明村)[21] 가는 길[22]

력력히 생겨 있고

서편을 바라 보니

전국(戰國) 쪽[23] 오자서(吳子胥)[24]는

손무자(孫武子)[25] [26]를 찾으려고

---

17 춘추쩍 ; '춘추(春秋)쩍'이다. 춘주시대 곧 중국 주(周)나라의 동천(東遷)으로부터 진(晉)나라의 대부(大夫)
    한(韓)·위(魏)·조(趙) 삼씨(三氏)의 독립까지 약 320년간의 시대를 말한다.
18 원주 35. 중국 춘추 시대 진 나라 임금.
19 진목공(秦穆公) ; 진(秦)나라의 14대 군주로 본명은 임호(任好)다. 진나라의 진흥의 터전을 마련한 영명한 군주
    로, 공자(孔子)·백리해(百里奚)·건숙(蹇叔)·서걸술(西乞術)·건병(蹇丙, 건숙의 아들)·공손지(公孫枝)·요
    여(繇余) 등의 현신, 책사들의 보필을 받아 서융(西戎) 지역의 많은 부락들을 정벌해 진나라의 영토와 영민(領民)
    을 대폭 증가시킴으로써 진을 무시하지 못할 서방 강국으로 융성시켰다.
20 건숙(蹇叔) ; 제(齊)나라 출신의 현인(賢人)이다. 세상이 몰라주는 백리해(百里奚)의 비범함을 첫눈에 간파
    하고 그를 오랫동안 거두어 주었다. 백리해가 주인을 찾아 나설 때마다 신중할 것을 거듭 충고했고 드디어 진
    목공(秦穆公)에게 발탁되자 그의 추천으로 역시 진목공을 섬기게 되었다. 뛰어난 지략과 경륜으로 백리해와
    함께 진목공이 서융(西戎)의 패주(覇主)가 되도록 하는 데 결정적 역할을 한 사람이다.
21 명촌(明村) ; 다른 자료에서는 '농명촌(農明村)'이라고 채록되었다. '명록촌(鳴鹿村)'의 잘못이다. 건숙(蹇叔)이
    은거하였던 곳이다. 지금의 하남성 주구시(周口市) 녹읍현(鹿邑縣)에 있다. '명록촌(鳴鹿村)'이 '녹명촌'으로 와
    음되고, '녹명촌'이 다시 '농명촌'으로 와음된 경우다. '녹명(鹿鳴)'은 임금이 여러 신하와 귀한 손님에게 잔치를
    베풀고 사신(使臣)을 송영(送迎)하는 데 쓰인 악가(樂歌)였다. 그 후에 연례(燕禮)와 향음주(鄉飮酒)에서 쓰였다.
    내용은 우는 사슴에게 먹이를 주듯이 임금이 신하를 불러 향응(饗應)함에 비유한 것이다. 『시경』에 '유유한 사슴의
    울음 들판의 다북쑥을 먹는다. 나 반가운 손이 있어 비파를 타고 피리를 분다. 呦呦鹿鳴 呦呦 食野之苹 我有嘉賓
    鼓瑟吹笙' 라고 하였다.
22 춘추쩍 진목공(秦穆公)은 건숙(蹇叔)을 찾으려고 명촌(明村) 가는 길 ; 진목공과 건숙과의 고사를 그린 그림
    을 말한다. 소위 '사벽도(四壁圖) 사설'을 원용한 것이다.
23 전국(戰國) 쪽 ; '전국(戰國)쩍'이다. 중국 역사에서 춘추 시대 다음의 기원전 403년부터 진나라가 중국을 통
    일한 기원전 221년까지 약 200년간의 과도기를 말한다. 여러 제후국이 패권을 다투었던 동란기로 '전국칠웅(戰
    國七雄)'이라는 일곱 개의 제후국이 세력을 다투었으며, 제자백가(諸子百家)와 같이 학문의 중흥기를 이루었
    고, 토지의 사유제와 함께 농사 기술의 발달 따위로 화폐가 유통되기도 하였다.
24 오자서(吳子胥) ; '오자서(伍子胥)'다. 중국 춘추(春秋)시대 오(吳)나라의 대부(大夫)다. 이름은 원(員), 자서
    (子胥)는 그의 자(字)다. 초(楚)나라 평왕(平王)이 소인(小人)의 참소(讒訴)를 듣고 오자서의 아버지와 형을
    죄 없이 죽이자, 오나라로 망명하여 오나라의 장수가 되어 초나라를 쳤다. 그러나 이미 평왕이 죽은 다음이었
    는지라, 그 묘를 파내어 시체를 매질하여 아버지와 형의 복수를 하였고, 후에 오나라로 하여금 패권(覇權)을
    잡게 하였다. 그 뒤 오나라 왕인 부차(夫差)가 서시(西施)의 미색에 빠져 정사를 게을리 하고 오히려 간(諫)하
    던 오자서에게 칼을 주어 자살하게 하였다. 오자서는 자살하면서 자기의 눈을 오나라 성의 동문(東門)에 걸어
    서 자기의 말을 듣지 않고 자기를 죽이니 오나라가 멸망하는 것을 보게 하라는 유언을 남겼는데, 이후 역대의
    시인들은 오나라 성 아래를 흐르는 상강(湘江)의 거친 물결을 오자서의 통분(痛憤)한 마음으로 비유하고 있다.
25 원주 36. 중국 춘추 전국 시대의 병법(兵法)의 대가(大家).
26 손무자(孫武子) ; 중국 춘추(春秋)시대 제(齊)나라 출신으로 오(吳)나라의 합려(闔廬)를 따랐던 병법가(兵法
    家)다. 본명은 손무(孫武)로, 손자(孫子)라고도 부른다. 오나라의 왕 합려(闔閭)를 섬겨 절제 있고 규율 있는

라부산(羅浮山)[27] 가는 경[28]

력력히 그려 있고,

북편을 바라보니

초한(楚漢)[29]이 요란할 때

천하장사[30] 항적(項籍)[31] [32]이는

범아부(范亞父)[33] [34]를 잡으려고

기구산(崎岣山)[35] [36]

력력히 생겨 있으니[37]

군대를 조직하게 하였다고 하며, 초(楚)·제(齊)·진(晉) 등의 나라를 굴복시켜 합려로 하여금 패자(霸者)가 되게 하였다고 한다. 오나라 궁중의 미녀 180명을 데리고 군사 훈련을 시키는 과정에서 합려(闔廬)가 가장 총애하던 두 명의 미인을 참수였던 '일벌백계(一罰百戒)'의 고사와, 장수가 군문(軍門)에 있을 때에는 임금의 명을 받들지 않을 수도 있다고 말한 고사가 있다.

27 라부산(羅浮山) ; 중국 광동성(廣東省) 혜주부 부라(惠州府 傅羅)에 있는 산이다.

28 전국(戰國) 쪽 오자서(吳子胥)는 손무자(孫武子)를 찾으려고 라부산(羅浮山) 가는 경 ; 오자서(伍子胥)와 손무자(孫武子)의 고사를 그린 그림을 말한다. 소위 '사벽도(四壁圖) 사설'을 원용한 것이다.

29 초한(楚漢) ; 중국 초나라와 한나라를 말한다.

30 천하장사天下壯士 ; 세상에 비길 데 없는 힘센 장사를 말한다. 항우(項羽)가 한나라 군사들이 부르는 초나라 민요를 들으며 착잡한 마음을 달래려고 지은 칠언절구(七言絶句)인 '해하가(垓下歌)'에서 '힘은 산을 뽑도다 기상은 세상을 덮고 시세가 불리함이여 추마(騅馬) -흰 바탕에 흑색, 짙은 갈색, 짙은 적색 따위의 털이 섞여 난 말.- 는 가지 않는구나 추마가 가지 않음이여 우미인이여 우미인이여 그대를 어쩌면 좋은가. 力拔山兮氣蓋世 時不利兮騅不逝 騅不逝兮可奈何 虞兮虞兮奈苦何' 라고 읊었다.

31 원주 37. 중국 진말(秦末) 한초(漢初)의 인물. 자(字)는 우(羽).

32 항적(項籍) ; 중국 진말(秦末)의 범인(梵人)이다. 초(楚)나라의 장수 항우(項羽)를 말한다. 이름은 적(籍)이다. 숙부 양(梁)과 함께 기병(起兵)하여 진군(秦軍)을 쳐서 함양(咸陽)을 불사르고 진왕(秦王) 자영(子嬰)을 죽이고 자립하여 서초(西楚)의 패왕(覇王)이 되었다. 패공(沛公) 유방(劉邦)과 천하를 다투었으나 해하(垓下)의 싸움에서 패하고 오강(烏江)에 투신하여 자살하였다.

33 원주 38. 항우(項羽)와 동 시대의 인물. 이름은 범증(范增).

34 범아부(范亞父) ; 항우(項羽)의 책사(策士)였던 범증(范增)을 말한다. 항우를 도와 패왕(覇王)이 되게 하였다. 기이한 계책을 좋아하여 나이 70에 항우(項羽)의 모사(謀士)가 되어 항우가 아부(亞父)라 불렀다. 항우의 모사인 범아부(范亞父)는 유방(劉邦)이 제왕이 되리라고 점치고 홍문(鴻門)의 잔치에서 옥결(玉玦)을 자주 들어 항우에게 유방을 죽이도록 신호했으나 뜻을 이루지 못했고, 이 일의 실패로 인한 화를 참지 못하고 등에 종기가 나서 죽었다.

35 기구산(崎岣山) ; '기고산(旗鼓山)' 혹은 '기고산(旗皷山)'이다. 범증(范增)의 고향에 있는 산이다. 이곳에서 산신(山神)이 되려하다가 항우에게 발탁된다. 하남성(河南省) 회양(淮陽)에 있다. 중국 하남성(河南省) 동부 영하(潁河) 북안에 위치한다. 주나라 때는 진국(陳國)의 땅이었다.

36 초한(楚漢)이 요란할 때 천하장사 항적(項籍)이는 범마부(范亞父)를 잡으려고 기구산(崎岣山) 력력히 생겨 있으니 ; 북쪽을 바라보니 초나라와 한나라가 시끄러울 때에 천하장사 항적이가 범아부를 찾으려고 기고산 가는 광경이 또렷이 그려 있고. 항적과 범아부와의 고사를 그린 그림을 말한다. 소위 '사벽도(四壁圖) 사설'을 원용한 것이다.

37 [보정] 이 대목은 소위 '사벽도(四壁圖) 사설'을 원용하고 있다. 사벽도는 방 안 네 벽에 장식으로 그려 놓은 네

이곳이 강산 승지(勝地)³⁸가 예 아니냐.

우리도 풍류정 당도하여

한 번 놀고 가자³⁹≫

하고

○ **불림**   ≪강동에 봄 나니 길놀아비가 훨훨⁴⁰≫

타령곡 반주에 합하여 춤을 추면서 소무 앞으로 달려든다.

그 때 로승이 소무에 대한 시기로 취발이의 면을 부채로 탁 친다.

취발이는 화닥닥 놀래서 록음가지를 들고 좌우로 흔들면서

　　　(이 때 음악은 중지)

○ **취발이**   ≪이게 무엇이냐? 이 이게 무엇이란 말이냐.

내가 요새 서너 끼 굶었더니 눈에 헛것이 보이는 게다.

어제 저녁은 없어서 못 먹고 오늘 아침은 두어 두고 안 먹고,

저녁은 먹기 싫어 안 먹었더니 눈에 헛것이 보이는 가부다.

그러나 저러나 장부가 그럴 일이 있느냐.

산기산천(山氣山川)⁴¹ 바라보니

폭의 그림을 말한다. 판소리, 가사 등의 문학에는 이 사벽도 묘사 장면이 자주 보인다. 사벽도에 그려진 인물이나 고사들을 보면 도연명(陶淵明), 강태공(姜太公), 상산사호(商山四皓), 탕왕(湯王), 삼고초려(三顧草廬) 고사, 엄자릉(嚴子陵), 우미인(虞美人), 이태백(李太白), 항우(項羽)와 장비(張飛), 성진(性眞)과 팔선녀(八仙女), 소부(巢父)와 허유(許由) 등이 있다. 여기에서는 '주문왕(周文王)'과 태공망(太公望)', '진목공(秦穆公)과 건숙(蹇叔)', '오자서(伍子胥)와 손무자(孫武子)', '항적(項籍)과 범아부(范亞父)' 등으로 주로 임금과 신하의 관계, 혹은 친구의 관계 등이 등장한다. 여기 사벽도에 등장하는 인물들은 '충(忠)'과 '의(義)'를 대의로 삼고 있음을 엿볼 수 있다.

38   강산 승지(勝地) ; 경치가 좋은 강산을 이른다.
39   우리도 풍류정 당도하여 한 번 놀고 가자 ; 대화반응이 불림으로 활용되었다.
40   강동에 봄 나니 길놀아비가 훨훨 ; 한자어와 우리말이 결합된 불림이다. 이 불림의 의미는 미상하다. 이두현본에서는 '<강동(江東)에 범이 나니 길로래비 훨훨……>'라고 채록되었다. 오청본 제4장에서는 '江東에범인하니 질나래비훨훨'이라고 채록되었다. '강동범인'은 진말(秦末)의 범인(梵人)인 항적(項籍)으로 자(字)는 우(羽)이다. 강동(江東)은 강남(江南), 양자강 하류 이남의 땅으로, 여기서는 항우의 고향을 가리킨다. '질나래비훨훨'은 어린아이에게 새가 훨훨 날듯이 팔을 흔들라는 뜻으로 하는 말이라고 한다.

만악천봉(萬岳千峯) 운심처(蕓深處)⁴²에,

금수조작(禽獸鳥鵲)⁴³이 나를 희롱하겠지.

내가 이번에 자세히 한 번 들어 가 보겠다≫

○ **불림**　　≪록음방초 승화시(綠陰芳草勝化時)⁴⁴≫

타령곡 반주에 합하여 춤을 추면서 소무 앞으로 가서 싸고 돌 때,

로승이 소무를 시기하여 취발이의 면을 부채로 탁 친다.

　　　(이 때 음악 중지).

취발이는 록음 가지를 쥐고 좌우로 툭툭 흔들면서

○ **취발이**　　≪이게 무엇이냐 이것 내가 또 맞았구나.

자 이게 무엇이냐. 오— 이제야 알겠다.

우리도 외입(外入)쟁이⁴⁵로서

경개승지⁴⁶를 탐(探)하여 내려오던 길에

칠패 팔패⁴⁷ 이문동(以文洞)⁴⁸ 쌍거리⁴⁹ 떡 다달으니,

41　산기산천(山氣山川) ; 씩씩하고 뛰어난 자연을 이른다. '산기(山氣)'는 씩씩하고 뛰어난 산의 기세를 이른다. '산천(山川)'은 산과 내를 아울러 이르는 말로 '자연'을 이른다.

42　만악천봉(萬岳千峯) 운심처(蕓深處) ; 보통은 '만학천봉운심처(萬壑千峰雲深處)'다. 만 굽이 골짜기와 천 개 봉우리가 있는 깊고 깊은 산 속의 구름 깊은 곳이란 뜻이다.

43　금수조작(禽獸鳥鵲) ; 날짐승과 길짐승과 까막까치라는 뜻으로, 모든 짐승을 이르는 말이다.

44　록음방초 승화시(綠陰芳草勝化時) ; 나뭇잎이 푸르게 우거진 그늘과 향기로운 풀이 꽃보다 좋은 시절을 이른다. 첫여름을 나타내기도 한다.

45　외입(外入)쟁이 ; 여기서는 '풍류남아'라는 뜻으로 쓰였다. '외입(外入)'은 남자가 아내가 아닌 여자와 성관계를 가지는 일 또는 노는계집과 성관계를 가지는 일을 말한다. 오입(誤入)이라고도 한다.

46　경개승지 ; 경개(景槪) 곧 경치(景致)가 빼어난 곳을 이른다.

47　칠패 팔패 ; '칠패(七牌)'는 조선시대 서울 시내에 있던 난전(亂廛) 시장을 이른다. 지금의 서소문 밖에 있었다. 설치 시기는 분명하지 않으나, 이미 18세기 전반기에 이현(梨峴)·종가(鍾街 : 종로)와 함께 서울의 가장 큰 상업중심지의 하나로 발전하였다. 칠패에서는 시전(市廛)과 마찬가지로 미곡·포목·어물 등을 비롯한 각종의 물품이 매매되었는데, 그 중에서 어물전(魚物廛)이 가장 규모가 크고 활발하였다. '팔패'는 '칠패'와 대구하기 위한 민간화술이다.

48　이문동(以文洞) ; 구체적인 위치는 미상하다.

49　쌍거리 ; 두 갈래길이다. 구체적인 위치는 미상하다.

술 잘하는 주색(酒色)이며 떡 잘하는 편덕이[50]가,

아버지 인제 내려오십니까, 아버지 술 한 잔 잡수시요,

오— 한잔 먹자, 일배(一盃) 일배[51] 5~6배를 먹었더니

상판이 붉그죽죽하니까 중천에 뜬 솔개미[52]가

고기뗑인줄 알고 차갈려고

이리휙 저리휙

　　(록음을 손에 갈라 쥐고 해를 가리우면서 하늘을 쳐다보며)

야— 솔개미냐 이것이 고기뗑이가 아니라 령감의 상판이다.

저 건너 편 가서 병아리나 차갈세,

이번에는 들어가서 자세히 알고 나오겠다≫

하면서

○ 불림　　≪추천은 결출 수양리≫[53]

타령곡에 맞추어 춤을 추면서 또 소무를 싸고 돌 때,

로승이 취발이의 면을 부채로 탁 치니,

취발이 화닥닥 놀라서

○ 취발이　　≪나 또 맞았구나 나만 자꾸 맞는다≫

고 그리면서 로승을 자세히 바라본다.

50　편덕이 ; '편떡'을 좋아하여 '편덕이'라고 부른 듯하다. '편떡'은 '절편'이라고도 한다.

51　일배(一盃) 일배 ; '일배 일배 부일배(一杯一杯復一杯)'에 연유한다. 한 잔, 한 잔에 다시 또 한 잔이라는 뜻
　이다. '둘이 마주 앉아 술 마시니 산꽃이 피고, 한 잔과 한 잔에 거듭되는 또 한 잔이라. 나는 취해 졸리나니
　그대는 우선 가게나. 내일 아침에 생각나거든 거문고 안고 오게나. 兩人對酌山花開 一杯一杯復一杯 我醉欲
　眠君且去 明朝有意抱琴來' 라고 노래한 이백(李白)의 '산중여유인대작山中與幽人對酌'에 연유한다.

52　솔개미 ; '솔개'의 방언이다.

53　≪추천은 결출 수양리≫ ; 앞에서는 '≪추천(鞦韆)은 경출수양리(境出垂楊裡)≫' 라고 하였다. ; 한자어 불림이
　다. 수양버들 숲에서 그네 타는 모습을 묘사한 것이다. 이두현본에서는 '(鞦韆은 更出垂楊裡)'라고 채록되었다.

○ 취발이   ≪이게 무엇이냐, 네가 대사(大蛇)⁵⁴이냐≫

로승이 깜짝 놀라서 부채를 내민다.

○ 취발이   ≪네가 소사(小蛇)⁵⁵이냐≫

로승은 또 놀라서 부채를 내민다.
그리면서 싸움을 하다가

○ 취발이   ≪오— 알겠다. 자세히 보니까 네가 송락을 쓰고 칠건 가사⁵⁶를 메고 백팔
념주를 목에 걸고 류환장 짚었을 때는 네가 뒷 절 중놈이 아니냐≫

로승 고개를 끄덕끄덕거린다.

○ 취발이   ≪이놈 네가 중놈이면 절에서 불도나 공부할 것이지 인간에 내려와서 여
자를 하나도 아니고 둘 씩 좌우편에 끼고 낑꼬롱 깽꼬롱하니 이놈 너는
이번에 들어가서 박살⁵⁷을 먹이겠다≫

○ 불림   ≪옥동도화만수춘(玉洞桃花萬樹春)≫⁵⁸
하면서 타령곡에 맞추어 춤을 추면서 소무를 싸고 탈판을 일회 돌아오면
로승은 또 부채로 취발이의 면을 탁 친다.

---

54 대사(大蛇) ; '큰뱀'을 이른다.
55 소사(小蛇) ; '작은뱀'을 이른다. 보통 '소사(小蛇)'라고 하지는 않는다. 앞의 대사에서 '대사(大蛇)'라고 한 것
에 대구(對句)하고자 하는 듯이다.
56 칠건 가사 ; '칠조가사(七條袈裟)'다. '칠조가사(七條袈裟)'는 평상시에 입는 가사다. 수행자가 늘 휴대해야 할
여섯 가지 생활 도구를 '육물(六物)'이라 하는데, 삼의(三衣), 곧 구조가사(九條袈裟)·칠조가사(七條袈裟)·오조
가사(五條袈裟)와, 물을 거르는 녹수낭(漉水囊), 식기인 발우(鉢盂), 앉거나 누울 때 까는 좌구(坐具) 등이 있다.
칠포가사(漆布袈裟)는 옻칠한 천으로 만든 가사다. 앞에서는 '실건 가사袈裟'라고 하였다.
57 박살 ; 깨어져 산산이 부서지는 것을 말한다.
58 ≪옥동도화만수춘(玉洞桃花萬樹春)≫ ; 한시구를 원용한 불림이다. '옥동(玉洞)의 복숭아꽃이 일만 나무 봄
이로구나.'라는 뜻이다.

○ **취발이**   ≪악≫

하고 놀라면서 뒤로 물러 선다.

○ **취발이**   ≪이놈 네가 중속(僧俗)이 가(可)하거던 네가 무슨 행동이냐. 저놈을 어떻게 해야 될까? 오— 이놈 이 번에는 너하고 나하고 무예(武藝)⁵⁹로 내기상(賞)을 해 보자. 네가 지면 너의 새아씨를 나에게 주고, 내가 지면 할 말이 무엇 있느냐 나의 방구판⁶⁰이나 해라≫

로승이 어슬렁 어슬렁 걸어 나온다.

○ **취발이, 불림**
　　≪백수한산 심불로≫

타령곡에 맞추어 로승과 취발이는 내기 춤을 추면서 돈다.
그 때 로승이 부채로 취발이의 상판을 딱 때린다.

○ **취발이**   ≪악≫

하고 놀라서

≪아게아게 게게게 코피 난다. 이것을 어쩐단 말이냐. 코피 나는 것을 옛적 어른의 말을 들은즉 코를 탈아 막는 것이 제일 좋다더라≫

59　무예(武藝) ; 무도(舞蹈)에 관한 재주를 말한다. 가면극 현장에서 실제로는 춤으로 실현한다. 심도 있는 연구가 필요한 부면이다.
60　네가 지면 너의 새아씨를 나에게 주고, 내가 지면 할 말이 무엇 있느냐 나의 방구판이나 해라 ; '방구판'은 엉덩이를 말한다. 뒤에서 하는 성행위의 노골적 표현이다. 민간화술에 해당하는 관용어화 된 비속어이다. 임석재본에서는 '네가 못 견디면 저년을 날 주고 내가 못 견디면 내 엉덩이밖에 없다.' 라고 채록되었다.

하고 록음 잎사귀로 코를 틀어 막는다. 또 그 틀어 막는 나무 잎을 빼면서

≪코를 틀어 막으니까 코피가 이내 멎는구나≫

하고 코에서 뺀 나무 잎을 손에 들고

≪자─ 여기 모인 여러분들 코에 막았던 나무 잎을 불살아 먹으면 아이를 못 낳는 부인은 아이를 낳는답니다[61]≫

하고 내 버린다.

≪이번에 가서 중놈을 대려서 내쫓아야 되겠다≫

하고

○ 불림　≪적막은 막막≫

타령곡에 맞추어 춤을 추면서 소무를 싸고 일회 돌면서 로승한테 확 달려가서 장삼 소매로 때린다.
취발이에게 얻어맞은 로승은 대망신을 당하고 슬며시 쫓겨 나간다.
취발이는 타령곡에 맞추어 춤을 추다가

○ 재담　≪쉬─ 얘─ 말 듣거라. 꼭 듣거라. 네가 뒤'절 중놈한테 권세에 못견뎃든지 또 돈에 팔렸든지 뒤'절 중놈하고 작부[62]되였댔지마는 지금에는 네 마

61　코에 막았던 나무 잎을 불살아 먹으면 아이를 못 낳는 부인은 아이를 낳는답니다 ; 민속적 행위가 반영되어 있다. 복숭아가지 중 동쪽으로 뻗은 가지[東桃枝]는 힘이 강한 것으로 믿었으며, 귀신 뿐 아니라 부정한 것의 접근 또는 음식의 맛이 나빠지는 것도 막아 준다고 믿었다.
62　작부酌婦 ; 술집에서 손님을 접대하고 술시중을 드는 여자를 이른다.

음이 섭섭할 테야. 그러나 이제 나 같은 강산 외입쟁이하고 놀아 보자.
네가 재산에 팔렸거나 권세에 못 견디게 되여 그렇지 그럴 리가 있느냐,
나 같은 강산 외입쟁이하고 한 번 놀아 보자. 중놈으로 말하면 상판이 푸
르덕적하고[63] 꼴불견이야. 네 생각해 보아라 중놈이 방구를 꿰도 쾨탐지
근한[64] 냄새가 나고 또 강산 외입쟁이는 방구 냄새도 향내가 난다.[65] 그러
니까 강산외입쟁이하고 노는 것이 당연하다. 한 번 놀아 보자≫

○ 불림   ≪가양소화(峽陽素花諸百樹)[66]≫

타령곡에 맞추어 춤을 추면서 소무를 후리러 들어가니까
소무는 외면을 하고 돌아 선다. 취발이 다시 돌아 나와서

○ 재담   ≪내가 아까도 말했지만 말 안 들으니 무슨 까닭이냐. 이제라도 마음을
회고해라. 나와 놀면 네가 그럴 것이 없다. 생각해 보아서 회고해라≫

하고

○ 불림   ≪소상반죽(瀟湘斑竹) 열두마디[67]≫

타령곡에 맞추어 춤을 추면서 소무 앞으로 들어가서 한 번 돈다.
그래도 소무는 말을 안 듣고 돌아 선다.
취발이는 무안해서

---

63 푸르덕적하고 ; 미상하다.
64 쾨탐지근한 ; 미상하다.
65 중놈이 방구를 꿰도 쾨탐지근한 냄새가 나고 또 강산 외입쟁이는 방구 냄새도 향내가 난다 ; 중은 방구 냄새도
고약하고 강산 외입쟁이인 취발이 방구 냄새는 좋은 냄새가 난다는 말이다.
66 가양소화(峽陽素花諸百樹) ; 보통은 '양양소아제박수(襄陽小兒齊拍手) - 양양(襄陽)의 아이들 저마다 손뼉
치며'이다. 한시구 불림이다. 이백의 양양가(襄陽歌)의 한 구절이다.
67 소상반죽(瀟湘斑竹) 열두마디 ; 한자어와 우리말이 결합된 불림이다.

≪오— 알겠다. 내가 이것 더펄더펄하니까[68] 네가 변발(辮髮) 아이[69]로 생각하는구나. 네 이제 보아라≫

고 하면서 얼게[70]로 머리를 빗는 형용을 하고 상투를 틀면하다가 상투가 풀어지니까

○ 불림   ≪개미상투 열두 돌리 틀면 풀어지고[71]≫

타령곡에 맞추어 춤을 추면서 소무한테 간다.
소무는 그래도 또 응하지 않고 외면한다.

○ 취발이   ≪네가 그러지 말고 회고해라. 나하고 놀면 내가 면장이다. 면장인데 면의 책임자가 되여서가 아니라 상판이 기니까 면장이라고 한다.[72] 네가 나하고 놀면 만금(萬金) 얻은 것과 같으니 회고해라≫

하고

○ 불림   ≪조강지처[73]는 박대 말라[74]≫

---

68 더펄더펄하니까 ; 더부룩한 물건 따위가 조금 길게 늘어져 바람에 자꾸 혼들리다. 또는 그렇게 되게 하다. 자꾸 들떠서 침착하지 못하고 경솔하게 행동하다.

69 변발(辮髮) 아이 ; '변발(辮髮)'은 몽골 인이나 만주인의 풍습으로, 남자의 머리를 뒷부분만 남기고 나머지 부분을 깎아 뒤로 길게 땋아 늘인 머리를 이른다. 이 대목이 김유경본에서는 '취발이 : 야 고년 앵두만 똑똑 따는구나. 오~ 오! 네가 나를 볼 적에 머리 꼬리를 내리고 있으니 평발 아이로 알고 옆시 보는데 나도 상투만 틀면 어른이 된다. <돌아 앉아 상투를 튼다.> 라고 하였다. '평발'은 생후 편평족으로 나서 유아 때까지 이것이 지속되는 것이다. 대개 5~6세가 되여서 발의 종아치가 생긴다고 한다. 김유경본의 원주에서는 '평발아이'를 장가 못간 아이라고 하였다.

70 얼게 ; '얼레빗'의 방언이다. '얼레빗'은 빗살이 굵고 성긴 큰 빗이다.

71 개미상투 열두 돌리 틀면 풀어지고 ; 우리말 불림이다. '개미상투'는 상투를 튼 모양새의 하나다.

72 나하고 놀면 내가 면장이다. 면장인데 면의 책임자가 되여서가 아니라 상판이 기니까 면장이라고 한다. ; 가면의 형상을 직설한 대사다.

73 원주 39. 가난할 때 고생을 같이 하던 안해(糟糠之妻).

74 조강지처는 박대 말라 ; 한자어와 우리말이 결합된 불림이다. '조강지처(糟糠之妻)'는 술지게미와 쌀겨로 끼니를 이을 때의 아내라는 뜻으로, 몹시 가난하고 천할 때에 고생을 함께 겪어 온 아내를 이르는 말이다.

타령곡에 맞추어 춤을 추면서 소무한테로 가서 소무를 두서너 번 후리치면서 싸고 돈 후, 돌아 와서

○ **재담**   ≪네가 그렇게 일러도 말을 아니 듣느냐, 네 표면(表面)이 얌전하기로 물 찬 제비 같고[75] 씻은 팥알 같은[76] 그런 외모를 가진 네가 속을 못 닦으니 웬일이냐. 오— 이제야 알겠다. 세상 외입쟁이가 돈 못 쓰면 소인이여 돈 정 반정이라니[77] 외입쟁이가 돈을 아이 쓰면 소인이라 내가 너에게 돈을 많이 줄 터이니 돈을 받아라≫

취발이는 뒤'꽁문이에 차고 간 쇠사슬[78]을 풀어서 돈이라고 하고 탈판 가운데 내던지니까
소무는 그 돈을 바라고 슬그머니 나올 때,
취발이가 와닥닥 나와, 먼저 던진 돈을 집어서

○ **취발이**   ≪이년 이런 쇠줄에 되게 탐한다.[79] 대통 그림자보고 엿장사 부르기 쉽겠다.[80] 아 그러나 저러나 내가 대장부가 되여 어찌 계집 주었던 돈을 빼앗겠느냐. 내가 너를 아니 줄 수 없다. 돈 받아라≫

하고 다시 쇠사슬을 던져 준다.

---

75   물 찬 제비 같고 ; 물을 차고 날아오른 제비처럼 몸매가 아주 매끈하여 보기 좋은 사람을 비유하여 이르는 말이다. 또는 동작이 민첩하고 깔끔하여 보기 좋은 행동을 함을 비유적으로 이르는 말이다. 관용적 표현이다.
76   씻은 팥알 같은 ; 외양이 말쑥하고 똑똑한 사람을 두고 이르는 관용적 표현이다.
77   돈정 반정이라니 ; 돈이 오고가면 이미 반은 정(情)이 든다는 뜻이다.
78   쇠사슬 ; 가면극 현장에서 돈을 꿴 소도구로 활용하고 있다.
79   쇠줄에 되게 탐한다 ; 엽전꾸러미 곧 돈을 몹시 욕심낸다는 말이다. '쇠줄'을 자료에 따라서는 '쇠끝', '쇠줄피' 라고 하였다. '쇠줄피'는 '쇠줄바'로, 여러 가닥의 강철 철사를 합쳐 꼬아 만든 줄인 강삭(鋼索)을 말한다. 여기서는 엽전을 엮는 쇠줄을 가리켜, 결국은 '엽전꾸러미'를 이른다.
80   대통 그림자보고 엿장사 부르기 쉽겠다 ; 김유경본에서는 '쇠끝 밝은 걸 보니 문쇠고리 잡고 팔도강산에 댕기는 엿장수는 다 부르겠구나.' 라고 하였다. 돈에 욕심이 많은 것을 보니 행실이 바르지 못하다는 말이다. 속담 '행실을 배우라 하니까 포도청 문고리를 뺀다'는 바른 행실을 배우라고 하니까 한 수 더 떠서 범죄자를 붙잡아 가는 관청의 문고리를 뺀다는 뜻으로, 품행을 단정히 하라고 하였더니 오히려 더 엄청난 못된 짓을 함을 비겨 이르던 말이다. 같은 뜻을 담은 속담으로 '버릇 배우라니까 과부집 문고리 빼어들고 엿장사 부른다.'도 있다.

소무가 나와서 그 돈을 집을 때

○ **취발이**　　《악—》

하고 그 돈을 집으려 갔으나
그 돈은 소무가 먼저 집어 간다.
취발이는 할 수 없이 소무에게

○ **취발이**　　《어 너 다 먹어 먹어》

하고는 돈을 소무에게 다 먹으라고 했다.

○ **불림**　　《그러면 그렇지 영락 아니면 송락이다[81]》

타령곡에 맞추어 소무와 같이 춤을 추면서,
취발이가 장삼 소매를 땅에 끌고 뒤'걸음질할 때
소무가 장삼 소매를 따라서 취발이를 따라 간다.[82]

○ **취발이**　　《쉬—(소무에게) 맛이 어떠냐 신퉁하고 맹퉁하지[83]》

하고 소무에게 사랑스러운 듯이 외기양양한[84] 표정으로 물으면서

81　그러면 그렇지 영락 아니면 송락이다 ; '영락'과 '송락'을 결합한 유사음 언어유희이다. '영낙 없다' 곧 틀림이
　　없다는 말이다.
82　취발이가 장삼 소매를 땅에 끌고 뒤'걸음질할 때 소무가 장삼 소매를 따라서 취발이를 따라 간다. ; 행위가
　　구체적으로 설정되어 있다.
83　신퉁하고 맹퉁하지 ; '신통방통하다(神通-通--)'로 매우 대견하고 칭찬해 줄 만하다는 말이다. '신통방통'의
　　작은말 '신퉁방퉁'에서 '신통맹통'으로 전이된 어법이다.
84　외기양양한 ; '의기양양한'이다.

○ **불림**　　≪인생이 부득 항소년(不得 恒少年)[85]≫

타령곡에 맞추어 소무와 같이 회회락락하여 주거니 받거니 하면서, 흥겹
게 춤을 춘다.
얼마큼 춘 후

○ **취발이**　　≪쉬— ≫

(음악중지)

≪야— 우리 방아를 한 번 찌여 보자[86]≫

하고 취발이는 발과 머리를 들고 배만 땅에 대고 엎드린다.
소무가 취발이 허리를 밟고 선다.[87]
취발이는 방아 타령[88]을 한다.
취발이는 엎드린 채로 방아 타령을 부른다.

≪예 굴러라 방아야 예 굴러라 방아야
이 방아가 뉘 집 방아 앞집 큰아기 도적방아라.
예 굴러라 방아야 예 굴러라 방아야≫[89]

85　인생이 부득 항소년(不得 恒少年) ; 인생은 항상 젊게만 살 수 없다는 뜻이다. 한문구 불림이다.
86　야— 우리 방아를 한 번 찌여 보자 ; 여기서는 부부애(夫婦愛)를 드러낸 것이다. '방아'는 남근의 형상을 하고
　　있어서 생산성·생명력을 상징하는 것으로 관념된다. 또한 나쁜 마귀를 쫓는 힘을 지닌 것 -액(厄)막이의 목적-
　　으로 인식되기도 한다. 그래서 방아타령의 노랫말을 보면 대체로 방아 찧는 노동과는 거리가 멀고 성적 표현이
　　자주 등장하기도 한다.
87　소무가 취발이 허리를 밟고 선다 ; 성적 동작을 표현한 행위다.
88　방아 타령 ; 경기 민요의 하나다.
89　≪예 굴러라 방아야 예 굴러라 방아야 이 방아가 뉘 집 방아 앞집 큰아기 도적방아라. 예 굴러라 방아야 예
　　굴러라 방아야≫ ; '방아타령'이 원용되었다.

소무가 취발이 허리에서 물러설 때

O **불림**   ≪세월아 네월아 가지 말라[90]≫

타령곡에 맞추어 소무와 같이 춤을 춘다.
소무는 탈판 복판에 서 있다.

O **취발이**   ≪쉬─ ≫

하고

O **재담**   ≪여러분 온정(溫井)[91] 하시오. 여기 새로 온정탕 낫소≫

하면서

≪예 나부터 온정하지요.≫

하고 소무의 치마를 떨치고 들어가서

≪예 대단 덥다. 예 한판, 둘, 세, 네, 다, 여섯, 이례, 여듧, 아홉, 열 관음보살≫[92]

한 후 허리에다 꽂고 갔던 아이를 소무의 치마 속에 꽂고[93]

---

90   세월아 네월아 가지 말라 ; 우리말 불림이다. '세월'과 '네월'은 숫자놀이를 원용하여 표현한 민간화술이다.
91   온정(溫井) ; 여기서는 '온천'이라는 뜻으로 쓰였다. 온정(溫井)은 땅속에서 따뜻한 물이 솟는 우물이다.
92   ≪예 대단 덥다. 예 한판, 둘, 세, 네, 다, 여섯, 이례, 여듧, 아홉, 열 관음보살≫ ; 이두현본에서는 '쉬이 야아
        이놈의 곳이 뜨겁기도 뜨겁구나 어디 관함이나 한번 세어보자 한관 두관 세관 네관 다섯관…' 라고 채록되었
        다. 이 대목은 온천에서 뜨거움을 견디기 위하여 탕 속에서 부르는 '온정가(溫井歌)' ─'탕(湯)세기', '관암(冠巖)세
        기', '관음(觀音)세기'라고도 함─ 의 한 대목을 원용한 것이다. 여성 성기가 뜨겁다를 욕탕의 물이 뜨거워 덥다는 뜻
        으로 전이(轉移)시키면서 놀이화하고 있다.
93   허리에다 꽂고 갔던 아이를 소무의 치마 속에 꽂고 ; 부부애(夫婦愛)의 결과를 표현하고자 하는 설정이다.

≪예 더웁다.≫

하면서 나온다.

○ **불림**   ≪장안 호걸이 다 늙는다[94]≫

타령곡 반주에 합하여 춤을 춘다.
소무가 탈판 한복판에서 갑자기 배가 앞은 표정을 하고 있다가,
야중(夜中)에 옥동자를 낳아서 저편 구석에 밀어 두고 한편 옆에 서 있는다.
취발이는 춤을 추면서 돌아 가다가 그 옥동자를 보고서 깜짝 놀라,
자세히 돌아와 보더니, 자기 옥동자가 분명하니까

≪이것 보게 아니 귀한 아이가 있구나≫

    (그 때 아이가 으앙으앙 울고 있다)[95] 하더니 덥석 안고서

≪어미한테 가서 젖 먹자≫

하며 아이를 얼리면서, 소무한테로 간다. 소무를 만나서

≪애 이 잡것아 이게 웬 짓이냐 이런 일 또 보았느냐. 네게는 귀찮하여도 나에게는 귀동일다.[96] 아이 젖좀 먹여라≫

취발이탈이 등장할 때에 이미 작은 인형을 소지하고 있었음을 알 수 있다.

94 장안 호걸이 다 늙는다 ; 불림이다.

95 (그 때 아이가 으앙으앙 울고 있다) ; 보통 취발이탈이 1인2역으로 실현된다. 김유경본에서는 '소년취발이'가 실현하는 것으로 되어 있다.

96 귀동일다 ; 특별히 귀염을 받는 아이 '귀둥이'다.

하고 아이를 주니까 소무는 아이를 받다가 내버린다.[97]

취발이는 다시 아이를 집어 안으면서

≪예 이 죽일년≫

욕하면서

≪옹 옹 울지 말라, 아 이것 이름을 무엇으로 짓는단 말이냐. 천동이냐 만동이냐[98] 그럴 것이 없다. 네가 마당에서 낳스니 마당이라고 할 수밖게 없다[99]

  (아이를 안고서)

잘은 생겼다. 화반(花盤)에 밀친 듯 하고나.[100]

잘은 생겼다.

마'바른 관역 같고,[101] 씻은 팥알 같고,[102] 물찬 제비 같고나.[103]

잘은 생겼다.

네가 금자동이[104]구나≫

하고

---

97 소무는 아이를 받다가 내버린다 ; 아이를 내버리는 행위가 무엇을 뜻하는지 규명할 필요가 있는 부면이다. 기아(棄兒) 모티프는 신화에서 흔히 발견된다. 이렇게 신화적 기아(棄兒) 모티프가 사은유화(死隱喩化) 되면서 패로디로 표현된 것으로 추정된다.

98 천동이냐 만동이냐 ; 앞 대사에서 '귀동'이라고 한 것에 대하여 유사음 유사의미를 지닌 '천동', '만동'이라고 실현한 것이다. 민간화술적 표현이다.

99 마당에서 낳스니 마당이라고 할 수밖게 없다 ; 태어난 곳을 따서 이름으로 삼는다는 말이다. 본명은 아니지만, 귀하게 낳은 자식일수록 별명으로 태어난 곳을 이름으로 삼는 풍속이 나타나 있다.

100 화반(花盤)에 밀친 듯 하고나 ; 구체적인 형상은 미상하다. '화반(花盤)'은 꽃을 담도록 만든 자기(瓷器)다.

101 마'바른 관역 같고 ; '얼굴이 활이나 총 따위를 쏠 때 표적인 가파른 과녁 같고' 라는 말이다. '마'바른'은 '가파른'이다. '관역'은 '과녁'으로 활이나 총 따위를 쏠 때 표적으로 만들어 놓은 물건을 말한다.

102 씻은 팥알 같고 ; 외양이 말쑥하고 똑똑한 사람을 두고 이르는 관용적 표현이다.

103 물찬 제비 같고나 ; 물을 차고 날아오른 제비처럼 몸매가 아주 매끈하여 보기 좋은 사람을 비유하여 이르는 말이다.

104 금자동이 ; '금자(金子)둥이'로 어린아이를, 금과 같이 귀하다는 뜻으로 이르는 말이다.

≪금자동아 은자동아[105]

금을 준들 너를 살랴 은을 준들 너를 살랴[106]

나리님께 충신동아[107] 부모에게 효자동아[108]

일가문중[109]에 화목동아[110] 동내 방내 위엄동아[111]≫

○ 아이　　　≪아버지≫

○ 취발이　　≪얘이 이것 기특하고나. 어제 난 듯한 것이 벌써 말을 하는구나. 아이고 내 아들 용쿠나 용쿠나≫

○ 아이　　　≪아버지≫

○ 취발이　　≪왜 그래≫

○ 아이　　　≪남자가 글을 배워야지 무식쟁이 되여서는 아니되겠소≫

○ 취발이　　≪오— 그렇구나 배워 줄게. 제 아비보다 더 낫구나. 언문을 배워야 되너니라≫

○ 아이　　　≪배워 주시오≫

105　은자동아 ; '금자동아'에 대구한 표현이다. '은자(銀子)둥이'로 어린아이를, 은과 같이 귀하다는 뜻으로 이르는 말이다.

106　금을 준들 너를 살랴 은을 준들 너를 살랴 ; 세상에서 가장 귀엽고 아까운 것이 자식이며 아무리 금은보화가 귀하다 할지라도 자식보다 귀할 수 없다는 뜻이다.

107　충신동아 ; '금자동아 은자동아'에 대구하여 '충성스런 신하가 될 아이'라는 뜻을 담고 있다.

108　효자동아 ; '금자동아 은자동아'에 대구하여 '효성스런 자식이 될 아이'라는 뜻을 담고 있다.

109　일가문중—家門中 ; 멀고 가까운 모든 일가를 이른다.

110　화목동아 ; '금자동아 은자동아'에 대구하여 '화목한 집안을 이룰 아이'라는 뜻을 담고 있다.

111　위엄동아 ; '금자동아 은자동아'에 대구하여 '위엄있는 인물이 될 아이'라는 뜻을 담고 있다.

○ **취발이**   ≪ㄱ, ㄴ, ㄷ, ㄹ, ㅁ, ㅂ, ㅅ,

　　　　　　가갸거겨고교구규그기ᄀ

　　　　　　나냐너녀노뇨누뉴느니ᄂ≫

○ **아이**   ≪그거 그만 다 알겠으니 언문 뒤'풀이[112]나 배워 주시오≫

○ **취발이**   ≪배워주는 아비보다 낫구나.

　　　　　　그래 그렇게 해라

　　　　　　가갸거겨, 개 없는 집안에 거지없이 뛰였구나.[113]

　　　　　　나냐너녀 나귀 등에 손질이하여 순금 안장[114] 지여 타고 강산 구경 가자.

　　　　　　다댜더뎌 다닥다닥 붙은 정은 저절로 떨어진다.≫

○ **아이**   ≪아버지 이제 언문 뒤풀이는 다 알았으니 이제는 한문을 배워 주시오≫

○ **취발이**   ≪아 그렇지 옳은 말이다.

　　　　　　초천자(初千字)[115]라니 천자[116]부터 배워라

　　　　　　천지현황(天地玄黃)[117] 우주홍황(宇宙洪荒)[118] 일월영측(日月盈昃)[119],[120]

○ **아이**   ≪아버지 아이 재미가 납니다.

---

112 언문 뒤'풀이 ; 한글의 자모 순서에 따라 말을 만들어가며 말놀이하는 동요다. 어희요(語戲謠)의 하나로 가갸
　　뒤풀이·국문뒤풀이·언문뒤풀이·가갸풀이·국문풀이·언문풀이라고도 한다. 곧, ㄱㄴㄷ 혹은 가갸거겨의 순서
　　에 따라서 말을 꾸며나가는데, 거침없이 외어나가는 데에 흥취를 느끼며 전승된다.
113 가갸거겨, 개 없는 집안에 거지없이 뛰였구나. ; 'ㄱ'을 변용한 언어유희를 실현한 대사다.
114 순금 안장 ; 금빛으로 화려하게 장식한 안장을 말한다. 화려한 나들이 모습을 묘사할 때 비유적으로 쓰인다.
115 초천자(初千字) ; 한문을 배울 때에는 '천자문(千字文)'부터 배운다는 뜻이다.
116 천자 ; '천자문(千字文)'이다.
117 천지현황(天地玄黃) ; '하늘은 검고 땅은 누렇다'라는 뜻으로, 중국 양(梁)나라의 주흥사(周興嗣)가 지은 '천
　　자문(千字文)'의 첫 구절이다.
118 우주홍황(宇宙洪荒) ; '우주는 넓고 거칠다'라는 뜻으로, 중국 양(梁)나라의 주흥사(周興嗣)가 지은 '천자문
　　(千字文)'의 두번째 구절이다.
119 일월영측(日月盈昃) ; '해와 달은 차고 기울다'라는 뜻으로, 중국 양(梁)나라의 주흥사(周興嗣)가 지은 '천자
　　문(千字文)'의 세번째 구절이다.
120 이 자리에 '≫'표가 없는 것으로 보아 가면극 현장에서 천자문 다음 구절을 계속하여 실현되었을 것으로 생각
　　된다.

말끄미[121] 다 알겟소.

언재호야(焉哉乎也)[122]라는 것을 다 알게 되였습니다.≫

○ **취발이**   ≪아 용쿠나≫

○ **아이**   ≪그러면 이번에는 천자 뒤풀이를 배워 주시오≫

○ **취발이**   ≪아 으젓하구나. 그려라.

자시(子時)에 생천하니[123] 불원행사시(不遠行四時)[124] 유유창천(悠悠蒼天)[125][126] 하늘천,

축시(丑時)에 생지(生地)하니[127] 만물이 장생[128] 따지(地).

유현비묵(幽玄秘墨)[129][130] 흑적색[131]. 북방현무(北方玄武)[132][133] 가물현(玄).

궁상각치우(宮商角徵羽)[134][135] 동서북남에 중앙토색[136]에 누를 황(黃).

천지 사방 몇 만리냐. 거루광실(巨樓廣室)[137] 집우(宇).

---

121 말끄미 ; '말끔히'다.

122 언재호야(焉哉乎也) ; 중국 양(梁)나라의 주흥사(周興嗣)가 지은 '천자문(千字文)'의 마지막 구절이다. 焉, 哉, 乎, 也는 문장의 어조사로 쓰인다.

123 자시(子時)에 생천하니 ; 자시(子時)에 하늘이 열린다는 뜻이다. '자시(子時)'는 밤 11시부터 1시 사이를 말한다. '생천(生天)'은 하늘이 생긴다는 말이다.

124 불원행사시(不遠行四時) ; 보통은 '불언행사시(不言行四時)'로, 말없이 네 계절이 운행된다는 말이다.

125 원주 40. 한 없이 먼 푸른 하늘.

126 유유창천(悠悠蒼天) ; 원한을 표현할 때 쓰이는 말로 한없이 멀고 푸른 하늘을 말한다. 보통은 '유유피창(悠悠彼蒼)'이라 하는데, 아득히 먼 저 푸른 하늘을 말한다.

127 축시(丑時)에 생지(生地)하니 ; 축시(丑時)에 땅이 생긴다는 말이다. '축시(丑時)'는 밤 1시에서 3시 사이를 말한다. '생지(生地)'는 땅이 생긴다는 말이다.

128 만물이 장생 ; 보통은 '만물창성(萬物昌盛)'으로, 만물이 번성한다는 말이다.

129 원주 41. 검은 빛깔의 좋은 먹.

130 유현비묵(幽玄秘墨) ; 이치가 깊고 그윽하여 알기 어려운 검은색[墨]을 말한다.

131 흑적색黑赤色 ; 붉은 빛이 도는 검은색을 말한다. 임석재본에는 '黑正色'으로 채록되었다. 천자문 뒤풀이 자료들에서는 대체로 '黑正色'으로 나타난다.

132 원주 42. 28 성좌(宿)중의 북방 7성좌를 현무라고 부른다.

133 북방현무(北方玄武) ; 사신(四神) 중의 하나로 북쪽을 맡은 거북과 뱀의 형상을 닮은 태음신(太陰神)을 말한다.

134 원주 43. 고전 음악의 오음(五音).

135 궁상각치우(宮商角徵羽) ; 동양 음악의 다섯 음(音)을 이른다.

136 중앙토색中央土色 ; 중앙은 흙색이라는 말이다.

137 거루광실(巨樓廣室) ; 보통은 '거루광활(巨樓廣闊)'로, 크고 너른 누각을 말한다.

력대국조(歷代國朝)[138]에 홍망성쇠[139] 왕고래금(往古來今)[140][141]에 집주(宙).

우치홍수(禹治洪水)[142][143] 기자추연(箕子推衍)[144] 홍범구주(洪範九疇)[145][146] 넓

을 홍(洪).

군생(群生) 수역중(殊域中)[147]에 화구팔황(化軀八荒)[148]에 거츨 황(荒).

요순성덕(堯舜聖德)[149] 장하시고 취지여일(就之如日)[150] 날 일(日).

억조창생(億兆蒼生)[151] 격양가(擊壤歌)[152][153] 강구연월(康衢烟月)[154][155]에 달

---

138 력대국조(歷代國朝) ; 역사적으로 이름이 난 국가 혹은 수도(首都)라는 말이다.
139 홍망성쇠興亡盛衰 ; 홍하고 망함을 이른다.
140 원주 44. 옛날과 지금.
141 왕고래금(往古來今) ; 예로부터 지금까지 라는 말이다.
142 원주 45. 우(禹)는 중국 고대 전설상의 제왕. 9년간의 홍수를 다스렸다고 전한다.
143 우치홍수(禹治洪水) ; 우(禹)의 아버지 곤(鯀)은 제요(帝堯) 때에 황하(黃河)의 대홍수를 9년간이나 다스렸
    으나 치수(治水)의 업적을 올리지 못하고 마침내 죽음을 당하고 말았다. 그의 아들 우가 치수에 전력하여 제순
    (帝舜) 때에 완전히 성공을 보았으므로 마침내 천자(天子)가 될 수 있었다는 고사에서 연원을 두고 있다. '구년
    치수(九年治水)'라고도 한다. 관용구다.
144 기자추연(箕子推衍) ; '箕子推演(기자추연)'의 잘못이다. 기자가 홍범구주(洪範九疇)의 내용을 상세히 풀이
    [추연(推演)]한 것을 두고 이른다. 기자는 은(殷)나라 주(周)임금에게 그릇됨을 바로 잡고자 하였으나 듣지 아
    니하자 주나라로 도망하여 무(武)임금에게 홍범구주를 추연한 것을 바쳤다고 한다.
145 원주 46. 홍범구주(洪範九疇)는 중국 고대에 천하를 다스리는 아홉 종류의 원리라고 생각한 것. 기자는 은말
    (殷末)의 정치가. 추연(鄒衍)은 전국 시대의 음양 오행가다.
146 홍범구주(洪範九疇) ; 중국 하(夏)나라 우왕(禹王)이 남겼다는 정치 이념이다. 홍범은 대법(大法)을 말하고,
    구주는 9개 조(條)를 말하는 것으로, 즉 9개 조항의 큰 법이라는 뜻이다. 우왕이 홍수를 다스릴 때 하늘로부터
    받은 낙서(洛書) -하도낙서(河圖洛書)로 고대 중국에서 예언(豫言)이나 수리(數理)의 기본이 된 책임- 를 보고 만들었다고
    한다. 주나라 무왕(武王)이 기자(箕子)에게 선정의 방안을 물었을 때 기자가 이 홍범구주로써 교시하였다고 한다.
147 군생(群生) 수역중(殊域中) ; 봉황음(鳳凰吟)의 한 구절 '제제군생(濟濟群生)은 수역중(壽域中)이샷다'를 원
    용한 대사다. 봉황음(鳳凰吟)은 조선 세종 때 윤회(尹淮)가 지은 별곡체 악장이다.
148 원주 47. 팔방(八方)과 같다. 천하(天下)를 말함.
149 요순성덕(堯舜聖德) ; 중국 고대의 성군(聖君)인 요(堯)임금과 순(舜)임금의 거룩한 덕을 이른다.
150 취지여일(就之如日) ; 해를 따르고 구름을 바라본다는 말로 임금의 덕을 우러러 본다는 말이다.『사기』의 '오제기
    (五帝紀)'에 옛날 요(堯)임금의 덕이 지극하여 사람들이 '그 어짊이 하늘과 같고 그 슬기 신 같으며, 그에게 나아가
    기를 해에 나아가듯 하고 그를 바라보기를 구름같이 하네. 其仁如天 其知如神 就之如日 望之如雲' 라 했다.
151 억조창생(億兆蒼生) ; 매우 많은 수의 백성, 혹은 많은 사람을 가리키는 말로 쓰이며 '억만창생(億萬蒼生)'이
    라고도 한다.
152 원주 48. 태평한 세월을 즐기는 노래.
153 격양가(擊壤歌) ; '땅을 치며 노래한다'는 뜻이며, 요(堯)나라 때의 태평세월을 구가(謳歌)한 것이다. 이 노래
    는 요(堯)나라 때 지은 노래라 하나 후세의 분식(粉飾)일 것이라는 설이 강하다. '격양'이란 원래 나무를 깎아
    만든 '양(壤)'이라는 악기를 친다는 뜻과, '땅[壤]'을 친다는 뜻이 있다.
154 원주 49. 태평한 세월.
155 강구연월(康衢烟月) ; '강구(康衢)'는 번화한 네거리를 뜻하며, '연월(煙月)'은 달빛이 연무(煙霧)에 은은하게
    비치는 모습을 형용한다. 이는『열자(列子)』'중니(仲尼)'에 나오는 '강구요(康衢謠)'에서 유래한 말이다. '강구
    요'는 중국의 요(堯)임금이 나라를 다스린 지 50년이 되어 민심을 살피려고 나온 길에 어느 번화한 네거리에서
    놀고 있던 아이들이 불렀다는 노래이다.

월(月).

오고시서(五庫詩書) 백가오적(百家五籍)[156] 적안영상(積案盈床)[157] 찰영(盈).

방자야 해가 어찌 되였느냐.[158] 이리중중 저리중중[159] 월중지칙[160] 기울 측(昃).

○ 아이　　≪아버지 언문[161] 학문은 다 알았습니다.

남자가 어디 가던지 노래 한 장은 해야 될 터인즉 노래를 배워주시요≫

○ 취발이　≪오, 그래라.

남자인 말이다.

반 남아 늙었으니 다시 젊지 못하리라[162]

일후는 늙지 말고 매양 이만 하여 고저≫

○ 불림　　≪청상록수 저고리까지 바지까지≫[163]

타령곡 반주에 합하여 춤을 추면서 퇴장한다.

156　오고시서(五庫詩書) 백가오적(百家五籍) ; 오고시서(五庫詩書)는 보통은 '오거시서(五車詩書)'다. '오거서(五車書)'는 다섯 수레에 가득 실을 만큼 많은 책을 말한다. '백가(百家)'는 보통 '百家語(백가어)'라고 한다. '백가어'는 중국(中國) 전국시대(戰國時代)의 제자백가(諸子百家)의 말을 두고 이른 것이다. '백가오적(百家五籍)'은 '百家語(백가어)'의 잘못인 듯하다.

157　적안영상(積案盈床) ; 쓸데없이 문장이 길고 복잡함을 비유하는 말이다. 누독연편(累牘連篇), 연편누폭(連篇累幅), 연장누독(連章累牘)이라고도 한다. '독(牘)'은 종이가 발명되기 이전에 글을 쓰는 데 이용한 죽간(竹簡)이나 목간(木簡)을 가리킨다. '연편누독(連篇累牘)'은 '편에서 편으로 이어지는 글과 높이 쌓인 죽간'이라는 뜻이다.

158　방자야 해가 어찌 되였느냐 ; 춘향전의 한 대목을 연상하게 하는 대사다.

159　이리중중 저리중중 ; 다른 자료에서는 이 자리에 '밤이 어느 때냐' 라고 채록되었다.

160　월중지칙 ; 보통은 '월만즉측(月滿則昃)'으로, 달도 차면 기운다는 뜻이다. 오청본에서는 '月中岻尺'으로 채록되었다.

161　언문諺文 ; '한글'을 이르던 말이다.

162　반 남아 늙었으니 다시 젊지 못하리라 ; 이 노래말은 '온정가(溫井歌)'의 한 대목을 원용한 것이다. '온정가'는 서도잡가의 하나로 '탕(湯)세기', '관암(冠巖)세기', '관음(觀音)세기'라고 전하기도 한다. 속설에는 목욕할 때에 뜨거움을 참기 위하여 부르는 일종의 숫자세기에 연유한다고 한다.

163　≪청상록수 저고리까지 바지까지≫ ; 한자어와 우리말이 결합된 불림이다. '청상(靑裳)'은 푸른 치마, 또는 푸른 치마를 입은 여자라는 뜻으로, 특히 기생(妓生)을 비유적으로 이르는 말이다. '녹수綠袖'는 푸른 소매 자락으로, 푸른색 치마를 이른다.

8. '제팔과장 량반'의 복원

제8과장 량반

○ 등장인물

        말량반 : 1명,

        둘째 량반 : 1명,

        종가'집 도령님 : 1명

        말뚝이(종) : 1명

말뚝이를 선두로 한 맏량반, 둘째 량반, 종가'집 도령님 순서로 일렬로 서서 말뚝이의 안내로 탈판에 등장하자 음악은 국거리곡[1]을 울린다.
다 같이 춤을 추면서 탈판을 일주하다가 말뚝이가 《쉬— 량반 나왔소》하면 량반 삼형제는 말뚝이를 앞으로 하고 정면에 서게 된다.

○ 말뚝이   《쉬— (음악 중지) 량반이 나왔소 량반이라고 하니까
                노론[2], 소론[3], 남인[4], 북인[5]

---

1 국거리곡 ; '굿거리곡' 곧 '굿거리장단'이다. 풍물놀이에 쓰이는 느린 4박자의 장단이다. 일반적인 굿거리장단과 남도 굿거리장단이 있으며, 보통 행진곡과 춤의 반주에 쓴다.
2 노론老論 ; 조선 시대에, 사색당파(四色黨派) 가운데 남인(南人)에 대한 처벌 문제로 서인(西人)에서 갈려나온 파를 가리킨다. 여기서는 벼슬 이름으로 쓰였다.
3 소론少論 ; 조선 시대에, 서인(西人)의 한 분파를 가리킨다. 여기서는 벼슬 이름으로 쓰였다.
4 남인南人 ; 조선 시대에, 사색당파의 하나. 선조 때에 동인에서 갈라진 당파로, 이산해를 중심으로 한 북인(北人)에 대하여 유성룡, 우성전을 중심으로 한 파를 이른다.
5 북인北人 ; 조선 시대에, 사색당파의 하나다. 이발(李潑), 이산해를 중심으로 한 당파이다. 우성전, 유성룡 등을 중심으로 한 남인(南人)에 상대하여 이르는 말이다.

　　　　　　　대사승(大司丞)[6], 리조참의(吏曹參議)[7],

　　　　　　　충효왈(忠孝曰), 량(兩)이요, 문호왈(文豪曰) 반(班)이라.[8]

　　　　　　　효자 충신에 문무백현(文武百賢)[9]을 겸하여

　　　　　　　두 량′자에 아루룩반′자 쓰는 량반[10]이 아니라

　　　　　　　이 량반은 개잘 량′자에 개다리 소반이라는 반′자 쓰는[11]

　　　　　　　량반 삼형제놈이 물에 빠진 오참봉 날치듯[12] 나왔소≫

○ **맏량반**　≪이놈 무엇이 어쩌고 어째≫

　　　　　　　종가′집 도령님이 맏량반의 말이 끝나자,

　　　　　　　주책없이 호령만 치는 것을 미워서 딱선을 가지고 맏량반과 둘째 량반을

　　　　　　　딱딱 친다.

○ **맏량반**　≪에 이놈 (종가′집 도령보고) 고약한 놈 썩 들어 갈세≫

　　　　　　　종가′집 도령이 고개를 숙으리고 들어 선다.

　　　　　　　이하 맏량반 말할 때마다 동일하다.

○ **말뚝이**　≪아 이 량반 잘못 들었소.

　　　　　　　진사급제(進士及第)[13], 한림학사(翰林學士)[14],

6　대사승(大司丞) ; 보통은 '대사승(大史丞)'이다. 고려 시대 천문(天文)과 역법(曆法) 따위를 계산하여 성변
　　(星變)과 기후의 이변 등을 관찰·보고하여 이에 대비케 하던 태사국(太史局)에 소속되어 있는 벼슬아치의 하
　　나로 '태사승(太史丞)'으로도 표기한다.
7　리조참의(吏曹參議) ; 이조에 속한 정삼품의 당상관이다.
8　충효왈(忠孝曰), 량(兩)이요, 문호왈(文豪曰) 반(班)이라 ; 충(忠)과 효(孝)는 둘이요, 문호(文豪)는 반(班)이
　　라는 말이다.
9　문무백현(文武百賢) ; 문반과 무반의 모든 현자라는 말이다.
10　두 량′자에 아루룩반′자 쓰는 량반 ; 미상하다
11　이 량반은 개잘 량′자에 개다리 소반이라는 반′자 쓰는 ; 임석재본에서는 '개잘양이라는 양자字에 개다리 소
　　반이라는 반자字를 쓰는' 라고 채록되었다.
12　물에 빠진 오참봉 날치듯 ; 관용어다.

옥당승지(玉堂承旨)¹⁵, 참의참판(參議參判)¹⁶,

병조(兵曹)¹⁷, 례조(禮曹)¹⁸, 호조(戶曹)¹⁹, 리조(吏曹)²⁰, 다 지내고

하남촌(下南村) 리 생원이 나왔다고 했지요≫

○ **맏량반**   ≪(둘째 량반 보고) 여보게 저놈이 무에라고 했소≫

○ **둘째 량반** ≪하남촌 리 생원이 나왔다고 합니다≫

○ **맏량반 불림**

≪옳다. 리 생원이란다≫

국거리곡에 맞추어 사명이 다 춤을 춘다.

얼마 동안 춤을 추다가 맏량반이

---

13   진사급제(進士及第) ; '진사(進士)'에 합격하였다는 뜻이다. '진사(進士)'는 고려 시대에, 과거의 문과 가운데 제술과에 합격한 사람에게 주던 칭호이다. 조선 시대에는, 과거의 예비 시험인 소과(小科)의 복시에 합격한 사람에게 준 칭호이다.

14   한림학사(翰林學士) ; 고려 시대에, 학사원·한림원에 속한 정사품 벼슬이다. 임금의 조서를 짓는 일을 맡아보았다.

15   옥당승지(玉堂承旨) ; '옥당(玉堂)'은 홍문관의 부제학, 교리(校理), 부교리, 수찬(修撰), 부수찬 따위를 통틀어 이르는 말이다. '승지(承旨)'는 고려 시대에, 밀직사(密直司)에서 왕명의 출납을 맡아보던 벼슬이다. 조선 시대에는, 승정원에 속하여 왕명의 출납을 맡아보던 정삼품의 당상관이다.

16   참의참판(參議參判) ; '참의(參議)'는 조선 시대에, 육조(六曹)에 둔 정삼품 벼슬이다. '참판(參判)'은 조선 시대에, 육조(六曹)에 둔 종이품 벼슬이다. 판서의 다음 서열이다.

17   병조(兵曹) ; 고려 시대에, 육조(六曹) 가운데 무선(武選), 군무(軍務), 의위(儀衛) 따위에 관한 일을 맡아보던 관아다. 이전의 군부사(軍簿司)를 고친 것으로, 그 뒤 여러 차례 이름을 고쳤다. 조선 시대에는, 육조(六曹) 가운데 군사와 우역(郵驛)에 관한 일을 맡아보던 관아다.

18   례조(禮曹) ; 고려 시대에, 육조(六曹) 가운데 의례(儀禮), 제향(祭享), 조회(朝會), 교빙(交聘), 학교(學校), 과거(科擧) 따위에 대한 일을 맡아보던 관아다. 조선 시대에는, 육조 가운데 예악, 제사, 연향, 조빙, 학교, 과거 따위에 대한 일을 맡아보던 관아다.

19   호조(戶曹) ; 고려 시대에, 육조(六曹) 가운데 호구(戶口), 공부(貢賦), 전곡(錢穀)에 관한 일을 맡아보던 관아다. 조선 시대에는 육조 가운데 호구(戶口), 공부(工部), 전량(田糧), 식화(食貨)에 관한 일을 맡아보던 관아다.

20   리조(吏曹) ; 고려 시대에, 육조(六曹) 가운데 문관의 선임(選任)과 훈봉(勳封)에 관한 일을 맡아보던 관아다. 조선 시대에는, 육조 가운데 문관의 선임과 훈봉, 관원의 성적 고사(考查), 포폄(褒貶)에 관한 일을 맡아보던 관아다.

≪야 이놈 말뚝아≫

하면 둘째 량반, 종가'집 동령님은 나란히 선다.

종가'집 도령님은 나와서 직신거리다가 들어간다.

○ **둘째 량반** ≪야 이놈 꼴뚝아[21]≫

말둑이 성이 나서

≪량반인지 석반인지

일찍 지은 조반인지 꾸레미 전 백반[22]인지

말뚝이 꼴뚝이 부러진 다리 절뚝아[23]

뫼잔등에 데멧뚝아[24], 밭 가운데 최뚝[25]아[26],

먹이는 것 없이 밤낮

호두 엿[27]장사놈이 제 할아비 부르듯[28]

자꾸 부르니 어쩐 일이요.

말뚝이 문안이요≫

---

21 꼴뚝아 ; '꼴뚜기'는 꼴뚜깃과의 귀꼴뚜기, 좀귀꼴뚜기, 잘룩귀꼴뚜기, 투구귀꼴뚜기를 통틀어 이르는 말이다. '꼴뚜기'는 속담 '어물전 망신은 꼴뚜기가 시키다'나 '장마다 꼴뚜기'와 같이 상대방을 격하하는 뜻으로 말할 때에 등장한다.

22 꾸레미 전 백반白飯 ; '꾸러미전에 쌀밥' 즉 맛있는 반찬에 흰쌀밥이라는 뜻이다. '꾸레미'는 '꾸러미'의 방언이다. '꾸러미'는 꾸리어 싼 물건을 말한다. 백반(白飯)은 흰쌀밥을 말한다. 혹은 음식점에서 흰밥에 국과 몇 가지 반찬을 끼워 파는 한 상의 음식을 말하기도 한다.

23 절뚝아 ; 보통은 다리가 부러져서 다리를 절뚝절뚝 하는 이를 가리킨다.

24 데멧뚝아 ; '참대메뚜기'를 말한다. 메뚜깃과의 곤충으로 성충은 검은색이고 날개가 있으며, 애벌레는 누런색이다. 무리를 지어 참대의 잎을 갉아 먹어 해친다. 대메뚜기나 참대황충이라고도 한다.

25 원주 50. 밭 언덕의 사투리.

26 최뚝아 ; '최뚝길'이다. '최뚝길'은 밭두둑에 난 길의 방언이다.

27 호두 엿 ; 흰엿을 호도만하게 잘라 깨나 콩고물 등을 묻힌 엿을 말한다. 또는 호도를 함께 버무려 만든 엿이다.

28 호두 엿장사놈이 제 할아비 부르듯 ; 필요할 때면 찾아댄다는 뜻의 관용적 표현이다. '엿장사가 놋쇠 사러 다니듯'은 이리저리 쏘다니는 모양을 비유적으로 이르는 말이다.

○ **맏량반**   ≪이놈 량반을 모시려 와서 량반 모시지 않고 어디 갔댔느냐≫
       종가'집 도령님이 나와서 직신거리다 앞서와 같이 들어간다.

○ **말뚝이**   ≪네 량반을 모시려고
       찬밥에 국 말아 일찍 먹고 집신에 신등 매고
       동 개울, 서 구월, 남 지리, 북향산[29]
       방방곡곡[30]이 면면촌촌[31]이 다 다녀도
       량반은 커녕 량반의 아들 놈 같은 것도 못 보았소.
       량반이라 하는 것이 시울 물건이라.
       종남산(從南山)[32] 누에머리[33][34] 올라 가서 어디어디 찾는고 하니
       일헌동(一軒洞)[35], 二골목[36], 삼청동(三淸洞)[37], 사직골(社稷)[38],
       五봉골[39], 六고암[40], 七관음[41], 八각재[42],

---

29   동 개울, 서 구월, 남 지리, 북향산 ; 이두현본에서는 '동여울 서구월九月 남 드리 북 향산香山' 이라고 채록되었다. 동쪽은 물살이 센 형세이고, 서쪽은 구월산이 있는 산세, 남쪽은 들판이고, 북쪽은 묘향산이 있는 산세라는 뜻이다. 여기서는 험준한 강산을 넘나들었다는 말이다. 예로부터 동금강(東金剛)·남지리(南智異)·서구월(西九月)·북묘향(北妙香)이라 하여 우리나라 4대 명산의 하나로 꼽았다. '東金剛 西九月 北香山 南智異 漢挐莫非踐義之地' 라는 말이 있다. 오청본에서는 '西는九月이라 東여울西九月넘드러 北漢山下'이라고 채록되었다.
30   방방곡곡坊坊曲曲 ; 한 군데도 빠짐이 없는 모든 곳을 말한다. 곡곡(曲曲), 골골샅샅, 면면촌촌이라고도 한다.
31   면면촌촌面面村村 ; 한 군데도 빠짐이 없는 모든 곳을 말한다.
32   종남산(從南山) ; 종남산(終南山)으로, '남산(南山)'의 옛 이름이다.
33   누에머리 ; 산봉우리의 한쪽이 누에의 머리 모양으로 쑥 솟은 산꼭대기를 이른다.
34   종남산(從南山) 누에머리 ; 종남산(從南山)은 종남산(終南山)이다. 중국 당(唐)나라 수도의 남산이 종남(終南)이였기에 조선시대 한양(漢陽)의 남산(南山)도 종남이라 하였다고 한다. '누에머리'는 남산 서쪽의 산세가 누에의 머리처럼 생겼다는 뜻에서 '잠두봉(蠶頭峯)'이다. 지금 서울 남산은 조선시대 한양의 안산(案山)으로 목멱산(木覓山) 또는 잠두봉이라 했다.
35   일헌동(一軒洞) ; 마을 이름이다. 구체적인 위치는 미상하다.
36   二골목 ; '숫자놀이'에 따라 지어진 마을 이름이다.
37   삼청동(三淸洞) ; 서울 종로구 경복궁 뒤의 마을 이름이다. 골이 깊고 산수가 아름다워 삼청공원과 유적이 많다. 예로부터 서울 시내에서 경치 좋기로는 첫째 삼청동, 둘째 인왕동, 셋째 쌍계동, 넷째 백운동, 다섯째 청학동으로 쳤고, 삼청동의 수석, 필운대의 살구꽃, 북둔(北屯)의 복숭아꽃, 흥인문(興仁門) 밖의 버들, 천연정의 연꽃, 탕춘대(蕩春臺)의 수석 등이 볼 만하다 했다. '삼청동'의 이름은 도교의 뿌리로 도교신인 태청(太淸)·상청(上淸)·옥청(王淸)의 삼청성진(三淸星辰)을 모신 삼청전(三淸殿)이 있던 데서 유래되었다. 또한 이 지역이 산이 맑고[산청(山淸)], 물이 맑으며[수청(水淸)], 그래서 사람의 인심 또한 맑고 좋[인청(人淸)]는 뜻도 있다.
38   사직골(社稷) ; 서울 종로구 내자동에 있던 마을로서, 사직단 동쪽에 있던 데서 마을 이름이 유래되었다.
39   五봉골 ; 황해도 구월산 산과 내를 이른다. 구월산의 동쪽 오봉 아래로 뻗어 있는 골짜기. 오봉골 일대는 나무가 무성하고 깊은 계곡이 이루어져 구슬같이 맑은 물이 흐르며 이름 있는 폭포들이 있어 사시장철 수려한 경관을 이루고 있다.

구리개[43], 十장각(長角)[44]을 다 찾아 다녀도 찾을 수 없기로[45]

하남촌 본댁을 갔습니다.

본댁을 가본즉 량반이라고 하는 것은 한 놈도 없고

빈 방안에 량반의 계집년 혼자 있기로

이 벙거지를 쓴 채 채쭉을 가진 채 신을 신은 채

그 가는 허리를 껴안고 …

잘 했다고 벽장문 열띠이고 술을 끄내는데

감홍로(甘紅露)[46], 홍곡주(紅穀酒)[47], 포도주(葡萄酒),

산중처사[48] 송엽주(山中處士 松葉酒)[49] 앵무배[50][51]에 가득 부어

안주를 끄어내는데

대양푼[52]에 갈비찜 소양푼[53]에 제육초[54]

맛 좋은 호도, 포도, 은행탕(銀杏湯)[55] 같은 것은

40 六고암 ; 마을 이름이다. 구체적인 위치는 미상하다.
41 七관음 ; 보통은 '칠관악(冠岳)' 곧 관악산(冠岳山)이다. '칠관음(七觀音)'은 중생이 갖가지 고통을 받고 있을 때, 여러 모습으로 변하여 나타나 중생을 어려움에서 벗어나게 하거나 복덕을 얻게 해 주는 일곱 관음을 이른다. 천수관음, 마두관음, 십일면관음, 성관음, 여의륜관음, 준제관음, 불공견삭관음을 이른다.
42 八각재 ; 마을 이름이다. 구체적인 위치는 미상하다.
43 구리개仇里介 ; 언덕이 진흙으로 되어 매우 질어서 누런색을 띈 데서 유래되었다. 서울 중구 을지로2가·명동1가·명동2가·충무로1가·남대문로2가에 걸쳐 있던 마을로, 이 지역에 야트막한 언덕이 하나 있었는데 진흙으로 되어 매우 질어서 누런색을 띠어 구리개라고 불린 데서 마을 이름이 유래되었다. 갑오개혁 무렵에 구리개를 한자로 옮겨 동현(銅峴)·동현동(銅峴洞)이라고 하였다.
44 十장각(長角) ; 보통은 '십자각'이다.
45 일헌동(一軒洞), 二골목, 삼청동(三淸洞), 사직골(社稷), 五봉골, 六고암, 七관음, 八각재, 구리개, 十장각(長角)을 다 찾아 다녀도 찾을 수 없기로 ; 숫자놀이에 해당한다.
46 감홍로(甘紅露) ; 지치 뿌리를 꽂고 꿀을 넣어서 밭은 평양 특산의 소주다. 맛이 달고 독하며 붉은빛이 난다. 소주에 홍국, 계피, 진피, 방풍, 정향 따위를 넣어 우린 술이다.
47 홍곡주(紅穀酒) ; 중국에서 나는, 붉은빛으로 물들인 쌀[홍곡(紅穀)]로 빚은 술이다. 홍소주가 있다. 한편 홍국주(紅麴酒)는, 멥쌀로 밥을 지어 누룩가루를 섞고 뜬 다음에 더운 기운을 빼고 볕에 말린 누룩 -홍국(紅麴)-으로 만든 술이다.
48 처사處士 ; 예전에, 벼슬을 하지 아니하고 초야에 묻혀 살던 선비를 이른다.
49 송엽주(松葉酒) ; 솔잎을 넣고 빚은 술이다.
50 원주 51. 앵무배(鸚鵡杯)를 말함.
51 앵무배鸚鵡杯 ; 자개를 가지고 앵무새의 부리 모양으로 만든 술잔이다.
52 대양푼 ; 큰 양푼이다. 음식을 담거나 데우는 데에 쓰는 놋그릇으로 운두가 낮고 아가리가 넓어 모양이, 둥글고 바닥이 평평한 반병두리 같으나 더 크다. 양푼은 대가집에서 주로 쓰던 용기로 크기는 대·중·소로 되어 있다.
53 소양푼 ; 작은 양푼이다.
54 제육초 ; 제육볶음을 이른다.
55 은행탕(銀杏湯) ; 은행에 전분이나 쌀가루를 묻혀 기름에 튀긴 후 꿀, 물엿 따위를 발라 만든 음식이다.

어떤 내 아들 놈이 다 먹고
작년 8월에 산소에 갔던
조기 대갈[56] 하나 주기에 가져 왔소≫

○ **맏량반**   ≪이놈 어찌고 어째≫

종가'집 도령님 앞에서와 같다.

○ **말뚝이**   ≪조기 대갈 하나 가지고 왔단 말입니다.≫
         <맏량반이 둘째 량반 보고>

         ≪여보게 저놈이 무어라노≫

○ **둘째 량반** ≪조기대갈 가지고 왔대요≫

○ **맏량반**   ≪어허 어두일미(魚頭一味)[57]라네≫

하고 네 사람이 다 국거리곡에 맞추어 춤을 추어 가면서 탈판을 일주하
여 돌아와서 말뚝이는 계속 춤을 추는데,
량반 삼형제는 돌아서 말뚝이를 정면으로 나라니 서서

○ **맏량반**   ≪이놈 말뚝아— ≫
         <말뚝이 춤을 멈추고>
         <종가'집 도령님—앞에서와 같다.>
         <말뚝이 두 손을 합수[58]하여 양반 앞에 가서>

---

56 조기 대갈 ; '조기 대가리'다.
57 어두일미(魚頭一味) ; 물고기는 대가리 쪽이 그 중 맛이 있다는 말이다.

≪말뚝이 문안이요≫

O **맏량반**   ≪량반을 모셨으면 새처[59][60]를 정해라≫

O **말뚝이**   (한탄하면서)

O **재담**   ≪제길할 놈[61] 세상에

없이 사는 것이 슬프다는 계야

세상에 같지도 않은 놈들이

새 처를 정한다 무엇을 정해라 하니

내 말 잠간 들어 보시오.

나는 본시 외입쟁이로서,

때는 마침 어느 때냐 록음방초 승화시[62]

이때에 장부 흥을 못 이겨 장안을 당도하니,

친구를 만났는데

대전별감(大殿別監)[63][64], 금부라졸[65][66], 정원사령[67][68]

---

58 합수合手 ; 불가(佛家)에서 인사(人事)할 때나 절할 때 두 팔을 가슴께로 들어 올려 두 손바닥을 합(合)함을
    이른다. 보통은 왼손을 오른손 위에 얹는다.
59 원주 52. 웃 어른의 숙소를 존대한 말.
60 새처 ; 점잖은 손님이 길을 가다가 묵음을 뜻한다. 또는 그 유숙하는 집을 말한다.
61 제길할 놈 ; 욕설이다. 이 욕설은 가면극마다 전반에 걸쳐 두루 또 빈번히 나온다. 이는 간음을 금기시하는
    사회 풍토에 있어서는 지나친 욕설이다. 노신의 말을 빌면 '나는 네 에미의 先親十八代도 하노라.'에서 왔다고
    한다. 한편 너무 심하다는 이유로 심지어는 속담이 탄생하기까지 하였다고 한다. "에미 붙구 대명 간다."(박계
    홍;『한국구비문학대계』, 충남 대덕군편)와 "에미 붙어 담양갈 놈"(최래옥·김균태;『한국구비문학대계』, 전남
    장성군편)과 같은 것이 대표적이다. 이 욕설은 상상도 못할 심한 말이기 때문에 어떤 특정인을 향한 욕설이기
    보다는 독백조로 흔히 쓰인다. 독백조로만 쓰이던 욕설을 공개적인 자리에서 방백의 형식을 빌어 공공연히 내
    뱉음으로써 숨겨진 의식이 노정된다. 노신도 '他媽的!'을 '국매(國罵) – 국민적 욕설'이라 하였다. 일본어에도
    '母開'라는 말은 '너는 네 어머니를 姦한다.'라는 뜻이다.
62 록음방초 승화시綠陰芳草勝花時 ; 나뭇잎이 푸르게 우거진 그늘과 향기로운 풀이 꽃보다 나을 때를 이른다.
    첫여름을 나타내기도 한다.
63 원주 53. 액정서(掖庭署)의 예속(隸屬)의 하나다.
64 대전별감(大殿別監) ; 조선 시대 대전(大殿)에 소속된 7~9품의 별감(別監)으로서 어전 시위(御殿侍衛)의 구실
    을 한 관계로 힘과 용맹이 뛰어나고 재산이 있는 장실(壯實)한 자를 뽑았는데, 이들은 대체로 액정서(掖庭署) –
    조선 시대 왕명의 전달하거나, 임금이 쓰는 붓과 벼루를 보관하고, 궁중의 자물쇠를 관리하며, 대궐 뜰의 설비

그러한 친구를 만나서 화류강녕[69]을 찾아 가서,

한 잔 먹고 놀 적에

음률 같이 좋은 것을 사람마다 알았더냐.

춘풍화류[70] 청풍루(淸風樓)[71]에 주육(酒肉)[72]이 란만한데,

1등 명창들과 갖은 풍악 미색들[73]은

아'자(亞字)로 벌려 놓고[74] 좌중(座中)에 후종(後從)[75]하는

요순(堯舜)[76], 우탕(禹湯)[77] 문무(文武)[78] 같고

각자 등행(登行)[79]하여 관현성(管絃聲)[80]을 이뤘으니

아마도 성세안락(盛世安樂)[81]이 이뿐이라.

이렇게 놀면서 갈비'대 잡고 량껏 먹고,

매상이[82] 타고 배껏[83] 먹고

앞죽[84]이 들석하고 갈비가 버룩하여[85]

등을 맡은 관청. - 에서 관장하였으며, 필요에 따라 승정원(承政院)이나 병조(兵曹) 등에서 선발하기도 하였다.
선조 때에는 양인(良人) 뿐만 아니라 공사천인(公私賤人)도 지원할 수 있도록 하였다.

65 원주 54. 금부(禁府)는 의금부(義禁府). 나졸(羅卒 邏卒)은 군아(郡衙)에 달린 군졸, 사령의 총칭.

66 나졸邏卒 ; 조선 시대에 포도청(捕盜廳)의 하급 병졸을 말한다. 관할 구역의 순찰(巡察)과 죄인을 체포하는
일을 맡았다. 의금부(義禁府)에도 금부(禁府) 나졸이 있었는데, 오늘날의 사법경찰관(司法警察官)과 같다.

67 원주 55. 政院司令. 관직명

68 정원사령政院使令 ; 조선시대 관청에 딸린 하졸(下卒)을 말한다. 중앙과 지방 관청에서 심부름 등 천한 일을
맡고, 군관(軍官)·포교(捕校) 밑에 있으면서 죄인에게 곤장을 치는 등 하는 일이 여러 가지여서, 그 일에 따라
조례(皁隸)·문졸(門卒)·일수(日守)·나장(羅將)·군노(軍奴) 등으로 달리 불렸다.

69 화류강녕 ; 수복강녕(壽福康寧) 곧 '몸이 건강하고 편안하게 오래 삶'을 기원한다는 뜻인 듯하다.

70 춘풍화류春風花柳 ; 따뜻한 봄날 아름다운 경치를 즐긴다는 말이다.

71 청풍루(淸風樓) ; 맑은 바람이 부는 곳에 있는 누각이라는 뜻으로, 관념적 명칭이다.

72 주육(酒肉) ; 술과 고기 곧 맛있는 술과 안주라는 말이다.

73 1등 명창들과 갖은 풍악 미색들 ; 명창과 미색과 풍악 등이 어우러졌다는 말이다.

74 아'자(亞字)로 벌려 놓고 ; '亞' 모양으로 벌려 자리 잡았다는 말이다.

75 후종(後從) ; 뒤에서 따라감을 말한다.

76 요순(堯舜) ; 고대 중국의 요임금과 순임금을 아울러 이르는 말이다.

77 우탕(禹湯) ; 중국 하나라의 우왕, 은나라의 탕왕을 아울러 이르는 말이다.

78 문무(文武) ; 문관과 무관을 아울러 이르는 말이다.

79 등행(登行) ; 높은 곳을 올라감을 이른다.

80 관현성(管絃聲) ; 관악과 현악이 어우러진 음악을 이른다.

81 성세안락(盛世安樂) ; '성세(盛世)'는 국운이 번창하고 태평한 시대를 말한다. '안락(安樂)'은 몸과 마음이 편
안하고 즐거움을 말한다.

82 매상이 ; 통나무배, 통목선, 독목주(獨木舟)라고도 하는데, 큰 통나무를 2~3m 길이로 잘라 속을 파낸 것이다.
목판을 맞붙여서 만든 돛 없는 거룻배도 이에 속한다.

83 배껏 ; 배의 양이 찰 만큼이다.

배'곱눈이[86] 자 고향으로 돌아 갈 적에

나는 무서운 녀석이 도무지 없더라.

이 채찍으로 량반 삼형제 놈을

식혜 먹은 고양이 대가리 때리듯,[87]

제(祭)'밥 먹은 개 대가리 때리듯,[88]

서푼짜리 낫 베리 듯[89]하면 좋겠다≫

O **맏량반**   ≪어째고 어째≫

O **종가집 도령**   (앞에서와 같이 함.)

O **말뚝이**   ≪아— 이 량반 잘 못 들었소.

돼지처럼 코로 듣는 것인지 귀로는 안 들었소.[90]

이 채찍으로 량반 앞에서 잘못하는 놈을 때려 준다고 했소≫

O **맏량반**   (좋아서)

≪희희희희≫

O **종가'집 도령님**   앞에서와 같다.

---

84 앞죽 ; 활을 잡은 손의 팔꿈치다.

85 버룩하여 ; 귀, 코, 그릇 따위의 전이 밖으로 벌어져 있는 모양새다.

86 배'곱눈이 ; 배꼽을 말한다.

87 식혜 먹은 고양이 대가리 때리듯 ; '식혜 먹은 고양이 속'은 죄를 짓고 그것이 탄로 날까 봐 근심하는 마음을 비유적으로 이르는 속담이다.

88 제(祭)'밥 먹은 개 대가리 때리듯 ; 제(祭)'밥 먹은 개'도 죄를 짓고 그것이 탄로 날까 봐 근심하는 마음을 비유적으로 이르는 말이다.

89 서푼짜리 낫 베리 듯 ; 갈아야 별로 쓸모가 없는 서푼짜리 낫을 쓸데없이 공을 들여 갈고 있다는 뜻으로, 실천은 못하면서 말로 벼르기만 하는 경우를 두고 비유적으로 이르는 말이다. '벼리다'는 무디어진 연장의 날을 불에 달구어 두드려서 날카롭게 만들다는 뜻이다.

90 돼지처럼 코로 듣는 것인지 귀로는 안 들었소 ; 제대로 듣지 못했다는 말이다.

○ **말뚝이 불림**

≪덩덩 덩더럭궁≫

국거리곡에 맞추어 4명이 다 춤을 출 때

○ **말뚝이**　≪쉬― ≫

(음악중지) 량반 보는데 채찍으로 땅 바닥을 삥 돌려 긋고

≪새처를 정했소.
말뚝을 드문드문 꽂고 하늘 문 내고 잔디를 푹신 깔았습니다≫

○ **맏량반**　≪이놈 무엇무엇 어찌고 어째≫

○ **종가'집 도령님**

앞에서와 같다.

○ **말뚝이**　≪아 이 량반 잘못 들었소.
돼지처럼 코'구멍으로 들었소.[91]
란간 8자 5령각[92]으로 짓고
네 귀에다 풍경[93]을 달고
바람이 불면 뎅굴뎅굴 소리가 나게 하고,
방안에 들어 가 처다보면 천반자요

---

91 돼지처럼 코'구멍으로 들었소 ; 제대로 듣지 못했다는 말이다.
92 란간 8자 5령각 ; '난간팔작(欄干八作) 오량각(五樑閣)'의 잘못이다. '난간팔작(欄干八作)'은 난간과 처마 끝의 무게를 받치기 위하여 기둥머리에 짜 맞추어 댄 팔자 모양의 나무쪽으로 즉 화려하게 지은 집을 말한다. '오량각(五樑閣)'은 대들보를 다섯 줄로 놓아 넓이가 두 간통 되게 지은 집을 말한다.
93 풍경風磬 ; 처마 끝에 다는 작은 종이다. 속에는 붕어 모양의 쇳조각을 달아 바람이 부는 대로 흔들리면서 소리가 난다.

내려다보면 장판이라[94]

청릉화(靑綾花)[95] 담'벽에 황릉화대(黃綾花帶)[96] 띠고

룡장, 봉장,[97] 귀다지,[98] 자개함농,[99]

반다지,[100] 화류책상,[101] 문갑[102]을 곁드리고

화관죽[103] 긴 담배'대를 두세 개 해놓고

소털 같은 기사미[104]를

똥물에다 촉촉이 축여 놓았소≫

---

94 방안에 들어 가 처다보면 천반자요 내려다보면 장판이라 ; 원래는 호화로운 방안을 묘사한 대사다. '천반자'는
   '반자'를 말한다. 방이나 마루의 천장을 평평하게 하는 시설물이다. 김유경본에서는 '올려다보니 소라반자요' 라
   고 하였다. '소라반자'는 '소란(小欄)반자'로, 반자를 여러 개의 井자 모양이 모인 것처럼 소란(小欄) -반자 판을
   받치거나 양판문의 양판을 고정하기 위하여 대는 가늘고 긴 나뭇조각- 을 맞추어 짜고, 그 구멍마다 네모진 널조각을 얹
   어 만든 반자로, 천장을 꾸미는 방법 중에서 보다 격조가 높은 방법이다. '장판'은 누런 빛깔의 차진 흙에 고운
   모래나 말똥 따위를 섞어 초벽에 덧바르고 그 위에 기름 먹인 장판지로 바닥을 바른 방이다. 장판지(壯版紙)는
   방바닥을 바르는 데 쓰는 기름을 먹어 만든 마감용 종이다. 김유경본에서는 '갑장 장판'이라고 하였다. 호화롭
   게 장식한 장판방을 말한다. 동방삭이 무제(武帝)에게 '갑장(甲帳)'을 만들어 주어서 기쁘게 했다고 한다. '갑장
   (甲帳)'이란 본래 '갑을장(甲乙帳)'을 줄여서 한 말이다. 이것은 동방삭이 천하의 온갖 진귀한 진주로 장식하여
   무제(武帝)에게 만들어 준 최고급 침실용 장막 커튼이다. 동방삭은 두 개의 장막을 만들어, 그 중 좋은 '갑장
   (甲帳)'은 신을 모시는 신전(神殿)에 치고, 나머지 '을장(乙帳)'은 무제(武帝)의 침실에 드리웠다 한다.
95 청릉화(靑綾花) ; '청릉화(靑菱花)'다. 마름꽃 무늬가 있는 청색 능화지(菱花紙)를 이른다. 방의 벽장식이다.
96 황릉화대(黃綾花帶) ; '황릉화대(黃菱花帶)'다. 마름꽃 무늬가 있는 황색 능화지(菱花紙)로 두른 띠를 이른
   다. 방의 벽장식이다.
97 룡장 봉장 ; '용장봉장(龍欌鳳欌)'은 용의 모양을 새긴 옷장과 봉황의 모양을 새겨 꾸민 옷장이다.
98 귀다지 ; '궤(櫃)두지'다. '궤'는 궤짝으로 궤짝은 나무로 만든 네모진 상자를 말한다. '다지'는 '뒤주'로 곡식을
   담아 두는 세간살이다.
99 자개함농函籠 ; 겉에 자개를 박아서 꾸며 놓은 자개함을 말한다. 함(函)은 옷이나 물건 따위를 넣을 수 있도
   록 네모지게 만든 통이다. 또는 혼인 때 신랑 쪽에서 채단(采緞)과 혼서지(婚書紙)를 넣어서 신부 쪽에 보내는
   나무 상자를 말한다. 농(籠)은 버들채나 싸리채 따위로 함같이 만들어 종이로 바른 상자로 옷이나 물건을 넣어
   두는 데 쓰인다. 또는 같은 크기의 궤를 이층 또는 삼층으로 포개어 놓도록 된 가구를 말한다. '자개'는 금조개
   껍데기를 썰어 낸 조각으로 빛깔이 아름다워 여러 가지 모양으로 잘게 썰어 가구를 장식하는 데 쓴다.
100 반다지 ; '반닫이'다. 앞의 위쪽 절반이 문짝으로 되어 아래로 잦혀 여닫게 된 궤 모양의 가구다.
101 화류樺榴책상 ; 보통 모과나무로 만든 책상을 이른다. 모과나무는 나뭇결이 곱고 단단하면서도 가공이 쉬워
   고급 가구 재료로 쓰인다. 흥부전에 나오는 화초장(華草藏)도 모과나무로 만든 장롱이라고 한다. 한편 '화류(樺
   榴)'는 자단(紫檀)의 목재(木材)다. 붉은빛을 띠고, 결이 곱고 몹시 단단하여, 건축·가구·미술품 등의 고급 재료
   로 쓰인다.
102 문갑文匣 ; 안방의 보료 옆이나 창 밑에 두고 문서, 편지, 서류 등의 개인적인 물건이나 일상용 기물들을 보관
   하는 가구다.
103 화관죽 ; 미상하다.
104 소털 같은 기사미 ; 소털 같이 가늘게 썬 담배를 이른다. '기사미'는 살담배 즉 칼로 썬 담배를 말한다. 각(刻)
   연초 혹은 절초(切草)라고도 한다.

○ **맏량반** ≪이놈 어찌고 어째, 똥물이라니≫

○ **종가'집 도령님** 앞에서와 같다.

○ **말뚝이** ≪아니요, 향물[105]에다 촉촉이 축였소≫

○ **맏량반** ≪허허허── ≫

○ **종가'집 도령님** 부채로 두 형을 톡톡 친다.

○ **맏량반** ≪썩 들어 갈세 예─ 자식≫

○ **종가'집 도령님** 고개를 숙으리고 섰다가 싹 들어간다.

○ **맏량반** ≪여보게 동생≫

○ **둘째 량반** ≪네─ ≫

○ **맏량반** ≪우리 삼형제가 좋은 승지강산에 들어 왔다.
이런 경게[106]에서 우리 앉아서 글이나 한 수씩 지어 보세≫
＜이 때 종가'집 도령님은 합수하고 서 있다＞

○ **맏량반** ≪동생부터 한 수 짓게≫

○ **둘째 량반** ≪아 나부터 지으라는 말이요≫

---

105 향물 ; 향기 나는 물이라는 말이다.
106 경게 ; '경개(景槪)' 곧 경치를 이른다.

○ 맏량반 ≪동생부터 짓게≫

○ 둘째 량반 ≪그러면 형님이 운′자[107]를 내시요≫

○ 맏량반 ≪총자, 못자≫

○ 둘째 량반 ≪아— 고 이것 벽′자(僻字)[108] 냇소구려.

집신 앞총[109]은 헌겁총[110]이요 나막신[111] 뒤굽은 거말 못[112]이다[113]≫

○ 맏량반   (글소리를 듣고)

≪참 동생이 유식하고 잘 지었네≫

○ 둘째 량반 ≪그러면 이번에는 형님 한 번 지어 보시오≫

○ 맏량반 ≪동생이 운′자를 내게≫

○ 둘째 량반 ≪운′자를 내라고요 산′자 령′자외다≫

○ 맏량반 ≪아— 동생 벽′자를 냇군 참 벽′자인데,

울투룩 둘투룩 작대산이요 황주봉산[114]에 동술령[115]이다[116]≫

---

107 운′자韻字 ; 한시의 운으로 다는 글자를 말한다. 시(詩)나 사(詞)를 지을 때 정해진 운각(韻脚)의 자리에 쓰
도록 규정된 글자다.
108 벽′자(僻字) ; 흔히 쓰지 아니하는 야릇하고 까다로운 글자를 말한다.
109 앞총 ; 짚신이나 미투리 따위의 앞쪽의 양편쪽으로 운두를 이루는 낱낱의 신울을 말한다. '엄지총'이라고 한다.
110 헌겁총 ; '헝겊총'이다. 헝겊으로 신울을 돌려 만든 신을 말한다. 포화(布靴)라고도 한다.
111 나막신 ; 신의 하나로 나무를 파서 만든 것으로 앞뒤에 높은 굽이 있어 비가 오는 날이나 땅이 진 곳에서 신
었다. 목극, 목리(木履), 목혜라고도 한다.
112 거말 못 ; '거멀못'이다. 나무 그릇 따위의 터지거나 벌어진 곳이나, 또는 벌어질 염려가 있는 곳에 거멀장처럼
겹쳐서 박는 못이다. 줄여서 거멀이라고도 하며, 양각정(兩脚釘)이라고도 한다. '거멀장'은 가구나 나무 그릇의
사개를 맞춘 모서리에 걸쳐 대는 쇳조각을 말한다.
113 집신 앞총은 헌겁총이요 나막신 뒤굽은 거말 못이다 ; '운자(韻字)놀이'에 의하여 탄생한 구절이다. 여기서
'총'자와 '못'자는 한자가 아니니 운자로 쓰일 수 없다. 놀이적 성향을 보여준다.
114 황주봉산黃州鳳山 ; '황주(黃州)'와 '봉산鳳山'을 이른다. '황주(黃州)'군은 사리원시 북쪽에 있으며, 서쪽에는

○ **둘째 량반**　≪아— 형님 문장이로다[117]≫

○ **맏량반**　　≪애 말뚝아— ≫

○ **말뚝이**　　≪네≫

○ **맏량반**　　≪너도 좋은 경개[118]에 들어 왔다가 글이나 한 수 지어라≫

○ **말뚝이**　　≪그러면 운'자를 내시오≫

○ **맏량반**　　≪그래 멍'자 강'자로 지어 보라≫

○ **말뚝이**　　≪바지 구멍에 ● ● ● 개바주[119] 구멍에는 개대강[120]≫

　　　　　　　　＜글을 지을 때 소무 등장하여 탈판 한 구텡이에 서 있다.＞

　　송림시가 있고, 동쪽은 연탄군, 남쪽은 봉산군이다. 북쪽은 평양직할시 중화군과 경계를 이룬다. 서쪽에는 재령
　　강이 흐리고 그 건너편에 황해남도 안악군이 있고, 북쪽으로는 대동강이 흐른다.

115　동술령 ; '동선령(洞仙嶺)'이다. 『신증동국여지승람』 '황해도 봉산군'에 '동선(洞仙)'은 북쪽으로 15리에 있다
　　라고 하였고, '동선관행성(洞仙關行城)' 쪽으로 15리 황주(黃州) 경계에 있으며 속칭 사인암성(舍仁巖城)이라
　　하며 돌이 공중에 우뚝 솟아 있어 적암(積巖)이라 이름하고, 사인암(舍人巖)이라고 부른다. 고갯길이 좁고 매
　　우 비탈져 말과 같이 걸어갈 수가 없다. 영종(英宗) 22년에 성을 쌓아서 동쪽과 서쪽에 문(門)을 설치하였다.
　　성의 길이는 모두 1천 9백 70보라 라고 하였다.

116　울투룩 둘투룩 작대산이요 황주봉산에 동술령이다 ; 임석재본에서는 '울룩 줄룩작대산作大山하니 황천풍산
　　黃川豊山에 동선령洞仙嶺이라.' 라고 채록되었다. 운자놀이의 하나다. 시짓기를 하나의 놀이 형태로 변형시킨
　　것이다. 대체로 한시를 언어유희화한 것이 보통이다. 황천풍산에 있는 동선령의 성이 1천 9백 70보에 걸쳐 있
　　는 형세를 두고 이른 것이다.

117　형님 문장이로다 ; '형님 문장가입니다' 곧 형님이 글을 잘 지었다는 말이다.

118　경개 ; '경개(景槪)' 곧 경치다

119　개바주 ; '바자울'의 방언이다. '바자울'은 바자 -대, 갈대, 수수깡, 싸리나무 따위로 발처럼 엮거나 결어서 만든 물건-
　　로 만든 울타리를 말한다.

120　바지 구멍에 ● ● ● 개바주 구멍에는 개대강 ; 이두현본에서는 '썩정 바지[→ 바자] 구녕엔 개대갱이요 험바
　　지[→ 헌바지] 구녕엔 좃 대갱이라' 라고 채록되었다. 삭정이로 두른 담장 틈으로 개가 머리를 내밀고, 헌 바지
　　구멍으로 성기가 드러난 형상을 '강' 운자를 넣어 지은 것이다. 여기서는 '바지구멍'이라고 하였다. '● ● ●'에
　　는 문맥상으로 보아 '좃대강'이 와야 한다. 속된 표현이라고 생각하여 '● ● ●'로 대신한 듯하다.

○ **맏량반**   ≪좋다 참 잘 지었다.

그러나 말뚝이 너는 가운데 량반 하고 도령님 모시고 먼저 들어가라.

나는 예서 볼일이 있다.≫

하고 맏량반은 탈판에 소무(小巫)가 나와 서 있는 것을 보고 탐이 나서

그를 데리고 놀고자 한다.[121]

○ **말뚝이**   ≪그렇기에 코가 째졌다오[122] 계집만 좋아하니까≫

○ **불림**   ≪옥동 도화춘수춘(玉洞桃花春樹春)≫[123]

음악은 국거리에서 타령곡으로 넘어 간다.

타령곡 반주에 합하여 말뚝이는 둘째 량반 종가집 도령님을 모시고 나가

면서 흥겨운 춤을 추면서 퇴장한다.

○   이 때 소무는 타령곡 반주에 춤을 추면서 탈판 중앙으로 나타난다.

맏량반은 이것을 보고 타령곡에 맞추어 춤을 추고 얼려 가면서 싸고돈다.

그 때에 포도비장[124]이 등장하여 소무를 자세히 바라보며 웬 놈이 춤을

추는가 하고 보니, 그것은 곧 량반이였다.

그때 포도비장이 량반을 탁 친다.

량반이 서서 포도비장을 바라본즉 상놈인지라, 창피는 하지만 소무에 대

한 욕심으로 한 번 더 소무를 싸고돌다가 또 포도비장에게 얻어맞고, 이

---

121   맏량반은 탈판에 소무(小巫)가 나와 서 있는 것을 보고 탐이 나서 그를 데리고 놀고자 한다 ; 이같이 맏양반
과 소무가 어울리는 설정은 이 자료가 유일하다.

122   그렇기에 코가 째졌다오 ; 맏양반의 가면의 형상을 이른 대사다. '코가 째졌다'함은 '창병(瘡病)' 곧 곪아터지
는 병을 상징한다.

123   ≪옥동 도화춘수춘(玉洞桃花春樹春)≫ ; 한시구 불림이다.

124   포도비장裨將 ; '포도부장(捕盜部將)'이다. 조선 시대에, 포도청에 속하여 범죄자를 잡아들이거나 다스리는
일을 맡아보던 벼슬아치를 말한다. '비장(裨將)'은 조선 시대에, 감사(監司)·유수(留守)·병사(兵使)·수사(水
使)·견외사신(遣外使臣)을 따라다니며 일을 돕던 무관 벼슬을 이른다.

제는 대 창피를 당하고 량반은 퇴장한다.

포도비장과 소무가 남아서 춤을 춘다.[125]

---

[125] 이 때 소무는 타령곡 반주에 춤을 추면서 탈판 중앙으로 나타난다. 맏량반은 이것을 보고 타령곡에 맞추어 춤을 추고 얼려 가면서 싸고돈다. 그 때에 포도비장이 등장하여 소무를 자세히 바라보며 웬 놈이 춤을 추는가 하고 보니, 그것은 곧 량반이였다. 그때 포도비장이 량반을 탁 친다. 량반이 서서 포도비장을 바라본즉 상놈인 지라, 창피는 하지만 소무에 대한 욕심으로 한 번 더 소무를 싸고돌다가 또 포도비장에게 얻어맞고, 이제는 대 창피를 당하고 량반은 퇴장한다. 포도비장과 소무가 남아서 춤을 춘다. ; 이 기사는 이어서 실현하는 소위 '포도부장놀이'에 해당한다고 할 수 있다.

9. '제구과장 포도비장'의 복원

제9과장 포도비장[1]

○ 등장인물

　　　포도비장 : 1명

　　　소무 : 1명

전 과장에서 말량반을 내쫓고 포도비장과 소무가 남은 채 있다.

포도부장은 소무를 얼리기 위하여 소무를 싸돌고 계속되는 타령곡 반주에 합하여 소무와 어울러서 흥겨운 춤을 추다가 소무와 함께 퇴장한다.

※ 이 과장은 재담이 없이 춤만으로 끝난다.

1　'제9과장 포도비장'은 소위 '포도부장놀이'다. 이렇게 독립된 장면으로 실현되어 왔던 것으로 추측된다. 다만 취발이와 노승과 소무에 의하여 실현되는 장면과 연계하여 탐구가 필요한 부면이다. 아울러 가면극에서 두루 보이는 '삼각관계'가 갖는 연극적 의미도 함께 탐구되어야 한다. 풍요제의극들이 대체로 '삼각관계'를 주조로 한다는 점은 우리 가면극 연구에 있어서 심상히 볼 일이 아니다.

10. '제십과장 미얄'의 복원

제10과장 미알[1]

O 등장인물

    미알할멈

    미알령감[2]

    남극로인

    룡산 삼개집[3]

O 음악 국거리곡

    할멈이 등장하여 운다

O 재비 ≪웬 할멈인가?≫

O 할멈 ≪란중(亂中)에 령감 잃고 령감 찾으려 다니는 할멈일세≫

O 재비 ≪난지 본향[4]이 어디메요?≫

---

1 미알 ; 다른 자료에서는 '미얄'이다.

2 미알령감 ; 다른 자료에서는 '영감'이라고 하였다. '미얄영감'은 오류인지 미상하다.

3 삼개집 ; 삼개에 사는 여인을 부르는 호칭이다. '삼개'는 지명으로 지금의 '마포(麻浦)'를 말한다.

4 본향 ; 태어난 고향을 이른다. '본향(本鄕)'은 무속에서 근본·근원을 의미하는 '본향본산(本鄕本山)'이라고

  하며 신령의 이름으로 대개 굿을 청한 재가집 조상의 뿌리를 관장하는 신령을 이르기도 한다.

○ **할멈**   ≪전라도 제주 막막골⁵이올쇠≫

○ **재비**   ≪령감이 모색⁶이 어드렀습나?≫

○ **할멈**   ≪소모새기⁷지≫

○ **재비**   ≪마모새긴⁸ 안되구 령감을 한 번 불러보서≫

○ **할멈**   ≪령감≫

○ **재비**   ≪그것 짧아 못쓰겠으니 길게 불러 보소≫

○ **할멈**   ≪령감── (길게)≫

○ **재비**   ≪그건 길어서 못 쓰겠으니, 제주 막막골 산다니 삼남 세나위쩨⁹¹⁰로 불러
            보소≫

○ **할멈**   ≪절절 절시구 얼시구나 절시구
            지와자자 절시구 보고지고 보고지고
                (장고치고 춤춘다)

---

5   전라도 제주 막막골 ; 현재의 제주도는 조선시대에는 전라도 제주목(濟州牧)이었다. '막막골'은 고요하고 쓸
     쓸한 느낌이 드는 깊은 산속이라는 '막막궁산(寞寞窮山)'에서 만들어진 관념적인 지명이다.
6   모색貌色 ; 얼굴의 생김새나 차린 모습을 말한다. '본색'을 뜻하기도 한다. 뒤에 '마모새기'과 '소모새기'와 대
     구를 조성하기 위한 언어유회성이 담겨있다.
7   소모새기 ; '소貌色'으로 소의 모양이라는 뜻으로 쓰였다. 즉 얼굴의 생김새나 차린 모습이 소를 닮았다는 말
     이다. '소모색'과 '새끼'가 결합된 민간화술적 표현이다.
8   마모새긴 ; '마貌色'으로 말의 모양이라는 뜻으로 쓰였다. 즉 얼굴의 생김새나 차린 모습이 말을 닮았다는 말
     이다. '마모색'과 '새끼'가 결합된 민간화술적 표현이다.
9   원주 56. ≪선아리곡≫ 또는 ≪세나위청≫이라고도 하는데 제주도의 한 가요곡이다.
10   세나위쩨 ; '시나위청'이다. 시나위 대금의 중심 음인, 대금 여섯 구멍을 다 막고 내는 음이다.

　　　　대한(大旱) 7년 왕가물[11][12]에 비'발같이 보고지고,

　　　　9년치수(九年治水) 대탕수(大湯水)[13]에 해'발같이 보고지고,

　　　　우리 령감을 만나면

　　　　코도 대고 눈도 대고

　　　　입도 대고 홍겹게 놀렴마는

　　　　우리 령감은 어디로 가고

　　　　날 찾을 줄 외 몰라≫

　　　　　　(장고 친다 국거리곡)

　　　　령감 등장

○ 령감　　　≪할멈≫

○ 재비　　　≪할멈 모색이 어드렀습마?≫

○ 령감　　　≪한 손에는 부채를 들고 한 손에는 방울을 드었습네≫

○ 재비　　　≪그 할멈을 불러봅소≫

11　원주 57. 큰 가물. 대한(大旱)

12　대한(大旱) 7년 왕가물 ; '대한칠년大旱七年'은 7년간의 큰 가뭄이라는 뜻이고, '王가물'은 큰 가뭄을 뜻한다. 즉 '大旱七年'과 '王가물'은 같은 의미다. 관용구화 되었다. '대한칠년(大旱七年)'은, 『회남자(淮南子)』에 의하면 탕(湯) 임금 시대에 7년 동안 가뭄이 들자 탕이 몸소 상림(桑林)에서 기도를 드리자 그 기도에 반응하여 사해의 구름이 모여들어 천리에 걸쳐 비가 내렸다고 하는 고사에 연유한다. 여기서 '상림지도(桑林之禱)'라는 말이 생겼다. 은(殷) 나라 탕왕(湯王)이 7년의 큰 가뭄에 상림(桑林)에서 비 내리길 빌었다 해서 성인(聖人)이 백성을 근심함을 이르는 말이다. 자료에 따라서는 탕왕이 자신의 '머리털과 손톱'을 바쳤다고 한다.

13　9년치수(九年治水) 대탕수(大湯水) ; 9년 동안의 큰 홍수를 말한다. 우(禹)의 아버지 곤(鯀)은 제요(帝堯) 때에 황하(黃河)의 대홍수를 9년간이나 다스렸으나 치수의 업적을 올리지 못하고 마침내 죽음을 당하고 말았다. 이에 그의 아들 우가 치수에 전력하여 제순(帝舜) 때에 완전히 성공을 보았으므로 마침내 천자가 될 수 있었다는 고사에서 연원을 두고 있다. 여기에서 '구년치수(九年治水)'라는 성어가 생겼다. 관용구다. '탕수'는 '큰 홍수'의 방언이다.

O **령감**　　≪할멈≫ (짧게)

O **재비**　　≪그건 짧아 못 쓰겠으니, 한 번 길게 불러보소≫

O **령감**　　≪할멈≫ (길게)

O **재비**　　≪그건 길어 못 쓰겠으니, 제주 막막골 산다니 삼남 세나위째로 불러보소≫

O **령감**　　≪절절 절시구 얼시구 절시구

　　　　　　지와자 절시구 보고지고 보고지고

　　　　　　우리 할멈을 보고지고

　　　　　　처녀자지만큼 보고지고

　　　　　　중의 상투만큼 보고지고[14]

　　　　　　우리 할멈을 만나면

　　　　　　눈도 대고 코도 대고

　　　　　　귀도 대고 연적같은 젖[15]을 쥐고

　　　　　　흥겹게 놀렴만

　　　　　　어디를 가고

　　　　　　날 찾을 줄 외 몰라≫

　　　　　　　(장단 친다 국거리곡)

　　　　　령감이 물러선다.

　　　　　　　<할멈이 나온다>

14　처녀자지만큼 보고지고 중의 상투만큼 보고지고 ; '처녀 자지', '처녀 불알', '중의 상투' 등을 몹시 구하기 어려운 물건을 비유적으로 이르는 말이다. 혹은 쓸데없는 물건을 비유적으로 이르는 말로 쓰이기도 한다.

15　연적같은 젖 ; 관용적 표현이다. 벼루에 먹을 갈 때 쓰는, 물을 담아 두는 그릇인 연적과 같이 생긴 젖을 말한다. 연적이나 사발처럼 납작하게 올라붙은 젖을 연적젖(硯滴–) 혹은 사발젖이라고 한다. 다만 '연적硯滴같은 젖'은 그 형상을 '복숭아연적'에 빗대어 복숭아 닮은 젖을 비유하는 경우가 있다.

○ **재비**   ≪여태 령감 못 봤슴나?≫

(장단 친다)

○ **할멈 창**   ≪령감의 소리가 나는 듯한데 그 누가 나를 찾나?

날 찾을리 없건마는 그 누구가 날 찾나.

부춘산[16] 엄자릉[17] [18]이 범아부[19]를 찾아 갔건만 그 누가 날 찾나?

상산사옹(商山四翁)[20] [21] 네 로인이 바둑을 두자고 날 찾나?

술 잘 먹는 리태백[22]이 술을 먹자고 날 찾나.

춤 잘 추는 학두루미[23] 춤을 추려고 날 찾나.

---

16 원주 58. 부춘산(富春山)은 중국 절강성(浙江省) 부양현(富陽縣)에 있는 산.
17 원주 59. 중국 후한(後漢) 초기(初期)의 사람. 이름은 광(光) 자릉은 자(字)
18 엄자릉嚴子陵 ; 중국 절강성(浙江省) 회계(會稽) 여요(餘姚) - 지금의 절강성 영파(寧波)시 - 출신이다. 이름은 광(光)이고, 다른 이름은 준(遵)이다. 자(字)는 자릉(子陵)이다. 본래 성은 장(莊)이었다. 동한(東漢) 광무제(光武帝) 유수(劉秀)의 절친한 친구로, 유수가 군사를 일으켰을 때 그를 도왔다. 유수가 황제에 즉위하자 이름을 바꾸고 부춘산(富春山)에 은거했다. 훗날 광무제가 엄자릉이 보고 싶어 백방으로 찾았는데, 제(齊)나라 사람이 이렇게 보고했다. '어떤 남자가 양갖옷을 입고 연못에서 낚시하고 있다.' 광무제는 바로 엄광(嚴光)을 떠올리고 사신을 보내 그를 궁정으로 불러들었다. 광무제는 궁정에 도착한 그를 위해 성대한 연회를 베풀고, 함께 침소에서 잠을 잤다. 이때 엄광은 자신도 모르게 광무제의 배에 다리를 얹는 실례를 저질렀다. 이를 본 환관이 황망하여 태사(太史)에게 보고했다. 이튿날 태사가 광무제에게 지난밤 일을 빗대어 이렇게 말했다. '어젯밤에 갑자기 혜성이 황제의 별자리를 침범했습니다.' 이에 광무제가 웃으며 이렇게 말했다. '짐이 엄자릉과 더불어 잤을 뿐이니 신경 쓰지 마시오.' 건무(建武) 17년인 41년에 광무제가 다시 그를 불렀으나 오지 않았다. 당시 엄자릉의 나이는 80세로 이미 세상을 떠난 후였다. 광무제는 매우 상심했고, 바로 조서를 내려 돈 1백만과 곡식 1천 섬을 하사했다고 한다. 엄광은 부춘산에 묻혔다. 후세 사람들은 부춘산을 '엄릉산(嚴陵山)'으로 부르기도 했다. 그가 낚시하던 부춘강(富春江)을 '엄릉뢰(嚴陵瀨)'라고 부르고, 앉아 있던 돌을 '엄자릉조대(嚴子陵釣臺)'로 칭했다.
19 범아부范亞父 ; 항우(項羽)의 책사(策士)였던 범증(范增)을 말한다. 항우를 도와 패왕(覇王)이 되게 하였다. 기이한 계책을 좋아하여 나이 70에 항우의 모사(謀士)가 되어 항우가 아부(亞父)라 불렀다. 항우의 모사인 범아부(范亞父)는 유방(劉邦)이 제왕이 되리라고 점치고 홍문(鴻門)의 잔치에서 옥결(玉玦)을 자주 들어 항우에게 유방을 죽이도록 신호했으나 뜻을 이루지 못했고, 이 일의 실패로 인한 화를 참지 못하고 등에 종기가 나서 죽었다.
20 원주 60. 상산(商山)은 중국 섬서성에 있는 산 이름. 사옹은 진말(秦末)의 란을 피하여 상산에 숨은 네 사람(四皓)를 가리킨 것.
21 상산사옹(商山四翁) ; '상산사호(商山四皓)'라고도 한다. 중국 진시황 대에 나라가 어지러움을 피해 섬서성(陝西省) 상산(商山) 산에 숨어 들어간 네 은사(隱士)를 말한다. 동원공(東園公), 기리계(綺里季), 하황공(夏黃公), 녹리선생(甪里先生)을 말하는 데 이들은 모두 눈썹과 수염이 희었기에 '皓'가 붙었다. 이들은 자주 그림의 주제로 떠올렸다. 또한 우리 연행문화에 흔히 원용되었다.
22 리태백 ; 중국 당 나라 때 시인 이백(李白)을 말한다. 자(字)는 태백(太白)이며, 호(號)는 청련거사(靑蓮居士), 주선옹(酒仙翁)이다. 시선(詩仙)으로 일컬어지는데 장안(長安)에 들어가 하지장(賀智章)을 만나자 하지장은 그의 글을 보고 탄(歎)하여 적선(謫仙)이라 하였다.
23 학두루미 ; '학'과 '두루미'가 결합된 말이다. 동의어 한자어와 우리말이 결합된 것이다.

말 잘하는 앵무새가 말을 하자고 날 찾나.

날 찾을 리 조금도 없건만 그 누구 날 찾나.

낙양동천 리화정²⁴에 마귀선녀²⁵가 날 찾나 (재비 친다)≫

---

24 낙양동천 리화정 ; 보통은 '낙양동천 이화정(洛陽洞天 梨花亭)'이다. '동천(洞天)'은 신선이 사는 세계, 혹은 산에 싸이고 내에 둘린 경치 좋은 곳을 뜻한다. 참고로 '扶桑 東天(부상동천)'은 동쪽 바다의 해 돋는 곳에 있다는 신목(神木), 또는 그 신목이 있는 곳을 말한다. 이화정(梨花亭) ; 낙양의 동쪽 산기슭에 있었던 정자다. 조선 후기의 고소설인 '숙향전(淑香傳)'에 나오는 지명이기도 하다.

25 마귀선녀 ; 마고선녀(麻姑仙女), 마고할미 등으로 불린다. 마고할미는 자연물 또는 지형을 창조한 거인여신에 관한 설화에 등장하는 인물이기도 하다.
　　조선 후기의 국문고전소설 숙향전(淑香傳)에도 등장하는 인물이다. 그 내용은 다음과 같다.
　　　　송(宋)나라 때 김전(金佺)이라는 인물이 있었다. 어느 날 어부들에게 잡혀 죽게 된 거북을 보고, 가엾게 여겨 돈을 주고 사서는 바다에 놓아주었다. 하루는 어디에 다녀오는 길에 큰 비를 만나 다리를 건너다가, 다리가 무너져 홍수에 휩쓸렸으나, 전에 구해준 거북이 나타나 살아날 수 있었다. 김전은 장씨를 아내로 맞이하고 잘 살았으나 늦도록 자식이 없어서 근심하다가 명산대찰에 빌어서 외딸 숙향(淑香)을 낳았다. 숙향이 세살 때 도적의 난이 일어나 피란을 가다가, 사태가 위급하게 되자 숙향을 바위 뒤에 혼자 남겨놓고 김전 부부는 잠시 몸을 피했다. 얼마 후 다시 그 자리에 가보니 숙향은 자취가 없었다. 때마침 부모를 잃은 숙향을 사슴이 업어다가 장승상 집으로 데려다놓았다. 장승상은 숙향을 양녀로 삼았으며, 집안 살림살이를 두루 맡길 정도로 신임하기에 이르렀다. 한편 시비(侍婢) 사향(麝香)은 숙향이 들어오자 자기가 승상 부부의 신임을 잃은데 분개해서 숙향을 내쫓을 흉계를 꾸민다. 장승상의 집에서 나온 숙향은 물에 빠져 죽고자 했으나 용녀가 구출한다. 불에 타서 죽게 되자 다시 화덕진군(火德眞君)이 구출한다. 그 다음에는 배가 고파 죽게 되자, 천태산(天台山) 마고(麻姑)할미가 구출해서 자기 집에 가서 함께 살자고 했다. 함께 산 곳이 낙양(洛陽) 동천(洞天) 이화정(梨花亭)이다. 마고할미는 자기가 누구인가 밝히지 않고 그냥 노파로 지내면서 숙향을 양녀로 삼는다. 노파의 생업은 술 장수였으며, 두 사람은 모두 남의 눈에 띄지 않는 평범한 생활을 하였다. 어느 날 숙향은 전생에 천상에서 선녀 노릇을 하며 놀던 꿈을 꾸고서, 그때의 기억을 더듬어 그 광경을 수를 놓는다. 할미가 그 수를 저자에 내다가 많은 값을 받고 팔았다. 수를 산 장사꾼은 낙양 이상서(李尙書)의 아들 이선(李仙)이 천하 문장가라는 말을 듣고서, 이선을 찾아가 그 수에 시를 써달라고 했다. 수놓은 것을 본 이선은 크게 놀라 고가를 주고 사고는 수를 판 할미의 집을 알아두었다. 다음날 이선은 할미의 집으로 찾아가 할미에게 숙향과 가연을 맺게 해달라고 한다. 마침내 성례가 되어, 이선은 밤이면 숙향을 찾아가서 사랑을 나눈다. 천상에서 예정되어 있던 배필이 서로 만났던 것이다. 하지만 이선의 어머니는 아들이 방탕한 짓을 한다고 황성에 가 있던 이상서에게 연락한다. 이상서는 크게 노하여 낙양원에게 숙향을 잡아 가두라고 한다. 그때 낙양원은 김전이었는데, 숙향이 자기 딸인 줄도 모르고 분부대로 잡아가두고, 형리를 시켜서 매를 치게 했으나, 형리는 팔이 움직이지 않아 매를 칠 수 없었다. 다시 강에다 넣어 죽이려 한다. 할미는 그 동안 술법을 발휘해서 계속 숙향을 도와준다. 숙향을 죽이기로 작정했던 날 밤에 낙양원의 부인 장씨는 숙향의 꿈을 꾼다. 남편 김전에게 죄수의 신원을 물어보라고 했다. 그랬더니 과연 10년 전에 도적의 난을 만나 헤어졌던 자기 딸과 비슷했다. 김전은 자기 딸을 생각하고 차마 죄수를 죽이지 못하고, 이상서에게 사실대로 보고하고 처분을 기다린다. 이상서는 김전의 보고를 접하자 크게 노해서 김전을 다른 고장으로 전출시키고, 새로 부임한 태수로 하여금 숙향을 죽이도록 한다. 한편 이선의 숙모가 이 일을 알고 이상서를 찾아가 그 동안의 경과를 이야기하고 자기가 혼사를 추진했음을 말한다. 그러는 동안에 할미는 세상을 떠났으며, 숙향은 할미가 기르던 청삽살이만 데리고 지냈다. 다시 시련이 닥쳐와서, 불량배가 겁탈을 하려고 했으나, 간신히 위기를 모면한 숙향은 할미의 무덤에 가서 자살하려 하면서 통곡을 한다. 때마침 이상서 부부가 통곡하는 소리를 듣고서 숙향을 데려오게 한다. 숙향의 일생 이야기를 듣고, 비범한 용모를 보자 마음이 달라져서, 숙향을 집에 두고서 사람됨을 시험하기로 한다. 그러자 이선은 과거에 장원급제를 했으며, 두 사람은 비로소 부모의 승락을 얻어 화목하게 지낸다. 이선은 벼슬길에 순조롭게 올랐으나 시련을 겪어야만 했다. 황태후가 병이 들어서, 황제는 이선에게 용궁과 봉래산(蓬萊山)에 가서 선약을 구해 와야 한다고 한다. 이선은 고난 끝에 그 임무를 완수한다. 그 공적으로 지위가 초왕에 이르러서, 숙향과

<령감이 등장한다>

○ **재비** ≪할멈 여태 못 봤나?≫

○ **령감** ≪할멈의 소리가 나는 듯한데 여태 못 봤나
　　　　　(창).
절절 절시구나 얼시구나 절시구
지화자자 절시구 보고지고 보고지고
우리 할멈을 보고지고.
부춘산 엄자릉이 범아부를 찾아 갔건만 거 누구 날 찾나.
상산사옹 네 로인이 바둑을 두려고 날 찾나.
술 잘 먹는 리 태백이 술을 먹자고 날 찾나
날 찾을리 없건만 그 누구 날 찾나.
춤 잘 추는 학두루미 춤을 추려고 날 찾나.
말 잘하는 앵무새 말을 하자고 날 찾나.
날 찾을리 조금도 없건만 그 누구 날 찾나.
낙양동천 리화정에 마귀선녀가 날 찾나— (재비 친다)≫
　　<령감과 할멈이 대무하면서>

○ **할멈** ≪그 누군가?≫

○ **령감** ≪그 누군가?≫

○ **할멈** ≪얼러보세[26]≫[27]

　　　다른 부인들을 거느리고 부귀를 누리다가 마침내 선계로 되돌아간다.
26　얼러보세 ; '어르다', '어우르다'는 성교하다를 비유적으로 이르는 말이다.
27　≪얼러보세≫ ; 대화반응이 불림으로 활용되었다.

할멈 령감 같이 춤 춘다.

○ **령감**   ≪얼러보세≫

○ **할멈**   ≪령감이가≫

○ **령감**   ≪할멈인가? 얼러보세≫

○ **할멈 령감** ≪얼러보세 얼러보세≫
             (마주 서서)

※ 령감이 할멈 허리에 다리를 끼고 할멈은 팔로 춤춘다.
다음에 령감이 드러누으면, 령감 우로 할멈이 **빠져** 간다.[28]

○ **령감**   ≪년간 70에 아들을 하나 낳으니 씨원하다[29]
             (령감은 드러 뉘 있으면서 혼자 말로)
           별로 종종 했구나.
           여보 예가 어디메요.
           예서 해남 관머리[30]를 갈려면 몇 리나 되오?
           '육로로 가면 한 이틀 가고, 수로로 가면 하루면 가오.'
           하기로 에─구 한 시간이 바쁘다.
           하고 배를 타고 떠났다가 폭풍을 만나 예가지 왔으니,

---

28 ※ 령감이 할멈 허리에 다리를 끼고 할멈은 팔로 춤춘다. 다음에 령감이 드러누으면, 령감 우로 할멈이 **빠져**
    간다. ; 부부애(夫婦愛)의 표현이다.
29 씨원하다 ; '시원하다'의 센말이다.
30 해남 관머리 ; 전라도 해남(海南) 관두포(館頭浦)를 이른다. 김상헌의 『남사록(南槎錄)』에 '강진(康津), 해남(海
    南) 두 현은 모두 바다에 면해 있다. 무릇 제주를 왕래하는 공행(公行)은 반드시 여기에 와서 배를 탄다. 해남은
    관두포(館頭浦)이고 강진은 백도포(白道浦, 지금의 보길도)이며, 영암의 이진포(梨津浦)가 강진과 서로 가까이
    있으므로 바람을 기다리는 사람은 모두 이 세 곳에 모이고 매년 해남, 강진의 두 읍은 모여 이 호송하는 일에
    순서를 정한다.' 라고 하였다.

예가 어디멘고.

저— 건너 우뚝 선건 둥굴섬이요. 그 아래 넓적한 건 피섬이구나.[31]

자 예가 어디멘지 알아야 하지, 야단 났구나.

선친네 덕으로 점을 배웠댔으니, 점이나 한괘 처서 볼까.

축원 복이 천하 언재실이요 고지지궁 하나니,[32]

이 순풍[33] 제갈공명(諸葛孔明)[34] 선생 다 하강(下降) 합시사.

어찌 인간 미욱한 백성이, 길흉화복(吉凶禍福)을 판단 하오리까마는

길흉화복을 상괘[35]로 판단을 물비소서.[36][37]

　　　(손으로 산통[38] 흔드는 시늉을 하면서)

열두살부터 점을 배워서도, 이런 괘는 처음 보겠네,

애독성지괘[39][40]라.

31　저— 건너 우뚝 선건 둥굴섬이요. 그 아래 넓적한 건 피섬이구나. ; 여성 성기의 한 부위를 묘사한 대사다. '둥굴섬'과 '피섬'은 실제 지명인 듯하나 분명치 않다.

32　축원 복이 천하 언재실이요 고지지궁 하나니 ; 이두현본에서는 '추왈(祝曰) 천하언재(天下言哉)[→ 천하언재(天何言哉)]며 지하언재(地下言哉)[→ 지하언재(地何言哉)] 시리요마는 고지즉응(告之卽應) 하시나니 감이 순통(感而順通) 하소서' 라고 채록되었다. '신명(神明)께 고하노니, 하늘이 무슨 말씀하시며 땅이 무슨 말씀하시리요, 고하면 즉시 응답하시나니 감응하시어 모든 일이 순리대로 통하소서.' 라는 뜻이다.

33　이 순풍李淳風 ; 중국 당나라의 방술가(方術家)다. '방술'은 신선의 술법을 닦는 사람, 즉 방사(方士)가 행하는 신선의 술법을 말한다.

34　제갈공명(諸葛孔明) ; 제갈 량(諸葛亮)을 말한다. 제갈량의 자(字)는 공명(孔明)이다. 시호 충무(忠武)이며 산동성(山東省) 기수현(沂水懸) 출생으로 호족(豪族) 출신이었으나 어릴 때 아버지와 사별하여 형주(荊州)에서 숙부 제갈현(諸葛玄)의 손에서 자랐다. 후한 말의 전란을 피하여 사관(仕官)하지 않았으나 명성이 높아 '와룡선생(臥龍先生)'이라 일컬어졌다. 위(魏)나라의 조조(曹操)에게 쫓겨 형주에 와 있던 유비(劉備)로부터 '삼고초려(三顧草廬)'의 예로써 초빙되어 '천하삼분지계(天下三分之計)'를 진언(進言)하고 '군신수어지교(君臣水魚之交)'를 맺었다. 이듬해, 오(吳)나라의 손권(孫權)과 연합하여 남하하는 조조의 대군을 적벽(赤壁)의 싸움에서 대파하고, 형주(荊州)·익주(益州)를 유비의 영유(領有)로 하였다.

35　상괘上卦 ; 두 괘로 된 육효(六爻)에서 위의 괘다. 가장 좋은 점괘(占卦)다.

36　원주 61. 물비소시(勿秘昭示)란 점장이의 주문(呪文)의 끝 말.

37　물비소서 ; 이두현본에서는 '물비(勿秘)소서[→ 물비소시(勿秘昭示)]'라고 하였다. '물비소시(勿秘昭示)'는 '숨김없이 밝히어 보라'는 뜻으로, 점쟁이가 외는 주문의 맨 끝에 부르는 말이다. '물비소서'는 '물비소시'와 '-하소서'가 결합된 민간화술적 표현이다.

38　산통 ; 산가지를 넣은 통을 이른다. 수통(數筒), 계산통이라고도 한다. 통은 대나무로 제작되었다. 맹인이 점을 칠 때에도 쓴다. 여기서는 붓으로 점괘를 쓴 긴 대나무 산가지가 통에 들어 있는 것으로, 뒤집어 흔들면 구멍으로 한 개가 빠져나와 밖으로 나온 것을 풀이해 길흉을 예견하는 점구(占具)이다.

39　원주 62 . 독성지괘(犢聲之卦). 송아지 소리의 괘란 말이다.

40　독성지괘 ; '독성지괘犢聲之卦'는 '송아지가 소리를 치며 일어나는 괘'라는 것이다. 설날에 짐승의 동작을 보아 점치는 방법도 있는데, 소가 일찍부터 기동(起動)하면 풍년이 들고, 송아지가 울어도 연사(年事)가 풍조(豊兆)이며, 까치가 울면 길조(吉兆)이고, 도깨비불이 일어도 길조(吉兆)이며, 까마귀가 울면 풍재(風災)와 병마

내점이 틀림 없으니

애독성 아이아'자 송아지 독(犢)자, 소리성(聲)자,

송아지소리나 한번 하여 볼까.

음메—

(령감이 활덕 일어나면서)

주부[41]나 무녀(巫女)의 괘가 요렇게 신통하면 병신 될 사람 하나도 없으니,

여러분이 가환(家患)이 있으면 나한테 와서 점을 한괘 얻어 가오.

이년을 만나면 ●●●[42]을 부러치겠다. 아래 중방[43]은 매끈매끈하니

●●●는(아무나 적당한 사람의 이름을 부른다)[44] 골패[45]를 좋아하니

골패나 한틀 파서 주고, 웃중방[46]은 울룩줄룩 하니

●●●[47]는 민대머리[48]니 풍잠[49] [50]이나 하나 만들어 줄까≫

○ **할멈**　　　(불림)

≪덩덩 덩더럭궁≫

(病魔)가 있고, 개가 짖으면 도둑이 많으며, 개보다 사람이 먼저 일어나면 한 해를 무료(無聊)하게 보내게 된다고 전한다고 한다. 그리고 『주역』 대축(大畜)조에, '송아지가 외양간에 있다. 크게 길할 것이다. 상(象)에 말하기를, 크게 길하다는 것은 기쁨이 있다는 말이다.' 라고 하였다.

41　원주 63. 주부(主簿) 즉 한의(漢醫)를 말함.

42　●●● ; 이두현본에서는 이 자리에 '씹중방'이라고 하였다. '중방(中枋)'은 '중인방(中引枋)'의 준말로, 기둥과 기둥 사이, 또는 문이나 창의 아래나 위로 가로지르는 나무다. 문짝의 아래위 틀과 나란하게 놓는다. 또는 톱틀의 톱양과 탕개줄의 사이에 양쪽 마구리를 버티어 지른 막대기를 말한다. 여기 '씹중방'은 여성성기를 말한다.

43　아래 중방 ; 하인방(下引枋)이다. 벽의 아래쪽 기둥 사이에 가로지른 인방이다. 여기서는 여성성기의 한 부위를 말한 것이다.

44　●●●는(아무나 적당한 사람의 이름을 부른다) ; '●●●' 자리에 구체적인 사람의 이름을 부른다고 하였다. 그 대상군이 무엇인지 분명치 않다.

45　골패 ; 납작하고 네모진 작은 나뭇조각 32개에 각각 흰뼈를 붙이고, 여러 가지 수효의 구멍을 판 노름기구를 말한다.

46　웃중방 ; 상인방(上引枋)이다. 창이나 문틀 윗부분 벽의 하중을 받쳐 주는 부재로 창문 위 또는 벽의 상부에 가로질러 댄다. 상대어는 아랫중방이다. 여기서는 여성성기의 한 부위를 말한 것이다.

47　●●● ; 위의 '(아무나 적당한 사람의 이름을 부른다)'와 같다.

48　민대머리 ; '번대머리'다. '대머리'를 낮잡아 이르는 말이다.

49　원주64. 풍잠(風簪)은 망건 앞 이마에 대는 장식물.

50　풍잠風簪 ; 망건의 당 앞쪽에 대는 갓을 고정시키기 위하여 망건(網巾) 앞쪽에 다는 장식품이다. 반달·원산(遠山) 모양으로 만들어 망건당 가운데 달아 갓모자가 풍잠에 걸려 바람이 불어도 갓이 뒤로 넘어가지 않게 하였다.

○ **령감**   ≪이년이 어데로 갔노 이년을 잡아야 하겠는데 또 점을 처라≫

할멈은 령감의 뒤를 따르고 령감은 손가락을 폈다 꼬부렸다 하며 점을
친다.

○ **령감**   ≪점괘 이상하다. 망아지가 어미를 따르는 괘다. 내 뒤에 있구나≫

돌아서 보고 잡았다.
잡고 나서는 툭 한 번 치니 할멈이 고리[51] 나서 같이 치니
령감은 실컷 얻어맞고 도리여 뽐을 낸다.

○ **령감**   ≪이년 내 매′손[52] 세지
맛이 어떠냐
이 년이 할아버지 할아버지 하며 빌기에 참긴 참았다마는
그러나 저러나 때리긴 내가 때렸는데
등골이 뻐근하고 아프긴 내가 아프니
아마 내가 맞은 게로군≫

○ **할멈**   ≪령감 나는 누구라구 령감이로구만
여기 이렇게 다정히 만날 줄을 어찌 알았습나≫

○ **령감**   ≪어 할멈 이게 꿈인가 생신가
꿈이거든 깨지 말고 생시거든 리별 마세
하늘에서 나려 왔나 땅에서 솟아났나.
바람결에 불려 왔나.

---

51   고리 ; '골'이다.
52   매′손 ; '맷손'의 방언이다. 매질할 때에 매의 세고 여린 정도를 이른다.

할멈 그동안 고생을 얼마나 했습나≫

O 할멈   ≪내 고생 그만하니 령감 고생 심했겠네, 령감 그동안 어디메서 무엇을
           했습나≫

O 할멈   ≪령감 그 머리에 쓴 것은 무엇입나?≫

O 령감   ≪머리에 쓴 것 근본을 드러보게

           정을 사서 모아 걸머지고 사해 팔방[53] 돌아 다니느라니

           산대도감[54]이 나서더니

           인왕산(仁旺山) 모르는 호랑이가 어디 있으며[55]

           산대도감 모르는 석수[56]가 어디 있느냐[57]

           세금 내라 하기에 세가 얼마냐 물었더니

           한돈 칠푼이라기에

           하루에 벌기는 칠푼을 버는데 한돈을 보태야 내겠으니

           나는 못내겠다 하니까

           도감이 달려드는 바람에 관[58]이 찌저져서

           의관 철파(衣冠 撤破)[59] 당하고 알토생이[60] 되여 도망을 가다가

---

53   사해 팔방四海八方 ; 온 세상을 이른다.
54   산대도감山臺都監 ; 나례도감(儺禮都監)과 같은 기능을 담당했던 관청의 하나다. 나례도감은 궁궐 안에서
      악귀를 쫓아내기 위한 행사인 나례를 시행하기 위하여 임시로 설치하는 관청이다. 인조(仁祖) 때에는 폐지되
      어 그 일을 관상감(觀象監)에서 맡았다. 소위 '산대' 행사를 주관하는 관청 명칭이 여기서는 관청의 주관자, 곧
      벼슬의 명칭으로 사용되고 있다. 조선시대 나례도감의 주관자가 종이품(從二品) 벼슬로서 '동지(同知)'가 붙는
      벼슬아치가 맡았다.
55   인왕산(仁旺山) 모르는 호랑이가 어디 있으며 ; 속담 '인왕산 모르는 호랑이가 있나'를 원용하였다. 자기를
      모르는 사람이 있을 수 없음을 이르는 말이다. 또는 그 방면에 속하는 사람들이라면 누구나 잘 알고 있는 사실
      이라는 말이다.
56   석수石手 ; 돌을 다루어 물건을 만드는 사람이다. 여기서는 영감의 직업이 석공(石工)이라고 설정되어 있다.
57   산대도감 모르는 석수가 어디 있느냐 ; 석수와 산대도감이 어떤 관계인지 미상하다. 이두현본에서는 '산대도
      감 모르는 땜쟁이가 어디 있느냐' 라고 채록되었다.
58   관冠 ; 검은 머리카락이나 말총으로 엮어 만든 쓰개다. 신분과 격식에 따라 여러 가지가 있었다.
59   의관 철파(衣冠 撤破) ; 의관을 모두 빼앗겼다는 뜻이다. 보통은 '의관파탈(衣冠擺脫)'이다. '의관(衣冠)'는 남
      자의 웃옷과 갓이라는 뜻으로, 남자가 정식으로 갖추어 입는 옷차림을 이르는 말이다. '파탈(擺脫)'은 어떤 구

점잖은 처지에 난처해서 개가죽⁶¹이 있기에

그놈으로 관을 지었드니

제법 동지(同知)벼슬⁶²이나 한 것 같습네≫

○ **할멈** ≪동지 동지 곰동지⁶³ 동지 동지 곰동지≫

○ **령감** ≪그래나 나는 곰동질다≫

○ **할멈** ≪어!

(웃는다)

저놈의 령감 꼴을 보게

저놈의 령감 꼴을 보게

인모망건(人毛 網巾)⁶⁴이 어디 두고

일백열 도리 통양갓⁶⁵ 대모 풍잠⁶⁶ 어디 두고

개털 관⁶⁷이 웬말입나!

속이나 예절로부터 벗어남, 또는 의관을 제대로 갖추지 못하였음을 이르는 말이다. '의관파탈(衣冠擺脫)'은 관
직에서 벗어남을 뜻하기도 한다.

60   알토생이 ; 발가벗겼다는 뜻인 듯하다.

61   개가죽 ; '개털가죽'이다. 개잘량으로, 털이 붙어 있는 채로 무두질 -생가죽, 실 따위를 매만져서 부드럽게 만드는 일-
하여 다룬 개의 가죽을 말한다. 흔히 방석처럼 깔고 앉는 데에 쓴다.

62   동지(同知)벼슬 ; 동지중추부사(同知中樞府事)를 말한다. 조선 시대에, 중추부에 속한 종이품(從二品) 벼슬
이다. 동추(同樞)라고도 한다. '종이품'은 조선 시대의 18 품계(品階) 가운데 넷째 등급이다.

63   곰동지同知 ; '곰'은 미련한 사람이라는 뜻으로 쓰인다. 여기서는 곰단지, 미련 곰단지 등과 같이 '미련한 동지
(同知)'라는 뜻이다.

64   인모망건(人毛 網巾) ; 사람의 머리털로 앞을 뜬 망건이다. '망건(網巾)'은 상투를 튼 사람이 머리카락을 걷어
올려 흘러내리지 아니하도록 머리에 두르는 그물처럼 생긴 물건이다. 보통 말총, 곱소리 -가늘고 부드러운 코끼리
의 꼬리털- 또는 머리카락으로 만든다.

65   일백열 도리 통양갓 ; '도리'는 바구니, 중절모 따위와 같은 둥근 물건의 둘레를 말한다. '통양갓'은 '통영갓(統
營-)'으로, 경상남도 통영 지방에서 만든 갓이다. 또는 그런 양식으로 만든 갓이다. 품질이 좋고 테가 넓은 것이
특징이다. 보통 갓은 '80도리' 곧 여든 번 말총을 둘레를 돌려 촘촘하게 짜게 되는데, '일백(一百) 열 도리'는
훨씬 더 촘촘하게 짠 갓을 두고 이르는 듯하다. 말총을 촘촘하게 짠 갓을 품질이 좋은 것으로 여겼다.

66   대모 풍잠 ; '대모(玳瑁)'는 바다거북 -대모- 의 등과 배를 싸고 있는 껍데기로 만든 망건(網巾)의 당 앞쪽에
대는 장식품이다. '풍잠(風簪)'은 쇠뿔, 대모, 금패 따위로 만들며 여기에 갓모자가 걸려서 바람이 불어도 뒤쪽으로
넘어가지 않는다. '풍잠'은 망건(網巾)의 당 중앙에 꾸미는 지름 4㎝ 내외의 타원 또는 반달 모양의 장식물이다.

67   개털 관 ; 개의 가죽 -개잘량- 으로 만든 관을 말한다.

령감 입은 건 무엇임나≫

O **령감**　≪이 의복은 근본이 있는 의복일세.

게서 뚝 떨어져서 평안도 향산[68]을 들어가니

좌우 산천은 욱어지고 동구에 선 나무는 첩첩이 들어섰는데

내가 본시 인도 소리[69]를 잘 하는 고로

인도 소리를 한 마디 늘진하게[70] 뽑으니까

중들이 나오더니 유발승(有髮僧)[71]이라고

영접하기로 들어간즉

팔십 넘은 로장이 계시기에 인사한 후 곡차[72]를 많이 얻어 먹고

취흥[73]이 도도하여 누었다가 여러 해 객고가 심하여[74]

그저 잘 수 없기에 로장님의………[75]

죽겠다고 뎀비는 바람에 무서워서 도망갈 제

갑짜기 입을게 없어서 로장의 칙포 장삼[76]을 입고 나왔으니

이게 근본 있는 의복일세≫

O **할멈**　≪저놈의 령감 꼴을 봅소.

여름이면 하절 의복, 겨울이면 동절 의복,

한산 저포[77] 중추막[78]에

68　향산 ; 평안도 영변 묘향산을 이른다.

69　인도引導소리 ; 범패(梵唄)로 불교의 의식음악이다. 범음(梵音)·어산(魚山) 또는 인도(印度, 引導) 소리라
고도 한다.

70　늘진하게 ; 미상하다.

71　유발승(有髮僧) ; 머리를 깎지 아니한 승려, 또는 불도를 닦는 속인을 이른다.

72　곡차穀茶/麯茶/曲茶 ; 절에서, '술'을 이르는 말이다.

73　취흥醉興 ; 술에 취하여 일어나는 흥취다.

74　객고客苦가 심하여 ; 객지에서 쓸데없이 고생을 겪음을 말한다. 여기서는 성적으로 충족되지 못한 상태를 두
고 이른 말이다.

75　그저 잘 수 없기에 로장님의……… ; '………'에는 비속한 설정이라고 보아 생략한 듯하다. 이 대목이 임석재
본에서는 '어떠한 이쁜 중이 있기로 객지客地에 옹색도 하기에 한 번 덥쳤드니' 라고 채록되었다.

76　칙포 장삼 ; 칠포(漆布) 장삼이다. '칠포'는 옻칠을 한 헝겊이다.

77　한산 저포 ; 한산(韓山) 지방에서 난 모시다. '저포(紵布/苧布)'는 모시다.

　　　　백방 사주[79] 팔폭 바지[80]

　　　　풍채 있게 입혔더니 중의 장삼이 웬 말인고.

　　　　령감 얼골은 왜 그리 뼈적 뼈적함나≫

○ **령감**　≪거기서 도망해서 강원도 이천 교미탄[81]을 들어간즉

　　　　거기서는 먹을 것이 감자와 도토리밖에 없어서

　　　　그것을 먹었더니 참나무 살[82]이 쪘습네≫

○ **할멈**　≪저 놈의 꼴을 봅소

　　　　그 전자에는 명주 자루[83]에 진가루[84] 넣은 것 같더니

　　　　왜그덕 데그덕[85] 참나무 살이 웬 말임나?≫

○ **령감**　≪여보 할멈 이왕 지사는 막론하고

　　　　아이자식 놈이나 잘 있는지 알아보세.

　　　　첫째 문열이[86]라는 놈을 잘 있나≫

○ **할멈**　≪문열이란 놈 말두 맙소.

　　　　혼자 살기 어려워서

　　　　산에 나무하러 보냈더니

　　　　나무 지게 뻗쳐 놓고

78　중추막 ; ‘중치막’이다. 예전에, 벼슬하지 아니한 선비가 소창옷 위에 덧입던 웃옷이다. 넓은 소매에 길이는 길고, 앞은 두 자락, 뒤는 한 자락이며 옆은 무가 없이 터져 있다.

79　백방 사주白紡絲紬 ; 흰 누에고치만으로 실을 켜서 짠 명주를 이른다.

80　팔폭 바지 ; 미상하다.

81　이천 교미탄 ; 강원도 이천의 ‘고미탄천(古味呑川)’을 이른다.

82　참나무 살 ; 참나무 껍질처럼 거친 살을 말한다.

83　명주明紬자루 ; 명주실로 무늬 없이 짠 피륙으로 만든 자루다.

84　진가루 ; ‘밀가루’를 이른다.

85　왜그덕 데그덕 ; 미상하다.

86　문열이 ; ‘무녀리’다. 태로 나오는 짐승의 맨 처음 나온 새끼를 말한다. 언행이 좀 모자라서 못난 사람을 비유하는 말이다. 여기서는 특별히 못났다기보다 제 새끼를 부르는 뜻이다.

오푼치기[87] 하다가

발길로 작심[88]을 퇴겨서[89]

콱 지게 넘어지는 바람에

깔려서 죽었습네≫

○ **령감**   ≪그놈 장하다.[90]

외도하다[91] 죽었네 그려.

둘째 빵빵이[92]란 놈은 어찌됐나≫

○ **할멈**   ≪그놈은 령감 온다니까

마주 뛰여 나오다가

소 발자국 물에 빠져 죽었습네[93]≫

○ **령감**   ≪아 그놈 복 좋다.[94]

배가 싫건 불러서 죽었구나.

셋째 놈은 어찌됐나≫.

○ **할멈**   ≪그놈은 마당에서 자다가

돌돌 애미(산돌림 즉 호랑이)한테 물려 갔습네≫.

---

87 오푼치기 ; 미상하다.

88 작심 ; '작대기'의 방언이다. 여기서는 지게를 받치는 작대기다.

89 퇴겨서 ; '퇴기다'는 힘을 조금 모았다가 갑자기 탁 놓아 튀게 하거나 내뻗치게 하다는 뜻이다. 여기서는 지게를 받치는 작대기를 발로 찼다는 말이다.

90 그놈 장하다 ; 반어법을 활용하고 있다.

91 외도하다 ; '바르지 아니한 길을 가다' 라는 뜻이다.

92 빵빵이 ; 생긴 모습을 본떠서 지은 이름인 듯하다.

93 소 발자국 물에 빠져 죽었습네 ; 어처구니 없는 죽음을 맞이했다는 말이다. '가을 물은 소 발자국에 괸 물도 먹는다'는 속담은 '가을 물은 소 발자국에 고인 물도 먹을 수 있을 정도로 맑고 깨끗함을 이르는 속담'이다.

94 아 그놈 복 좋다 ; 반어법을 활용하고 있다.

O **령감**   ≪아 그놈 든든한 놈 죽었다.

그 다음 넷째 찔레뚜기[95]는?≫.

O **할멈**   ≪찔레뚜기 말두 맙소.

앞집의 엄총각놈[96]이

우리 숫돌 좋다고 만날 낫 갈러 오더니

그년 달고 도망 갔답네≫.

O **령감**   ≪아이고 죽겠다.

이건 정 분하구나.

그년이 열댓 살만 나면

한밑천 든든히 잡고 보낼랴고 했더니

그놈한테 떼웠구나.

아이고 분해라

아들 죽고 딸 떼우고 보잘것 없네,

너하고 살기는 다 틀렸다.≫

미알이 소무를 보면서

O **할멈**   ≪령감 저것은 무에나≫.

O **령감**   ≪룡산 삼개 도루마리 집[97]일다≫.

O **할멈**   ≪그러면 작은 마누라구만≫

---

95 찔레뚜기 ; 미상하다.
96 엄총각놈 ; 미상하다.
97 도루마리 집 ; 미상하다.

미알 소무를 쏘아보며

○ **할멈** ≪너 이년아 이 천지에서 사나이가 없어서 남의 사나이를 뺏느냐≫

령감 소무를 향하여

○ **령감** ≪여보게 이리 오게 포악한 년한테 코 부러지리≫

할멈을 향하여

○ **령감** ≪이년아 일이 이렇게 된 판에 기어[98] 두어선 무엇하니!

네 흉이나 좀 봐야겠다.

하루는 앞집 털풍네[99] 메누리가 첫 나드리[100] 왔다고

찰떡 세 개 가져 온 것을 받아들고

한 발을 문안에 들려 놓고

「털풍네 메누라 나드리 떡 먹겠습나 안먹겠습나 안 먹겠음 그만 두오」

하고는 혼자 먹어내니

내야 언제 대답할 짬 있었나.

또 오동지'달[101] 설한풍[102]에 밤에

자다가 오줌이 마려우면

남이 알까 모를까 가만히

추선이 탈신격(秋蟬脫身格)[103]으로 일어나서

---

98 기어 ; 미상하다.

99 털풍네 ; 형상을 본 딴 별명인 듯하다.

100 나드리 ; '나들이'다. 집을 떠나 가까운 곳에 잠시 다녀오는 일이다.

101 오동지'달 ; 보통은 '오동지 섣달'이라 한다. 동지섣달을 강조해서 일컫는 말로, 막바지 섣달이라는 뜻이다. 오동지라는 말은 동짓달에 오는 눈의 양을 보고 이듬해 오월에 비가 올 양을 헤아릴 수 있다는 데서 상대적으로 이르는 말이다.

102 오동지'달 설한풍 ; 동짓달에 몰아치는 눈바람이다. 이두현본에서는 '동지(冬至) 섣달 설한풍(雪寒風)' 이라고 채록되었다.

103 추선이 탈신격(秋蟬脫身格) ; 가을 매미가 허물을 벗는 격이라는 뜻으로 낡은 형식에서 벗어남을 이르는 말

갑술 을해하고 누는 것[104]이 아니라

저년은 '아이고 오줌 마려워' 하고

두 발길로 이불을 걷어차고

배때기를 벅적벅적[105] 긁으면서 일어나다가

문 중방[106]에 코가 터져 이불에다 피칠을 하면서

두 다리를······[107]

앞집의 털풍이가 동이[108] 터졌다고

가래[109] 얻으려 오지 안했겠나!

내가 본시 수단이 있는 지라

동이 터진 게 아니라

겨울이면 은하수가 터진다[110]고 했지.

그리고 망건[111] 뒤 막아 달라고

천을 끊어다 주면

수건 대여 주는 년!≫

○ **할멈**   장내 한 모퉁이에 서 있는 룡산 삼개 집을 손짓하면서 령감을 보고

≪이놈, 저런 젊은 계집년의······≫

이다. 여기서는 '소리 없이 조용히' 라는 뜻으로 쓰였다.

104 갑술 을해하고 누는 것 ; 여기서는 '소리 없이 조용히 오줌을 누는 것'이라는 뜻으로 쓰였다. 충청도 여자는 오줌 누면서도 육갑을 한다는 이야기에 연유한다. 충청도에 이르러 목이나 축일 겸 주막에 들렀는데 웬 병신처 녀가 요강에 오줌을 누고 있었다. 오줌 누는 소리를 들어보니 '갑술 을해 병자 정축' 하더란다. 그래서 생각하기 를 충청도에선 병신도 오줌을 누며 육갑을 외는데 내가 무슨 지관 노릇을 하겠는가 하고는 집으로 돌아왔다 는 이야기가 있다.

105 벅적벅적 ; 잇따라 크게 마구 긁는 모양이다.

106 중방 ; '중인방(中引枋)'이다. 벽의 중간 높이에 가로지르는 인방이다.

107 두 다리를······ ; 어떠한 설정인지 분명치 않다.

108 동이 ; 이두현본에서는 '봇동이[→ 봇(洑)동(돌)이]'라고 하였다. 보통 '봇둑'이라 한다. '보동(洑垌)'은 논에 물 을 대기 위한 수리 시설의 하나다. 둑을 쌓아 흐르는 냇물을 막고 그 물을 담아 두는 곳이다.

109 가래 ; 흙을 파헤치거나 떠서 던지는 기구다.

110 겨울이면 은하수가 터진다 ; 미상하다.

111 망건網巾 ; 상투를 튼 사람이 머리카락을 걸어 올려 흘러내리지 아니하도록 머리에 두르는 그물처럼 생긴 물건이다. 보통 말총, 곱소리 또는 머리카락으로 만든다.

와 달려들어 룡산 삼개 집을 때린다.

그러자 령감이 미알을 때리면서

○ 령감   《야 이년 드럽다. 도루마리 집이 무슨 죄가 있어서 치느냐》

○ 할멈   《너 이놈 젊은 계집에게 빠져서 이렇게 나를 학대하는구나.

지금부터 가장집물을 절반씩 노나 가지고 헤여지자,

빨리 세간을 노나줍소》

하면서 앙앙 운다.

○ 령감   《네년이 무엇을 했기에 내 새간 노나 달레냐

내가 술장사해서 다번 돈이지》.

○ 할멈   《령감이 혼자 벌었소》.

○ 령감   《더러워이

그럴 것 없이 똑같이 다 노나 주마,

옹장 봉장[112][113] 괘두지[114]

샛별 같은 놋요강[115]

놋대야 바쳐 내가 놓고

이'발 빠진 고리짝,[116]

---

112 원주 65. 룡장봉장(龍欌鳳欌)을 옹장봉장이라고 발음했다. 룡과 봉의 모양으로 장식한 장들.
113 옹장 봉장 ; '용장봉장'이다. 용장(龍欌)과 봉장(鳳欌)으로, 용의 모양을 새긴 옷장과, 봉황의 모양을 새겨 꾸
     민 옷장을 말한다.
114 괘두지 ; '궤櫃두지'다. 한자어와 우리말이 결합한 동의어가 중첩된 용어다. 민간화법folkspeech이다.
115 샛별 같은 놋요강 ; 잘 닦아서 반짝반짝 빛나는 놋요강을 말한다. 관용적 표현이다. '놋요강'은 놋쇠로 만든
     요강이다. '요강'은 방에 두고 오줌을 누는 그릇으로 놋쇠나 양은, 사기 따위로 작은 단지처럼 만든다.
116 이'발 빠진 고리짝 ; '이빨 빠진 고리짝'이다. 헐어서 못쓰게 된 고리짝을 말한다. '고리짝'은 고리버들의 가지
     나 대오리 따위로 엮어서 상자같이 만든 물건으로 주로 옷을 넣어 두는 데 쓴다.

재'독에 덮었던 헌 삿갓[117][118]

만리청풍[119] 삿부채[120][121]는

네년 다 가지고 나가라≫.

○ **할멈** 울면서

≪헌 삿갓, 고리짝,

목부러진 삿부채는

날 가지고 가라니

요강이나 나 하나 더 주시요≫.

○ **령감** ≪네년을 요강 주면 나는 어찌 하라느냐

예— 그년 귀치 않으니

다 짓마사[122] 버리고 말겠다≫.

○ **할멈** ≪령감, 세간은 다 부셔도

사당[123]을랑 그만 두소.

사당까지 부시면

사당 동티[124]가 난답네≫.

---

117 삿갓 ; 대오리나 갈대를 엮어서 우산과 비슷한 모양으로 만든 쓰개를 말한다. 햇볕이나 비를 가리기 위하여
  사용한다.

118 재'독에 덮었던 헌 삿갓 ; '잿독에 덮었던 헌 삿갓'으로 쓸모 없는 삿갓을 이른다. '잿독'은 재를 담아 두는 독
  이다. 잿물을 내리는 데에 쓰며 흔히 깨지거나 금이 간 독을 사용한다. 일부 전통 가옥에서는 굴뚝 안으로 빗물
  이 들어가지 못하도록 못 쓰게 된 삿갓을 덮어 놓는다.

119 만리청풍 ; '만경청풍淸風'이다. '만경(萬頃)'은 백만 이랑이라는 뜻으로, 지면이나 수면이 아주 넓음 이르는
  말이다. '청풍(淸風)'은 부드럽고 맑은 바람이다. '만경창파(萬頃蒼波)'를 원용한 것이다.

120 삿부채 ; 갈대 따위를 쪼개어 결어 만든 부채다. 보잘것없는 부채를 말한다.

121 만리청풍 삿부채 ; 시원한 바람을 일으키는 보잘것없는 부채라는 말로, 반어적 의미를 담은 관용구다.

122 짓마사 ; '마구 몰아'의 뜻이다. '짓몰다'의 방언이다.

123 사당祠堂 ; 조상의 신주(神主)를 모셔 놓은 집을 말한다.

124 사당祠堂 동티 ; '사당祠堂'은 조상의 신주(神主)를 모셔 놓은 집이다. '동티'는 땅, 돌, 나무 따위를 잘못 건드
  려 지신(地神)을 화나게 하여 재앙을 받는 일 또는 그 재앙을 말한다. 또는 건드려서는 안 될 것을 공연히 건드

O 령감   ≪사당은 해서 무엇함나≫.

O 할멈   ≪정월달만 오면 만두 차례 드리지[125]≫.

O 령감   ≪사당 없으면 나막신짝[126] 놓고 하지

내 성미 알지! 꽝꽝 부셔라.

망고리[127] 나간다.

개밥궁[128] 나간다.

맨재'독[129] 진꽈라[130]

사당두 진꽈라≫

사당을 부시다가 령감이 죽어 넘어진다.

O 할멈   ≪이놈의 령감 내말 안 듣다가 잘 되였네.

사당동티가 났구만.

나를 그리 미워하다니 잘 되고 잘 되였네.

그러나 저러나 죽은 령감 불상하지 약이나 써봅세.

신농씨 상백초(神農氏 嘗百草)[131]는

려서 스스로 걱정이나 해를 입음을 말한다. 또는 그 걱정이나 피해를 비유적으로 이르는 말이다.

125 정월달만 오면 만두 차례 드리지 ; 설날 먹는 만두는 죽어가던 사람도 살아날 정도로 인간미가 넘치는 귀중한 음식, 새해 첫날 하늘에 복을 빌며 먹는 음복(飮福) 음식이었다. 조선시대 초기까지만 해도 만두는 차례상에나 놓는 사치스런 식품이었고 그렇기 때문에 먹으면 죽은 사람도 살릴 수 있다고 믿었던 귀중한 음식이었다. 따지고 보면 만두는 그 자체로 하늘에 바치는 차례용 제물에서 비롯된 식품이었다. 만두에 관한 최초의 기록은 삼국시대 가 끝난 후 들어선 중국 진(晋)나라 때의 문헌인 병부(餠賦)에 실려 있다. 여기에 음양이 교차하는 시절에 맞춰 제사를 지내는데 만두를 준비한다고 노래했다. 음의 계절인 겨울과 양의 계절인 봄이 교차하는 시절이나 바로 지금의 설날이다. 이날 바람이 잔잔해지고 비가 그쳐 풍년들기를 기원하며 하늘에 제사를 지낼 때 만두를 준비했 다는 것이다. 송나라 문헌에도 만두는 정월 초하루 봄 제사 때 하늘에 바치는 제물이었다고 적혀있다.

126 나막신짝 ; 신의 하나다. 나무를 파서 만든 것으로 앞뒤에 높은 굽이 있어 비가 오는 날이나 땅이 진 곳에서 신었다. 목극(木屐), 목리(木履), 목혜(木鞋)라고도 한다. '신짝'은 '신'을 속되게 이르는 말이다.

127 망고리 ; 껍질 벗긴 버들가지나 싸리채 혹은 대오리 등으로 엮어서 상자같이 만든 저장 용기인 듯하다.

128 개밥궁 ; 개밥그릇을 말한다. '궁'은 '구유 – 가축에게 먹이를 담아주는 그릇'의 방언이다.

129 맨재'독 ; 재를 담아 두는 독이다. 잿물을 내리는 데에 쓰며 흔히 깨지거나 금이 간 독을 사용한다.

130 진꽈라 ; '짓몰아라'다. '마구 몰아라'의 뜻이다.

병든 사람 고치고 죽은 사람 살리라고 했거던

우리 령감도 살려보세.

원기 부족엔 육미 팔미 십전 대보탕[132]이요,

비위 허약에는 삼부탕,[133] 황달 고창에는 온백원,[134]

술 취한데는 석갈탕,[135] 담질에는 불이음,[136]

회충에는 건리탕,[137] 소변불통에는 우공산,[138]

대변 불통에는 육신환,[139] 림질에는 오림산,[140]

설사에는 위령산,[141] 두통에는 이진탕,[142]

구토에는 복령반하탕,[143] 감기에는 패독산,[144]

---

131 신농씨 상백초(神農氏 嘗百草) ; '(모든 병을 고치려고) 신농씨가 여러가지 풀을 맛보아' 라는 뜻이다. 염제씨 (炎帝氏)라고도 하는 신농씨가 일찍이 백 가지 풀을 맛보아 거의 죽게 된 수십 명을 구하였다고 한다. 신농씨 는 상고시대(上古時代) 중국제왕(中國帝王)의 이름이다. 농사짓는 법을 처음으로 가르쳤으므로 신용씨(神農 氏)라고 하고, 화덕(火德)으로 다스리었으므로 염제(炎帝)라고도 하며, 제약법(製藥法)과 역(易)의 64효(爻)를 만들었다고 한다.

132 육미 팔미 십전 대보탕六味八味十全大補湯 ; 기혈부족(氣血不足)으로 몸이 허약하고 기운이 없으며 때로 기침을 하고 땀을 흘리며 식욕이 없고 소화가 안 되는 데 '六味八味十全大補湯(육미팔미십전대보탕)'을 쓴다. 철부족성 빈혈, 앓고 난 후, 만성소모성 질병, 만성소화기 질병 등에 쓸 수 있다.

133 삼부탕 ; '삼출탕(蔘朮湯)'이다. 비위(脾胃)가 허약하여 음식을 먹은 후에 몹시 노곤하고 명치 밑이 답답하며 몸이 무거운 데 쓴다.

134 온백원溫白元 ; 적취(積聚), 징가(癥瘕), 현벽(痃癖), 황달(黃疸), 고창(鼓脹), 복수(腹水), 부종(浮腫), 임증 (淋證), 흉통(胸痛), 모든 풍병(風病) 등에 쓴다.

135 석갈탕石葛湯 ; 술로 인한 병(病)을 치료하는 처방이다.

136 불이음不二飮 ; 모든 학질(瘧疾)을 치료하는 처방이다.

137 건리탕建理湯 ; 회충에는 사군자(使君子)이나 이중탕(理中湯) 등을 쓴다. 건리탕(建理湯)은 비위(脾胃)가 허랭(虛冷)하거나 적취(積聚)가 생겨 가슴으로 치밀고 배가 몹시 아픈 데 쓴다. 만성위염, 위무력증 등 때에 쓸 수 있다. 보통 회충에는 쓰이지 않는다.

138 우공산禹功散 ; 한산(寒疝)으로 고환(睾丸)이 커지고 굳으며 차면서 땅기고 아픈 데 쓴다. 원기(元氣)가 손 상되지 않은 환자에게 쓴다.

139 육신환六神丸 ; 육신환(六神丸)은 습열(濕熱)로 배가 아프며 음식 먹기를 싫어하고 피와 곱이 섞인 대변을 보는 이질에 쓴다.

140 오림산五淋散 ; 오림산(五淋散)은 오림(五淋)에 쓴다. 특히 소변이 잘 나가지 않거나 방울방울 떨어지며 요 도가 아프고 아랫배가 무직하며 때로 몸에 열감이 있는 데 쓴다.

141 위령산胃苓散 ; '위령탕(胃苓湯)'의 잘못이다. 비위(脾胃)에 습(濕)이 성하여 소변량이 줄며 배가 끓고 설사 가 나면서 아프고 식욕이 없고 음식이 소화되지 않는 데 쓴다. 급성 및 만성 대장염 때에 쓸 수 있다.

142 이진탕二陳湯 ; 이진탕(二陳湯)은 담음(痰飮)으로 가슴과 명치 밑이 그득하고 불어나며 기침을 하고 가래가 많으며 메스껍고 때로 토하며 어지럽고 가슴이 두근거리는 데 쓴다.

143 복령반하탕伏令半夏湯 ; 담음(痰飮)으로 명치 밑이 그득하고 메스꺼우며 소화가 잘 안되고 때로 위에서 물 소리가 나며 몸이 무거운 등 증상이 있는 데, 만성위염, 위무력증, 오조(惡阻) 등에 쓸 수 있다.

144 패독산敗毒散 ; 패독산(敗毒散)은 풍한(風寒)으로 열(熱)이 나며 목덜미가 뻣뻣하고 머리와 온몸이 아프며

관격에는 소체환,[145] 구감에는 감길탕,[146]

단독에는 우각소음,[147] ⋯⋯⋯⋯ 쌍화탕,[148]

곽락에는 향수산,[149]

이런 령약[150]이 세상에는 많건마는

나 미워하다 죽은 것 잘 되고 잘되였네,

동네 방네 키 크고 코 큰 총각,[151]

이 령감 내다 묻고 나하고 살아봅세≫

죽었던 령감 와닥닥 일어나면서

○ **령감**   ≪이년아, 어찌고 어째

내 죽음이 참 죽음이냐![152]

네년의 거동을 보자고 했지

맘보 고약한 년

너 이년 나한테 죽어봐라≫

코가 막히고 기침이 나며 가래가 있는 데 쓴다.

145 소체환消滯丸 ; 소체환(消滯丸)은 음식에 체하여 명치 밑이 그득하고 아프며 배가 불어나고 끓는 데 쓴다.

146 감길탕甘吉湯 ; 감길탕(甘桔湯)은 풍한(風寒)으로 목안이 붓고 아프며 말소리가 낮거나 목쉰 소리가 나는 데 쓴다.

147 우각소음 ; '서각소독음(犀角消毒飮)'의 잘못이다. 서각소독음(犀角消毒飮)은 단독(丹毒)과 두드러기에 쓴다. 위의 약을 한 첩으로 하여 물에 달여 서각즙을 타서 먹는다.

148 ⋯⋯⋯⋯ 쌍화탕雙和湯 ; 쌍화탕(雙和湯)은 사물탕(四物湯)과 황기건중탕(黃芪建中湯)을 합한 것이다. 허로손상(虛勞損傷)으로 기혈(氣血)이 허(虛)해진 데, 힘든 일을 한 후나 중병을 앓은 후에, 온몸이 노곤하고 몹시 피로감을 느끼며 어지럼증이 나고 가슴이 두근거리며 절로 땀이 나는 데, 허약한 사람이 감기에 자주 걸리는 데 쓴다. 피로회복약으로 많이 쓰인다. 오청본에서는 '房事後엔雙和湯'라고 채록되었다. '⋯⋯⋯⋯' 자리에는 房事後엔'이 올 수 있다. 속되다고 보아 생략한 듯하다.

149 향수산 ; '향유산(香薷散)'의 잘못이다. 향유산(香薷散)은 더위를 먹었거나 곽란(霍亂)으로 토하고 설사하면서 배가 아프고 가슴이 답답하며 힘줄이 뒤틀리고 팔다리가 싸늘한 데 쓴다. 위의 약을 한 첩으로 하여 술을 조금 섞은 물에 달여 차게 하여 먹는다. 또는 가루를 내어 연밀에 섞어서 엿처럼 만들어 술로 먹는다.

150 령약靈藥 ; 영묘한 효험이 있는 신령스러운 약을 말한다.

151 키 크고 코 큰 총각 ; 잘생긴 총각을 이른다. 여기서 '코'는 남성 성기를 비유한다. 관용구다.

152 내 죽음이 참 죽음이냐 ; 잠시 죽은 체 했다는 뜻이다. 이렇게 죽었다 살아나는 설정이 어떤 의미인지 미상하다. 연구할 대상이다.

할멈을 무수히 치니 할멈 "어어" 울면서 죽는다.

○ **령감**　　≪죽었고나, 죽었고나 우리 할멈 죽었고나,

죽을 줄 았았더면 때리지나 말껄!

롱[153]으로 때린 것이 죽단 말이 웬말인가, 어어어(운다)≫

령감이 한창 울 때 남극 로인이 나온다.

---

153 롱으로 ; '농(弄)으로'이다. '장난삼아'라는 말이다.

11. '제십일과장 남극 로인'의 복원

제11과장 남극 로인[1]

○ 등장인물

남극 로인 : 1명

장고(長鼓)통 메고 등장한다.

령감에게 맞아 죽은 미알 할멈의 령(靈)을 위로하기 위하여 국거리곡에
맞추어 노래를 부르며 장구 치며 나온다.

남극 로인이 등장하여 넋드리 세 마디한다.

≪넋의 넋은 넋반[2]에 담고 혼(魂)에 혼은 혼반[3]에 담아
륙진장포[4][5] 열두매끼[6] 아주 쾌 묵은[7] 후에

---

1 남극 로인南極老人 ; 남극노인은 남극성(南極星)의 화신(化身)이다. 예로부터 남극노인, 즉 노인성이 인간의
   수명을 관장한다고 믿었기 때문에 왕이 노인성을 향해 제사를 올리는 풍습이 있었다. 또한 노인성이 보이는
   해에는 나라가 평안해진다고 믿었다. 다른 자료에서는 '남강노인(南江老人)'이라고 하였다.
2 넋반盤 ; 넋을 담는 데 쓴다고 하는 작은 상을 말한다.
3 혼반魂盤 ; 혼을 담는다는 소반을 말한다.
4 원주 67. 육진(六鎭)에서 나는 베. 육진은 함경북도 경원(慶源), 경흥(慶興), 부령(富寧), 온성(穩城). 종성(鍾
   城), 회령(會寧)에 있던 진.
5 륙진장포 ; 육진장포(六鎭長布)로, 함경북도(咸鏡北道) 육진이 있던 곳에서 나는, 척수가 긴 베를 말한다.
6 열두매끼 ; '매끼'는 섬이나 곡식 뭇 따위를 묶는 데 쓰는 새끼를 말한다. 여기서는 열두 발 -두 팔을 펴서 벌린
   길이- 정도를 말하는 듯하다.
7 아주 쾌 묵은 ; '아주 단단하게 묶은' 이라는 뜻이다.

영자군[8]아 발 맞춰라. 등롱군(燈籠軍)[9]아 불 밝혀라.
너훌너훌 저기 저산 북망산[10][11]이 분명쿠나≫

노래를 마치고 장구를 치면서

≪아이들아 일어들 나거라.
남창 동창이 다 밝아 온다.
어서들 일어 나거라≫[12]

하고 퇴장한다.

---

12. '사자놀이'의 복원

사자놀이

사자놀이는 중년에(약 4~50년 전에) 봉산 탈놀이에 들어 온 것이다.[1]
혹은 8목춤 다음에 나오기도 하고, 혹은 취발이 다음에 넣기도 한다.[2]

○ 등장인물

사자, 두 사람이 사자 몸속에 들어간다.
사자 마부 1명

○ 음악 타령곡

마부가 사자목에 곱비를 매여 어슬렁어슬렁 끌고 탈판으로 등장한다.

○ 마부   ≪짐승 있소. 이 짐승은 다른 것이 아니라, 구경 오다가 산 밑에서 와닥닥
내달으니 크기가 산 같고, 무섭기가 끝이 없는 짐승을 할 수가 없어서 목
에 철사를 매여 사람 많이 모은 데로 끌고 왔습니다. 짐승은 짐승인데 무
슨 짐승인지 이름을 알아보아야 하겠습니다. 네가 무슨 짐승이냐? 노루
냐? 사슴이냐? 범이냐?≫[3]

---

1   사자놀이는 중년에(약 4~50년 전에) 봉산 탈놀이에 들어 온 것이다 ; 사자놀이가 유입된 시기에 대한 기사
다. 연구할 과제다.
2   혹은 8목춤 다음에 나오기도 하고, 혹은 취발이 다음에 넣기도 한다 ; 가면극 공연에서 사자놀이가 실현되는
순서에 대한 기사다.

○ **사자**   ― 아니라고 고개를 흔든다

○ **마부**   ≪오― 알겠다.

제(齊) 나라 때 오곡이 가물어서,[4]

네 신통한 기술을 다 부려서 단비를 내려주고

오계국(烏鷄國)[56]의 은총(恩寵)을 입어

궁중(宮中)에 한거(閑居)하여, 갖은 영화 다 보다가

궁중후정(宮中后庭) 유리정[7]에 국왕을 생매(生埋) 하고

3년간 동안이나 국왕으로 변장(變裝)하여

갖은 영화 다 보고 부귀영화 누리다가

서천(西天) 서역국(西域國)[8]으로 불경(佛經)을 구하러 가던

당 나라의 삼장(三藏)[9]이 보림사(寶林寺)[10]에 류숙할 적에

생매당한 오계국왕이 꿈에 기인하여,

수제자(首弟子)인 제천대성(齊天大聖) 손행자(孫行者)[11]에게

그 정체가 발견되어 구사일생(九死一生) 달아나다가,

---

3 ≪짐승 있소. 이 짐승은 다른 것이 아니라, 구경 오다가 산 밑에서 와닥닥 내달으니 크기가 산 같고, 무섭기가 끝이 없는 짐승을 할 수가 없어서 목에 철사를 매여 사람 많이 모은 데로 끌고 왔습니다. 짐승은 짐승인데 무슨 짐승인지 이름을 알아보아야 하겠습니다. 네가 무슨 짐승이냐? 노루냐? 사슴이냐? 범이냐?≫ ; 이 대목은 수수께끼식 문답으로 전개되는데, 간단하게 채록하였다.

4 오곡이 가물어서 ; '날이 가물어서'다.

5 원주 69. 서유기(西遊記)에 나오는 가상국의 이름.

6 오계국(烏鷄國) ; 서유기(西遊記)에 나오는 나라 이름이다.

7 유리정琉璃井 ; 서유기(西遊記)에 나오는 우물 이름으로, 오계국왕이 갇혔던 곳이다.

8 서천(西天) 서역국(西域國) ; 인도를 지칭한 것이다. '서천'은 부처가 태어나신 나라 즉 인도의 별칭이다. '서역'은 옛날 중국인이 중국의 서쪽에 있는 여러 나라를 부른 범칭으로, 곧 중국의 서쪽에 있는 총령(葱嶺)의 동서편에 있는 여러 나라를 통틀어 일컫는다. 또는 중국에서 부처님의 나라가 중국의 서쪽에 있으므로 서역(西域)이라고도 한다.

9 삼장(三藏) ; 서유기(西遊記)에 나오는 삼장법사를 두고 이른 것이다. 불교 성전인 경장(經藏), 율장(律藏), 논장(論藏)에 모두 정통한 사람을 이르는 말이다. 삼장 비구(比丘) 또는 삼장 성사(聖師)라고도 부르며 줄여서 삼장이라고도 한다. 한 가지 장에 정통하기도 어려운 일이었으므로 삼장에 모두 정통한 법사란 극진한 존경의 뜻이 포함된 호칭이었다.

10 보림사(寶林寺) ; 서유기(西遊記)에 나오는 절로 삼장법사가 묶은 곳이다.

11 제천대성(齊天大聖) 손행자(孫行者) ; 손오공을 말한다. '행자'는 불도를 닦는 사람, 혹은 여러 곳의 성지(聖地)를 돌아다니며 참배하는 사람, 혹은 중이 되기 위하여 출가한 사람으로서 아직 계를 받지 못한 사람을 말한다. '제천대성齊天大聖'은 '서유기(西遊記)'의 주인공인 손오공이 스스로 붙인 봉호이다.

　　　　　문수보살(文殊菩薩)¹²에 구호 받아 생명을 보존하고,

　　　　　그 후 문수보살을 태우고 돌아다니든 사자냐≫¹³

　　　　　　　＜사자는 그렇다고 고개를 끄덕거린다.＞

○ 마부　　　≪자─ 이것이 사자랍니다. 그러면 네가 사자면 이곳을 왜 왔느냐?≫

○ 사자　　　─ 가만히 있는다.

○ 마부　　　≪오─ 알겠다.

　　　　　네 맘을 다 안다.

　　　　　우리가 전기(前期)의 어리석은 마음을 다 회고했다.

　　　　　풍랑에 저이 다 퇴락(頹落)한 것을 수축하고

　　　　　부처님을 잘 모시도록 중들이 다 회고한 것이다.

　　　　　너는 그런 것을 모르고 있겠지.

　　　　　너하고 나하고 둘이 만났지만, 서로 원쑤가 없어,

　　　　　함께 춤이나 한 번 추어 보고 헤여지는 것이 어떠냐?≫

○ 사자　　　─ 고개를 끄덕거린다.

○ 마부　　　≪그러면 령산오장(靈山五章)¹⁴을 한번 추어 보자니?≫

　　　　　　＜사자는 싫다고 고개를 좌우로 흔든다.＞

○ 마부　　　≪애 내가 잘못이다.

12　문수보살(文殊菩薩) ; 문수는 문수사리(文殊師利) 또는 문수시리(文殊尸利)의 준말로, 범어 원어는 만주슈
　　리(Manjushri)이다. ‘만주’는 달다[甘], 묘하다, 훌륭하다는 뜻이고, ‘슈리’는 복덕(福德)이 많다, 길상(吉祥)하다
　　는 뜻으로, 합하여 훌륭한 복덕을 지녔다는 뜻이 된다.

13　원주 70. 서유기에 나오는 설화.

14　령산오장(靈山五章) ; 영산회상(靈山會相)인 듯하다. ‘오장(五章)’은 미상하다.

네가 크기가 산 같고 또 속이 활발한 짐승을 령산오장이라는 것이 당치
않다.

내가 잘못이다.

타령곡으로 춤 추는 것이 어떠냐?≫

<사자는 좋다고 고개를 전후로 끄덕거린다.>

○ **불림**　　≪옥동(玉洞)은 도화만수춘(桃花滿樹春)≫[15]

재비가 타령을 반주한다.

마부가 사자와 같이 춤을 춘다.

춤을 잠시 추다가 사자가 마부를 잡아먹으려고 덮쳐 누른다.

마부가 들었던 채찍으로 사자의 상판을 자꾸 때린다.

사자가 움직움직하고 뒤로 물러 갈 적에

○ **마부**　　≪애 이놈 사자야

네가 무슨 마음을 먹고 넙적하면 잡아 먹고 넙적하면 먹을너냐.[16]

그럴 것이 아니다.

너하고 나하고 무슨 원쑤가 있느냐.

그러지 말고 춤이나 한바탕 더 추고 나가자.

아까는 타령곡으로 했지만

이번에는 국거리곡으로 추다가

여러분한테 인사나 여쭈고 나가는 것이 어떠냐?≫

<사자는 고개를 끄덕끄덕거린다>

15　≪옥동(玉洞)은 도화만수춘(桃花滿樹春)≫ ; 한시구 불림이다.
16　네가 무슨 마음을 먹고 넙적하면 잡아 먹고 넙적하면 먹을너냐 ;

○ **마부**   《네 마음을 다시 알자》

           〈사자 그렇다고 고개를 끄떡거린다〉

○ **불림**   《덩덩 덩더럭궁》[17]

이 때 사자와 마부는 국거리곡에 맞추어 한참 춤추다가
마부가 사자의 곱비를 바싹 쥐고 관중들에게 인사를 하고 퇴장한다.

---

17   《덩덩 덩더럭궁》; 우리말 불림이다. 악기의 소리를 본떠 그대로 불림으로 삼은 것이다.

참고문헌 및 자료

□ **자료**

『가곡원류』

『경도잡지』

『교방제보(敎坊諸譜)』

손진태,『校註 歌曲後集』권제육 농가월령가(農家月令歌)

『논어』

『동국세시기』

『속유괴록(續幽怪錄)』

『진서예술전(晉書藝術傳)』

『사기』

『시경』

『신증동국여지승람』

『악학궤범』

『양주군지』

『열양세시기』

『용재총화』

김두봉金斗奉『제주도실기』

국사편찬위원회,『조선왕조실록』

『증보신구잡가』

『청구영언』

『한국가창대계』

『한국속담집』, 한국민속학회편

'봉산 탈춤 영상 자료', 1979년 여름 덕수궁 실황, 문예진흥원.

□ 문헌

강용권, "수영야유극", 『국어국문학』, 27호, 1964.

강이천, 「중암고」, 임형택 편역; 『이조시대 서사시』, 창작과 비평사, 1992.

강한영 교주역, 『신재효 판소리사설집』, 민중서관, 1971.

김달진 역해, 『당시전서』, 민음사, 1987.

김선풍·리룡득 편저, 『속담이야기』, 국학자료원, 1993.

김열규, 「현실 문맥속의 탈춤」, 『진단학보』 39, 진단학회, 1975.

_____, 「굿과 탈춤」, 『한국연극』 통권 7호, 1976.

_____, 『한국신화와 무속연구』, 일조각, 1987 중판.

_____, 『한국민속과 문학연구』, 일조각, 1991 중판.

_____, 『한국문학사』, 탐구당, 1994.

김우탁, 『한국전통연극과 그 고유무대』, 개문사, 1978.

김인환, 『문학과 문학사상』, 열화당, 1979.

김일출, 『조선민속 탈놀이 연구』, 과학원출판사, 1958.

김재철, 『조선연극사』, 조선어문학회, 1933.

김태곤, 『한국무속연구』, 집문당, 1982.

김찬자, 「어릿광대 연구-프랑스의 아를르캥을 중심으로」, 『동화와 번역』, 건국대학교 중원인문
　　　연구소, 2001.

김학성, 「제19회 도남 국문학상 수상자 발표문 - 국문학도의 나아갈 길을 생각하며」, 도남학회,
　　　2001.

류종목, 「민요에 나타난 육담의 의식과 세계관」, 『한국육담의 세계관』, 국학자료원, 1997.

리차드 쉐크너 저·김익두 역, 『민족 연극학』, 신아, 1993.

미르세아 엘리아데 저·이은봉 역, 『종교형태론』, 형설출판사, 1985 삼판.

박영주, 「판소리 사설 치레 연구」, 성균관 대학교 박사학위논문, 1991.

박진태, 『한국가면극연구』, 새문사, 1985.

사진실, 『한국연극사연구』, 태학사, 1997.

_____, 『공연문화의 전통』, 태학사, 2002.

서대석, 「탈춤의 기원」, 『한국문학사의 쟁점』, 집문당, 1986.

서연호, 「한국의 민속극과 근대극」, 『문학의 지평』, 고려대학교 출판부, 1984.

_____, 『황해도 탈놀이』, 열화당, 1988.

_____, 『한국전승연희의 원리와 방법』, 집문당, 1997.

_____, 「봉산탈춤 오청채록원본의 연구」, 고려대학교 민족문화연구원, 2002.

서연호, 『한국연극사』, 도서출판 연극과 인간, 2003.

서종문, 「가면극의 주제」, 『한국문학사의 쟁점』, 집문당, 1987 재판.

성현 저·남만성 역, 『용재총화』, 대양서적, 1973.

손태도, 『광대의 가창문화』, 집문당, 2003.

송재선, 『상말속담사전』, 동문선, 1993.

수레쉬 아와스티 지음, 허동성 옮김, 『인도연극의 전통과 미학』, 동양공연예술연구소, 1997.

신선희, 『한국 고대극장의 역사』, 열화당, 2006.

신유승, 『측자 파자』, 시간과공간사, 1993

심우성, 『한국의 민속극』, 창작과 비평사, 1975.

_____, 『남사당패연구』, 동문선, 1989.

심재완, 『역대시조전서』, 세종문화사, 1972.

여석기, 「산대가면극의 화르스적 특성」, 『한국 문학의 해학』, 국제문화재단, 1970.

유종목, 「한국 민속 가면극 대사의 표현법 연구」, 동아대학교 석사학위논문, 1974.

이경식, 『셰익스피어 연구』, 서울대학교 출판부, 2005.

이두현, 「한국연극의 기원에 대한 몇 가지 고찰」, 『예술원논문집』 4, 예술원, 1965.

_____, 『한국가면극』, 일지사, 1979.

_____, 「한국연극사」, 『한국문화사대계 8』, 고려대학교 민족문화연구소, 1979 중판.

이상일, 『충격과 창조』, 창원사, 1975.

_____, 『한국인의 굿과 놀이』, 문음사, 1981.

이혜구, 『한국음악연구』, 국민음악연구사, 1957.

이혜화, 『용 사상과 한국고전 문학』, 깊은 샘, 1993.

이훈상, 「조선후기의 향리집단과 탈춤의 연행」, 『역사속의 민중과 민속』, 이론과 실천사, 1990.

이훈종, 『민족생활어사전』, 한길사, 1992.

임석재, 「봉산 탈춤 대사 후기」, 『국어국문학』 18호, 국어국문학회, 1957.

임재해, 『꼭두각시놀음의 이해』, 홍성사, 1981.

_____, 「설과 보름 민속의 대립적 성격과 유기적 상관성」, 『가면극 세시풍속 산육속』, 교문사, 1990.

장덕순 외, 『구비문학개설』, 일조각, 2006.

장정룡, 『강릉관노가면극연구』, 집문당, 1989.

전경욱, 「가면극 연구사」, 『한국학보』 40, 일지사, 1985.

_____, 『춘향전의 사설형성원리』, 고려대학교 민족문화연구소, 1990.

_____, 『한국가면극 그 역사와 원리』, 열화당, 1998.

전신재, 「양주별산대놀이의 생명원리」, 성균관대학교 석사학위논문, 1980.

_____, 「판소리의 연극성에 관한 연구」, 성균관대학교 박사학위논문, 1988.

_____, 「거사고」, 『역사 속의 민중과 민속』, 이론과 실천사, 1990.

정노식, 『조선창극사』, 조선일보사, 1940.

정병호, 『한국의 민속춤』, 삼성출판사, 1991.

정상박, 「고성오광대 대사 후기」, 『국어국문학』 22호, 국어국문학회, 1960.

_____, 『오광대와 들놀음 연구』, 집문당, 1990.

조동일, 「농악대의 양반광대를 통해 본 연극사의 몇 가지 문제」, 『동산신태식박사송수기념논총』, 1969.

_____, 『탈춤의 역사와 원리』, 홍성사, 1979.

_____, 『카타르시스 라사 신명풀이』, 지식산업사, 1997.

조동일 외, 『판소리의 이해』, 창작과 비평사, 1978.

조만호, 『전통희곡의 제식적 미학』, 태학사, 1985.

_____, 「탈춤 자료 '읽기'에 대한 반성적 제안(Ⅰ)」, 상명대학교, 1998.

_____, 「탈춤 자료 '읽기'에 대한 반성적 제안」, 『역사민속학』, 역사민속학회, 1999.

_____, 「탈춤 연행원리의 연구사적 검토」, 『비교연극학』 창간호, 비교연극학회, 2000.

_____, 「탈춤 연행 원리의 한 국면; 불림」, 『한국연극학의 위상』, 태학사, 2002.

_____, 「봉산탈춤 자료 분석 연구」, 『반교어문연구』 16집, 반교어문학회, 2004.

_____, 「봉산탈춤 1936년 사리원 공연 채록자료 연구」, 『반교어문연구』 24집, 반교어문학회, 2008.

_____, 「어릿광대론」, 『도남학보』 24집, 도남학회, 2012.

_____, 「한국가면극의 창조적 복원 연구」, 『반교어문연구』 26집, 반교어문학회, 2009.

_____, 「한국가면극의 창조적 복원 연구 Ⅱ-'제삼장' '사당무'를 중심으로」, 『영주어문』 21집, 영주어문학회, 2011.

_____, 「한국가면극의 창조적 복원 연구 Ⅲ-오청 채록본의 '미얄마당'을 중심으로-」, 『영주어문』 25집, 영주어문학회, 2013.

_____, 「한국가면극의 창조적 복원 연구 Ⅳ-'오청본 양반무'를 중심으로」, 『영주어문』 26집, 영주어문학회, 2014.

조윤제, 「춘향전이본고 1」, 『진단학보』 Vol.11, 진단학회, 1939.

채희완, 「가면극의 민중적 미의식 연구를 위한 예비적 고찰」, 서울대학교 석사학위논문, 1977.

천재동, 「동래야유연구」, 『서낭당』 4집, 한국민속근연구회, 1973.

최상수, 『해서가면극의 연구』, 정동출판사, 1983.

최상수, 『산대·성황신제가면극의 연구』, 성문각, 1988 재판.

최운식, 「서사작품에 나타난 '신발'의 성격과 의미」, 『한국고소설연구』, 보고사, 1995.

_____, 「판소리와 판소리계 소설의 형성 및 선후 관계」, 『한국고소설연구』, 보고사, 1995.

최정여, 「산대도감극 성립의 제문제」, 『한국학논집』 1, 계명대학교 한국학연구소, 1973.

최진원, 「판소리 사설의 표현특징」, 『한국고전시가의 형상성』, 성균관대학교 대동문화연구원, 1996 증보판.

_____, 『국문학과 자연』, 성균관대학교 대동문화연구소, 1977.

한 효, 『조선연극사 개요』, 국립출판사, 1956.

허 규, 「우리극의 원형질」, 『민족극과 전통예술』, 문학세계사, 1991.

현용준, 『제주도신화』, 서문당, 1976.

Finnegan, Ruth H, *Oral Traditions and the Verbal Arts : A Guide to Research Practices.* London : Routledge. 1992.

Michel Corvin, 문시연 옮김, 『희극읽기*Lire la comédie*』, 문음사, 1998.

山口昌男, 「道化の民俗學(五)」, 『文學』 vol 37, 岩波書店, 1969.

가와타케시게토시 저, 이응수 역, 『일본연극사』, 청우, 2001.

케네스 멕고완·윌리암 멜리츠 공저, 정원지 역, 『세계연극사 – 불멸의 무대』, 중앙대학교 출판국, 1976.

리차드 쉐크너 저, 김익두 역, 『민족 연극학』, 신아, 1993.

브로케·힐디 지음, 전준택·홍창수 옮김, 『연극의 역사』, 연극과 인간, 2005.

빠트리스 파비스 지음, 신현숙·윤학로 옮김, 『연극학 사전』, 현대미학사, 1999.

W. J. 페피셀로, T. A. 그린, 『수수께끼의 언어』, 강원대학교 출판부, 1993.

자크 뒤부아 저, 용경식 옮김, 『일반 수사학』, 한길사, 1989.

장-미셸 살망 지음, 은위영 옮김, 『사탄과 약혼한 마녀』, 시공사, 1996.

조셉 캠벨·빌 모이어스 저, 이윤기 옮김, 『신화의 힘』, 고려원, 1992.

조지프 캠벨, 이진구 옮김, 『원시신화 – 신의가면 Ⅰ』, 까치글방, 2003.

❑ 가면극 자료 목록

양주별산대놀이

1930년, 조종순 구술, 김지연 필사(서울대학교 소장본-경성제국대 학조선문학연구소 조사).

1957년, 홍갑표 보관 후 조동일 소장, 『탈춤의 역사와 원리』(조동일, 홍성사).

1958년, 김성대 소장, 이보라 정리, 『현대문학』 46·47·48·49·50·54호.

1958년, 박준섭·김성태 구술, 이두현 채록, 『한국가면극』.

1964년, 임석재·이두현 채록, 문화재관리국 '주요무형문화재지정자료'.

1965년, 최상수 채록, 한국예술총람 자료편.

1966년, 임석재 채록, 『협동』 49·50호.

1969년, 이두현 채록, 『한국가면극』, 문화재관리국.

1975년, 김성대 기록, 심우성 정리, 『한국의 민속극』, 창작과 비평사.

송파산대놀이

1975년, 허호영 구술 채록, 『한국의 민속극』.

봉산가면극

1936년 8월 31일, 오청, 구자균 필사본.

1940년, 송석하 채록, 『문장』 2 통권 6·7.

1956년, 김경석 등 구술, 임석재 채록, 『국어국문학』 18호, 국어국문학회.

1965년, 김진옥·민천식 구술, 이두현 채록, 『한국가면극』.

1965년, '김유경류 봉산탈춤', 김유경류봉산탈춤보존회 편.

1965년, 김일출 채록본-'≪봉산 탈놀이≫대본', 『조선민속탈놀이 연구』.

1967년, 최상수 채록, 『해서가면연구』, 대성문화사.

강령탈춤

1957년, 최승원 등 구술, 임석재 채록, 『현대문학』 29호.

1967년, 최상수 채록, 『해서가면연구』, 대성문화사.

1970년, 이두현·이기洙 채록, 『연극평론』 3호.

야유(野遊·冶遊)

수영야유

1961년, 최한복 채록, 정상박 자료, 오광대와 들놀음 연구, '冶遊劇本'(정상박, 『오광대와 들놀음 연구』, 집문당)-원수록 ; 유인본(1961년 이전) 후, 『항도부산』 제7호, 1969.

1964년, 강룡권 채록, 『국어국문학』 제27호, 국어국문학회.

1965년, 최상수 채록, '한국예술총람 자료편', 예술원.

1970년, 정시덕·태명준 구술, 이두현 채록, 『한국의 가면극』.

ㅡㅡㅡ, 부산대 전통예술연구회 채록, 『한국의 민속극』.

동래야유

1957년, 최상수 채록, 『민속학보』 2호.

1960년, 송석하 채록, 『한국민속고』, 일신사.

1960년, 박덕업 등 구술, 천재동 채록, 『한국의 민속극』.

오광대

1960년, (五廣大興遊順序及諺談) 정상박 자료, 『오광대와 들놀음 연구』, 집문당.

통영오광대

1963년, 최상수 채록, 『경상남도지』 하.

1966년, 이민기 채록, 『국어국문학』 제22호, 국어국문학회.

1969년, 이두현 채록, 『한국가면극』, 문화재관리국.

고성오광대

1963년, 최상수 채록, 『경상남도지』 하.

1966년, 정상박 채록, 『국어국문학』 22호.

1969년, 이두현 채록, 『한국가면극』, 문화재관리국.

조만호

1995년 성균관대학교 문학박사, 학위논문 「탈춤사설연구」.

논문 및 저서
『전통회곡의 제식적 미학』(태학사), 「봉산탈춤 1936년 사리원 공연 채록자료 연구」(반교어문학회),
「한국가면극의 창조적 복원 연구」(반교어문학회), 「봄맞이 행사 '춘첩자'와 관련한 '세화'와 '연화'의
한 양상 연구」(영주어문학회), 『중국경극의상』(민속원) 외 다수.

경력
극단 '나루' 연출, 천안시 문화선양위원회 위원,
충청남도 무대지원사업 심의 위원, 반교어문학회 회장,
현재 상명대학교 예술대학 연극학과 교수, 극단 '씨어터 백' 대표.

연출 작품
귄터 아이히 '꿈', 노르베르또 아빌라 '하킴의 이야기'
페터 바이스 '탑', 귄터 아이히 '자베트 엘리자베트(원제 자베트)' 외 다수.

한국가면극, 창조적 복원을 향하여
봉산가면극 이두현본·김일출본

2017년 9월 5일 초판 1쇄 펴냄

지은이 조만호
펴낸이 김흥국
펴낸곳 도서출판 보고사

책임편집 이순민
표지디자인 이준기

등록 1990년 12월 13일 제6-0429호
주소 경기도 파주시 회동길 337-15 보고사 2층
전화 031-955-9797(대표)
　　　02-922-5120~1(편집), 02-922-2246(영업)
팩스 02-922-6990
메일 kanapub3@naver.com / bogosabooks@naver.com
http://www.bogosabooks.co.kr

ISBN 979-11-5516-726-7 94680
　　　979-11-5516-443-3 (세트)
ⓒ 조만호, 2017

정가 24,000원

사전 동의 없는 무단 전재 및 복제를 금합니다.
잘못 만들어진 책은 바꾸어 드립니다.